GOLDMANN

Außer dem vorliegenden Band sind von der amerikanischen Autorin Rebecca Brandewyne als Goldmann-Taschenbücher erschienen:

Desperado der Liebe. Roman (42576)
Heiße Stürme. Roman (42031)
Im Rausch der Nacht. Roman (42408)
Purpurblüten. Roman (43409)
Süße Dornen. Roman (43182)
Verschwörung der Herzen. Roman (42213)
Wer die Liebe flieht. Roman (9813)
Wildes Blut. Roman (42053)

Rebecca Brandewyne

Brandende Sehnsucht

In mondheller Nacht

Zwei Romane in einem Band

Aus dem Amerikanischen
von Dinka Mrkowatschki

GOLDMANN VERLAG

Ungekürzte Ausgaben

Titel der Originalausgaben: »Across a Starlit Sea« (»Brandende Sehnsucht«)
und »Upon a Moon Dark Moor« (»In mondheller Nacht«)
Originalverlag: Warner Books, Inc., New York

Umwelthinweis:
Alle bedruckten Materialien dieses Taschenbuches
sind chlorfrei und umweltschonend.
Das Papier enthält Recycling-Anteile.

Der Goldmann Verlag
ist ein Unternehmen der Verlagsgruppe Bertelsmann

Genehmigte Taschenbuchausgabe 10/96

Umschlagentwurf: Design Team München
Farbige Umschlagzeichnung: Daeni / Schlück, Garbsen
Druck: Elsnerdruck, Berlin
Verlagsnummer: 13168
MV · Herstellung: Heidrun Nawrot
Made in Germany
ISBN 3-442-13168-5

1 3 5 7 9 10 8 6 4 2

Brandende Sehnsucht

Für Tante Shirley,
die mir das Lesen schmackhaft machte.
In Liebe.

Inhalt

Über der sternklaren See

Alter bringt Weisheit
Und Reue, sagte man,
Und Erinnerungen, verblaßt und ungerufen;
Jedoch wie wunderbar leuchtet mir
Die Vergangenheit. Wie silberne Sterne,
Schimmert und glänzt sie vor meinem geistigen Auge –
Im fahlen Zwielicht, denke ich...

Und ich erinnere mich an jenen Herbst,
Unter einem feurigen, grausamen Mitternachtshimmel,
Als alles verlorenging
Und viel zu schnell das Urteil fiel.

Als hinterhält'ger Schelm –
O böses, hassenswertes Ding! –
Du hast mit Wonne Teufel losgelassen,
Die ungezügelt alles raffen.
Die unser Leben hinwegfegten wie ein tobender Sturm,
In alle Winde, achtlos,
Hoffnungen und Herzen verwehten wie Asche.

S'war Tollheit! Tollheit, wild und ungezähmt,
Die uns unbarmherzig ins Verbrechen peitschte,
Uns zu Taten trieb, aus wundem Herzen geboren,
Das hart wie Eis war, wie der Reif des Winters.
Und doch, wie hinreißend,
Wie herrlich war meine Schande!

Ich kann nicht lügen. Solche Wollust, solche Leidenschaft...
Ich erröte, wenn ich zurückdenke,
Wie begierig ich mich hingab,
Als mir die Liebe alles abverlangte.
Keiner ist schuld, nur ich allein.

Kühner Räuber meiner Jungfräulichkeit,
Lüsterner Dieb meiner Reinheit und Jugend,
Wie du mir meine Kindlichkeit entrissest,
Und mir die nackte Wahrheit einer Frau enthülltest –

Du edles Wesen,
Wunderbarer Schurke,
Süß war der Schmerz, mit dem du mich durchbohrtest,
Deinen Pfeil ins Herz mir triebst,
Und meine Unschuld raubtest,
Dann mich und meine Liebe zerbrachst –
Und immer noch nicht zufrieden warst.

Ein bittres Schicksal du schon damals plantest.
Wie boshaft deine Augen funkelten!
Nichts als ein Pfand auf dem Spielbrett war ich,
Machtlos gegen deine Ränke.

Das war die Narrheit der Jugend!
Nur weinen kann ich jetzt – und bereuen,
Diesen entsetzlichen Tag des Übels,
Die verfluchten Worte, die ich schrie,
Als einer still und reglos lag,
Obwohl er wußte, daß ich log.
Ach, hätt ich's nicht getan!

Weil Rache nichts als Rache zeugt.
Wir werden nie mehr vereint sein,
So wie wir einst eins waren und doppelt beschuldigt segelten,
Weit übers sternenklare Meer.

Darum verfluche ich dich im Alter,
Dich, der du meine Träume zertreten hast
Und alles zerstört, was ich liebte,
Vor langen Jahren... Jedoch sie waren wunderbar,
Diese herrlichen Tage wilder Ausgelassenheit,
Verschleudert von uns, den Berüchtigten.
Ja, lange habe ich dich – bis heute – geliebt.

PROLOG

Im fahlen Zwielicht

1898

In den Mooren Cornwalls, 1898

Die anderen sind längst fort – und ich bin jetzt allein, allein mit ihr, die unter der frisch umgegrabenen Krume dieser windgepeitschten, wilden Moore, die sie so liebte, liegt.

Im fahlen, grauen Licht der langsam nahenden Dämmerung knie ich neben ihrem Grab. Ich spüre die kriechende Kälte des Bodens, durchtränkt von Dunst und Regen, in meinen Knochen, trotzdem kann ich mich noch nicht von ihr losreißen. Meine Hand liegt auf dem feuchten Grashügel, ein vergeblicher Versuch, sie noch ein bißchen bei mir zu halten auf dieser Erde, die sie so grausam bedeckt. Sicher hätte sie das zurückgewiesen, denn sie war ein Teil dieser wilden Heide Cornwalls und bestimmt froh, mit ihr vereint zu sein. Aber selbst jetzt, nachdem sie tot und begraben ist, kann ich immer noch nicht fassen, daß sie, die ein so wichtiger Teil meines Lebens war, endgültig für mich verloren ist und ich sie auf dieser Erde nie wiedersehen werde. Für mich war sie immer ohne Alter. Irgendwie hatte ich wohl erwartet, sie würde ewig existieren wie das endlose Land und das Meer. Ich denke immer noch, gleich werden wir zusammen durch die rostigen schmiedeeisernen Tore den Friedhof verlassen und mit der wartenden Kutsche nach Stormswept Heights zurückkehren – wie jeden Sonntag, seit ich zurückdenken kann.

Doch ich weiß, daß unsere Trennung nicht von langer Dauer sein wird. Bald werde ich neben ihr ruhen. Ich bin eine alte Frau, obwohl ich im Herzen wohl immer achtzehn bleiben werde wie damals, als ich als junge Braut nach Stormswept Heights kam, so wie sie vor mir. Aber meine Erinnerung an sie reicht noch weiter zurück, bis zu jenem Tag, an dem wir beide auf den zerklüfteten Felsen an der Küste Cornwalls standen und sie Licht in die dunkelste Stunde meines Lebens brachte.

Ihr Name war Maggie Chandler, und sie war meine beste Freundin, wenn sie auch viele als skandalumwitterte Frau verachteten. Uns verbanden nicht nur Blutsbande und Heirat, das stärkste Band war die Liebe, geboren aus geteilter Freude und gemeinsam ertragenem Leid in Stormswept Heights. Wir waren Chandler-Frauen – nicht nur dem Namen nach, sondern auch im Geist: kühn und rücksichtslos wie die Chandler-Männer, die so leidenschaftlich liebten und mit hemmungsloser Hingabe ohne Rücksicht auf die Konsequenzen.

Und doch erzählte sie mir, wenn sie ihr Leben noch einmal leben könnte, würde sie nichts ändern, denn sie hatte jeden Augenblick bis zur Neige ausgekostet und bereute nichts. Damals verstand ich sie nicht, denn sie hatte viel Not und Leid erdulden müssen. Aber jetzt weiß ich, daß es genau diese Dinge sind, die uns prägen. Wenn auch meine Erinnerungen, genau wie ihre, manchmal schmerzlich sind, so bereue auch ich nichts, da ich allein die Schuld daran trage. Ich hatte selbst die rauhe See in meiner Jugend gewählt und war somit gezwungen, sie zu überqueren, obwohl ich oft nur zu gerne umgekehrt wäre, wenn ich nur gekonnt hätte. Aber das war leider nicht möglich. Ich war, was ich war, und vielleicht konnten wir alle einfach nicht anders. Ich weiß es nicht.

Ich weiß nur, daß wir, wie es die Jugend so oft tut, das Leben mit beiden Händen packten und es nach unseren Vorstellungen gestalteten, ein schlechtgefügtes Mosaik, oft geflickt mit vielen Rissen... Aber ich beklage mich nicht: Meine Steinchen waren genauso bruchstückhaft wie die anderen, genauso schlecht gelegt, ohne einen Gedanken an Muster oder Farbe. Was weiß denn schon die Jugend in ihrer Naivität wirklich von Harmonie und Grazie?

Das Zwielicht weicht jetzt allmählich der Nacht. Die ersten Sterne glühen schwach, verschwommen, verhüllt vom Dunst und dem sanften Regen, der auf die verwitterten Grabsteine derer fällt, die ein so wichtiger Teil meines Lebens waren, die jetzt unter dieser steinigen Erde Cornwalls ruhen, wie auch ich am Ende ruhen werde. Doch es gibt einen, der nicht hier ist, und wie immer, wenn ich an ihn denke, werde ich traurig, denn er liegt in einem fernen Land in Übersee begraben und mit ihm meine Jugend. Aber nicht mein Herz. Das weiß ich jetzt.

Ich werde gleich aufstehen und durch die Tore des Friedhofs gehen, wo mein Sohn Rhodes mit der Kutsche wartet, um mich nach Heights, in das alte Haus, das mein Zuhause ist, zu bringen! Wie seltsam sind doch die Irrungen des Schicksals. Nie hätte ich es für möglich gehalten, daß es sein Arm sein würde, auf den ich mich im Winter meines Lebens stütze. Und doch ist es so, denn ein Teil seines Vaters, den ich liebte, lebt in ihm weiter. Ja manchmal, wenn Rhodes' Gesicht im Schatten liegt, kann ich mir fast vorstellen, er wäre tatsächlich sein Vater, und dann brechen die Erinnerungen über mich herein, lassen mich erzittern, denn sie sollten am besten vergessen bleiben.

Aber trotzdem kann ich nicht vergessen. Die Vergangenheit wird sogar mit jedem Jahr deutlicher, strahlend und scharf umrissen wie Sonnenlicht, das sich in einer Lupe reflektiert. Und so verweile ich noch ein bißchen hier in der Stille – eine alte Frau, allein mit den Gespenstern. Und ich sehe uns alle, als wäre es gestern gewesen, wir in unserer Jugend, hitzig und trotzig. Damals hätten wir uns nicht träumen lassen, welch schwerer Lebensweg uns bevorstand. Wie tapfer wir doch damals waren, denke ich, in diesen längst vergangenen, strahlenden Tagen, diesen bittersüßen Tagen, in denen unsere Leidenschaft und unser Leichtsinn uns glauben ließen, die Welt gehöre uns, und wir müßten nur die Hand ausstrecken und sie nehmen.

Und endlich kommen die Tränen, die ich vorher nicht vergießen konnte. Denn, lieber Leser, es ist nicht der Tod, der uns weinen läßt, sondern die Ängste, die Leere und die Erinnerungen, die er in seinem brutalen Kielwasser trägt. Also werde ich von ihnen reden – und meine Erzählung soll ehrlich sein, mehr aber auch nicht, denn ich, die ich ein so wichtiger Teil dieser Geschichte bin, bin nicht befugt zu urteilen, was richtig oder falsch ist. Das hat Gott zu entscheiden, und ihm allein bin ich für meine Sünden verantwortlich, und sie sind zahlreich.

Lassen Sie mich in meine Kindheit zurückkehren, denn das ist der Anfang meiner Geschichte – und aller Geschichten –, denn es ist die Zeit, in der die Form für unsere Leben gegossen wird, mit der wir dann im Guten oder im Schlechten unsere Zukunft gestalten.

I. BUCH

Herbst, feurig und grausam

1832–1842

1. Kapitel

Die Truhe auf dem Speicher

Pembroke Grange, England, 1832

Noch lange Zeit danach, wann immer ich über die Sache nachdachte, war ich überzeugt, wir hätten uns viel Schmerz und Probleme ersparen können, wenn meine Eltern meine Verlobung mit mir zusammen entschieden hätten. Dann hätte ich ihnen nämlich gesagt, daß ich nicht Jarrett Chandler liebte, sondern seinen jüngeren Bruder Nicholas.

Unglücklicherweise war ich zu diesem Zeitpunkt gerade erst zur Welt gekommen, also fragte mich keiner, wie ich zu dieser Verlobung stand, und als ich schließlich alt genug war, war es zu spät: Ich war Jarrett versprochen.

Es mag Ihnen seltsam vorkommen, daß zu meiner Zeit ein so unelegantes Arrangement getroffen wurde. Damals war es für ein Mädchen aus gutem Hause üblich, nach Abschluß der Schule ihr Debüt während der Ballsaison in London zu machen, wo sie bei Bällen und Soupers in modischen Etablissements Gelegenheit hatte, viele akzeptable Junggesellen kennenzulernen, in der Hoffnung, sich einen Mann zu angeln und ihre Zukunft zu sichern.

Meine Mutter war zwar die Enkelin eines Grafen, aber Lord

Sheffield war sowohl ein Verschwender als auch ein Säufer gewesen, dessen Besitz außerdem völlig verschuldet war, und er hatte lange vor seinem Tod Mama und ihre Verwandten verstoßen.

Ihre Mutter, meine Großmutter Tiberia Chandler Sheffield, war zu dieser Zeit gerade frisch verwitwet; mein Großvater, der ehrenwerte Worthing Sheffield, Sohn des Grafen, war bei einem Kutschenunfall ums Leben gekommen – sicher aufgrund einer dummen Wette, wie ich vermutete, obwohl es nie einer aussprach, um Granny Sheffield zu schonen. Selbst jetzt noch strahlte sie immer vor Liebe, und ihre Augen glänzten vor Tränen, wenn sie von ihm redete. Ich persönlich empfand den Tod meines Großvaters nicht als großen Verlust: Ich kannte ihn zwar nicht, aber offensichtlich hatte er genausowenig Charakter wie der Rest seiner Sippe. Er hinterließ der armen Granny Sheffield und ihren zwei Kindern (meiner Mutter Sarah und ihrem älteren Bruder Esmond) praktisch keinen Pfennig, und so mußte meine Großmutter, gramgebeugt und eigentlich unfähig, für sich selbst zu sorgen, ihre Habseligkeiten packen und aus London nach Highclyffe Hall zurückkehren, die Baronie ihres ältesten Bruders, Sir Nigel Chandler, in Cornwall.

Mein Großonkel Nigel war ein harter, kalter Mann, der nicht gerade begeistert war, Granny Sheffield und ihre Kinder am Hals zu haben. Trotzdem erfüllte er seine Pflicht und erlaubte ihnen, wenn auch widerwillig, sich in einer nahe gelegenen Farm zu etablieren, die zum Anwesen gehörte. So kam meine Familie nach Pembroke Grange.

Natürlich geschah das alles, lange bevor ich geboren wurde, und erklärt in keiner Weise die seltsamen Umstände meiner Verlobung, aber darauf werde ich demnächst zurückkommen, wie Sie sehen werden.

Einige Jahre später heiratete mein verwitweter Großonkel Nigel wieder. Seine Braut, Gwyneth Wellesley Prescott, war selbst

Witwe eines Kapitäns, Broderick Prescott, dem sie zwei Kinder geboren hatte, Wellesley und Julianne. Damit wuchs die Zahl von Großonkel Nigels jungen Kostgängern auf sechs, da er bereits aus erster Ehe eine Tochter, Maggie, besaß, und außerdem wurde er Vormund seines Neffen Draco Chandler, dem unehelichen Sohn von seinem und Granny Sheffields totem Bruder Quentin.

Die Kinder wuchsen zusammen auf, alle waren ungefähr im selben Alter und auf die eine oder andere Art verwandt. Schließlich wurden die Bande noch enger geknüpft, denn Maggie brannte mit Draco durch, Onkel Esmond heiratete Julianne, und Mama ehelichte Wellesley.

Mama hätte, in den Augen der Welt zumindest, eine bessere Partie finden können, aber ihr Herz gehörte Papa, und nachdem dieser sich entschlossen hatte, in Großvater Prescotts Fußstapfen zu treten und zur See zu fahren, war ich, die Urenkelin eines Grafen und eines Barons, nur die Tochter eines schlichten Kapitäns und deshalb nicht von Adel. Aber ich liebte meinen Vater von Herzen, und es war mir egal, daß er Geschäftsmann war, nur leider war das auch der Grund für meine etwas verworrene Verlobung.

Papa hatte ein Vermögen auf See gemacht, somit hätte meine Mitgift, obwohl mein blaues Blut kaum noch der Rede wert war, dies Manko mehr als nur ausgeglichen. Eine Saison in London und ein adliger Bräutigam wären also für mich absolut im Bereich des Möglichen gewesen, es gab Gentlemen genug, die zwar einen Titel, aber eine leere Börse hatten und sicher an einer Heirat interessiert gewesen wären. Aber weder Papas Geschäftspartner Draco Chandler, Jarretts und Nicholas' Vater, noch Papa waren erpicht auf den Adel, sie sahen keinen Grund, Vermögen für Rang einzutauschen, deshalb beschlossen sie, daß Jarrett und ich heiraten sollten.

Ich muß zugeben, es lag natürlich auf der Hand, die Prescotts und die Chandlers durch Heirat zu vereinen, und, nachdem Jarrett der älteste der Chandlers war und ich die einzige Tochter der Prescotts, waren wir wohl als Paar prädestiniert. Trotzdem fand ich, mein älterer Bruder Guy hätte genausogut an meiner Stelle eine der drei Chandler-Töchter heiraten können, von den dreien wäre jede eine gute Braut für ihn geworden, da war ich mir sicher.

Es war einfach nicht fair, fand ich, als ich von der Entscheidung erfuhr, mich zum Opferlamm auf dem Heiratsaltar zu machen – wenn ich auch die einzige war, die die Geschichte so empfand, weil ich doch Nicholas und nicht Jarrett liebte.

Von alldem sagte ich aber meinen Eltern nichts, da ich selbst als Kind schon spürte, daß diese Enthüllung sie sicher sehr beunruhigt hätte. Papa glaubte natürlich, es wäre alles nur zu meinem Besten, als er der Verlobung zustimmte. Er wäre sehr verletzt gewesen, wenn ich mich offen gegen seine Wahl entschieden hätte, und Mama konnte Reibereien überhaupt nicht ertragen. Wann immer es Zwietracht im Haus gab, wurde ihr Mund ganz schmal und geradezu verbittert, was mehr als alle Worte von ihrer Trübsal zeugte.

Das passierte allerdings nur selten, im allgemeinen war es bei uns zu Hause recht fröhlich. Papa war ein herzensguter Mann, der uns mit Zuneigung und zahlreichen Geschenken überschüttete, wenn er von seinen Reisen in ferne Länder zurückkehrte, und Mama war die liebste aller Frauen, die uns alle, einschließlich Papa, mit strenger, aber liebevoller Hand regierte. Guy war Papa sehr ähnlich, sowohl dem Aussehen als auch dem Temperament nach; beide waren blond, blauäugig und hatten es faustdick hinter den Ohren, während mein jüngerer Bruder Francis Mamas weiches braunes Haar, ihre braunen Augen und ihre ruhige, überlegte Persönlichkeit geerbt hatte. Ich schlug ganz aus der Art, fand ich. Mein Haar war dunkelbraun, goldgesträhnt, und ich bildete mir ein, meine Augen hätten die Farbe von Topasen, und ich hatte eine sehr leidenschaftliche Natur, die laut Granny Chandler nur von der Chandler-Seite der Familie herrühren konnte.

»Du bist ein Atavismus, Laura«, sagte sie oft zu mir. »Du siehst meiner Mutter ähnlich, deiner Urgroßmutter Margaret Darnley Chandler. Aber, ich fürchte« – sie schüttelte dann immer bedauernd den Kopf – »du hast den Charakter deines Urgroßvaters Sir Simon Chandler geerbt, der – obwohl ich ihn sehr geliebt habe, wirklich! – ein sehr aufbrausender Mensch war. Ich befürchte sogar, daß alle Chandlers wildes Blut haben. Mir ist zwar die Last eines solchen Temperaments erspart geblieben, aber meine Brüder Nigel und Quentin glichen Sir Simon wie ein Ei dem anderen – besonders Nigel. Keiner hat es je gewagt, sich gegen ihn zu stellen, außer Maggie und Draco, die es fertiggebracht haben, nach Gretna Green durchzubrennen. Nigel haßte Draco und hätte Maggie nie erlaubt, ihn zu heiraten. Ein gräßlicher Skandal war das! Nigel hat natürlich versucht, die Sache zu vertuschen, aber trotzdem gab es hinterher viel Gerede... du mußt unbedingt lernen, deine Gefühle zu zügeln, Laura, mein Schatz, sonst werden sie eines Tages dein Untergang sein.«

Ich mußte mir immer auf die Zunge beißen, wenn Granny Sheffield mich ermahnte. Ihre Geschichten faszinierten mich – ich konnte sie gar nicht oft genug hören –, und wenn ich versuchte, mich zu verteidigen, hörte sie immer mit dem Erzählen auf.

Aus irgendeinem Grund faszinierte mich ihr Vergleich mit Urgroßmutter Chandler. Manchmal, wenn ich auf meinem Waliser Pony Calico Jack unterwegs war, ritt ich nach Highclyffe Hall, um das Porträt meiner Urgroßmutter zu studieren, das in der langen Galerie des Hauses hing. Sie hatte tatsächlich dasselbe Haar und dieselben Augen wie ich, obwohl ich zu meinem großen

Leidwesen zugeben mußte, daß sie viel schöner gewesen war. Meine dunklen Augenbrauen waren gerade und nach unten geschweift wie Flügel, meine Nase war längst nicht so fein modelliert wie die ihre, mein Mund wesentlich größer, und ich hatte ein trotziges Kinn, außerdem war ich ziemlich stämmig und gar nicht graziös.

Vielleicht werde ich im Lauf der Zeit hübscher, träumte ich, wenn ich ihr Bild ansah, *wie das häßliche Entlein, das zum Schwan wurde*, und ich fragte mich, ob Urgroßmutter Chandler als Kind wohl auch so unscheinbar ausgesehen hatte.

Aufgrund meiner Ähnlichkeit mit ihr war ich der Meinung, das Gemälde sollte eigentlich mir gehören, und war sehr erbost darüber, daß es in der Hall hing. Manchmal überlegte ich mir tatsächlich, ob ich es stehlen sollte, damit ich es anschauen konnte, sooft ich Lust dazu hatte. Aber die Vernunft siegte, und ich gab mich damit zufrieden, es gelegentlich in der Hall anzusehen, denn allzu oft war ich nicht dort.

Vor Jahren war Großonkel Nigel von einem brutalen Schmuggler ermordet worden, und Onkel Esmond hatte die Baronie geerbt. Er war ein ernster, sehr reservierter Mann, den immer ein Hauch von Traurigkeit umgab. Ich hatte gehört, daß die Bediensteten ihn heimlich als Pantoffelhelden bezeichneten, und das stimmte wohl. Sowohl meine Tante Julianne als auch ihre Mutter, meine Großmutter Gwyneth Wellesley Prescott Chandler – jetzt die Dowager Lady Chandler, die nach Großonkel Nigels Tod in der Hall geblieben war –, waren sehr unzufrieden mit ihrem Schicksal und gaben Onkel Esmond die Schuld an ihren nicht gerade üppigen Verhältnissen. Onkel Esmond war kein Geschäftsmann, er hatte nicht das Zeug, einen großen Besitz zu verwalten. Die Hall, vormals ein sehr stattliches Anwesen, hatte unter seiner Führung einen allmählichen Abstieg erlebt.

Onkel Esmond tat mir leid. Tante Julianne und ihre beiden

Kinder Elizabeth und Thorne, die sich für etwas Besseres hielten, weil wir nicht von Adel waren, konnte ich nicht ausstehen. Lizzie und Thorne verachteten besonders die Chandlers, weil sie Zigeunerblut hatten, durch Onkel Dracos Mutter.

Thorne verabscheute ich noch mehr als Lizzie. Er war einer dieser widerlichen Jungen, die Freude daran hatten, Leuten Kröten ins Bett zu legen oder einem Spinnen hinten ins Kleid zu stecken. Obwohl ich zu dieser Zeit erst acht Jahre alt war, werde ich mich immer an einen solchen Vorfall erinnern, denn damals verliebte ich mich in Nicholas und lernte Thorne hassen, und das bis in alle Ewigkeit.

Es war der Erste Mai, und alle Prescotts, Chandlers und Sheffields hatten sich zur traditionellen Feier in Pembroke Grange versammelt.

Wir in Cornwall stammen zum Großteil von den Kelten ab und haben einen sehr starken Familiensinn. Trotz aller Errungenschaften der Zivilisation hängen wir hartnäckig an vielen abergläubischen und heidnischen Riten unserer Vorfahren. Wir brachten zwar an Beltane, wie man früher den Ersten Mai nannte, der Göttin Ceridwen keine Opfer mehr und trieben unser Vieh auch nicht durch die rituellen Flammen, um den Segen der Erdmutter zu bekommen, aber wir tanzten immer noch um den elisabethanischen Maibaum, und bei Einbruch der Dämmerung entzündeten wir die zeremoniellen Feuer wie einst die Druiden.

Unglücklicherweise war der Erste Mai des Jahres 1832 ein sehr trister. Der Himmel war bleiern, und am Horizont drohten finstere Gewitterwolken und kündigten Regen an. Papa behauptete voller Optimismus, das Wetter würde für unser Mittagessen halten, aber leider, trotz aller gegenteiligen Hoffnungen, kam es nicht so. Kaum hatten wir uns zum Essen gesetzt, begann es zu tröpfeln, die bunten, flatternden Bänder unseres Maibaums waren ruiniert. Die Diener sammelten eilig die vielen Gerichte von den langen, weißgedeckten Tischen auf dem Rasen ein, und wir waren gezwungen, das Fest ins Haus zu verlegen.

Unser Haus lag im nördlichen Cornwall, auf dem Moor, das sich bis zum Meer erstreckte. Die Silhouette ragte schroff in den Himmel, denn auf dem Moor gab es keine Bäume, nur in den geschützten, tiefen Senken wuchsen Holunder, Birken, Eichen und Eschen. Allein die Tors, riesige, unförmige Granitfelsen, durchschnitten den Himmel über dem flachen Land.

Pembroke Grange wurde im siebzehnten Jahrhundert erbaut, also neuer als Highclyffe Hall, das ein paar Meilen südwestlich von uns lag und während der Regierungszeit von Königin Elisabeth entstanden war. Onkel Dracos Herrenhaus Stormswept Heights, das außerhalb der Baronie, am Rande der Klippen über dem Ozean lag, stand schon seit dem dreizehnten Jahrhundert. Unser Haus war weder so abweisend wie die strenge, schlichte Hall, noch so faszinierend wie das geheimnisvolle, turmbewehrte Heights. Es war auch kleiner und weniger aufwendig als seine beiden Rivalen, aber im Gegensatz zu ihnen strahlte es Wärme und Fröhlichkeit aus und hatte einen Charme, der den anderen fehlte.

Es war aus Bath-Stein, einem hellgelben Gestein, das im Lauf der Jahre wundervoll cremefarben verwittert war, eine Farbe, die mich immer an frische Buttermilch erinnerte. Wenn die Sonne auf die rechteckigen Steinblöcke schien, glühten die Steine förmlich. Die Grange hatte einen quadratischen Grundriß, dessen kahle, kantige Linien durch eine breite Veranda mit Säulen aufgelockert wurden, die einen Balkon mit reich verzierter Steinbalustrade stützten. Lange, schmale Bleiglasfenster unterbrachen, sowohl im ersten als auch im zweiten Stock, die Fassade. Das Dach war aus schwarzem Schiefer. An der Längsseite befand sich ein Erker. Zu beiden Seiten dieses Vorbaus gab es drei Fenster, ein hübscher Kontrast zu den unteren Stockwerken. Vier hohe Kamine überragten das Dach.

Das Haus war vorn und zu beiden Seiten von weiten Rasenflächen gesäumt, auf denen verstreut einige der in Cornwall heimischen Ulmen mit schmalen Kronen und spärlichen Ästen standen. An den Mauern waren Blumenbeete, in denen üppige Frühlingsblumen wuchsen. Hinter dem Haus war ein noch größerer Garten, in dem zahllose Blumen und Grünpflanzen wucherten. Hier hatte Mama ihren Kräutergarten, den sie mit besonderer Sorgfalt pflegte, denn sie liebte alles Grüne, und unter ihren Händen gediehen die Pflanzen prächtig.

Das Innere des Hauses war buchstäblich ein Kaninchenbau. Die Zimmer selbst waren zwar geräumig und hatten klare Linien, aber durch das ganze Haus zogen sich Nischen, Alkoven, Wandschränke – die Laune eines Architekten, da hatte ich keine Zweifel –, durch die die Grange einen wunderbar skurrilen Charakter bekam und die sie zu einem herrlichen Spielplatz machten.

Unser Maibaum war zwar verloren, aber wir Kinder waren nicht lange traurig, und nach dem Essen stürzten wir uns mit Elan in das altbewährte Versteckspiel.

Bei der dritten Runde kam mir plötzlich die Idee, mich in einer der alten Truhen auf dem Speicher zu verstecken. Nicholas war gerade dran mit Suchen, und nachdem er und mein Bruder Guy die besten Freunde waren, war er oft bei uns im Haus und kannte seine vielen Verstecke. Deshalb mußte ich besonders raffiniert sein, um ihm zu entkommen. Während Nicky die Augen schloß und begann, bis hundert zu zählen, rannten wir anderen Kinder davon, ein gelegentliches Flüstern oder Kichern begleitete unsere Flucht in alle Richtungen. So schnell ich konnte, lief ich in den Speicher hinauf und schlich mich, ganz außer Atem, in einen der Lagerräume. Ich hatte einen ganz trockenen Mund vor Aufregung, mein Herz klopfte bis zum Hals.

Der Speicher war dunkel und voller Schatten – das fahle graue Licht, das durch die schmutzigen Speicherfenster drang, war die einzige Beleuchtung –, und nach dem Frühlingsregen war die Luft stickig und feucht. Einen Augenblick zögerte ich und sah mich in dem Durcheinander um, das von der Staubwolke, die mein Eindringen aufgewirbelt hatte, verhangen war. Ich kam nur selten hier herauf, weil ich immer ein bißchen Angst vor dem Speicher hatte. Der Teil ohne die Dienstbotenzimmer war angefüllt mit alten Möbeln, Nippes, Uhren, Porzellan, Musikinstrumenten, Büchern, Spielzeug, Kleidung und anderen abgelegten Gegenständen, die die Familie nicht mehr brauchte. Obwohl das alles gar nichts Fremdes war, hatte es für mich doch etwas Bedrohliches, als hätten die Dinge, durch die Verbannung auf den Speicher, ein ganz eigenes Leben bekommen. Jetzt war dieses unheimliche Gefühl besonders stark, in diesem Dämmerlicht, dem prasselnden Regen auf dem Dach, der an den Glasscheiben herabrann. Kurzzeitig war ich versucht, wieder in die Sicherheit des Hauses unten zu fliehen. Am Ende aber siegte mein Wunsch, Nicky auszutricksen. Ich raffte also meinen Mut zusammen und zwang mich, weiter in das Lager hineinzugehen.

Zu meinem Entsetzen waren das erste, was ich sah, drei zerbrochene Porzellanpuppen, die mich streng von einem Regal aus anstarrten. Ihre großen, runden Augen schienen fanatisch zu glänzen, ihre perlweißen Zähne sahen zwischen den offenen, bemalten Lippen klein und scharf aus. Ich stellte mir vor, daß die Puppen plötzlich zum Leben erwachten und sich auf mich stürzten, um mir etwas anzutun, dann wandte ich mich zitternd ab und zuckte erschrocken zusammen, als ich gegen eine Schneiderpuppe stieß, die von einem zerfledderten Hut mit Schleier bekrönt war. Mein Herz klopfte bis zum Hals, ich hatte gedacht, jemand würde mir auflauern. Ich schob die Schneiderpuppe zwischen einen kaputten Schreibtisch und ein gebrochenes Schaukelpferd und eilte schnell, damit mich mein Mut nicht verließ, weiter zu einer großen Truhe, die in einer Fensternische stand.

Zu meiner Erleichterung war es hier nicht mehr so stickig und auch etwas heller. Ich spürte die Kühle des Frühlingsregens durch das Fensterglas, als ich vorsichtig, um meine Kleider und meine Strümpfe nicht zu beschmutzen, in die Hocke ging, um die Truhe genauer in Augenschein zu nehmen. Sie war auf jeden Fall groß genug für mich, beschloß ich und fragte mich, was sich wohl darin finden würde. Ich drehte den Schüssel im rostigen Schloß, hob den schweren Deckel auf ächzenden Scharnieren – hoffentlich hatte es keiner gehört – und schnitt angewidert eine Grimasse, angesichts des modrigen Geruchs alter Lavendel-Sachets aus dem Inneren. Aber dann vergaß ich das alles, auch meine Angst. Die Truhe war voller alter Kleider, sorgfältig gefaltet. Wie schön sie waren! Abgesehen von den Gemälden unserer Vorfahren hatte ich nie zuvor etwas Ähnliches gesehen, und das Versteckspiel war vergessen, ich war hingerissen von den herrlichen Gewändern.

Was wäre das für ein Spaß, sich mit denen zu kostümieren, dachte ich und fragte mich, wem sie wohl einmal gehört hatten.

Es waren Kleider aus schimmernder Seide und Satin, Jacken aus weichem Samt, mit üppiger Goldspitze verbrämt, Umhänge mit Pelz und Schwanenfedern geschmückt, Phantasiegebilde von Hüten, zarte, handbemalte Fächer, Lederhandschuhe, Schuhe mit Schnallen und juwelenbesetzten Absätzen und vieles mehr. Ich hätte den ganzen Nachmittag hier verbringen und all die schönen Sachen probieren können. Aber jetzt blieb mir keine Zeit mehr, denn nahende Schritte erinnerten mich an den Grund meines Aufenthalts im Speicher. Hastig packte ich ein Bündel Kleider und warf sie zu Boden. Dann kletterte ich in die Truhe und zog den Deckel herunter. Einen Spalt ließ ich offen, durch den ich sehen und atmen konnte.

Mir stockte der Atem, als die Tür aufging und eine Silhouette sich näherte, mein Herz klopfte so laut, daß ich Angst hatte, die Gestalt könnte es hören. Ich wartete, in der Hoffnung, es wäre Nicky und er würde mich nicht finden. Dann atmete ich auf. Ich hatte im dämmrigen Licht vom Fenster das Gesicht des Eindringlings gesehen, es war nur Thorne, der, genau wie ich, ein Versteck suchte.

Ich beobachtete, wie er einige geeignete Stellen inspizierte, aber offensichtlich mißfielen sie ihm, denn er suchte weiter, stocherte überall herum.

Ich wünschte, er würde weggehen. Es war sicher nur eine Frage der Zeit, bis er die Truhe und mich bemerkte, und er würde sicherlich aus lauter Bosheit mein Versteck verraten, selbst wenn er dadurch selbst verlor.

Trotzdem muß ich sagen, daß ich mit ziemlicher Schadenfreude Thorne heimlich beobachtete. Er hatte, im Glauben allein zu sein, seine übliche Maske, einen lieben, engelsgleichen Gesichtsausdruck, abgelegt, jetzt enthüllte sich sein hinterhältiger Charakter, den ich immer schon vermutet hatte. Allerdings war die Veränderung so erschreckend, daß sie mir angst machte.

Ich muß, trotz meiner Verachtung für ihn, zugeben, daß Thorne der schönste Knabe war, den ich je gesehen hatte. Er war mittelgroß, schlank, aber kräftig gebaut, er hatte eine Fülle blonder Locken, und seine Augen strahlten wie Saphire aus seinem schmalen, blassen Gesicht. Jede Geste war zart und graziös wie die eines Schwans. Jeder, sogar ich, mußte zugeben, daß er wie ein junger, griechischer Gott aussah, der gerade einem Gemälde entsprungen war.

Deshalb war es so entsetzlich, dieses Gesicht zu einer so widerlichen Fratze verzerrt zu sehen, die Augen schmal und verschlagen, die sanft geschwungenen Lippen häßlich verzogen, murmelte er wütend vor sich hin, weil er kein perfektes Versteck fand, und trat wütend gegen das Gerümpel, das ihm den Weg versperrte. Ich würde diesen Anblick nie vergessen, und eine innere Stimme ermahnte mich, mich ganz still zu verhalten. Ich duckte mich wie eine verängstigte Maus, in der Hoffnung, er würde mich nicht finden.

Aber leider fiel sein Blick schließlich doch auf die Truhe. Er schlich darauf zu, und ich wußte, daß er meine Anwesenheit bemerkt hatte. Wie eine Katze stürzte er sich darauf, riß den Dekkel hoch und hätte mir fast den Arm ausgerenkt, mit dem ich den Deckel hielt.

»Schau einer an. Was haben wir denn da?« fragte er höhnisch. »Wenn das nicht meine kleine Cousine Laura ist.«

»Geh weg, Thorne!« schimpfte ich, erhob mich und rieb mir wütend meine schmerzende Schulter. »Ich war zuerst hier, und wenn du noch länger hier rumstehst, wird Nicky uns sicher beide erwischen!«

»Da sieht man wieder, wie doof du bist«, sagte er verächtlich. »Es ist völlig egal, ob ich hier bin. Jeder Trottel merkt sofort, daß du hier versteckt bist. Warum sollte sonst das ganze alte Zeug hier auf dem Boden verstreut sein? Also wirklich, Laura. Du mußt in der falschen Reihe gestanden sein, als Gott Verstand ausgeteilt hat, du hast ja nicht mal soviel wie eine Gans!«

»Das ist nicht wahr!« konterte ich hitzig. »Schließlich und endlich bist du ja auch in den Speicher gekommen, um dir ein Versteck zu suchen, oder?«

»Ja, aber vielleicht bemerkst du, daß *ich* mir große Mühe gegeben habe, keine Spuren zu hinterlassen, während *du* nicht nur diesen ganzen Krempel aus der Truhe gezerrt hast, sondern auch noch Fußspuren im Staub hinterlassen hast. Du hättest Nicky ja gleich eine Karte zu deinem Versteck zeichnen können, du dumme Gans!«

Zu meiner großen Bestürzung sah ich, daß das leider stimmte, und war so erbost, daß Thorne meine Dummheit bemerkt hatte, daß ich beinahe in Tränen ausgebrochen wäre. Ich biß mir auf meine zitternde Unterlippe und schaute mich traurig im Speicher um. Ich hatte jede Freude an dem Spiel verloren und fragte mich, ob ich noch rechtzeitig ein anderes Versteck finden könnte. Von unten hörte man nämlich schon gedämpft Nickys Schreie und Gelächter und das Wutgeschrei von Lizzie, als er ihr Versteck fand. Thorne begriff mein Dilemma sofort, und zu meiner Überraschung hatte er Mitleid mit mir.

»Schau, Laura, ich möchte genauso ungern gefunden werden wie du, also müssen wir schnell handeln. Weißt du, was: Du kriechst da wieder rein, und ich deck dich mit den verräterischen Kleidern zu und verwisch deine Spuren im Staub. Und so kann dich Nicky, selbst wenn er in der Truhe nachschaut, nicht finden. Dann kriech' ich in den Hohlraum unter den Schreibtisch und häng eine Decke oder so was vor mich.«

Zuerst war ich ganz begeistert von Thornes Vorschlag, er war wirklich nicht schlecht. Aber dann erinnerte ich mich an sein hinterhältiges Gesicht von vorhin, und eine innere Stimme warnte mich davor, ihm zu vertrauen.

»Das hast du dir so gedacht, Thorne«, erwiderte ich kopfschüttelnd. »So doof bin ich nun auch wieder nicht! Das ist ein Trick – das weiß ich! Warum solltest du mir denn helfen?«

»O mein Gott! Du bist wirklich die entnervendste –« Er hielt inne und schluckte hinunter, was immer er Giftiges hatte sagen wollen. Dann setzte er, mit seinem üblichen, engelsgleichen Lächeln, den Versuch fort, mich zu überreden. »Ich hab's dir gerade gesagt, Laura, ich will auch nicht erwischt werden. Warum soll man denn spielen, wenn man nicht gewinnen will? Und wenn Nicky dich findet, dann bist du sicher so boshaft und steckst ihm, daß ich auch hier oben bin, nachdem es jetzt sowieso für uns beide zu spät ist, ein anderes Versteck zu suchen – du magst ihn sowieso lieber als mich. Also ist es nur zu meinem Vorteil, wenn ich dir helfe. Das sieht doch ein Blinder mit dem Krückstock. Du würdest es auch begreifen, wenn du nicht so dicke mit Nicky wärst und mir gegenüber nicht so mißtrauisch, obwohl ich nicht verstehe, warum. Du bist doch schließlich meine Cousine ersten Grades, und Nicky ist nur Cousin zweiten Grades.«

»Na ja, also schön, wenn du meinst«, sagte ich schließlich. Ich hatte zwar ein ungutes Gefühl, aber Thorne hatte recht, außerdem blieb keine Zeit mehr zum Streiten. Ich hörte am Geschrei von unten, daß Nicky bereits zwei seiner jüngeren Geschwister, die Zwillinge Alexander und Angélique, gefunden hatte.

»Los, dann kriech in die Kiste«, drängte Thorne. »Los, beeil dich! Ich muß mich ja auch noch verstecken.«

Und schließlich – obwohl ich immer noch Bedenken hatte – rollte ich mich wieder in der Truhe zusammen. Angewidert vom Geruch mußte ich mir das Niesen verkneifen, als Thorne hastig die Kleider über mich stopfte. Dann schloß er mit einem lauten Knall den Deckel und ging weg, seine Schritte hallten seltsam in der Stille. Ich glaubte, auch ein schwaches, schadenfrohes Lachen zu hören, nahm aber an, es käme von unten, und Nicky hätte gerade Damaris oder Byrony, seine jüngsten Schwestern, erwischt.

Es war dunkel und bedrückend in der Truhe, ohne den offenen Schlitz. Und außerdem hatte ich Schwierigkeiten mit dem Atmen unter den Kleiderschichten. Entweder eine Feder oder ein Stück Fell – ich wußte nicht was – kitzelte mich in der Nase, und ich war wieder versucht zu niesen. Ich versuchte, mich umzudrehen und eine etwas bequemere Stellung zu finden, und hoffte insgeheim, Nicky würde mich, trotz Thornes Vorsichtsmaßnahmen, bald finden. Allmählich kam ich zu der Überzeugung, daß es keine so gute Idee gewesen war, sich in der Truhe zu verstekken, und mein Mißtrauen Thorne gegenüber wuchs erneut. Natürlich versteckte er sich unter dem Schreibtisch, reglos wie eine Statue, falls Nicky und die anderen, die er bereits gefangen hatte, in den Speicher kamen, aber ich hätte ihn doch zumindest atmen hören müssen.

»Thorne«, rief ich leise, um mich selbst zu beschwichtigen. »Thorne, bist du da?« Offensichtlich konnte er mich nicht hören, er gab keine Antwort. Schließlich entschloß ich mich, vorsichtig den Deckel zu heben, aber ich konnte ihn keinen Millimeter bewegen. Ich versuchte, nicht in Panik zu geraten und schrie: »Thorne! Hör auf mit dem Quatsch und antworte mir! Ich krieg' keine Luft! Thorne! Hörst du mich? Ich krieg' keine Luft! Und ich kann den Deckel nicht aufmachen! Du mußt mir helfen!«

Aber trotzdem kam immer noch keine Antwort, und schließlich mußte ich mir zähneknirschend eingestehen, daß mein Cousin mich hinterhältig in die Truhe gesperrt hatte und dann weggelaufen war.

2. Kapitel

Der edle Ritter

Thornes Verrat löste eine Flut von Gefühlen in mir aus.

Anfänglich war ich eigentlich mehr wütend als ängstlich, ich kam gar nicht auf die Idee, daß mein Cousin, egal wie ekelhaft er auch war, nicht bald wieder zurückkehren würde, um mich freizulassen. Ich war mir sicher, daß er sich immer noch in der Nähe herumtrieb, auch wenn er auf meine Rufe nicht antwortete. Also hörte ich auf zu schreien und gegen den Deckel zu schlagen, weil ich fürchtete, er würde aus Schadenfreude noch länger warten, bis er mich freiließ.

Je eher er merkt, daß ich keine Angst habe, desto schneller kommt er zurück und läßt mich frei – und lacht mich obendrein noch aus! Oh, wenn ich den Kerl in die Finger kriege! Ich werde ihm seinen mageren Hals umdrehen!! dachte ich erbost.

Ich plante meine Rache, während ich mir verbittert Vorwürfe machte, daß ich diesem Ekel Thorne getraut hatte, und stellte mir vor, was ich ihm alles antun würde, wenn ich erst einmal frei war.

Ich hatte inzwischen gelernt, daß es absolut zwecklos war, meinen Cousin zu verpetzen. Er würde nur lügen, um sich selbst zu schützen, und geschickt und unfair die ganze Schuld für das, was passiert war, mir in die Schuhe schieben. Und wenn Onkel Esmond vermutete, daß die Wahrheit ganz anders aussah und ihn deshalb züchtigen wollte, griff Tante Julianne ein und rettete ihn, bevor der Gerechtigkeit Genüge getan war. Immer kanzelte sie Onkel Esmond dann mit einer bissigen Litanei seiner Unzulänglichkeiten ab und betonte, daß ihr herzensguter Sohn zu einer solchen Tat gar nicht fähig wäre. Dann segelte sie hocherhobenen Hauptes aus dem Zimmer, ohne Onkel Esmond eines Blickes zu würdigen, und schob Thorne vor sich her wie eine Gluckhenne, die ihr Junges vor dem bösen Mann beschützen muß. Somit entging er jedesmal seiner gerechten Strafe. Und Onkel Esmond ließ mit steter Regelmäßigkeit die Sache fallen, um des lieben Friedens willen.

»Dem gehört der Hosenboden ordentlich stramm gezogen«, bemerkte Granny Sheffield bei solchen Gelegenheiten, »sonst wird er zu einem schwarzen Schaf heranwachsen wie sein Onkel Quentin und sicherlich am Galgen enden.«

Onkel Esmond errötete dann jedesmal vor Scham und murmelte irgendeine Entschuldigung.

Leider waren Papa und Mama nicht so pflichtvergessen, was ihre Kinder betraf: Meine Rache mußte sorgfältig geplant werden, ansonsten würde man mich kategorisch züchtigen. Während ich also in sehr unbequemer Stellung in dieser Kiste kauerte, den Kopf und die Knie gegen die harte Innenwand gepreßt, nahm ein ziemlich boshafter Plan allmählich Gestalt an.

Tante Julianne hatte als junges Mädchen einmal einem Pony, das für ihren Geschmack zu langsam lief, eine Hutnadel in den Hintern gerammt. Das Pony war daraufhin in den bewaldeten Teil des Parks durchgegangen, und ein tiefhängender Ast hatte Tante Julianne aus dem Sattel gehoben, sie war gestürzt und hatte sich fürchterlich den Knöchel verstaucht.

Jetzt ging mir Thornes schönes, aber sehr temperamentvolles

New Forest Pony nicht mehr aus dem Kopf. Es würde sicherlich sehr heftig reagieren, wenn man es mit einer Hutnadel stechen würde. Mein Cousin und meine Cousine konnten nicht sehr gut reiten, sie zerrten immer zu heftig an den Zügeln und waren unüberlegt und grausam mit Peitsche und Sporen. Ich war mir sicher, er würde das schwierige, zickige Pony nicht mehr kontrollieren können, wenn meine gutgezielte Hutnadel es getroffen hatte, und im Graben landen.

Er wird ja so lächerlich aussehen, wenn er auf dem Boden liegt, wütend und gedemütigt, und wie ich ihn dann auslachen werde! Sicher war er genauso froh über den Streich, den er mir jetzt spielte, wie ich es dann sein würde.

Der letzte Gedanke war ernüchternd, denn mir wurde plötzlich klar, daß schon sehr viel Zeit vergangen war und mein Cousin immer noch nicht zurückgekehrt war.

Wo kann er bloß sein, dachte ich erbost. »Thorne!« schrie ich und hämmerte mit einer Hand gegen den Truhendeckel. »Thorne, mach auf. Du hast deinen Spaß gehabt, aber jetzt reicht's, laß mich raus, bevor ich das ganze Haus zusammenschreie!«

Immer noch keine Antwort, und mir wurde mit einem Schlag klar, daß der Speicher leer war. Mein Cousin war einfach gegangen und hatte mich vergessen, oder noch schlimmer, er hatte von Anfang an nicht vorgehabt, zurückzukommen. Angst schlich sich meine Wirbelsäule hoch. Ich war überzeugt, er würde keinem erzählen, wo ich war, weil sonst sein böser Streich ans Licht kommen würde.

Es traf mich wie ein Schlag in die Magengrube. Ich war ratlos. Für mich war es unbegreiflich, daß irgend jemand so etwas Entsetzliches tun konnte, und wollte es anfänglich auch gar nicht glauben. Aber tief in meinem Innersten wußte ich, daß es so war, und Angst griff mit kalter Hand nach meinem Herzen. Ich rang nach Luft, und mein Puls hämmerte wie verrückt.

Denk nach, Laura, ermahnte ich mich streng, ein vergeblicher Versuch, meine aufkommende Panik in den Griff zu bekommen. *Du mußt dir überlegen, was du tun kannst.*

Ich zwang mich, tief Luft zu holen, langsam und regelmäßig, bis ich mich wieder einigermaßen beruhigt hatte. Dann schob ich die Kleider zur Seite, die mir die Luft abschnitten, drehte mich mühsam um, und schließlich gelang es mir, das Schloß der Truhe zu ertasten. Zu meiner Erleichterung war kein Lichtstrahl zu sehen, das hieß, daß mein Cousin den Schlüssel nicht mitgenommen hatte. Wenn ich jetzt bloß noch etwas finden würde, mit dem ich ihn von innen drehen könnte, hatte ich eine Chance, mich zu befreien.

Ich wühlte in der Truhe herum, bis meine Knöchel über einen kleinen, steifen Gegenstand kratzten. Ich tastete ihn ab und stellte fest, daß es die Spitze einer langen, schlanken Feder sein mußte, vielleicht von einem Fasan, und zerrte sie aus dem alten Filzhut, in dem sie steckte.

Fluchend fummelte ich mich durch die behindernden Kleider und suchte erneut das Schlüsselloch. Dann steckte ich vorsichtig die Feder in das Schloß und versuchte, so gut es unter diesen Umständen ging, den Schlüssel herumzudrehen. Minuten später durchbohrte ein dumpfer, grauer Lichtstrahl das Dunkel der Truhe und mit lautem Geklapper, für mich wie das Läuten der Totenglocke, purzelte der Schlüssel auf den Boden des Lagerraums.

Ich hätte vor Wut und Verzweiflung heulen können, denn jetzt war jede Hoffnung dahin, aus meinem Truhengefängnis zu entkommen.

Ich hatte zwar keine Möglichkeit festzustellen, wieviel Zeit vergangen war, aber mir kam es vor, als wäre ich schon seit Stunden hier eingeschlossen. Ich war schweißgebadet von meinen Anstrengungen, meine Kleider klebten am Körper, und ich bekam vor lauter Angst kaum noch Luft.

Draußen war der Frühlingsregen zu einem Sturm angewachsen. Ich hörte, wie der Regen gegen die Speicherfenster prasselte, und irgendwo klapperte ein Fensterladen im Wind. Mir wurde vom muffigen Geruch der Lavendel-Sachets zwischen den Kleidern ganz schwindlig, die Schwärze in der Truhe war fast greifbar und jagte mir Kälteschauer über meinen verschwitzten Rükken.

Und dann packte mich plötzlich das Gefühl, ich würde erstikken. Wie ein wildes, gefangenes Tier hämmerte ich mit beiden Fäusten gegen den Truhendeckel und schrie um Hilfe, bis ich heiser und erschöpft feststellen mußte, daß es zwecklos war, es hörte mich ja doch niemand.

Ich ließ mich in die Kleider zurückfallen und rang keuchend nach Luft.

Tränen der Wut und der Angst liefen mir übers Gesicht. Ich verfluchte Thorne und mich dazu, weil ich so dämlich gewesen war, auf ihn hereinzufallen. Ich fragte mich, ob ich wohl hier in dieser Truhe sterben und keiner je erfahren würde, was aus mir geworden war.

An einem Winterabend, als der Wind unheimlich über das Moor heulte und wir Kinder uns vor einem Kamin versammelt hatten, hatte ich gehört, wie meine Chandler-Cousins sich flüsternd seltsame Gespenstergeschichten über Onkel Dracos rätselhaftes Haus, Stormswept Heights, erzählten. Eine davon war, daß ein Mord dort geschehen war und zwei Leichen in einem Loch eingemauert worden wären, die Onkel Draco und Tante Maggie beim Renovieren des Hauses entdeckt hatten.

Jetzt fielen mir diese furchtbaren Geschichten wieder ein. Diese Truhe war auch wie ein Sarg, und ich fragte mich, ob vielleicht in einigen Jahren jemand in diesen Lagerraum kommen, meine Gebeine hier finden und mich dann in einem namenlosen Grab beerdigen würde, wie die beiden Skelette, die Onkel Draco und Tante Maggie gefunden hatten.

Ich war vollkommen hysterisch vor Angst, als plötzlich zu meiner großen Erleichterung der Schlüssel im Schloß gedreht wurde. Der Deckel flog auf, und da waren Jarrett und Nicholas, ihre dunklen Gesichter bedrohlich wie Gewitterwolken. Jarrett hatte Thorne am Kragen gepackt, und er zappelte schreiend wie ein Fisch an der Angel.

»Komm, Laura, du bist frei«, sagte Nicky zärtlich, ein Lächeln huschte kurz über sein grimmiges Gesicht. Dann fragte er besorgt: »Laura, ist alles in Ordnung?«

»Nicky, o Nicky!« schluchzte ich und warf mich in seine ausgebreiteten Arme. »Ich hab' solche Angst gehabt... Ich hab' keine Luft bekommen! Ich hab' gedacht, ich muß da drin sterben!«

»Ist ja gut, Schätzchen. Jetzt ist alles wieder gut.« Er drückte mich fest an sich und streichelte mir beruhigend über den Rükken. Seine ruhige Stimme und sein weicher Zigeunerakzent, den er von seinem Vater geerbt hatte, waren wie Balsam. »So, jetzt trockne deine Tränen, sonst werden deine Augen ganz rot und geschwollen, und alle wollen wissen, warum du dich so aufgeregt hast. Und dann gibt's Ärger, da kannst du sicher sein. So ist's brav.« Er grinste mich an, und ich versuchte, mein Schluchzen zu unterdrücken. »Hier.« Er holte ein ziemlich schmutziges Spitzentaschentuch, steif und vergilbt, aus der Truhe und drückte es mir in die Hand. »Putz dir die Nase. So ist's gut. Jetzt fühlst du dich doch schon besser, Schätzchen, oder?«

Nachdem er sah, daß ich mich wirklich wieder beruhigt hatte, ballte Nicholas die Fäuste und drehte sich wutschnaubend zu Thorne um.

»Eins sag ich dir, du kleiner Schleimer«, zischte Nicholas, und mit jedem Wort stieß er Thorne die Faust gegen die Brust, »wir haben alle die Nase voll von deinen widerlichen Bosheiten, und wir lassen uns das nicht mehr gefallen, kapiert? Laura hätte da drin ersticken können, du Widerling! Ganz zu schweigen davon, welchen Schrecken du ihr eingejagt hast. Was hättest du denn getan, wenn wir nicht Verdacht geschöpft und die Wahrheit aus dir herausgeprügelt hätten, Thorne? Sie einfach da drin gelassen? Du bist ein echtes Monster! Aber eins sag ich dir, diesmal kommst du nicht so leicht davon, da kannst du Gift drauf nehmen. Und Tante Julianne ist jetzt nicht da, um dir deine Haut zu retten, wie sonst. Deine Hilfeschreie hört sie hier oben auf dem Dach nicht. Du bist jetzt in meiner Gewalt, genau wie Laura vorher in deiner, und dieses eine Mal wirst du die verdiente Prügel kriegen, du verzogenes Balg!«

»Langsam, Nicky.« Jarrett hielt beschwichtigend seine Hand hoch. »Überleg doch mal. Ist es wirklich den ganzen Ärger wert, diesem Idioten eine Lektion zu verpassen? Vater wird sicher böse – du weißt, wie er so etwas haßt –, und Thorne rennt bestimmt hinterher zu Tante Julianne und heult ihr was vor. Laß es gut sein. Laura ist nichts passiert, und es gibt sicher eine bessere Gelegenheit, diesem Muttersöhnchen eine Lektion zu erteilen.« Er schüttelte Thorne verächtlich.

Dann richtete er den Blick auf Nicky, und mit einem Mal war da eine Spannung zwischen den beiden Brüdern, die ich nicht begriff. Erst mit dem Älterwerden lernte ich, die Blicke zu interpretieren, die Worte ersetzten. Worte, die, einmal ausgesprochen, dunkle, häßliche Dinge auslösen können. Jarrett erinnerte mich plötzlich an seinen autoritären Vater, und mir lief eine Gänsehaut über den Rücken.

Immer noch gilt das uralte Gesetz in England, daß, auch wenn ein Mann mehrere Söhne hat wie Onkel Draco, nur einer, der älteste, erben und im Lauf der Zeit das Oberhaupt der Familie werden kann, das sich nur vor Gott und dem König zu verantworten hat. Jarrett war so ein ältester Sohn. Ich glaube, Nicky erinnerte sich auch daran, denn er lief vor Wut puterrot an und zischte: »Ich laß mich von dir nicht rumkommandieren, Jarrett, von keinem, und schon gar nicht von dir. Und du brauchst für mich keine Schuld auf dich zu nehmen, *ich* werde das sicher nicht von dir verlangen. Geh runter, wenn du Angst hast«, sagte er herausfordernd. »Du kannst ja wie Thorne alles petzen. Mir ist das egal! Es wird dir sowieso nichts nützen. Vater kann Petzen nicht ausstehen, da kannst du dich nicht bei ihm einschmeicheln, falls du das meinst – du versuchst ja immer, in seinen Augen besser dazustehen. Geh nur, wenn du willst. Aber jetzt mach den Weg frei – und komm mir ja nicht in die Quere!«

Jarretts Mund wurde vor Wut ganz schmal, er kam aber nicht mehr dazu, etwas zu sagen, weil Nicky sich wie ein tollwütiger Hund auf Thorne stürzte und ihn mit solcher Gewalt aus Jarretts Griff riß, daß Jarrett durch den Schwung über das wacklige Schaukelpferd fiel. Nicky und Thorne kullerten ineinander verkeilt zu Boden.

Beide Jungen waren erst elf Jahre alt, aber Nicky war viel größer und schwerer als Thorne, der für sein Alter ziemlich klein war. Da er sich immer hinter den Röcken seiner Mutter versteckt hatte, hatte er auch keine Ahnung, wie man kämpfte. Es war also nicht weiter überraschend, daß Thorne hilflos wie ein Käfer auf dem Rücken strampelte. Sein verängstigtes Gesicht und sein Angstgequietsche erfreuten mein Herz.

Ich schrie: »Schlag ihm auf die Nase, Nicky!« genauso schadenfroh und unziemlich, wie ich es einmal von einer Kellnerin bei einer Schlägerei in unserem Dorf gehört hatte. »Hau ihm sein Rattengesicht kaputt!«

»Was bist du doch für ein gewöhnliches, blutdürstiges Mädchen, Laura«, bemerkte Jarrett angesichts meiner undamenhaften Anfeuerungsversuche kühl. »Das muß ich mir merken.«

Dann rief er im Befehlston: »Das reicht, Nicky. Ich warne dich: Du weißt, wie Vater über Schlägereien denkt, und ich habe keine Lust, Prügel zu kriegen, nur weil du dich nicht beherrschen kannst.«

»Misch dich ja nicht ein, Jarrett, oder du wirst es bereuen!« zischte sein Bruder drohend und landete einen Volltreffer auf Thornes Kinn. »Dieser hochnäsige Tropf kriegt jetzt endlich, was schon längst mal fällig war, und du wirst mich nicht daran hindern!«

Jarretts Augen verdüsterten sich, er schob das Kinn vor, und einen Moment lang wirkte er wesentlich älter als dreizehn und sah seinem Vater so ähnlich, daß ich eine Gänsehaut bekam.

Später mal wird mit dem nicht gut Kirschen essen sein, dachte ich mit einer für eine Achtjährige verblüffenden Weitsicht.

Aber schließlich hatte jeder außer Tante Maggie und Papa Angst vor Onkel Draco, also war es nicht erstaunlich, daß ich spürte, daß Jarrett ihm nicht nur ähnlich sah, sondern auch seinen Charakter geerbt hatte.

Der Kampf im Speicher tobte genauso gnadenlos wie der Sturm, der gegen das Dach peitschte. Thorne, der inzwischen ein blaues Auge und eine aufgeplatzte Lippe hatte, zog auf der ganzen Linie den kürzeren. Trotzdem mußte ich zugeben, daß er schnell lernte und sich mit allen Mitteln verteidigte. Deshalb war Nicky, der nicht mit so gemeinen Taktiken wie Kratzen, Beißen und Haareausreißen rechnete, auch nicht ganz unbeschadet. Sein Gesicht trug die Spuren von Thornes Fingernägeln, und am linken Arm hatte er einen perfekten Abdruck von Thornes ebenmäßigen weißen Zähnen.

Der Speicher war zwar anfänglich auch nicht sonderlich ordentlich gewesen, aber jetzt herrschte Chaos. Zertrümmerte Möbel und Nippes waren im ganzen Raum verstreut: ein zerbrechlicher Holzstuhl, den Nicky Thorne über die Schulter gezogen hatte, war zersplittert, und die Splitter ragten drohend aus dem Gerümpel voller Scherben, eine echte Gefahr, zwischen der die Jungen herumtorkelten und wütend rangen.

Thorne war es gelungen, sich loszureißen und sich hochzurappeln, aber bevor er zwei Schritte machen konnte, hatte Nicky ihn am Hemd gepackt, riß ihn herum und rammte ihm den Kopf in den Bauch. Durch die Wucht des Aufpralls stürzten die beiden gegen einen Drehspiegel, das Glas splitterte und stürzte mit solchem Getöse zu Boden, daß ich überzeugt war, jeder im Haus mußte es gehört haben.

Jarrett war offensichtlich meiner Meinung und keifte: »Um Himmels willen, Nicky! Wenn du so weitermachst, wird Vater mit allen anderen gleich hier oben sein!«

Aber Nicky beachtete seinen Bruder nicht, der Kampf ging weiter. Thorne packte einen verzogenen Bambuskäfig und schlug ihn Nicky so fest über den Schädel, daß die ausgestopfte Nachtigall durch die winzige Tür flog, bevor der Käfig auf Nikkys Kopf zerbarst. Nicky riß sich den unerwünschten Bambuskragen ab, schnappte sich eine der Porzellanpuppen aus dem Regal, die mich vorhin so erschreckt hatten, und schlug sie Thorne so brutal ins Gesicht, daß er sie köpfte. Der Kopf der Puppe rollte in den Haufen Gerümpel am Boden, wie durch ein Wunder unbeschädigt. Die Augen starrten mich vorwurfsvoll an.

Wimmernd wie eine zerquetschte Katze, taumelte Thorne rückwärts, dann fiel er zuckend zu Boden, die Hände vor seinem Gesicht, aus dessen Wunden eine schockierende Flut scharlachroten Blutes schoß.

»Großer Gott!« schrie Jarrett, packte Nicky, der sich heftig wehrte, und hielt ihm die Arme fest. »Hör auf, du Idiot!« befahl Jarrett und schüttelte Nicky brutal. »Wenn wir Glück haben, hast du diesen Idioten nicht umgebracht.«

Natürlich ging genau in diesem Moment die Tür zum Speicher

auf, und Onkel Draco erschien, gefolgt von Tante Maggie, Papa, Mama und Onkel Esmond. Bei Onkel Dracos Anblick rutschte mir vor Angst das Herz in die Hose, jetzt würden wir alle büßen müssen. Selbst Thorne hörte auf zu wimmern, Jarrett und Nicholas standen stramm wie Soldaten, die beim Ungehorsam erwischt worden waren. Onkel Dracos funkelnde schwarze Augen musterten das Chaos und uns der Reihe nach.

Er eilte meinem Cousin nicht sofort zu Hilfe, obwohl Thorne offensichtlich große Schmerzen hatte und stark blutete. Papa hätte sicher, unter anderen Umständen, sofort die Initiative ergriffen und erst einmal Thorne versorgt, bevor er dem, was geschehen war, auf den Grund ging. Aber anscheinend wollte Papa Onkel Draco die Sache regeln lassen. Auch Tante Maggie, Mama und Onkel Esmond machten keinerlei Anstalten einzugreifen. Onkel Draco fragte mit seiner leisen, täuschend sanften Stimme: »Was geht hier vor?«

Natürlich wagte keins von uns Kindern zu antworten – geschweige denn, ihn anzuschauen, solche Angst hatten wir vor ihm. Aber, wie ich schon sagte, schließlich hatte praktisch jeder Angst vor Onkel Draco.

Er war ein großer, kräftiger Mann, der, obwohl er schon fast vierzig war, kein Gramm Fett am Körper hatte. Im Lauf der Jahre hatte er mehr als einen Mann im Kampf besiegt, trotz aller Schwierigkeiten seinen stattlichen Besitz, Stormswept Heights, gut verwaltet und regierte die oft aufsässigen Arbeiter seiner Porzellanerdegruben mit eiserner Hand. Sein pechschwarzes Haar, das er angeblich mit einem Dolch, den er von einem seiner Zigeunervorfahren geerbt hatte, stutzte, zeigte noch keine Spur von Grau. Sein Gesicht, dunkel wie Bronze, war wie aus Granit gehauen, die rauhe Witterung Cornwalls hatte feine Fältchen um seine Augen und tiefe Falten um den Mund eingegraben. Seine Adlernase war in seiner Jugend bei einer Schlägerei gebrochen worden. Alles in allem hatte er also nicht gerade ein schönes Gesicht, trotzdem fanden es einige attraktiv, wenn auch viele schworen, er hätte »eine verfluchte Tyburn-Visage«, und prophezeiten, er würde doch noch eines Tages am Galgen hängen.

Ich riskierte einen kurzen Blick aus dem Augenwinkel und sah, daß seine Stirn mit den schweren Augenbrauen gerunzelt war, was schon die tapfersten Männer hatte erzittern lassen, und ich bebte vor Angst, Ziel seines Zorns zu werden.

»Und?« sagte Onkel Draco knapp. Ich senkte schnell die Augen und nestelte verlegen an meinem Zopf herum. »Ich habe eine Frage gestellt, und ich warte nicht gern, also schlage ich vor, daß einer von euch den Mut faßt, mir zu antworten.«

Jarrett, der älteste von uns, räusperte sich verlegen. Aber bevor er antworten konnte, kam Tante Julianne keuchend zur Tür herein. Sie war im Lauf der Jahre ziemlich mollig geworden und hatte deshalb wahrscheinlich Schwierigkeiten gehabt, die beiden steilen Treppen zum Speicher heraufzuklettern.

»Mein Gott, Thorne! Mein Baby!« jammerte sie, als sie ihren kostbaren Sohn blutend am Boden liegen sah. »Was haben sie dir angetan? Was haben diese Heiden getan?«

Sie warf uns allen einen vorwurfsvollen Blick zu und wäre meinem Cousin sofort zu Hilfe geeilt, aber Onkel Dracos Worte ließen sie erstarren. Das überraschte mich sehr, weil Tante Julianne sich normalerweise von keinem etwas sagen ließ.

»Bleib, wo du bist, Julianne«, befahl Onkel Draco in scharfem Ton, »und reiß dich zusammen, ich kann Szenen nicht ausstehen. Ich vermute, daß es nur Thornes Stolz ist, der verletzt wurde. Die Schnitte sind nicht so tief, daß sie Narben hinterlassen werden. Ich nehme zwar an, daß seine Nase gebrochen ist, aber ich habe noch nie gehört, daß jemand an so etwas stirbt, also wird Thorne es wohl kaum als erster tun, auch wenn sie ihm ein paar Wochen lang weh tun wird. Außerdem hat er sich auf die

Schlägerei eingelassen, also muß er lernen, seine Beulen wie ein Mann zu ertragen. Er kann nicht erwarten, daß man ihn hinterher wie ein Baby verwöhnt.«

»Gebrochen!« kreischte Tante Julianne. Alles andere hatte sie anscheinend nicht gehört. »Du glaubst, seine Nase ist gebrochen! O mein armer, schöner Junge – sein Gesicht ruiniert –, und ihr steht einfach da und tut nichts! Du Unhold! Wie kannst du es wagen! Was weißt du schon von der zarten Sensibilität eines Knaben? Die hattest du ja nie, Draco, du warst immer ein grausamer, herzloser Teufel«, schrie sie dramatisch wie eine große Tragödin. »Und wie es scheint, treten deine Söhne in deine Fußstapfen.«

»Ja, und ich bin froh darüber«, sagte Onkel Draco trocken. »Ich kann feige Memmen nicht ausstehen, die sich vor den Konsequenzen ihrer Dummheiten hinter Frauenröcken verstecken. So, jetzt laßt uns der Sache auf den Grund gehen, bevor Thorne verblutet. Den Mengen an Blut nach zu schließen, die er verliert, besteht die geringe, wenn auch realistische Möglichkeit, daß er wegen ein paar Kratzern und einer Begradigung seiner Nase sein Leben aushaucht.«

Thorne blutete zwar immer noch, und er war leichenblaß, aber ich war sicher, daß Onkel Draco das nur gesagt hatte, um Tante Julianne zu erschrecken. Er grinste ironisch, als sie sich stöhnend ihr besticktes Taschentuch an den Mund preßte und in ihrer Corsage nach dem Riechfläschchen suchte, an dem sie sich immer festklammerte, wenn es nicht nach ihren Wünschen lief.

»Oh, mir wird übel«, stöhnte sie. »Esmond! Willst du einfach dastehen und zulassen, daß dein widerlicher Cousin mich daran hindert, unseren Sohn zu versorgen?«

»Meine Liebe«, bemerkte Onkel Esmond ganz uncharakteristisch sarkastisch, »ich habe es bis jetzt noch nicht erlebt, daß dich jemand daran hindern kann, etwas zu tun, wozu du dich entschlossen hast.

Ich verstehe also nicht, wieso du jetzt plötzlich meine Hilfe benötigst.«

»Ich hab's immer gewußt! Wenn es hart auf hart geht, läßt du mich im Stich«, schniefte Tante Julianne, mit dem Gesicht einer Märtyrerin.

»Das reicht!« knurrte Onkel Draco. Julianne verstummte, aber ihr Doppelkinn und ihr ausladender Busen zitterten vor Wut über diesen neuerlichen Affront. »Ich möchte eine Erklärung, und ich will sie jetzt. Jarrett?«

Schließlich war die traurige Geschichte erzählt, Nicholas und Jarrett wurden streng ermahnt. Die Peitsche blieb ihnen Gott sei Dank erspart, da Onkel Draco der Meinung war, sie hätten mich verteidigt. Papa kanzelte mich ab, weil ich so dumm gewesen war, auf Thornes Bosheit hereinzufallen.

Wie gewöhnlich entging Thorne der elterlichen Strafe. Er hatte aber, wie Onkel Draco richtig vermutet hatte, eine gebrochene Nase. Sie heilte zwar, ruinierte aber sein gutes Aussehen, und von da an haßte er Nicky und schikanierte ihn, wo es ging.

Das gelang Thorne allerdings nicht sehr oft. Nicholas war in meinen Augen zum strahlenden, edlen Ritter geworden, und ich folgte ihm wie ein treuer Wachhund, ständig auf der Hut, daß ihm keiner ein Leid tat. Nicky beteuerte zwar heftig, daß er den Schutz eines Mädchens nicht brauche, aber insgeheim genoß er es, der Held zu sein, und ging mit stolzgeschwellter Brust herum. Jarrett dagegen fand das überhaupt nicht komisch und gab uns den Spitznamen »Dornröschen und der Prinz«. Er fragte uns oft spöttisch, ob wir in letzter Zeit wieder mal mit irgendwelchen »Thorne-Büschen« gekämpft hätten.

3. Kapitel

Die Jahre vergehen

Jetzt bin ich alt, und durch die Erzählung dieser Geschichte ziehen die Jahre noch einmal an mir vorbei. Ich weiß jetzt, wie schnell die Tage der Jugend vergehen. Ich betrauere den Verlust dessen, was die Jugend in ihrer Unwissenheit so achtlos verschwendet, als hätte man Zeit im Überfluß. Welche Ironie, daß die Jugend so begierig darauf ist, erwachsen zu werden, während sich die Alten danach sehnen, die Zeit zurückzudrehen. Aber die Ehrlichkeit zwingt mich zu sagen, daß ich in meiner Jugend auch nicht anders war.

Als ich jung war, konnte ich es kaum erwarten, meine langen, goldbraunen Zöpfe hochzustecken, die Säume meiner Röcke herunterzulassen und die Nächte auf irgendeinem Ball zu vertanzen. Jetzt verfluche ich das Silber in meinem Haar, die vielen Röcke, die meine Beweglichkeit beeinträchtigen, und den Stock, den ich beim Gehen brauche. Wie unfair es doch ist, daß mein Verstand, scharf wie eh und je, und mein Herz, immer noch so voller Gefühle, jetzt eingekerkert ist in diesem alten Körper, mit den brüchigen Knochen und den schmerzenden Gelenken.

Aber so ist nun mal das Leben, wie ich voller Reumut lernen mußte. Und ich bin zu dem Schluß gekommen, daß es vielleicht doch eine Gnade ist, daß der Jugend das Wissen um das Alter erspart bleibt.

Wie herrlich unwissend war ich doch in meiner Jugend in Dingen, die mich nicht betrafen. Ich wußte nur wenig über das Leben außerhalb von Nordcornwall, von den Ereignissen, die Englands Zukunft prägten und somit meine eigene. Die Welt stürmte ohne Unterlaß nach vorn und störte nur selten die Grenzen meiner Existenz.

Kriege wüteten an mehreren Fronten: in Portugal, Spanien, den Vereinigten Staaten, Mexiko, Südafrika und anderen fernen Ländern, die für mich nur Namen aus dem Erdkundeunterricht waren. Keiner, den ich kannte, war Soldat geworden, und sicher würde das auch so schnell keiner.

Eine Cholera-Epidemie, die in Rußland gewütet hatte, breitete sich nach Schottland aus und dann weiter nach New York. Die Seuche raffte Tausende von Menschen dahin, bis ein verzweifelter schottischer Arzt, Thomas Latta, einem Patienten eine Salzlösung injizierte und somit eine neue Behandlung für die schreckliche Krankheit entdeckte. Aber ich, die ich hier in Cornwall heranwuchs und gedieh, konnte mir eine tödliche Krankheit von solchem Ausmaß nicht einmal vorstellen.

In England schaffte das Parlament die Sklaverei in den Kolonien ab, verabschiedete ein Anatomiegesetz, um der Leichenstehlerei für medizinische Zwecke Einhalt zu gebieten, ebenso ein Fabrikgesetz, das die Anstellung von Kindern unter neun Jahren verbot. Ein nationaler Zusammenschluß der Gewerkschaften wurde organisiert und eine Liga gegen das unfaire und deshalb verachtete Weizengesetz gegründet. Aber ich war weder Sklave, noch mußte ich stehlen oder schuften, um etwas zu essen zu bekommen. Ich war also weit mehr interessiert an neuen Büchern, wie zum Beispiel *Skizzen von Boz*, eine Serie von Geschichten, die von einem Londoner Gerichtsreporter, Charles

Dickens, verfaßt worden waren. Sie erschienen erstmals 1833 in der Dezemberausgabe einer Monatsschrift.

Selbst der Tod des Königs William IV. und die Besteigung des englischen Throns durch seine achtzehn Jahre alte Nichte Viktoria hatten für mich keine Bedeutung. Ich fand es zwar erstaunlich, daß ein Mädchen, das nur fünf Jahre älter war als ich, Königin wurde, aber damals konnte ich mir nicht vorstellen, daß eine Krönung in London Einfluß auf mein Leben nehmen konnte. Ich ahnte nicht, daß dieses Ereignis einen Meilenstein in der Geschichte Englands gesetzt hatte. Für Viktoria selbst interessierte ich mich auch nicht sonderlich, obwohl ich mir und anderen viel Pein hätte ersparen können, wenn ich es getan hätte. Denn mit zunehmendem Alter wurde sie eine kindische, dickköpfige Frau, deren strenge, unerbittliche Moral eines Tages nicht nur mich verfolgen würde, sondern auch diejenigen, die ich liebte, und uns auseinanderriß, wie ich es mir nie hätte träumen lassen.

Aber ich eile voraus. Ich muß jetzt weiter von meiner Kindheit berichten, die, wie Sie sicher schon festgestellt haben, zum großen Teil sehr glücklich war, aber nicht sehr aufregend. Die tägliche Routine langweilte mich, und irgendwie hatte ich das Gefühl, ich würde hier nur die Zeit absitzen, und sehnte mich danach, daß das *Leben* endlich beginnen würde.

Dann endlich, als ich schon das Gefühl hatte, vor lauter aufgestauten Gefühlen platzen zu müssen, kam der Morgen. Ich war siebzehn, hatte gelernt, schön zu schreiben, Englisch und Italienisch zu sprechen, zu singen und Klavier zu spielen, Walzer zu tanzen und die Quadrille, Aquarelle zu malen und fein zu sticken. Man erklärte mich für »fertig« und entriß mich der Obhut meiner weinenden, aber stolzen Gouvernante, um Einzug in der richtigen Welt zu halten.

Jetzt, in der Dämmerung meines Lebens, wenn man dazu neigt, die Erinnerung nach seinem Geschmack zu färben, stelle ich mir gern vor, ich hätte damals wenigstens ein Minimum an Vernunft und Zurückhaltung besessen, aber um ehrlich zu sein, dem war nicht so. Ich war genauso unvernünftig wie die anderen Mädchen meines Alters, hatte den Kopf voller romantischer Flausen aus gängigen Romanen, die man mir zwar verboten hatte, die ich aber trotzdem heimlich las.

Ich gebe das alles nur zögernd zu, da ich weiß, daß manche es nur als Entschuldigung für mein Verhalten in den folgenden Monaten werten werden. Aber dem ist nicht so, lieber Leser. Ich erzähle Ihnen diese Dinge nur, damit Sie wissen, wes Geistes Kind ich damals war, und verstehen, wenn auch nicht billigen oder vergeben, wie ich dazu kam, mich so zu verhalten, ehe meine Jugend und meine Unschuld mir für immer entrissen wurden. Ohne Zweifel werden manche unter Ihnen sagen, ich hätte es nicht besser verdient, und vielleicht haben sie recht. Ich war immer schon der Meinung, daß wir selbst unsere ärgsten Feinde sind, daß wir uns durch unsere Sünden, unsere Bosheit, Ignoranz, Habgier und Wollust das einhandeln, was wir im Leben am meisten fürchten. Also gebe ich keinem außer mir die Schuld an dem, was passiert ist und was ich Ihnen Stück für Stück berichten will, und ich werde keine Ausflüchte machen.

Jetzt weiß ich, wie alles begann – und wie es endete –, und wenn ich alles noch einmal erleben müßte, vielleicht würde ich dann vieles anders machen. Aber diese Möglichkeit bleibt uns versagt; ob gut oder schlecht, wir können die Vergangenheit nicht ändern. Späte Einsicht ist sinnlos, womit ich mich inzwischen abgefunden habe. Trotzdem und trotz allem, was hinterher passierte, weiß ich immer noch zu gut, wie erregend es war, endlich an der ungeheuer wichtigen Schwelle zum Frausein zu stehen, bereit, das bittersüße Reich zu betreten.

Das Ende meiner Schulzeit sollte mit einem inoffiziellen Debütfest in der Grange gefeiert werden, gefolgt – trotz meiner Verlobung mit Jarrett – von einem offiziellen Debütball in Papas Londoner Stadthaus. Mama hatte liebevoll, aber streng geäußert, verlobt oder nicht, ein Mädchen hätte ein Anrecht auf zumindest eine Ballsaison in ihrem Leben.

Ich schwebte förmlich durch die nächsten Tage. Mir schwindelte ob der zahllosen Besuche beim Hutmacher, der Schneiderin, dem Handschuhmacher und dem Schuhmacher, wo ich von Kopf bis Fuß neu ausgestattet wurde. Kräftige Farben und raffiniert geschnittene Kleider betonten meine große, dunkle, gertenschlanke Erscheinung, die sich so gar nicht für die modischen Pastellrüschen und sonstigen Verzierungen eignete. Eigentlich war es mir ganz egal, was modern und schick war, denn meine Kleider, so gewagt dramatisch, waren so schmeichelhaft, daß ich mich selbst kaum erkannte, wenn ich in den Spiegel sah.

Dieses seltsame, exotische Mädchen, bin das wirklich ich? fragte ich mich immer wieder.

Ich war zwar nicht, wie erhofft, zu einer betörenden Schönheit herangewachsen, aber meine gerade erblühte Fraulichkeit und die neue Garderobe hatten etwas Primitives, Berückendes in mir hervorgelockt, von dessen Existenz ich nichts geahnt hatte. Ich war auf eine sehr ungewöhnliche Art attraktiv und fühlte mit einem Mal eine bisher unbekannte Zuversicht, das Interesse eines Mannes wecken zu können. Granny Sheffield beobachtete mich skeptisch und ermahnte mich noch öfter als sonst, mein wildes, ungestümes Wesen zu zähmen. Aber ich ließ mich nicht einschüchtern und ignorierte ihren Rat.

Mein Hang zu Romantik und Abenteuer war stärker als meine Vernunft. Ich bildete mir ein, ich wäre einem Jagdfalken gleich, kaum gezähmt, der sich danach sehnte, seine Fesseln zu sprengen. Mein dunkelbraunes Haar schimmerte wie das braune Gefieder eines aufsteigenden Falken, und meine topasfarbenen Augen funkelten wie seine, meine Haut glänzte wie der weiche, honigfarbene Flaum auf seinem Bauch, und ich glaubte, mich mit seiner Grazie zu bewegen, wenn meine langen Gewänder wie Wurfriemen hinter mir herflatterten.

Aber trotz aller Sehnsüchte war ich genauso gefangen wie der Vogel, mit dem ich mich verglich. Ich hatte lediglich die Chance, meine Flügel zu testen, denn nach meiner Ballsaison in London würde ich Jarrett heiraten, den Mann, dem ich versprochen war und somit gehörte. Aber ich verdrängte diesen Gedanken einfach, er war für mich immer schon irreal gewesen, er dämpfte meine Begeisterung in keiner Weise. Ich stürzte mich fröhlich in die Vorbereitungen für meinen Jungfernflug.

Clemency, meine Zofe, verbrachte Stunden damit, mein Haar zu bürsten, aufzudrehen und hochzustecken, bis sie eine Frisur, die momentan *en vogue* war und mir stand, gefunden hatte. Danach hatte ich also die Frisur à la Soundso oder Sowieso und versuchte mich, sehr zum Mißfallen von Clemency, im koketten Lockenschütteln.

Ich habe versprochen, bei meiner Erzählung ehrlich zu sein, deshalb muß ich zugeben, daß ich meine Zofe nicht sonderlich mochte. Sie war vier Jahre älter als ich und, wie ich vermutete, wesentlich welterfahrener als ich, auch wenn sie nicht ständig klatschte und plauderte, wie so viele Zofen auf Wunsch ihrer Herrinnen. Clemency war verschwiegen wie ein Sphinx. Aber ihre hinterlistigen, schrägen, grünen Augen verrieten, daß sie Geheimnisse kannte, die ich mir nicht einmal träumen ließ. Ich hatte oft das unangenehme Gefühl, sie würde hinter meinem Rücken über mich reden und sich über meine Naivität lustig machen.

Clemency stammte nämlich aus sehr dubiosen Verhältnissen. Sie war eine uneheliche Tochter des irischen Einwanderers Mick Dyson, des skrupellosen Schmugglers, der, noch bevor ich zur Welt kam, Großonkel Nigel getötet hatte.

Damals war Dyson Vorarbeiter in den Chandler-Porzellangruben Wheal Anant und Wheal Penforth gewesen. Nachts aber war er der Anführer einer ruchlosen Bande Küstenpiraten, die mit falschen Lichtsignalen Schiffe auf die Klippen vor der Küste Cornwalls lockten, alle Menschen an Bord töteten und die Fracht stahlen, die sie dann in aufgelassenen Minenschächten versteckten, bis sie sie verkaufen konnten.

Großonkel Nigel, der damalige Magistrat, hatte irgendwie davon Wind bekommen – wahrscheinlich durch einen neidischen Minenarbeiter. In der Hoffnung, der Verhaftung zu entgehen, hatte Dyson dann in einer bitteren Oktobernacht Großonkel Nigels Kutsche überfallen und ihn mitten ins Herz geschossen.

Damit war die Geschichte aber noch nicht beendet. Onkel Draco erbte nach Großonkel Nigels Tod die Minen, und auch er schöpfte bald Verdacht gegenüber dem Vorarbeiter. Papa und Draco gelang es, Dyson und seine Bande auf frischer Tat zu ertappen. Alle Mitglieder der Bande, bis auf eines, wurden verurteilt und gehenkt.

Die verschonte Komplizin war Dysons Geliebte, eine Frau namens Linnet Tyrrell, die in der Minenarbeitersiedlung aufgewachsen war. Linnet blieb der Galgen erspart, weil sie Dysons Kind unter dem Herzen trug. Sie wurde nach der Geburt ihres Babys in eine australische Strafkolonie verbannt.

Ihre Tochter, treffenderweise auf den Namen Clemency getauft, wurde Linnet von den Behörden vor ihrer Deportierung weggenommen und zur Familie ihres Bruders in die Minenarbeitersiedlung gebracht.

Als sie heranwuchs, wurde sie von den Klatschtanten im Dorf streng beobachtet. Und obwohl sie sich nichts zuschulden kommen ließ, prophezeiten doch alle, eines Tages würde das schlechte Blut wieder durchschlagen.

Später hatte Mama Mitleid mit ihr und gab ihr Arbeit in der

Grange. Ich wußte, daß Clemency ein schweres Leben hinter sich hatte, und versuchte anfänglich, ihre Freundschaft zu gewinnen. Aber sie wehrte kühl alle Versuche ab und gab mir zu verstehen, daß sie sich selbst für eine Königin hielt, die die Arbeit als Zofe nur angenommen hatte, um die Manieren, die Sprache und so weiter zu lernen, die sie brauchte, um später in der großen Gesellschaft die Rolle, nach der sie sich so sehr sehnte, einnehmen zu können.

Sie war hübsch auf eine eigenartige Weise. Ihr Haar war fuchsrot, und ihr schmales Gesicht mit den hohen Wangenknochen fanden anscheinend einige Männer sehr anziehend. Sie war zwar immer anständig angezogen, aber irgendwie schaffte sie es doch, so auszusehen, als wäre sie gerade aus einem Bett gefallen.

Selbst Papa hatte gelegentlich ein Auge riskiert, und mehr als einmal hörte ich ihn zu Mama sagen, früher oder später würde es mit ihr Ärger geben, und man sollte sie besser rauswerfen, ehe das passierte. Aber Mama schüttelte dann immer nur lächelnd den Kopf, erinnerte Papa an Clemencys schweres Los und sagte, man müsse den vom Schicksal nicht so Gesegneten helfen.

Also blieb Clemency in der Grange, und Papa beobachtete mit Adleraugen meinen älteren Bruder, damit dieser ja nicht auf den Gedanken kam, den Reizen meiner Zofe zu erliegen.

Endlich war der Tag meines Festes in der Grange gekommen. Wie gut ich mich doch noch daran erinnere, nach all diesen Jahren. Es war 1841, an einem wunderbaren Frühlingsabend.

Es hatte kurz vorher geregnet, und der Geruch von nassem Gras und Lehm mischte sich betäubend mit dem süßen Aroma blühenden Heidekrauts und jungen Farns, das ein leiser Wind vom Moor zur Grange wehte.

Mit jedem Windstoß kam auch der salzige Geruch des Meeres, dessen Gischt die felsige Küste besprühte. Ein dünner, grauer

Dunstschleier schwebte in der Brise, die Luft war feucht und kühl. Und die durchdringenden Schreie der Möwen hallten durch die Nacht.

Am tintenschwarzen Firmament leuchteten die Sterne und der Vollmond, sie schimmerten silbrig durch den leichten Dunst. Ich sah aus meinem Fenster, und es war, als würden draußen Millionen von Diamanten im Gras und in den Blumenbeeten funkeln, so strahlten die Wassertropfen an den Pflanzen.

Die Grange selbst glänzte im Licht von Lampen und Kerzen wie ein Leuchtturm in der Nacht, es schien, als hätte das fahlgelbe Haus eine goldende Aura. Fackeln loderten zu beiden Seiten des Eingangs, und der reich verzierte Messingtürklopfer blitzte im Licht.

Durch die offenen Türen des Ballsaales unter mir hörte ich die eifrigen Diener bei der Arbeit, Kristall und Porzellan klapperten, und die Musiker stimmten ihre Instrumente.

Ein Klopfen an der Tür riß mich aus meinen Träumen. Der ovale Türknopf drehte sich, und Clemency kam herein.

»Zeit für Sie, nach unten zu gehen, Miss Laura«, sagte sie, und ihre grünen Augen funkelten wie Glas in ihrem hübschen Gesicht mit den ungewohnt geröteten Wangen.

Ich fragte mich, ob sie wegen der vielen Gäste heute abend so aufgeregt war oder ob sie wohl gerade mit einem der Diener geflirtet hatte. Aber es hatte keinen Sinn, sie zu fragen, sie würde mir nur wieder eine spöttische, ausweichende Antwort geben, also sagte ich: »Ja, ich weiß. Ich wollte gerade gehen.«

Sie nickte hochmütig, wie es ihre Art war, und verließ mich. Ich drehte mich noch einmal zum Spiegel, um zu prüfen, ob alles in Ordnung war. Und strahlte vor Entzücken über mein eigenes Spiegelbild.

Clemency hatte mir eine Frisur mit Mittelscheitel gemacht, mit Locken, die mein Gesicht umrahmten. Dann hatte sie goldene Satinbänder und winzige weiße Orchideen hineingebunden, passend zu meinem Kleid.

Mein Kleid war natürlich nicht so aufwendig wie das für den Debütball, aber ich war trotzdem sehr zufrieden damit. Es war aus austernweißer Seide, die mit einem zarten Spinnetz von Spitze überzogen war, die herzförmige Corsage war züchtig ausgeschnitten und zeigte den Ansatz meiner vollen Brüste. Es war schulterfrei, und die Ärmel sahen aus wie Muscheln. Links und rechts am Ärmel war je eine goldene Schleife mit zarter Schiffchenarbeit gesäumt. Eine breite goldene Schärpe umspannte meine Taille, und die Rüsche am Saum des weiten Glockenrocks war mit Goldband durchzogen. Um den Hals trug ich eine schlichte Perlenkette und an den Füßen goldene Schuhe.

Ich streifte meine langen, weißen Spitzenhandschuhe über, nahm meinen goldenen Fächer und das Täschchen und ging schnell zur Treppe, an deren Fuß Mama und Papa mich erwarteten. Ihre Blicke folgten mir voller Stolz und Bewunderung, als ich die Treppe hinunterschritt. Papa pfiff leise, so daß ich errötete. Mama ermahnte ihn, und ich nahm fröhlich meinen Platz zwischen meinen Eltern ein. Das Knirschen von Kutschenrädern auf dem Kies der Einfahrt kündete die ersten Gäste an.

Kurze Zeit darauf öffnete Sykes, unser Butler, die Tür für Onkel Draco und Tante Maggie mit Jarrett, Nicholas und den Zwillingen Alexander und Angélique. Meine Cousinen Damaris und Byrony, die sicher schmollten, weil sie, wie mein Bruder Francis, noch zu jung waren, um an dem Fest teilzunehmen, waren zu Hause geblieben. Mein Bruder Guy kam gerade, etwas verspätet, die Treppe herunter.

Fröhliches Lachen und Begrüßungen erfüllten die Halle, Sykes und zwei Diener nahmen Hüte, Mäntel, Handschuhe und Stöcke in Empfang. Die Männer schüttelten sich die Hände und klopften sich auf die Schultern, die Frauen umarmten sich und küßten sich auf die Wangen, nach Art der Franzosen. Ich wünschte Onkel Draco und Tante Maggie einen schönen Abend, und dann wandte ich mich aufgeregt meinen beiden Cousins zu.

Ich hatte sie schon länger nicht gesehen, da ich durch meinen Unterricht nur wenig Zeit für Gesellschaften gehabt hatte, und meine Cousins hatten mich in letzter Zeit auch nicht besucht so wie früher. Jarrett, Nicholas und Alexander wurden gerade von ihrem Vater in den Chandlerschen Porzellangruben und der P & C-Schiffahrtslinie, die Papa und Draco vor einigen Jahren gegründet hatten, eingewiesen, während Angélique, die ein Jahr älter war als ich, gerade ihr Debüt gemacht hatte und die vergangene Saison in London zugebracht hatte. Wir waren zusammen aufgewachsen, aber trotzdem kam es mir vor, als würde ich sie alle zum ersten Mal sehen. Ich hätte die schöne Frau und die gutaussehenden Männer, die da vor mir standen, fast nicht erkannt.

Meine Chandler-Cousins waren zwar mit allen Annehmlichkeiten aufgewachsen, aber sie waren weder verweichlicht noch faul. Sie waren wie die edlen schwarzen Pferde, die mein Onkel Draco in Stormswept Heights züchtete: dunkelhäutig und temperamentvoll, gescheit, von eleganter Figur, unverkennbar die Kinder ihres Vaters, dessen Zigeunerblut sie geerbt hatten. Stolzerhobenen Hauptes, mit funkelnden Augen, heißblütig und jähzornig waren sie, aber liebenswürdig denen gegenüber, die sie zu handhaben wußten. Aber das waren nur sehr wenige. Meine Cousins waren berüchtigt für ihr wildes Verhalten, und nur die harte Hand ihres Vaters und die kühle, bestimmte Stimme ihrer Mutter konnten sie zähmen.

Einige waren der Meinung, die jungen Chandlers wären viel zu arrogant für Kinder eines Zigeunerbastards. Aber sie ignorierten das und waren stolz auf ihre Herkunft. Ihnen war es gleichgültig, wenn die Klatschmäuler sich über ihre Abenteuer erregten, und zeigten offen, wie sehr sie die Verachtung oder der heimliche

Neid zahmerer Seelen amüsierte. Einen von ihnen zu beleidigen, hieß sie alle gegen sich zu haben. Sie stritten sich zwar untereinander heftig, weil jeder immer der Beste sein wollte, aber gegen Außenstehende hielten sie zusammen wie Pech und Schwefel.

Jetzt tigerten sie wie Raubkatzen im Käfig durch die Halle, der große Raum schien fast zu klein für sie. Einen Augenblick erinnerten sie mich an die Herden wilder Pferde und Ponies, die über das Moor streiften und die kein Herr sein eigen nannte.

Und doch war da einer der Chandlers, den ich für mich beanspruchen konnte: Nicholas. Die strahlende Rüstung meines edlen Ritters war im Lauf der Jahre nicht stumpf geworden. So wie ich den Jungen in meiner Kindheit geliebt hatte, liebte ich jetzt den Mann, treu und unbeirrbar, obwohl ich Jarrett versprochen war.

Sie waren sich so ähnlich, diese Brüder und doch so verschieden – Jarrett wie der Mond über dem Meer, kalt und reserviert; Nicholas wie die Sonne auf dem Moor, warm und funkelnd. Jetzt, wo er mich ansah, fühlte ich mich wie eine Knospe, die ihm begierig ihre Blätter öffnete und sich danach sehnte, von ihm gepflückt zu werden. Aber, eingedenk meiner Pflichten, begrüßte ich Jarrett zuerst.

Obwohl wir, wie ich schon sagte, seit meiner Geburt verlobt waren, hatte ich mir doch nie vorstellen können, mit ihm verheiratet zu sein. Er war mein Cousin, ja, aber besonders nahe hatten wir uns nie gestanden. Irgendwie hatte ich das Gefühl, ihn kaum zu kennen, und nachdem es sehr schwierig ist, sich vorzustellen, einen Fremden zu heiraten, hatte ich, nachdem ich von meiner Verlobung erfahren hatte, das Ganze einfach verdrängt und im Lauf der Zeit praktischerweise vergessen. Ich hatte wohl die Hoffnung, daß damit auch alle anderen es vergessen würden. In den letzten Jahren hatte ich kaum an Jarrett gedacht, und wenn, dann nur als nebelhafte Gestalt, unwillkommen, irreal.

Aber jetzt umschloß seine Hand die meine, und ich spürte seine Kraft wie einen Pfeil bis in meine Schulterblätter und mußte erstaunt feststellen, daß er sehr wohl aus Fleisch und Blut war – und irgendwie beunruhigend präsent.

Seine stolze, aristokratische Haltung hatte er von seiner Mutter. Genau wie Tante Maggie, die von adliger Geburt war, hatte Jarrett wohl auch ein Rückgrat aus Stahl, das man sich nicht aneignen kann, so etwas ist angeboren. Ansonsten war er mit seinen zweiundzwanzig Jahren das Ebenbild seines Vaters, groß und kräftig gebaut, mit der Grazie eines Raubtiers. Er hatte eine magnetische Anziehungskraft, die mich beunruhigte, sie erinnerte mich an eine Raubkatze, die ihre Beute hypnotisiert, ehe sie zum Sprung ansetzt.

Der exquisit geschnittene, schwarze Seidenanzug mit den langen Schößen umspannte breite Schultern und muskulöse Arme, die er sich bei der harten Arbeit in den Minen und den Lagern im Dock angeeignet hatte. Onkel Draco hielt nämlich nichts davon, seine Kinder zu verwöhnen. Das reiche Spitzenjabot von Jarretts weißem Hemd fiel wie ein Wasserfall über seine breite Brust, eine grau-schwarze Weste mit Paisleymuster betonte die schmale Taille. An der Weste baumelte eine Uhrkette aus Sterlingsilber, mit einem Siegel. Unter den schwarzen Seidenhosen zeichneten sich kräftige, sehnige Schenkel und Waden ab.

Sein Haar war rabenschwarz und glänzend, vom Wind zerzaust umrahmte es seine dunklen, fast satanischen Züge. Jarretts Gesicht war schmaler als das von Onkel Draco und feiner modelliert. Er sieht aus wie ein Wolf, dachte ich beunruhigt, weil ich Menschen immer mit Tieren verglich. Unter den geschwungenen Brauen funkelten seine Augen wie Obsidianscherben aus seinem gebräunten Gesicht. Der Mund war groß, sinnlich und seine edle Nase gerade und schmal. Er hatte hohe, kantige Wangenknochen und ein energisches, arrogantes Kinn.

Hätte er in einer anderen Zeit gelebt, wäre er sicher Pirat geworden, dachte ich. Trotz seiner eleganten Kleidung und seiner tadellosen Manieren spürte ich, daß da etwas Primitives, Wildes unter dieser Oberfläche lag, was mich beunruhigte. Wie ich schon Jahre zuvor geahnt hatte, war Jarrett tatsächlich ein Mann geworden, dem man lieber nicht in die Quere kommen sollte, ein Mann, der es gewohnt war zu fordern und zu bekommen, was er wollte. Der Gedanke machte mich nervös, und ich erschauderte, als er mich beiläufig, fast unverschämt, aus halbgeschlossenen Augen musterte. Er beugte sich über meine Hand und streifte sie leicht mit den Lippen. Die Berührung durchzuckte mich wie ein elektrischer Schlag, und fast hätte ich ihm meine Hand entrissen wie ein linkisches Schulmädchen.

»Du siehst sehr hübsch aus«, sagte er mit der leisen, samtenen Stimme seines Vaters, und seine Augen brannten wie dunkle Flammen. War da ein Schimmer von Interesse? Ich verdrängte den Gedanken. »Wirklich sehr schön. Ich muß zugeben, ich hätte nie gedacht, daß eine solche Bohnenstange mit fliegenden Zöpfen, wie du einmal warst, zu einer solchen Schönheit heranwachsen könnte.«

Ich errötete bei diesen Worten und entdeckte, daß ich ihm nicht mehr in die Augen sehen konnte. Nie zuvor hatte er mich so angesehen wie jetzt, und sein abschätzender Blick war mir äußerst unangenehm. Mir war, als wäre ich gerade eine lange Strecke gelaufen, ich bekam keine Luft, und mein Herz klopfte bis zum Hals.

Verwirrt von diesen beunruhigenden Gefühlen, entriß ich ihm meine Hand. Am liebsten hätte ich sie mir heftig gerieben, um dem seltsamen Kribbeln, das sie befallen hatte, Einhalt zu gebieten. Ich schämte mich zwar ein bißchen, entschuldigte mich aber nicht, weil ich das Gefühl hatte, Jarrett würde mich innerlich auslachen.

Unverschämter Kerl! dachte ich.

Er hatte sich seit unserer Kindheit überhaupt nicht verändert. Schon damals hatte er mich, wegen meiner Heldenverehrung für Nicholas, immer aufgezogen, und jetzt amüsierte er sich schon wieder über mich. Dem mußte mal jemand eine richtige Abfuhr erteilen.

Aber jetzt war weder die richtige Zeit noch der richtige Ort für einen Streit, also schwieg ich. Er hatte ja eigentlich nichts Beleidigendes getan. Er hatte mir lediglich die Hand geküßt und mir Komplimente gemacht. Sein einziges Vergehen war, daß er in mir eine Flut von verworrenen Gefühlen ausgelöst hatte, die ich nicht verstand. Ich konnte ihm nichts vorwerfen, also schluckte ich und wandte mich ab, verfluchte ihn aber innerlich.

Er war ganz anders als Nicholas, den ich liebte, Nicholas, den ich seit meiner Kindheit anbetete, Nicholas, den ich heiraten wollte. Obwohl ich Jarrett versprochen war, hatte ich mir in den Kopf gesetzt, Nicky zu heiraten, und wie ein Einsiedlerkrebs, der sich einer zu kleinen Muschel nähert, hoffte ich einfach, alles würde schon irgendwie in Ordnung kommen.

Aber jetzt entdeckte ich, daß ich aus irgendeinem Grund die Tatsache, daß Jarrett mein Verlobter war, nicht mehr ignorieren konnte und daß ich gegen dieses Arrangement bis jetzt noch nichts unternommen hatte. Er hatte guten Grund anzunehmen, ich wäre bereit und willig, seine Braut zu sein. Und nachdem er selbst bis jetzt auch noch keine Einwände dagegen erhoben hatte, mußte ich doch annehmen, daß er mich, wenn vielleicht auch nicht begehrenswert, doch zumindest akzeptabel fand. Gleichgültig, wie er über diese Sache dachte, er sah auf keinen Fall aus wie ein Mann, der so einfach das Feld für einen anderen räumen würde. Und ich konnte nicht begreifen, wieso ich so feige und verlogen gewesen war und weder ihm noch meinen Eltern meine wahren Gefühle offenbart hatte.

Noch schlimmer war die schmerzliche Erkenntnis, daß ich, selbst wenn Jarrett damit einverstanden war, mich freizugeben, nicht wußte, ob ich Nicholas so viel bedeutete, daß er um meine Hand anhalten würde.

Aber hatte er denn nicht im Lauf der Jahre jede Gelegenheit genutzt, der Grange einen Besuch abzustatten, selbst wenn er wußte, daß Guy nicht da war? Und hatte er mich denn nicht immer »liebe Laura« genannt und mich erst letztes Weihnachten unter dem Mistelzweig geküßt, als keiner hinsah – und der Kuß war alles andere als brüderlich gewesen? Er mußte mich einfach lieben. Er mußte! Und trotzdem hatte ich meine Zweifel, zu oft hatte ich gehört, wie er sagte, er wäre geboren, um frei und ungebunden zu sein und sein Schicksal dem Wind anzuvertrauen.

»Jarrett soll sich ruhig ins Ehejoch begeben – nichts gegen dich, liebe Laura«, sagte Nicky immer grinsend, »es wird ja schließlich dein Joch sein, also wird er wohl nichts dagegen haben. Aber ich möchte die Welt sehen, obwohl ich zugeben muß, daß es nett wäre, wenn jemand zum Kochen und Hemdenwaschen dabei wäre.«

»Ich wette, ich wäre phantastisch mit der Bratpfanne und dem Waschbrett«, hatte ich einmal im Scherz gesagt, wenngleich mein Herz es ernst meinte.

Seine schwarzen Augen hatten listig gefunkelt, und er hatte gesagt: »Ja, da wett' ich drauf«, dann hatte er gelacht und kurz mein Kinn gestreichelt.

Auf solche Zwischenfälle baute ich meine Hoffnungen und Träume.

Jarrett ging jetzt zum Ballsaal, und Nicky nahm seinen Platz ein. Er musterte mich mit unverhohlener Bewunderung. Er grinste, knallte die Hacken zusammen, beugte sich galant über meine Hand und küßte sie so charmant, daß mein Herz ins Flattern geriet.

Nicky war zwar nicht so schön wie Jarrett, aber er hatte trotzdem etwas Wildes, Bezauberndes. Er war ein mutiger Draufgänger, der jeden Moment auskostete, als wäre es sein letzter. Seinen Vater brachte er damit in Rage, seine Mutter zur Verzweiflung, aber die Frauen lagen ihm zu Füßen.

Selbst meine hochnäsige Cousine Elizabeth hatte zu Tante Juliannes großem Ärger bis jetzt schon zahlreiche Heiratsangebote ausgeschlagen – sogar eines von einem exzentrischen, aber sehr reichen alten Herzog –, weil sie meiner Meinung nach heimlich in Nicky verliebt war.

»Beim Jupiter! Du siehst hinreißend aus, Laura!« sagte er, und sein Blick gab mir das Gefühl, daß alle anderen Frauen um mich herum verblaßten. »Aber ich hab' ja gewußt, daß es eines Tages so sein wird. Jarrett sollte sich besser vorsehen, sonst schnapp' ich dich ihm vor der Nase weg.«

Bei diesen Worten wurde mir ganz warm ums Herz, und ich dachte: *O Nicky, wenn du es doch nur tätest*, und wünschte, er könnte meine Gedanken lesen.

Ich hoffte, er würde bei mir bleiben und sich mit mir etwas unterhalten, aber er pfiff eine fröhliche Melodie, steckte die Hände in die Taschen, schlenderte lässig hinter Jarrett her und nahm sich im Vorbeigehen ein Glas Champagner vom Tablett eines Dieners.

Ich versuchte, mir meine Enttäuschung nicht anmerken zu lassen und begrüßte Alexander Chandler, der in die Tochter eines Grafen im benachbarten Devon verliebt war und nur verwandtschaftliches Interesse an mir hatte. Dann reichte ich seiner Zwillingsschwester Angélique die Hände, die offensichtlich meine plötzliche Niedergeschlagenheit bemerkt hatte und jetzt überlegte, was wohl der Grund dafür sein könnte.

»Was siehst du wunderbar aus, Laura!« rief sie und umarmte mich in einer Wolke von Erikaduft. Ihre schwarzen Augen blitzten vor Neugier, als sie mich zur Seite nahm und flüsterte: »Nicky ist ganz grün vor Neid! Ich hoffe nur, Jarrett und er werden sich nicht um dich schlagen!«

»Warum sollten sie das?« versuchte ich sehr beiläufig zu fragen, aber ich errötete und sah mich heimlich um, ob das jemand gehört hatte. Zu meiner Erleichterung hatte das offensichtlich keiner.

Aber Angélique strahlte, weil sie den Grund für meine Niedergeschlagenheit erraten hatte. »Ich bin doch nicht blind, Laura, mich kannst du nicht täuschen. Ich hab' gesehen, wie Nicky dich anschaut, wenn er glaubt, daß es keiner sieht, und wie du ihn ansiehst. Zwillinge sind sehr intuitiv, weißt du. Ich hab' schon lange vermutet, daß du in ihn verliebt bist, und ehrlich gesagt, wenn dem so ist, dann bist du für mich eine alberne Gans!

Es geht mich ja eigentlich nichts an, und ich hab' mich noch nie in anderer Leute Angelegenheiten eingemischt. Aber du bist schließlich meine Cousine, und ich hab' dich schon immer gern gemocht, was ich von einigen unserer Verwandten nicht behaupten kann. Ich werde dir also einen freundschaftlichen Rat geben. Und ich verspreche, daß ich danach kein Wort mehr darüber verlieren werde.

Merk dir eins: Jarrett ist zehnmal soviel wert wie Nicky, und er läßt sich auch nicht so leicht zum Narren halten. Ich darf gar nicht daran denken, was er tun könnte, wenn er herausfindet, daß du nach Nicky schmachtest. Das würde eine Menge Ärger geben, egal was dabei herauskommt. Wenn du also Nicky willst, Laura, dann gibt es nur eine anständige Methode: Lös deine Verlobung mit Jarrett, ehe es zu spät ist.«

»Angélique, ich will das nicht hören!« Meine Stimme war sehr laut geworden, und ich biß mir auf die Unterlippe, um nicht noch lauter zu schreien. Ich fuhr leiser fort: »Ich weiß ja, daß du recht hast. Irgendwie muß ich den Mut finden, Papa und Mama zu sagen, daß ich Jarrett nicht heiraten will, gleichgültig, wie sehr sie das verletzt oder wie wütend Onkel Draco wird.«

»Ach, Unsinn!« Angélique warf verächtlich ihre glänzenden schwarzen Locken zurück. »Darüber würde ich mir keine Sorgen machen. Papa ist kein solcher Unhold, wie alle glauben. Er hatte es nur im Leben sehr schwer gehabt, deshalb ist er gewöhnt, zu bellen und zu beißen. Du weißt, daß Großvater Chandler ihn gehaßt und dazu gezwungen hat, die Ställe auszumisten, anstatt ihm seinen rechtmäßigen Platz auf der Hall zu geben.

Ehrlich, Laura! Um Jarretts Reaktion solltest du dir Sorgen machen! Stell dir bloß vor, wie dumm er dastehen würde, wenn du die Verlobung löst und dann versuchst, Nicky zu kriegen! Mein Gott! Jarrett wird tobsüchtig sein, und er ist dann genauso schlimm wie Papa, vielleicht sogar schlimmer, weil Jarrett immer alles in sich hineinfrißt, bis er explodiert.«

»Das ist ja nicht gerade beruhigend, Angélique«, bemerkte ich nervös.

»Um so mehr Grund für dich, auf der Hut zu sein! So, wie du dich bettest, wirst du liegen. Nicky wird dich nie heiraten, egal was du glaubst, Laura. Er ist nicht zum Heiraten geschaffen, das hat er selbst schon oft gesagt. Wenn du schlau bist, befolgst du meinen Rat und streichst ihn aus deinem Herzen und deinem Verstand. Es ist zu deinem Besten. Wirklich. Ansonsten wird er dich bestimmt unglücklich machen.«

Angéliques dunkle Augen warfen mir einen letzten Blick zu, der Bände sprach, dann wandte sie sich ab und ging in Richtung Ballsaal, wo die anderen sich inzwischen versammelt hatten. Ich sah ihr schweigend nach. Sie hatte das alles wirklich nur aus Liebe und Freundschaft gesagt, außerdem war sie ein Jahr älter als ich und zweifelsohne wesentlich erfahrener in solchen Dingen. Trotzdem wollte ich ihr einfach nicht glauben. Ich war mir sicher, daß Angélique sich irrte, was Nicky anging. Er war zwar ihr Bruder, aber sie kannte ihn einfach nicht so wie ich.

Ich verdrängte also ihre Warnungen, nahm Papas Arm und schritt hocherhobenen Hauptes und lächelnd meinem großen Auftritt im Ballsaal entgegen.

4. Kapitel

Walzer und Glyzinien

Jetzt bin ich zu alt und zu steif und kann nicht einmal mehr ein paar Schritte tanzen, aber alles, was ich in dieser Nacht meines Festes fühlte und wußte, ist auf den Seiten meiner Erinnerungen eingeprägt wie gepreßte Blumen.

Ich trank und tanzte, dann trank und tanzte ich noch ein bißchen mehr, bis mein Kopf sich vom ungewohnten Champagner und den gewandten Komplimenten meiner vielen Partner drehte. Mein Debütfest war ein Erfolg – *ich* war ein Erfolg –, und ich war trunken von meinem Triumph.

Der Ballsaal, der für diesen Anlaß mit schimmernder Seide, knisterndem Satin, gestreiftem Musselin, wolkengleichem Voile und Silber- und Goldstoff in ein palastartiges, arabisches Zelt verwandelt worden war, floß über von Gästen aus ganz Cornwall, aus Devon, Somerset und Dorset, ja sogar vereinzelt aus Bristol, Oxford und London. Papas Bekanntenkreis war groß und bunt gemischt.

Lords und Ladies tanzten Seite an Seite mit den Neureichen, in deren Kategorie auch Papa und Onkel Draco fielen, denn sie übernahmen jetzt die Zügel der Macht, die so lange in den Händen der Aristokratie gelegen hatte.

Ich sah Angélique in den Armen eines Grafen vorbeiwirbeln und dachte daran, wie ihr Vater, ein Zigeunerbastard, der mit nichts angefangen hatte und sich aus dem Schlamm der Gesellschaft, die ihn gerne darin erstickt hätte, hochgearbeitet hatte. Und Papa, Sohn eines einfachen Kapitäns, hatte es ebenfalls geschafft. Es war aber keine gerechte oder leicht gewonnene Schlacht gewesen, denn die Aristokratie wollte den Fuß nicht so leicht aus dem Nacken des einfachen Mannes nehmen. Deshalb hatten Papa und Onkel Draco in ihrer Jugend keine Mittel in ihrem Kampf gescheut und skrupellos Brandy und französisches Parfum geschmuggelt oder die Konkurrenz unterboten, um sich einen Vertrag zu sichern, selbst wenn sie anfänglich dadurch Verluste erlitten. Jetzt hätten sie viele der heute Anwesenden ohne Schwierigkeiten aufkaufen können.

Ja, die Welt veränderte sich tatsächlich. Das Elitesystem der Aristokratie bröckelte an allen Ecken und Enden, und eine neue Klasse übernahm jetzt die Führung, Männer wie Papa und Onkel Draco – und die Söhne, die in ihre Fußstapfen treten würden. Jarrett und Nicholas, Guy und Francis und anderen wie ihnen gehörte die Zukunft: jungen Männern, die mit Unternehmungslust und Reformen aufgewachsen waren und keine Angst hatten, die Welt mit beiden Händen zu packen und sie sich untertan zu machen.

Starke, entschlossene Hände mußten das sein, wie die Jarretts, als er mich meisterlich zum Walzertakt durch den Ballsaal drehte.

Im Gegensatz zu meinen anderen Partnern redete er nur wenig. Keine galanten Floskeln kamen über seine Lippen, und er flirtete auch sonst nicht mit mir wie alle anderen zuvor. Trotzdem brachte Jarrett mich mehr durcheinander als alle anderen Männer an diesem Abend.

Er hielt mich nicht enger als ziemlich war, trotzdem war er so nahe, daß ich glaubte, sein Herz klopfen zu hören. Er roch nach scharfem würzigem Rum, und sein Atem war warm, wie ein Kuß auf meinem Gesicht. Er tanzte göttlich, mit unglaublicher Grazie und Eleganz. Und wäre da nicht diese unerklärliche Spannung gewesen, hätte ich mich nur zu gern im Tanz verloren.

Aber leider tanzte ich schlecht und ungeschickt wie ein Schulmädchen, den Blick starr auf die schwarze Perle seiner Krawattennadel gerichtet. Ich brachte keinen vernünftigen Ton heraus und schwitzte vor Scham über meine Ungeschicklichkeit. Ich wußte, daß ich wesentlich besser tanzen konnte. Mr. Rutledge, Mamas früherer Tanzlehrer, war ein guter Lehrer gewesen. Zweifellos fand Jarrett mich unbeholfen und langweilig. Ich hatte zwar kein Interesse an ihm, war aber doch empört über die Vorstellung, daß irgendein Mann mich öde und unbeholfen finden könnte. Wütend über den Verlust meines gerade erst erworbenen Selbstvertrauens, stolperte ich und wäre fast gefallen. Jarretts Arm schlang sich fester um meine Taille, er drückte mich an seine Brust, meine Wange preßte sich in die weichen Falten seines Jabots. Sein Herz hämmerte in meinem Ohr, ein starker, steter Rhythmus, der krasse Gegensatz zu dem plötzlichen Flattern meines Pulses.

Nur einen Augenblick lang drückte er mich so, aber irgendwie schien es wie eine Ewigkeit. Es war einer dieser seltsamen Augenblicke, aus der Zeit gerissen, in denen alles um mich herum verblaßte und sich all meine Sinne auf Jarrett konzentrierten.

»Hast du dein Gleichgewicht wiedergefunden?« fragte er leise, sein Atem streichelte meinen Kopf.

»J-ja«, erwiderte ich. »Dumm von mir, so zu stolpern.«

»Das Gedränge hier ist wirklich groß, besonders wenn ›Old Peacock‹ versucht, den ganzen Platz für sich in Anspruch zu nehmen. Wenn er auf der Tanzfläche ist, ist keiner mehr sicher, er hat dich bestimmt geschubst.« Ich war dankbar für diese Lüge, mit der er meine Ungeschicklichkeit deckte.

Der Tumult in meinem Inneren beruhigte sich etwas, und ich mußte unwillkürlich lächeln, weil er unseren Kinderspitznamen für Colonel Pennock gebraucht hatte. Pennock war ein feister alter Soldat, der es gewohnt war, militärische Manöver in der Weite Indiens abzuhalten und sich von den augenblicklich eingeschränkten Raumverhältnissen seiner Umgebung nicht am begeisterten Herumhopsen hindern ließ. Zum ersten Mal blinzelte Jarrett mir zu.

»Du solltest öfter lächeln, Laura. Dein Gesicht strahlt dann wie die Morgensonne auf dem Moor.«

Ich errötete und war froh, daß gerade in diesem Augenblick die Musik zu Ende war und er mich loslassen mußte. Er machte das nur zögernd, oder vielleicht bildete ich mir das auch nur ein, jedenfalls verließ er mich sehr schnell, nachdem er mich zu einem Stuhl begleitet hatte. Mit einem unverständlichen Gefühl des Bedauerns schaute ich ihm nach, wie er zum kleinen Salon ging, der zum Spielen reserviert war. Alle Chandler-Männer spielten leidenschaftlich gern Karten und Würfelspiele, und ich vermutete, seltsam enttäuscht, ich würde Jarrett wohl heute abend nicht mehr sehen.

Aber das seltsame Gefühl ging unter in brennender Leidenschaft, die mich wie das Wasser aus einem gebrochenen Damm durchströmte, als Nicholas mich zum nächsten Tanz aufforderte und jeden Gedanken an Jarrett auslöschte. Nicholas reichte mir vollendet die Hand, ich packte sie begierig, ohne einen Gedanken an meine Tanzkarte zu verschwenden, so daß der ungelenke Junge, dessen Name für diesen Tanz eingetragen war, wie ein begossener Pudel weichen mußte. Ich sah, wie die Ohren des Jungen vor Wut rot wurden und sein ausgeprägter Adamsapfel auf und ab hüpfte, als Nicky mich auf die Tanzfläche schwang.

»Armer Onslow«, sagte er amüsiert. »Aber er ist eben zu langsam. Ich bin mit ihm zur Volksschule gegangen, weißt du. Er sieht aus, als hätte er eine unreife Pflaume verschluckt, stimmt's? Hab' ich ihm etwa seinen Tanz gestohlen, Laura? Ich hätte schwören können, es war meiner.«

»Lügner«, sagte ich vorwurfsvoll, aber lächelnd. Mich traf genauso viel Schuld bei dem Affront gegen den Jungen wie Nicky.

Er lachte nur.

»Ja, ich fürchte, das bin ich wirklich«, sagte er ohne eine Spur von schlechtem Gewissen, »und noch dazu ein schlechter. Aber ich wollte mit dir tanzen, Laura, und hatte wegen einer Wette im Spielzimmer verpaßt, mich auf deiner Karte einzutragen. Was sollte ich also tun? Ich mußte einfach einen anderen ausbooten, und der arme Onslow macht bestimmt keine Szene. Nicht ganz die feine Art, muß ich zugeben, aber ich dachte mir, du hast nichts dagegen. Er hat schon Hunderte von Damenfüßen mit seinen großen, ungeschickten Füßen ruiniert.«

»Hunderte?« fragte ich skeptisch.

»Ein Dutzend zumindest«, räumte er grinsend ein. »Aber laß uns nicht über ihn reden – ein sehr langweiliges Thema! Laß uns statt dessen über uns reden.«

»Uns?« fragte ich kokett. Mein Puls beschleunigte sich, und mein Mund war plötzlich so trocken, daß ich kaum schlucken konnte.

»Aber natürlich«, erwiderte Nicholas beiläufig, aber seine Augen verdunkelten sich, als er zu mir hinuntersah, und sein Arm schlang sich fester um meine Taille. »Waren wir denn nicht immer Komplizen wie Don Quichote und die schöne Dulcinea?«

»Oder der Prinz und Dornröschen?« sagte ich neckisch, eingedenk der Spitznamen, die Jarrett uns als Kinder gegeben hatte.

»Ja, wenn ich dich auch persönlich mehr mit einem Paradiesbaum vergleichen würde, Laura, ganz braun und golden, mit Satin- und Spitzenrüschen. Was für wunderbare Überraschungen hältst du denn sonst noch bereit?«

»Das, mein lieber Nicholas, mußt du wohl selbst herausfinden«, erwiderte ich frech, der Champagner und seine lockenden schwarzen Augen hatten meine Hemmungen vertrieben.

»Soll ich denn?«

»Aber ja doch.«

»Du bist ja keß! Ich glaube fast, du flirtest mit mir.«

»Vielleicht tu' ich das.«

»Selbst dann solltest du keine Herausforderungen äußern, die du nicht annehmen kannst«, sagte er leise, und sein Gesicht wurde ernst.

»Das... tu' ich nie«, flüsterte ich provozierend.

»Wirklich? Wir werden ja sehen.«

»Werden wir?« fragte ich.

Er gab keine Antwort, zog mich aber fester an sich, und sein Blick brachte mein Herz zum Rasen. Ertrinkend in den unergründlichen Tiefen seiner Augen, verstummte auch ich, jede Faser meines Körpers war so angespannt, daß mich seine Berührung wie ein Blitzschlag durchfuhr. Meine Füße schienen den Boden nicht mehr zu berühren, als ich mich seiner Führung hingab und er mich herumwirbelte, bis sich mein Kopf drehte und ich ganz außer Atem war, ob vom Tanz oder von Nickys Nähe, wußte ich selbst nicht mehr.

Wir bewegten uns zusammen, als wären wir füreinander geschaffen, dachte ich verträumt, in einem Nebel von Champagner und einem Regenbogen von Farben, die sich drehten und im Schein der zahllosen Kerzen in den Kristallüstern schimmerten. Ich schmiegte mich an Nickys sehnigen Körper, und wir tanzten und schwankten im Takt zur Musik. Seine Arme fühlten sich so richtig an, ich war mir sicher, daß das mein rechtmäßiger Platz war, und allein der Gedanke, mit Jarrett verlobt zu sein, war mir zuwider. Ich beschloß, gleich am nächsten Morgen meinen Eltern zu sagen, wie es um mein Herz bestellt war, und sie zu bitten, meine Verlobung zu lösen. Sicherlich würden sie einsehen, daß ich Jarrett nicht heiraten konnte, wenn ich Nicholas liebte.

So traumverloren war ich, daß ich gar nicht bemerkt hatte, daß Nicky mich aus dem Ballsaal durch die offenen Türen auf die Terrasse geführt hatte. Erst als ich die Nachtluft auf meiner Haut spürte, kühl und feucht, kehrte ich wieder in die Realität zurück und merkte, wo wir waren.

Am Rande meines Bewußtseins nahm ich wahr, daß hier und dort Paare, gut sichtbar vom Ballsaal aus, in der frischen Luft flanierten, und am östlichen Ende der Terrasse hatte sich ein Grüppchen Männer versammelt, die Zigarren rauchten, lachten und sich unterhielten. Aber all das schien weit weg von mir. Wie verzaubert tanzten Nicky und ich weiter, meine Röcke streiften die Steinbalustrade, als wir durch den Mondschein zum westlichen, dunkleren, leeren Teil der Terrasse tanzten.

Augenblicke später war die Musik zu Ende, und wir waren allein in der Stille. Der Champagner tat immer noch seine Wirkung, also sagte ich nichts, als Nicky meine Hand so fest packte, daß ich sie ihm nicht hätte entreißen können, selbst wenn ich gewollt hätte. Er zerrte mich die Stufen in den Garten hinunter und immer tiefer in die Blumen und das Laubwerk, das von Tautropfen übersät war. Wir folgten den Pflasterwegen, bis zu meinem Lieblingsplatz, einer kleinen, verschwiegenen Laube, in der ich als Kind oft stundenlang gelesen hatte.

Dort wuchs ein wunderschöner chinesischer Glyzinienbaum. Den Ableger hatte mein Vater Mama aus einem botanischen Garten im Fernen Osten mitgebracht, und sie hatte ihn hier gepflanzt. Der Baum war prächtig gediehen und jetzt ein Wasserfall lavendelfarbener Blüten, die die Nachtluft mit ihrem üppigen, süßen Duft parfümierten. Zarte Blütenblätter übersäten den moosigen Boden und die Steinbank, zu der Nicky mich jetzt führte. Er säuberte galant die Bank mit seinem Taschentuch, und ich nahm Platz und strich meine Röcke glatt.

Der Zauber der Laube umfing mich. Über mir erstrahlte der Mond wie eine Perle mit perfektem Lüster, Sterne funkelten wie Diamanten am nachtschwarzen Himmel.

Der Nachtwind seufzte leise wie ein Baby, und die Blätter der Bäume und Büsche sangen den Blumen ein Wiegenlied. Den harmonischen Kontrapunkt setzten die Rufe der Nachtvögel. Irgendwo auf dem Moor schrie eine Eule, der Ruf eines Falken ertönte, und irgendeine kleine, verängstigte Kreatur huschte durch das Unterholz. In der Ferne hörte man das leise Rauschen der Meeresbrandung.

Aber alles verblaßte, als Nicky sich zu mir setzte. Seine schwarzen Seidenhosen machten ein kratziges Geräusch auf der Steinbank, das mich aus meiner stillen Betrachtung der Nacht riß, und mit einem Mal wurde ich mir seiner beunruhigenden Nähe bewußt. Mein Körper zitterte wie der eines verängstigten Rehs, wachsam und jederzeit bereit zu fliehen. Seine Nähe war mir zwar willkommen, aber ein unbestimmtes Gefühl, wie unziemlich doch das Ganze wäre, machte mich nervös. Aber ich machte keine Anstalten, wieder nach drinnen zu gehen, denn trotz meiner Angst spürte ich eine Erregung wie ein Kind, das eine langersehnte Belohnung bekommen sollte, die es sich um keinen Preis nehmen lassen wollte.

Langsam, ganz selbstverständlich, legte Nicky seinen Arm um meine Taille. Meine Leidenschaft für ihn war so groß, daß jede Pore meiner Haut seine Berührung spürte wie ein glühendes Eisen, das mich versengte. Seine Hand blieb unter meiner Brust liegen, fast beiläufig, aber sein Daumen lag am Ansatz meiner Brustspitze und ließ meinen Körper wie im Fieber erschaudern, das sich nach einer unbekannten Heilung sehnte.

Unwillkürlich lehnte ich mich gegen ihn, benetzte mit der

Zunge meine trockenen Lippen, eine unbewußte Einladung, der Nicky sofort Folge leistete. Er packte mich fester, seine Augen bohrten sich in meine, er nahm mein Kinn und hob mein Gesicht zu seinem.

»Laura«, murmelte er. »Laura.«

Dann küßte er mich, ganz sanft, und es war die Erfüllung meiner wildesten Träume. Ich klammerte mich an ihn, genoß das Gefühl seines Körpers an meinem, und war zu jung und zu naiv, um zu wissen, wie sehr ich ihn in Versuchung führte. Ich ahnte nicht, daß er sich nur mit allergrößter Mühe im Zaum hielt; er wollte nicht zu viel fordern, ehe er mich so erregt hatte, daß weitere Avancen mich nicht in die Flucht schlagen würden.

Zögernd unterbrach er den Kuß und lehnte sich zurück. Der Blick aus seinen schwarzen Augen, den er auf meinen geöffneten Mund geheftet hatte, ließ mir das Herz bis zum Hals klopfen.

»...vom Tau der Orchideen trink ich mich satt...«

»Wirklich, Nicholas?« fragte ich leise.

»Ja, o ja«, hauchte er. »O Laura, du ahnst nicht, wie lange ich dich schon begehre! Ich warte seit einer Ewigkeit, daß du erwachsen wirst!«

»Und jetzt bin ich es«, sagte ich triumphierend. Ein wunderbares Gefühl von Macht durchströmte mich, wie ich es nie zuvor empfunden hatte, gefolgt von Erleichterung, daß er mich tatsächlich liebte – und immer geliebt hatte. Ich bot ihm meine Lippen dar wie ein Opfer, und sein Mund ergriff Besitz von meinem, fordernder diesmal, eindringlicher, fast schmerzhaft. Aber mir war alles gleichgültig. Er hatte eine Woge von Gefühlen in mir entfesselt, mein Herz floß über vor Freude und Liebe.

Seine Zunge erzwang sich brutal die Öffnung meiner Lippen, um die Süße darin zu kosten. Er biß meine Lippe blutig und küßte mich, immer und immer wieder, als könnte er nicht genug von mir bekommen. Seine Zunge erforschte gierig jede dunkle, feuchte Nische meines Mundes, bis ich keuchend nach Luft rang.

Mein leises Stöhnen spornte ihn noch mehr an. Seine Hand liebkoste meine Brust durch den dünnen Stoff meines Mieders. Langsam ließ er seinen geschickten Daumen um meine Brustwarze streichen, bis sie steif wurde und gegen den Stoff drückte, ein greifbarer Beweis für meine Erregung. Funken des Entzükkens breiteten sich von meiner Brust durch den ganzen Körper aus. Ich stöhnte leise, und mein Körper preßte sich unwillkürlich gegen seinen, suchte instinktiv die Berührungen, die Erfüllung bringen würden. Nicky folgte dem stummen Schrei meines Fleisches, seine Finger glitten sinnlich meinen Rücken hoch, packten meine Locken und zogen mir den Kopf zurück, drückten mich nach unten, während die andere Hand geschickt meine Brust liebkoste und ich nur vage registrierte, daß er mich zwang, mich auf die Steinbank zu legen.

Seine Lippen legten eine brennende Spur von meiner Wange zur Schläfe, suchten wieder meinen Mund, dann glitten sie langsam meinen Hals hinunter bis zu der Kuhle zwischen meinen Brüsten. Seine Zunge leckte verführerisch den Schweiß aus diesem schmalen Tal. Ich rang nach Luft und versuchte mich zu erheben, er begrub sein Gesicht an meiner Brust und ignorierte mein plötzliches Zögern. Er drückte mich auf die Bank.

Mit einem Mal durchzuckte ein ungutes Gefühl meinen Körper. Er legte sich über mich, seine Lippen raubten mir den Atem, und seine Hände waren überall. Ich spürte, wie die rauhen Kanten der Steinbank sich in meine Schultern gruben und gegen meine zarte Haut schürften. Aber all das war vergessen, als ich Nickys harte Männlichkeit spürte, die sich kühn zwischen meine Schenkel drängte und sich durch meine Röcke herausfordernd an mir rieb.

Durch den Champagnernebel in meinem Kopf schrillte ein

dumpfer, aber hartnäckiger Alarm. So weit hatte ich es nicht kommen lassen wollen. Ich war schließlich und endlich gut erzogen, und obwohl ich das wilde Temperament der Chandlers geerbt hatte – ein Fluch, wie manche behaupteten –, war ich doch nicht so selbstvergessen, meine Jungfräulichkeit einem Mann zu opfern, der nicht mein Ehemann war.

Ich begann mich zu wehren und flehte ihn an, mich in den Ballsaal zurückzubringen. Aber zu meinem Entsetzen ignorierte Nicky das einfach und steckte grob seine Hand in mein Mieder und streichelte meine nackte Brust. Ich war schockiert und verängstigt. Das hätte er sicher nicht gewagt, wenn ich mich nicht vorher seinen Liebkosungen so bereitwillig hingegeben hätte. Jetzt bekam ich es wirklich mit der Angst zu tun, ich wehrte mich heftig und flehte ihn verzweifelt an, mich loszulassen. Aber Nicky ignorierte mein Flehen.

»Liebst du mich denn nicht, Laura?« fragte er, den Mund dicht an meinen gedrängt, und seine Finger kneteten grob meine Brustwarze, eine Mischung von Schmerz und Lust überrollte mich.

»Natürlich liebe ich dich! Das weißt du doch!« rief ich erbost, weil er an mir zweifelte.

»Dann zeig es mir«, forderte er. »Zeig es mir. Laß mich dich lieben – oder bist du doch nur eine Lügnerin, die mich an der Nase herumführt?« zischte er. Seine Augen funkelten böse im Mondlicht.

Ich war hin- und hergerissen, hatte Angst, seinem Drängen nachzugeben, hatte aber auch genauso viel Angst, ihn zu verlieren, wenn ich mich weigerte. Er nutzte diesen Augenblick und riß mir einfach die Ärmel bis zu den Ellbogen herunter, so daß meine Brüste entblößt vor ihm lagen.

»Aahhh«, stöhnte er bei diesem Anblick. »Welch wunderbare Speise du mir bietest, Laura – einem verhungernden Mann...« Keuchend versuchte ich, ihn wegzuschieben, mich zu bedecken, aber er packte meine Arme und hielt sie mir mühelos über den Kopf. »Kämpf nicht gegen mich, Laura«, murmelte er, während ich mich verzweifelt unter ihm wand. »Du weißt, daß du dich genauso danach sehnst wie ich.«

Und ich muß zu meiner Schande zugeben, daß irgendein verräterischer Teil von mir von seiner Berührung erregt wurde. Seine Augen bohrten sich in meine, dann senkte sein Mund sich langsam über meine Brust, und seine Zähne packten meine Brustwarze. Wie flüssiges Feuer brannte seine Zunge auf meiner Haut, mein Körper erbebte. Ich stieß einen leisen Schrei aus – ob vor Leidenschaft oder Angst, das weiß ich nicht.

»Laura? Laura, bist du da?«

»Zum Teufel!« Nicky fluchte beim Klang der Stimme, die wir beide sofort erkannten. »Es ist Jarrett!« Er sprang auf und fuhr sich mit der Hand durch seine zerzausten Locken. »Um Himmels willen, Laura, bring dich in Ordnung! Jarrett hat scharfe, eifersüchtige Augen und ist teuflisch jähzornig. Der würde jeden Mann umbringen, der sich an dich heranmacht!«

Angélique hatte mich auch schon vor Jarretts Jähzorn gewarnt, also mußte etwas Wahres daran sein. Ich setzte mich auf, genauso verängstigt wie Nicky, und versuchte mit zitternden Fingern mein Kleid wieder in Ordnung zu bringen. Ich erschauderte vor Panik, Jarretts Rufe und Schritte kamen immer näher. Ich riß die Ärmel hoch, dann versuchte ich, mein Haar zu ordnen und rammte mir dabei eine Haarnadel so fest in die Kopfhaut, daß mir die Tränen kamen. Dann hob ich eilends meinen goldenen Fächer und mein Täschchen vom feuchten Boden auf, das bei meinem leidenschaftlichen Gerangel mit Nicky heruntergefallen war.

»Verdammt!« fluchte Nicky, der mit seiner verrutschten Krawatte kämpfte. »Warum mußt du ausgerechnet Jarretts Verlobte sein? Bruder oder nicht, er wird mich umbringen! Gibt's denn hier keinen anderen Ausgang?« fragte er, aber die Laube war an drei Seiten von einer hohen Hecke umgeben. »Gütiger Gott im Himmel, Laura, beeil dich!«

»Ich mache ja, so schnell ich kann!« zischte ich wütend. »Außerdem ist es deine Schuld! Wenn du auf mich gehört hättest, als ich dich das erste Mal bat, mich in den Ballsaal zurückzubringen, wäre das alles nicht passiert! O Nicky, warum sagen wir Jarrett nicht einfach die Wahrheit – daß wir uns schon immer geliebt haben? Das wird er doch sicher verstehen. Dann wird er die Verlobung lösen, und wir können heiraten.«

Zu meinem Entsetzen sah Nicky mich an, als wäre ich nicht ganz bei Trost.

»Bist du verrückt, Laura?« schrie er, ohne zu bemerken, daß er mich damit unendlich verletzte und meine schlimmsten Vermutungen bestätigte. Als er sah, wie schockiert ich war, versuchte er, mich zu besänftigen. »Sei nicht albern, Schatz. Jetzt ist weder die Zeit noch der Ort, so etwas anzukündigen. Das mußt du doch verstehen! Jarrett wird auf jeden Fall außer sich vor Wut sein – wenn auch nur, weil sein verdammter Stolz verletzt ist. Er fängt sicher einen Streit an. Dann gibt es Ärger, vielleicht sogar eine Schlägerei, das weißt du doch! Und die Leute werden uns hören, Laura. Dann schauen sie nach, was vor sich geht. Denk an den Skandal – und das bei deinem Debüt. Das willst du doch nicht, oder, Schatz?«

»Nein. Nein, natürlich nicht«, sagte ich und biß mir auf die Lippe.

»Dann behalten wir es noch eine Weile für uns, ja, Laura?« Ich nickte zögernd. »Braves Mädchen«, sagte er erleichtert. »Jetzt gib mir einen Kuß, Schatz. Ich glaube, es ist das beste, wenn man uns nicht hier zusammen findet, also werde ich versuchen, irgendwie durch diese verdammte Hecke zu kommen.«

Ich ging zu ihm. Er riß mich an sich, seine Zunge drängte sich zwischen meine Lippen, und er umschloß noch einmal meine Brust, um mich an all das zu erinnern, was ich in dieser Nacht erlebt hatte. Hätte er mich nicht gehalten, wäre ich sicher zu Boden gesunken, so zitterten unsere Körper vor Begierde. Endlich ließ er mich los, Jarretts Schritte waren schon gefährlich nahe gekommen.

»Denk dran, unser Geheimnis muß noch eine Weile gewahrt bleiben, Laura, mein Schatz«, flüsterte er. »Nicht für lange, das versprech' ich dir.«

Dann zwängte er sich durch die dünnen Äste der Hecke und verschwand im knackenden Unterholz. Ich ließ mich erleichtert auf die Steinbank fallen und versuchte, mir so gelassen wie möglich Luft zuzufächeln. Und keinen Augenblick zu früh, denn just in diesem Moment erschien Jarrett.

»Laura«, sagte er, als er aus den Schatten trat. Seine Augen waren im Mondlicht unergründlich, ich wußte aber, daß sie mich sehr eindringlich musterten. »Was machst du denn hier draußen? Hast du mich nicht rufen hören?«

»Nein«, log ich und hoffte, daß die Dunkelheit meine Schamröte verbergen würde. »Es war so warm im Ballsaal. Ich mußte einfach frische Luft schnappen. Und die Nacht war so schön, daß ich ein bißchen im Garten spazierengegangen bin. Ich fürchte, ich bin ins Träumen gekommen. Das ist mein Lieblingsplatz, weißt du, als Kind war ich oft hier...« Ich versuchte zu lachen. »Guter Gott! Ich hab' gar nicht gemerkt, wie lange ich hier gesessen habe. Was werden meine Gäste denken? Ich muß sofort zurück.«

»Ja.« Jarretts Stimme war kühl und gelassen wie immer, sicher ahnte er nicht, daß ich mit einem Liebhaber hier gewesen war. Sein Blick streifte die Blätter, die Nicky bei seiner Flucht durch die Hecke abgerissen hatte. Aber er hatte bestimmt nichts bemerkt. »Tante Sarah hat mich geschickt, dich zu holen. Es ist

Zeit für das Mitternachtsdiner, und ich soll dich in den Speisesaal begleiten. Komm.«

Er streckte mir seine Hand entgegen, und ich reichte ihm zögernd meine. Seine Finger schlossen sich wie ein eisernes Band um die meinen, und mit einem Mal durchlief mich ein Angstschauder, als hätte ich eine gefährliche Bestie aufgeschreckt.

Schweigend kehrten wir zum Haus zurück, der Wind wehte mir den Duft der Glyzinien in die Nase, der sich mit dem bittersüßen Geschmack verbotener Leidenschaft auf meinen Lippen mischte, eiskalt lag meine Hand in Jarretts.

Nicholas sah ich in dieser Nacht nicht mehr, auch einige Wochen danach nicht, wie Sie erfahren werden. Trotzdem schlich ich mich kurz nach dem Abendessen noch mal in den Garten zur Laube, in der Hoffnung, er wäre da. Ich war so dumm und eitel, zu glauben, daß er sich vor lauter Liebe nicht mehr beherrschen konnte, und machte mir selbst Vorwürfe, weil ich ihn so gereizt hatte. Jetzt begriff ich allmählich den Sinn der verhaßten Anstandsregeln. Wenn das Blut in Wallung geriet, vergaß man sich nur zu leicht.

Ich hob meine Röcke und eilte durch den Garten, wobei ich immer wieder über die Schulter schaute, um mich zu vergewissern, daß mir niemand folgte. Und so passierte es, daß ich meinen Cousin Thorne nicht sah, bis ich gegen ihn prallte und wir beide fast umgefallen wären, wenn er mich nicht schnell umarmt hätte.

»Thorne!« rief ich erschrocken. »Du hast mich vielleicht erschreckt!«

»Läufst du zu einem Rendezvous, Laura, oder von einem weg?« fragte er höhnisch, ließ mich los und rückte sich seine elegante Krawatte wieder zurecht.

»Weder noch, natürlich«, erwiderte ich kühl und schenkte ihm einen verächtlichen Blick.

Ich mußte vorsichtig sein. Thorne war schlau, und er durfte

keinesfalls ahnen, daß Nicky und ich uns liebten, ansonsten würde er das schamlos ausnutzen, er haßte Nicky immer noch wie die Pest, und mich mochte er auch nicht sonderlich. Obwohl ich fand, daß Nicky ihm mit der gebrochenen Nase einen Gefallen getan hatte. Er war im Lauf der Jahre zu einem sehr schönen Mann herangewachsen, und die krumme Nase gab seinem Gesicht Charakter und Männlichkeit. Er war jetzt mittelgroß, schlank, mit eleganten, fast zarten Bewegungen, was mir immer ein etwas ungutes Gefühl gab, als wäre mit ihm etwas nicht in Ordnung, was ich nicht genau benennen konnte. Ich war mir aber sicher, daß er immer noch genauso verlogen und hinterhältig war wie früher, und ging ihm deshalb aus dem Weg, so gut ich konnte.

Aber bevor ich mich von ihm entfernen konnte, hörte ich plötzlich eine Männerstimme aus der Laube mit der Glyzinie. Ich erstarrte bei dem Geräusch. War das Jarretts Stimme? Oder... nein, es konnte doch nicht etwa Nicholas' sein? Natürlich nicht. Ich bildete mir das ein. Wieso sollte es ausgerechnet er sein. Alle Chandler-Männer hatten dieselbe Stimme, einschließlich Draco, und sie war leise, kaum hörbar.

Die Stimme des Mannes wurde vom rauchigen Lachen einer Frau unterbrochen, gefolgt von Schweigen, ein Kuß, wieder ein Lachen – diesmal männlich – und dann das unverkennbare Rascheln eines Kleides, das über Haut gestreift wird. Mein Magen verkrampfte sich bei diesem Geräusch, und wenn Thorne nicht gewesen wäre, hätte ich mich sicher wie ein Voyeur angeschlichen und meine quälende Neugier über die Identität des Mannes befriedigt.

»So, so«, sagte Thorne trocken. »Wie mir scheint, amüsiert sich einer unserer Chandler-Cousins ganz prächtig. Ich frage mich nur, mit wem? Was meinst du, Laura? Sollen wir hinschleichen und einen Blick riskieren?«

»Natürlich nicht!« zischte ich wütend, obwohl ich genau dasselbe im Sinn gehabt hatte. Mir wurde schwer ums Herz, weil auch er sicher war, daß die Stimme einem Chandler gehörte.

»Komm, Laura! Tu doch nicht so, du willst doch sicher auch sehen, mit wem sich der ehrbare Nicholas da amüsiert, oder?«

»Wie kommst du darauf, daß das Nicky ist?« fragte ich.

»Logik, Laura, deshalb bist du auch nicht drauf gekommen«, bemerkte Thorne sarkastisch. »Jarrett ist mit dir verlobt und nicht so dumm, sich bei deinem Fest mit einer anderen im Gras zu wälzen. Alexander ist verrückt nach Lady Vanessa Dubray, und die geht keinen Schritt ohne ihre Anstandsdame, und Onkel Draco wird wohl Tante Maggie kaum in einer Laube an die Wäsche gehen, also bleibt nur noch Nicholas, nicht wahr?«

»Wie ordinär du bist, Thorne«, schimpfte ich kühl. »Mir ist völlig egal, wer da in der Laube ist!« log ich. »Auf jeden Fall habe ich keine Lust, wie eine alte Klatschtante mit dir hier herumzustehen und mir deine Bosheiten anzuhören!«

Ich wollte losgehen, aber Thorne packte mich brutal am Handgelenk.

»Aber, meine liebe Laura«, sagte er grinsend. »Ich glaube fast, du weißt, daß ich recht habe, und kannst den Gedanken nicht ertragen.«

»Ich hab' keine Ahnung, was du damit meinst, Thorne«, sagte ich wütend und entriß ihm meine Hand.

»Wirklich nicht?« fragte er.

»Nein! Und du, glaube ich, auch nicht. Ich glaube, du bist betrunken!«

Damit drehte ich mich auf dem Absatz um und ging, sein leises Lachen folgte mir wie das einer Hyäne.

Das konnte doch unmöglich Nicky gewesen sein! Das war einfach nicht möglich! dachte ich den Tränen nahe.

Aber Zweifel nagten an mir, zu überzeugend waren Thornes

Worte gewesen. Der Gedanke, daß es tatsächlich Nicky gewesen war, war wie eine schwärende Wunde, und der wunderbarste Abend meines Lebens war ruiniert. Nach meiner Rückkehr in den Ballsaal teilte ich Mama mit, ich wäre erschöpft und hätte außerdem gräßliche Kopfschmerzen.

»Das wundert mich nicht, Laura«, sagte sie und strich mir eine Strähne aus dem Gesicht. »Mir ging's am Abend meines Debüts in Großonkel Nigels Stadthaus genauso. Ich war so erschöpft von all der Aufregung, daß ich keinen Schritt mehr tanzen konnte, selbst wenn ich gewollte hätte – was nicht der Fall war, weil kein Partner außer deinem Vater mir etwas bedeutete.« Sie lächelte liebevoll, und ich senkte beschämt die Lider. »Warum gehst du nicht zu Bett, Laura. Du siehst wirklich mitgenommen aus. Mach dir keine Gedanken. Ich entschuldige dich bei unseren Gästen und schicke dir gleich Clemency.«

Ich schluckte und wandte mich zum Gehen, froh, daß Mama nicht in mein Herz sehen konnte. Dann stieg ich langsam die Treppe zu meinem Zimmer hinauf. Und dort wartete und wartete ich, aber Clemency kam nicht. Erst viel später, als ich bereits im Bett lag und mich schon fast in den Schlaf geweint hatte, kam sie mit hochroten Wangen. Sie war ganz außer Atem, und ihre grünen Augen funkelten siegesbewußt, während ein zufriedenes Lächeln ihren Mund umspielte.

Sie hat sicher mit einem der Diener geflirtet und den armen Tropf erfolgreich becirct, dachte ich müde.

Ich war so niedergeschlagen, daß ich ihr selbstzufriedenes Gesicht nicht ertragen konnte, und schickte sie weg. Als sie mein Zimmer verließ, flatterten blasse Teilchen wie lavendelfarbenes Konfetti aus ihrem Haar auf den Teppich, und ich erhob mich neugierig, um zu sehen, was es war.

Danach konnte ich lange Zeit nicht einschlafen. Ich saß da und starrte betroffen auf die zarten Glyzinienblüten in meiner Hand.

5. Kapitel

Die Fuchsjagd

Zwei Wochen später machte ich mit Papa und Mama eine erste Reise nach London zu meinem offiziellen Debüt. Ich war so niedergeschlagen, daß ich mich gar nicht freuen konnte. Ich hatte keine Gelegenheit gehabt, Nicholas vor meiner Abreise zu sehen, und so quälten immer noch Zweifel mein Herz, als ich mich in die Samtsitze unserer exzellent gefederten Kutsche sinken ließ.

Irgendwie war ich überzeugt, daß ich Nicholas in jener Nacht in der Laube gehört hatte, und konnte Clemencys Anblick nicht ertragen, die sich jetzt neben mich setzte. Wie sollten sonst in dieser Nacht die Glyzinienblüten in ihr Haar gekommen sein, wenn nicht mit Nicholas in der Laube? Es gab nur einen einzigen solchen Baum in unserem Garten. Der Gedanke, daß sie in seinen Armen gelegen hatte, war unerträglich, und ich hätte ihr am liebsten die Augen ausgekratzt, auch wenn er bei ihr vielleicht nur Trost gesucht hatte, weil er mich nicht umarmen konnte.

Ich rutschte also auf dem Sitz so weit von ihr ab wie möglich und musterte sie heimlich aus den Augenwinkeln.

Vielleicht irre ich mich auch, dachte ich wohl zum hundertsten Mal in dem vergeblichen Versuch, mich selbst zu beschwichti-

gen. Vielleicht hat sie sich wirklich nur mit einem der Diener in der Laube amüsiert.

Aber wenn dem wirklich so war, wieso hatte sie dann an diesem Abend so triumphierend ausgesehen? Sie kokettierte zwar gern, war aber viel zu ehrgeizig, um sich an einen einfachen Diener zu verschwenden, der ihre hochtrabenden Pläne bestimmt nicht fördern konnte. Nicky war da schon eine andere Geschichte. Er war vielleicht nicht Onkel Dracos Erbe, aber seine Stellung und sein Einkommen waren nicht zu verachten. Ich konnte mir zwar nicht vorstellen, daß sein Vater ihm erlauben würde, Clemency zu heiraten, war mir aber sicher, daß mein welterfahrener Onkel wohl kaum etwas dagegen hätte, wenn Nicky sie sich zur Mätresse nahm.

Und so hatte ich, hin- und hergerissen von Zweifeln, meinen Eltern noch nichts von meinen Plänen, die Verlobung mit Jarrett zu lösen, gesagt. Ich hatte beschlossen, abzuwarten und erst einmal mit Nicky zu reden. Wie schrecklich wäre es, wenn ich aus unbegründeter Eifersucht den einzigen Mann, den ich wirklich liebte, verstoßen würde! Aber wie viel schlimmer wäre meine Lage, wenn ich die Verlobung lösen würde, nur um feststellen zu müssen, daß Nicky nur mit mir gespielt hatte. Ich würde meine Eltern schrecklich verletzen und Onkel Dracos Zorn auf mich ziehen und zum Gespött von ganz Cornwall werden. So kühn und unvernünftig war ich eben doch nicht!

Wenn Nicky meine Ängste beschwichtigen könnte – und ich hoffte inständig, daß er das tat –, würde ich bereitwillig das Gerede über meine gelöste Verlobung mit Jarrett auf mich nehmen. Ansonsten, auch wenn es mir das Herz brach, hatte ich keine andere Wahl, als mein Herz schweigen zu lassen und Jarretts Frau zu werden.

London gefiel mir nicht. Es war so anders als die Weiten Cornwalls, in denen ich aufgewachsen war. Ich kam mir eingesperrt vor in diesen engen Straßen, mit dem Lärm zahlloser Leute und Gefährte. Ich hatte oft das Gefühl, ersticken zu müssen wie an jenem Nachmittag auf dem Speicher, als ich in der Truhe eingesperrt war.

Außerdem war mir die feine Gesellschaft zuwider, obgleich sie mir und meiner Mitgift die Tore weit öffnete. Ich hatte immer das Gefühl, sie machte es nur mit gerümpfter Nase, aus Angst vor dem ordinären Geruch von Geld, das durch Handel erworben war.

Ich hatte zwar wie jedes Mädchen gehofft, die Schönste der Saison zu sein, aber diese Hoffnung wurde nicht erfüllt, denn ich war keine klassische Schönheit. Und die vielen Komplimente, die mir junge Männer über meine Attraktivität machten, galten wohl eher meiner Mitgift als mir.

Ich war zutiefst beleidigt, weil sie glaubten, ich würde ihre Schmeicheleien ernst nehmen, und rächte mich, indem ich mit allen flirtete und falsche Hoffnungen weckte, so daß zwei, die finanziell noch schlechter gestellt waren als der Rest, sich tatsächlich um mich prügelten.

Es hätte mich natürlich sehr befriedigt, wenn Nicholas Zeuge dieses Vorfalls gewesen wäre. Ich muß zugeben, ich hätte ihn nur zu gern eifersüchtig gemacht. Aber er kam nur ein einziges Mal während der Ballsaison nach London, auf Geschäftsreise für seinen Vater. Am Abend seiner Ankunft trafen wir uns bei Almack's. Aber ich hatte leider nur noch einen sehr schwungvollen Volkstanz auf meiner Tanzkarte frei, also hatten wir keine Gelegenheit zu privater Unterhaltung, und kurz darauf war er bereits wieder verschwunden. Also hatte ich wieder keine Gelegenheit herauszufinden, ob er sich am Abend meines Debüts mit Clemency getröstet hatte.

Sein Gehen verletzte und enttäuschte mich, obwohl es mich nicht überraschte. Almack's, oft als »Heiratsmarkt« bezeichnet, war ein Etablissement für junge Damen auf der Suche nach Ehemännern. Es wurden keine scharfen Getränke serviert, und die Spieleinsätze waren streng limitiert, wahrscheinlich hatte Nicky sich gelangweilt.

Trotzdem hätte er um meinetwillen bleiben können. Wie anders war da doch Jarrett, der einige Tage später eintraf und mich pflichtschuldigst nach Covent Garden und in das neue Theater in der Drury Lane begleitete, bevor er die Stadt wieder verließ. Nicky hätte gut daran getan, sich ein Beispiel an den Manieren seines älteren Bruders zu nehmen! Selbst wenn er auf mich böse war, hätte er doch auch an meine Gefühle denken müssen, und allmählich nagten in meinem Herzen Zweifel, ob er mich wirklich liebte.

Der Sommer kam, und die Ballsaison ging zu Ende. Ich kehrte nach Hause zurück, nach Cornwall, welterfahrener als zuvor, aber ich fürchte, kein bißchen weiser.

Es war gut, wieder zu Hause zu sein. Das Moor und das Meer hatten mir gefehlt, und ich ritt jetzt jeden Morgen auf meinem temperamentvollen Pferd aus, mein Debütgeschenk von Papa und Mama. Ich hatte den Wallach Black Buccaneer getauft. Er war aus Onkel Dracos Zucht, die von einem wilden schwarzen Hengst, Black Magic, und einer maurischen Stute begründet worden war. Zu Ehren des prachtvollen Stammvaters, der wegen eines gebrochenen Beines erschossen werden mußte, hatten alle rein schwarzen Nachkommen seiner Linie das Wort »Black« vor ihren Namen. Onkel Draco verkaufte nur die Fohlen, die Spuren einer anderen Farbe im Fell hatten. Aber bei Black Buccaneer hatte er offensichtlich eine Ausnahme gemacht, denn er war völlig schwarz. Deshalb hatte ich auch die Tradition der Namen weitergeführt und den Wallach nach einem Piraten benannt, wie mein Kinderpony Calico Jack. Papas Geschichten über Piraten faszinierten mich, und ich war begeistert von der Vorstellung, daß die Schiffe einiger meiner Vorfahren tatsächlich den Jolly Roger gehißt hatten.

Mit Ausnahme von Onkel Dracos Pferden gab es nur wenige in Nordcornwall, die es mit Black Buccaneer an Schnelligkeit aufnehmen konnten. Ich liebte es, über das flache Land zu galoppieren, den Wind im Haar und den Geschmack der Meerluft auf den Lippen.

Manchmal stieg ich ab und kletterte auf die graugrünen Tors, riesige Granitfelsen, die an die Megalithe von Stonehenge erinnerten und seltsame Silhouetten vor dem Horizont bildeten. Auf den Tors gab es Steine, die aussahen wie heidnische Tempel. Riesige Felsbrocken lehnten aneinander, verwittert von den unerbittlichen Elementen. Manche lagen mit der flachen Seite nach oben wie Altäre, die auf ein Blutopfer warteten.

Im Norden ragte Brown Willy wie ein verformter Obelisk über den kleineren Tors auf. Brown Gelly kauerte im Süden, eine unförmige Masse. Kilmar Tor reckte seine Titanenfaust über den Teil des Bodmin Moors, der East Moor genannt wurde. Darunter erstreckte sich Trewartha Marsh über die Heide, ein riesiger, bunter Quilt von Grün und Gold, den die erste Sommersonne herausgelockt hatte. Der süße Duft von Heidekraut und Farn erfüllte die Luft.

Der Wind war jetzt sanft, bewegte kaum das Gras oder die Bäche und Flüsse auf den Mooren. Aber im Herbst und Winter stöhnte er wie ein trauriges Gespenst oder heulte wie ein mächtiger Gott durch die Felsspalten der Granitberge. Das Gras wurde dicht an den Boden gedrückt, als wäre ein riesiger Fuß darüber geschritten, die schieferfarbenen Teiche brodelten im Wind und wurden schwarz wie der Nachthimmel über Cornwall, und die Sumpfinseln, von schlammigem Wasser umgeben, erbebten.

Diese Inseln waren gefährlich. Sie lockten zwischen dem

durch den Sommer vergilbten Gras die Unvorsichtigen und Arglosen, die dann auf vermeintlich festen Boden traten und durch eine dünne Schicht Torf und Schlamm in das dunkle, schwarze Wasser stürzten und ertranken. Jetzt waren die trügerischen Teiche leicht erkennbar, aber im Herbst und Winter vermied es selbst ich, die jeden Zentimeter dieses Bodens kannte, über die Heide zu gehen, wenn der Himmel sich verdüsterte und der Nebel vom Meer heranrollte. Aber jetzt war Sommer, und Black Buccaneer und ich konnten nach Herzenslust herumstreifen.

Von den Gipfeln der Tors aus konnte man den Ozean in der Ferne schimmern sehen. Das Azurblau des Himmels spiegelte sich im Wasser. Die langen, schwarzen Felsenfinger tauchten ins Meer bis hin zu den Ruinen von Tintagel Castle, die am Ende der schmalen Landzunge, die die zerklüftete Halbinsel mit dem Festland verband, emporragten. Dort hatten Onkel Draco und Tante Maggie in ihrer Jugend gespielt, und dort, vor der Küste, war auch Papa mit seinem ersten Schiff, der *Sea Gipsy*, vor Anker gegangen. Dort hatten die Männer ihre Schmuggelladung zum Strand gerudert und dann die enge, gewundene Treppe auf die Klippen geschleppt, wo Onkel Draco oder sein verrückter Hausmeister Renshaw mit Packpferden warteten, um die gestohlene Ware nach Stormswept Heights zu transportieren.

Einmal wären Onkel Draco und Papa fast erwischt worden – von Onkel Esmond, dem Magistrat. Aber es war ihnen glücklicherweise gelungen, ihre Aktivitäten geheimzuhalten, da sie die wesentlich schwerwiegenderen Verbrechen des mörderischen Mick Dyson und seiner ruchlosen Bande von Küstenpiraten aufgedeckt hatten.

Weiter östlich erhoben sich wie eine Kette weißer Berge die Schutthalden von Onkel Dracos Porzellanerdegruben, wo Dyson seine Beute versteckt hatte. Zu ihren Füßen erstreckten sich riesige, grüne Teiche, die sich gebildet hatten, nachdem man sehr viele Tonnen von Erde und Granit bewegt hatte.

Die Arbeit dort war gefährlich, und ich vermied es, zu den Minen zu gehen, obwohl ich dort vielleicht Nicholas hätte begegnen können. Ich hatte ihn seit meiner Rückkehr aus London noch nicht gesehen. Er war mit seiner Arbeit sehr beschäftigt und hatte deshalb keine Zeit gefunden, zur Grange zu kommen, und ich fand keinen triftigen Grund, ihn in Heights zu besuchen. Einoder zweimal hatte ich erwogen, meinen Bruder Guy ins Vertrauen zu ziehen und um Hilfe zu bitten. Aber, obwohl Guy Nikkys bester Freund war, wäre er doch sicher schockiert gewesen, daß ich mich nach Nicky verzehrte, obwohl ich mit Jarrett verlobt war. Also sagte ich nichts.

Mein einziger Trost war, daß Clemency im Lauf des Sommers immer stiller wurde und gar nicht mehr so hochnäsig und selbstzufrieden war. Ich hoffte, der Grund dafür wäre Nicholas' mangelndes Interesse, da er festgestellt hatte, daß er doch mich liebte. Dieser Gedanke war äußerst ermunternd für mich und ließ mich meine früheren Zweifel vergessen. Ich sehnte mich nur noch danach, mich mit ihm zu versöhnen.

Dazu würde sich, wie ich hoffte, schon sehr bald die Gelegenheit bieten, nämlich bei Onkel Esmonds Fuchsjagd, die jedes Jahr Ende des Sommers stattfand. Es war ein großes, gesellschaftliches Ereignis mit Gästen von fern und nah, und ich durfte das erste Mal daran teilnehmen. Ich wußte auch, daß Nicholas seit seinem sechzehnten Lebensjahr keine Fuchsjagd verpaßt hatte, und war wild entschlossen, auf Black Buccaneer mit ihm Schritt zu halten.

Das war auch der Hauptgrund für meine morgendlichen Ritte: Ich wollte das Terrain genau auskundschaften, um mich nicht durch einen Sturz zu blamieren, wie es meiner Cousine Elizabeth, die nicht sonderlich gut reiten konnte, immer wieder passierte. Ich träumte davon, daß ich Nicholas mit meinen Reitkünsten beeindrucken würde, und ahnte nicht, daß mir der Weg durch ein unbezwingbares Hindernis versperrt sein würde, das nicht einmal ich überspringen konnte.

In diesem Jahr, 1841, schien es der Sommer nicht sonderlich eilig mit seinem Abschied zu haben, obwohl sich hier und dort schon manche Bäume scharlachrot und safrangelb verfärbt hatten und der kühle Duft des Herbstes schon über dem Moor schwebte. Am Morgen von Onkel Esmonds Fuchsjagd war die Erde nach dem nächtlichen Regen aufgeweicht und schlammig, die Bäume glänzten feucht vom Dunst, den der kühle Wind vom bleiernen Meer hertrug, und Tropfen funkelten auf den scharlachroten und schwarzen Röcken der Reiter, die sich vor Highclyffe Hall sammelten.

Die meisten waren bereits eingetroffen, und der Rasen vor dem Haus war ein Chaos stampfender Hufe, Geschrei und Gebell der aufgeregten Hundemeute. Leute lachten, begrüßten sich mit Zurufen, Pferde wieherten und traten einander, während ihre Reiter bemüht waren, sie unter Kontrolle zu bringen. Die Hundeführer und Treiber versuchten, mit Peitschenknallen die Hunde zu disziplinieren. Diener brachten schwere Silbertabletts, beladen mit Erfrischungen, während den Gästen, die nicht mitritten, im Haus ein üppiges Frühstück serviert wurde.

Onkel Esmond, der Jagdmeister, sah prächtig aus mit seiner schwarzen Samtkappe, der scharlachroten Jacke, der weißen Krawatte und den weißseidenen Reithosen, obwohl es mir schien, als würde er sich auf seinem eleganten Wallach nicht besonders wohl fühlen. Es war in der ganzen Grafschaft bekannt, daß er die Fuchsjagd nicht sonderlich schätzte und nach Großonkel Nigels Tod nur sehr widerwillig auf Drängen von Tante Julianne und meiner Großmutter Prescott Chandler die Tradition fortgeführt hatte. Diese Aversion teilten Mama, die sich weigerte, an der Jagd teilzunehmen, und Tante Maggie, die zwar mitritt, sich aber nicht am Töten beteiligte. Sehr zum Mißfallen von Onkel Draco und Papa schlug sie Onkel Esmond immer wieder vor, die Hunde auf eine Schleppspur anzusetzen, damit die Jagd kein brutales Ende fand.

Ich muß zugeben, ich hatte auch Mitleid mit dem Fuchs und war gar nicht erpicht, sein Ende mitzuerleben. Das war meine erste Jagd, und ich wußte, daß ich deshalb sicher mit Blut beschmiert werden würde. Das war eine sehr unangenehme Zeremonie, die aber auch ihre Vorteile hatte, wie meine Cousine Angélique behauptete, obwohl ich das nicht so recht glauben wollte.

Papa, Mama und Guy waren bereits im Gewühl verschwunden, ich konnte also tun und lassen, was ich wollte. Ich hielt mich ein bißchen abseits und versuchte, Nicholas zu erspähen. Ich entdeckte Angélique auf ihrer schönen Stute Black Orchid und dirigierte Black Buccaneer zu dem Kreis Reiter, der um sie versammelt war. Ich war mir sicher, daß ich Nicholas dort finden würde, und tatsächlich, da war er auch. Mein Herz machte einen Satz vor Freude, und es gelang mir, mein Pferd zwischen seines und Angéliques zu manövrieren. Angélique registrierte das kopfschüttelnd, gab aber zu meiner Erleichterung keinen Kommentar dazu ab, sondern stellte mich ihrem Begleiter, Lord Oliver Fairhurst, Graf von Greystone, vor, den ich noch nicht kannte.

Er war ein dunkler, gutaussehender, zynischer Mann, den sie sich wohl in den Kopf gesetzt hatte, und dieses Ziel würde sie sicher mit der Hartnäckigkeit aller Chandlers verfolgen. Nach dem Austausch einiger höflicher Floskeln entfernten sich die beiden, und ich konnte mich voll auf Nicholas konzentrieren.

Ich fragte mich kurz, ob Angélique mich absichtlich mit ihm allein gelassen hatte, weil sie die Rivalität zwischen ihren beiden Brüdern schüren wollte, aber dann verdrängte ich den Gedanken. Hauptsache, sie hatte es getan.

Ich musterte Nicholas verstohlen aus den Augenwinkeln und war hingerissen von seinem Anblick, der mir so lange versagt geblieben war. Er sah phantastisch aus auf dem schwarzen Pferd, mit schwarzer Jacke, weißer Hose, schwarzem Zylinder und kniehohen, schwarzen Lederstiefeln. Auf den ersten Blick wirkte er gelassen und souverän, aber ich spürte eine unterschwellige Spannung bei ihm, redete mir aber ein, es wäre die Aufregung, weil er mich wiedersah. Ich zitterte am ganzen Körper, und mein Herz klopfte bis zum Hals.

»Hallo, Laura«, sagte er leise, und seine Stimme war wie eine zärtliche Berührung. Er brachte sein Pferd Black Jack näher zu meinem und manövrierte uns beide geschickt weg von der lärmenden Gruppe, damit wir vor der Jagd wenigstens ein paar ungestörte Augenblicke hatten.

Hoffnung regte sich in mir, denn diese Geste bedeutete, daß er mir doch zumindest teilweise vergeben hatte.

»Hallo, Nicky«, erwiderte ich schüchtern.

»Du siehst heute morgen wunderbar aus«, bemerkte er. »Schwarz steht dir, Laura.« Sein Blick glitt anerkennend über mein exquisites neues Reitkostüm. Nur der Jagdmeister, die Jäger, die Treiber und einige wenige andere Privilegierte durften Samtmützen und rote Röcke tragen. »Das solltest du öfter tragen. Bist du bereit für die Jagd? Deine erste, nicht wahr?«

»Ja, ich trainiere schon seit Wochen, damit ich mich nicht blamiere«, gab ich zu. »Ich hoffe, der Kurs ist nicht zu schwierig.«

»Da würde ich mir an deiner Stelle keine Sorgen machen«, beschwichtigte er mich. »Du bist in ausgezeichneter Form, und wenn dir ein Sprung zu hoch ist, kannst du ja das Hindernis umreiten. Und du bist viel zu vernünftig und riskierst nicht, daß Black Buccaneer sich ein Bein bricht, sonst hätte Vater ihn Onkel Welles bestimmt nicht verkauft.«

»Ja, ich weiß.«

Wir schwiegen beide betreten wie Fremde, die nicht wissen, worüber sie sich unterhalten sollen. Nur zu gerne hätte ich Nicky gefragt, ob er noch böse auf mich war und ob er in jener Nacht tatsächlich mit Clemency in der Laube gewesen war. Aber ich konnte es nicht, nagte verlegen an meiner Unterlippe und strich mir das Kleid glatt.

Ich konnte seinem durchdringenden Blick nicht begegnen, nur allzu deutlich waren die Erinnerungen an das, was in jener Nacht zwischen uns vorgefallen war. Der Gedanke trieb mir die Schamröte ins Gesicht, obwohl ich nur zu gern wieder seine glühenden Hände auf meiner Haut und seine brennenden Lippen auf meinen gespürt hätte.

Vielleicht dachte auch Nicky daran, er räusperte sich plötzlich und zerrte an seiner Krawatte, als wäre sie zu eng. Als er merkte, was er da tat, ließ er die Hand sinken.

»Möchtest du noch einen Abschiedstrunk, Laura?« fragte er schließlich. Ich nickte, und er winkte einem der Diener, der mit einem vollen Tablett zu uns kam. »Möchten Sie Glühwein oder Brandy?«

»Wein, bitte«, sagte ich.

Nicky reichte mir einen dampfenden Becher und nahm sich selbst ein Glas Cognac. Schweigend nippten wir an unseren Getränken. Der süße Wein wärmte meinen leeren Magen und vertrieb die Kälte aus meinen Knochen. Ein paar Schluck mehr, und wohlige Müdigkeit strömte durch meinen Körper, so daß ich zu Tode erschrak, als Nicky plötzlich sein Glas zu Boden schleuderte. Sein Pferd scheute und zertrümmerte dann das Glas vollständig mit den Hufen.

Ich war sprachlos, wußte nicht, wieso er plötzlich diesen Ausbruch hatte, fürchtete aber instinktiv, daß ich der Grund dafür war.

»Verdammt, Laura«, fluchte er. »Wir sind Verwandte... Liebende – keine flüchtigen Bekannten, die höfliche Banalitäten austauschen!« Sein Gesicht war wutverzerrt. »Mein verfluchter Vater hat mich den ganzen Sommer so eingespannt, daß ich nicht einmal eine Minute für mich selbst hatte!« knurrte er. Dann wurde sein Gesicht sanft, und er sagte leise: »Du hast mir gefehlt, Laura.«

Der Tag war trist und grau, aber mir kam es vor, als wäre gerade die Sonne über dem Horizont aufgegangen. Mein Herz floß über vor Freude und Erleichterung, und ich fragte mich, wie ich je hatte so dumm sein können, an seiner Liebe zu zweifeln.

»O Nicky«, hauchte ich. »Du hast mir auch gefehlt.«

Sein Lächeln war strahlend und schön wie der erste Sonnenstrahl nach einem Sturm. Aber es blieb keine Zeit mehr, noch etwas zu sagen, das Jagdhorn blies das Signal zum Aufbruch.

Onkel Esmond gab seinem Wallach die Sporen und trabte über die lange Auffahrt durch den Park. Dicht hinter ihm waren die Jäger und die Hunde, fünfzehn Paare, von ihren Leinen befreit, kläfften sie aufgeregt, und ihre Ruten flatterten wie fröhliche Banner. Hinter der Meute ritten die Treiber, die mit ihren Peitschen die Hunde unter Kontrolle hielten, und die Terrier-Männer, die die Foxterrier trugen, die man hinter der Beute herjagen würde, wenn sie sich im Bau verstecken sollte. Ein paar Tage vor der Jagd hatte man die Baue alle mit Erde zugeschüttet, aber es bestand immer die Möglichkeit, daß einer vergessen worden war. Dann folgten die restlichen Reiter.

»Ich wette einen Blumenstrauß gegen einen Kuß, daß ich vor dir am Ziel bin, Laura!« rief Nicky lachend über die Schulter, wendete seinen Wallach und ritt los, während ich immer noch versuchte, meinen Becher bei einem Diener loszuwerden.

Der Glühwein hatte seine Wirkung getan.

»Es gilt!« erwiderte ich frech. Mit funkelnden Augen und hochroten Wangen galoppierte ich hinterher, ohne Rücksicht darauf, daß der Diener meine skandalöse Antwort auf diese Wette gehört hatte.

In der Aufregung hatte ich auch nicht bemerkt, daß andere Ohren es auch gehört hatten, und sah den Reiter nicht, der entschlossen hinter mir her ritt.

Nachdem sie die Tore des Hauses passiert hatten, ließ man die Hunde ausschwärmen, und nach kurzer Zeit hatten sie die Spur aufgenommen. Das war nicht weiter überraschend. Den Gerüchten zufolge bestach Tante Julianne immer den Förster, der am Morgen einen Fuchs im Sack herbrachte und freiließ, damit ihre Gäste nicht enttäuscht wurden. Die Hunde schlugen an, die Jäger jubelten und bliesen das Signal »Gefunden«.

»Halali!« rief Onkel Esmond mit etwas gequälter Begeisterung. »Halali!«

Die Jagd hatte begonnen. Der Himmel hatte sich inzwischen etwas geklärt, war aber immer noch zinngrau, und finstere Wolken versprachen weiteren Regen. Hier und dort hatte sich der Dunst leicht gehoben und trieb geisterhaft über die Weiden, legte sich dann wie Schaumwogen über die Niederungen und verdeckte das gefährliche Terrain.

Die Luft vibrierte vom Bellen der Hunde, dem Klirren der Zügel, dem heftigen Keuchen von Pferden und Reitern. Die Hufe donnerten über die schwarze, torfige Erde und verwandelten den Boden in Minuten in Morast, so daß die hinteren Reiter bald über und über mit Schlamm bespritzt waren.

Der peitschende Wind trieb mir die Tränen in die Augen, zerrte an meinem Haar und riß Strähnen aus dem Knoten. Aber es war wunderbar. Ich kannte jeden Zentimeter des Moors und fegte lachend auf Black Buccaneer mit den anderen mit.

Das Feld breitete sich jetzt aus wie eine Armee marschierender Ameisen. Die besseren Reiter zogen voran. Papa und Onkel Draco waren in Führung, ihre temperamentvollen Hengste rasten Kopf an Kopf und passierten Onkel Esmond, was sich eigentlich nicht schickte, da er der Jagdmeister war. Aber ihm schien das nichts auszumachen, er salutierte kurz mit seiner Reitpeitsche. Ich hatte natürlich keine Chance, sie einzuholen, aber ich war fest entschlossen, zumindest Nicholas zu überholen, der ein paar Meter vor mir war und zu meinem Leidwesen den Abstand ständig vergrößerte. Wild entschlossen, die Wette zu gewinnen, gab ich Black Buccaneer die Sporen, was auf dem glitschigen Boden nicht ungefährlich war.

Endlich hatte der Jäger den Fuchs gesichtet und gab das traditionelle Signal, einen gellenden Schrei, gefolgt von einem Hornsignal, und das Feld beschleunigte. Der Fuchs war etwa fünfundsiebzig Meter voraus, schätzte ich, er lief im Zickzack zwischen den Büschen, so daß man nur gelegentlich sein kupfernes Fell aufblitzen sah. Aber die Hunde waren ihm hart auf den Fersen, außer Rand und Band vom Geruch seiner Fährte. Er mußte schon sehr klug sein, wenn er ihnen entkommen wollte. Aber zu meiner großen Freude gelang es dem raffinierten Tier ein paar Minuten später, ihnen an einem kleinen Flüßchen hinter einer schmalen Anhöhe zu entwischen. Die Spur verlor sich im gurgelnden Wasser.

Die Hunde suchten eifrig das Ufer ab, während sich die führenden Reiter mit Onkel Esmond berieten, was zu tun sei. Das Feld hatte ebenfalls angehalten und wartete auf die Anweisungen des Jagdherrn, so konnte ich mein Pferd neben das von Nicholas bringen, was mit einem schadenfrohen Gelächter quittiert wurde.

»So ein Glück für dich, daß die Hunde die Spur verloren haben«, sagte er, »sonst hättest du mich nie eingeholt.«

»Pah«, sagte ich verächtlich. »Das glaubst auch nur du! In ein paar Minuten hättest du meine Schlammspritzer abgekriegt!«

Er grinste.

»Wir werden sehen, Laura. Wir werden sehen.«

»Das werden wir«, erwiderte ich und streichelte stolz Black Buccaneers Hals. »Diesmal hast du wenigstens keinen Vorsprung. Das war ziemlich unsportlich von dir vorhin...«

»Aber, Schatz, ich spiele nie fair – weder in der Liebe noch im Krieg«, sagte er. Zu meiner Überraschung hörte es sich fast an, als hätte er das ernst gemeint.

»Ich werde es mir merken«, sagte ich.

»Das empfehle ich dir, Laura, mein Schatz, ich möchte nicht hören, daß du sagst, ich hätte dich nicht gewarnt – besonders, wenn du unsere Wette verloren hast und deine Schulden bezahlen mußt.«

Er hatte ein seltsames Blitzen in den Augen, aber vielleicht war es auch nur das Licht, denn als ich ihn wieder ansah, war es verschwunden, und sein Lächeln trieb mir die Schamröte ins Gesicht.

Bevor ich aber etwas sagen konnte, waren Onkel Esmond und die anderen offensichtlich zu einem Entschluß gekommen und ritten wieder los, in der Hoffnung, die Spur des Fuchses wiederaufnehmen zu können. Wir trabten weiter, und nachdem das Tempo jetzt ziemlich gesetzt war, konnte ich neben Nicky weiterreiten.

»Ich hoffe, Onkel Esmond weiß, was er tut, wenn er uns alle in diese Richtung hetzt«, sagte er verärgert. »Ich hab' keine Lust, den ganzen Tag für nichts und wieder nichts im Schlamm herumzuwaten.«

»Ja«, stimmte ich zu.

»Tante Julianne sieht auch nicht besonders glücklich aus. Der arme Onkel Esmond. Wahrscheinlich wird er den Hunden zum Fraß vorgeworfen, wenn sie nicht bald die Spur finden.«

Sicherlich hatte er recht. Tante Julianne hatte zwar ein ziemlich gequältes Lächeln wegen der anderen aufgesetzt, aber es war offensichtlich, daß sie Onkel Esmond, neben dem sie ritt, beschimpfte. Ich mußte grinsen, denn sie sah aus wie ein dickes Rotkehlchen, wie sie da in ihrem roten Rock auf dem Sattel auf und ab hopste und Onkel Esmond ankeifte wie einen Wurm, der sich nicht fressen lassen wollte.

Glücklicherweise erwies sich seine Wahl der Richtung als die richtige. Kaum eine Viertelstunde später schlugen die Hunde wieder an und hetzten den Fuchs aus einem Dickicht. Wie ein kupferner Pfeil rannte das Tier über das Moor um sein Leben, hundertfünfzig Meter vor der Meute. Insgeheim hoffte ich, er würde der Meute noch einmal entkommen, aber das war wohl ziemlich unwahrscheinlich.

»Auf, auf!« schrien Onkel Draco und Papa im Chor und galoppierten los, als erneut das Jagdhorn Signal gab.

Nicholas heulte triumphierend und spornte Black Jack so heftig an, daß er mit einem riesigen Satz losgaloppierte und an mir vorbeizog. Schlamm spritzte mir ins Gesicht und über mein Reitkostüm, dann beugte ich mich tief über Black Buccaneers Rükken und rief ihm Anfeuerungen ins Ohr.

Ich ritt hart auf Nickys Fersen, der Nebel peitschte wie Gischt in mein Gesicht. Aber ich spürte die herbstliche Kälte nicht, mein Körper war schweißgebadet, und ich galoppierte wie eine Besessene hinter Nicky her und holte langsam auf.

Diesmal würde er mir nicht entkommen, das hatte ich mir geschworen.

Jetzt flogen wir Kopf an Kopf über eine Brombeerhecke und schlitterten ein Stück durch den Schlamm bei der Landung. Zu meiner übergroßen Freude fing sich Black Buccaneer zuerst, sprang auf ein trockeneres Stück Erde, während Black Jack noch hilflos herumruderte. Ich passierte ihn mit einem Triumphschrei.

Jetzt war ich nicht mehr zu halten. Ich fühlte mich unbesiegbar, eine Göttin, die über das Land rauschte, und Black Buccaneer spürte meine Stimmung und wuchs über sich selbst hinaus. Wir waren eins, mein Pferd und ich, und bald war Nicky drei Längen hinter uns zurück.

Der Fuchs hatte immer noch einen stattlichen Vorsprung, die Meute war wie eine weißbraune Woge hinter ihm her. Immer wieder stürzten Pferde, schleuderten ihre Reiter aus dem Sattel, aber ich ritt weiter, als wären die Höllenhunde hinter mir her, denn ich wußte, daß Nicky, der viel wagemutiger war als ich, alles daransetzen würde, mich einzuholen.

Wahrscheinlich hätten wir wissen müssen, wie leichtsinnig unser Verhalten war, und ich muß zugeben, daß ich das tief in meinem Innersten auch wußte – obwohl wir an dem Unfall, der dann passierte, keine Schuld trugen. Trotzdem machte ich mir später Vorwürfe. Wenn Nicky und ich nicht so darauf erpicht gewesen wären, unsere Wette auszutragen und nicht so halsbrecherisch geritten wären, wäre vielleicht nichts passiert. Und so trifft wahrscheinlich letztendlich nur uns beide die Schuld an den katastrophalen Konsequenzen, die zu einem Wendepunkt in unserem Leben führen sollten.

Es ging alles so schnell, daß in meiner Erinnerung nur ein verworrenes Chaos von unzusammenhängenden Bildern blieb.

Wie oft stürzen wir doch, wenn wir glauben, die höchste Spitze erreicht zu haben, in den tiefsten Abgrund. Ich war wie im Fieber, Black Buccaneer und ich flogen über die Heide. Jetzt lag ein Hügel vor uns, aber ich fühlte mich so unbesiegbar, daß ich den Wallach nicht zügelte, sondern noch anspornte. Wir galoppierten so schnell hinauf, daß wir oben nicht halten konnten, sondern uns der Schwung die steile Böschung auf der anderen Seite hinunterrutschen ließ. Black Buccaneer bäumte sich mit geblähten Nüstern auf, um die wilde Jagd zu bremsen, aus dem Augenwinkel sah ich Nicky hart auf unseren Fersen über den Kamm schießen. Elizabeth war gefährlich nahe hinter ihm, so daß ihre Falbenstute zu meinem Entsetzen gegen Black Jacks Hinterläufe stieß. Er rutschte wild um sich schlagend den Hügel hinunter, auf direktem Kollisionskurs mit Black Buccaneer und mir.

Ich glaube, in diesem Moment blieb mein Herz stehen.

Es war wie ein Traum. Ein schrecklicher Alptraum. Die Welt war vergessen, da waren nur noch dieses schreckliche Dröhnen in meinen Ohren und das pochende Blut in meinen Schläfen. Wie am Ende eines schwarzen Tunnels sah ich nur noch Nicky und sein Pferd, das auf mich zustürzte, und Lizzie mit weitaufgerissenen Augen...

Rein instinktiv riß ich Black Buccaneer zur Seite und mußte hilflos mitansehen, wie Nicky schweißüberströmt, mit zusammengebissenen Zähnen versuchte, seinen Wallach wieder unter Kontrolle zu bringen. Und irgendwie gelang es ihm zu meiner Erleichterung, unbeschadet den Fuß des Hügels zu erreichen. Aber Lizzies Pferd fand keinen Halt auf dem rutschigen Boden, überschlug sich und warf sie aus dem Sattel. Ihr Hut flog ihr vom blonden Kopf, sie und die Stute purzelten schwerfällig den Hügel hinunter bis in ein schlammiges Rinnsal am Fuß des gefährlichen Abhangs.

Mit wutverzerrtem Gesicht riß Nicky sein tänzelndes Pferd herum und überschüttete Lizzie mit einer Flut sehr unfeiner Flüche. Ich näherte mich zitternd, um zu sehen, ob jemand verletzt war. Glücklicherweise war Nicky und Lizzie nichts passiert. Sie zitterte zwar genau wie ich und würde sicher wochenlang grün und blau sein, aber ihr Stolz hatte wohl mehr Schaden genommen als sie selbst.

»Du dämliche Kuh!« brüllte Nicky sie an. »Wir hätten uns durch deine Blödheit alle den Hals brechen können – ganz zu schweigen, was den Pferden hätte passieren können! Ich sollte dich übers Knie legen, Lizzie!«

Lizzie war zwar etwas mitgenommen, aber noch längst nicht eingeschüchtert.

»Versuch's nur, Nicky!« sagte sie herausfordernd. »Aber es wird dir leid tun, das versprech' ich dir!«

»Jetzt hör aber auf, Lizzie«, warf ich in eisigem Ton ein. »Ich hab' gesehen, was passiert ist, und es war *deine* Schuld. Würde dir ganz recht geschehen, wenn Nicky dich verprügelt. Mir wird ganz schlecht bei dem Gedanken, was Onkel Draco tun würde, wenn er herausfindet, wie du uns und die Pferde in Gefahr gebracht hast.«

Ihr Gesicht wurde zwar aschfahl bei der Erwähnung von Onkel Dracos Namen, aber so leicht war sie doch nicht unterzukriegen. Sie packte ihren zerquetschten Hut und sprang auf, ihr klassisch schönes Gesicht war vor Bosheit völlig verzerrt.

»Ich hätte wissen müssen, daß du dich auf Nickys Seite stellst, Laura!« zischte sie, packte die Zügel ihrer Stute und saß auf. »Er war ja schon immer dein Held. Trotzdem glaub' ich, daß die Familie nicht sehr erfreut sein wird, wenn sie erfährt, daß er für dich mehr geworden ist. Lauf nur mit deinen Geschichten zu Onkel Draco, ich erzähl' ihm und Jarrett gern ein paar nette Geschichten über euch!«

Dann galoppierte sie davon, ehe Nicky und ich etwas erwidern konnten. Wir starrten uns entsetzt an und fragten uns wohl beide, was sie wußte oder ob sie einfach geblufft hatte.

»Glaubst du wirklich, sie läßt die Katze aus dem Sack, Nicky?« fragte ich schließlich und wand mich innerlich bei der bloßen Vorstellung.

»Nein«, erwiderte er knapp. »Sie hat nur geblufft. Sie hat Todesangst vor Vater und würde nicht wagen, ihm etwas zu erzählen, selbst wenn sie etwas wüßte. Sie ist schlau genug zu wissen, daß wir einfach alles abstreiten würden, und außerdem wäre er so wütend, weil sie uns und die Pferde in Gefahr gebracht hat, daß er glauben würde, daß sie lügt, um so von sich abzulenken.«

»Vielleicht«, stimmte ich zögernd zu. Aber die Angst blieb, denn Lizzie war selbst leidenschaftlich in Nicky verliebt, das wußte ich. Ich hatte den Haß und die Eifersucht in ihren Augen gesehen. »Aber – aber ... wenn sie mit Jarrett redet?« fragte ich. »Der hört ihr sicher zu. O Nicky! Wie lange müssen wir noch verstecken, was zwischen uns ist? Früher oder später müssen wir es Jarrett und allen anderen doch sagen. Worauf warten wir? Ich schäme mich meiner Liebe für dich nicht, und ich kann es nicht ertragen, daß man mir das Gefühl gibt, ich müßte es tun.«

»Ich weiß, Schatz, ich weiß. Aber ... versuch zu verstehen, Laura. Jarrett ist mein Bruder, und du bist seine Verlobte. Du kannst nicht erwarten, daß es mir leichtfällt, dich ihm wegzunehmen –« Er hielt inne, ein Muskel zuckte in seiner Wange. Nach kurzer Zeit fuhr er etwas gelassener fort: »Hör mal, Laura, das ist wohl kaum der richtige Ort für so ein Gespräch. Suchen wir uns einen anderen Platz. Ich bin nicht in der Stimmung, die Jagd zu Ende zu reiten, du vielleicht?«

»Nein.« Ich brachte das Wort kaum heraus, so beschämt war ich. Ich hatte einfach nur an mich gedacht und keinen Gedanken daran verschwendet, daß Nicky mit seinen eigenen Teufeln zu kämpfen hatte, was unsere Beziehung betraf.

Jetzt wurde mir klar, warum er zögerte. Nicky wollte Jarrett, seinen Bruder, nicht verletzen, genauso wenig wie ich meinen Eltern weh tun wollte.

Ich war ratlos. Wäre ich stärker und edler gewesen, hätte ich Nicky aufgegeben. Aber ich war eine verliebte Frau mit allen dazugehörigen Schwächen und brachte es einfach nicht fertig, den Mann aufzugeben, der für mich so wichtig war wie die Luft zum Atmen.

Inzwischen hatte uns das Feld bis auf einige Nachzügler überholt. Wir ritten schweigend in eine kleine, geschützte Niederung. Hier wuchsen, geschützt vor den rauhen Winden Cornwalls, Ulmen, Birken, Eschen und andere Bäume. Einige von ihnen waren schon scharlachrot und bernsteingold gefärbt. Trokkenes Laub knisterte unter den Hufen der Pferde, als wir in den Hain ritten, und der üppige Duft des herbstlichen Verfalls drang mir in die Nase. Dunstfetzen trieben über den Boden, und die Regentropfen fielen langsam durchs Geäst. In weiter Ferne hörten wir das gedämpfte Kläffen der Meute, und langsam ließen wir die Außenwelt hinter uns und lenkten unsere Pferde in die Stille des Waldes, beide versunken in unerfreuliche Gedanken.

Die Wärme hatte mich verlassen. Es begann ernsthaft zu regnen, und die Kühle des grauen Morgens kroch mir unter die Haut und ließ mich zittern. Trotzdem schlug ich nicht vor, in die Hall zurückzukehren, dort hatte ich vielleicht keine Gelegenheit mehr, mit Nicky allein zu sein.

Schließlich kamen wir in eine winzige Senke, kaum breiter als die beiden Pferde. Dort hielten wir in stillschweigendem Übereinkommen an und stiegen langsam ab. Lange konnten wir uns nicht in die Augen sehen, keiner von uns wußte, wie es weitergehen sollte. War der Preis zu hoch? Ich wußte, daß er zu hoch war. Aber trotzdem konnte ich mich nicht wehren, als Nicky mich endlich in die Arme schloß.

»Laura, liebste Laura«, murmelte er und strich mir eine Strähne aus dem Gesicht. »Was sollen wir nur tun?«

»Ich weiß es nicht«, flüsterte ich. »Ich weiß es nicht. Ich möchte so gern mit dir zusammensein, aber wenn ich daran denke, wieviel Schmerz es denen, die wir lieben, bereiten würde, bin ich hin- und hergerissen.«

»Sollen wir uns denn trennen – uns nie wieder so halten können, einander nie berühren, küssen, uns lieben? Wir würden ständig aneinander erinnert werden und den Rest unserer Tage damit verbringen müssen, uns nur voller Sehnsucht anzustarren, weil unsere Familien unzertrennlich miteinander verbunden sind. Wie könnten wir das ertragen, Schatz?«

»Ich weiß es nicht. Ein Teil von mir sagt mir, daß wir es tun müßten, wenn wir einen Funken Ehre im Leib hätten. Aber, Nicky – ohne dich zu leben... uns so nahe zu sein und doch so weit voneinander entfernt... Allein bei dem Gedanken wird mir übel! Ich glaube, ich könnte das nicht ertragen! O Nicky, was sollen wir tun?«

»Warten und hoffen, nehme ich an, bis sich dieses verworrene Knäuel irgendwie gelöst hat... mit der Zeit. Bis dahin müssen wir uns mit dem wenigen, was uns verbindet, zufriedengeben, Laura, wenn es auch nur ein Teil dessen ist, wonach du dich sehnst. Es ist besser als gar nichts. Verweigere uns das nicht, Liebling.«

Seine Stimme war ganz leise und heiser geworden, seine Augen funkelten wie glühende Kohlen, als er mich mit Blicken verschlang. Seine starken, schlanken Finger streichelten kurz mein Kinn und hoben mein Gesicht zu seinem. Dann begegneten sich unsere Lippen, seine Zähne knabberten an meiner Unterlippe, seine Lippen neckten mich und ließen mich vor Wonne erschaudern. Ich stöhnte. Das Wimmern drückte deutlicher als alle Worte meine Begierde aus, die seine Berührung geweckt hatte. Der Druck auf meinem Mund wurde stärker, als ich meine Arme um seinen Nacken schlang und den Kuß leidenschaftlich erwiderte, als könnte ich mit meinen Lippen die Dämonen austreiben, die zwischen uns lagen.

Ich schmiegte mich an ihn und genoß die Wärme seines Körpers, die ich durch mein klatschnasses Kostüm auf meiner Haut spürte. Seine Hände glitten meinen Rücken hinunter, packten meinen Po, und ich fühlte den Beweis seiner Leidenschaft für mich an meinen Schenkeln. Meine Sehnsucht war so groß, daß ich mich nicht wie in jener Nacht im Garten zurückzog, aus

Angst, er könnte meinen, ich wollte ihn nur wieder reizen. Die Spitze der Reitpeitsche an seinem Handgelenk streifte meinen Rock und berührte eine sensible Stelle am Knie, und plötzlich spürte ich elektrische Funken im ganzen Körper.

Sein Herz pochte wie ein Echo des prasselnden Regens an meiner Brust. Die Welt versank. Für mich gab es nur noch Nicky. Ich weiß nicht, wie lange er mich so hielt, küßte, liebkoste und mich immer mehr erregte. Die Zeit war vergessen, ich spürte den Regen nicht, der uns durchnäßte und die Kleider an unsere Haut klebte, so wie wir aneinander klebten, Brust an Brust, Schenkel an Schenkel, damit uns keiner trennen konnte. Selbst die ständig lauter werdenden Geräusche der Meute und des Reiterfeldes drangen nicht an mein Bewußtsein, und ich hörte auch nicht das leise Knacken der Zweige und das dumpfe Rascheln der Blätter in meiner unmittelbaren Nähe.

Ich erschrak zu Tode, als Jarrett plötzlich auftauchte, ein schwarzes Gespenst mit wutblitzenden Augen auf einem pechschwarzen Pferd, das drohend aus dem Dunst kam. Er hatte natürlich jedes Recht, wütend zu sein, das konnte ich nicht abstreiten. Aber bis jetzt hatte ich trotz aller Warnungen nie gedacht, daß es ihm etwas ausmachte, daß ich seinen Bruder vorzog. Ich war noch zu jung, um zu wissen, wie wichtig Stolz für einen Mann ist.

Wieviel hatte er gesehen? Ich weiß es nicht. Ich weiß nur, daß Nicky und ich bei seinem Anblick auseinandersprangen, als hätte man auf uns geschossen, und ich stieß unwillkürlich einen kleinen Angstschrei aus. Ich rieb mir verlegen den Mund, als könnte ich Nickys Küsse damit auslöschen. Ich hätte alles getan, nur damit Jarrett mich nicht mehr anstarrte wie der leibhaftige Luzifer.

Er war uns gefolgt – ganz sicher! Bestimmt hatte Lizzie ihre Drohung wahr gemacht und ihm erzählt, welchen Verdacht sie hegte.

Jarretts dunkles Zigeunergesicht war mörderisch, und ich bekam Angst, daß er uns niederreiten und töten würde.

Ich glaube, ich hatte nie zuvor in meinem Leben solche Angst.

»So, so«, sagte er. Seine Stimme war eiskalt und bohrte sich wie ein Dolch in mein Herz. »Ich bin heute morgen losgeritten, um einen Schakal zu fangen. Ich hatte wirklich gehofft, meine Jagd wäre vergeblich, aber wie mir scheint, war sie doch von Erfolg gekrönt.«

»Hör mal, Jarrett, ich weiß nicht, was für Lügen dir dieses Miststück Lizzie aufgetischt hat –« begann Nicky.

»Sie hat nur bestätigt, was ich schon seit einigen Monaten vermute«, unterbrach ihn sein Bruder barsch, »also spar dir die Worte, Nicholas, ich will deine Erklärungen und Entschuldigungen nicht hören. Seit unserer Kindheit begehrst du, was mir gehört, aber ich hatte nicht gedacht, daß du so weit gehen würdest.« Er hielt inne, dann bohrte sich sein Blick in meine Augen. »Und Sie, Madame«, sagte er so verächtlich, daß ich zusammenzuckte, »sind ein ehrloser Trampel, der sich von den Lügen meines Bruders hat einwickeln lassen. Verachtest du mich so sehr, daß du ihm bewußt geholfen hast, das Messer in der Wunde zu drehen?«

»Nein, nein. Ich... wir wollten dir niemals weh tun, Jarrett«, stammelte ich. »Nicky und ich, wir lieben uns...«

»Liebe?« Jarrett hob höhnisch die Augenbraue. »Nicholas kennt die Bedeutung des Wortes überhaupt nicht, Madame, und Sie sicher auch nicht.« Er hielt inne, und man merkte, wieviel Mühe es ihn kostete, die Fassung nicht zu verlieren. »Bei Gott, Nicholas! Ich sollte dich auf der Stelle töten! Aber um unserer lieben Mutter willen werde ich das nicht tun, und ich werde auch sonst nicht Hand an dich legen, auch wenn du es verdient hast! Aber sei gewarnt, Bruder. Solltest du dich noch einmal an meinem Eigentum vergreifen, werde ich dich zur Verantwortung ziehen. Jetzt steig auf dein Pferd und geh mir aus den Augen!«

Ich war überzeugt, Nicky würde diesem Befehl nicht gehorchen, seine Liebe eingestehen und sich Jarrett stellen. Kindische, romantische Vorstellungen, wie die beiden um mich kämpften, spukten durch meinen Kopf. Welche Frau fühlt sich nicht geschmeichelt bei dem Gedanken, daß zwei Männer um sie kämpfen? Aber zu meinem Entsetzen schüttelte Nicky wortlos meine Hand von seinem Arm, ignorierte meinen flehenden Schrei, ging zu seinem Pferd und ritt davon, ohne sich noch einmal umzusehen. Er hatte mich einfach den Klauen seines Bruders überlassen.

Ich konnte es nicht fassen. Wie konnte er mich so hilflos meinem Schicksal überlassen?!

Tränen brannten in meinen Augen, ein Schluchzen drängte sich über meine Lippen. Mein Schmerz und meine Fassungslosigkeit waren so groß, daß mein Verstand gefror und mein Herz fast stehenblieb. Selbst die Zeit schien innezuhalten in diesem unerträglichen Moment, in dem all meine Hoffnungen und Träume wie ein Kartenhaus über mir zusammenkrachten. Nicky hatte genauso grausam mit mir gespielt wie Thorne an jenem Tag im Speicher, als er mich in die Truhe gesperrt hatte. Ich war entsetzt von meiner eigenen Dummheit und Leichtgläubigkeit. Wie hatte ich nur so verblendet sein und Nickys Lügen Glauben schenken können?

»Verstehst du jetzt, Laura?« Jarretts Stimme war leise und mitleidsvoll. »Nicholas will dich nur, weil du mir gehörst. Er liebt dich nicht.«

Nein! Es ist nicht wahr! Selbst jetzt wollte ich der Wahrheit noch nicht ins Gesicht sehen. *Es darf einfach nicht wahr sein! Jarrett sagt das nur, um mir weh zu tun und mich gegen Nicky aufzuwiegeln!*

Aber dann reckten ungebetene Erinnerungen ihre Köpfe aus den Tiefen meines Unterbewußtseins – wie er sich feige durch die

Laube davongeschlichen hatte, Clemencys selbstzufriedenes Lächeln, lavendelfarbene Glyzinienblüten...

»Nein!« rief ich, um die unwillkommenen Bilder zu verdrängen. »Nein! Du irrst dich, Jarrett! Nicky liebt mich doch! Er wollte – er wollte dich nur nicht verletzen!«

Jarrett lachte verächtlich.

»Du arme, törichte Gans!« Er schüttelte ungläubig den Kopf. »Nicholas würde sich den rechten Arm abschneiden, wenn er mich damit treffen könnte. Er hat nie gelernt, daß Brüder Freunde sein können. Glaubst du mir nicht? Nein... offensichtlich nicht. Aber welche Frau denkt schon schlecht über den Mann, den sie liebt?«

Er holte tief Luft, um die Fassung nicht zu verlieren, und fuhr gnadenlos fort. Meine Tränen ignorierte er einfach.

»Wie mir scheint, Laura, habe ich meine Pflichten dir gegenüber sehr vernachlässigt. Nachdem wir schon so lange verlobt sind, wogegen du übrigens bis jetzt keine Einwände geäußert hast, war es für mich selbstverständlich, daß du mein bist – ein Fehler, den ich nicht mehr machen werde, das schwöre ich dir.«

Jarrett stieg ab und ging langsam auf mich zu wie ein Wolf, der auf seine Beute zuschleicht. Ein seltsames Lächeln, das nicht bis zu seinen Augen drang, umspielte seine Lippen.

»Du hättest mir sagen müssen, daß du geküßt werden willst«, sagte er leise.

Zitternd vor Angst und Kälte wich ich zurück und versuchte unauffällig, näher zu meinem Wallach zu kommen. Ich hatte keine Ahnung, was er mit mir vorhatte, aber ich war mir plötzlich ganz sicher, daß ich es nicht herausfinden wollte. Nie zuvor war er mir so groß und so bedrohlich erschienen – zu allem fähig. Die Furcht, die in jeder Frau wohnt, kroch in mir hoch, weil wir trotz aller geflüsterten Geschichten nicht wirklich *wissen*, was für schreckliche Dinge ein Mann einer Frau antun kann.

Ich entschloß mich zu fliehen, stürzte mich mit einem Satz auf die Zügel meines Pferdes und versuchte in den Sattel zu kommen. Aber Jarrett war wie der Blitz neben mir, umklammerte meine Taille und riß mich so grob vom Pferd weg, daß mein Hut zu Boden rollte. Ich wehrte mich heftig – vergeblich. Sein Arm war wie ein Eisenband, und schließlich gab ich auf.

»So ist es besser, viel besser, Laura«, murmelte Jarrett mir ins Ohr, sein warmer Atem jagte mir eine Gänsehaut über den Rükken. »Ich mag Frauen mit Temperament, ich möchte dir aber nicht weh tun. Außerdem, egal wie verlockend die Aussicht ist... ich werde dir nicht, wie heißt es doch so schön? – meinen Willen aufzwingen, meine Süße, du brauchst also deine Unschuld nicht so heftig zu verteidigen.«

Aber trotz aller Beschwichtigungen war ich mir seiner stählernen Arme, die mich direkt unter der Brust hielten und seines sehnigen, langen Körpers, der an meinen weichen geschmiegt war, nur allzu bewußt und schenkte seinen Worten keinen Glauben.

»Laß mich los, Jarrett«, flehte ich. »Bitte. Laß mich los.«

»Nur, wenn du versprichst, nicht wieder wegzulaufen.«

»Ja, gut, ich verspreche es«, stimmte ich zu und hoffte, er würde der Lüge glauben.

Vielleicht durchschaute er sie. Aber er ließ mich trotzdem los, und im selben Moment, in dem er mich losließ, raffte ich meine Röcke und rannte los. Ich kam nicht weit. Fluchend holte Jarrett mich nach wenigen Schritten ein, packte meinen Arm und riß mich so brutal herum, daß ich stolperte und im Schlamm auf die Knie fiel.

»Laß mich los!« keifte ich und versuchte, mich zu befreien, »rühr mich nicht an!«

Aber ein zweites Mal ließ er sich nicht hereinlegen. Er zerrte mich auf die Füße und drängte mich grob gegen einen Baumstamm. Ich rang keuchend nach Luft und ließ achtlos den Regen auf mein Gesicht prasseln, die rauhe Borke der Ulme bohrte sich in meinen nassen Rücken. Aber als Jarrett sich mir näherte, fing ich mich wieder, packte die Reitpeitsche, die immer noch von meinem Handgelenk baumelte und schlug sie ihm mit aller Macht über die linke Wange.

Ich werde das Klatschen der Peitsche auf seiner glatten, dunklen Haut nie vergessen. Schreckensbleich und entsetzt von meiner Tat sah ich, wie Blut aus einer Platzwunde schoß, das der Regen sofort wieder abwusch. Jarrett blieb stehen und wischte sich erstaunt übers Gesicht.

»Du zeigst mir also deine Klauen, mein mutiger Falke?« fragte er seltsam lächelnd. »Du hast Mut, einen Mann hätte ich dafür getötet, aber an dir, Laura, werde ich mich anders rächen.«

Er riß mir die Peitsche aus der Hand, brach sie über dem Knie entzwei und warf die Stücke ins Gebüsch. Dann ging er entschlossen auf mich zu. Ich wollte fliehen, aber er stemmte seine Arme links und rechts von mir gegen den Stamm und nahm mir jede Möglichkeit dazu. Wie ein gefangenes Tier wehrte ich mich, hämmerte mit den Fäusten gegen seine breite Brust. Aber er lachte nur, packte meine Handgelenke, drückte sie auf meinen Rücken und hielt sie mit einer Hand fest. Dann griff er nach meinem Kinn, eine grausame Parodie auf Nicholas' Zärtlichkeit von vorhin und zwang mich, ihn anzusehen.

»Und jetzt, Laura...« Sein Ton jagte mir Schauer über den Rücken. »Da du schließlich meine Verlobte bist, schuldest du mir das, was du Nicholas so eilfertig gewährt hast, meinst du nicht auch?«

Und dann bemächtigte sich Jarretts Mund meiner Lippen – so heftig, daß seine Zähne meine Unterlippe aufrissen und ich Blut schmeckte, kupfrig, bittersüß. Es war ein Kuß, an den ich mich mein ganzes Leben lang erinnern sollte. Ich wollte tausend Tode sterben, wand mich hilflos unter seinen fordernden Lippen und seinen gnadenlosen Händen. Dann drängte sich Jarretts Zunge zwischen meine Lippen und bohrte sich tief in meinen Mund, und zu meiner grenzenlosen Schande muß ich eingestehen, daß mich bei dieser Berührung ein Blitzschlag der Wonne durchzuckte, ein dunkles Verlangen, das wie ein Buschfeuer durch meinen Körper fegte, nicht einmal Nicky hatte mich je so geküßt. Und dann wurde mir in diesem prophetischen Moment klar, daß alle nur ungeschickte Knaben gewesen waren und daß hier endlich ein Mann war, der mich nehmen und unterwerfen würde.

Der Gedanke erfüllte mich mit Entsetzen, und ich verdrängte ihn sofort. Ich wollte Jarrett nicht gehören, hatte ihm nie gehören wollen. Ich liebte Nicky. Warum schmiegte sich dann mein verräterischer Körper so eng und willig an Jarrett? An diesen Mann, der ruchlos meine Träume zerstört hatte, weil er den Gedanken nicht ertragen konnte, daß ich ihn nicht liebte, auch wenn er selbst noch kein Wort von Liebe gesagt hatte? Ich wußte es nicht.

Beschämt glaubte ich, ich wäre eine Buhlerin oder wahnsinnig. Granny Chandler hatte mich oft vor dem wilden Blut der Chandlers gewarnt und immer wieder prophezeit, es wäre mein Untergang. Warum hatte ich nicht auf sie gehört? Verzweifelt versuchte ich mich erneut von Jarrett loszureißen. Aber er lachte nur spöttisch und packte mich fester.

»Hast du wirklich geglaubt, ich würde dich gehen lassen, Laura?« fragte er leise. »Hast du wirklich geglaubt, ich erlaube es, daß du dich an einen Schurken wie Nicholas verschleuderst? Du gehörst mir – du hast immer mir gehört, ob du es nun willst oder nicht. Aber ich will dich, weißt du, ich hätte das von Anfang an klarstellen müssen.«

Ich erschauderte bei diesen Worten. Ich hätte nie gedacht, daß er mich wirklich begehrte, daß ich so in seinen Armen liegen könnte und er mich küßte und...

»Bitte, Jarrett...« hauchte ich.

Aber er verschlang die Bitte mit seinem Mund, und der Ansturm auf meine Sinne war so heftig, daß jeder Gedanke an weiteren Widerstand in einer Woge von Leidenschaft hinweggerissen wurde, in deren Kielwasser ich fast besinnungslos dahintrieb. Ich hatte das Gefühl, in einer Sintflut zu ertrinken, konnte nicht mehr denken, nur noch fühlen. Sein Mund plünderte den meinen, immer und immer wieder. Gierig und besitzergreifend sog er mir die Seele aus dem Leib und goß sie wieder zurück. Ich weiß nicht, wie lange ich so trunken in seinen Armen lag, während seine Hände mich erforschten und der Regen unerbittlich auf uns herunterprasselte. Ich war wie ein Schiff, das auf hoher See von einem Sturm hin- und hergeschleudert wird, und meine Knie zitterten so heftig, daß ich gefallen wäre, hätte er mich nicht so fest gehalten. In seinen kräftigen Armen fühlte ich mich klein und schwach wie ein Kind. Ich gab mich seinen Küssen und seinen Liebkosungen ohne Widerstand hin. Mein Körper hatte einen eigenen Willen entwickelt, und zu meiner großen Beschämung nahm er das Gebotene mit Freuden an. Jarrett brachte mich bis zur Ekstase und zeigte mir, wie dumm ich gewesen war, als ich dachte, Nicky könnte mich je so etwas empfinden lassen.

Es war der Anfang vom Ende meiner Unschuld und Jugend, die mir allzu früh geraubt wurde, wie ich jetzt weiß, denn ich war in vieler Hinsicht noch ein Kind. Ich verstehe zwar, daß ein Kind durch das Spiel mit dem Feuer lernt, daß Flammen brennen, dennoch wünschte ich, der Mann, der mich zur Frau machte, wäre behutsamer gewesen. Aber was immer Jarrett an Zärtlichkeit besaß, war eingebettet in Arroganz und Stolz, wie ich im Lauf der Zeit erfahren sollte, und war nie leicht zugänglich. Ein Mann wie Jarrett, der Sohn eines Zigeunerbastards, der um sein Geburtsrecht hatte kämpfen müssen, zeigte nicht so ohne weiteres seine wunden Punkte. Natürlich gab es sie, aber ich, deren

Träume gerade zu Asche geworden waren, hatte keinen Blick dafür. Ich war eine Frau, die wie alle Frauen ein Besitz der Männer war – ohne jede eigene Macht. Ich war trotz aller Bildung und eleganter Garderobe nur wie ein Knochen, um den sich zwei Hunde balgten.

Und dann, gerade als ich dachte, Jarrett würde mich jeden Moment auf die feuchte Erde werfen und mich ganz in Besitz nehmen, hielt er plötzlich inne, stieß mich weg und lauschte, den Kopf zur Seite geneigt. Ich fragte mich einen Moment, was los war. Ich hörte nichts außer seinem keuchenden Atem und meinem wilden Herzschlag. Aber dann drang plötzlich siegessicheres Bellen an mein Ohr und das Geräusch eines Tieres, das durchs Unterholz jagt.

Ich hatte die Jagd vergessen, und jetzt stürmte sie direkt auf uns zu.

Wie ein Blitz schoß der Fuchs aus der Deckung der Bäume in den Hain, das kupferne Fell voller Schlamm. Seine Augen funkelten. Er erschrak, als er uns sah, sah sich hektisch um, als würde er ein Versteck suchen. Aber wir standen vor ihm, die Hunde waren unmittelbar hinter ihm und die tapfere Kreatur war erschöpft und konnte nicht mehr weiterlaufen. Das Gesicht des armen Tieres zeigte, daß es wußte, daß der Tod ihm unmittelbar bevorstand, aber es drehte sich weg von uns und stellte sich der geifernden Meute, die jetzt aus dem Unterholz preschte.

Der Fuchs heulte einmal kurz auf, dann hatten ihm die führenden Hunde die Kehle durchgerissen, und der Rest der Meute stürzte sich jaulend und kläffend ins Gewühl.

Mir wurde übel von diesem widerlichen Spektakel. Ich würgte, und Jarrett merkte, was los war, und drückte mich an die Brust, damit ich nichts mehr sehen konnte.

Dann waren die Treiber und Hundeführer da und trieben die Meute mit Peitschenhieben auseinander und weg von dem verstümmelten Kadaver des Fuchses. Als die Hunde außer Reichweite getrieben waren, kniete sich einer der Jäger hin und schnitt mit einem scharfen Messer den Kopf und den Schwanz der toten Kreatur ab. Die Reste warf er den gierig lauernden Hunden vor, die das blutige Bündel in Sekundenschnelle zerrissen und verschlungen hatten. Dann hielt der Jäger triumphierend die Trophäen hoch und brachte sie Onkel Esmond.

Angewidert beugte sich Onkel Esmond aus dem Sattel, nahm Maske und Rute vom Jäger in Empfang und schaute sich um, um zu entscheiden, welcher seiner Gäste an der blutigen Zeremonie teilhaben sollte. Sein Blick fiel auf Lady Siobhan O'Halloran, die Tochter eines verarmten irischen Herzogs. Er ritt zu ihr, rieb ihr etwas Blut von der Rute des Fuchses auf ihr strahlendes Gesicht, machte ihr Komplimente für ihre Reitkunst und reichte ihr den Kopf des Tieres. Stolz zeigte sie die bluttriefende Trophäe herum. Dann wandte Onkel Esmond sich zu meiner großen Verwirrung uns zu. Er hatte gar nicht gemerkt, daß wir die Jagd nicht zu Ende geritten hatten und rieb mir ebenfalls die blutige Rute übers Gesicht, dann gab er mir den ekligen Schwanz.

Das Blut war warm und klebrig auf meiner Haut und lief in kleinen Rinnsalen mit dem Regen über mein Gesicht. Ich kämpfte verzweifelt gegen die Übelkeit, während Papa, Onkel Draco und die anderen sich um mich drängten, um mir zu gratulieren. Mein Kopf und mein Magen drehten sich. Am liebsten hätte ich die weiche, pelzige, blutverschmierte Rute von mir geschleudert, aber so konnte ich den Rest der Jagdgesellschaft nicht schockieren und beleidigen, also hielt ich sie fest und versuchte, mich nicht zu übergeben.

So kam es, daß ich, egal was ich sonst für Gefühle ihm gegenüber hegte, Jarrett auf ewig dankbar sein werde für das, was er dann tat. Er schien meine Verzweiflung zu spüren und sonderte mich geschickt aus der Menge ab, holte meinen Hut, setzte mich auf meinen Wallach und brachte mich, nachdem er mir meine blutige Trophäe abgenommen hatte, zurück zur Hall. Es war mir völlig egal, was er damit machte, es reichte, daß er meine Abscheu davor begriff und mich nicht meinem Schicksal überließ, wie Nicky – der treulose Nicky – es getan hatte.

Und so wehrte ich mich auch nicht, als er mich nach unserer Ankunft in der Hall beseite zog und mich wieder genüßlich und gründlich küßte wie ein Mann, der seiner Rechte sicher ist. Seine Arroganz ging sogar so weit, daß er am Abend beim Jagdball den Arm wie eine eiserne Fessel um meine Taille schlang und öffentlich unsere Verlobung bekanntgab.

6. Kapitel

Zwischenspiel auf Pembroke Grange

Zu sagen, ich war schockiert von Jarretts Ankündigung, wäre stark untertrieben. Ich traute meinen Ohren nicht.

»Wie konntest du es wagen?« zischte ich ihm leise zu, zitternd vor Wut über seine Unverfrorenheit.

»Im Lauf der Zeit wirst du lernen, daß ich zu vielem fähig bin, was du dir nie hättest träumen lassen, meine Süße«, erwiderte er amüsiert und ohne eine Spur von Reue. »Jetzt sei ein braves Mädchen – und lächle, Laura. Ich bin schließlich und endlich ein ziemlich guter Fang. Heute abend sind eine Reihe von Frauen anwesend, die hofften, aus unserer Kindheitsverlobung würde nichts werden.«

Oh, wie ich mich nach meiner Reitpeitsche sehnte! Ich hätte ihn bewußtlos geschlagen, nicht nur ein rotes Mal hinterlassen. Aber mir waren die Hände gebunden. Ich konnte unser Bündnis nicht offen ablehnen, das hätte nur den Ball ruiniert und einen Skandal zur Folge gehabt. Ich schluckte also meine Wut hinunter und zwang mich zu lächeln, obwohl ich ihn innerlich verfluchte.

Aber ich war nicht die einzige, die von seiner Ankündigung betroffen war. Zwei Gesichter werde ich mein Leben lang nicht vergessen: das von Nicholas und das von Elizabeth. Er riß den

Kopf hoch wie eine Marionette, bei der jemand die Schnur gezogen hatte, und er warf mir einen so bitteren, anklagenden Blick zu, daß mir klarwurde, was für ein Schlag das für ihn war, wenn ich auch nicht mehr so dumm war zu glauben, es wäre wegen seiner Liebe zu mir. Lizzie dagegen grinste wie eine Katze, die gerade eine fette Taube gefangen hat, und ich hätte ihr am liebsten jedes blonde Haar einzeln ausgerissen. Wenn sie ihre boshafte Zunge in Zaum gehalten hätte, wäre sicher alles anders gekommen. Obwohl ich zugeben muß, daß ich ihr eigentlich dankbar sein müßte, weil sie mir Nickys wahre Gefühle offenbart hatte. Das machte sie aber auch nicht liebenswerter und Jarrett auch nicht.

Papas stolzgeschwellte Brust, Mamas strahlendes, glückliches Gesicht und Onkel Dracos offensichtliche Freude machten mich betroffen, und ich murmelte: »Das wirst du mir noch büßen, Jarrett«, dann mischte ich mich unter die hocherfreute Menge, die mir lachend gratulierte.

Ich weiß nicht, wie ich den Rest dieses Abends überstand. Ich trank, tanzte und lächelte, bis mir das Gesicht weh tat, und irgendwie gelang es mir, Freude über meine Verlobung vorzutäuschen, obwohl ich mich am liebsten irgendwo verkrochen hätte, um mir die Seele aus dem Leib zu weinen.

Das ist wirklich der schrecklichste Tag meines Lebens, dachte ich. Nie wieder könnte ich solche Schicksalsschläge und solche Erniedrigungen hinnehmen.

Aber das war, bevor Papa unsere Kutsche rufen ließ und ich Clemency suchte, die ich dann in einem der Gästezimmer im ersten Stock in Nickys Armen fand.

Ich war erst siebzehn, aber ich hätte genausogut tot sein können, dachte ich, mit all der Leidenschaft der Jugend für große Tragödien. In dieser Nacht weinte ich mich in den Schlaf und drückte meinen Kopf in die Kissen, damit mich keiner hörte und nach dem Grund für meinen Schmerz fragte. Papa, als Mann von Welt, würde zwar meinen Schmerz verstehen, wäre aber doch sehr verletzt, und Mama wäre sicherlich zutiefst schockiert über den Grund meiner Verzweiflung und schrecklich enttäuscht von meinem Verhalten. Ich konnte nur hoffen, daß sie nie erfahren würde, daß ich ihre Erwartungen, die sie in mich gesetzt hatte, nicht erfüllt hatte.

Deshalb hatte ich auch Clemency nicht gekündigt. Welchen Grund hätte ich dafür vorbringen können? Hätte ich die Wahrheit gesagt, wäre auch mein indiskretes Verhalten ans Licht gekommen. Clemency war so impertinent gewesen, nachdem ich sie mit Nicholas ertappt hatte, daß ich mir sicher war, sie wüßte Bescheid über meine heimlichen Treffen mit ihm und würde nicht zögern, alles preiszugeben, um ihre Stellung zu retten.

Irgendwie tat mir Clemency aber auch leid, jetzt, da man mir die Augen in bezug auf Nicky geöffnet hatte. Ich war mir sicher, daß seine Absichten, was sie betraf, genauso wenig ehrenhaft waren wie die mir gegenüber. Jarrett hatte recht: Nicky wußte nicht, was Liebe ist, sonst hätte er nicht so herzlos mit meinen Gefühlen gespielt. Jetzt sah ich es – jetzt, wo es zu spät war – und verfluchte meine Dummheit und meine Naivität, die mir dieses Leid eingehandelt und mich dem ausgeliefert hatte, was ich unter allen Umständen vermeiden wollte.

Aber, wenn ich ehrlich war, mußte ich zugeben, daß ich mich trotz allem noch glücklich schätzen konnte. Jarrett wollte mich immer noch und hatte mich nicht verstoßen. Tief in meinem Innersten war ich *wirklich* dankbar, daß seine Leidenschaft für mich mir die Schande erspart hatte, die sonst mein Los gewesen wäre. Aber doch konnte ich ihn nicht weniger fürchten. Bis heute war er, obwohl er mein Cousin war, ein Fremder für mich geblieben. Wenn ich überhaupt an ihn dachte, dann war er der dunkle, schemenhafte Eindringling in meine Träume. Ich hatte nie daran geglaubt, daß wir wirklich heiraten würden.

Jetzt hatte ich eine Kostprobe seiner lüsternen, satanischen Natur genossen, und ich ahnte, was mich in der Ehe erwartete. Ich erschauderte bei dem Gedanken, daß mir kein Ausweg mehr blieb: Ich mußte seine Frau werden.

Ich war in der Grange aufgewachsen, auf einer Farm, und war ab und zu Zeuge der Paarung unserer Rinder oder unserer Schafe geworden. Ich wußte also, im Gegensatz zu vielen Bräuten in dieser prüden, viktorianischen Zeit, was zwischen Mann und Frau geschah. Deshalb hatte ich auch nie Angst vor körperlicher Nähe gehabt, ja, als ich glaubte, Nicky zu lieben, hatte ich sogar seine Küsse und seine Berührungen genossen. Selbst als er mich an jenem Abend im Garten fast genommen hätte, war es nicht der Akt an sich gewesen, der mich erschreckte, sondern nur der Gedanke, meine Tugend ohne einen Ehering als Preis zu opfern.

Aber der Gedanke, mit Jarrett ein Bett zu teilen, erfüllte mich mit Angst. Ich wußte, daß er sich nicht damit zufriedengeben würde, mich einfach zu besitzen, er würde mich zwingen zu reagieren, ob ich nun wollte oder nicht, und ich würde nichts dagegen tun können. Ich spürte auch eine unterschwellige Sinnlichkeit bei ihm – von so etwas hatte ich natürlich nur sehr vage Vorstellungen –, und ich vermutete, daß die körperliche Seite unserer Ehe nicht wie sonst (diese Weisheit bezog ich aus den geflüsterten Geschichten meiner Freundinnen) auf gelegentliche Paarungen, deren einziges Ziel das Zeugen von Kindern war, beschränkt sein würde. Meine blühende Phantasie verstieg sich in derart wilde Vorstellungen von dem, was ich als Jarretts Frau erdulden müßte, daß es mich nicht sonderlich verwundert hätte, wenn ihm plötzlich Hörner und ein Schwanz gewachsen wären und er mit einem Dreizack herumgelaufen wäre.

Er muß eine Inkarnation des Teufels sein, dachte ich immer und immer wieder, wenn seine Kutsche mich an der Grange ablieferte. Jarrett hielt nämlich Wort und vernachlässigte mich nicht mehr. Er kam fast jeden zweiten Tag, so schien es mir zumindest, und begleitete mich zu irgendeinem Essen, einem Fest oder einem Ball. Da wir offiziell verlobt waren, konnte ich seine Einladungen schlecht ausschlagen, und ich wagte auch nicht, Papa und Mama zu gestehen, daß Jarretts Küsse nur allzuoft die Schranken der Schicklichkeit durchbrachen, daß seine kühlen, zynischen Bemerkungen mich durcheinanderbrachten und er sehr unziemliche Bemerkungen machte, die mir die Schamröte ins Gesicht trieben, was ihn sehr amüsierte.

Hätte Papa gewußt, wie Jarrett sich verhielt, hätte er ihn sicherlich zum Duell gefordert, was zu einem unwiderruflichen Bruch zwischen den Prescotts und den Chandlers geführt hätte.

Also ertrug ich Jarretts unerwünschte Aufdringlichkeiten schweigend und freudlos, weil er, obwohl er mich so begehrte, nie ein Wort von Liebe sagte, was Balsam für mein wundes Herz gewesen wäre. Je näher der Hochzeitstag rückte, desto mutloser wurde ich. Ich war mir sicher, daß ich in dieser Ehe weder Glück noch Zärtlichkeit finden würde.

Aber die offizielle Verlobungsanzeige war an die *Gazette* in London geschickt worden, meine Aussteuer war bestellt und das Datum festgesetzt. Selbst wenn ich es gewollt hätte, war es jetzt zu spät, den Kurs zu ändern, den mein Leben eingeschlagen hatte. Wie Angélique mich einst gewarnt hatte, mußte ich jetzt so liegen, wie ich mich gebettet hatte – gleichgültig, wie unangenehm es war.

Ich starrte niedergeschlagen den Verlobungsring an meiner linken Hand an, einen großen Topas, der von kleinen Diamanten eingefaßt war. Die Form war, wie ich fand, sehr passend, sie glich einer Träne, obgleich Jarrett, als er ihn mir an den Finger steckte, gesagt hatte, er hätte ihn gekauft, weil er die Farbe meiner Augen hatte. Welche Ironie, das etwas so Schönes für mich nur ein Symbol des Unglücks war. Wie oft sehnte ich mich danach, den Ring von meiner Hand zu schleudern, aber er blieb am Finger und blitzte mich spöttisch an – wie Jarretts Augen, wenn er mich ansah.

Der Herbst war gekommen und wieder gegangen – und wieder gekommen, seit dem schicksalschweren Tag von Onkel Esmonds Fuchsjagd. Durch mein Schlafzimmerfenster konnte ich das rubinrote und topasgelbe Laub der Bäume im Park sehen. Die Landschaft war eingehüllt in Dunstschleier, schön, aber traurig und kalt wie das Glas, gegen das ich mein Gesicht preßte. Ich erschauderte und nahm meinen Kopf vom Glas, mein Atem beschlug die Scheibe wie eine weiße Wolke und versperrte mir kurz die Sicht, so daß ich Jarrett nicht sah, der auf seinem prächtigen Hengst Blackfire die Einfahrt zur Grange hochtrabte.

Es war nicht Clemency, die mich über seine Ankunft informierte. In letzter Zeit verschwand sie oft ohne ein Wort. Ich vermutete, daß sie sich heimlich mit Nicky traf, und der Gedanke tat weh. Ich hatte Nicky seit der Nacht des Balls nicht mehr gesehen und wollte ihn auch nicht sehen – das versuchte ich mir zumindest einzureden, obgleich ich tief in meinem Innersten immer noch hoffte, alles wäre nur ein schreckliches Mißverständnis gewesen und er würde mich immer noch lieben und hätte mich nicht nur begehrt, um Jarretts Stolz und Männlichkeit zu verletzen.

Aber wenn ich jetzt zurückblicke, ist mir klar, daß Nicky immer schon darunter gelitten hatte, daß Jarrett der älteste Sohn und Erbe war, obwohl Onkel Draco nie einen seiner drei Söhne bevorzugt und auch Nicky sehr großzügig in seinem Testament bedacht hatte. Aber das hatte ihm nicht gereicht, das wußte ich jetzt. Bis zum Morgen der Fuchsjagd hatte ich nie geahnt, wie groß sein Haß auf Jarrett wirklich war und wozu er fähig war, um sich an seinem älteren Bruder zu rächen. Jetzt wußte ich, daß sein Haß gegen Jarrett genauso groß war wie der Thornes gegen Nicky; Thorne hatte Nicky nie die Schlägerei im Speicher verziehen.

Dieser Gedanke ließ mich leicht erschaudern, als ich die Treppe hinunterging. Denn wir alle hatten durch unseren gemeinsamen Großvater, Sir Simon Chandler, das wilde Blut der Chandlers geerbt.

Ich jedenfalls war ein Opfer dieses Fluchs und mußte seine schmerzlichen Folgen erdulden. Welche Katastrophen würde es noch auslösen, wenn meine Cousins auch davon betroffen waren? Ich wußte es nicht. Aber als ich zögernd die Tür zum kleinen Salon öffnete, in dem Jarrett mich erwartete, hatte ich mit einem Mal das Gefühl, die sprichwörtliche Gans würde sich gerade anschicken, über mein Grab zu laufen.

Beim Anblick von Jarretts großer, dunkler Gestalt stockte mir unwillkürlich der Atem. Jedesmal, wenn ich ihn wiedersah, war ich erneut überrascht von seiner Schönheit, als würde ich ihn das erste Mal sehen. Die blasse, schmale Narbe auf seiner linken Wange von meinem Peitschenschlag machte ihn noch dämonischer.

»Hallo, Laura«, sagte er, und seine schwarzen Augen funkelten, als er sich mir zuwandte.

Er ging auf mich zu, nahm meine Hände und küßte sie genüßlich.

»Hallo, Jarrett«, erwiderte ich und unterdrückte gewaltsam den Drang, ihm meine Hände zu entreißen.

Es ist doch wirklich lächerlich, dachte ich, *wie mein Herz hüpft, wenn er mich berührt, und wie meine Knochen in mir zu schmelzen scheinen.* Noch schlimmer waren die Empfindungen, nachdem er meine Hände losgelassen hatte und sein Mund zart über meinen strich, ehe seine Zunge meine Lippen öffnete und der Kuß eindringlicher wurde. Mein verräterischer Körper schwankte gegen seinen, obwohl ich versuchte, mich dagegen zu wehren, und mich danach sehnte, ihm und den verwirrenden Gefühlen, die er in mir auslöste, zu entrinnen. Doch jeder Protest war zwecklos, wie mich die Erfahrung gelehrt hatte. Jarrett konnte man sich nicht verweigern.

Als er mich endlich losließ, spürte ich, wie ich errötete. Ich wandte mich ab. Ich konnte seinen durchdringenden Blick nicht ertragen.

Nervös setzte ich mich auf einen nahen Stuhl. Er steckte eine Hand in die Tasche seiner dunkelgrünen, gutgeschnittenen Jacke und zog ein Päckchen mit Silberschleife heraus.

»Ich bringe dir ein Hochzeitsgeschenk, meine Süße«, sagte er beiläufig. Ich verstand nicht, wieso diese Küsse, von denen ich ganz weiche Knie bekam, ihm überhaupt nichts auszumachen schienen. Er reichte mir das Geschenk. »Komm. Mach es auf.«

Mit zittriger Hand entfernte ich das Papier. Es war ein schwarzes Samtetui. Ich öffnete es. Das Innere war mit schwarzer Seide ausgeschlagen, und darauf lag eine exquisite Perlenparure.

»O Jarrett! Wie herrlich!«

»Die Parure hat meiner Großmutter Amélie Saint Aubert Chandler gehört«, sagte er. »Meine Mutter hat sie geerbt, als sie meinen Vater geheiratet hat – eins der wenigen Dinge, die Großvater Chandler ihr nicht vorenthalten konnte, als er sie wegen ihrer ›schrecklichen Mésalliance‹ enterbt hat. Mutter meinte, es wäre nur recht, wenn du sie zu deiner Hochzeit tragen würdest.«

»Ich werde sie wie meinen Augapfel hüten«, hauchte ich.

»Wirst du das, Laura?«

»Natürlich.«

»Auch wenn es ich bin, für den du die Perlen tragen wirst?« fragte er, und ich spürte die plötzliche Spannung in ihm, als er auf meine Antwort wartete.

»Ja-ja, natürlich«, stammelte ich errötend.

Jarrett schwieg kurz, dann sagte er leise: »Lüg mich nie an, Laura. Das dulde ich nicht, das weißt du.« Er hielt inne. »Gib es zu, mein Schatz, du würdest dich lieber vor eine Kutsche werfen, als mich zu heiraten!«

»Wenn du das weißt, warum willst du mich dann noch?« fragte ich und knallte wütend das schwarze Samtetui zu. Er hatte mir die Freude an den Perlen gründlich verdorben. »Es gibt andere Frauen –«

»Und ich habe viele gehabt, das kannst du mir glauben«, sagte er hochmütig. »Ein Mann darf sich schließlich die Hörner abstoßen. Aber letztendlich wollte ich immer nur dich haben, Laura.«

»Aber... warum? Warum mich, Jarrett?«

Blitzschnell senkte er seine Wimpern, um seine Gedanken vor mir zu verbergen. Er griff gelangweilt in seine Weste, zog ein goldenes Etui heraus, aus dem er sich ein Zigarillo holte und es ansteckte.

»Weil du mir versprochen warst«, erwiderte er kühl und inhalierte tief. Er blies eine Rauchwolke in die Luft und warf das Streichholz in den Kamin. »Jetzt aber Schluß mit dem Fragespielchen, meine Süße, allmählich wird es langweilig.

Ich bin nicht nur gekommen, um dir dein Hochzeitsgeschenk zu bringen«, sagte er und wechselte elegant das Thema, »sondern ich habe auch gute Neuigkeiten. Wie es scheint, liegt Romantik in der Luft, denn die Zwillinge werden auch heiraten – Alex Lady Vanessa Dubray, und Angélique Lord Greystone. Sie planen eine Doppelhochzeit im nächsten Sommer. Die Verlobungen werden in zwei Wochen auf Heights bekanntgegeben. Ich werde dich an diesem Abend um sieben Uhr abholen – wenn es genehm ist«, fügte er noch hinzu und grinste, als er merkte, daß mich seine Arroganz ärgerte.

»Na schön«, sagte ich und versuchte, ein gelangweiltes Gesicht zu machen. Wenigstens die Zwillinge hatten es geschafft, daß ihr Herzenswunsch in Erfüllung ging. »Ich werde den beiden mit Freuden gratulieren.«

»Das wirst du sicher. Angel zumindest hat dich immer schon gemocht, Laura, und freut sich darauf, eine angeheiratete Schwester zu bekommen. Ich glaube, sie hofft, daß du ihr bei ihren vielen verrückten Plänen eine Komplizin sein wirst. Ich nehme an, ihr ist nicht klar, daß Lord Greystone der Herr in seinem eigenen Haus sein wird – so wie ich in meinem...« Er verstummte und ließ seinen Blick unverschämt bedeutungsvoll über mich gleiten, bis ich wieder rot anlief und die Augen niederschlug. Er grinste und fuhr fort: »Es könnte dich vielleicht auch noch interessieren, daß auch Thorne den Hafen der Ehe ansteuern will. Aus Gründen, mit denen ich deine jungfräulichen Ohren nicht besudeln will und die ich ihm gar nicht zugetraut hätte. Aber offensichtlich hat diese irische Hexe, Lady Siobhan O'Halloran, seinen Antrag angenommen, wenn es ihr auch nicht viel bringen wird! Onkels Esmonds Taschen sind genauso leer wie die ihres Vaters, des Herzogs. Aber wahrscheinlich hat sie andere Gründe, sich auf eine mickrige Baronie einzulassen – vielleicht tue ich Onkel Esmond auch unrecht. Schließlich und endlich gehört *ihm* ja die Grange, also wird ihn Onkel Welles schon über Wasser halten.«

»Ich weiß es nicht«, mußte ich zugeben. »Aber ich nehme an, Papa zahlt ihm nur wenig Miete.«

»Laura... Laura.« Jarrett schüttelte amüsiert den Kopf und grinste wieder. »Hast du ein Glück, daß du mich heiratest. Du hast offensichtlich keine Ahnung, was Geschäfte betrifft, und von den Menschen weißt du noch weniger. Ich wette, daß die liebe Großmutter Prescott Chandler und Tante Julianne den letzten Schilling aus Onkel Welles herausquetschen.«

»Ja, vielleicht hast du recht«, sagte ich und mußte auch lachen.

Weder Großmutter Prescott Chandler noch Julianne konnte man Sparsamkeit vorwerfen. Die Hall selbst sah zwar in letzter Zeit etwas schäbig aus, aber trotz ihrer ständigen Klagen über Armut waren die beiden immer elegant frisiert und extravagant gekleidet. Zum ersten Mal fragte ich mich, ob die vielen Rechnungen in Papas Schreibtischschublade wohl für seine Mutter und seine Schwester waren.

Bei der Vorstellung, daß sogar sein furchterregender Vater nicht vor den Geldforderungen der beiden sicher war, mußten Jarrett und ich so lachen, daß unser griesgrämiger alter Butler Sykes hereinkam, um nachzusehen, ob »der junge Mr. Jarrett« nicht am Ende vergessen hatte, daß wir noch nicht verheiratet waren.

Nachdem sich die Tür hinter dem sauertöpfischen, vorwurfsvollen Mr. Sykes wieder geschlossen hatte, explodierten Jarrett und ich erneut vor Lachen. Und als er sich dann verabschiedete, war ich besserer Laune als seit langem.

7. Kapitel

Muscheln im Sand

Die Verlobung der Zwillinge werde ich nie vergessen. In dieser Nacht verlor ich meine Unschuld für immer – doch meine Jugend sollte noch einen schrecklichen Schlag erleiden, bevor auch sie zu einer bittersüßen Erinnerung wurde.

Aber ich eile wieder einmal voraus, denn dieser Verlust passierte erst zwei Monate später, wenn auch viel zu bald und viel zu plötzlich für mein Leben. Aber die Schuld daran trifft nur mich, wie ich nur zu gut weiß. Daher muß ich sagen, daß ich es wohl nicht anders verdient habe. Wäre meine Unschuld mir nicht so genommen worden, wäre es vielleicht auch nicht zu dem verzweifelten Akt gekommen, der auch meine Jugend beendete. Es ist mir aber zumindest ein Trost, daß ich doch nicht so hart und skrupellos bin, wie viele danach glaubten. Sie konnten nicht wissen – wie konnte ich es ihnen auch sagen? –, was mich dazu brachte, das grausame, brutale Verbrechen zu begehen, das beinahe das Leben eines anderen zerstörte und das Herz einer Mutter brach.

Vor allem das letztere bereue ich von ganzem Herzen und würde alles tun, um es ungeschehen zu machen. Es ist mir vergeben worden, obwohl ich es nicht verdient habe, und, Gott steh mir bei, ich wurde von ihr geliebt, die ich so tief verletzt hatte.

Das war die schwerste Bürde von allen.

Doch hätte ich sie um ihretwillen noch tausendmal auf mich genommen. Denn sie war es letztendlich, älter, weiser als ich, die meine Rettung war, und wie begleicht man eine solche Schuld? Sie hätte viel mehr verdient, als ich ihr gegeben habe, das weiß ich, obwohl sie es nie so empfand. Sie nahm einfach, was das Leben ihr gab, und machte daraus, was möglich war, und war damit zufrieden.

Aber ich werde mich trotzdem nicht schonen und ehrlich von dem großen Unrecht berichten, das ich ihr angetan habe. Jetzt liegt sie unter dem wilden, windgepeitschten Moor, das sie so liebte, obwohl sie in meinem Herzen immer weiterleben wird. Und vielleicht kann ich mir mit der Erzählung meiner Sünde endlich selbst vergeben, so wie sie mir vor vielen Jahren vergeben hat.

Jetzt werden Sie erfahren, was keine Menschenseele außer ihr wußte.

Es war noch Herbst. Die Nacht war kalt und düster, wie der Herbst im nördlichen Cornwall immer ist. Der Vollmond hatte einen gespenstischen Ring, und die blassen, weit entfernten Sterne am bleiernen Himmel waren vom Dunst, der vom Meer herantrieb, verhüllt. Brecher krachten gegen die zerklüfteten schwarzen Klippen, Gischt stob totenweiß in den Himmel, und der Wind, der nach Meer roch, flüsterte über die Heide. Im Hof von Heights kratzten die Äste der beiden uralten Ulmen unheimlich über das steile Schieferdach. Im Haus war das Geräusch vor lauter Lachen und Lärm nicht zu hören.

Es war eine Nacht, in der ich nicht freiwillig vor die Tür gegangen wäre. Und trotzdem war ich hier, eingemummt in mein tannengrünes Samtcape. In dünnen Schühchen stolperte ich über den ausgedehnten Rasen des Hauses und schlitterte dann den steilen Felsenpfad hinunter zum felsigen Strand.

Ich wußte kaum, was ich tat. Getrieben von purem Instinkt, von diesem verrückten Wahn, der mich ergriffen hatte, rannte ich schneller und immer schneller, als könnte ich fliehen. Ich stolperte dahin, blind vor Tränen, keuchend nach Luft ringend und mein Herz von Schmerzen zerrissen, die sich nicht lindern ließen.

Sie hatten mich ausgelacht.

Alles hätte ich ertragen können: Wie ihre Augen plötzlich boshaft blitzten, die bedeutungsvollen Blicke, die sie getauscht hatten, als sie mich beim Herabsteigen der Freitreppe von Heights erspähten. Die verletzenden Bemerkungen, die sie gemacht hatten, als wäre ich gar nicht vorhanden.

Aber nicht ihr Lachen.

Das Geräusch werde ich mein Leben lang nicht vergessen: Nicholas' verächtliches Lachen, Elizabeths schrilles Gekicher. Es klang mir jetzt noch in den Ohren, während ich lief, und ließ sich nicht vertreiben.

Ich weiß gar nicht, warum es mich so betroffen machte. Es war nur ein solcher Schock, die beiden so vertraut zusammenzusehen.

Ich hatte nicht geahnt, daß die beiden sich inzwischen so nahegekommen waren. Ich glaubte, Nicky würde sich mit Clemency amüsieren, die er nie heiraten würde, gleichgültig welche Hoffnungen sie sich machte. Ich hielt nicht für möglich, daß es Lizzie – eine angemessene Partie, wenn auch zwei Jahre älter als Nicky und mit ihren dreiundzwanzig auf dem besten Weg, eine alter, Jungfer zu werden – gelungen war, ihn endlich auf sich aufmerksam zu machen und daß sie jetzt wie einst ich seine Küsse und Zärtlichkeiten genoß.

Die Vorstellung, daß sie, die mit ihrer Bosheit die Kette von Ereignissen ausgelöst hatte, die so schmerzhaft für mich waren, sich tatsächlich den Mann geangelt hatte, den ich einmal geliebt hatte, war eine bittere Pille. Sie hatte ihn einfach nicht verdient!

Inzwischen war ich am Fuß des steilen Pfades angelangt und hätte fast das Gleichgewicht verloren. Ich zwang mich, langsam zu gehen und tief durchzuatmen. Die turbulenten Gefühle, die mich dazu gezwungen hatten, aus dem Haus zu fliehen, waren jetzt verflogen. Da war nur noch Leere und Traurigkeit. Ich sah sicher furchtbar aus: Mantel und Kleid vom feuchten Gras durchnäßt, das Haar zerzaust, die Schuhe voller Schlamm. Ich hatte keine Ahnung, wie ich meinen Zustand bei meiner Rückkehr zum Fest der Zwillinge erklären sollte.

Jarrett hatte meine Abwesenheit inzwischen sicherlich bemerkt, aber ich wollte nicht zurück und wanderte ziellos die Küste entlang, etwas erleichtert, weil ich dem Gedränge in Heights entkommen war.

Schließlich kam ich zu einer kleinen Bucht, einer meiner Lieblingsplätze, und setzte mich auf einen windgeschützten Felsen. Ich breitete meine grüngoldenen Röcke aus, ein vergeblicher Versuch, sie zu trocknen, zog meinen Mantel fester um mich und starrte auf den Ozean. Millionen winziger Silberlichter blitzen auf den Wogen wie Diamanten, die jemand achtlos ins Wasser gestreut hatte. Das Plätschern des Wassers zwischen den Steinen beruhigte mich.

Im sanften Mondlicht sah ich, daß das Meer eine Handvoll Muscheln angespült hatte, und bewunderte ihre Schönheit. Jede war anders, ein kleines Wunder der Natur.

Was für Geschichten diese Muscheln erzählen könnten, fragte ich mich. Sie schwiegen, aber tief in meinem Herzen kannte ich die Antwort, waren wir denn nicht alle wie Muscheln, die im Sand hin- und hergespült werden?

Das Knirschen von Schritten auf dem Kies brachte mich schlagartig zurück in die Wirklichkeit. Ich bekam Angst. Erst jetzt wurde mir bewußt, wie allein und hilflos ich hier am Strand war. Alle Geschichten von Strandpiraten fielen mir ein, und mein Herz klopfte bis zum Hals. Wie dumm von mir, einfach allein hierher zu laufen! Wieder einmal hatte ich mich unvorsichtig von meinen Impulsen treiben lassen und würde jetzt vielleicht wieder dafür bezahlen müssen.

Ich sah mich zitternd nach einem Versteck um. Aber noch bevor ich mich hinter einen riesigen Felsblock, der die einzige Möglichkeit dazu bot, kauern konnte, löste sich wie eine Erscheinung eine große, dunkle Gestalt aus dem Dunst und kam auf mich zu. Ihr schwarzer Mantel umwehte sie wie ein Leichentuch, und das diffuse Mondlicht verzerrte das Gesicht, so daß es fast dämonisch wirkte.

Seltsamerweise hatte ich keine Angst, denn ich glaubte, es wäre Jarrett, der sich da näherte. Er hatte zwar oft mein Herz vor Angst zum Flattern gebracht, aber er würde mich nicht ausrauben oder mir Gewalt antun. Erst als die Silhouette näher kam, sah ich, daß es Nicky war, und hatte auch dann noch keine Angst – anfänglich nicht. Ich war nur wütend, weil er mir gefolgt war und die Einsamkeit, die ich gesucht hatte, störte.

»Was willst du, Nicholas?« fragte ich erbost über seine Unverschämtheit.

»Dich natürlich, mein Schatz«, erwiderte er grinsend. Aber seine Augen waren hart, sogar bestialisch. Instinktiv zog ich meinen Mantel fester zusammen, als könnte mich das vor seinem Schakalblick schützen. »Hast du etwa gedacht, das hätte sich geändert?«

»Du mußt mich wirklich für sehr dumm halten«, erwiderte ich mit eisiger Stimme. »Wie kannst du es wagen, mich noch weiter zu beleidigen, Nicky? Hat es dir nicht gereicht, dich auf meine Kosten mit Lizzie zu amüsieren?«

»Zugegeben, das war wirklich unnötig«, gab er zu. »Aber, eigentlich hast du es ja verdient, Laura. Ich habe dich nicht an der Nase herumgeführt – und du hast Jarretts Antrag angenommen!« Ich spürte, wie es in ihm brodelte. Er fluchte verbittert. »Mein Gott, hast du etwa gedacht, das verletzt mich nicht – natürlich wollte ich dir auch weh tun. Du müßtest das doch am besten verstehen und vergeben können, Schatz. Du hast es doch immer meisterlich verstanden, jemandem das Messer in die Brust zu stoßen und dann noch in der Wunde zu bohren, nicht wahr?« Nicky biß die Zähne zusammen, und die Zornesader an seiner Schläfe pochte heftig, während er versuchte, sich wieder zu fassen.

Nach einiger Zeit sagte er etwas ruhiger: »Aber ich bin nicht gekommen, um mit dir zu streiten. Mich trifft die Schuld genauso wie dich. Ich hätte meine Leidenschaft für dich öffentlich eingestehen müssen, dann wäre Jarrett gezwungen gewesen, dich freizugeben, das sehe ich jetzt. Aber einen Streit mit meinem Bruder konnte ich nicht ertragen, ich wollte kein böses Blut zwischen uns – aber ich hätte es riskieren müssen – um deinetwillen.« Er hielt inne und fügte dann leise hinzu: »Es ist immer noch nicht zu spät. Du bist noch nicht mit ihm verheiratet. Komm, wir fliehen, Laura! Ich liebe dich. Ich habe dich immer geliebt.«

Gott steh mir bei! Wie lange hatte ich mich danach gesehnt, diese Worte aus seinem Mund zu hören. Fast hätte ich sie geglaubt. Aber dann fielen mir die Glyzinienblüten in Clemencys Haar wieder ein, und ich dachte daran, wie er mich am Tag der Fuchsjagd schnöde mit Jarrett allein gelassen hatte.

»Jarrett hat recht«, sagte ich verächtlich. »Du kennst nicht einmal die Bedeutung des Wortes. Du hast dich sehr schnell mit Clemency über den Verlust hinweggetröstet – und jetzt mit Lizzie, und Gott weiß, mit wem noch!«

»Sie bedeuten mir nichts.«

»Genauso wenig wie ich. Gute Nacht, Nicholas«, sagte ich knapp.

Ich raffte mein Cape und wollte in Richtung Pfad losgehen, der zur Klippe hochführte, aber Nicholas stellte sich mir in den Weg.

»Geh aus dem Weg«, sagte ich streng, aber innerlich bebte ich jetzt vor Angst. »Laß mich vorbei. Wir haben uns nichts mehr zu sagen.«

»Oh, ich denke schon, Laura, mein Schatz«, sagte er, und sein Grinsen jagte mir eine Gänsehaut über den Rücken. »Ich glaube, wir haben uns noch einiges zu sagen.« Ich spürte seinen heißen Atem auf meinem Gesicht, und er roch stark nach Whisky. Er ist betrunken, dachte ich, und deshalb noch unberechenbarer. Vielleicht wird er mir etwas antun! Seine weißen Zähne blitzten gefährlich im Mondlicht wie die eines Raubtiers. Ich drehte mich auf dem Absatz um und rannte über den Kiesstrand. Nicky stürzte mit einem bösen Lachen hinter mir her und hatte mich nach ein paar Metern eingeholt. Er schleuderte mich zu Boden, daß mir der Atem stockte. Ich blieb benommen liegen. Er preßte sich auf mich und musterte mich lüstern grinsend.

Er begehrte mich, das stimmte. Er wollte mich haben, ob er Gewalt anwenden mußte oder ob ich mich ihm hingab, war ihm egal, nur weil ich Jarrett gehörte. Entsetzt wurde mir klar, daß Nicky mir nur gefolgt war, um mich zu vergewaltigen!

Ich versuchte, mich loszureißen, aber er stürzte sich wie eine wilde Bestie auf mich, packte meine Haare und riß mir den Kopf so heftig zurück, daß ich dachte, mein Hals würde entzweibrechen. Er biß sich brutal in meinem Mund fest, und ich zerrte verzweifelt an seinen Händen. Aber ich hatte keine Chance. Seine Zunge öffnete meinen Mund, mir wurde übel, ich bekam keine Luft und kämpfte noch heftiger gegen ihn und trommelte mit den Fäusten auf seinen Kopf und seine Schultern, bis er zurückwich, um meinen Schlägen zu entgehen.

Ich rang nach Luft und spürte den kalten Sog in meiner Lunge, während Nicky weiter mit mir rang. Er versuchte, meine wild um sich schlagenden Arme zu fassen zu bekommen. Schließlich gelang es ihm, mein linkes Handgelenk zu packen, und er drehte mir den Arm brutal hinter den Rücken.

»Wenn du dich rührst, brech' ich dir deinen gottverdammten Arm, Laura, das schwöre ich!« drohte er und renkte mir den Arm fast aus.

Ich biß mir auf die Lippen und gab keinen Ton von mir. Ich spürte, daß es eine perverse Befriedigung für ihn sein würde, mich schreien zu hören.

»Bitte, Nicky«, flehte ich, »bitte, tu das nicht.« Ich konnte einfach nicht fassen, daß das derselbe Mann war, den ich einmal geliebt hatte.

Aber er ignorierte mein Flehen, und sein Mund auf meinen Lippen ließ mich verstummen. Ich versuchte, den Kopf wegzudrehen, aber er riß mich wieder am Arm, also mußte ich mich seiner räuberischen Zunge hingeben.

Mit der freien Hand zerrte er ungeduldig an den Bändern, die meinen Mantel hielten. Er löste den Knoten und streifte den Mantel zur Seite, so daß sein goldenes Futter, meine nackten Schultern und das herzförmige Mieder enthüllt wurden. Dann umfing seine Hand meinen Hals, drückte kurz zu und wanderte dann hinunter, wo meine Brüste den Samt des Kleides wölbten. Ich stöhnte und wand mich unter ihm – alles vergebens. Brutal drängte seine Hand in mein Mieder und knetete meine Brüste. Sein Daumen kratzte über die Brustspitze. Als sie nicht reagierte, hob er den Kopf und zischte eine Obszönität, weil er wohl gedacht hatte, er könnte mich trotz allem erregen.

»Verdammt!« schimpfte er. »Früher hat dich meine Berührung nicht so angewidert! Du hast danach gegiert, mein Schatz!«

Zu meiner ewigen Schande muß ich gestehen, daß es wahr war – aber jetzt empfand ich keine Leidenschaft.

»Bitte, Nicky, bitte, tu das nicht«, flehte ich erneut. »Du bist betrunken. Du weißt nicht, was du tust. Wenn ich dir je etwas bedeutet habe, dann laß mich bitte los.«

Einen Moment lang dachte ich, er würde nachgeben, und unwillkürlich hauchte ich einen Seufzer der Erleichterung. Dann schob er sein Kinn vor, und ich wußte, daß ich verloren war.

»Erst wenn ich gekriegt habe, was ich will, Luder!« knurrte er und beugte den Kopf erneut zu einem grausamen Kuß.

Aber diesmal war ich darauf vorbereitet. Mit meiner freien Hand packte ich eine Handvoll Sand und schleuderte sie ihm mit aller Kraft in die Augen. Heulend vor Wut und Schmerz ließ er mich los und versuchte, sich den Dreck von den Augen zu wischen. Ich wand mich unter ihm heraus, raffte mich hoch und stolperte keuchend los.

Aber nach wenigen Metern hatte Nicky mich wieder eingeholt. Er packte mein wehendes Haar, das sich aus seinem Knoten gelöst hatte, und riß mich brutal zurück, gab mir eine schallende Ohrfeige, daß ich mit dem Rücken auf den Strand fiel. Ich hätte nie gedacht, daß er mich so brutal mißhandeln und daß seine Eifersucht auf Jarrett ihn so weit treiben würde. Jarrett kannte ihn so viel besser als ich.

Schluchzend versuchte ich, mich aufzurichten, aber Nicky warf sich mit seinem ganzen Gewicht auf mich. Scharfe Steine bohrten sich in meinen Rücken. Mein Kopf schwirrte von dem Schlag, den er mir versetzt hatte. Er packte einfach mein Mieder und riß es entzwei, dann zerfetzte er mein dünnes Hemd, bis meine Brüste vor seinen gierigen Augen entblößt waren. Ich schlug ihm meine Nägel ins Gesicht und hinterließ tiefe, rote Kratzer. Ich versuchte vergeblich, ihn wegzudrängen. Als das nicht half, wollte ich meine Brüste mit den Armen bedecken. Aber er riß mir die Arme beiseite und gab mir noch eine heftige Ohrfeige. Dann drohte er, mich zu töten, falls ich mich noch länger wehrte.

Danach lag ich still und widerstandslos unter ihm. Heiße Tränen rollten über meine Wangen, als er teuflisch lachte und mich in den Sand drückte, sein schwarzer Mantel umhüllte mich wie ein Leichentuch und schloß den Himmel aus.

II. BUCH

Hoffnungen und Herzen, verweht wie Sand im Wind

1842–1845

8. Kapitel

Kampf der Titanen

An der Küste Cornwalls, England, 1842

Bis zu meinem Todestag werde ich glauben, daß mein Geist sich durch Zeit und Raum streckte und Jarretts berührte, denn, lieber Leser, er kam als Antwort auf meine Gebete.

Wie ein wütender Rabe stürzte er sich auf Nicholas und riß ihn von meinem Körper. Seine mächtige Faust knallte hörbar gegen Nickys Gesicht, bevor dieser überhaupt begriff, was los war. Der Schlag hatte ihn zur Seite geschleudert, wo er benommen liegenblieb wie ich vorher. Er schüttelte den Kopf und richtete sich auf.

»Ein ziemlich hinterlistiger Schlag, oder, Jarrett?« sagte er spöttisch.

»Bei Gott, Nicholas, ich habe dich gewarnt«, zischte Jarrett und ging drohend auf seinen Bruder zu. »Und diesmal wirst du bezahlen! Steh auf, du Schwein!«

»Mit Vergnügen, Bruder«, erwiderte Nicky und sprang auf. »Darauf hab' ich schon lange gewartet, und ich werde es bis zur Neige auskosten! Und, um es etwas interessanter zu gestalten, vergessen wir doch einfach die Londoner Ringregeln. Alle Griffe sind erlaubt.«

»Es ist deine Beerdigung«, erwiderte Jarrett desinteressiert.

»Du bist ja immer so von dir selbst überzeugt, nicht wahr, Jarrett?« sagte Nicky sarkastisch. »Wie ich es genießen werde, dein Gesicht in den Dreck zu drücken, Bruder!«

Die beiden Männer umkreisten sich langsam und vorsichtig. Beide versuchten einige Schläge und Finten. Sie waren keine Neulinge beim Boxen und hatten viel Zeit in Gentleman Jacksons Boxsalon in London zugebracht. Aber schließlich begann Nicky ernsthaft zu kämpfen, und Jarrett verpaßte ihm einen Schlag in die Magengrube. Nicky krümmte sich stöhnend, und Jarrett schlug ihm beide Fäuste in den Nacken, so daß er mit dem Gesicht in den Sand stürzte.

»Steh auf!« reizte ihn Jarrett mit verächtlichem Grinsen. »Steh auf, du Schwein, und kämpfe wie ein Mann – oder machst du nur hilflose Frauen zu deinen Opfern?«

»Opfer? *Opfer?*« Nicky richtete sich höhnisch lachend auf. »Mein Gott, du glaubst, ich hätte sie zwingen müssen? Von wegen! Sie war so heiß auf mich, daß ich schon Angst hatte, mein Schlauch würde nicht reichen, um das Feuer zu löschen!«

»So wahr mir Gott helfe ... dafür bring' ich dich um, Nicholas!« Jarretts Stimme war leise und tödlich. Dann stürzte er sich wie ein Berserker auf seinen Bruder.

Während die beiden Männer aufeinander einschlugen, gelang es mir irgendwie, mich aufzurichten. Mein Körper zitterte. Mein Haar war völlig zerzaust, mein Mund blutig, die zarte Haut auf meinem Rücken vom Kies aufgeschürft, und meine Handgelenke und Brüste waren von Nickys brutalem Zugriff blaulila angeschwollen. Ich versuchte mit zitternder Hand meinen Busen mit den Resten meines Mieders zu bedecken, dann hob ich mein Cape auf und wickelte es fest um mich, als könnte es mich vor weiteren Angriffen schützen.

Jarrett und Nicky kämpften verbissen und gnadenlos. Ihre schwarzen Mäntel flatterten wie Fledermausschwingen im

Wind, bis beide sie ungeduldig abstreiften und dann wieder aufeinander losgingen. Ich war wie hypnotisiert von diesem brutalen Duell, das sich vor meinen Augen abspielte.

All die aufgestauten Emotionen der beiden Männer waren jetzt losgelassen. Fluchend hämmerte Jarrett den Kopf seines Bruders gegen den Felsen, bis dieser ihn am Hals packte und würgte, so daß schließlich beide Männer loslassen mußten. Dann stürzten sie sich wieder aufeinander, und Jarrett schlug seinem Bruder wiederholt ins Gesicht, bis Nickys Nase blutete und ein Auge fast zuschwoll. Nicky landete einen kräftigen Schwinger, so daß Jarrett ins Schwanken kam.

Während Jarrett versuchte, sein Gleichgewicht zu finden, ergriff Nicky ein Stück Treibholz und ging, diese Keule schwingend, auf seinen Bruder zu.

Jarrett tänzelte geschickt zur Seite, sprang und hüpfte, so daß Nicky keinen Schlag landen konnte. Währenddessen lachten und fluchten die beiden ständig, reizten sich gegenseitig mit Beleidigungen, daß ich das Gefühl hatte, zwei Irre würden gegeneinander kämpfen.

Über uns sah ich Stormswept Heights wie ein Adlernest hängen. Die Fackeln vor dem Haus, die für das Fest angezündet worden waren, flackerten unheimlich im Wind und ließen den Himmel rot erstrahlen. Vor diesem flammenden Hintergrund tanzten die beiden Männer ihr tödliches Ballett wie junge heidnische Götter oder Titanen, die um die Weltherrschaft kämpften. Sie waren sich so ähnlich und trugen dieselbe Kleidung, so daß ich sie kaum unterscheiden konnte. Nur manchmal erhellte eine Fackel oder ein Mondstrahl ein Gesicht.

Jarrett war es gelungen, Nicky das Stück Treibholz zu entreißen. Er schleuderte es über seinen Kopf in den Ozean.

Nicky rannte hinterher, aber Jarrett war schneller und holte ihn ein. Wie im Traum sah ich, daß die beiden Männer kämpfend über die Muscheln stampften, die ich vorher so bewundert hatte, und sie zertraten. Blut färbte die Scherben scharlachrot, ehe die See heranrauschte und die Splitter davontrug.

Die beiden Männer näherten sich dem Wasser, und dann stürzten sie zu meinem Entsetzen in die schäumende Brandung. Ich erstarrte, als sie für einen Augenblick im dunklen Wasser verschwanden, und schrie vor Erleichterung, als die beiden engumschlungen wieder an die Oberfläche kamen. Ich konnte die beiden im schwarzen Wasser nicht mehr unterscheiden und sah nur, daß der eine den anderen packte und immer wieder untertauchte und der andere verzweifelt um sich schlug.

»Halt! Halt!« schrie ich und rannte hysterisch schluchzend zum Ufer. »Um Himmels willen, hör auf! Du bringst ihn um! Du bringst ihn um!«

Ich stolperte durch die schäumende Brandung, die an meinen Röcken zerrte, auf Jarrett zu. Es war tatsächlich Jarrett, der Nicky unter Wasser hielt. Ich versuchte verzweifelt, seinen stählernen Griff zu lockern. Einen schrecklichen Augenblick lang dachte ich, es würde mir nicht gelingen. Aber dann waren meine Schreie offensichtlich doch zu ihm durchgedrungen, und Jarrett fing sich wieder, zog Nicky hoch, und es gelang uns, ihn mit vereinten Kräften ans Ufer zu zerren, wo er keuchend und Seewasser spuckend zusammenbrach.

Er war jetzt stocknüchtern, zeigte aber unglaublicherweise immer noch keinerlei Reue für das, was er mir angetan hatte. Er schlug die Hand beiseite, die Jarrett ihm zur Entschuldigung reichen wollte! Wenn Nicky nur damals Jarretts Hand genommen hätte! Wie anders hätte dann unser Leben sein können!

Statt dessen erhob er sich schwankend, warf mir einen unverschämten Blick zu und sagte grinsend zu seinem Bruder: »Ich wünsche dir viel Freude mit ihr, Bruder. Du magst vielleicht die Schlacht gewonnen haben, aber die Zitadelle, die du retten wolltest – ich hatte sie bereits gestürmt. Und oh, wie willig sich mir die Tore öffneten!« schrie er triumphierend.

»Was soll das heißen, Nicholas?« fragte Jarrett mit leiser, gefährlicher Stimme. Sein Gesichtsausdruck ließ mir das Blut in den Adern gefrieren. »Sag klar und deutlich, was du meinst!«

»Na schön«, stimmte Nicky zu. Und dann klang jedes Wort wie eine Totenglocke in der plötzlichen Stille. »Ich dachte, du wüßtest es. Ich hab' sie entjungfert, Jarrett – kurz bevor du kamst.«

9. Kapitel

Ufer der Liebe

»Das ist eine Lüge!« schrie ich wütend. »Du Schwein! Das ist eine Lüge!«

Nicholas hob die Schultern. »Wenn du das sagst, Laura. Aber das mußt du ja schließlich sagen, oder?«

In diesem Moment erstarb auch der letzte Funke von Liebe, den ich noch für ihn hegte. Ich haßte ihn wie nie zuvor, als er sich lässig sein Cape nahm und davonspazierte, als wäre nichts gewesen. Ich sah rot, das Blut dröhnte in meinen Ohren, ich raffte meine Röcke hoch und hätte mich auf ihn gestürzt, aber Jarrett hielt mich fest.

»Laß ihn gehen, Laura«, befahl er streng. »Er hat sich sein eigenes Grab geschaufelt, er braucht keine Hilfe von uns. Er wird es noch bereuen, nehme ich an, aber dann ist es zu spät. Seine Jugend wird vergeudet sein, und diese Strafe ist bitterer, als du dir vorstellen kannst.«

Ich konnte Jarretts Augen nicht sehen und seine Gedanken nicht ahnen, obwohl ich in diesem Moment alles gegeben hätte, sie zu kennen. Hatte er Nicky geglaubt? Verachtete er mich jetzt und wollte mich loswerden? Ich wußte es nicht. Ich erschauderte. Wenn Jarrett sich weigern würde, mich zu heiraten, dann müßte er jetzt, so kurz vor der Hochzeit, einen triftigen Grund dafür vorbringen, und das mußte die Wahrheit sein. Diese Scham konnte ich nicht ertragen.

»Es war wirklich eine Lüge, Jarrett, was Nicky behauptet hat«, sagte ich in flehendem Ton.

»Wirklich, Laura?«

»Ja.«

Er sagte nichts, sondern nahm sein Cape und legte es mir um die Schultern. »Komm«, sagte er, »du zitterst ja vor Kälte.«

Er legte seinen Arm um meine Taille und führte mich zu einer kleinen Nische in der Wand, von der See in Jahrhunderten ausgehöhlt. Sie war umgeben von schwarzen Felsen, die sich wie lange Finger ins Meer streckten und die winzige Bucht vor Wind und Wetter schützten. Der Boden war glatter Sand, mit nur wenigen Kieseln. Dort ließ Jarrett mich los und dann, zu meiner Überraschung, strich er mir sanft das Haar aus dem blassen Gesicht. Eine Ewigkeit, wie es mir schien, bohrten sich seine Augen fragend in meine, und er strich zärtlich über meine Wange, dann ließ er seine Hand mit einem Mal sinken und ballte sie zur Faust. Er wandte sich ab und starrte lange aufs Meer. Schließlich drehte er sich wieder zu mir.

»Nicky hat also gelogen, ja?« fragte er mit belegter Stimme.

»Ja... ja«, flüsterte ich. Und mit einem Mal erblühten Hoffnung, Angst und eine unbegreifliche Sehnsucht in mir und verwirrten meine Gedanken und Gefühle. Seine Augen hielten die meinen gefangen und entlockten ihnen die tiefsten Geheimnisse von Herz und Seele, wie es mir schien.

In diesem Moment konzentrierte sich meine ganze Welt mit einem Ruck auf diesen ruhigen Platz am Strand. Sie hüllte uns in einen Zauberkokon, in dem weder Wind noch Meer zu hören waren und mein Atem sich mit dem Jarretts vereinte.

»Zeig's mir, Laura«, forderte er leise. »Zeig mir, daß Nicky gelogen hat.« Mir stockte der Atem. Das war unmißverständlich, aber dennoch undenkbar. Aber wie sollte ich es ihm anders beweisen?

Wenn ich mich ihm verweigerte, könnte er mich verstoßen – als ein Überbleibsel seines Bruders. Wenn er dieses Lösegeld forderte, mußte ich bezahlen.

Vielleicht verrieten meine Augen meine Gedanken. Keiner hatte mich je so angesehen wie Jarrett in diesem Augenblick, so als wüßte er, daß ich ihm in wenigen Minuten unwiderruflich für den Rest meiner Tage gehören würde. Bei der Vorstellung stockte mir der Atem, und wie im Fieber wurde mir heiß. Ich zitterte vor Angst und wußte nicht, was auf mich zukam. Würde er sanft sein oder gnadenlos wie Nicky? Mein Herz geriet ins Stokken, und mein Mund wurde ganz trocken. Ich war überzeugt, wenn er mich berührte, würde ich wie ein Kristall zerspringen, so zerbrechlich und verletzlich fühlte ich mich plötzlich.

Der Wind regte sich, benetzte meine Lippen mit Gischt, fast, als hätte ich Jarretts Haut geküßt und den salzigen Schweiß von seinem Körper geleckt. Bei diesem Gedanken loderte das Feuer noch stärker in mir, so heftig, daß ich Angst bekam. Mein Mund öffnete sich, meine Zunge befeuchtete meine Lippen. Mit einem leisen Schrei lehnte ich mich gegen seinen Körper, unwiderstehlich angezogen von der namenlosen Macht, die mich in ihren Klauen hatte und mich jetzt gnadenlos in ihre dunklen, archaischen Flammen zerrte.

Mit einem Schlag wurde mir klar, daß ich diesen Mann wollte – gleichgültig mit welchen Mitteln er mich gezwungen hatte, mir das einzugestehen. Ich wollte ihn mit jeder Faser meines Körpers, um die Besudelung durch Nickys Hände und Lippen wegzuwaschen. Morgen würde ich mich vielleicht schämen und bereuen, daß ich mich ihm hingegeben hatte, aber heute abend war da nur der Wind und die See und Jarrett...

Ganz selbstverständlich legten sich meine Hände um seinen Hals. Ich hob mein Gesicht zu seinem und strich ungeduldig mit meinen Lippen über seinen Mund. Ich weiß nicht, was ich erwartete, aber sicher nicht den Fluch, den er murmelte. Dann packte er mein Haar, bog mir den Kopf zurück und zwang mich, ihn anzusehen.

»Reiz mich nicht, Laura«, warnte er barsch, »wenn du nicht bereit bist, die Konsequenzen zu akzeptieren. Denn eins verspreche ich dir: Ich nehme mir alles, was mir gehört, und was ich nehme, behalte ich. Egal wie du dich entscheidest – wenn diese Nacht vorbei ist, gibt es kein Zurück mehr.«

»Ja, ich weiß.« Ich zögerte kurz, dann rief ich: »Nimm mich, Jarrett! Mach ein Ende! Ich bitte nicht um Gnade, nur um ein bißchen Zärtlichkeit, denn ich bin wirklich noch unberührt.«

»Dann wirst du es nie bereuen, geliebtes Herz«, erwiderte er sanft, »denn ich liebe dich. Ich habe dich immer geliebt. Du hast es nur nicht bemerkt, weil du außer Nicky nichts gesehen hast.«

Dieses Geständnis ließ mich verstummen. Ich hätte mir nie träumen lassen, daß ich ihm etwas bedeutete. Doch ich zweifelte nicht an seinen Worten – es hätte ihrer gar nicht bedurft. Ich gehörte ihm ohnehin. O Gott. All die Jahre ... war ich wirklich so blind gewesen? Bittere Tränen brannten in meinen Augen.

»O Jarrett ... Jarrett!« schluchzte ich. »Ich habe alles kaputtgemacht!« Ich wandte mich ab, damit er den Schmerz und die Trauer in meinem Gesicht nicht sehen konnte.

Aber er ließ es nicht zu, daß ich das allein ertrug.

»Still, mein Schatz«, flüsterte er, nahm mich in die Arme, zog mich an seine Brust und überschüttete mich mit Küssen. »Still jetzt, ich wollte dich nicht zum Weinen bringen. Ich wollte dir nur zeigen, daß weder Wollust noch Rachsucht mich hierhergeführt haben. Ich wollte dir nur zeigen, daß du mir gehörst, und die Schmerzen heilen, die dich quälen.«

»Aber, wie kannst du so lieb sein, wenn du weißt, daß ich –«

»Still, sag ich!« Er legte mir die Hand auf den Mund. »Laß mich dich jetzt lieben. Das muß für heute genug sein.«

Er breitete sein Cape aus und zog mich in die silbrigen Falten des Seidenfutters. Ich fürchtete mich nicht mehr und hatte nur noch Angst, ihm nicht zu gefallen, da ich so wenig wußte. Ich ahnte nichts von Küssen, die schnell und zart wie Schmetterlingsflügel über meine Augenlider, Lippen und Schläfen flatterten, wußte nicht, wie genüßlich die Zunge eines Mannes meine Lippen nachzeichnen konnte, ehe sie die dunklen, feuchten, geheimen Plätze in mir erforschte. Ich hatte nicht gewußt, wie langsam und sanft die Hände eines Mannes über meine nackte Haut gleiten konnten, so daß Wonneschauer durch meinen Körper flackerten und meine Brustwarzen sich erwartungsvoll härteten.

Süße, sinnliche Lippen und starke, geschickte Hände hatte Jarrett, und er verzauberte mich mit ihnen. Mein Mund öffnete sich wie eine Knospe, meine Hände liebkosten seinen sehnigen Körper, der so anders war als meiner. Ich fühlte seine mächtigen Muskeln unter der Haut. Er war so groß und stark, daß ich mich ganz klein und zart in seiner Umarmung fühlte, wie ein Weidenzweig, den er nach Lust und Laune biegen oder brechen konnte. Und tief in meinem Innersten fragte ich mich, ob er mich, wenn die Zeit gekommen war, genauso leicht endgültig öffnen würde. Der Gedanke ließ mich erbeben, und er schien meine plötzliche Angst zu spüren und umarmte mich fester, als könnte ich ihm noch entfliehen und das verweigern, was er so begehrte.

Stück für Stück verschwand unsere Kleidung. Aber ich wünschte, er hätte mein zerrissenes Mieder nicht beiseite geschoben. Beim Anblick meiner verschwollenen, mißhandelten Brüste fluchte er so heftig, daß mir bewußt wurde, daß ich ihn nur für den Augenblick gezähmt hatte. Aber er war nicht auf mich böse, sondern auf den, der diese grausamen Male hinterlassen hatte, und er küßte jede Brust so liebevoll, als wolle er die Erinnerung auslöschen.

»Wie dumm doch mein Bruder war«, murmelte er, »dich so zu benutzen und dann einfach zu verstoßen. Er wird dich nie wieder berühren, Laura – und auch kein andrer Mann. Du wirst mir gehören, jeder Teil von dir, wie der... und der. In deinem Herzen und deinem Bett wird kein Platz für einen anderen sein, das schwöre ich.«

Die Zeit drehte sich – und drehte sich, und immer noch liebkoste mich Jarrett und berührte mich. Seine Hände wurden kühner und fordernder. Sein Mund verschluckte meinen Atem, verschlang mich, seine brennende Zunge war überall. Seine geschickten Hände erregten mich und weckten meine Lust. Mein Körper schmerzte unerträglich, wie ich es mir nie hätte träumen lassen, so wenig Ahnung hatte ich davon, wie ein Mann eine Frau befriedigen konnte.

Der Dunst rollte vom Meer herein und hüllte uns in eine kühle, feuchte, weiße Decke, der Wind strich mit kühlen Fingern über meine nackte Haut. Aber ich spürte die Kälte des Herbstes nicht, denn Jarrett hatte uns mit seinem Samtmantel zugedeckt, und unter seinen reichen Falten wärmte er mich mit seinem Körper. Ich schwelgte in der Berührung seines Körpers. Das dunkle Haar auf seiner Brust war daunenweich unter meinen Händen und an meinen sensiblen Brustspitzen, sein breiter Rükken glatt wie Satin, seine Schenkel wie Eisen. Er roch nach Rum und Brandy und Tabak, schmeckte nach Gischt und Moschus. Begierig entdeckte ich seinen Körper, erforschte ihn und eroberte ihn wie er den meinen.

Und dann endlich betrat er den jungfräulichen Boden, den noch kein Mann vor ihm begangen hatte. Ich stieß einen Schrei aus und spürte den scharfen, süßen Schmerz, der aus dem Mädchen eine Frau macht und den Mann zum Eroberer. Seine schwarzen Augen öffneten sich kurz, schlossen sich dann zufrieden, und er stieß sich tief und hart in mich, so daß ich wußte, daß er vorher gezweifelt hatte, wenn auch nur ein wenig.

Das konnte ich ihm vergeben.

So lagen wir denn, Brust an Brust, Schenkel an Schenkel, und Jarrett packte meine Hüften und wölbte sie den seinen entgegen, bis tausend Sterne vom Himmel fielen. Hinter uns rauschte die See ans wilde Ufer.

10. Kapitel

Von verlorener Jugend und Abschied

Der Mond tauchte hinter die mitternächtlichen Wolken, die Sterne verglühten, und draußen, vor unserer geschützten Nische, begann es zu regnen. Die Brandung rauschte gegen die schwarzen Felsen, und die Gischt stob hoch in die Lüfte. Trotzdem konnten wir uns nicht entschließen aufzubrechen. Wir wollten nicht wahrhaben, daß die Nacht verstrich. So vieles war noch nicht gesagt. In der Hitze unserer Leidenschaft hatten wir keine Gedanken daran verschwendet, daß die blinde, gnadenlose Zeit weitertickte. Aber jetzt ruhte mein Kopf entspannt an Jarretts Brust, und ich genoß die Nachwehen unserer Liebe. Jarrett brach das Schweigen.

»Wie oft habe ich von diesem Moment geträumt«, sagte er, »seit ich alt genug war, zu wissen, was zwischen Mann und Frau passiert, glaube ich. Du warst noch ein Kind, aber selbst dann dachte ich schon: Eines Tages werde ich diese langen Zöpfe lösen und diese herrliche Mähne mit meinen Händen packen... so«, sagte er und zeigte es mir, dann begrub er sein Gesicht in meinem Haar und wickelte sich die langen Locken um den Hals. »So lange habe ich dich geliebt, teures Herz...«

Es war so seltsam, diese Worte aus seinem Mund zu hören, obwohl wir in dieser Nacht eins geworden waren, wußte ich immer noch so wenig von ihm. Trotzdem hatte ich mich ihm willig hingegeben und fühlte mich reich und empfand keinen Funken Reue. Er war alles gewesen, was ich mir erträumt hatte, zärtlich in seiner Wut, sanft in der Eroberung, völlig anders, als ich es mir vorgestellt hatte. Ich liebte ihn nicht, aber die Liebe würde aus der Saat, die in dieser Nacht gepflanzt worden war, wachsen, wenn ich sie nur in meinem Herzen hegte. Und als er erneut nach mir griff, öffnete ich mich ihm bereitwillig.

Unsere Münder waren eins, drängende Lippen und Zungen und Hände ruhten nicht, bis er wieder in mir war wie die Brandung – ein Bote exquisiter Qualen und Erlöser von ihnen. Sein Schrei gellte wie der der Möwen über die Klippen und verband sich mit meinem, als sein langer, harter Körper über meinem erschauderte und ich rasend vor Leidenschaft in seiner Umarmung bebte.

Es blieb keine Zeit für mehr.

Verflucht sei denn diese Nacht, so kurz, so schnell vorüber. Doch nie würde ich sie gegen eine andere eintauschen, diese süßeste aller Nächte – nie wieder würde ich die Unschuld und das Wunder dieses ersten Mals wiederholen können. Ein teurer Schatz, der auf ewig in meiner Brust ruhen würde.

Wir standen auf und zogen uns an, dann gingen wir den steilen, gefährlichen Pfad zu Heights hoch.

Eine Ewigkeit später, so schien es mir, tauchte das Haus vor uns auf. Ich wagte nicht hineinzugehen. Wie sollte ich meine zerrissenen Kleider und den wissenden Blick verbergen, der sich einem tugendhaften jungen Mädchen nicht ziemte? Jarrett brachte mich zum Pförtnerhaus, wo er den verrückten Hausmeister seines Vaters, Renshaw, weckte. Renshaw war zu verwirrt, um Fragen zu stellen. Jarrett schickte ihn in den Stall, um die Kutsche anzuspannen. Dann, während ich mich zitternd an

Renshaws Torffeuer wärmte, holte Jarrett Clemency, die mit den anderen Zofen der weiblichen Gäste auf mich warten sollte.

Es dauerte einige Zeit, bis er zurückkam. Ich weiß nicht, was er ihr gesagt hatte; ihr schneeweißes Gesicht hatte rote Flecken, wie ich es noch nie erlebt hatte, und sie konnte mir nicht in die Augen sehen. Sie antwortete nur mit »Ja, Miss Laura«, so unterwürfig, wie ich es nie für möglich gehalten hätte. Sie erwähnte meinen Zustand mit keinem Wort. Jarrett mußte ihr wirklich angst gemacht haben.

Kurze Zeit darauf brachte der irre Renshaw die Kutsche, Jarrett half mir und Clemency hinein, und wir fuhren los.

»Ich habe Onkel Welles und Tante Sarah gesagt, du hättest Migräne bekommen«, informierte er mich unterwegs, »und du hättest dich in Angels Zimmer hingelegt. Aber da keine Besserung eingetreten sei, würde ich dich nach Hause bringen. Weil sich deine Zofe glücklicherweise« – sein Blick streifte kurz das stumme Mädchen – »erheblich lange von ihrem Posten entfernt hatte, wird man annehmen, sie wäre bei dir gewesen. Die Geschichte von deinen Kopfschmerzen dürfte genügen, um dein Fernbleiben vom Fest zu entschuldigen.«

»Aber was, wenn Nicky –«

»Überlaß meinen Bruder mir, Laura«, sagte er grimmig. »Ich regle das mit ihm. Außerdem möchte er sicher nicht, daß publik wird, was er getan hat!«

»Nein«, stimmte ich zu, und als ich sah, wie Clemencys Hände sich verkrampften, fragte ich mich kurz, ob Nicky zu ihr gegangen war wie an dem Abend im Garten und von ihr bekommen hatte, was er bei mir nicht gefunden hatte.

Sie kann ihn gern haben, dachte ich, und Elizabeth auch, wenn sie ihn kriegen kann, denn mir bedeutete er gar nichts mehr. Lizzie konnte mir nur leid tun, wenn sie ihn heiratete – aber sie hatte es auch nicht anders verdient.

Was für ein böser Gedanke, denke ich jetzt, im Winter meines Lebens. Noch grausamer war, daß er mich in den kommenden Jahren verfolgte und immer noch verfolgt. Aber ich kann die Zeit nicht zurückdrehen. Ich kann Ihnen nur erzählen, was passierte und warum ich meine bösen Wünsche für Nicky und Lizzie so bereue.

Endlich waren wir an der Grange angelangt und bogen in die Einfahrt ein. Die Räder der Kutsche knirschten auf dem Kies. Ich hoffte, daß der prasselnde Regen das Geräusch übertönen würde, denn Jarrett hatte vor, mich und Clemency an der Seitentür abzusetzen, damit wir das Haus unbeobachtet betreten konnten. Glücklicherweise gelang das.

»Gute Nacht, geliebtes Herz«, murmelte er und küßte mich kurz, aber heftig. Dann fuhr er in die Dunkelheit davon, und der Dunst schloß sich wie ein geisterhafter Vorhang hinter der Kutsche.

Ich sah ihm nach, bis er außer Sicht war, und ahnte nicht, daß ich ihn lange, lange nicht wiedersehen würde.

Der Morgen dämmerte, grau und hart wie die Schneide eines Messers. Eine dicke Frostschicht schimmerte als blasser Vorbote des Winters auf dem Boden. Ich erwachte leicht zitternd unter meiner Decke, mein matter Körper war durchdrungen von seltsamem Erstaunen und Unruhe. Ich kuschelte mich tiefer in die Decken. Es war ein Traum gewesen, dachte ich, in dem Jarrett mich in den Sand gedrückt und mir seinen Willen aufgezwungen hatte, mich in den Himmel und noch weiter gebracht hatte. Aber der leichte Schmerz zwischen meinen Schenkeln war Realität und scharf wie der Stoß, mit dem Jarrett in mich eingedrungen war. Kein Traum also – ich war keine Jungfrau mehr.

Und mit dieser Erkenntnis überfluteten mich die Erinnerungen an die Nacht und trieben mir die Schamröte ins Gesicht. War diese Frau, die sich so wollüstig seiner Umarmung hingegeben hatte, wirklich ich gewesen? Ja und noch mal ja. Jeden Teil von mir hatte er in Besitz genommen.

Ich war überzeugt, ich hätte mich verändert, aber mein Körper sah im Spiegel nicht anders aus, zeigte keine Spur von Jarretts Umarmung. Nur die blauen Flecken auf meiner Brust zeugten davon, daß ein Mann mich berührt hatte. Aber an Nicholas wollte ich nicht denken.

Clemency erschien. Sie war ungewöhnlich blaß und still und half mir beim Anziehen. Nach Beendigung meiner Toilette ging ich nach unten und errötete, als Mama mir guten Morgen wünschte und mich fragte, ob meine Kopfschmerzen schon besser wären. Es gelang mir, gelassen zu antworten. Ich war aber beschämt, daß sie mir so einfach meine Lügen glaubte. Sie umarmte mich kurz, und dann gingen wir ins Frühstückszimmer, wo Papa und Francis uns erwarteten.

»Wo ist Guy?« fragte ich, nicht ahnend, welch katastrophale Neuigkeit mich erwartete.

»Ich fürchte, es gibt eine Menge Probleme in London mit der Schiffahrtslinie«, erklärte Papa, und seine Augen blitzten vor Wut. »Bei Sonnenaufgang kam eine Nachricht. Dieser alte Idiot Treadwell!« rief er. »Er hat den Verstand verloren! Ich hätte ihm nie die Leitung des Londoner Büros übertragen dürfen! Seit er diese junge Gans geheiratet hat, ist kein Verlaß mehr auf ihn. Kannst du dir vorstellen, daß er mich erst jetzt verständigt, daß der Buchhalter, Grimsby, vierzehn Tage nicht zur Arbeit erschienen ist!

Treadwell behauptet, er hätte gedacht, der Mann wäre krank. Ha!« sagte Papa verächtlich. »Geflohen ist er, und Gott allein weiß, mit wieviel Geld! Monatelang hat er Geld unterschlagen, und die Bücher sind ein einziges Chaos. Es wird Wochen dauern, das alles wieder in Ordnung zu bringen und diese Ratte Grimsby zu fangen! Ich hätte meinem Instinkt folgen und den Kerl gar nicht erst anstellen sollen. Er war mir von Anfang an verdächtig! Aber Treadwells dämliche Frau hat ihn überredet, ihren Bruder anzustellen, weil es ihm so schlechtging! Kein Wunder, dieser Verbrecher!

Ich habe natürlich Guy und Jarrett sofort nach London geschickt, um die Sache auszubügeln. Sie sind vor einer Stunde abgereist.«

Ich war wie vom Donner gerührt, obwohl ich zugeben mußte, daß Papa das Richtige getan hatte. Die beiden würden nicht ruhen, bis sie diesen Schurken Grimsby gefaßt hatten, da war ich mir sicher.

Trotzdem war ich verletzt und enttäuscht, daß sich Jarrett nicht einmal verabschiedet hatte, obwohl ein Strauß Chrysanthemen, in der Farbe meiner Augen, auf einem Silbertablett in der Halle auf mich wartete. Auf einer schlichten Karte, die beigelegt war, stand in kühnen Lettern nur ein Wort: *Jarrett.* Aber kein Wort von Liebe oder von letzter Nacht. War etwa alles, was er gestern nacht gesagt und getan hatte, eine noch größere und furchtbarere Lüge als die von Nicky?

Ich war völlig durcheinander. Jarretts Liebeserklärung war so unerwartet gewesen, und ich war erst so kurz erst zur Frau geworden, daß ich mir nicht sicher war, ob ich sein Herz halten konnte. Hatte er es wirklich meiner Obhut überlassen, oder waren es nur schöne Worte gewesen, auf die ich in meiner Naivität hereingefallen war? Er war schließlich Nickys Bruder – aus demselben Holz geschnitzt.

Du bist sehr albern, Laura, ermahnte ich mich streng. *Jarrett ist ganz anders als Nicky! Deine Phantasie geht wieder einmal mit dir durch!* Aber trotzdem blieb dieser kleine Zweifel. Wie eine Giftschlange nagte er an meinem Herzen und ließ sich nicht vertreiben, egal wie sehr ich mich auch bemühte.

Wochen vergingen, und ich hörte nichts von Jarrett – nicht einmal ein paar gekritzelte Zeilen bekam ich.

Unser Hochzeitstag rückte immer näher, aber immer noch hatte ich keine Nachricht.

Selbst Papa und Onkel Draco wußten nicht, wo Jarrett war. Er hatte Grimsbys Verfolgung aufgenommen, und seitdem hatte keiner mehr von ihm gehört. Womöglich lag Jarrett bereits tot in irgendeiner finsteren Gasse! Aber der Rest der Familie teilte meine Besorgnis nicht.

»Um Himmels willen, Laura, was für ein Unsinn!« sagte Papa, als ich ihm von meinen Ängsten erzählte. »Schätzchen, du liest zu viele Romane. Jarrett kann sehr gut auf sich selbst aufpassen!«

Mama war nicht ganz so schroff, aber auch nicht tröstlicher.

»Schatz, es freut mich sehr, daß dir Jarrett anscheinend doch etwas bedeutet. Ich hatte schon gedacht, die Verlobung wäre ein schrecklicher Fehler gewesen. Dein Vater hat recht, Liebes. Jarrett kann auf sich selbst aufpassen. In der Hinsicht ist er genau wie dein Onkel Draco, und gegen den kann keiner an – außer deine Tante Maggie natürlich. Vielleicht wäre es klug, wenn du vor deiner Hochzeit einige Zeit bei ihr verbringst. Sie kann dir einige Geheimnisse verraten, wie man einen halsstarrigen Chandler in den Griff bekommt.«

Aber all das beschwichtigte meine Ängste nicht.

Sicher hätte er geschrieben, dachte ich immer und immer wieder, *ihm ist bestimmt etwas passiert.*

Aber dann kamen noch schlimmere Zweifel. Hatte er Nicholas' Lügen doch geglaubt und mich nur verführt, um seine Lust zu befriedigen und mich dann zu verstoßen? Vielleicht hatte er die Suche nach Grimsby als willkommene Gelegenheit betrachtet, mich loszuwerden, und hatte nicht vor, zur Hochzeit zurückzukommen?

Ich litt entsetzlich, hatte tiefe Augenringe und konnte kaum etwas essen. Und dann erlitt ich den allerschlimmsten Schock: Meine monatlichen Blutungen blieben aus. Ich erwartete ein Baby.

Anfänglich glaubte ich es einfach nicht. Der Gedanke, daß Jarrett mich in dieser einen leidenschaftlichen Nacht geschwängert haben könnte, kam mir absurd vor.

Aber jetzt wurde die Angst, die mich seit Wochen quälte, zur traurigen Gewißheit, und ich geriet in Panik. Meine Blutungen kamen immer sehr regelmäßig, und als sie ausblieben, wußte ich, daß ich Jarretts Kind unter dem Herzen trug. Und hätte ich noch Zweifel gehabt, hätte ich sie schleunigst begraben müssen, denn die morgendliche Übelkeit bestätigte meine Befürchtung. Meine Stimmungen wurden unberechenbar: An einigen Tagen war ich sicher, daß Jarrett mich liebte, und dann weinte ich wieder tagelang, weil ich glaubte, er hätte mich betrogen wie Nicky.

Und währenddessen wuchs mein Kind in mir, und ich hatte keine Ahnung, an wen ich mich wenden konnte.

Wenn Jarrett nicht zurückkehrte, um mich zu heiraten, mußte ich eine Hebamme suchen, die den Beweis meiner Schande entfernte, dachte ich. Aber die Vorstellung machte mir angst, denn ich hatte gräßliche Geschichten darüber gehört. Ansonsten war ich gezwungen wegzulaufen, eine beängstigende Aussicht für eine mittellose alleinstehende Frau mit einem Kind. Ich war verzweifelt.

In diesem Zustand geschah es, daß ich Nickys Leben beinahe zerstörte und Tante Maggie das Herz brach.

Mein Verbrechen an Nicky war genauso grausam und gefühllos wie seines an mir. Ich wußte es damals und weiß es heute und bedauere es von ganzem Herzen, wegen der Pein, die Tante Maggie erdulden mußte.

Ich war nach Heights geritten, denn die Vorbereitungen für

meine Hochzeit liefen wie geplant, und keiner außer mir schien Angst zu haben, daß ich vielleicht keinen Bräutigam haben könnte. Angélique, meine Brautjungfer, wollte mir ihr Kleid für die Hochzeit zeigen, das an diesem Morgen eingetroffen war. Als Kinder hatten wir uns nicht besonders nahegestanden, aber seit sie erfahren hatte, daß ich Jarrett und nicht Nicky heiraten würde, waren wir dicke Freunde geworden. Sie liebte Nicky zwar auch, sprach aber öfter von seinem »bösen Blut«.

»Er ist wahrscheinlich aus demselben Holz geschnitzt wie Großvater Quentin Chandler, das schwarze Schaf«, sagte sie oft. »Nicky wird sicher eines Tages tot im Graben liegen, genau wie es Großvater Quentin passiert wäre, wenn Großvater Nigel ihn nicht nach Hause geholt hätte. Er ist dann auch auf halbem Weg nach Cornwall in der Kutsche gestorben, der Arme.«

Ich verstand nicht, warum sie diese morbide Geschichte immer wieder erzählen mußte, selbst wenn sie wahr war, und sagte ihr das auch. Aber dann lachte sie nur. In mancher Hinsicht war sie wirklich makaber und verglich sich selbst gerne mit der Hexe Morgawse aus der Arthurlegende.

Aber an diesem Tag war Angélique strahlendster Laune, wirbelte mit ihrem Brautjungfernkleid durch ihr Schlafzimmer und plapperte aufgeregt über meine Hochzeit und auch über ihre mit Lord Greystone, die nächsten Sommer stattfinden sollte.

Die folgenden Stunden verstrichen sehr fröhlich, besonders nachdem ich ihr zögernd von meinen Ängsten berichtet hatte.

Sie lachte und sagte: »O Laura, wie kannst du so denken! Jarrett jagt den armen Grimsby sicher quer durch Frankreich und Italien und denkt sich in seiner Arroganz, daß du weißt, wie sehr er dich liebt. Er wird so bald wie möglich zurückkommen. Oliver schickt mir auch nur immer ein paar Zeilen und unterschreibt sie dann noch mit Greystone! Pfui! Kannst du dir etwas Unromantischeres vorstellen? Ich muß dir sagen, ich weiß wirklich nicht, warum wir so wild auf die beiden Männer sind!«

Ich mußte lachen. Zumindest hatte Jarrett mit seinem Vornamen auf der Karte für die Chrysanthemen unterschrieben, was mich sehr zufrieden stimmte. Und als ich mich von Angel verabschiedete, war ich besserer Laune als seit Wochen.

An dieser Stelle muß ich noch einmal darauf hinweisen, daß Stormswept Heights jahrhundertealt und ursprünglich eine Festung war. Der Grundriß war also ziemlich eigenartig, mit vielen Geheimräumen, Wendeltreppen, Geheimgängen und ähnlichem. Im Südturm, im Zimmer neben Onkel Dracos Arbeitszimmer, gelangte man durch eine Falltür in einen unterirdischen Tunnel, der zu den Stallungen führte. Ich sah, daß es angefangen hatte zu schneien, und entschloß mich, dem bitterkalten Wind zu entgehen und einfach durch den Tunnel zu gehen.

Hätte ich es doch nie getan! Als ich an der Treppe am Ende des Tunnels angelangt war, hörte ich zwei Leute oben im Stall heftig streiten. Nicky und Thorne, die beiden Menschen, die ich auf dieser Welt am meisten haßte. Trotzdem plagte mich die Neugier, und ich hob langsam die Falltür und spähte vorsichtig hinaus, um nicht entdeckt zu werden. Meine Cousins waren im Heuboden und so in ihren Streit vertieft, daß sie mich nicht bemerkten.

»Du Schwein! Du verdammter Zigeunerbastard!« zischte Thorne. »Ich warne dich zum letzten Mal, Hände weg von Lizzie! Ich meine es ernst, du Stück Dreck! Ich bring' dich um, wenn du sie nicht in Ruhe läßt!«

»Was ist denn los, Thorne? Hast du Angst, deine Niete von Vater könnte sterben und ich könnte, durch deine Schwester, an Highclyffe Hall herankommen?« fragte Nicky höhnisch. »Du bist ja weiß Gott nicht Manns genug, einer Frau einen Erben zu machen, du miese kleine Tunte! Weiß Lady Siobhan, wie du mich ansiehst, wenn du glaubst, es bemerkt keiner? Du würdest mich lieber in deinem eigenen Bett sehen als in dem deiner Schwester. Mein Gott! Ich könnte kotzen!«

»Das wirst du mir bezahlen, du stinkender Hurensohn!« zischte Thorne. »Das wirst du mir büßen!«

Im nächsten Augenblick hatten sich die beiden Männer aufeinander gestürzt und kämpften verbissen. Ich mußte es, starr vor Schreck, mitansehen. Meine Ohren brannten noch von den Obszönitäten, die meine Cousins sich an den Kopf geworfen hatten. Aber ich hatte den Inhalt begriffen. Ich hatte immer geahnt, daß mit Thorne etwas nicht stimmte. Jetzt wußte ich, was. Thorne, der perverse Thorne, liebte Männer. Mir wurde übel, und es gelang mir gerade noch, die Falltür zu schließen, bevor ich mich übergab. Als es vorbei war, wischte ich mir mit zitternder Hand den Mund ab und schob die Falltür wieder auf. Glücklicherweise waren die Männer so in ihren Kampf vertieft, daß sie nichts gehört hatten.

Thorne hatte seit unserer Kindheit einiges dazugelernt, was Schlägereien anging. Er teilte genauso viel aus, wie er einsteckte. Nicky war zwar größer und schwerer, aber er mußte sich sehr anstrengen. Meine Cousins rollten fluchend und grunzend über den Heuboden und hämmerten gnadenlos aufeinander ein. Es war wie damals im Speicher, nur noch brutaler und tödlicher.

Dann senkte sich plötzlich eine schwere Stille über den Raum, unterbrochen von heftigem Keuchen, gemurmelten Flüchen und einem gefährlichen Zischen. Nicky und Thorne waren jetzt hinter einem Stapel Heuballen, so daß ich sie nicht sehen konnte, also kroch ich vorsichtig aus dem Gang und schlich auf Zehenspitzen zum Stall, um besser zu sehen.

Voller Entsetzen sah ich, daß Thorne eine Heugabel gepackt hatte und Nicky damit durchbohren wollte. Aber Nicky wich jedem Stoß geschickt aus, und schließlich gelang es ihm, den Holzgriff zu packen, er zerrte wie verrückt daran, um sie Thorne zu entreißen. Thorne stolperte und stürzte in einen Heuhaufen am Rande des Bodens. Gelähmt vor Schreck mußte ich mitansehen, wie der Heuhaufen ins Rutschen geriet und Thorne rückwärts über den Rand des Bodens fiel und mit den Füßen voran in dem leeren Stall darunter aufschlug. Seine Beine knickten ein, er fiel vornüber auf einen hölzernen Futtertrog und blieb reglos liegen, Blut tropfte aus einer Platzwunde an seiner Schläfe.

Ich stürzte zu ihm. »O mein Gott«, flüsterte ich betroffen. »O mein Gott!«

Ich kniete mich zu ihm, drehte ihn um und legte mein Ohr an seine Brust. Er atmete Gott sei Dank noch, war aber offensichtlich ohnmächtig. Nicky kletterte die Leiter herunter und lief zu uns.

»Mein Gott, Laura, ist ihm etwas passiert?« fragte er. Er konnte sich kaum auf den Beinen halten. Sein Gesicht war aschfahl, und seine Hände zitterten.

Und dann beging ich die entsetzliche Tat, die ich den Rest meines Lebens bereuen sollte. Ich hatte es nicht geplant, und trotzdem ist sie unverzeihlich. Lieber Leser, ich hatte keine Rache im Sinn. Ich konnte überhaupt keinen klaren Gedanken fassen, als ich den Kopf hob und Nicky in die Augen sah – ich verachtete ihn nur für den Vergewaltigungsversuch am Strand und die Lügen, die er Jarrett hinterher erzählt hatte.

»Er ist tot!« sagte ich leise und wußte gar nicht, wie es dazu kam. Ich wollte es auch gar nicht wissen. Ich drückte unbewußt Thornes Arm, er war raffiniert und bösartig genug, mein Spiel mitzuspielen, falls er überhaupt bei Bewußtsein war. »Er ist tot, Nicholas, und du hast ihn getötet! Du hast ihn *ermordet*!«

»Nein!« keuchte er ungläubig. »Nein, es war ein Unfall! Laura, ich sag's dir, es war ein Unfall!«

»Glaub ja nicht, daß du mich anlügen kannst, Nicky! Ich hab' alles gesehen und gehört«, sagte ich und genoß es, zu sehen, wie er sich wand. »Ich bin Zeuge, Nicky. Du hast Thorne ermordet, und das werde ich vor Gericht beschwören – dann werden sie dich hängen!«

»Nein! Das kann doch nicht dein Ernst sein, Laura! Das kannst du mir nicht antun! Es war ein Unfall!« Er zerrte verzweifelt an seinem Haar. Dann holte er plötzlich Luft und schlug sich mit der Hand an die Stirn.

»Mein Gott, natürlich! Du willst dich für die Nacht am Strand rächen, Laura, deshalb sagst du das, nicht wahr? Ich seh's dir ja an. Es tut mir leid, hörst du! Ich werde es irgendwie wiedergutmachen, ich schwör' es! Du mußt nur sagen, was hier wirklich passiert ist. Ich geh' zu Jarrett und sag' ihm, daß ich gelogen habe, daß ich dich nie gehabt habe.«

»Halt den Mund! Halt den Mund!« schrie ich. Ich merkte, daß Thorne bei Bewußtsein war und jedes Wort hörte. »Ich will nichts von dir, du Bastard! Du Mörder! Reicht es denn immer noch nicht!«

»Schon gut, schon gut!« Nicky überlegte kurz. »Gib mir eine halbe Stunde Vorsprung, Laura. Bitte. Mehr verlange ich nicht. Nur eine halbe Stunde, dann kannst du in Heights Bescheid sagen, was mit Thorne passiert ist. Sie können dann Onkel Esmond oder die Dragoner verständigen. Onkel Esmond wird sich wohl kaum als unvoreingenommener Richter erweisen, oder?«

»Wohl nicht«, stimmte ich zu und beobachtete, wie Nicky sein Zaumzeug holte und in panischer Eile Black Jack aufzäumte und sattelte.

Ich wunderte mich, daß er bei seinem Temperament nicht versuchte, mir etwas anzutun, damit ich nicht gegen ihn aussagen konnte. Aber ich glaube, daß Nicky tief in seinem Innersten nicht wirklich böse war, sondern nur wild und rücksichtslos. Und in jener Nacht am Strand war er betrunken gewesen. Jetzt führte er sein Pferd aus dem Stall und schwang sich in den Sattel.

»Eine halbe Stunde, Laura«, flehte er, »wenn du mich je geliebt hast.«

Dann gab er dem Wallach die Sporen und galoppierte aus dem Stall. Mit einem Mal schämte ich mich, dachte an Jarrett und seine Familie, die bald meine eigene sein würde. Sie liebten Nicky, und ich hatte ihn genug bestraft.

»Nicky, warte!« schrie ich und wollte hinter ihm herlaufen.

Aber ich hatte Thorne vergessen, der Nicky ebenfalls haßte. Das Spiel war vorbei, er mußte sich nicht mehr tot stellen, und er hatte keine weiteren Verletzungen, außer der Wunde an der Schläfe und einem verstauchten Knöchel. Er packte mich am Handgelenk und hielt mich fest.

»Lauscher hören oft die interessantesten Dinge, nicht wahr, Laura?« fragte er grinsend. »Und finden manchmal Verbündete, wenn sie am wenigsten damit rechnen, was? Wir beide haben also jetzt ein gemeinsames Geheimnis – und glücklicherweise ein für beide gefährliches. Welche Ironie, daß wir den armen Nicholas beide begehrten. Jetzt kann ich gut verstehen, warum du ihm das angetan hast, Laura. Aber ich muß zugeben, ich hatte es dir nicht zugetraut. Mein Kompliment!« Er applaudierte spöttisch. »Könnte fast von mir sein. Wie weit, meinst du, wird Nicky kommen, bis er merkt, daß wir ihn hereingelegt haben?«

»Nicht weit«, sagte ich kühl. »Ich habe nämlich vor, ihm nachzureiten und ihm die Wahrheit zu sagen, Thorne. Ich finde, er hat genug gelitten.«

»Sehr dumm von dir, das zuzugeben, Laura«, sagte Thorne. »Ich möchte nämlich, daß Nicky das Land verläßt und nie mehr zurückkommt. Also werde ich dich wohl ein bißchen einsperren müssen – nur so lange, bis Nicky genug Vorsprung hat.«

Bevor ich realisierte, was er vorhatte, packte er mich und zerrte mich in eine Ecke, in der eine Rolle Schnur lag. Ich wehrte mich zwar nach Leibeskräften, aber vergeblich. Innerhalb kürzester

Zeit hatte er mich an Händen und Füßen gefesselt und mir seine Krawatte als Knebel in den Mund gestopft. Dann warf er mich über die Schulter und trug mich in den unterirdischen Gang, wo er mich gegen die Wand lehnte.

»Weiß Jarrett eigentlich, was für eine Megäre er sich da geangelt hat?« fragte er spöttisch, als ich mich ohnmächtig vor Wut gegen die Fesseln aufbäumte. »Laura... Laura.« Thorne schüttelte den Kopf. »Schone deine Kräfte. Du wirst dich nicht befreien können, das verspreche ich dir.« Dann zog er seine Taschenuhr heraus und sah nach, wie spät es war. »Es ist noch früh, erst ein Uhr. Bis zum Tee bin ich zurück und laß dich frei. Hier bist du in Sicherheit, und warm genug ist es auch. Du hast ja schließlich einen Mantel.«

Und dann ließ mich der hinterhältige Bastard einfach allein.

11. Kapitel

Tante Maggie

Ich weinte und zitterte. Schnee umhüllte mich wie ein Leichentuch. Ich stand am Rand der zerklüfteten Halbinsel und starrte auf die langen, schwarzen Steine und die wintrige, graugrüne See weit unter mir.

Zu meiner Überraschung hatte Thorne dieses eine Mal Wort gehalten und mich befreit. Ich war tränenüberströmt durch den Tunnel ins Haus gelaufen, um Tante Maggie mein Verbrechen zu gestehen – wenn auch nicht die Gründe, die mich dazu getrieben hatten – und ihr zu sagen, daß Nicky geflohen war, im Glauben, er sei ein Mörder. Sie hörte sich schweigend meine Geschichte an und stellte seltsamerweise keine Fragen. Als ich am Ende war, hatte sie sich ihr Pferd bringen lassen und war zur Porzellangrube geritten, um Onkel Draco zu informieren, damit er Nicky nachreiten konnte. Aber Nicky hatte inzwischen vier Stunden Vorsprung, und ich hatte nur wenig Hoffnung, daß sein Vater ihn einholen würde, ich fürchtete nur Onkel Dracos Zorn, wenn er ohne ihn zurückkehrte.

Aber ich mußte die Schuld für meine Tat auf mich nehmen, obgleich ich ja versucht hatte, es noch zu verhindern. Ich hatte damit gerechnet, daß Thorne sich einmischen würde. Es war nun einmal Tatsache: Hätte ich Nicky nicht des Mordes bezichtigt, hätte Thorne die Gelegenheit nicht nutzen können, Nicky loszuwerden.

Wie ich jetzt so auf den Ozean hinaussah, schien es mir, als wäre die Nacht mit Jarrett am Strand nur eine kurze Verschnaufpause in einer gnadenlosen Abwärtsspirale gewesen, die am Tag von Onkel Esmonds Fuchsjagd begonnen hatte. An diesem Tag war mein Leben ein für allemal von dem Kurs abgeschwenkt, den ich mir erhofft hatte. Jetzt konnte ich nicht mehr zurück und nichts mehr ungeschehen machen. Dazu war es jetzt zu spät. Ich mußte mit den Konsequenzen meiner Entscheidungen leben – oder nicht, und auch das war meine Entscheidung.

Ich weiß nicht, ob ich bewußt mit dem Gedanken spielte, mich umzubringen, als ich da auf der Klippe über dem Meer stand. Aber die Bewegung der schaumigen Wellen war so hypnotisch, die dunklen Tiefen des Wassers lockten mich wie Sirenen. Nur einen Schritt nach vorn, und alle meine Sorgen wären vorbei, weggespült wie ich und das Kind unter meinem Herzen.

Der Gedanke an das Kind ließ mich zögern. Hatte ich das Recht, das Leben meines Babys zu beenden, bevor es überhaupt begonnen hatte? Jarretts Kind und meines? Bis jetzt war es für mich noch nicht Realität gewesen, nur ein Ding, das sich ungefragt in meinem Körper eingenistet hatte und mir Schwierigkeiten machte. Aber jetzt schien es mir etwas zuzurufen – eine Stimme im Wind.

»Lauuuura. Lauuuura.«

Ich drehte mich um. Es war keine Einbildung gewesen, sondern Tante Maggie, die auf mich zugaloppierte und meinen Namen rief wie ein Todesengel – oder ein Schutzengel.

»Laura«, sagte sie, als sie abgestiegen war und ängstlich mein Gesicht musterte. »Was machst du hier?« Sie ging langsam auf mich zu, machte aber keine Anstalten, mich zu berühren, als hätte sie Angst, ich könnte doch springen. »Weißt du, wie gefährlich nahe du am Abgrund stehst? Und eisig ist es auch. Komm weg da, sonst rutschst du noch aus und stürzt ins Meer. Oder wolltest du das etwa? Rede mit mir, Laura. Ich werde dich verstehen.«

»Geh weg und laß mich in Ruhe!« rief ich wütend. »Was kannst du schon von meinen Gefühlen wissen, von dem, was mich dazu getrieben hat, hierherzukommen?«

»Rede mit mir«, bat sie mich noch einmal eindringlich, »vielleicht wirst du etwas lernen. Ich bin nicht so alt, daß ich vergessen habe, was es heißt, jung zu sein und allein und verängstigt.«

Und jetzt flossen die Tränen. In diesem Augenblick erst merkte ich, wie einsam und verängstigt ich war, wie sehr ich es brauchte, einem anderen menschlichen Wesen mein Herz auszuschütten und getröstet zu werden. In Tante Maggies Stimme schwang auch eine seltsame Traurigkeit, als ob sie sich an schmerzliche Dinge erinnern würde, und das weckte meine Neugier. Ich sah sie an.

Und dann brach ich zusammen. In diesen Augen war so viel Liebe und Sorge. Ich warf mich schluchzend in ihre Arme. Sie drückte mich fest an sich wie eine Mutter ihr Kind, und ich schmiegte mich an sie und lud meine Schuld auf ihre starken, willigen Schultern ab.

Wie eine Sintflut ergossen sich die Worte aus meinem Mund, beginnend mit der Nacht im Garten der Grange, bis zum heutigen Tag. Ich schonte mich nicht, und während ich redete, schluchzte ich mir die Seele aus dem Leib. Sie hielt mich die ganze Zeit fest, streichelte mir den Kopf und unterbrach mich kein einziges Mal.

Und dann endlich verstummte ich ausgelaugt und leer, aber seltsam ruhig wie schon lange nicht mehr. Sie schob mich ein bißchen zurück und strich mir eine Strähne aus dem Gesicht. Sie hielt meine Arme und starrte auf den Ozean wie ich zuvor, und ein tiefer Seufzer entrang sich ihrer Brust. Sie flüsterte etwas, was ich nicht ganz verstand, aber es hörte sich an wie: »Die Sünden der Väter...«

Nach langer Zeit drehte sie sich wieder zu mir. Bis zu meinem Tod werde ich nie vergessen, wie sie in diesem Moment ausgesehen hatte. Absolut schön – nicht die zarte Schönheit meiner Mutter, sondern eine wilde, kühne Schönheit. Ihr langes Haar hatte sich aus dem Knoten gelöst und wehte im Schnee und Wind, ihre dunklen Augen wirkten düster, als sähe sie ihr eigenes Spiegelbild in meinen Augen.

»Du glaubst also, ich kann deine Gefühle nicht verstehen, Laura? Nicht verstehen, was dich hierhergetrieben hat, um vielleicht deinem Leben ein Ende zu machen?« sagte sie schließlich mit einem ironischen Lächeln. »Selbst jetzt zweifelst du noch. Nein, nein, streit es nicht ab, ich sehe es in deinen Augen.

Laura, auch ich habe einmal hier gestanden, vor langer Zeit – verstoßen von deinem Onkel Esmond, den ich liebte, mit dem Kind deines Onkel Draco unter dem Herzen.« Mir stockte der Atem. Sie nickte. »Ja, es ist wahr. Genau wie du dich meinem Sohn Jarrett hingegeben hast, habe ich mich Draco hingegeben – aus Schmerz und Sehnsucht, um meine Pein zu lindern...« Sie hielt kurz inne, dann fuhr sie leise fort. »So viele Jahre sind seither vergangen, aber ich weiß es noch wie heute, wie Draco mich in seine Arme nahm, mich auf das monddunkle Moor hinunterdrückte und mir zeigte, was es heißt, einen Mann zu lieben... Jarrett wurde in dieser Nacht gezeugt – o Laura, warum bist du nicht zu mir gekommen?«

»Ich hatte Angst, solche Angst – ich dachte, du würdest es nicht verstehen...«

Wieder nahm sie mich in die Arme und wiegte mich, während meine Tränen auf ihre weiche, tröstliche Brust tropften.

»Still jetzt, Laura«, befahl sie. »Glaubst du denn wirklich, daß

Jarrett nicht zurückkommt, daß er dich nicht liebt, so wie Draco mich geliebt hat? O Laura, liebe Laura, wie wenig du doch meinen Sohn kennst. Glaubst du, wir hätten ihn zwingen können, dich zu heiraten, wenn er dich nicht liebte? Von all meinen Söhnen ist er seinem Vater am ähnlichsten – stolz, arrogant, leidenschaftlich, nimmt sich, was er will, und macht aus seinem Leben, was er will. Nein, Jarrett liebt dich! Genau wie sein Vater ist er ein Mann, der nur einmal und dann für ewig liebt, von ganzem Herzen. Das weiß ich, Laura. Jarrett wird zu dir zurückkehren, und wenn er die Hölle durchqueren muß.«

»O Tante Maggie, glaubst du wirklich?«

»Ja«, sagte sie lächelnd, »bin ich denn nicht Dracos Frau, die er nach Gretna Green entführt hat, als mein Vater mich lieber tot als mit meinem Zigeunercousin verheiratet gesehen hätte? Aber jetzt komm, du holst dir ja hier den Tod. Du trägst meinen Enkel unter dem Herzen, und ich kann nicht zulassen, daß er uns verlorengeht.«

»O Tante Maggie, wie kannst du so lieb sein, wenn es doch meine Schuld ist, daß Nicky weggelaufen ist?« fragte ich beschämt. »Es tut mir so leid. Kannst du mir je vergeben?«

»Natürlich kann ich das, Laura. In meinem Herzen hab' ich es bereits getan. Glaubst du, ich verstehe nicht, daß man sich rächen will? Aber ich habe gelernt, daß es besser ist, zu vergeben. Nur so heilen Wunden, auch wenn die Narben bleiben.

Du bist jung, Laura, und hast es nicht wirklich böse gemeint. Du wolltest Nicky nur bestrafen für alles, was er dir angetan hat. Und du wolltest ihn zurückholen, aber Thorne hat dich daran gehindert. Du bist nicht böse, nur dumm und stürmisch genau wie ich früher. Aber wichtiger als meine Vergebung ist, Laura, daß du dir selbst vergibst.«

»Wie kann ich das? Nicky ist fort, und Onkel Draco wird ihn sicherlich nicht finden...«

»Da bin ich deiner Meinung«, stimmte Tante Maggie zu und schloß die Augen, und ich merkte, wie schmerzlich dieser Gedanke für sie war. Ich begriff es erst, als mein eigener Sohn geboren wurde, wie tief ihre Liebe für Nicky war, und wußte, daß ich ihr das Herz gebrochen hatte und daß sie mich sehr liebte, weil sie mir vergeben konnte.

»Er war immer schon ein wilder, ungestümer Junge«, sagte sie leise. »Selbst als Kind hat er immer versucht, Jarrett in allem auszustechen. Er hat nie begriffen, daß er Jarretts Platz in unseren Herzen nicht einnehmen konnte oder daß er dort seinen eigenen Platz hatte und genauso geliebt wurde.« Sie verstummte für einige Zeit.

Dann sagte sie tapfer. »Trotzdem ist er ein Chandler, und wir Chandler sind zum Überleben geboren. Nicky wird schon zurechtkommen. Er wird sich in der Welt durchschlagen, und in ein paar Wochen oder sogar Monaten, wenn Draco ihn gefunden hat und ihm sagen kann, daß Thorne nicht tot ist, wird er zurückkehren, weiser als zuvor.«

»Ja, vielleicht«, sagte ich und hoffte um Tante Maggies willen, daß sie recht hatte.

Keiner von uns ahnte, daß Nicky nicht über London zum Kontinent fliehen würde, sondern auf einem Schiff anheuerte und um die halbe Welt segelte, ohne ein Wort nach Hause zu schreiben. So sollten drei lange Jahre vergehen, ehe wir ihn wiedersahen.

12. Kapitel

Leidenschaften

Wie ein loser Faden, der ein Stück Stoff auftrennt, so zerriß meine schmähliche Tat den dicht gewobenen Stoff der Leben der Prescotts, Chandlers und Sheffields.

Einige Tage später kehrte Onkel Draco nach Hause zurück, wie erwartet, ohne Nicky. Aber er war nicht böse auf mich, wie ich befürchtet hatte. Tante Maggie hatte ihm, nachdem sie mich um Erlaubnis gefragt hatte, alles erzählt. Also wußte er, daß ich Grund genug hatte, so etwas zu tun. Er gab mir keine Schuld und war sogar sehr nett und besorgt um mich, wann immer wir uns begegneten. Trotzdem litt er offensichtlich sehr unter der Geschichte. Er wurde noch schweigsamer und zurückgezogener, und fast über Nacht hatte er plötzlich graue Schläfen in seinem pechschwarzen Haar. Ich spürte, wie sehr er litt, und sehnte mich danach, Vorwürfe von ihm zu hören, damit meine Schuldgefühle erleichtert würden.

Aber das passierte nicht. Selbst Thorne entging wie immer seiner gerechten Strafe. Er war sofort, nachdem er mich losgebunden hatte, abgereist, um seine Verlobte, Lady Siobhan O'Halloran, in Irland zu besuchen.

Ein so gravierender Vorfall konnte natürlich nicht völlig geheimgehalten werden. Keiner außer Nicky, Thorne, Tante Maggie und Onkel Draco wußte, was wirklich passiert war, aber es kursierten die wildesten Gerüchte, und ich wagte kaum mehr, auf die Straße zu gehen.

Aber ich war nicht die einzige, die von den Skandalgerüchten betroffen war.

Lizzie schlich herum, als hätte sie eine Zitrone verschluckt, und sah so verbittert aus, daß selbst ihre eisige Schönheit, die sie von Großmutter Prescott Chandler geerbt hatte, verblaßte.

In der Hoffnung, Nicky würde sie heiraten, hatte Lizzie jeden anderen Freier abgewiesen. Jetzt war sie dreiundzwanzig und praktisch dazu verdammt, ihr Leben unverheiratet zu verbringen. Das mußte wirklich eine bittere Pille für sie sein. Ich wußte, daß ich mir eine Todfeindin gemacht hatte, denn Lizzie gab mir noch mehr als ihrem Bruder die Schuld an Nickys Verschwinden und haßte mich aus tiefster Seele.

Auch Clemency gab mir die Schuld am Verlust ihres Liebhabers, wenn Nicky das für sie gewesen war, und ihre grünen Augen funkelten vor Haß, wenn sie glaubte, ich würde es nicht sehen. Sie rächte sich mit zahllosen kleinen Bosheiten, gegen die ich mich nicht wehren konnte, aus Angst, sie könnte doch noch verraten, was sie in der Nacht des Verlobungsfestes gesehen hatte.

Zu meiner Erleichterung ahnten meine Eltern nichts davon, daß ich mich Jarrett hingegeben hatte und jetzt sein Kind erwartete. Onkel Draco und Tante Maggie hatten nichts verraten, auch nicht, daß Nicky versucht hatte, mich zu vergewaltigen. Mama und Papa glaubten Gott sei Dank, ich hätte mich einfach geirrt, als ich Thorne für tot erklärte.

Für mich war es eine große Erleichterung, daß Clemency einen Tag nach Onkel Dracos Rückkehr verschwand.

Ich hatte keine Ahnung, wohin sie gegangen war, und vermutete nur, daß sie wohl versuchen wollte, Nicky zu finden.

Mama war sehr erregt über ihr Verschwinden, aber Papa meinte, es wäre besser, wenn sie in die Gosse zurückkehrte, aus der sie kam. Und wie sich herausstellte, hatte er recht, denn am folgenden Nachmittag entdeckte ich, daß Clemency den halben Inhalt meiner Schmuckschatulle geklaut hatte – glücklicherweise nichts von großem Wert. Sie war nicht dumm und wußte, daß ich ihr wegen ein paar billigen Sachen nicht die Dragoner auf den Hals hetzen würde.

Aber damit war Clemency noch nicht aus meinem Leben verschwunden, wie Sie noch erfahren werden.

Es war kurz nach Mitternacht, als ich ein leises Klopfen an meinem Fenster hörte. Zuerst dachte ich, es wäre nur der Schnee oder die Äste des Baumes neben meinem Fenster, die gegen die Scheibe kratzten. Aber das Geräusch hörte nicht auf und wurde ständig lauter, also stand ich auf, um festzustellen, was los war. Ich zündete eine Kerze an und legte mir einen Überwurf gegen die Kälte der Winternacht um. Ich ging zum Fenster und zog die Vorhänge zurück. Mir stockte der Atem – da draußen kauerte Jarretts dunkle Gestalt. Er war auf den alten Baum geklettert und hing an einem Ast.

Ich war so schockiert, daß ich mit offenem Mund stehenblieb. Normalerweise hätte ihn das sicher sehr amüsiert, aber die Kälte hatte ihm die Laune verdorben.

»Um Himmels willen, Laura, laß mich rein!« forderte er und klopfte energisch gegen das Glas. »Ich erfriere hier draußen!«

Ich stellte schnell die Kerze ab, entriegelte das Fenster und öffnete es weit. In einer Wolke von Schnee sprang Jarrett fluchend und zitternd in mein Schlafzimmer, knallte das Fenster hinter sich zu und verriegelte es.

»Brrr«, sagte er und rieb sich heftig die Arme, um sich zu wärmen. »In einer solchen Nacht sollte man nicht einmal einen Hund hinausjagen!«

»Warum bist du dann unterwegs?« fragte ich schnippisch, immer noch erschrocken von seinem plötzlichen Erscheinen.

Mein Mund war strohtrocken, mein Herz hämmerte bis zum Hals. Wie konnte ich nur vergessen haben, wie groß und kräftig er war? Mein geräumiges Zimmer schien durch seine Anwesenheit mit einem Mal klein und eng, die vergoldeten Eichenmöbel zu zart und zerbrechlich. Wie gut er aussah! War sein Haar immer schon schwarz wie das nächtliche Meer gewesen, seine Augen wie Obsidianscherben? Er lachte leise, und im dämmrigen Licht des silbernen Monds schimmerten seine Zähne weiß aus der dunklen Zigeunerhaut.

»Ist das deine Art, deinen langvermißten Verlobten zu begrüßen, meine Süße?« fragte er frech, und seine Blicke glitten so unverschämt über meinen Körper, daß ich mir jetzt erst bewußt wurde, wie ich aussehen mußte. Ich errötete und zog meinen Morgenmantel fester um mich. »Offen gesagt, Laura, ich bin nicht meilenweit durch den Schnee geritten, um mich von dir zurückweisen zu lassen! Komm her, mein Herz, und küß mich.«

Ein schiefes Lächeln zupfte an seinem Mundwinkel und an meinem Herzen. Wie er mir gefehlt hatte! Ich wußte erst in diesem Moment, wie sehr. Plötzlich schien meine Welt wieder in Ordnung zu sein, Jarrett erfüllte ihren Horizont. Früher hätte ich mich dessen geschämt, jetzt war es die Erfüllung aller Sehnsüchte.

Trotzdem machte er mich verlegen. Die Erinnerung an die Nacht am Strand war so deutlich, als wäre es erst gestern passiert. Ich spürte noch seinen Mund und seine Hände, sein Gewicht, das mich nach unten drückte. Sein Gesicht war mir vertraut wie mein eigenes. Und doch wußte ich so wenig von ihm. Erwartete er jetzt meine Hingabe wie in jener Nacht? Ich wußte es nicht.

Der Gedanke erregte und beängstigte mich.

Also ging ich zögernd auf ihn zu und war mir schmerzlich bewußt, wie wenig Schutz mein Nachthemd und mein Überwurf mir boten. Es war ein leichtes für ihn, sie wegzureißen. Und noch beschämender war die Erkenntnis, daß ich das tief in meinem Innersten wollte. Außerdem hatte ich auch Angst, jemand hätte ihn gehört und würde in mein Zimmer kommen, um nachzuschauen.

»Jarrett, was machst du hier? Das ist wirklich... sehr unschicklich!«

»Das hast du in der Nacht am Strand aber nicht gesagt«, erwiderte er frech grinsend. »Freust du dich nicht, mich zu sehen?«

»Ja, natürlich, aber –«

»Dann zeig's mir, Laura.«

Zeig's mir Laura. Zeig mir, daß Nicky gelogen hat.

Jarrett sah mich an, und ich hatte keinen eigenen Willen mehr. Wie im Traum legte ich meine Arme um seinen Hals und hob meinen Mund zum Kuß. Es war kein zärtlicher Kuß, sondern ein harter, hungriger, als hätte er an nichts anderes gedacht, seit er mich verlassen hatte. Bei diesem Gedanken erbebte ich vor Freude. Er liebte mich! Es war keine Lüge gewesen. Er liebte mich so sehr, daß er den Morgen nicht hatte erwarten können und mich sofort sehen mußte.

Seine Zunge bohrte sich gierig in meinen Mund, suchte die feuchte Weichheit, und ich öffnete ihm willig meine Lippen und schlang meine Zunge um seine. Meine Hände berührten sein Gesicht. Ich fühlte die Stoppeln seines Bartes. Seine Finger schlangen sich in mein Haar, lösten ungeduldig den Zopf und breiteten die Fülle wie einen Vorhang um mich. Er hob mein Gesicht zu seinem und küßte mich innig. Dann drückte er mich an seine Brust, und sein Herz pochte in klarem, stetem Rhythmus an mein Ohr, im Gegensatz zu meinem, das wie die Flügel eines Vogels flatterte. Küsse regneten auf mein Haar, ich fühlte seine Lippen an meinem Ohr, als er mir Worte der Liebe und Leidenschaft zuflüsterte.

Er weiß es nicht, dachte ich plötzlich, und mein Herz gefror. *Er weiß nicht, was ich getan habe.*

Tränen quollen aus meinen Augen und benetzten sein weißes Rüschenhemd. Ich versuchte vergeblich, ihre Flut zu dämmen.

»Was ist mit dir?« fragte er liebevoll, nahm mein Kinn und zwang mich, ihn anzuschauen. »Du hast doch wohl keinen Grund zu weinen, Laura, oder?«

»Mehr als du ahnst«, erwiderte ich. »O Jarrett, ich habe etwas Schreckliches getan!«

Er setzte sich aufs Bett, zog mich auf seinen Schoß und drückte meinen Kopf an seine Schulter. Er spielte mit meinem langen dunklen Haar und streichelte meinen Kopf.

»Meine Süße, was kannst du denn bloß getan haben, was dich so verängstigt?« fragte er.

Voller Angst auf seine Reaktion gestand ich ihm schließlich alles, denn er liebte seinen Bruder, gleichgültig, wie groß ihre Differenzen waren. Aber ich wollte keine Lügen zwischen uns dulden, also erzählte ich ihm wahrheitsgetreu alles.

»Mein feuriger Falke«, sagte er, als ich am Ende angelangt war, »was für scharfe Krallen du doch hast. Wenn Nicholas nur vor ihnen verschont geblieben wäre, obwohl ich besser als jeder andere weiß, daß er es verdient hat. Ich glaube, ich hätte ihn da unten am Strand getötet, wenn du mich nicht aufgehalten hättest, Laura. Wie kann ich dir dann Vorwürfe machen?«

»Du bist nicht wütend?« fragte ich leise.

»Nein. Du hattest eine schwere Last allein zu tragen, und ich war nicht bei dir. Laura, hast du wirklich geglaubt, ich würde dich nicht lieben und nicht zu dir zurückkehren? Verflucht sollst du sein, mein Schatz, daß du mir so wenig vertraut hast. Aber ich hatte es befürchtet. Die Trennung kam zu schnell, kaum warst du mein, mußte ich aufbrechen. Und glaube mir, ich hätte sonst was drum gegeben, einen triftigen Grund zu finden, nicht loszufahren und das Notwendige für die Schiffahrtslinie zu tun.«

»Das weiß ich jetzt. Aber, ach, Jarrett, warum hast du mir nicht wenigstens geschrieben?«

»Zuerst wußte ich nicht, wie ich alles, was ich sagen wollte, in Worte fassen sollte, und später blieb mir keine Zeit. Ich habe Grimsby über den halben Kontinent gejagt.«

»Angélique hatte also recht. Hast du ihn erwischt?«

»Ja, er ist in London hinter Gittern und wartet auf seinen Prozeß. Und ich bin zu Hause bei dir, wo ich hingehöre... Gott, hast du mir gefehlt, geliebtes Herz! Du ahnst nicht, wie sehr ich mich nach dir gesehnt habe, Tag und Nacht, in der Fremde –« Er küßte mich wieder und legte mich zurück aufs Bett, sein langer, harter Körper drückte mich auf die Matratze. »Wirst du dich mir verweigern, Laura?« fragte er, und seine Augen funkelten schwarz im Licht der einzelnen Kerze. »Bittest du mich zu gehen... oder zu bleiben?«

War es meine Stimme, die so leise und flehend antwortete?

»Bleib«, flüsterte ich. »Bleib...«

Jarretts Mund bemächtigte sich meiner Lippen und verschlang das Wort und meinen Atem. Seine Zunge teilte meine Lippen, suchte die meine, und ich erwiderte den Kuß mit Leidenschaft. In dieser Nacht nahm er mich nicht sanft, sondern kraftvoll wie der Wind, der über das Moor bläst und den Schnee vor sich hertreibt, wie er meine Sinne. Ich konnte nicht denken, konnte nur fühlen, während sein Mund und seine Zunge über alle Höhen und Schluchten meines Körpers glitten. Mein Nachthemd und mein Morgenmantel flatterten davon wie Blätter im Wind. Dann lag ich nackt unter ihm, trank alles, was er zu geben hatte, und beugte mich seinem stärkeren Willen.

Mein langes Haar umschlang ihn wie die Ranken einer Brombeerhecke und zog ihn nach unten. Meine Brüste waren weiche Erdhügel, die seine Hände formten. Süß war sein Atem auf ihren Spitzen, seine Zunge feucht wie der Dunst, der über den Senken schwebt. Ich umhüllte ihn und klammerte mich an ihn wie er sich an mich. Jeden Teil von mir nahm er in Besitz, nichts blieb ihm verborgen, und ich erforschte und berührte ihn überall. Dunkle Haut vereinte sich mit blasser, wir waren eins, die Elemente und die Erde, denn was war eines ohne das andere?

Draußen wehte der Schnee gegen die Fenster. Ein Wirbel Mondlicht sickerte durch die Scheiben und tauchte uns in silbrige Schatten, als wir uns vereinten. Hart und schnell nahm Jarrett mich in Besitz, weich und tief nahm ich ihn in mir auf. Seine Lippen erstickten meinen leisen Schrei, und der Wind heulte durch die Nacht.

13. Kapitel

Stormswept Heights

Hinterher, als ich sicher in seinen liebenden Armen lag, erzählte ich Jarrett von unserem Kind. Er fluchte und beschimpfte mich, weil ich ihm nicht sofort davon erzählt hatte. Er fürchtete, daß er mir oder dem Baby Schaden zugefügt haben könnte. Aber ich beschwichtigte ihn, und er beruhigte sich wieder, küßte mich und liebte mich noch einmal zärtlich und genüßlich, als wäre ich eine seltene Blume, die vorsichtig zum Blühen gebracht werden muß. Inzwischen graute schon fast der Morgen, und nachdem er nicht in meinem Bett gefunden werden durfte, verließ er mich widerwillig, so wie er gekommen war. Er stieg den Baum hinunter, warf mir eine Kußhand zu, dann ging er zum Stall, holte seinen schwarzen Hengst und ritt fort.

Zwei Wochen später heirateten wir. Nachdem Nicholas nicht wie geplant unser Trauzeuge sein konnte, nahm Alexander den Platz seines Bruders in der Dorfkirche ein, was einen kleinen Schatten über die ansonsten sehr fröhliche Angelegenheit warf. Anschließend fuhr Jarrett mit mir auf Hochzeitsreise nach Portugal. An einer sandigen Küste, auf ihre Art genauso wild und schön wie Cornwall, verbrachten wir unsere Tage mit Besichtigungen und die Nächte mit Liebe. Dort lernte ich endlich ein bißchen mehr über den Mann, der jetzt mein Gatte war, und auch über mich.

Ich kam zu der schmerzlichen Erkenntnis, daß ich bis dahin keine sehr scharfsinnige und einsichtige Frau gewesen war, sonst hätte ich auch nicht die vielen Fehler gemacht. Jetzt begriff ich es – jetzt, da es zu spät war. Aber, wenn auch die Tage meiner Jugend vorbei waren, ich war erst achtzehn und konnte noch lernen. Ich würde mich immer von meinem Herzen leiten lassen, nicht vom Verstand, und war wild und ungestüm wie alle Chandlers. Ich würde immer das Leben mit beiden Händen packen und versuchen, es nach meinen Vorstellungen zu gestalten, genau wie Tante Maggie. So war es auch nicht weiter verwunderlich, daß ich im Lauf der Jahre, obwohl ich nicht ihr leibliches Kind war, zum Kind ihres Herzens wurde.

»Wenn ich dich ansehe, Laura, habe ich das Gefühl, in einen Spiegel zu schauen«, hatte sie oft zu mir gesagt, nachdem ich nach Heights gekommen war. Und je mehr ich über mich und sie lernte, desto mehr mußte ich ihr recht geben.

Tante Maggie und ich waren aus demselben Holz geschnitzt wie die Chandler-Männer, die wir so leidenschaftlich liebten, denn ich lernte Jarrett von ganzem Herzen lieben.

Dieser Mann mit dem eisernen Willen hatte viel von seinem Vater, war genauso stolz, arrogant, intelligent und geschickt wie Onkel Draco. Trotzdem glaubte ich, daß Jarretts Charakter von Sensibilität und Mitgefühl gedämpft war, die seinem Vater fehlten. In dieser Hinsicht tat ich Onkel Draco fürchterlich unrecht, wie Sie hören werden. Ich hielt Jarretts Vater für einen harten Mann, und das war er auch – aber nicht härter als sein Sohn, der, wenn die Gelegenheit es erforderte, auch sehr sanft sein konnte. Und obwohl beide entschlossen waren, alles aus dem Leben herauszuholen, war keiner von ihnen selbstsüchtig, wie Nicky es war, der nur an sich dachte.

Wären mir diese Dinge früher bewußt geworden, hätte ich Nicky nicht geliebt, diesen Dieb meines Herzens und meiner Jugend, der mich so grausam benutzt und mich dann brutal verstoßen hatte. Aber wie Tante Maggie war ich durch meine Narben weiser geworden und konnte Jarrett jetzt schätzen, was mir sonst vielleicht nie gelungen wäre. Und das hatte ich Nicky zu verdanken.

Die Zeit verging, und ich dachte immer weniger an ihn. Jarrett erfüllte jetzt meine Tage und Nächte. Er hatte sich so leise in mein Herz geschlichen, daß ich es zuerst gar nicht bemerkte. Und als ich es dann endlich wahrnahm, war es, als hätte ich ihn schon immer geliebt.

Wir blieben nur wenige Wochen in Portugal, da wir Weihnachten auf Stormswept Heights verbringen wollten. Es war einfach zuviel verlangt, daß die Chandlers über die Feiertage gleich auf zwei Söhne verzichten sollten. Und so segelten Jarrett und ich von Lissabon nach Cornwall. Wir waren jetzt nicht nur Liebende, sondern auch Freunde.

Der Abend dämmerte bereits, als wir in der gutgefederten Kutsche der Chandlers, die uns in Saltash abgeholt hatte, durch die offenen, eisverkrusteten Tore von Heights fuhren. Ich kannte das Haus zwar gut, beugte mich aber aufgeregt vor, als mein neues Zuhause in Sicht kam.

Im Lauf der Jahre waren viele bauliche Veränderungen vorgenommen worden, aber der archaische Grundriß von Heights, der eines befestigten Wohnhauses, war immer noch sichtbar. Das Pförtnerhaus war ein Fachwerkbau, mit feinen Steinornamenten, und im Süden und Norden des Hauses ragten zwei Türme in den Himmel. Wir fuhren in den Vorhof ein.

Mit Ausnahme der späteren Fachwerkanbauten war das Haus gänzlich aus grauem Granit gebaut. Es hatte zwei Stockwerke und einen Speicher und wurde von den beiden riesigen Ulmen überragt, die wie Wächter im Vorhof standen. Die schmalen Spitzbogenfenster der beiden Stockwerke starrten uns an wie Augen aus den Schlitzen einer Maske, als Jarrett und ich ausstiegen. Das Licht spiegelte sich in den rautenförmigen Scheiben, so daß sie wie Diamanten in der Dämmerung funkelten. Ein steinerner Bogen umrahmte die massive Eichentür, auf der ein Klopfer in Form einer Möwe hing. Ich schaute zum Schieferdach mit den runden Speicherfenstern. Hohe Kamine ragten von dort empor, und an beiden Seiten des Hauses erhoben sich die Türme gen Himmel. Vor Jahrhunderten dienten sie als offene Wachtürme. Jetzt waren sie mit Dächern und Rundgängen versehen, von denen man eine phantastische Aussicht hatte. Der nördliche Turm hatte rundum Fenster und diente als Leuchtturm, der die Schiffe vor den gefährlichen schwarzen Klippen darunter warnte.

Jarrett hatte unsere Ankunft angekündigt. Das ganze Haus war hell erleuchtet, und Tante Maggie und Onkel Draco erwarteten uns. Als die Tür geöffnet wurde, nahm mich mein Mann in die Arme und trug mich über die Schwelle in die große Halle. Dort hatte sich die Dienerschaft aufgestellt, um mich zu begrüßen, »Mr. Jarretts Braut«, obwohl ich sie alle schon als Kind gekannt hatte. Sie überreichten mir einen kleinen Strauß Winterblumen, die ich schüchtern nahm. Ich bedankte mich leise. Dann schickte Tante Maggie das Personal weg und umarmte mich.

Die große Halle war der älteste und größte Raum im Haus, sie war im Mittelalter gebaut worden. Das riesige Gewölbe mit seinen Stützbalken war geschwärzt von zahllosen Jahren offenen Feuers, obwohl die Feuerstelle in der Mitte längst abgerissen und durch einen großen Kamin in der Westwand ersetzt worden war. Tante Maggie stellte mir Fragen über Portugal, und ihre Stimme hallte durch den riesigen Raum, mischte sich mit denen von Onkel Draco und Jarrett, die vor dem fröhlich prasselnden Kaminfeuer standen. Alte Steintreppen mit neueren Eichenbalustraden führten steil an der Nord- und Südwand zu den jeweiligen Flügeln. Der Aufstieg war ziemlich mühsam, und mir schwindelte, als ich in die Halle hinuntersah, wo Jarrett und sein Vater sich unterhielten und den Brandy tranken, den ihnen Mawgen, der seltsam schweigsame Butler mit der steinernen Miene, serviert hatte.

Jarretts Schlafzimmer lag im Südturm, und hierher brachte mich Tante Maggie, denn ich sollte das Zimmer mit meinem Mann teilen.

»Laura, geht es dir gut?« fragte Tante Maggie besorgt. »Bist du glücklich?«

»Ja und noch mal ja«, erwiderte ich lächelnd und errötete, als ich an die vielen wundervollen Nächte in Jarretts Armen dachte.

»Ja«, stimmte sie zu, und ihre dunklen Augen leuchteten. »Ich glaube, du bist es wirklich. Du strahlst wie nie zuvor. Wie ich mich freue, meine Liebe.« Sie küßte mich, als wäre ich ihre eigene Tochter, und in diesem Augenblick wurde mir klar, daß ich sie immer lieben und schätzen würde wie meine eigene Mutter. »Renshaw wird gleich dein Gepäck bringen, Laura, und Iris kann es auspacken«, sagte sie. Iris war die Hausmagd der Grange, die Clemencys Stellung als Zofe übernommen hatte. »Dann kannst du dich baden und umziehen. Nachdem es dein erster Abend in deinem neuen Zuhause ist, wird deine Familie mit uns zu Abend essen. Wir dachten, das freut dich, und ich weiß, daß sie es kaum erwarten können, dich zu sehen.«

»Wie lieb von dir, Tante Maggie, daß du daran gedacht hast. Ich werde mich beeilen«, erwiderte ich.

Nachdem sie gegangen war, schaute ich mich interessiert in Jarretts Zimmer um. Ich hatte es während meiner Kindheit nur selten gesehen, und jetzt war es sehr verändert, die Zuflucht eines Mannes, nicht eines Jungen. Da es im Südturm lag, war es rund und ziemlich geräumig, die Einrichtung war offensichtlich mit viel Mühe ausgesucht worden. Die Familie Chandler liebte Möbel aus der Tudor-Zeit, und hier standen einige sehr alte und wertvolle Stücke. Ein mächtiges Rosenholzbett mit geschnitztem Kopfteil und einem riesigen Baldachin, der von den typischen Melonenbalustern der Tudor-Ära getragen wurde, beherrschte den Raum. Zu beiden Seiten des Bettes standen schwere Nachttische, an seinem Fuß eine Ledertruhe und ein Stuhl. An einer Wand thronte ein großer, reich verzierter Kleiderschrank, gegenüber ein Schreibtisch und ein dick gepolsterter Stuhl. Neben dem Kamin, auf dessen Sims die Modelle der ersten Schiffe der P&C-Linie aufgereiht waren, stand ein Waschtisch und eine Badewanne aus gehämmertem Metall. Eine geschwungene Steintreppe führte in den Turm darüber und das Wohnzimmer darunter. Bleigefaßte Fenster gaben die Aussicht auf Klippen und Meer frei, und die ersten silbrigen Strahlen des Mondes erleuchteten das Zimmer. Im Kamin brannte ein fröhliches Feuer, so daß der in den Herbstfarben Scharlachrot und Gold gehaltene Raum einladend und warm strahlte. Draußen brandeten friedlich die Wogen ans Ufer. Und ich wußte, daß ich hier glücklich sein würde.

Und so begann mein Leben in Stormswept Heights in vielerlei Hinsicht so, wie ich es erwartet hatte. Das alte Haus war natürlich lange nicht so still und gesetzt wie die Grange, wo Mamas sanftes Gemüt und leise Stimme alles beherrschten und die Tage langsam und ruhig verstrichen. Heights war der krasse Gegensatz. Das ganze Haus vibrierte vor Energie, barst schier vor Lärm und Leben, erbebte vor Gelächter und Tränen. Die Chandlers ließen ihren Gefühlen freien Lauf, was wohl ihrem Zigeunerblut zuzuschreiben war. Es wurde gestritten, daß die Wände wackelten, aber die Versöhnung kurz darauf war immer wunderbar. Es dauerte Monate, bis ich mich daran gewöhnte, wie Tante Maggie den ehrfurchtgebietenden Onkel Draco ohne jede Rücksicht auf seinen Jähzorn herunterputzte. Noch mehr überraschte mich sein boshaftes Grinsen, wenn er sie gnadenlos neckte und sie schließlich wieder mit den Worten »geliebte Maggie« beruhigte.

Das Personal war ein seltsam zusammengewürfelter Haufen, der sicher in keinem anderen respektablen Haushalt Anstellung gefunden hätte, und ließ ebenfalls seinen Gefühlen, wenn auch nur verbal, freien Lauf. Aber keiner scherte sich darum, wenn Jarrett mich morgens mit Kitzeln weckte und mein Geschrei und Gelächter durchs ganze Haus dröhnten oder wenn wir eine Kissenschlacht veranstalteten und das ganze Zimmer mit Federn bedeckt war. Selbst Mawgen, dem stoischen Butler, machte es offensichtlich nichts aus, wenn wir erst spät zum Frühstück erschienen, ich glaubte sogar, gelegentlich ein amüsiertes Grinsen in seinen Mundwinkeln zu sehen, wenn es wieder einmal sehr spät wurde.

Vor allem aber war Heights ein Haus, das von Liebe erfüllt war, und Jarrett, der Erbe, hatte einen festen Platz im Herzen aller. Er war kein fauler Sohn, der sich auf den Lorbeeren des Vaters ausruhte, sondern arbeitete hart, um all das zu erhalten, was Onkel Draco geschaffen hatte.

An den meisten Tagen stand Jarrett um sechs Uhr früh auf, um sich um die vielen Belange des Chandler-Imperiums zu kümmern. Da waren die Felder mit Weizen, Hafer und Gerste, Herden schwarzer Rinder und weißer Schafe mit dem Chandler-Brandzeichen und die prächtige Pferdezucht. Da war die P&C-Schiffahrtslinie mit ihren vielen Schiffen und Lagerhäusern und die Porzellangruben, Wheal Anant und Wheal Penforth und ihre oft unberechenbaren Arbeiter. Jarrett verbrachte viele Abende an seinem Schreibtisch in unserem Zimmer. Und genau wie sein Vater verlangte er von seinen Bediensteten nichts, was er nicht auch selbst getan hätte, vom Rest der Welt erwartete er nichts. Schon auf Onkel Dracos Knien hatte er gelernt, daß ein Mann allein kämpfen muß und sich nur auf sich selbst verlassen soll.

Und trotzdem fand Jarrett Zeit für mich und machte mich zu einem festen Teil seines Lebens, wie kein anderer Mann es getan hätte. Hier in Heights waren Männer und Frauen gleichberechtigt. Die Frauen mußten ihre Männer in Abwesenheit vertreten, und ihr Wort galt genau wie das der Männer.

Das war eine ungeheuere Macht in einer Zeit, in der die Frau praktisch nichts als eine Gefangene ihres Mannes war. Eine Frau konnte nicht wählen und hatte keinen Einfluß auf die Gesetze, die sie regierten. Sie konnte kein Land besitzen und konnte von ihrer Familie wie ein Stück Vieh an den Höchstbietenden ohne jede Rücksicht auf ihre Wünsche verschachert werden. Sie konnte geschlagen, ins Irrenhaus gesperrt oder von ihrem Mann vergewaltigt werden, keiner rührte einen Finger zu ihrer Verteidigung. Eine Frau war Besitz des Mannes wie sein Haus, seine Kutsche, sein Portwein und seine Zigarren.

Und obwohl ich Jarrett mit Haut und Haaren gehörte, respektierte er immer meinen Standpunkt. Er zwang mir nie seinen Willen auf, wurde sogar noch zärtlicher und rücksichtsvoller, je größer unser Kind in mir wuchs. Er schien zu merken, wie unglücklich ich manchmal über meinen großen Bauch war und wie häßlich ich mich fand, und er versicherte mir immer wieder, daß ich die schönste Frau der Welt sei. Er war so zärtlich, daß ich manchmal unvermittelt in Tränen ausbrach, weil ich wegen Nicholas so verblendet gewesen war.

Seltsamerweise konnte ich mich kaum noch an Nickys Gesicht erinnern, und alles, was mit ihm zusammenhing, erschien mir wie ein böser Traum. Wir hatten noch immer nichts von ihm gehört, obwohl Onkel Draco fünftausend Pfund Belohnung für Informationen über ihn ausgesetzt hatte.

Und so vergingen die Monate, bis zu einem Frühlingsmorgen im Jahr 1843. Diesen Tag werde ich Zeit meines Lebens nicht vergessen, denn er beeinflußte entscheidend mein Leben und auch das meiner Lieben und der noch ungeborenen Kinder. Folgendes passierte an diesem Tag.

Ich hatte den Tag bei Mama in der Grange verbracht und fuhr mit meinem schwarzroten Ponywagen, den Jarrett mir geschenkt hatte, nach Hause. Unterwegs kam plötzlich eine Frau auf mich zu und bat mich anzuhalten. Ich hatte keine Angst, denn sie war allein, und ich hatte eine kleine Pistole bei mir, also hielt ich das Pony an. Ich konnte das Gesicht der Frau nicht deutlich sehen, weil mir die untergehende Sonne direkt in die Augen schien. Aber ich sah, daß sie ärmlich gekleidet war. Zuerst hielt ich sie für eine Bettlerin, aber dann sprach sie mich zu meiner Überraschung mit »Miss Laura« an.

Vielleicht ist sie aus der Minenarbeitersiedlung, dachte ich, *und weiß, daß ich Jarretts Frau bin.*

Aber das konnte nicht sein, Onkel Draco versorgte seine Arbeiter gut. Meine Neugier war geweckt. Sie war elend mager, ihr Bauch war aber mindestens so groß wie meiner, und sie hatte unförmig geschwollene Knöchel von ihrer Schwangerschaft. Sie war wahrscheinlich schon endlose Meilen zu Fuß gegangen.

Sie näherte sich mit gebeugtem Kopf. »Bitte, Miss Laura... bitte helfen Sie mir...« Sie lehnte sich erschöpft an den Wagen. »Ich, ich hab' es eigentlich nicht verdient, ich weiß, aber, oh – Miss Laura, ich glaube... ich kann nicht mehr weiter.«

Sie hob den Kopf, ihr Schal rutschte vom Kopf, und jetzt sah ich ihr zerzaustes rotes Haar, fettig und sicher voller Läuse. Ihre grünen Augen waren stumpf und eingefallen, mit tiefen violetten Ringen. Sie hatte einen blauen Fleck auf einer eingefallenen, kalkweißen Wange, und ihre Unterlippe war aufgeplatzt.

»Gütiger Gott«, hauchte ich. »Clemency.«

14. Kapitel

Anfang und Ende

Ich nahm sie natürlich mit nach Hause. Sie hatte mich zwar in der Grange schnöde hintergangen und mich bestohlen, aber in diesem Zustand mußte ich ihr helfen. Sie tat mir von Herzen leid, denn keiner wußte besser als ich, was sie dazu getrieben hatte: Nicholas. Er hatte sie genauso rücksichtslos benutzt wie mich und sie genau so herzlos verlassen.

Auf der Fahrt nach Hause entlockte ich ihr Stück für Stück ihre traurige Geschichte.

Sie erzählte, daß sie den ersten Kuß von Nicholas schon mit sechzehn bekommen hatte, als er gerade fünfzehn war.

Aber sie hatte ihm nicht mehr gestattet als ein paar hastige, heimliche Küsse, bis sie Angst hatte, ihn zu verlieren.

Danach hatten sie sich häufig getroffen. Aber, laut Clemency, war es ihr gelungen, ihn hinzuhalten, bis er wirklich von dem Gedanken besessen war, sie zu besitzen, und ihr schwor, er würde sie lieben und heiraten. Und sie war so eitel und ehrgeizig gewesen, ihm das zu glauben, und hatte sich ihm bereitwillig hingegeben, als er bei mir nicht zum Zuge gekommen war. Sie hatte ihm ihre Jungfräulichkeit geschenkt und, Ironie des Schicksals, er hatte sie genau in jener Nacht geschwängert, in der Jarrett mich zur Mutter gemacht hatte. Danach hatte Nicholas sie mit den verschiedensten Ausreden von sich ferngehalten.

Als Clemency dann feststellte, daß sie schwanger war, war es zu spät: Getrieben von meiner Anklage, er hätte Thorne ermordet, war Nicholas geflohen.

Aber sie war sich immer noch sicher gewesen, er würde sie lieben, und war nicht sonderlich beunruhigt. Als sie aber dann lange nichts von ihm hörte, geriet sie in Panik und beschloß, sich auf die Suche nach ihm zu machen.

Also hatte sie meinen Schmuck gestohlen und war nach London aufgebrochen, wo sie die Sachen verkaufte, um leben zu können, während sie nach Nicky suchte – leider vergeblich.

Das Geld ging zu Ende, und sie mußte sich Arbeit suchen, um zu leben. Sie fand eine Stellung als Kellnerin in einer Taverne an der Themse. Der Lohn war gut, aber der Wirt, ein brutaler Grobian, vergewaltigte und schlug sie und sperrte sie nachts in ihr Zimmer ein, damit sie nicht fliehen konnte.

Nach einiger Zeit wurde aber ihre Schwangerschaft so offensichtlich, daß der Grobian ihren Körper widerlich fand. Er fing an, sie an Kunden zu verkaufen, denen ihr Zustand nichts ausmachte. Dabei lernte sie einen jungen Dockarbeiter kennen, der Mitleid mit ihr hatte und ihr schließlich half zu entkommen. Leider kam er kurze Zeit später bei einem Unfall in den Docks ums Leben, und sein Vermieter setzte sie auf die Straße und behielt ihre wenigen Habseligkeiten als Miete.

Allein, ohne Geld und Beschützer, konnte sie nicht in London bleiben. Sie hatte keine andere Wahl, als nach Cornwall zurückzukehren. Und sie hoffte, daß man sie wegen des Kindes, das schließlich ein Chandler war, wenn auch ein unehelicher, in Heights aufnehmen würde. Und jetzt war sie hier, halbverhungert und am Ende.

Die arme Clemency! Sie hatte sich so hohe Ziele gesteckt und war so tief gefallen. Sie mußte einem einfach leid tun. Also nahm ich sie mit und fuhr mit ihr nach Hause.

Auf Heights angelangt, wollte Clemency nicht von den anderen Bediensteten gesehen werden, also brachte ich sie im Pförtnerhaus unter. Der irre alte Renshaw würde sie nicht belästigen, er bemerkte ihre Anwesenheit sicher kaum, und sollte er den anderen etwas erzählen, würden sie es als irres Geschwätz abtun. Anschließend ging ich langsam ins Haus, um dort Jarrett, Onkel Draco und Tante Maggie Clemencys traurige Geschichte zu erzählen.

Sie blieb auf Heights, im Gärtnerhaus, und keiner vom Personal ahnte etwas. Das Häuschen war Renshaws Domäne, und niemand wagte sich dorthin. Onkel Draco hatte mit ihr gesprochen und ihr erlaubt zu bleiben. Er hatte auch Dr. Ashford kommen lassen, um sie untersuchen zu lassen, und ihn für sein Schweigen gut bezahlt. Sie war in erbärmlichem Zustand, unterernährt und sehr deprimiert, aber der etwas grobe, aber gutherzige Arzt meinte, die Zeit, Ruhe und gute Pflege würden das heilen. Onkel Draco sorgte dafür, daß sie alles bekam, denn er hatte bereits einen Plan gefaßt, von dem wir alle nichts ahnten, der aber so weitreichende Konsequenzen für so viele haben sollte, die noch nicht einmal geboren waren.

Aber er war es nicht allein, der diesen Plan zur Erfüllung brachte. Gottes Wege sind geheimnisvoll, und ich glaube, daß Onkel Draco nur mit seiner Unterstützung gelang, was er so geschickt ausgeheckt hatte. Wie sonst wäre zu erklären, daß die Natur so mitspielte und alles zeitlich so gut zusammenpaßte?

Aber vielleicht irre ich mich. Vielleicht steht unser Schicksal in den Sternen geschrieben, noch ehe wir zur Welt kommen, und wir können ihm nicht entfliehen.

Doch wenn das wahr ist, ist alle Hoffnung falsch, und wir sind tatsächlich nur Muscheln am Strand des Lebens und machtlos.

Aber was wäre dann der Zweck unserer Existenz? Es mußte doch einen Grund für unser Dasein geben, auch wenn wir ihn nicht kennen. Ansonsten könnte ich die Erinnerung an das, was ich Stück für Stück berichten werde, nicht ertragen; nichts ist verblaßt, obgleich seither fünfzig Jahre durchs Land gegangen sind und Onkel Draco bereits seit zehn Jahren unter der Erde liegt.

Doch lange zuvor nahmen er und Gott unser Schicksal in ihre Hände.

Es war im Spätfrühling 1843, in einer rauhen Maiennacht. Ich lag in meinem Bett im Südturm, schweißgebadet, schreiend und keuchend vor Schmerz, denn meine Wehen, die heute morgen eingesetzt hatten, waren im letzten Stadium, und mein Kind kämpfte sich mit aller Macht in die Welt.

Draußen prasselte der Regen. Er hämmerte so heftig gegen die Fenster des Südturms, daß ich fürchtete, sie könnten bersten. Der Wind heulte wie ein Dämon durch alle Fugen und Ritzen des Hauses und ließ die Flammen der Lampen unheimlich tanzen. Wenn es doch nur keine so fürchterliche Nacht gewesen wäre! Wenn meine Schreie nicht durchs ganze Haus gehallt hätten, dann hätte man die einer anderen gehört.

Anfangs war ich sehr nervös und aufgeregt gewesen und konnte keine Ruhe finden. Mama und Papa waren trotz des Regens von der Grange zu uns gefahren. Mama und Tante Maggie versuchten, mich zu beruhigen, aber ich lief auf und ab wie ein Raubtier im Käfig. Und dann begannen meine Wehen. Scharf wie ein Messer bohrten sie sich durch meinen Leib, und ich krümmte mich vor Schmerzen und war nur zu froh, mich hinlegen zu können, auch wenn es nichts half. Die Schmerzen wurden immer schlimmer, und ich bäumte mich auf, wälzte mich übers Bett wie eine Wahnsinnige, überzeugt, mein Baby und ich müßten sterben.

Nie zuvor hatte ich solche Schmerzen gekannt, ich glaubte,

mein Körper würde entzweigerissen. Ich schrie mich heiser nach Jarrett, bis Tante Maggie, trotz der schockierten Einwände Doktor Ashfords, meinen Mann ins Zimmer ließ. Ich registrierte zwar seine Präsenz kaum, aber ich krallte mich so fest in seine Hand, daß ich später entsetzt war, als ich die blutigen Spuren meiner Fingernägel betrachtete. Aber Jarrett war so besorgt um mich, daß er sich auch von mir die Hand hätte ausreißen lassen.

Selbst die Bediensteten hatten Angst um mich. Sie klopften so oft an die Tür, um zu fragen, wie es mir ging, daß Tante Maggie sie schließlich aus dem obersten Stock verbannte, mit Ausnahme von Mrs. Pickering, die Haushälterin und eine erfahrene Hebamme war. Anschließend kauerten sie unten um den Küchentisch, voller Angst, es könnte etwas Schreckliches passieren. Sie glaubten nämlich, ich wäre erst im sechsten Monat und könnte vielleicht nicht überleben. Selbst Dr. Ashford flüsterte Mama und Tante Maggie zu, er hätte größte Bedenken, das Kind könnte tot zur Welt kommen. Natürlich wußte keiner außer Jarrett, mir und seinen Eltern, daß ich das Kind volle neun Monate ausgetragen hatte. Nach den ominösen Warnungen des Arztes war meine Mutter in Tränen aufgelöst und zu nichts mehr nütze, so daß Tante Maggie sie schließlich aus dem Zimmer schicken mußte. Mama ging nach unten in die Halle, wo, wie ich dachte, Onkel Draco und Papa ängstlich warteten – ein Irrtum, wie sich später herausstellte.

Denn in dieser schicksalhaften Nacht griff Gott in die Geschehnisse ein. Während ich immer und immer wieder preßte und schließlich mit großer Mühe, aber unendlicher Freude meinen Sohn zur Welt brachte, lag Clemency im Pförtnerhaus, gefangen von ihren Wehen, fast ohnmächtig vor Schmerzen, und mühte sich, ihr Kind zu gebären.

Hätte es mir jemand erzählt, ich hätte es nicht geglaubt, obwohl die Wahrheit oft seltsamer ist als jede Phantasie. Aber nur wenige wußten, daß sie im Pförtnerhaus war, und niemand hatte eine Ahnung, in welchem Zustand sie sich befand.

Wir beide hatten, jede auf ihre Art, dieselben Fehler gemacht. Wie kam es dann, daß ich in dieser Nacht von einer liebevollen Familie umgeben war, während ihr niemand beistand? Schon so viele Jahre stelle ich mir diese Frage. Nur der Zufall verschiedener Geburt unterschied uns – und die Liebe eines Mannes. Wäre ich nicht als eine Prescott geboren worden, hätte Jarrett mich nicht geliebt, und ich hätte genausogut in diesem Pförtnerhaus liegen können. Selbst heute noch läuft mir bei diesem Gedanken die Gänsehaut über den Rücken, so schmal ist der Grat, der Zofe und Herrin trennt.

Sie wuschen meinen Sohn und wickelten ihn, dann legten sie ihn an meine Brust. Es war der stolzeste, glücklichste, friedlichste Augenblick meines ganzen Lebens. Verschrumpelt, scharlachrot vor Wut, weil er nicht in sein kuscheliges Nest zurück konnte, war mein Sohn doch das Schönste, was ich je gesehen hatte. Tränen liefen mir übers Gesicht, als ich ihn ansah, seine winzigen Finger und Zehen zählte und seinen daunenweichen, schwarzen Haarschopf streichelte. Tante Maggie weinte ebenfalls, und sogar Jarrett wischte sich heftig die Augen, obwohl ich glaube, daß er sich seiner Tränen nicht schämte.

»Ja, Miss Laura«, sagte Dr. Ashford streng, »ein erstaunlich gesundes Kind ist das, für eine Frühgeburt, ich muß schon sagen!«

Dann schloß er schimpfend seine schwarze Tasche und machte sich auf den Weg. Ich errötete bis in die Haarspitzen, als er die Tür hinter sich geschlossen hatte, aber Jarrett lachte nur und sagte: »Wie der Vater, so der Sohn«, was Tante Maggie ebenfalls die Schamröte ins Gesicht trieb. Sie versuchte, ihn zu tadeln, aber Jarrett mußte nur noch mehr lachen. Er wußte, daß er ein »Siebenmonatskind« war, und es war ihm egal. Mrs. Pickering spielte die Entsetzte, obwohl sie geholfen hatte, ihn zur Welt zu bringen, und sagte vorwurfsvoll, wenn dieser Chandler erst einmal alt genug wäre, würde sie auf ihn aufpassen. Das wiederum riß uns zu Lachsalven hin, worauf sie indigniert das Zimmer verließ, um, wie sie sagte, Mama, Papa und Onkel Draco zu warnen, daß ein weiterer Taugenichts von Chandler geboren sei.

Bis zum heutigen Tag bricht mir das Herz bei dem Gedanken, daß die bemitleidenswerte Clemency, während wir lachten und scherzten, im Pförtnerhaus lag und unter Qualen ihren Sohn zur Welt brachte, nur mit einem Irren an ihrer Seite.

Wenn wir das geahnt hätten, hätten wir Dr. Ashford selbstverständlich nie fahren lassen. Aber wir wußten nichts, und der arme, verwirrte Renshaw war so verschreckt von Clemencys Schreien und Stöhnen und dem armseligen Gewimmer ihres Kindes, daß er nicht wagte, jemanden zu holen. Er hatte Angst, man könnte ihm die Schuld an dem schrecklichen Zustand der beiden geben. Er ignorierte Clemencys panische Bitten, jemanden zu holen, bis sie so starke Blutungen hatte, daß keine Macht auf Erden sie mehr stillen konnte. Dann holte er Onkel Draco.

Onkel Draco versuchte, Clemency zu retten – vergeblich.

Kurz bevor sie starb, drückte Clemency ihm ein kleines Medaillon in die Hand, eines von denen, die sie mir gestohlen hatte.

»Für Rhodes«, murmelte sie Onkel Draco zu und zeigte auf ihren Sohn, der neben ihr lag. »Da ist ein Bild von mir drin... wenn er je... wissen will...« Ihre Stimme wurde schwächer. Dann rief sie plötzlich, »Nicky! O Nicky, meine einzige Liebe!«

»Halt durch, Clemency«, murmelte Onkel Draco eindringlich. »Prescott bringt den Arzt! Verdammt noch mal, Mädchen! Halt durch! Du kannst es schaffen! Mein Gott, tu mir das nicht an –«

Aber Gott hatte gegeben, und jetzt nahm er. Onkel Draco konnte sie nicht retten. Kurz vor dem Morgengrauen starb Clemency in seinen Armen.

15. Kapitel

Leben, ineinander verwoben

Clemencys Tod konnte ich Nicholas nie vergeben. Aber noch weniger konnte ich ihm den Blick in Onkel Dracos Gesicht vergeben, als er kurz vor dem Morgengrauen mit Papa heimlich in Jarretts und mein Zimmer im Südturm kam.

Jarrett und ich schliefen schon lange mit Ransom, wie wir unseren Sohn nannten, zwischen uns, damit er nicht vom Bett rollen konnte. Wir konnten es noch nicht über uns bringen, ihn in seine Wiege neben dem Bett zu legen. Tante Maggie war noch kurz auf Zehenspitzen hereingeschlichen, um ihn sich anzuschauen, und hatte uns erklärt, daß Papa und Onkel Draco aufgrund eines Notfalls nicht kommen konnten, was uns sehr enttäuschte.

Als Onkel Draco jetzt vor mir stand, wußte ich, daß er in dieser Nacht die Hölle durchlebt hatte. Solange ich lebe, werde ich sein gepeinigtes Gesicht nicht vergessen. Er hielt ein winziges, hilfloses Bündel in den Armen: Clemencys Kind, und eine dunkle Vorahnung ließ mich hochschrecken. Mir stockte der Atem, und ich ergriff Jarretts Hand.

Onkel Draco sagte kein Wort, und sein Blick duldete keine Fragen. Nachdem er und Papa sich versichert hatten, daß Ransom und ich wohlauf waren, berichteten sie mir von Clemencys Tod. Danach weinte ich lange, denn Clemency und ich waren uns inzwischen nähergekommen und in den letzten Wochen fast Freunde geworden. Ich konnte nicht fassen, daß sie tot war, daß durch eine Laune des Schicksals ihr Kind, in derselben Nacht gezeugt wie meines, auch noch in derselben Nacht wie meines zur Welt gekommen war.

Nach einiger Zeit unterbrach Onkel Draco meine Trauer und holte mich in die Gegenwart zurück. Mit belegter Stimme fragte er mich: »Weißt du, was es heißt, ein Bastard zu sein, Laura?«

Jetzt wußte ich, was er von mir wollte und was er die ganze Zeit geplant hatte. Gottes Gnade hatte es ermöglicht, daß sein Plan durchführbar war. Er hatte natürlich nicht gewußt, daß Clemency sterben würde. Er hatte vorgehabt, sie nach Amerika zu schicken, mit genug Geld für den Rest ihres Lebens, wenn sie das Kind seiner Obhut überließe, damit es nicht als Bastard verachtet würde. Onkel Draco wollte unter keinen Umständen, daß das Baby dasselbe erdulden mußte, was er erduldet hatte. Nicky konnte er nicht mehr zwingen, Clemency zu heiraten, also hatte er sich eine andere Möglichkeit ausgedacht, um dem Kind einen Namen zu geben.

Jarretts Kind und Nickys sollten als Brüder aufgezogen werden... als Zwillinge.

Ich erschauderte bei dem Gedanken, für mich war es eine Herausforderung des Schickals. Aber Onkel Dracos Augen bohrten sich in meine, Fenster seiner Seele, die so schmerzlich entblößt vor mir lag, daß ich ihm die Bitte nicht verweigern konnte.

Lieber Leser, ich mußte ihm einfach seine Bitte erfüllen.

Von diesem Tag an war Rhodes mein Sohn, genauso, als hätte ich ihn selbst geboren – und wer sollte es abstreiten? Dr. Ashford bestimmt nicht. Er schwor, Papa hätte ihn in jener Nacht zu Clemency ins Pförtnerhaus holen lassen, und als Jarrett das erfahren hatte, ließ er ihn zurückholen, weil ich immer noch Schmerzen hatte und die Geburt eines zweiten Kindes unmittelbar bevorstand.

»Zwillinge«, verkündete Ashford am nächsten Tag, ohne mit der Wimper zu zucken. »Ich hätte es ahnen müssen, als der erste kleine Racker so früh kam. Frauen tragen Zwillinge fast nie über die volle Zeit aus. Außerdem liegt es bei den Chandlers in der Familie.«

Und so blieb mir die Scham erspart, einzugestehen, daß ich mich Jarrett vor der Hochzeitsnacht hingegeben hatte, und die Klatschmäuler konzentrierten sich auf Clemency. Die wildesten Gerüchte kursierten über ihre Rückkehr, aber in einem waren sich alle einig: Alle hatten vorausgesehen, daß es mit Clemency ein böses Ende nehmen würde.

Ich hätte ihnen am liebsten die Augen ausgekratzt, aber ich mußte schweigen. Ich konnte nur dafür sorgen, daß sie ein anständiges Grab bekam und nicht im Armengrab landete, und ihren Sohn lieben, als wäre er mein eigener. Und so wurden Ransom und Rhodes Zwillinge, und je größer sie wurden, desto mehr vergaßen Jarrett und ich, daß einer von ihnen Nickys Baby war. Die Jungen sahen sich tatsächlich sehr ähnlich, Rhodes hatte von Clemency nichts geerbt. Er hatte schwarze Augen und schwarzes Haar, ein Chandler durch und durch, genau wie Ransom, und manchmal hatten Jarrett und ich tatsächlich Schwierigkeiten, die beiden zu unterscheiden.

Ich glaube, mein Mann liebte mich mehr denn je, weil ich das Kind seines Bruders als meines angenommen hatte, denn unser gemeinsames Leben war reich wie nie zuvor. Wir verbrachten unsere Tage glücklich und in Frieden mit unseren beiden Knaben. Ich glaube, in dieser Zeit lernte ich meinen Mann wirklich lieben.

Die Chandler-Familie war groß, und in Heights gab es viele Diener, also waren die Schwierigkeiten mit zwei Babys relativ gering. Immer war jemand bereit zu helfen, und Annie, Jarretts Kinderschwester, war alles, was eine Mutter sich wünschen konnte. Tante Maggie und Mama, die inzwischen praktisch bei uns eingezogen war, wie es schien, wiegten die Kinder immer gern, und selbst Onkel Draco und Papa hatten nichts dagegen, die Kleinen auf dem Schoß zu haben.

Der liebe Papa. Er kannte natürlich die Wahrheit über die Zwillinge und ahnte sicher auch, daß Jarrett schon vor der Hochzeit mein Geliebter war. Aber Papa war ein Mann von Welt und machte mir keine Vorwürfe. Statt dessen ließ er gegenüber Jarrett und Onkel Draco boshafte Bemerkungen über meinen Bruder Guy fallen, der Jarretts Schwester Damaris seit neuestem den Hof machte. Sie war siebzehn und gerade erst der Schule entwachsen. Er sagte, es wäre zu wünschen, daß die Prescotts und die Chandlers in diesem Fall etwas geduldiger wären, ansonsten würden uns bald keine Entschuldigungen für Babies, die zu früh kamen, mehr einfallen. Ich platzte fast vor Lachen, als ich später zufällig Zeuge wurde, wie Jarrett Guy zur Rede stellte und ihn schroff fragte, was für Absichten er Damaris gegenüber hege.

Guy warf seinen blonden Kopf zurück, genau wie Papa das immer machte, und sagte grinsend: »Ach, etwa die, die du bei Laura hattest, Jarrett.«

Es war eine glückliche Zeit, und ich hätte meinen Platz nicht um alles in der Welt mit irgend jemandem getauscht.

Aber das Leben ruht nicht, es ist immer in Bewegung. In diesem Sommer heiratete meine Schwägerin Angélique ihren Lord Greystone und verließ uns. Ihr Zwilling Alexander brachte seine Braut, Lady Vanessa Dubray, nach Heigths. Thorne beendete seinen überlangen Besuch in Irland und reiste von dort zum Kontinent, wo er angeblich seine »Grand Tour« machte, bis es ihm sicher genug schien, wieder nach Hause zurückzukehren. Tante Julianne, die dank ihres Hangs zu Süßigkeiten inzwischen fast hundertvierzig Pfund wog, war natürlich entzückt von der Heimkehr ihres Lieblings. Elizabeth dagegen war inzwischen noch miesepetriger geworden, wechselte kaum ein Wort mit ihrem Bruder und ignorierte mich vollkommen. Guy warb weiter um Damaris, und mein jüngerer Bruder Francis verließ die Schule und ging als zweiter Maat an Bord der *Sarah Jane*, Papas Lieblingsschiff der P&C-Linie. Unsere Söhne wurden größer. Und der arme, irre Renshaw, der nie ganz den Schock von Clemencys Tod überwunden hatte, erhängte sich an einer der Ulmen im Hof.

Außerhalb der Grenzen unserer Pfarrei stürmte die Welt ebenfalls mit Riesenschritten weiter. Aus den Zeitungen erfuhren wir, daß in Indien Sir Charles Napier, ein britischer Kommandant, die Armeen der mohammedanischen Emire von Sind, die sich geweigert hatten, sich der mächtigen Ostindischen Kompanie zu unterwerfen, angegriffen und mit nur zweitausendachthundert Soldaten dreißigtausend Mann besiegt hatte.

In London wurde die Statue des verstorbenen Admiral Nelson am Trafalgar Square aufgestellt. In kürzester Zeit belagerten Touristen und Tauben den Platz, und der arme Admiral mußte manches erdulden, was er sich zu Lebzeiten sicher nicht hätte gefallen lassen.

Am 19. Juli ließ I. K. Brunnel die SS *Great Britain* vom Stapel, das erste der riesigen, eisernen Dampfschiffe, die versuchten, den transatlantischen Handel an sich zu reißen, was der P&C-Schiffahrtslinie erhebliche Verluste einbrachte. Die Reaktion von Papa und Onkel Draco auf diese Nachricht war nicht für das Ohr einer Dame geeignet.

Die *Sunday News of the World* ging in Druck und brachte es innerhalb eines Jahres auf eine Auflage von zwölftausend die Woche. Im Lauf der Jahre sollte diese Auflage die Sechs-Millionen-Grenze überschreiten und somit zur höchsten der Welt werden.

Ein Museumsdirektor, Henry Cole, entwarf und verschickte die ersten Weihnachtskarten. Wir in England lasen zum ersten Mal Charles Dickens' *Eine Weihnachtsgeschichte*, die herzerfrischende Geschichte von dem alten Geizhals Ebenezer Scrooge und seiner Heimsuchung durch die drei Geister, die sein Leben veränderten, während Amerika sich von den makabren Geschichten Edgar Allan Poes das Gruseln lehren ließ.

Auf Greystone Manor gebar Angélique eine Tochter, die auf den Namen Jocelyn getauft wurde – auch eine Frühgeburt. Der Graf war, wie es schien, ein genauso ungeduldiger Bräutigam wie die Chandlers.

Den einfachen Leuten ging es nicht sonderlich gut. Zwar war die britische Nahrungsversorgung durch Schienentransport von Lebensmitteln wesentlich verbessert worden, aber 1845 kam die große Hungersnot. Auf dem ganzen Kontinent, in Großbritannien und Irland blieb die Kartoffelernte aus, zweieinhalb Millionen Menschen verhungerten. Besonders die Iren wurden schwer getroffen und kamen in Scharen nach England, wo sie die Löhne der Arbeiter in den Keller trieben, weil sie bereit waren, für jeden Lohn zu arbeiten.

Lady Siobhan O'Halloran hatte es bis dahin nicht eilig gehabt, Thorne zu heiraten. Jetzt aber bekam sie Angst vor den Gewalttaten und Aufständen in Irland, setzte in Windeseile ein Hochzeitsdatum fest und Thorne die Pistole auf die Brust. Und aus Angst vor einem Prozeß wegen gebrochenem Eheversprechen brachte Thorne seine Braut zögernd zum Altar.

Einige Monate später überraschte uns Siobhan mit der Nachricht, sie würde ein Kind erwarten. Ich erinnerte mich an Jarretts Andeutungen über ihre Promiskuität und war mir sicher, daß sie aufgrund Thornes sexueller Neigungen, grob gesagt, das Brötchen eines anderen im Ofen hatte. Zu meiner Überraschung war das Baby, als es nach ziemlich genau neun Monaten zur Welt kam, Thorne wie aus dem Gesicht geschnitten. Offensichtlich hatte er seine Abneigung gegen Frauen lange genug beiseite gestellt, um einen Erben zu zeugen.

Siobhan war nicht die einzige Frau, die sich 1845 einen Mann angelte. Guy heiratete Damaris und brachte sie nach Hause in die Grange, und obwohl wir noch nichts davon ahnten, war auch für die miesepetrige Lizzie Hoffnung in Sicht, denn in Australien stach die *Fancy Free* mit Kurs auf England in See.

Francis kehrte von einer Reise nach Amerika mit der Nachricht zurück, daß ein New Yorker Marinearchitekt, John Willis Griffith, einen verbesserten Clipper konstruiert und gebaut hatte, die *Rainbow*, das schnellste Schiff der Meere, das erfolgreich die Bedrohung durch die eisernen Dampfschiffe abwenden sollte. Mein Bruder erhielt für diese Information und seinen Vorschlag, P & C sollte sofort mit dem Bau oder Kauf dieser Schiffe beginnen, von Papa und Onkel Draco eine Gehaltserhöhung und die Beförderung zum Ersten Maat, ein großer Erfolg für einen jungen Mann von gerade achtzehn Lenzen.

Und so verstrichen die Jahre meines Lebens, zum Großteil zufrieden und ruhig, bis zum Abend vor Allerseelen im Oktober 1845.

Wie gut ich mich an diese Nacht erinnern kann! Seltsam und düster war sie, und eine unbeschreibliche Spannung lag in der Luft, eine eigenartige, ominöse Stille wie der Vorbote eines Sturms. Es schien, als hielte die Welt den Atem an

Die Nacht hatte sich blitzschnell übers Land gelegt. Und dann kam Wind auf, stöhnte durch die Bäume, raschelte durch ihre Äste und löste die trockenen Blätter und trug sie in die Nacht. Die beiden Ulmen im Hof ächzten wie die Masten eines Schiffes auf See, das ganze alte Haus bebte.

Hinter den Klippen am Ende des Rasens schäumten die Brecher des Ozeans und donnerten gegen die schwarzen Felsen, Gischt sprühte in die drückende Luft und zischte im Wind.

Irgendwie war die Nacht noch bedrohlicher, weil kein Blitz das Firmament erhellte, kein Donner durch den Himmel rollte und kein Tropfen Regen fiel.

Ich kauerte vor dem großen Kamin in der Halle und hatte das Gefühl, die Gräber hätten sich tatsächlich geöffnet, und die Geister wandelten durch die Nacht, wie der Aberglaube es von Allerseelen behauptet. Die Stunden krochen dahin. Der Sturm wurde immer heftiger, bis es ihm schließlich gelang, einen der Fensterläden loszureißen, der dann gegen die Wand der großen Halle hämmerte wie ein Geist, der Einlaß begehrt. Es dauerte einige Zeit, bis ich merkte, daß tatsächlich der Türklopfer gegen die schwere Eichentür geschlagen wurde.

Ich war von der seltsamen Nacht so verschüchtert, daß ich mir sicher war, ein Gespenst würde vor der Tür stehen. Eine dunkle Vorahnung jagte mir die Gänsehaut über den Rücken. Aber da keiner sonst im Haus das Klopfen hören konnte, legte ich schließlich zögernd das Buch beiseite, das ich versucht hatte zu lesen, und zwang mich, zur Tür zu gehen und zu öffnen.

Der Wind blies so heftig, daß er mir die Tür aus der Hand riß und gegen die Wand schleuderte. Draußen stand eine dunkle Gestalt wie ein bösartiger Rabe, ihr schwarzer Mantel flatterte wie Vogelschwingen. Die Gestalt trat ins wild flackernde Licht der Fackeln zu beiden Seiten des Portales. Ich stieß einen Schrei aus und glaubte tatsächlich, einen Geist vor mir zu haben. Kein Wunder, nach drei langen Jahren ohne ein Wort.

Nicholas Chandler war nach Hause zurückgekehrt.

III. BUCH

Der Berüchtigte

1845–1848

16. Kapitel

Die Rückkehr des verlorenen Sohnes

Stormswept Heights, England, 1845

»Willst du mich denn nicht hereinbitten, Laura?« sagte er mit einem seltsamen Lächeln.

»Ja-ja, natürlich«, stammelte ich, obwohl ich ihm am liebsten die Tür vor der Nase zugeschlagen hätte.

Eine schreckliche Vorahnung erfaßte mich bei seinem Anblick, als würde sich unser Leben durch seine Rückkehr entscheidend verändern.

Nicholas betrat das Haus und blieb stehen. Er ließ den Blick durch den riesigen Raum schweifen, als wolle er sich versichern, daß alles noch beim alten war. Dann drehte er sich zu mir und musterte mich eindringlich. Ich errötete, mein Mund war wie ausgedörrt, und mein Puls raste. Der Wind hatte sich mit einem Mal gelegt, die Welt blieb stehen und verblaßte. All meine Sinne konzentrierten sich auf Nicky.

Er hatte sich verändert. Sein dunkles Zigeunergesicht wirkte härter und verlebter. Er war erst vierundzwanzig, sah aber älter aus, sogar älter als Jarrett. Er erschien außergewöhnlich wachsam, als hätte er gelernt, mit einem offenen Auge zu schlafen. Er war dünner und muskulös wie ein Tier, das immer auf der Hut sein mußte. Er hatte offensichtlich kein leichtes Leben gehabt seit jenem Tag, an dem er ohne einen Mantel davongeritten war. Aber seine Kleidung war teuer, gut geschnitten, und ich fragte mich, wie und wo er gelebt hatte.

Ich hörte später, daß er viel gereist war. In Australien hatte er sich sein Wissen über Minen und Schiffe zunutze gemacht. Genaueres erfuhr ich nie. Aber er hatte einen Beutel mit Diamanten, und im Hafen von Plymouth lag ein Clipper vor Anker, die *Fancy Free*, die auf den Namen Nicholas Chandler registriert war. Mehr brauchten wir nicht zu wissen, fand er. Im Dorf erzählte man sich natürlich, er hätte drei Jahre als Sträfling in Australien verbracht, aber beweisen konnte es niemand.

Mit leiser, spöttischer Stimme holte er mich aus meinen Träumen. »Und, bin ich genehmigt, Laura? Oder... sollte ich sagen... Mrs. Chandler? Du hast doch Jarrett geheiratet, oder?«

»Ja«, sagte ich errötend, weil ich ihn so schamlos gemustert hatte.

»Wie schade«, sein frecher Blick glitt über meinen Körper. »Wie dumm ich doch war«, sagte er verbittert. »Ich hätte dich selbst heiraten sollen, als ich dich hätte haben können. Das ist einer der Fehler, die ich in den letzten Jahren oft bereut habe.« Ich wich seinem fragenden Blick aus. »Hast du gedacht, ich würde nicht zurückkommen, Laura? Hast du gedacht, ich erfahre nicht, was für einen hinterhältigen Streich ihr, du und Thorne, mir gespielt habt? Kannst du dir vorstellen, wie mir zumute war, als ein Ire mir erzählte, Thorne würde sich auf dem Besitz der O'Hallorans aufhalten? Drei Jahre meines Lebens hast du mir genommen – du und auch er. Bei Gott! Das wirst du mir bezahlen!«

Und bevor ich realisierte, was er vorhatte, packte Nicky mein Kinn mit einer Hand aus Stahl, hob mein Gesicht zu seinem und küßte mich voll auf den Mund. Ich war so schockiert, daß ich mich nicht einmal wehrte, sondern einfach nur dastand, die

Hände gegen seine Brust gepreßt, während er sich genüßlich an mir bediente und seine Zunge tief in meinen Mund schoß. Ich glaube, ich wollte mich unbewußt versichern, daß er mir nichts bedeutete. Und als er merkte, daß keine Reaktion von mir kam, ließ er mich los.

Trotzdem grinste er selbstzufrieden, und ich verstand nicht, warum, bis er zu meinem Entsetzen über meine Schulter sagte: »Hallo, Jarrett. Laura hat mich gerade zu Hause willkommen geheißen.«

Ich drehte mich ängstlich um, und tatsächlich stand Jarrett hinter mir. Seine Augen sprühten Funken. Nicky hatte sicher von Anfang an gewußt, daß Jarrett da war und es absichtlich gemacht. Oh, warum war ich nur so ruhig in Nickys Umarmung stehengeblieben? Warum hatte ich mich nicht gewehrt?

»Das sehe ich«, erwiderte Jarrett kühl. Ein verächtlicher Blick streifte mich, und mein Herz zog sich zusammen bei dem Gedanken, wie wütend er sein mußte. Aber er ließ sich nichts anmerken und sagte: »Laura, nachdem du Nicholas schon begrüßt hast, wäre es schön, wenn du Mutter und Vater und den Rest des Haushalts verständigst, daß der verlorene Sohn heimgekehrt ist.«

Ich war nur zu froh, der Spannung in der Halle entrinnen zu können, und eilte davon.

Ich erfuhr nie, was zwischen den beiden Männern vorging, nachdem ich sie verlassen hatte, zumindest aber schlugen sie sich nicht. Als ich mit Onkel Draco und Tante Maggie zurückkam, stand Nicky vor dem Kamin. Das überlegene Grinsen war von seinem Gesicht verschwunden, während Jarrett mit einem Zigarillo im Mund lässig in einem Sessel saß und aussah, als hätte er den ersten Schlag gelandet und es genossen.

Die Begrüßung fiel wohl nicht ganz so ekstatisch aus, wie Nicky sich das vorgestellt hatte. Auf Onkel Draco lastete die Geschichte mit Clemency, von der Nicky nichts ahnte, und Tante Maggie war die neuerliche Spannung zwischen ihren beiden Söhnen auch nicht entgangen.

Es gelang uns trotz allem, einen relativ netten Abend zu verbringen. Alexander, seine Frau Vanessa und Byrony, die jüngste Chandler-Tochter, schafften es, die Atmosphäre etwas zu lokkern. Trotzdem waren alle sehr erleichtert, als die feuervergoldete Kaminuhr Mitternacht schlug und wir uns endlich in unsere jeweiligen Zimmer zurückziehen konnten.

Leider bekam Nicky zu allem Überfluß noch sein altes Zimmer im Südturm, das von meinem und Jarretts nur durch einen kleinen Gang getrennt war, so daß Nicky unser unmittelbarer Nachbar war.

Jarrett hatte den ganzen Abend fast kein Wort zu mir gesagt. Kaum hatten wir die Tür unseres Zimmers geöffnet, packte er mich grob und riß mich in seine Arme. Ungeduldig zerrte er die Nadeln aus meinem Haar, lösten den Knoten und küßte mich heftig und besitzergreifend. Seine Hände gruben sich in meine Mähne. Ich schmeckte Blut auf meiner Unterlippe. Dann, als hätte er plötzlich die offene Tür bemerkt, ließ er mich los und schloß sie. Dabei entdeckte ich Nicky, der vor seiner eigenen Tür stand und uns beobachtete. Er wußte, was Jarrett dazu getrieben hatte: Er wollte, daß Nicky uns sah.

Jetzt drehte sich mein Mann wieder zu mir um. Seine Augen schwelten vor Wut, und ich zitterte, denn ich hatte seinen Stolz verletzt, indem ich Nicky gestattete, mich zu küssen.

»Und nun, Madame, würdet Ihr mir bitte erklären, was diese rührende, kleine Szene vorhin sollte?« fragte er, und seine Hände waren vor Wut zu Fäusten geballt.

»Er hat mich überrumpelt, Jarrett«, sagte ich leise. »Du solltest wissen, daß ich ihm sonst wohl kaum erlaubt hätte, mich zu berühren. Sein Kuß hat mir nichts bedeutet, wie er feststellen mußte, als ich nicht reagierte. Das machte ihn wütend. Er wollte dich eifersüchtig machen. In der Hinsicht hat er sich nicht geändert.«

»Nein, das hat er nicht«, stimmte Jarrett zu. Dann fluchte er leise. »Bei Gott, wenn ich glauben würde, dir wären seine Avancen willkommen, würde ich dich töten! Du gehörst mir, Laura! Mir!«

Jetzt nahm er mich in die Arme und küßte mich brutal, als wolle er den Geschmack von Nickys Lippen vertreiben. Dann hob er mich hoch, trug mich zum Bett und warf mich auf die Matratze. Und dann war er über mir, küßte mich fordernd und schmerzhaft, aber es war mir egal. Ich war sein, und er konnte mit mir machen, was er wollte. Ich schwelgte in diesem Gefühl, erwiderte seinen Kuß mit Leidenschaft und genoß die Flut von Wollust, die bei seiner Berührung meinen Körper durchströmte.

Seine Zunge bohrte sich gierig in meinen Mund. Die Hände tasteten nach den Haken meines Kleides und rissen sie los. Ungeduldig zerrte er an den Bändern meines Korsetts, zerriß die, die sich ihm nicht öffneten, streifte beiseite, was ihn von mir trennte, bis ich schließlich nackt in seinen Armen lag. Wärme und Feuchtigkeit mischten sich, als Haut gegen Haut drückte, Lippen und Zungen verschlangen sich neckend und lockend, und Hände verzauberten.

»Hexe!« murmelte Jarrett an meinem Hals. »Was hast du mit mir gemacht? Du hast mich verzaubert. Solange ich lebe, werde ich nicht genug von dir kriegen. Nie! Ich werde jeden Mann töten, der versucht, dich mir wegzunehmen, das schwöre ich! Keiner darf dich so kennen. Ich werde dir mein Brandzeichen für alle Zeiten aufdrücken. So... und so«, flüsterte er und küßte und liebkoste mich. »Berühr mich, mein Schatz. Siehst du, wie ich dich begehre? Öffne dich mir... Ah, ja, Laura, Liebes. Ja... ja...«

Seine Hände glitten über meine Brüste, meinen Bauch, meine Schenkel, und ihr Weg war begleitet von Funken der Lust, die durch meinen Körper zuckten. Seine Zunge versengte mich und schürte die wirbelnden Feuer in mir. Es gab nichts und niemanden außer Jarrett. Atemlos berührte ich ihn, schmeckte ich ihn, schlang mich lüstern um ihn, mein Haar eine dunkle, seidige Fessel. Sein Atem hauchte heiß in meinen Nacken, mein Rücken bäumte sich auf, als er feurige Küsse über meine Wirbelsäule zog, eine Hüfte entlang und innen an meinen Schenkeln hinauf. Ich zitterte, schmolz vor Lust, als er von meinem heißen, geheimen Quell trank, bis ich leise stöhnte und mich blind gegen ihn drängte.

Und dann nahm mich Jarrett wild wie die See in seiner Leidenschaft. Und als er mich durchbohrte, kam ein Schrei, süß wie seine Liebe, über meine Lippen, auf den Schwingen des tosenden Windes flog er, ein einsamer Ton, der durch die Nacht hallte und dann leise erstarb.

17. Kapitel

Verschlungene Dreiecke

Am folgenden Morgen wurde Nicholas in Onkel Dracos Arbeitszimmer befohlen und erst nach über zwei Stunden wieder entlassen. Keiner erfuhr je alles, was dort zwischen den beiden vorgefallen war, aber das Ergebnis war, daß Nicholas die *Fancy Free* verkaufte und in Heights blieb – eine neidische Schlange in meinem Eden. Um mich zu beruhigen, informierte mich Onkel Draco, daß er Nicky strikten Befehl gegeben hatte, mich in Ruhe zu lassen, damit es keinen weiteren Ärger zwischen ihm und Jarrett gäbe. Außerdem sagte Onkel Draco, er hätte Nicky von Clemencys Tod berichtet, und die Strafe für seinen Anteil an ihrem Untergang war teuer: Onkel Draco verschwieg ihm, egal ob nun richtig oder falsch, die Wahrheit über Rhodes. Jarrett und ich brauchten keine Angst zu haben, daß Nicky versuchen würde, uns unseren Sohn wegzunehmen.

Ich weiß nicht, wie mein Mann über diese Entscheidung dachte, aber seine Gefühle waren sicher im Zwiespalt. Ich wußte, daß er Rhodes liebte und den Jungen nicht verlieren wollte. Aber er empfand es sicher als großes Unrecht, daß Nicky nicht erfuhr, daß er der Vater war, nachdem er selbst soviel Freude an seinem Sohn hatte. Ich dagegen war Onkel Draco sehr dankbar. Ich liebte Rhodes wie mein eigenes Kind und wußte nicht, wie wir jetzt noch erklären sollten, was passiert war. Dennoch, das muß ich zugeben, hatte ich gelegentlich Nicky gegenüber Schuldgefühle.

Er wäre aber wohl kein guter Vater geworden. Das Zeugen allein war eben keine Garantie für Liebe, man denke nur daran, wie mein Großonkel Nigel seine Tochter, meine Tante Maggie, behandelt hatte. Sie hatte mir erzählt, wie er sie gehaßt und mißhandelt und ihr seine Stiefkinder, Papa und Tante Julianne, vorgezogen hatte. Nicky verhielt sich den Zwillingen gegenüber genauso streng und wenig tolerant. Wenn sie aus dem Kindertrakt nach unten kamen, beäugte er sie mißtrauisch wie Gnome aus einer anderen Welt, ansonsten ignorierte er sie. Wenn sie über die Stränge schlugen, war er sofort mit Tadel zur Hand, wohl weil er glaubte, sie wären beide Jarretts Kinder.

Einmal, als Rhodes wieder besonders enervierend war – die beiden hatten inzwischen das Alter erreicht, in dem ›nein‹, ihr Lieblingswort war –, bezeichnete Nicky ihn als »gräßliches kleines Monster« und schlug ihn dann viel zu heftig, so daß er weinte. Anschließend bestand er darauf, daß Nanny Annie, wie wir sie liebevoll nannten, ihn sofort nach oben brachte. Nach diesem Tag gingen Ransom und Rhodes ihm aus dem Weg, und ich machte mir keine so schlimmen Vorwürfe mehr, weil ich Nicky seine Vaterschaft verheimlichte. Als Jarrett davon erfuhr, war er außer sich und informierte Nicky in eisigem Ton, daß er als Vater der Jungen der einzige sei, der das Recht hatte, sie zu züchtigen.

Bis auf diese kleinen Zwischenfälle verlief mein Leben ruhig. Nicky übernahm seine alte Rolle in den Familiengeschäften, und irgendwie kamen wir alle ganz gut miteinander aus. Darüber war Tante Maggie sehr erleichtert.

Jarrett und ich hatten zwar vorsichtig unser Kriegsbeil mit Nicky begraben, aber nicht so Thorne. Sein Zorn kannte keine

Grenzen, als im Jahr darauf, 1846, klarwurde, daß mit der Landung der *Fancy Free* auch Elizabeths Schiff vor Anker gegangen war. Sie waren zwar nicht gerade das ideale Paar, aber sie und Nicky machten genau da weiter, wo sie vor drei Jahren aufgehört hatten. Lizzie war offensichtlich immer noch in ihn verliebt, Nicky weniger in sie, aber er gehörte anscheinend zu der Sorte Mann, die nicht lange ohne Frau auskommt. Gelangweilt hatte er sich ihr zugewandt und würde sie, da war ich mir sicher, für seine Zwecke benutzen.

Um ganz ehrlich zu sein, Lizzie verfügte zwar über eine gewisse Bauernschläue, aber sie war nicht besonders helle und unendlich eitel. Außerdem konnte Nicky, wenn er es darauf anlegte, äußerst charmant sein, wie ich nur allzugut wußte. Sie ahnte wahrscheinlich nicht einmal, daß er überhaupt nicht in sie verliebt war. Diese Erkenntnis sollte aber später katastrophale Folgen haben.

Aber wieder einmal eile ich voraus. Ich muß Ihnen berichten, daß es Lizzie schließlich gelang, Nicky vor den Altar zu bringen.

Ich erfuhr nie, warum er sie geheiratet hatte, obwohl ich mir einige Gründe denken konnte. Einer davon war sicher, daß er sich bei Onkel Draco einschmeicheln und ihm zeigen wollte, daß auch er wie Jarrett eine Familie gründen konnte. Außerdem wollte Nicky Thorne treffen und, wenn möglich, versuchen, sich Highclyffe Hall unter den Nagel zu reißen, obwohl Lady Siobhan gerade ihr Kind geboren hatte – einen wunderschönen kleinen Jungen, Philip. Er sah Thorne so ähnlich, daß keiner, nicht einmal ich, anzweifeln konnte, daß er Thornes Sohn und Erbe war.

Onkel Esmond war nicht beglückt über Lizzies Wahl, aber trotzdem froh, daß sie einen Mann gefunden hatte. Tante Julianne bekam zwar hysterische Anfälle, als sie hörte, der »Zigeunerheide«, wie sie Nicky nannte, würde ihre Tochter heiraten, aber keiner kümmerte sich darum. Lizzie war inzwischen siebenundzwanzig und brauchte keine Genehmigung mehr zum Heiraten.

Die Hochzeit fand an einem kühlen Herbsttag dieses Jahres in der Dorfkirche statt. Alexander und Angélique waren zu Jarretts und meiner Erleichterung die Trauzeugen. Onkel Esmond führte Lizzie zum Altar, und Tante Julianne weinte mehrere Spitzentaschentücher naß und beklagte den Verlust ihrer einzigen Tochter.

Lange Zeit später wurde mir erst klar, wie prophetisch diese Klage gewesen war.

Kurz nach Nicholas' und Elizabeths Hochzeit begannen die Unruhen in den Porzellanerdegruben Wheal Anant und Wheal Penforth.

Aber zuerst muß ich Ihnen etwas über diese Gruben, gräßliche, weitausgedehnte Narben auf dem Moor, wo der weiche weiße Kalk gefördert wurde, aus dem man feines Porzellan herstellt, erzählen. Das korrekte Wort dafür ist »Kaolin«. Es kommt aus dem Chinesischen, das Wort »kauling« bedeutet dort hoher Hügel, in denen man in China diese Tonerde hauptsächlich findet. Dieses Kaolin wird seit dem achtzehnten Jahrhundert in England gefördert und verarbeitet, besonders von Josiah Wedgewood, einem unserer besten Kunden.

Die Gruben kamen durch Urgroßvater, Sir Simon Chandler, in die Familie. Es war ein Mann mit Weitblick, der wußte, daß die Aristokratie nicht auf Dauer nur vom Landbesitz leben konnte.

Nach Sir Simons Tod erbte sein ältester Sohn, mein Großonkel Nigel, die Gruben, und bei seinem Tod hätten sie eigentlich an seinen rechtmäßigen Erben, meinen Onkel Esmond, gehen müssen. Aber Sir Nigel vermachte Onkel Draco, dem unehelichen Sohn seines Bruders, die Gruben.

Die Minen waren der Grundstock für Onkel Dracos Vermögen, und der Verlust dieser Einkommensquelle war der Grund, warum Onkel Esmond solche Schwierigkeiten mit dem Unterhalt der Hall hatte, obwohl er sicher kein sehr guter Verwalter der Gruben geworden wäre. Die rauhen Männer, die dort schufteten, brauchten eine starke Hand, sonst hätte ständiger Aufruhr und Forderungen nach besseren Arbeitsbedingungen und Löhnen die Profite geschmälert. Irgendwie begriffen Männer, die eine Familie zu ernähren hatten, das wohl nicht. Sie glaubten – und das oft mit Recht –, ihre selbstsüchtigen Herren würden ein Vermögen mit dem Schweiß und Blut ehrlicher, armer Arbeiter machen, die für einen Hungerlohn schufteten. Seit Jahrzehnten lehnten sich die Arbeiter bereits gegen dieses Los auf.

Schlicht gesagt, die Arbeiterklasse war schlecht gekleidet und hungrig, und Leute, die unterdrückt wurden und kaum das Existenzminimum verdienen, rotten sich eben zusammen und lassen sich zu unüberlegten Taten gegen ihre Unterdrücker hinreißen. 1795 tobten Aufstände gegen den Hunger durch ganz England. Die nächsten Jahre wurde die Situation noch durch schlechte Ernten und die Getreidegesetze, ein Verbot für die Einfuhr billigen Getreides aus dem Ausland, verschlimmert. Diese Gesetze sollten den Landbesitzern den Profit von ihren Erträgen sichern und ließen den Brotpreis ins Astronomische steigen.

Mit dem Fortschritt kamen auch die Maschinen, die von Frauen und Kindern bedient werden konnten, die weniger Lohn kosteten. Dadurch büßten Männer ihre Arbeitsplätze ein und konnten ihre Familien nicht mehr ernähren. Außerdem war England durch die Kartoffelhungersnot von irischen Flüchtlingen überschwemmt, die für jeden Lohn arbeiteten, um nicht zu verhungern.

Massen von Arbeits- und Obdachlosen überschwemmten die Armenhäuser der Städte und wanderten ziellos durchs Land. Viele wurden zu Straßenräubern oder Schmugglern. Andere –

aufgehetzt vom Gerede von Freiheit und Gleichheit, das die englischen Rotröcke verbreiteten, die zu Zeiten Bonapartes gegen die Franzosen gekämpft hatten – wiegelten die Leute zur Rebellion auf und stachelten den kleinen Mann an, seine Rechte zu fordern, notfalls mit Gewalt. Fabriken und Minen wurden gesprengt, Textilwebereien in Brand gesteckt.

Im Juni 1846 hatte sich die Lage so verschärft, daß das Parlament gezwungen war, die Getreidegesetze wieder abzuschaffen und bald darauf zum Großteil die Zölle auf importierten Weizen. Außerdem wurden die Zölle für importierten Käse, Butter und andere Lebensmittel gesenkt und der Zoll für Import von Lebendvieh abgeschafft. Die Folge war, daß die großen Landeigentümer Irlands, die meisten wohnten nicht einmal dort, ihre Weizenproduktion einstellten und Rinder züchteten. Sie vertrieben die Pächter von ihrem Land, um Weideland zu gewinnen, so daß auch diese Iren in Scharen nach England kamen.

Trotzdem hatten, glaube ich, die Arbeiter in den Chandler-Tonerdegruben nur wenig Grund zu klagen. Sie waren besser untergebracht, besser gekleidet, besser ernährt und besser bezahlt als die meisten. Onkel Draco wußte, was es heißt, arm zu sein. Deshalb zahlte er faire Löhne, aber es gab immer noch Leute, die noch mehr forderten und nicht begriffen, daß das nicht möglich war, weil die Minen dann keinen Profit mehr abwarfen und geschlossen werden mußten. Solche Leute mußten gehen. Das waren eben die harten Zeiten, in denen wir lebten.

Das Fördern von Kaolin ist eine mühselige Arbeit. Es entsteht, wenn Feldspat sich in Granit zersetzt, muß aus dem Boden gegraben werden, dann in Teichen, am Grund tiefer Gräben, gewaschen und von der Quarzschlacke getrennt werden. Danach wird es zur Oberfläche gebracht, noch einmal gewaschen, gefiltert und getrocknet. Die Quarzreste türmten sich wie unheimliche weiße Berge auf der Heide, dazwischen lagen die riesigen Gruben mit den Weihern, die eine seltsame grüne Farbe haben, von Mineralien nehme ich an, bin mir aber nicht sicher.

Unfälle passieren immer wieder. Der durch den Zerfall bröselige Granit kann einbrechen und ins Rutschen geraten und Männer unter sich begraben. Sie können in den seltsamen grünen Weihern ertrinken. Seit Onkel Draco die Minen übernommen hatte, war die Sicherheit von Wheal Anant und Wheal Penforth sehr hoch. Aber jetzt plötzlich gab es immer wieder Schwierigkeiten. Nichts Ernstes anfänglich, aber zeitraubend und teuer.

Ich muß zugeben, daß ich nur mit halbem Ohr hinhörte, wenn Onkel Draco, Jarrett, Nicholas und Alexander beim Abendessen über die Probleme in den Minen diskutierten. An Neujahr hatte ich zu meiner Freude festgestellt, daß ich wieder schwanger war, und war ganz mit den Veränderungen in meinem Körper und mit den ständigen Fragen der Zwillinge beschäftigt, die mich belagerten, seit sie erfahren hatten, daß sie ein Geschwisterchen bekommen würden. Außerdem hatte ich ohnehin meine eigenen Probleme. Nach ihrer Hochzeit mit Nicky war Lizzie natürlich nach Heights gezogen und mir ein ständiger Dorn im Auge. Ich glaube, selbst da hatte sie schon Schwierigkeiten mit Nicky. Gott bestraft uns, indem er uns unsere Wünsche gewährt, wie es heißt, und Lizzie war der beste Beweis dafür. Sie war schwanger und hatte einen Bauch wie ein Ballon. Je dicker sie wurde, desto spitzer wurde ihre Zunge. Sie haßte das Baby, das ihr ihre Schönheit raubte. Außerdem wurde sie in Heights nicht verwöhnt wie früher zu Hause, was ihr auch zu schaffen machte.

Nachts hörten Jarrett und ich in unserem Schlafzimmer die beiden häufig streiten, und oft kam Lizzie am nächsten Tag mit einem blauen Auge zum Frühstück, das sie versuchte, mit Puder zu kaschieren. Außerdem verließ Nicky oft nach dem Abendessen das Haus und kam erst im Morgengrauen zurück, was sie sicher sehr unglücklich machte.

Jarrett und ich hörten ihn dann fluchend in sein Zimmer stolpern und wußten, daß er wieder getrunken hatte. Ich war mir auch sicher, daß Nicky Lizzie betrog. Ich sah ihn ein paarmal mit Siobhan übers Moor reiten, was mich sehr beunruhigte. Jetzt erst fiel mir auf, wie sehr sie der armen Clemency ähnelte, mit ihrem spitzen Gesicht, dem roten Haar und den smaragdgrünen Augen.

Siobhan war eine Frau mit enormen sexuellen Gelüsten, und nachdem Thorne seine Pflicht getan und einen Erben gezeugt hatte, widmete er sich jetzt wieder seinen abnormen Vorlieben, so daß Siobhan sich wohl anderweitig Befriedigung verschaffen mußte. War es da ein Wunder, wenn sie sich dem gutaussehenden, virilen Nicky zuwandte? Oder daß er, geplagt von seiner nörgelnden, hochschwangeren Lizzie, sich ihr zuwandte? Aber das war eine gefährliche Konstellation.

Ich hatte das Gefühl, auf einem Pulverfaß zu sitzen, unter dem früher oder später jemand eine Lunte entzünden würde, was eine ungeheure Explosion zur Folge hätte.

Die Monate vergingen, und die Zwischenfälle in den Minen häuften sich und wurden immer schwerwiegender, ohne daß es eine stichhaltige Erklärung dafür gab. Schließlich setzte jemand das Gerücht in die Welt, es würde in den Minen spuken. Das Gerücht wurde noch bestärkt, als einer der Minenarbeiter von einem Quarzberg fiel und sich das Bein brach. Er schwor hinterher, ein Gespenst hätte ihn gestoßen, obwohl er wahrscheinlich betrunken zur Arbeit gekommen war. Das war aber nur der Anfang. Kurz darauf begannen Ausrüstungsgegenstände zu verschwinden. Sie wurden nie gefunden, was natürlich Wasser auf die Mühlen der Klatschmäuler war.

Onkel Draco glaubte natürlich nicht an Gespenster, sondern eher an unzufriedene Gewerkschaftler. Also stellte er bewaffnete Wachen an den Minen auf. Danach hörten die Unfälle auf, und es verschwanden auch keine Maschinenteile mehr. Offensichtlich waren es doch Gespenster aus Fleisch und Blut gewesen.

Das Leben ging weiter, wenn auch etwas holpriger als zuvor. Lizzie gebar ihr Kind, einen Sohn, der Winston getauft wurde. Sie hatte sehr schmale Hüften und dadurch eine schwere Geburt, an der sie fast gestorben wäre. Dr. Ashford warnte sie vor weiteren Schwangerschaften, worauf sie den größten Fehler ihre Ehe machte: Sie warf Nicky aus dem ehelichen Bett.

Ein bitterer Streit war die Folge, und ich wünschte mir wieder einmal, unsere Zimmer würden nicht so nahe beieinander liegen.

»Du frigide Kuh!« hörte ich Nicky ein paar Tage später fluchen. »Wie kannst du es wagen, mir meine ehelichen Rechte zu verweigern?«

»Es ist nicht meine Schuld«, schmollte Lizzie. »Dr. Ashford hat gesagt, eine weitere Schwangerschaft könnte mich umbringen.«

»Es gibt, weiß Gott, Möglichkeiten, eine Schwangerschaft zu verhindern, Lizzie. Aber so was wissen feine Damen wie du natürlich nicht«, sagte er verächtlich.

»Natürlich nicht!« keifte Lizzie. »Aber du hast sicher von den Huren, bei denen du dich rumtreibst, einiges gelernt. Glaubst du etwa, ich weiß nicht, daß du mich betrügst?«

»Na und wenn schon?« konterte er. »Hast du geglaubt, du brauchst nur deine Jungfernschaft zu opfern, um mich zu befriedigen? O Gott! Ein Eisberg ist leidenschaftlicher als du! Du solltest dir ein paar Hurentricks aneignen, anstatt sie zu verachten.«

»Wie kannst du es wagen, so mit mir zu reden?« kreischte Lizzie. »Das ist ja widerlich! Ich bin deine Frau, Nicholas, nicht eine billige Schlampe, die sich an Straßenecken verkauft!«

»Und was, bitte, ist der Unterschied? Ich hab' dich gekauft, oder etwa nicht? Gib's doch zu, du hättest mich nicht einmal gesehen, wenn ich kein Geld hätte! Nein, du hast dich an mich verkauft für die Diener, die du herumscheuchen kannst, und all die schönen Kleider und die Schokolade, die dir so schmeckt«, sagte er höhnisch.

»Ob Frau oder Hure, Madame, Sie sind keinen Deut besser. Schlechter, würde ich sagen, denn du hältst deinen Teil der Abmachung nicht ein!

Mein Gott! Ich muß verrückt gewesen sein, dich zu heiraten! Aber als du den Ring noch nicht am Finger hattest, warst du gar nicht so kühl, Lizzie, nicht wahr? Du konntest gar nicht schnell genug die Beine für mich breit machen! Ich könnte dich ja jetzt zwingen, aber das werde ich nicht! Die Welt ist voller williger Frauen. Kneif ruhig deine Knie zusammen. Madame Prüde! Mir ist das egal. Ich such' mir mein Vergnügen anderswo!«

Dann knallte er die Tür hinter sich zu, und ich hörte, wie er kurz darauf aus dem Hof galoppierte, während Lizzie sich nebenan die Seele aus dem Leib schluchzte. Sie tat mir wirklich leid, aber ich konnte ihr nicht helfen, jeder Versuch sie zu trösten wäre schroff abgewiesen worden.

Am meisten tat mir der kleine Winston leid. Nicky ärgerte sich nur über das ständige Weinen seines Sohnes, und Lizzie fand es schrecklich, daß er ihr auf die Kleider spuckte, also überließ sie ihn Nanny Annie und einer Amme und kümmerte sich nicht mehr um ihn. Alexanders Frau Vanessa war zu schüchtern, um sich im Kinderzimmer einzumischen, außer es betraf ihre eigene Tochter Blythe, die im Jahr zuvor zur Welt gekommen war. Am Ende blieb es also mir überlassen, die Entscheidungen zu treffen, und so wurde auch Winston, wie sein Halbbruder Rhodes, mehr oder weniger mein Sohn.

Im Frühherbst wurde mein eigenes Kind geboren, eine Tochter. Jarrett und ich tauften sie auf den Namen Isabelle, zu Ehren einer längst verstorbenen Schwester von Granny Sheffield. Isabelle war ein entzückendes Baby, immer fröhlich, nie so launisch wie Ransom und Rhodes, obwohl sie sicher bald genauso eigensinnig und verwöhnt sein würde wie sie; Jarrett verzog seine geliebte Tochter nach Strich und Faden.

»Sie ist ihrer schönen Mutter wie aus dem Gesicht geschnitten«, sagte er stolz, was mich vor Freude erröten ließ.

Nach fünf Jahren Ehe war seine Leidenschaft für mich noch genauso heftig wie am Anfang. Er hatte mich nie betrogen und war mir genauso treu wie Onkel Draco Tante Maggie.

Wir waren die allerbesten Freunde, Tante Maggie und ich – und die stille, sanfte Vanessa auch. Nur Lizzie hielt sich abseits, allein in ihrem Elend. Sie haßte mich und verachtete Tante Maggie, gegen die ihre Mutter sie aufgehetzt hatte. Tante Julianne hatte Onkel Esmond Tante Maggie in ihrer Jugend hinterlistig weggeschnappt. Jetzt hatte sie, was sie wollte, genau wie ihre Tochter, haderte mit ihrem Schicksal und gab allen außer sich selbst die Schuld für ihr Unglück.

Sie haßte Onkel Draco und beneidete ihn um sein Vermögen, das ihrer Meinung nach Onkel Esmond verdient hätte. Immer wieder beschuldigte sie Tante Maggie und Onkel Draco, sie hätten heimlich Großonkel Nigels Testament geändert, um die Porzellanerdegruben in die Finger zu bekommen. Aber keiner außer Thorne schenkte dieser so offensichtlich falschen Anklage Beachtung. Selbst Lizzie wehrte sich gegen diese Behauptung, vor allem weil Nickys Einkommen zum Großteil aus den Gruben kam, worauf sie nur ungern verzichtet hätte. Thorne glaubte es eigentlich auch nicht, da war ich mir sicher.

Aber ich irrte mich.

18. Kapitel

Treulose Herzen und Zorn

Leise sind die Tränen des Alters. Weich wie Regen gleiten sie über meine Wangen bei der Erinnerung an die Tage, von denen ich nach und nach berichten will. Traurige Tage, lieber Leser, wenn ich das auch gern geändert hätte. Aber es gibt keine Freude ohne Leid, wie ich im Laufe des Lebens gelernt habe. Denn das Leben ist eine Rose und hat viele Dornen. Oft haben sie mich gestochen und ihre Wunden hinterlassen, genau wie Tante Maggie mir einmal prophezeite. In meiner Jugend hätte ich beschämt die Tränen abgewischt. Aber jetzt weiß ich, daß Weinen keine Schwäche ist, und diese Tage, die nie mehr zurückkehren, sind viele Tränen wert.

Wie kam es, daß wir uns so entwickelten? Welche Kräfte und Ereignisse formten uns zu dem, was wir wurden? Ich weiß es nicht.

Wenn Nicholas nicht so wild und unbesonnen gewesen wäre, wenn Elizabeth ihn mehr geliebt hätte – oder gar nicht –, wenn Thorne wie andere Männer gewesen wäre, wenn Siobhan sich nicht so bereitwillig hingegeben hätte, wäre das alles nicht passiert.

Eines späten Novembermorgens kam Thorne unerwartet nach

Heights, um mit seiner Schwester Lizzie zu reden. Seine Anwesenheit überraschte mich. Er kam nur selten zu Besuch und ging den Chandlers, die ihn mit Inbrunst haßten, bewußt aus dem Weg. Außerdem redeten Lizzie und er seit ihrer Heirat mit Nicky kaum noch miteinander. Ich saß in der großen Halle, als Mawgen ihn hereinführte, und bekam sofort eine Gänsehaut bei seinem Anblick. Sein Gesicht verhieß nichts Gutes, und ein dunkles Gefühl der Vorahnung erfaßte mich.

Er ließ Lizzie rufen, und die beiden zogen sich in die Bibliothek zurück, wo sie ungestört reden konnten. Ich erfuhr nie, was zwischen den beiden vorgegangen war, kann mir aber inzwischen ein Bild von dem machen, was gesagt wurde. Auf jeden Fall bestätigten sich meine schlimmsten Befürchtungen, als Thorne kaum eine Stunde später wieder erschien. Er grinste so selbstzufrieden, daß ich mir sicher war, es war ihm endlich gelungen, sich an Lizzie dafür zu rächen, daß sie Nicky geheiratet hatte.

Nachdem ihr Bruder gegangen war, kam Lizzie aus der Bibliothek. Sie stand unter Schock und bewegte sich wie eine Marionette. Sie war so blaß, daß ich fürchtete, sie könnte in Ohnmacht fallen. Ich eilte zu ihr, flehte sie an, sich zu setzen und mir zu sagen, was passiert war. Sie schüttelte meinen Arm ab, fauchend und kratzend wie eine Katze. Ich wich bestürzt zurück, mit roten Striemen auf der Wange, wo ihre Nägel mich gestreift hatten. Sie entschuldigte sich nicht, sondern rauschte einfach an mir vorbei.

Lernen wir unsere Mitmenschen je wirklich kennen? Ich bezweifle es. Ich hätte Lizzie nie zugetraut, was sie danach machte. Bis zum heutigen Tag frage ich mich, was in ihr vorging, als sie ihr Kleid auszog und ihr Reitkostüm und den Umhang anlegte. Dann nahm sie die kleine, silberne Pistole aus Nickys Schublade, prüfte, ob sie geladen war, und ließ sie in ihre Tasche fallen. Ich werde nie ihr Gesicht vergessen, so weiß und entschlossen, als sie die Treppe herunterkam und sich ihr Pferd bringen ließ.

Hinterher sagte Dr. Ashford, sie hätte eine unerklärliche Depression gehabt, wie Frauen sie manchmal nach einer Geburt bekommen, und Winston war ja erst vier Monate alt. Vielleicht hatte der Arzt recht, aber in meinem Herzen werde ich immer glauben, daß Lizzie vom Irrsinn gepackt war, weil sie nicht ertragen konnte, was sie erfahren hatte.

Sie galoppierte wie vom Teufel gehetzt aus dem Hof. Meine Vorahnung war so stark, daß ich mich sofort auch umzog, schneller als je zuvor in meinem Leben, mein Pferd satteln ließ und die Verfolgung aufnahm. Inzwischen hatte sie fast zwanzig Minuten Vorsprung, aber Black Buccaneer war schnell wie der Wind und ließ mich nicht im Stich. Wir flogen über das Moor, bis ich endlich Lizzie sichtete. Sie war auf dem Weg zu den Porzellangruben. Ich trieb Black Buccaneer mit den losen Enden meiner Zügel an. Ich mußte Lizzie erreichen, sonst würde etwas Schreckliches passieren, davon war ich überzeugt. Ich fegte wie ein Sturm über das Moor, aber Lizzie war genauso leichtsinnig wie ich und ritt, ohne jede Rücksicht auf das Pferd, das immer wieder auf der nassen Erde ins Rutschen kam.

Jetzt waren die Minen in Sichtweite, die hohen, weißen Quarzberge drohten wie riesige Gespenster in der Ferne.

Wie ein Geist verschwand Lizzie zwischen ihnen, und ich wußte, daß ich sie nicht mehr rechtzeitig erreichen würde und nicht mehr verhindern konnte, was sie vorhatte. Trotzdem geloppierte ich der Spur ihres Pferdes durch die Quarzhalden nach. Wolken weißen Staubes stoben unter Black Buccaneers Hufen hoch, legten sich über sein schwarzes Fell und meinen Mantel. Es war, als ritten wir in einer Mehlwolke, aber ich spornte hustend und würgend mein Pferd weiter an.

Schließlich waren wir an einer der Gruben angelangt. Jetzt verweigerte Black Buccaneer das erste Mal, scheute, als er den steilen Abhang sah. Aber ich zwang ihn unter Aufbietung all meiner

Kräfte, den Hügel hinunterzurutschen. Lizzie galoppierte wie eine Verrückte auf den stillen grünen Teich in der Mitte der Gruppe zu. Dort stand Nicky und erteilte einigen Arbeitern Befehle. Lange Schläuche wanden sich wie Schlangen über den Boden, aus einem schoß ein mächtiger Wasserstrahl, der die Tonerde im Teich aufwirbelte. Nicky hob den Kopf und sah voller Entsetzen Lizzie auf sich zu preschen. Er rief eine Warnung, aber Lizzie jagte einfach weiter, schrie ihn an, doch der Wind und die Wasserpumpen übertönten alles.

Endlich brachte sie ihr Pferd mit einem Ruck zum Stehen. Dann riß sie zu meinem Entsetzen die Pistole, von der ich bis zu diesem Augenblick nichts geahnt hatte, aus der Tasche ihres Umhangs, zielte auf Nicky und drückte ab. Der Schuß löste sich mit einem ohrenbetäubenden Knall, verfehlte aber sein Ziel. Ihr Pferd bäumte sich erschrocken auf und hätte sie fast abgeworfen. Die Männer ließen erschrocken den Schlauch los und flohen.

Nicht so Nicky. Fluchend und brüllend vor Wut ging er auf Lizzie zu. Sie hob drohend noch einmal die Pistole und zielte direkt auf sein Herz. Ich glaube, er hatte immer noch nicht begriffen, daß sie ihn tatsächlich töten wollte. Aber ihre Hand muß wohl beim Abdrücken gezittert haben. Nachdem das Echo des Schusses verhallt war, sah ich, wie Nicky fassungslos seinen Arm hielt. Blut quoll zwischen seinen Fingern hervor. Lizzie wollte noch einmal abdrücken, aber die Pistole hatte nur zwei Schuß.

Sie schleuderte Nicky die nutzlose Pistole an den Kopf. Dann riß sie brutal ihr Pferd herum und galoppierte davon. Ich gab Buccaneer die Peitsche und nahm die Verfolgung auf.

»Alles in Ordnung?« rief ich Nicky zu.

»Ja, es ist nur eine Fleischwunde, Gott sei Dank!« erwiderte er. »Reite ihr nach, Laura! Schnell! Ich glaube, sie hat den Verstand verloren. Wer weiß, was sie als nächstes tut. Ich folge dir, sobald ich kann!«

Ich ritt wie der Teufel hinter Lizzie her, aber vergeblich. Wie eine Besessene schlug sie auf ihre Stute ein, so daß man selbst auf diese Entfernung die blutigen Striemen sehen konnte.

»Lizzie!« schrie ich verzweifelt. »Lizzie, warte!«

Aber sie ignorierte meine Rufe und spornte ihr Pferd zu noch gefährlicherem Tempo an. Ihr grauer Umhang wehte wie ein Leichentuch hinter ihr. Der Regen war noch heftiger geworden. Meine Haare klebten am Kopf, das Wasser lief mir in die Augen, und ich fror, so daß ich am liebsten aufgegeben und nach Heights zurückgekehrt wäre. Aber ich zwang mich weiterzureiten. Lizzie raste jetzt in Richtung Hall, die in ihrem Herzen wohl immer noch ihr Zuhause war.

Aber sie schaffte es nicht. Eine Hecke tauchte plötzlich drohend vor uns auf, und Lizzie drosselte das Tempo nicht, sondern galoppierte weiter. Ohnmächtig mußte ich mitansehen, wie ihre Stute in letzter Sekunde den Sprung verweigerte, in die Brombeerhecke prallte und Lizzie aus dem Sattel über die Hecke schleuderte.

Ich ritt, so schnell ich konnte, zu der Hecke, betete, daß Lizzie noch lebte. Die Stute schlug schreiend um sich, ein Bein war gebrochen, sie mußte erschossen werden. Lizzie lag auf dem Boden, ihr Körper war unnatürlich gekrümmt, und Blut tropfte aus einem Mundwinkel.

Ich wußte, noch bevor ich bei ihr angelangt war, daß sie tot war.

19. Kapitel

Das Dunkel vor dem Morgengrauen

Der Morgen von Elizabeths Beerdigung war kalt und grau, ein beißender Wind brachte Schnee. Eine dicke Dunstdecke trieb vom Meer heran und hüllte die Moore ein.

Wir begruben Lizzie dort, wo zahllose Generationen von Sheffields und Chandlers ihre letzte Ruhe gefunden hatten. Sie war erst achtundzwanzig gewesen – wie Clemency zu jung zum Sterben.

Nicholas hatte seiner Frau unrecht getan, dachte ich, als ich dort im wirbelnden Schnee stand. Sie war doch leidenschaftlich gewesen, genau wie wir mit unserem wilden Chandler-Blut – und das war ihr Verhängnis geworden.

»... Asche zu Asche, Staub zu Staub ...«, tönte unser Vikar, Mr. Earnhart.

Ich beobachtete, wie Nicky einen großen Strauß violetter Chrysanthemen auf den Sarg legte, die Blüten zitterten im Wind, als die Sargträger ihn hochhoben und in die Gruft hinuntertrugen. Nickys Augen waren dunkel, schattenverhangen, so daß ich nicht sehen konnte, was er dachte oder ob er sich die Schuld an Lizzies Tod gab. Aber Thorne, der wissen mußte, daß er sie mit seinen Enthüllungen in den Tod getrieben hatte, standen die

Tränen in den Augen. Er hatte seine Schwester trotz aller Meinungsverschiedenheiten geliebt und war sicher von Schuldgefühlen zerfressen.

Onkel Esmond war über Nacht um zwanzig Jahre gealtert. Nie zuvor hatte er so alt und so krank ausgesehen, und Tante Maggies Herz blutete für ihn, wie ich an ihrem Gesicht sah. Er ertrug seine Trauer stumm wie Großmutter Prescott Chandler, die ihr schönes Gesicht hinter einem schwarzen Schleier versteckt hatte. Tante Julianne hingegen stöhnte und schrie so hysterisch, daß man sie schließlich nach Hause bringen mußte, wo sie ein Beruhigungsmittel bekam. Als einzige von uns vergoß Siobhan keine Träne. Sie stand hocherhobenen Hauptes mit einem geschickt geschnittenen Trauerkleid da, das ihren schwellenden Bauch kaschierte.

Ich wußte nicht, wie sie es wagen konnte, bei dieser Beerdigung zu erscheinen. Jetzt war ich mir nämlich in meinem Herzen sicher, was Thorne seiner Schwester an diesem schicksalhaften Tag in der Bibliothek erzählt hatte: Siobhan erwartete ein Kind von Nicky.

Das Weihnachten 1847 war eine traurige Angelegenheit, und das neue Jahr versprach auch nicht besser zu werden. Der Aufruhr in den Minen war aufs neue entflammt. Offener Vandalismus und Diebstahl waren an der Tagesordnung. Jemand verwüstete mutwillig alle Geräte, die zu schwer zum Stehlen waren. Beim letzten Überfall waren die Pumpen total zerstört worden, und beide Minen mußten bis zum Eintreffen der neuen Pumpen geschlossen werden. Trotz der bewaffneten Wächter, die Onkel Draco aufstellte, gelang es jemandem, das Büro der Mine in Brand zu setzen, und es brannte bis auf die Grundmauern nieder. Glücklicherweise bewahrte Onkel Draco eine Abschrift der Bücher im Haus auf, aber alles andere war vernichtet. Aber, wie Tante Maggie immer sagte, die Chandlers waren nicht unterzukriegen, und innerhalb kürzester Zeit wurde ein Holzgebäude als Ersatz errichtet, und die Arbeit an einem neuen Büro aus Stein hatte begonnen.

Die ersten Frühlingsblumen sprossen auf den Gräbern im Friedhof, das Leben ging weiter. Mein Bruder Guy und seine Frau Damaris bekamen ihr erstes Kind, einen Sohn, Fletcher. In London hatten Angélique und ihr Mann, Lord Greystone, den ersehnten Erben bekommen. Er wurde auf den Namen Lucius getauft und erhielt den Titel Viscount Stratton. Mein Bruder Francis wurde zum Kapitän seines eigenen Schiffes, der *Misty Maiden*, befördert, einem Clipper der P&C-Linie, und die junge Byrony, Tante Maggies jüngste Tochter, gab ihre Verlobung mit dem ehrenwerten Richard Tamarlane bekannt. Die Zwillinge hatten dieses Jahr ihren fünften Geburtstag und wuchsen wie Unkraut. Jarrett hatte jedem ein Pony gekauft, und Will, der oberste Stallknecht, brachte ihnen das Reiten bei. Blythe, Alexanders und Vanessas Tochter, war zwei, süß und schüchtern wie ihre Mutter. Winston und Isabelle konnten schon sitzen und lernten krabbeln.

Siobhans Schwangerschaft mit Nickys Kind war jetzt unübersehbar. Es mußte ihm doch wirklich klarsein, daß es sein Baby war, das sie unter dem Herzen trug. Aber natürlich sagte keiner von beiden ein Wort darüber, und Thorne erstaunlicherweise auch nicht. Nicky und er hatten sich dieses eine Mal zusammengetan, um die übelsten Gerüchte über Elizabeths verrücktes Verhalten im Keim zu ersticken. Viele ahnten zwar, daß Nicky Lizzie betrogen hatte und daß Thorne ihr den Beweis für die Untreue ihres Mannes gebracht hatte, aber Siobhans Name wurde nie in die Affäre mit hineingezogen. Ich glaube, keiner außer mir vermutete, daß ihre Tochter Katherine, die später geboren wurde, nicht Thornes Kind war.

Der Frühling kam und mit ihm endlich die neuen Pumpen für die Minen. Die Arbeit in den Minen wurde wiederaufgenommen, und die Überfälle begannen aufs neue, hielten sich aber, dank Onkel Dracos bewaffneter Wachen, in Grenzen. Dennoch gelang es nicht, die Schuldigen zu fassen. Eines Abends beim Essen kamen Jarrett und Nicholas zu dem Schluß, daß es ein Einzeltäter sein müßte, keine Bande von Gewerkschaftlern – ein Mann, der einen Groll gegen die Gruben oder die Chandler-Familie hegte.

»Vielleicht habt ihr recht.« Onkel Draco nickte nachdenklich. »Was schlagt ihr vor?«

»Zieh die Wachen für einige Zeit ab, Vater«, drängte ihn Nicky, »und laß mich allein in den Minen patrouillieren. Auf die Weise ahnt der Täter nicht, daß ich da bin, und wird sich verraten.«

»Na schön«, stimmte Onkel Draco zu. »Wir versuchen es.«

Die Wachen wurden abgezogen, und Nicky beobachtete die Minen – leider vergeblich. Wer immer für die Überfälle verantwortlich war, mußte Verdacht geschöpft haben und kam nicht einmal in die Nähe der Minen.

Im Frühsommer schrieb Angélique, daß sie uns mit Lord Greystone und ihren beiden Kindern für vierzehn Tage besuchen würde. Tante Maggie war ganz aufgeregt und plante, nachdem das Trauerjahr für Lizzie vorbei war, eine kleine Party zur Begrüßung. Vanessa und ich halfen mit den Einladungen und Vorbereitungen.

Die grauen Türme schimmerten wie Quecksilber, und die frisch polierten Fenster erstrahlten im Licht Hunderter Kerzen in den Lüstern. Die Nacht war erfüllt von fröhlichem Lachen und Musik aus den offenen Fenstern, die sich mit den wehmütigen Schreien der Möwen über dem Meer mischte. Kristallgläser klirrten leise, begleitet vom Gemurmel der Diener, die sich mit schwer beladenen Silbertabletts durch die Gäste in der Halle schlängelten, damit jeder sich nach Herzenslust bedienen konnte. Ein langes Buffet am Ende des Raumes bog sich unter der Last der erlesensten Delikatessen: Platten voller Roastbeef, Wild, Fasanen und Rebhühner, Kartoffeln mit Persilie, grüne Bohnen mit Mandeln, Karotten in Butter, warmes Brot und dicke Scheiben Krustenbrot, alles warm gehalten in silbernen Rechauds. Es gab Früchte und Käse, Torten und Konfekt, Trauben und Erdbeeren mit Zucker bestreut, scharfen Cheddarkäse und Brie, der auf der Zunge zerschmolz, üppige deutsche Schokoladenkuchen und leckere Petit fours.

»Was hättest du denn gern, Laura?« fragte mich Jarrett.

»Alles natürlich!« sagte ich lächelnd.

Er lud mir also von allem ein bißchen auf den Teller und machte sich dann selbst einen zurecht. Es gab keine freien Stühle mehr, also setzten wir uns auf die Treppe zum Südturm. Wir lachten und scherzten miteinander wie ein junges Liebespaar, so gar nicht wie gestandene Eheleute, die seit sechs Jahren verheiratet waren.

Nachdem wir gegessen hatten, leerten wir unseren Champagner und tanzten miteinander. Es war fast wie damals, in der Nacht meines Debütballs, als Jarrett mit mir im Ballsaal der Grange den Walzer getanzt hatte. Damals trug ich eine weiße Robe, ähnlich dem rosa Rüschenkleid von heute abend. Waren seither wirklich schon sieben Jahre vergangen? Es war kaum zu fassen. Vielleicht erinnerte sich mein Mann auch an diese Nacht, denn sein Arm schlang sich fester um meine Taille, und er lächelte mich an.

»Du bist noch schöner als in jener Nacht in der Grange, Laura«, flüsterte er mir zu. Er dachte also tatsächlich auch daran. Ich errötete, und er sagte: »Und du wirst auch noch genauso bezaubernd rot, mein Schatz.«

Er küßte mich zart auf den Mund, aber dann war die Musik zu Ende und der Zauber gebrochen. Jarretts Blick schweifte suchend durch den Saal, als er mich zu einem freien Stuhl brachte.

»Hast du Nicky gesehen, Laura?« fragte er.

»Nein«, erwiderte ich. »Aber vielleicht hatte er keine Lust zu feiern.«

»Nein, das glaube ich nicht. Thorne ist auch verschwunden«, bemerkte er leise.

»Thorne? Was hat das mit Nickys Abwesenheit von der Party zu tun?«

»Das erkläre ich dir später«, sagte er brüsk, »jetzt muß ich zur Mine reiten.«

»Zur Mine?« fragte ich verwirrt, und eine dunkle Vorahnung jagte mir Kälteschauer über den Rücken.

»Ja, entschuldige mich bei Mama und Angel, ja?« rief er mir über die Schulter zu.

Und dann war er verschwunden. Ich starrte ihm nach und nagte nachdenklich an meiner Unterlippe. War das nicht typisch Mann – einfach nicht zu sagen, was er vorhatte? Aber das würde ich mir nicht bieten lassen. Ich folgte meinem Mann in den Südturm, durch die Falltür in den Tunnel und von dort zum Stall.

Dort holte ich mir Zaumzeug aus dem Sattelraum und legte es meinem Waliser Pony Jocko an. Normalerweise zog er meinen Wagen, aber er war klein und hatte einen breiten Rücken, so konnte ich ohne Sattel leichter aufsteigen und im Herrensitz reiten. Außerdem wollte ich keinen der Knechte holen. Ich wußte nicht, wie ich ihm erklären sollte, warum ich mitten in der Nacht im Ballkleid aus Heights wegreiten wollte.

Ich zäumte Jocko auf und führte ihn in den Hof. Dort schwang ich mich auf seinen Rücken und trabte an dem verlassenen Pförtnerhaus vorbei. Danach galoppierte ich wie der Wind übers Moor.

Es war zwar schon kurz vor Mitternacht, aber die Nacht war nicht dunkel. Es war Vollmond, und er leuchtete mir den Weg, Sterne funkelten am klaren, dunkelblauen Himmel. Es hatte seit Wochen nicht geregnet, und die Heide war hart und ausgedörrt. Jockos Hufe trommelten über den trockenen Boden, er war stämmig und hatte einen sicheren Tritt. Er stolperte kein einziges Mal, obwohl ich ihn immer mehr antrieb.

Ich wußte nicht, warum Nicholas und Thorne die Soirée verlassen hatten, aber es verhieß nichts Gutes. Jarrett hatte einen Verdacht, und wenn mein Mann sich in Gefahr begab, wollte ich an seiner Seite sein. Ich liebte ihn von ganzem Herzen, und nur der Tod hätte mich abhalten können.

Endlich kamen die Minen in Sicht. Die Quarzberge kauerten im Mondlicht wie geisterhafte Titanen. Ich erschauderte, bekam allmählich Angst, denn durch die dicke Quarzstaubschicht wurde jedes Geräusch gedämpft. Nur der Wind war zu hören, der mit leisen Seufzern durch die Berge schlich und den Staub aufwirbelte. Ich hatte die Minen nur selten nachts gesehen und noch nie aus solcher Nähe. Jetzt waren die Gespenstergeschichten leichter zu verstehen, so unheimlich war es hier.

Ich mußte mich zwingen, Jocko weiterzutreiben, und ritt in die Quarzhügel. Sie schienen mit jedem Schritt des Ponys näher zu rücken, als wollten sie mich mit ihrem Alabasterstaub erdrükken. Ich hatte das Gefühl zu ersticken, wie an jenem Tag, an dem Thorne mich im Speicher in die Truhe gesperrt hatte. Aber das war vor langer Zeit. Warum mußte ich ausgerechnet jetzt daran denken? Ich wußte es nicht. Trotzdem ging mir der Vergleich nicht aus dem Kopf, und ich betrachtete mißtrauisch jeden Gipfel, als könnte dort etwas Namenloses lauern und sich auf mich stürzen wie Nicky in der Nacht am Strand...

Ich war am Rand einer Grube angelangt, einem riesigen, unwirklichen Krater. Er war durchzogen von Hufspuren und anderen Markierungen, die wahrscheinlich von den Schläuchen und den schweren Maschinen stammten, und ich bildete mir ein, in ihnen ein Männergesicht zu sehen.

Ich ritt vorsichtig um den Rand des Kraters zu dem kleinen provisorischen Büro, wo ich hoffte, Jarrett zu finden. Als ich mich dem Haus näherte, merkte ich, daß die Tür offenstand und im Wind ächzend hin- und herschwang. Ein Licht brannte im Inneren, und ich sah erleichtert, daß Jarretts Pferd Blackfire davor stand. Ich stieg langsam ab und ging mit Jocko am Zügel auf das Holzhaus zu, leise den Namen meines Mannes rufend. Aber es kam keine Antwort.

Ich spähte ängstlich hinein, sah aber im flackernden Licht der Lampe auf dem Schreibtisch, daß keiner da war. Wo konnte Jarrett nur sein? Und Nicky und Thorne? Ich wandte mich zum Gehen, und da fiel mein Blick auf eine edle, eichene Pistolenkassette, die auf einem Stuhl stand. Sie gehörte Onkel Draco. Jemand hatte sie aus seinem Arbeitszimmer geholt und hierhergebracht. Sie stand offen, aber die beiden Pistolen waren fort. Bei dem Gedanken, was das bedeuten könnte, bekam ich eine ganz trockene Kehle, und mein Herz hämmerte bis zum Hals.

Ich stieg schnell wieder auf Jocko und gab ihm die Sporen. Ich mußte Jarrett finden! Aber ich hatte keine Ahnung, wo ich suchen sollte, die Minen waren riesig. Wheal Anant lag fast eine Meile von Wheal Penforth entfernt. Aber mein Mann war doch sicher hier auf Wheal Anant. Sein Hengst war hier, die Pistolenkassette ebenfalls. Nicky und Thorne mußten auch hier sein. Zumindest glaubte das wahrscheinlich Jarrett.

Und dann hörte ich plötzlich seine zornige Stimme.

»Das ist Wahnsinn!«

Ich trieb Jocko in die Richtung, aus der das Geräusch kam, und dann sah ich die drei Männer.

»Das ist Wahnsinn, sage ich euch!« schimpfte Jarrett. »Glatter

Wahnsinn. Duelle sind gegen das Gesetz! Wenn einer von euch stirbt, wird der andere gehängt!«

»Halt den Mund, Jarrett, und geh aus dem Weg!« zischte Nicky. »Ich warne dich: Ich erschieße dich, wenn du es nicht tust. Das geht dich nichts an. Das ist eine Sache zwischen Thorne und mir, und du kannst uns nicht aufhalten. Diesmal kriegt er, was er verdient hat, und wenn ich dabei draufgehe!«

Es war genau wie in jener Nacht auf dem Speicher, als die beiden aufeinander losgegangen waren. Diesen Alptraum hatte ich schon einmal durchlebt. Die Grube war wie ein griechisches Amphitheater, ich konnte jedes Wort verstehen. Ich hätte wegreiten sollen, konnte mich aber nicht losreißen. Wie in Trance glitt ich von Jockos Rücken und ging in die Hocke, damit mich die Männer nicht sehen konnten.

»Tapfere Worte, für ein so hinterhältiges Schwein wie dich, Nicholas!« sagte Thorne verächtlich. »Es wird mir ein Vergnügen sein, dich zu töten, wie du meine arme Schwester getötet hast.«

»Das hast *du* getan, du Hundesohn, mit deinen dreckigen Lügen hast du ihr die Ohren vollgesungen –«

»Lügen, Nicholas? Wir wissen beide, daß dieser weinerliche Wurf von Siobhan dein Bastard ist!«

Es war also wahr. Jarrett riß den Kopf hoch, er hatte es nicht gewußt, nicht einmal geahnt... es war bloßer Zufall, daß ich Nicky und Siobhan zusammen gesehen und zwei und zwei zusammengezählt hatte.

»Und wessen kleiner Bastard ist Philip, Thorne?« höhnte Nicky. »Oder hast du deinen Ekel vor Frauen lang genug überwunden und die Beine deiner Frau zumindest einmal breit gemacht, du widerliche Tunte? Mein Gott, kein Wunder, daß Siobhan dich nicht ertragen konnte!«

»Glaubst du, das macht mir etwas aus? Sie ist eine Hure, Nicholas! Meine Frau und deine Geliebte, eine Hure! Was für ein Gefühl ist es, zu wissen, daß die Mutter deiner Tochter mit jedem ins Bett steigt – oder hast du etwa gedacht, du wärst der einzige?«

»Nein. Aber sie wollte zur Abwechslung mal einen *richtigen* Mann in ihrem Bett, und es war mir eine Freude, dir die Hörner aufzusetzen, Thorne!« Nicky hielt kurz inne, und als er wieder anfing zu sprechen, war seine Stimme tödlich ruhig. »Fang an zu zählen, Jarrett, unser feiger Cousin hat die Sache jetzt lange genug hinausgezögert.«

»Das werde ich nicht tun, Nicky«, sagte Jarrett wutentbrannt. »Es ist Irrsinn! Wir wissen jetzt, daß Thorne für die Vorfälle in den Gruben verantwortlich ist. Wir müssen ihn nur den Behörden übergeben und Anzeige erstatten.«

Das verschlug mir den Atem. Aber dann wurde mir klar, daß es nur logisch war. Thorne hatte nie verwinden können, daß Onkel Draco die Minen geerbt hatte, und wollte die Chandler-Männer da treffen, wo es am meisten weh tat.

»Jarrett, du glaubst doch nicht etwa, daß Vater das erlauben wird«, sagte Nicky. »Die Familie hat schon genug Skandale hinter sich. Oder glaubst du etwa im Ernst, daß Onkel Esmond seinen eigenen Sohn verurteilen wird? Nein, Thorne würde ungeschoren davonkommen wie immer. Aber diesmal nicht. Dafür werde ich sorgen. Fang an zu zählen, Jarrett.«

»Nein.«

»Dann mach' ich es selbst. Geh beiseite, Jarrett, damit du nicht ins Kreuzfeuer gerätst. Rücken an Rücken, Thorne. Zwanzig Schritt, dann umdrehen und schießen – oder bist du doch zu feige?«

»Von wegen, du lausiger Hurensohn!« höhnte Thorne frech, obwohl ich mir sicher war, daß er Angst hatte.

Jarrett und Nicky waren beide meisterhafte Schützen, sie konnten auf fünfzig Schritt die Zahl aus einer Spielkarte schießen. Aber Thornes Stolz ließ es sicher nicht zu, jetzt einen Rückzieher zu machen, und vielleicht hatte er im Lauf der Jahre seine Schießkünste drastisch verbessert. Vielleicht glaubte er wirklich, er könnte seinen Gegner töten.

»Sprich deine Gebete, du widerliches Schwein«, sagte Nicky. »Du stehst bald in der Hölle!«

Wie gelähmt beobachtete ich, wie die beiden Männer sich Rücken an Rücken stellten, die Arme streckten, die Pistolen gen Himmel hoben.

»Eins. Zwei. Drei...«

Die beiden Männer schritten los, und ich biß mir vor Aufregung die Lippe blutig.

»Sieben. Acht. Neun...«

Ich leckte mir das Blut von den Lippen. Mein Puls raste, mein Herz hämmerte so heftig, daß ich glaubte, es würde explodieren.

»Fünfzehn. Sechzehn. Siebzehn...«

Voller Entsetzen sah ich, wie Thorne ohne Warnung herumwirbelte, die Pistole im Anschlag. Der hinterhältige Betrüger hatte sich zu früh umgedreht, bevor Nicky zu Ende gezählt hatte. Ich fing an zu schreien. Noch ehe Jarrett sich auf Nicky werfen konnte, zielte Thorne und drückte ab. Die Brüder fielen zu Boden, ineinander verkeilt, nicht voneinander zu unterscheiden.

Nur ein Mann stand wieder auf.

Ich wurde vor Angst halb wahnsinnig, schlitterte schreiend und kreischend den Abhang hinunter, weil ich nicht wußte, welcher Bruder da auf der Erde lag. Derjenige, der stand, schaute auf, erschrak, als er mich sah, dann hob er die Pistole, zielte auf Thorne und drückte ab. Einen Moment lang stand Thorne einfach da, so daß ich glaubte, er wäre wie durch ein Wunder unverletzt. Aber dann begann er zu schwanken, und sein Körper fiel langsam in sich zusammen wie eine Ziehharmonika.

Er war tot, bevor er auf dem Boden aufschlug.

20. Kapitel

Der letzte Abschied

Nicholas hatte Thorne getötet. In meinem Herzen wußte ich, noch bevor ich bei den Brüdern angelangt war, daß Jarrett auf dem Boden lag, aus einer Wunde an der Schulter blutend. Thorne hatte nie richtig zielen können, die Kugel für Nicky hatte Jarrett getroffen. Aber mein Mann lebte, ich dankte Gott dafür. Und er war nicht ernsthaft verletzt.

Ich riß mir schnell ein paar Streifen Stoff aus dem Unterrock und kniete mich zu ihm, um die Blutung zu stoppen, ohne Rücksicht darauf, daß er mich zähneknirschend beschimpfte, weil ich ihm gefolgt war. Ich erwiderte erbost, er bräuchte sich nicht zu wundern. Das wäre nicht passiert, wenn er mir gesagt hätte, was los sei, anstatt mich brennend vor Neugier und Sorge um ihn einfach stehenzulassen.

Inzwischen weinte ich so heftig, daß ich gar nichts mehr sehen konnte. Nicky mußte den provisorischen Verband fertigmachen und eine Schlinge basteln, damit die Belastung von der Schulter genommen war.

»Ich nehme an, Thorne ist tot«, sagte Jarrett schließlich.

»Ja«, erwiderte Nicky. Er hielt inne, dann sagte er langsam: »Du hast mein Leben gerettet, Jarrett, und dein eigenes dabei-

riskiert. Warum? Nach allem, was ich dir und Laura angetan habe –«

»Du bist mein Bruder, Nicky. Ich liebe dich. Aber ich glaube, das hast du nie so richtig begriffen.«

Nicky wandte sich ab und schluckte. Seine Augen glänzten vor unvergossenen Tränen.

»Nein«, gab er schließlich mit belegter Stimme zu. »Ich war immer so verdammt beschäftigt damit, mit dir zu wetteifern, Jarrett – genau wie Thorne mit mir. Jetzt begreife ich es. Jetzt, nachdem es zu spät ist.« Seine Stimme war verbittert und voller Reue. »Ich bin hier in England erledigt. Ich muß fort, ehe jemand erfährt, daß Thorne tot ist, sonst hängen sie mich. Du weißt ja, wie sehr unsere gute Königin Viktoria Duelle mißbilligt. Und diese strenge, engstirnige, fette, alte Kuh sitzt nun mal auf Englands Thron.«

»Warum hast du es dann getan, Nicky? Es hätte andere Möglichkeiten gegeben, Thorne das Handwerk zu legen.«

»Aber keine, die so sicher war wie die meine, oder? Ich hatte ihn schon länger in Verdacht, weißt du. Er hat Tante Juliannes dämliches Geschwätz geglaubt, daß Vater und Mutter Großvater Nigels Testament manipuliert hätten. Thorne war der Meinung, die Minen würden ihm rechtmäßig zustehen. Da er sie nicht kriegen konnte, wollte er sie zerstören und mich ebenfalls.

Ich hatte vermutet, daß er heute nacht hierherkommen würde, nachdem die Wachen abgezogen waren und alle anderen sich auf der Soirée vergnügten. Und dann sah ich, wie er sich aus Heights wegschlich, habe die Duellpistolen geholt und bin ihm gefolgt. Ich wußte, daß es keinen Sinn hätte, ihn in flagranti zu ertappen, er würde mich nur auslachen. Aber eine Herausforderung zum Duell... dem kann kein Mann mit einem Funken Stolz widerstehen. Ich wußte, daß er sie annehmen würde und wir ihn dadurch ein für allemal loswerden konnten.«

»Aber du hättest ihn genausogut ermorden können, Nicky«, sagte Jarrett leise. »Der konnte bei einer Pistole ja kaum vorn und hinten unterscheiden.«

»Vielleicht. Aber er hätte genausogut mich töten können. Ich glaube, es war eine Art willkürliche Gerechtigkeit für die drei Jahre meines Lebens, die er mir gestohlen hat. Laura hätte mich nämlich zurückgerufen, wenn er sie nicht gefesselt hätte, hat Mutter gesagt. Thorne wurde bestraft für die Verbrechen in den Minen und für das, was er der armen Lizzie angetan hat. Es war seine Schuld, daß sie den Verstand verloren hat. Wir haben sie getötet, Thorne und ich. Dafür war ich ihr etwas schuldig. Sie war meine Frau und hat mich geliebt. Sie hätte etwas Besseres verdient, und Thorne mußte bestraft werden. Er wäre nie ins Gefängnis gekommen. Vater, Onkel Esmond und Onkel Welles hätten schon dafür gesorgt. Jetzt aber ist Thorne tot und die Schuld beglichen.«

Nicky verstummte, und auch Jarrett und ich schwiegen. Jeder von uns dreien war mit seinen eigenen Gedanken beschäftigt. Wer von uns hätte sich schon träumen lassen, daß es je so weit kommen würde?

Wie ich schon zu Anfang meiner Geschichte sagte, wir hatten gedacht, die Welt gehöre uns, wir müßten nur die Arme ausstrekken und mit beiden Händen zupacken. Und so hatten wir unser Lebensmosaik geformt, schlecht gelegt, bruchstückhaft, wie das eben die Art der Jugend ist.

Es war spät geworden. Wir erhoben uns.

»Ja... das ist dann wohl der Abschied«, sagte Nicky mit tränenerstickter Stimme. »Jarrett –« Er konnte nicht mehr weiterreden, umarmte seinen Bruder und drückte ihn an sich, eine Geste voller Liebe, die mehr sagte als alle Worte. Dann wandte er sich mir zu. »Küß mich, liebe Laura – um der alten Zeiten willen, um unserer verlorenen Jugend und der alten Zeiten willen, die nie mehr wiederkommen. Ich glaube, dieses eine Mal wird Jarrett nichts dagegen haben.«

Ich wußte, daß er nichts dagegen hatte. Ich hob langsam mein Gesicht zu seinem, und Nicky küßte mich. Und als unsere Lippen sich vereinten, war ich wieder ein Mädchen von siebzehn im Garten der Grange und in ihn verliebt. Er würde immer einen Platz in meinem Herzen haben, versteckt in einer Ecke, zusammen mit meiner Unschuld, meiner Jugend und meinen Mädchenträumen. Gleichgültig was er war, was er auch getan hatte, Nicky war ein Teil meines Lebens und würde immer ein Teil meiner Erinnerung bleiben. Er ließ mich zögernd los und trat zurück. Dann strich er mir behutsam eine Strähne aus dem Gesicht, die sich aus meinem Knoten gelöst hatte.

»Ich habe euch beiden einmal ein großes Unrecht zugefügt«, sagte er. »Es war eine Lüge, was ich in jener Nacht behauptet habe. Laura hat mir nie gehört.«

»Ich weiß«, sagte Jarrett.

»Ich bin froh«, sagte Nicky. Er überlegte kurz, dann sagte er: »Bitte kümmert euch um Katherine und Winston. Die armen Racker, ich wäre sowieso kein guter Vater für sie gewesen.«

Seine Stimme klang so reumütig, daß ich froh war, daß wir ihm nie von Rhodes erzählt hatten, sonst hätte er auch noch diese Last zu tragen gehabt.

»Wohin wirst du gehen?« fragte ich leise.

»Wahrscheinlich zurück nach Australien. Sag Vater und Mutter, diesmal lasse ich von mir hören, wenn ich kann. Ich war nie ein guter Briefschreiber.« Nicky pfiff seinem Pferd und stieg auf. Dann grinste er frech zu uns herunter, wenngleich seine Augen traurig waren. »Immer wenn ihr euch Sorgen um mich macht, stellt euch einfach vor, daß ich irgendwo faul im Schatten eines Eukalyptusbaumes liege.« Dann gab er dem Wallach die Sporen und galoppierte in die Dunkelheit.

»Nimmt er dein Herz mit sich fort, Laura?« fragte Jarrett in die anschließende Stille hinein. Seine Stimme klang verunsichert.

»Oh, meine einzige Liebe«, flüsterte ich mit Tränen in den Augen, »wie kannst du nach so langer Zeit noch an mir zweifeln? Er hat mir vor langen Jahren meine Jugend geraubt, ja, aber nicht mein Herz, das hat er nie besessen. Es liegt dort, wo es schon seit vielen Jahren ruht, Jarrett: sicher in deiner Obhut.«

Er legte seinen gesunden Arm um mich und küßte mich voller Inbrunst, und ich wußte, daß ich Nicky nicht nachtrauerte, ihm nie nachtrauern würde. Er war ein Traum gewesen, aber Jarrett war Realität wie die schwarzen Steine der Küste Cornwalls und seine Liebe für mich und genauso zeitlos.

EPILOG

Über der sternklaren See

1848

21. Kapitel

Jetzt und in alle Ewigkeit

Stormswept Heights, England, 1848

Wir begruben Thorne neben seiner Schwester Elizabeth im Friedhof gleich hinter der Dorfkirche. Ich glaube, Onkel Esmond hat sich nie mehr von dem Schock, seine beiden Kinder so jung und so kurz hintereinander verloren zu haben, erholt. Er war wie eine Uhr mit gebrochener Feder und zog sich in ein Schneckenhaus der Träume zurück. Nur die kleine Katherine konnte ihn im Lauf der Jahre gelegentlich aus der Reserve lokken. Dann lächelte er und schien fast wieder der alte zu sein. Man konnte verstehen, daß Tante Maggie ihn einst geliebt hatte wie ich Nicholas.

Tante Julianne war von Thornes Tod so betroffen, daß sie bis ans Ende ihrer Tage Trauerkleidung trug und die Hall zu einem Grabschrein machte, in den kaum jemand mehr zu Besuch kam.

Wir sahen Nicholas nie wieder. Anfangs kam gelegentlich noch ein Brief – ein paar hastig gekritzelte Zeilen. Aber dann wurden die Zeitabstände zwischen den Briefen immer länger, und schließlich hörten sie ganz auf. Am Ende wußte keiner mehr, ob er nun lebte oder schon tot war. Wenn ich jetzt manchmal an ihn denke, stelle ich mir einfach vor, daß er irgendwo unter einem Eukalyptusbaum liegt, wie er uns geraten hat. Und irgendwie habe ich in meinem Herzen das Gefühl, daß er überlebt hat, wild und rücksichtslos wie immer, wenn auch ein bißchen trauriger und weiser. Manchmal, wenn ich nachts an der Küste entlanggehe und über das sternenbestrahlte Meer schaue, stelle ich mir vor, ich könnte die Riffe Australiens sehen, und dann trägt der Wind Nickys Lachen zu mir.

Aber Jarrett gehört mein Herz. Er verjagt die Schatten der Vergangenheit, wenn sie zu dunkel und unheimlich werden, und bringt mich manchmal in die verschwiegene Bucht. Dann drückt er mich in den Sand wie damals beim ersten Mal, als ich noch ein halbes Kind war und er mir zeigte, was es heißt, einen Mann zu lieben. Jarrett ist es, nach dem ich mich in langen Nächten sehne, und in seinen starken Armen werde ich neu geboren.

Diese bittersüßen Tage der Jugend sind jetzt für immer vorbei. Aber unsere Liebe bleibt wie der Wind, der über das Moor bläst, wie die See, die an das wilde Ufer brandet: grenzenlos und ewig.

In mondheller Nacht

Für Lisa, Rob, Jessica
und Trey, in Liebe.

Der Familienstammbaum

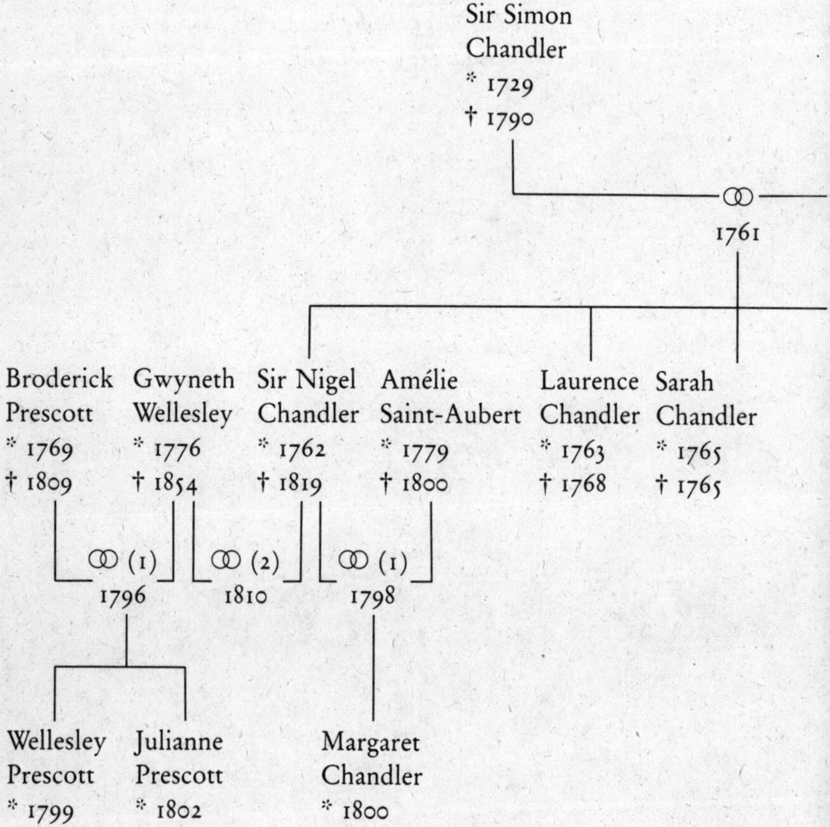

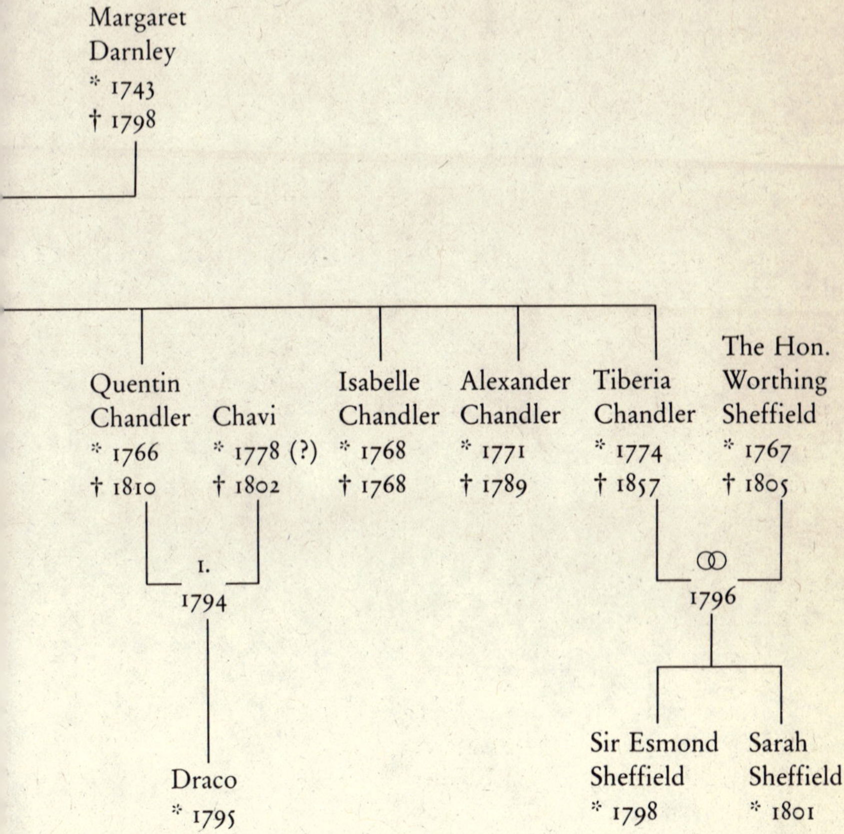
Margaret Darnley
* 1743
† 1798
Quentin Chandler
* 1766
† 1810
Chavi
* 1778 (?)
† 1802
1.
1794
Draco
* 1795
Isabelle Chandler
* 1768
† 1768
Alexander Chandler
* 1771
† 1789
Tiberia Chandler
* 1774
† 1857
The Hon. Worthing Sheffield
* 1767
† 1805
1796
Sir Esmond Sheffield
* 1798
Sarah Sheffield
* 1801

Inhalt

In mondheller Nacht

Alter bringt Weisheit
Und Reue sagen sie,
Und Erinnerungen, blaß, ungebeten;
Jedoch wie wunderbar und deutlich
Sehe ich die Schatten meiner Vergangenheit,
Jener Bilder, die einst so vertraut –
Denk' ich im schwachen Zwielicht...

Und denk' ich an jenen Sommer
Und diesen bittersüßen Frühling,
Als alles sich verändert,
Und ich blind dem Schicksal in die Arme lief.

Ach, Torheit der Jugend!
Nur weinen kann ich – und mich fragen,
Welch verderbter Kobold der Vorsehung
Mir in jener Nacht den Schlaf geraubt,
Meine Schritte auf dieses monddunkle Moor lockte,
In blasses Sternenlicht getaucht.
Ich schwör', ich weiß es nicht.

War's eine Elfe, die zu Streichen aufgelegt
Aus meinem Bett mich lockte?
Ein boshaft Wechselbalg,
Das meine Schritte lenkte?

O schändliche Kreatur!
Herzloser Schuft!
Ohne Gefühl für Unschuld,
Ohne Mitleid für mein Los,
Du hast mich mit deinen schrecklichen Pfeilen durchbohrt,

In dieser wilden Frühlingsnacht
Und warst noch nicht zufrieden.

Hatt' ich denn Gelegenheit zu fliehen?
Dem Schicksal, das du schadenfroh geplant, zu entgehen?
Der frechen Nemesis entrinnen können,
Die du mir bereitet?

Unheiliger Kobold!
Du grausiges, verhaßtes Ding!
Mit grausamer Wonne hast du mich ihm gegeben,
Dem frechen Knecht deiner Untat!
Wie ein tosender Sturm hast du unser Leben
In den Wind gefegt, und ohne Rücksicht
Herzen und Hoffnung wie Asche verstreut...

Wahnsinn war es, Wahnsinn, hemmungslos und wild,
Der mich an diesen Ort gepackt.
Elender Zeuge meines Sündenfalls,
Spottender Kunde meines Niedergangs.

Und doch, wie herrlich!
Wie wunderbar mein Fall!
Ich kann nicht lügen. Solch hemmungslose Leidenschaft...
Denk' ich daran, Schamröte mir die Wangen färbt,
Wie lüstern meine Hingabe,
Als die Liebe alles fordert.
Nur ich allein trag' die Schuld.

Kühner Räuber meiner Jungfernschaft,
Du fleicheslust'ger Dieb von Reinheit und Jugend,
Der meine Kindheit mir entriß
Und mir die nackte Wahrheit meiner Fraulichkeit enthüllte.

Verdammt seist du!
Du, der du meine Träume mit Füßen tratest.
Und alles zerstörtest, was mir teuer war
Vor Jahren; ich hab's nicht vergessen,
Denn süße Qual peinigt mich immer noch,
Aus uns geboren, den Ungewollten.
Doch lang schon lieb' ich dich.

Prolog

Schatten meiner Vergangenheit 1898

Unsere Taten, unsere Engel sind gut oder böse,
Unsere tödlichen Schatten ständige Begleiter.

–An Honest Man's Fortune
John Fletcher

Stormswept Heights, England, 1898

Es ist spät – und doch kann ich nicht schlafen.

Meine Gedanken vertreiben wie immer den Schlaf, und heute nacht sind sie besonders stürmisch. Warum, kann ich nicht sagen. Vielleicht weil der Wind so mächtig bläst, als wolle er alles wegfegen, und die Brandung gegen die Klippen rollt, als wolle sie alles zertrümmern. Vielleicht ziehe ich deshalb meinen Morgenmantel fester um mich und gehe rastlos auf und ab, wie schon sooft. Ich glaube nicht daran.

Ich bin alt – älter, als meine Jahre –, zu alt, um mich vor dem unheilvollen Kreischen des Windes, dem gewaltigen Donnern und Blitzen und dem gnadenlosen Regen, der auf das Moor prasselt, zu fürchten – und doch habe ich Angst. Aber ich fürchte nicht den Sturm. Mein Körper zittert vor der Erinnerung. Mit jedem keuchenden Atemzug des Windes brandet sie stärker über mich und droht mich zu verschlingen.

Wie gnadenlos sie mich sogar jetzt noch verfolgen, diese Schatten meiner Vergangenheit! Mit Gewalt will ich sie zum Schweigen bringen, doch sie bedrängen mich – ungerufen, unwillkommen.

Meine einsame Kerze flattert im Zug, klein und hilflos vor dem Sturm, der sie verlöschen wird.

Wie ähnlich ich doch dieser Flamme einst war, denke ich.

Und doch ... war nicht vieles, was ich erduldet habe, meine eigene Schuld? In meinem Herzen weiß ich, daß es so ist, denn nur ich hatte die Verantwortung für die Wahl, die ich getroffen habe. Ich betrat den Weg mit festen Schritten in meiner Jugend, und so war ich gezwungen zu reisen. Oft wäre ich gern umgekehrt, wenn ich nur gekonnt hätte.

Es gibt viele, die gerne noch einmal jung wären. Ich gehöre nicht zu ihnen. Jung sein heißt, voller Leidenschaft zu sein und sich Hals über Kopf in Dummheiten zu stürzen – wie ich es einmal tat. Jetzt plätschern meine Tage gleichmäßig dahin. Aber ich lebe sicher und bequem, und danach sehne ich mich, jetzt, wo mein Ende naht. Wie ironisch ist es doch, daß ich am Ende alles haben sollte, was Julianne mehr als alles andere auf der Welt wollte. Nur die Erinnerungen zerren mit scharfen Zähnen und Klauen an den Kanten meiner Sicherheit. Sie kommen nur im Dunkeln wie alle bösen Dinge. Morgen werde ich sie vertreiben. Aber heute abend nagen sie an meiner Seele.

Erstarrt bin ich jetzt, horche, als könnte ich ihre gedämpften Schritte, ihre flüsternden Stimmen hören – die leisen Geräusche der längst Toten und Begrabenen – der Geister, die nur noch in meinem Kopf leben.

Am Sonntag werde ich zum Friedhof gehen wie immer und Blumen auf die Gräber derer legen, die einst ein so wichtiger Teil meines Lebens waren und jetzt schlafen, während mir der Schlaf verwehrt ist. Und ich werde an das gemeinsam gewebte armselige und oft geflickte Lebenstuch denken. Aber ich beklage mich nicht. Meine Stiche waren genauso schief wie die der anderen, und wenn ich mich auch oft über schlechtes Handwerkszeug beklagte, am Ende lag die Schuld doch bei dem Material, aus dem ich gewoben war. Ich war, was ich war, was wir alle waren. Vielleicht war es uns nicht gegeben, anders zu sein. Ich weiß es nicht.

Ich weiß nur, daß ich die Erinnerungen nicht zum Schweigen bringen kann, bevor ich bei den anderen liege. Ich bin die letzte. Wenn ich tot bin, wird keiner mehr von diesen längst vergangenen Tagen sprechen, die jetzt wie ein Winterfeuer ausgebrannt und tot sind – nur noch verstreute Asche in einem kalten, leeren Herd.

Nun denn, ich will von ihnen reden und ehrlich beim Erzählen sein. Doch mehr als das, lieber Leser, werde ich nicht tun, denn mir, die ich ein so wichtiger Teil dieser Geschichte bin, steht es nicht zu, darüber zu urteilen, was recht oder falsch war. Diese Entscheidung gebührt allein Gott. Und jetzt – mehr denn je – mit altersspröden Knochen, bete ich, daß Er wahrhaftig gnädig ist und vergibt. Wenn Er unbarmherzig ist, werde ich sicherlich für meine vielen Sünden verdammt.

Und dennoch habe ich keine Angst vor dem Tod. Dazu habe ich im Leben zuviel gesehen.

Laßt mich an den Anfang zurückkehren, zurück in jenen Sommer vor so langer Zeit. Ich war zehn Jahre alt, und in diesem Sommer traten jene in meine Welt, deren Leben später so unwiderruflich mit meinem verstrickt waren.

1. Buch

Der entscheidende Sommer 1810–1815

Solch süß Gesicht, von Anmut engelsgleich,
Hat dieses Land noch nie gesehn:
Cophetua schwör einen königlichen Eid:
»Dies Bettlerkind wird meine Königin!«

–The Beggar Maid
ALFRED, LORD TENNYSON

1
Mein Vater nimmt sich eine Frau

Highclyffe Hall, England 1810

Diesen Sommer werde ich nie vergessen. Da passierte es, daß mein Vater, Sir Nigel Chandler, wieder heiratete und Draco in Highclyffe Hall einzog.

Ich erinnere mich noch gut daran, denn ich war damals zehn Jahre alt, also alt genug, um meine eigenen Beobachtungen zu machen. Deshalb verwechsle ich meine Erinnerungen nicht mit den Geschichten von Nanna und anderen, die sie mir in meiner Kindheit erzählten. Aber selbst wenn ich jünger gewesen wäre, diesen Sommer hätte ich nicht vergessen, denn er veränderte mein Leben entscheidend, und deshalb werde ich mich immer genau an diese Zeit erinnern.

Ich war ein Einzelkind und als solches vorlaut und neugierig. Schon von klein an war ich darauf bedacht, alles zu wissen, was im Haus vor sich ging. Die Launen meines Vaters beherrschten unser Leben, und der ganze Haushalt bekam Sir Nigels Unmut zu spüren, wenn die Dinge nicht gut liefen. Zumeist war ich diejenige, auf die er seinen Zorn entlud. Aus diesem Grund war ich im Lauf der Jahre ein wahrer Meister im Erfahren von Neuigkeiten im Haushalt geworden, und ich kannte zu jeder Stunde Sir Nigels Aufenthaltsort und Laune.

Es mag Ihnen seltsam erscheinen, daß ich, sein einziges Kind, solche Angst vor ihm hatte, denn trotz allem hatte er nie Hand an mich gelegt und mich weit besser behandelt, als die Männer, die auf unseren Farmen und in den Minen arbeiteten, ihre Kinder behandelten. Trotzdem hatte ich guten Grund, mich zu fürchten, wie sich zeigen wird. Also versuchte ich mit allen Mitteln, meinem Vater aus dem Weg zu gehen.

Bei diesen Bemühungen wurde ich tatkräftig vom Rest des Haushalts unterstützt. Alle hatten Mitleid mit mir, und sie fanden mich seltsam. Oft hörte ich sie sagen, es wäre ja auch kein Wunder – so, wie man mich erzogen hätte. Das Personal war der Meinung, man hätte mich unter den gegebenen Umständen ins Internat schicken sollen, wo mein wacher Verstand in die richtigen Bahnen gelenkt worden wäre und ich die Dinge gelernt hätte, die sich für ein Mädchen von meinem Stand schickten. Unser Butler hatte sogar einmal die Taktlosigkeit besessen, zu sagen, es wäre schade, daß die Bow Street Runner keine Weibspersonen beschäftigten. Ich fand diese Bemerkung äußerst dumm, denn ich war der Überzeugung, meine detektivischen Talente hätten ihnen sicher gute Dienste geleistet.

Zumindest war ich intelligent, wenn auch nicht hübsch – das sagten jedenfalls unsere Bediensteten in mitleidigem Ton, wenn sie dachten, ich höre sie nicht. Ich war groß für mein Alter und schlank, mit einer wilden schwarzen Haarmähne, die sich allen Bändigungsversuchen widersetzte, gleichgültig, wie oft Nanna sie bürstete und flocht. Meine schwarzen Augen war zu groß für mein dunkles, schmales Gesicht, die Nase nicht direkt klassisch, mein Mund viel zu groß. Und ich bestand hauptsächlich aus Knochen, war kantig und spitz und ohne die sanften Rundungen, die ich später im Leben bekommen sollte.

Meine Kleider hingen deshalb an mir wie an einer Vogelscheuche. Ich war mir meiner unglückseligen Erscheinung wohl bewußt und versuchte, so unauffällig wie möglich zu sein und ging gebückt und gekrümmt, anstatt stolz erhobenen Hauptes, wodurch ich noch ungraziöser erschien.

Deshalb war ich eine ständige Quelle des Ärgers für Sir Nigel. Wenn er mich nur sah, verfluchte er meine Geburt, die ihm meine schöne Mutter genommen hatte, und das mit solchem Zorn, daß mir die Knie weich wurden. Ich – und ich allein – war schuld am Tod meiner Mutter, denn wäre ich nicht geboren worden, wäre sie noch am Leben.

»Warum konntest du nicht sterben?« fragte Vater mich, wenn er wieder dem Brandy zu sehr zugesprochen hatte. »Sie war zehnmal soviel wert wie du.«

Das murmelte er wieder und immer wieder vor sich hin, als müßte er sich selbst davon überzeugen, obwohl ich der Meinung war, daß er das nur tat, weil er betrunken war. Mich brauchte er nicht zu überzeugen, denn ich hätte ihm als erste recht gegeben. Ich hatte meine Mutter zwar nie gekannt, liebte sie aber dennoch von ganzem Herzen, und die Erinnerung an sie, von anderen geformt, war mir heilig. Amélie Saint-Aubert Chandler war ihr Name, und sie war zerbrechlich und duftig, wie der bleiche Dunst, der manchmal niedrig über dem Moor schwebt. Sir Nigel hatte sie in Paris kennengelernt und geheiratet und sie in sein Haus in Cornwall gebracht, an diesen grauen und feuchten Ort, der so anders war als die sonnigen französischen Ebenen, in denen sie fast ihr ganzes Leben verbracht hatte.

Ich fragte mich oft, ob meine Mutter ihre Heimat vermißt hatte. Auf allen Porträts von ihr, die ich kannte, hatte ihr Lächeln einen Hauch von Wehmut, und ihre strahlenden Augen waren traurig. Ich glaube, sie war keine glückliche Frau, aber stark und würdevoll, ein wertvoller Mensch – ja, das war sie gewesen. Sonst hätte sie mein Vater nicht so geliebt, und er hätte mich nicht so verachtet, weil ich sie ihm genommen hatte.

Es war mir eine schreckliche Last zu wissen, daß meine Geburt die Ursache für ihren Tod war. Ich konnte Sir Nigel nicht verdenken, daß er mich haßte, und erduldete seine Schmähungen so gut es ging. Ich war eine ständige, schmerzliche Erinnerung an meine Mutter für ihn, und so konnte die Wunde, die ihr Tod hinterlassen hatte, nie richtig heilen. Und weil er sie so geliebt hatte, liebte ich sie auch und ertrug ihn um ihretwillen.

Das minderte aber meine Angst vor ihm nicht. Oft, besonders wenn er betrunken war, durchbohrten mich seine Blicke, als könnte er mit schierer Willenskraft meine Existenz auslöschen. Und er radierte mich in seinem benebelten Kopf aus und erweckte irgendwie meine Mutter zum Leben – zumindest glaubte ich das und wünschte nur, er würde mich nicht gar so sehr verabscheuen.

Wie sie mich ängstigten, diese Nächte, in denen Nanna mich spätnachts aus meinem Schlafzimmer holte und ich, schlaftrunken und zitternd in meinem dünnen Nachthemd, zu meinem Vater gebracht wurde, damit er uns beide quälen konnte.

Kein Wunder, daß ich mich vor ihm versteckte, wann immer ich konnte!

Ansonsten sah ich ihn nur Freitag nachmittags. Wenn er zu Hause war, rief er mich in sein Arbeitszimmer, um mir mein Taschengeld auszubezahlen. Er machte immer ein Ritual daraus; er nahm den Schlüssel, der an einer Goldkette von seiner Westentasche baumelte, und öffnete seine oberste Schreibtischschublade, aus der er dann die Geldkassette holte. Dann zählte er fünf Schillinge ab, nicht mehr und nicht weniger. Danach unterschrieb ich schnell in seinem Quittungsbuch, wo festgehalten wurde, was er mir bezahlte.

Abgesehen von diesen Gelegenheiten, ignorierte mein Vater mich.

Er war ein vielbeschäftigter Mann. Highclyffe Hall und seine übrigen Ländereien waren ein ziemlich großer Besitz, und er war sehr stolz auf sein Erbe.

Das Haus lag im Norden Cornwalls – im wilden, unwegsamen Moor, das sich zum Meer hinzog. Die Silhouette ragte schroff in den Horizont. Ein Wald aus uralten Ulmen umgab das Haus. Aber die Äste waren mager und wuchsen steil zu schmalen Kronen hoch, die Bäume wirkten schroff wie das harte Land. Einige wenige, nicht so karge Bäume waren im Lauf der Jahre gepflanzt worden und machten die Umgebung des Hauses etwas gefälliger.

Das Haus hatte die Form eines E und war zur Zeit von Königin Elizabeth I. aus Pentewan Stein, der aus den Klippen von Mevagissey Point gehauen wurde und im Wagen hierher geschafft worden war, erbaut worden. Im Lauf der Zeit war der rauhe Stein zu hellem Silbergrau verwittert, in dem sich alle Nuancen von Licht und Schatten spiegelten und das dem Gebäude etwas Abweisendes verlieh – besonders in der Dämmerung.

Es war mit dem Speicher drei Stockwerke hoch. Das Hauptgebäude hatte ein flaches Dach mit Zinnen, die Flügel bedeckten hohe Giebeldächer mit den typischen Tudor-Kaminen.

Links und rechts von einem eckigen Säuleneingang ragten zwei schlanke, sechseckige Wachtürme empor. Efeu umrankte die massiven, eichenen Türen und wand sich an den Türmen hoch, was die ganze Fassade freundlicher erscheinen ließ. Lange, schmale Bleiglasfenster gaben den Blick auf den Wald, den fröhlich bunten Garten und die weitläufigen Rasenflächen des Parks frei. Gärten und Rasen wurden sorgsam gepflegt, damit das ungezähmte Moor sich nicht wieder holte, was ihm so mühsam abgerungen worden war.

Manchmal, spätnachts, wenn ich, eingekuschelt in meine Decke, im Bett lag, trug der Wind das Geräusch des tosenden Meers, das nur wenige Meilen entfernt war, bis in mein Zimmer. Und ich stellte mir vor, daß die schwarzen, schroffen Klippen und die Erde unter dem Ansturm der Wogen zerbröckelten und die Hall ins Meer stürzte, wie die vergessenen Länder Lyonesse und Ys, die dereinst vor Cornwall lagen, von den Fluten verschlungen worden waren. Ängstlich lauschte ich dem Ächzen des alten Hauses und fragte mich, wie die Wände, die mich umgaben, den gnadenlosen Elementen widerstehen konnten.

Die Hall war ein einsamer Ort, denn wir hatten nur einen Nachbarn, Pembroke Grange. Die Farm, ein paar Meilen nordöstlich, hatte einer meiner Vorfahren, Sir John, gekauft, um den Landbesitz der Chandlers zu vergrößern. Dort lebte die einzige noch lebende Schwester meines Vaters, Tiberia Chandler Sheffield, mit ihren beiden Kindern, Esmond und Sarah. Südwestlich von uns war der Besitz Stormswept Heights, dessen Leuchtturm einst Schiffe davor bewahrt hatte, an den gefährlichen Klippen darunter zu zerschellen. Aber das Haus war seit vielen Jahren verlassen und verfallen. Ich hatte also wenige Freunde und nur wenig Gesellschaftsleben.

Wenn mein Vater nicht mit der Verwaltung des Besitzes beschäftigt war, fuhr er meist nach London. Ich mußte zu Hause bleiben, aber das machte mir gar nichts aus. Ich freute mich sogar, wenn er lange weg war, weil sich dann keiner außer Nanna und Hugh, unser Stallmeister, um mich kümmerte und ich tun und lassen konnte, was mir Spaß machte.

Ich verbrachte viele Stunden im Freien, allein mit meinem Pony Clothilde, und wurde wild und ungestüm wie das Land. Nur Hugh und Nanna kannten mich so, denn sobald ich nach Hause zurückgekehrt war, wechselte die Kinderfrau mir schnell das grasbefleckte Kleid und flocht mein windzerzaustes Haar in zwei dicke Zöpfe. Sie tadelte und ermahnte mich, und dann war ich wieder die stille, brave Tochter von Sir Nigel Chandler, Baronet, Herr von Highclyffe Hall.

Manchmal begleitete meine Cousine Sarah mich auf diese Expeditionen, aber nicht sehr oft. Die Sheffields hatten kein eigenes Einkommen und waren arm wie die Kirchenmäuse. Sarah mußte bei der Hausarbeit und den Näharbeiten helfen, mit denen Tante Tibby sich ein Zubrot verdiente, weil mein Vater nicht sonderlich großzügig war. Aber manchmal ließ Tante Tibby Sarah ausgehen, und dann jagten wir auf Clothilde über das Moor.

Sarah war ein Jahr jünger als ich und nicht so knochig, hatte dunkelbraune Locken, funkelnde braune Augen, eine Stupsnase und einen Mund wie eine Rosenknospe. Sie war sanft und fröhlich wie ein Vögelchen und pflückte unterwegs immer Blumen. Jeder, der sie kannte, mußte sie lieben, sie war rein und gütig wie eine Heilige.

Zu ganz seltenen Gelegenheiten, wenn er sich von seinen Büchern freimachen konnte, begleitete uns Sarahs Bruder Esmond. Esmond hatte dasselbe braune Haar und dieselben Augen wie seine Schwester und ein ebenmäßiges, schönes Gesicht. Oft beneidete ich ihn um sein klassisch geformtes Profil, das so anders war als meines. Er war ein ernster, zurückhaltender Junge, viel reifer, als seine zwölf Jahre es ahnen ließen. Sein Vater war vor einigen Jahren bei einem Kutschenunfall ums Leben gekommen, und so war Esmond die Verantwortung des Mannes in der Familie zugefallen, nachdem Tante Tibby nicht wieder geheiratet hatte.

Ich fragte mich ohnehin immer wieder, wie sie es überhaupt geschafft hatte zu heiraten, sie war so unterwürfig und bedürfnislos wie ein Hase – und somit ein Dorn im Auge meines Vaters. Aber sie war harmlos und wollte keinem etwas Böses. Deshalb hatte ihr Sir Nigel, der nie seine Pflichten vernachlässigte, nach einigem Zögern erlaubt, nach dem Tod ihres Mannes in die Grange zu ziehen, da der ehrenwerte Worthing Sheffield ihr praktisch nichts hinterlassen hatte.

Tante Tibby war immer sehr lieb zu mir und behandelte mich wie ein eigenes Kind. Wenn ich also nicht auf dem Moor unterwegs war, saß ich meist im Salon der Grange, plauderte bei einer Tasse Tee mit ihr oder half Sarah bei ihrer Arbeit. Außer bei Nanna war die Liebe in diesem Haus die einzige, die ich kannte.

Aber nicht nur das zog mich dorthin. Selbst wenn ich nicht willkommen gewesen wäre, wäre ich einfach hingegangen. Ich liebte Esmond schon damals.

Wie oft wartete ich stundenlang in diesen vier Wänden, in der Hoffnung, Mr. Trahern, der Hauslehrer, würde Esmond früher aus dem Unterricht entlassen, damit er sich zu mir in den Salon setzen und mir übers Haar streichen konnte.

Aber das passierte nur selten, denn Esmond mußte viel lernen, weil er bald auf eine Schule gehen sollte, wie es sich für einen Gentleman gehörte. Dafür hatte Sir Nigel in weiser Voraussicht bereits eine Summe beiseite gelegt.

Schon der Gedanke an Esmonds Abreise zerriß mir das Herz. Ich hatte keine Ahnung, wie ich eine Trennung von ihm ertragen konnte, und war froh, daß mein Vater darauf bestanden hatte, ihn nicht sofort zur Schule zu schicken, da seine Bildung sehr zu wünschen übrigließ und er seinen Altersgenossen weit unterlegen war.

Wenn der Gedanke an seine Abreise zu schmerzlich wurde, schlich ich mich leise in die Bibliothek, wo er unterrichtet wurde. Dort saß ich dann still in der Ecke und beobachtete ihn beim Lernen. Manchmal hob er den Kopf von den Büchern und sah mich an. Dann räusperte sich der alte Mr. Trahern, putzte sich seine Brille und sagte: »Na schön, Esmond, das wäre dann alles für heute.«

Oh, welche Freude es war, diese Worte zu hören! Wenn Sarah nämlich noch zu arbeiten hatte, gehörte Esmond für den Rest des Nachmittags mir allein.

Dann gingen wir ins Moor und redeten und träumten von dem Tag, an dem wir heiraten würden. Unsere Verlobung war schon seit meiner Geburt beschlossene Sache, da ich Sir Nigels einziges Kind war und Esmond sein Erbe. Der einzige noch lebende Bruder meines Vaters, Quentin, ein Taugenichts und das schwarze Schaf der Familie, war vor einigen Jahren verschwunden. Vielleicht war er sogar auch schon gestorben.

Ich glaube, damals verbrachte ich die einzigen wirklich unbeschwert glücklichen Tage meines Lebens. Ich freute mich darauf, eines Tages Lady Sheffield, Herrin von Highclyffe zu werden, mit Esmond als Gatten an meiner Seite. Begeistert lauschte ich seinen Plänen für uns und wagte zu hoffen, daß er mich genauso leidenschaftlich liebte wie ich ihn. Ich verehrte ihn mit aller Inbrunst eines Kindes.

»Vielleicht studiere ich Recht oder gehe in die Politik, Maggie«, sagte er oft. »Und dann kandidiere ich fürs Parlament – obwohl ich das Leben auf dem Land sehr liebe. Und wenn wir nicht gerade zur Ballsaison in London sind, ziehen wir uns auf die Hall zurück. Sarah wird bei uns wohnen, und dann werden wir immer so zusammen sein wie jetzt. Würde dir das gefallen?«

»O ja, Esmond, ja!« Ich klatschte dann immer begeistert in die Hände wie ein albernes Kind, das sich über ein Märchen freut – aber was wußte eine Zehnjährige schon von der Liebe und dem Leben?

Zu meinem großen Entzücken lächelte Esmond dann immer und erzählte mir mehr von seinen Träumen, die allmählich zu meinen wurden.

Und so plätscherte mein Leben dahin, bis zu jenem Sommer, in dem Sir Nigel mit einer Braut aus London nach Hause zurückkehrte. Er wirkte um zehn Jahre jünger.

An diesem Tag änderte sich mein Leben drastisch – ein winziger Augenblick und alles nimmt einen neuen Lauf. Ich ahnte damals nichts, denn anfänglich ging alles seinen gewohnten Gang. Aber in den darauffolgenden Jahren mußte ich erfahren, daß schreckliche Ereignisse oft ganz harmlos beginnen. Dieser Tag war der Anfang des größten Unglücks meines Lebens.

Aber ich greife den Ereignissen voraus.

Wie ich schon sagte, es war ein Tag wie jeder andere. Der wochenlange Regen hatte aufgehört, die Sonne strahlte auf das Moor, und der Wind flüsterte über das Gras. Über dem Meer stiegen die Möwen mit rauhen Schreien in den mächtigen, blauen Himmel.

Ich war schon früh am Morgen mit Clothilde ausgeritten und hatte sie gedankenverloren ihren Weg allein durchs Heidekraut suchen lassen. So kam es, daß ich, der Detektiv des Haushalts, bei meiner Rückkehr von dem Anblick, der sich mir bot, völlig überrascht wurde.

Es war typisch für meinen Vater, uns nicht zu benachrichtigen, daß seine Tage als Witwer vorbei waren. Wir wußten also nichts, als er aus seiner Kutsche stieg und dann seiner neuen Frau aus dem Gefährt half. Sie war mittelgroß und hatte eine gute Figur, die durch ein sehr schickes Reisekostüm betont wurde. Sie hob den Kopf, auf dem ein federbesetzter Hut saß, und ich sah ihr Gesicht.

Gwyneth Wellesly Prescott Chandler war eine schöne Frau, mit hochgesteckten blonden Haaren, strahlendblauen Augen, einer hochmütigen Nase und schmalem, geschickt geschminktem Mund. Aber ihre Schönheit strahlte keine Wärme aus – nur die kühle Arroganz einer Marmorstatue. Wie anders war sie doch als meine tote Mutter, deren Wärme und Lebendigkeit sogar aus den Porträts strahlten.

Lady Chandlers Blick glitt prüfend über das Haus. Ein triumphierendes Lächeln umspielte ihren Mund. Sie hatte gut gewählt.

Ich wußte es zwar damals noch nicht, aber Sir Nigels Frau war auf Geld aus. Sie war schon einmal verheiratet gewesen, mit einem Kapitän und Kaufmann, der nur über ein bescheidenes Vermögen verfügt hatte. Broderick Prescott war mit einem seiner beiden Schiffe vor Indien untergegangen.

Captain Brodie, wie Mrs. Prescott, die jetzige Lady Chandler, ihn immer nannte, hatte nach einigen Ehejahren den wahren Charakter seiner Frau, ihre Geldgier und Verschwendungssucht, erkannt und sein bescheidenes Vermögen vor seiner letzten Reise für seine beiden Kinder fest angelegt. Der Sohn sollte den Hauptanteil des Besitzes erben, die Tochter den kleineren Teil als Mitgift erhalten. Mrs. Prescott bekam einen monatlichen Betrag, der aus den Zinsen bezahlt wurde. Nachdem sie ein zusätzliches Einkommen durch das Erbe ihrer Großmutter bezog, konnte sie ein angenehmes Leben, wenn auch ohne luxuriöse Ausschweifungen führen.

Bescheidenheit stand aber, wie Captain Brodie vorausgesehen hatte, im Widerspruch zu Mrs. Prescotts Wesen. Sie wollte kein angenehmes Leben, sie wollte leben wie eine Königin. Und so hatte sie in kürzester Zeit ihr Budget ausgegeben und wurde von Gläubigern verfolgt.

Aber sie war nicht in Panik geraten, als die Anwälte ihres verstorbenen Mannes sie über ihre mißliche finanzielle Lage informierten. Sie war zu den Geldverleihern in einem anrüchigen Londoner Viertel gegangen und hatte sich einen Betrag in Höhe ihres jährlichen Einkommens geliehen. Und bevor man sie noch in den Schuldturm des Gefängnisses von Ludgate werfen konnte, hatte sie die drückendsten Rechnungen bezahlt, sich wie eine Königin ausgestattet und auf die Suche nach einem reichen Mann begeben. Zu ihrer großen Erleichterung hatte dieser Plan funktioniert.

Sir Nigel war nicht, wie Lady Chandler glaubte, auf ihre Märchen von der verwitweten Erbin hereingefallen. Er war nicht dumm und hatte, nachdem sie sein Interesse erregt hatte, ihre Verhältnisse gründlich untersuchen lassen. Meinen Vater hatte ihre Raffinesse nicht abgestoßen – er fand es bewundernswert, wie klug sie alles eingefädelt hatte. Diese Frau hatte ein Rückgrat aus Stahl und einen rasiermesserscharfen Verstand. Sie ließ sich nicht von ihm einschüchtern und gab ihm Kontra. Dieser Herausforderung konnte Sir Nigel nicht widerstehen. Mrs. Gwyneth Prescott war eine Frau nach seinem Geschmack, und er bat sie um ihre Hand.

Ich stand an einem Fenster im ersten Stock und beobachtete die beiden. Mein Vater sagte etwas, was ich nicht verstand, aber es war offensichtlich amüsant gewesen, weil Lady Chandler hellauf lachte.

Dann drehte sich mein Vater zur Kutsche und half Gwyneths Tochter Julianne beim Aussteigen.

Wie ein Dolch traf mich die Eifersucht beim Anblick meiner Stiefschwester! Sie war acht Jahre alt und alles, was ich nicht war: klein, zart und graziös. Sie hatte dicke, blonde Korkenzieherlocken und riesige blaue Augen, und wenn sie lachte, erschienen zwei winzige Grübchen auf ihrem Porzellanpuppengesicht.

Jetzt rauschten sie ins Haus, und mein Vater stellte ihnen Mrs. Seyton, unsere Haushälterin, vor.

Nachdem ich gehört hatte, wer die beiden schönen Eindringlinge waren, stürzte ich mich blind vor Tränen in mein Zimmer und warf mich bitterlich schluchzend aufs Bett.

Wie konnte er nur? Wie konnte er nur? Ich tobte innerlich, war verletzt und wütend und dachte voller Schmerz an meine Mutter. Wußte sie von seinem Verrat?

Aber ich war nicht lange mit meiner Pein allein. Nanna klopfte an die Tür und sagte mir, daß man mich unten erwartete. Ich spritzte mir hastig etwas Wasser ins Gesicht, um meine rotgeränderten Augen zu beruhigen, dann folgte ich meiner Kinderschwester den langen, dunklen Gang zur Treppe, die ich dann allein hinunterging. Auch Nannas kurze Umarmung konnte meine Verzweiflung nicht lindern. Vor der Tür zum kleinen Salon blieb ich stehen, holte tief Luft und öffnete mit zittriger Hand die beiden Messingtürknöpfe.

Was für ein glückliches Bild sie doch abgaben, dieses Trio, zu dem ich nicht gehörte! Lady Chandler saß neben Sir Nigel auf dem Sofa und goß aus einer silbernen Kanne in unsere besten Tassen, die nur zu besonderen Gelegenheiten herausgeholt wurden. Die Porzellanpuppe saß auf dem Schoß meines Vaters und erzählte ihm eine Geschichte, die ihn sehr zu erheitern schien. Sie sah mich zuerst, hielt mitten im Wort inne und starrte mich an wie ein seltenes Tier im Zoo. Sie zog einen Schmollmund und wollte etwas sagen, aber ihre Mutter warf ihr einen warnenden Blick zu, den Sir Nigel gar nicht bemerkte.

»Ah, Margaret.« Er strahlte mich ungewohnt herzlich an. »Komm rein, komm zu uns.« Ich schloß behutsam die Tür und ging ein paar

Schritte vorwärts. »Los, beeil dich!« fuhr er in schärferem Ton fort. »Wo bleiben deine Manieren? Ich möchte dir jemanden vorstellen.«

»Also wirklich, Nigel«, tadelte Lady Chandler, und ein Hauch von Mitleid huschte über ihr hartes, egoistisches Gesicht. »Das arme Ding ist doch nur ein Kind und wahrscheinlich nicht an Fremde gewöhnt.« Sie stand auf, ging zu mir und umarmte mich – eine Geste, die nur darauf abgestimmt war, meinem Vater zu zeigen, wie liebenswürdig sie war. Sie drückte mich kurz an sich. Ihr schweres Rosenparfüm war überwältigend. »Und das ist deine neue Stiefschwester, Julianne.«

Die Porzellanpuppe machte einen artigen Knicks, setzte sich wieder auf Sir Nigels Knie und musterte mich gespielt unschuldig, während sie sich wieder in die Beuge seines Arms kuschelte und mir ein süßes, herablassendes Lächeln schenkte.

Nein! Es ist nicht wahr! Vater, sag, daß es nicht wahr ist! hätte ich am liebsten geschrien.

Aber ich tat natürlich nichts dergleichen. Ich machte einen Knicks, der angesichts Juliannes graziöser Bewegung ungeschickt aussah, und murmelte: »Willkommen auf Highclyffe Hall, Lady Chandler, Julianne«, dann setzte ich mich in einiger Entfernung von der kleinen Gruppe auf die Kante eines Stuhles. Ich fühlte mich wie ein Störenfried in meinem eigenen Heim.

In der folgenden, etwas gespannten Schweigepause musterte mich meine Stiefmutter kritisch. Sie wußte wohl schon damals, daß ich – vom Vater ungeliebt und noch so jung – keine Bedrohung für sie darstellte, und machte deshalb ohne viel Umschweife sofort klar, wie wir zueinander standen.

»So, du bist also Margaret«, sagte sie mit diesem eigenartigen Lächeln.

»Maggie, Mylady«, korrigierte ich sie höflich. »Nur mein Vater nennt mich Margaret.«

»Ja, natürlich.« Lady Chandler nickte. »Aber du wirst schon bald eine junge Dame sein, und Margaret ist dann deiner Stellung angemessener.« Damit waren meine Wünsche als unwichtig abgetan wie alles, was mich betraf. »Wie alt bist du, Kind?« fragte sie dann.

»Zehn, Mylady.«

»Du bist groß für dein Alter. Ich hätte dich auf mindestens vierzehn geschätzt.« Sie musterte mich durch ihr goldenes Lorgnon, dann ließ sie es mit einem kaum merklichen Schaudern fallen, so daß ich mir noch ungeschickter vorkam. »Setz dich gerade hin, Margaret. Lümmle dich nicht im Stuhl. Das ist so unattraktiv. Und diese Kleider... einfach schrecklich. Also wirklich, wie du schon sagtest, Nigel, das Mädchen wird nie eine Schönheit wie Julianne – ja, nicht einmal anziehend, dazu sieht sie zu gewöhnlich aus. Aber deshalb braucht sie doch nicht in Fetzen herumzulaufen.«

Diese Worte trafen mich bis ins Mark, wie Lady Chandler sicher wußte. Mein Vater hatte mich offensichtlich als unscheinbare Maus beschrieben, die dringend die Ratschläge einer eleganten Dame benötigte.

»Das Kind sieht doch aus wie eine Straßengöre«, fuhr sie gnadenlos fort, als wäre mein Zustand noch schlimmer, als sie befürchtet hatte. »Stell dir vor, was unsere Freunde sagen würden, wenn sie sie sehen. Was hast du dir nur die ganzen Jahre dabei gedacht, Schatz?« neckte sie Sir Nigel mit Schmollmündchen, »Margaret so herumlaufen zu lassen! Wie soll das Mädchen denn je einen Mann abkriegen, wenn sie wie eine Magd aussieht?«

»Oh, in der Beziehung müssen Sie sich um mich keine Sorgen machen, Mylady«, warf ich höflich ein. Ich hatte auch meinen Stolz und wäre lieber tot umgefallen, als dieser boshaften Frau zu zeigen, wie sehr sie mich verletzt hatte. »Ich bin meinem Cousin Esmond versprochen, dem Erben meines Vaters. Das ist schon vor vielen Jahren arrangiert worden.«

Diese Bemerkung schien meiner Stiefmutter sehr zu mißfallen.

»Sei nicht impertinent, Margaret«, sagte sie kühl. »Du bist noch viel zu jung, um an so etwas zu denken. Dein Vater und ich werden natürlich eine angemessene Partie für dich arrangieren, wenn die Zeit gekommen ist. Bis dahin mußt du fleißig daran arbeiten, deine Manieren und dein Aussehen zu verbessern, damit du deine Freier nicht verschreckst und uns alle blamierst.«

»Ja, Mylady«, erwiderte ich demütig. Innerlich kochte ich vor Wut, und Angst hatte ich auch.

Natürlich würde ich meinen geliebten Esmond heiraten! Wie konnte diese Frau es wagen, das anzuzweifeln?

»Nur gut, daß dein Vater mich geheiratet hat, Margaret, damit ich dich führen kann, wie deine Mutter es getan hätte, wäre sie noch am Leben«, fuhr Lady Chandler fort. »Morgen früh werde ich die Schneiderin bestellen, und du, Margaret, bekommst ein paar schöne, neue Kleider. Gefällt dir das?«

»Wenn Sie es wünschen, Mylady«, entgegnete ich resigniert. Ich wollte nichts von dieser schrecklichen Kreatur, die mich so verletzt hatte und offensichtlich mein ruhiges Leben völlig durcheinanderbringen wollte.

Ich war ihr völlig gleichgültig – sie handelte nur in eigenem Interesse. Zweifelsohne hätte sie mich am liebsten aus ihrem Leben verbannt. Aber nachdem ich Sir Nigels Tochter war, mußte sie, um den Schein zu wahren, das Beste für mich tun, auch wenn sie mich in Wirklichkeit verachtete. Etwas anderes wäre für sie unvorteilhaft gewesen, denn gesellschaftlich rangierte sie unter meinem Vater und mußte sich bemühen, von seinem Kreis und den Höhergestellten anerkannt zu werden. Sein einziges Kind schlecht zu behandeln, würde ihr nicht zum Vorteil gereichen, und, wie ich schon sagte, sie war nicht dumm.

»Also wirklich!« irritiert wedelte Lady Chandler mit ihrem Fächer, als hätte die Sommerhitze ihren eisigen Lack angegriffen. »Was für ein seltsames Kind du doch bist, Margaret. Jetzt lauf zu. Du auch, Julianne. Ich bin sicher, wenn ihr beide euch besser kennt, werdet ihr ganz gute Freunde.«

Mit dieser kleinen Spitze vergaß sie uns und wandte sich Sir Nigel zu. Mit einem verführerischen Lächeln, das mich überzeugte, daß sie nicht nur Eis und Marmor war, wie ich anfänglich dachte, legte Lady Chandler meinem Vater eine Hand aufs Knie.

Julianne stakste hocherhobenen Hauptes aus dem Zimmer. Sie war offensichtlich an derartige Befehle ihrer Mutter gewöhnt. Ich schlurfte bockig hinter ihr her und war überzeugt, daß ich die Neuankömmlinge immer hassen würde. Ich schloß die Tür und sah schamrot, wie Sir Nigel nach den Knöpfen an Lady Chandlers Oberteil tastete.

An diesem Abend wurde um acht Uhr, statt wie normalerweise um fünf Uhr, diniert. Lady Chandler war entschlossen, sofort mit ihrem gesellschaftlichen Aufstieg zu beginnen, deshalb hielt sie sich an die in London übliche späte Essenszeit.

Für mich war es eine Tortur. Ich war es nicht gewohnt, im Speisezimmer zu essen, meistens nahm ich meine Mahlzeiten mit Nanna im Kinderzimmer ein. Aber meine Stiefmutter hatte darauf bestanden, daß ich mit den Erwachsenen diniere.

»Unsinn, Margaret«, hatte sie meine Einwände kühl übergangen. Das war die erste der vielen Veränderungen, mit denen sie in mein Leben eindrang. »Du bist viel zu alt für Nanna und das Kinderzimmer. Ich verstehe nicht, wieso dein Vater nicht längst eine Gouvernante und eine Zofe für dich engagiert hat. Ich werde gleich mit ihm darüber reden. Ansonsten wirst du, wenn wir *en famille* sind, ab heute abends mit uns dinieren.«

»Ja, Mylady.« Ich starrte angestrengt auf meine Schuhe, um mir meine Wut nicht anmerken zu lassen.

»Und von jetzt an wirst du mich auch nicht mehr so abfällig als ›Mylady‹ titulieren, Margaret«, hatte Lady Chandler in sehr scharfem Ton gerügt. »Du bist offensichtlich ein äußerst ungezogenes Kind, was ich dir verzeihe, da dir die leitende Hand einer Mutter fehlte. Aber ich werde keinerlei Ungehorsam von dir dulden. Als deine Stiefmama ist es meine Pflicht, dich auf den rechten Weg zu leiten, damit du dem Namen Chandler Ehre machst. Hast du mich verstanden, Margaret?«

»Ja, ... Stiefmama.«

Also saß ich jetzt unglücklich und steif, streng beobachtet von Lady Chandler, am Tisch und stocherte in meinem Essen herum.

Zu jeder anderen Zeit wäre ich von dem Festmahl begeistert gewesen – so etwas gab es im Kinderzimmer nie. Wildconsommé und Fasane mit wildem Reis und Pilzen gefüllt, Roastbeef in Burgundersauce,

Fisch in weißer Sauce, dampfende Kartoffeln, glacierte Karotten, grüne Böhnchen mit Mandeln, heißes Brot, Kuchen und Torten, frisches Obst und Käse und Gartensalate... Die Diener servierten uns eine schier endlose Anzahl von Speisen, und Iverleig, der Butler, beobachtete streng die Mädchen, die leere Schüsseln und Platten wegbrachten. Normalerweise hätte ich wahrscheinlich viel gegessen, aber ich war so verschüchtert und hatte solche Angst, irgend etwas falsch zu machen, daß ich kaum ein paar Happen hinunterwürgen konnte.

»Ein ausgezeichnetes Mahl, Gwyneth«, lobte Sir Nigel. »Ich weiß gar nicht, wie du das geschafft hast. Du hattest doch noch gar keine Zeit, dich einzuleben und auszupacken.«

»Das gehört zu den Pflichten einer guten Frau, Schatz«, sagte sie. »Du bist viel zu wichtig, Nigel, als daß du dich mit nebensächlichem Haushaltskram abgibst.«

»Wie recht du doch hast, meine Liebe«, stimmte er zu und nippte an seinem Wein. »Gleich morgen früh müssen wir arrangieren, daß dir diese Pflichten offiziell übertragen werden.«

»Wie du meinst«, schnurrte Lady Chandler, die sicher begierig war, die Kontrolle über Highclyffe Hall an sich zu reißen. »Es gibt einiges, was wir besprechen müssen. Wäre dir neun Uhr in deinem Arbeitszimmer recht?«

»Ich wußte, daß wir uns gut verstehen würden, Gwyneth.« Sir Nigel nickte und wandte sich wieder mit Elan seinem Burgunderbraten zu.

»Papa«, sagte Julianne zu meiner großen Überraschung. Mir hatte er nie erlaubt, ihn mit diesem Kosenamen anzusprechen. »Wissen Sie, wann Wellesley ankommt?«

»In zwei Wochen, glaube ich. Ist das richtig, Gwyneth?«

»Ja.« Sie nickte. »Dienstag in einer Woche, um genau zu sein.«

»Wer ist Wellesley?« fragte ich vorsichtig.

»Ach herrje, bei all der Aufregung habe ich ganz vergessen, dir von ihm zu erzählen.« Lady Chandlers silberhelles Lachen ertönte. »Wie dumm von mir! Wellesley ist mein Sohn, Margaret, dein Stiefbruder.

Ich weiß, du wirst dich genau wie wir freuen, ihn auf Highclyffe Hall willkommen zu heißen.«

»Ja, My ... Stiefmama«, erwiderte ich pflichtbewußt.

Aber innerlich stöhnte ich bei dem Gedanken, daß ein weiterer Prescott mein einsames Leben durcheinanderbringen würde. Ich weinte mich in dieser Nacht in den Schlaf.

Am nächsten Morgen traf Lady Chandler sich mit Sir Nigel in seinem Arbeitszimmer. Anschließend war das ganze Haus in Aufruhr. Meine Stiefmutter übernahm die Kontrolle über den Haushalt. Wie es schien, hatte sie trotz ihrer Extravaganzen meinen Vater davon überzeugen können, daß sie das meiste aus einem Pfund herausholen und das beste daraus machen konnte.

Als erstes kündigte sie Nanna. Zu meiner Schande muß ich gestehen, daß ich mich schluchzend vor Lady Chandlers Füße warf und sie anflehte, das nicht zu tun – vergebens. Meine Stiefmutter zerrte mich auf die Füße und schüttelte mich. Dann wurde ich auf mein Zimmer geschickt. Nanna, die mich seit meiner Geburt betreut hatte, sollte innerhalb einer Stunde mit einem Monatslohn als Abfindung das Haus verlassen. Ich mußte ihr einfach Lebewohl sagen und schlich mich heimlich die Hintertreppe hinunter.

»Ach, meine Kleine«, sagte Nanna, »mach dir keine Sorgen um mich. Es wird Zeit, daß ich wieder nach Hause nach Schottland komme. Ich war zwanzig Jahre nicht da und freue mich, meine Schwester wiederzusehen. Sie hat mir oft geschrieben, daß ich zu ihr kommen soll. Sie kann meine Hilfe gut gebrauchen. Sieben Kinder und einen Säufer zum Mann.«

»O Nanna!« rief ich. »Ich werde dich schrecklich vermissen!«

»Und ich dich, Mädchen.« Sie wischte sich die Tränen aus den Augen. »Aber jetzt bist du bald eine hübsche junge Lady, und da brauchst du was anderes als eine alte Kinderschwester. Lady Chandler hat recht. Du brauchst eine Gouvernante und eine Zofe. Aber schreiben mußt du mir schon, hörst du?« Sie umarmte mich.

»Natürlich, Nanna! Natürlich schreibe ich!«

»Na dann, leb wohl, Kleines. Gott sei mit dir!«

»Und mit dir, Nanna.«

Dann sah ich meiner alten Nanna nach, wie sie durch das schmiedeeiserne Tor zur Straße ging. Lady Chandler hatte nicht einmal den Anstand besessen, ihr eine Kutsche zu besorgen, obwohl es fünf Meilen bis zur Poststation waren.

Nachdem die Kinderfrau weg war, setzte meine Stiefmutter eine Anzeige für den *Morning Chronicle* auf, in der eine Gouvernante für Highclyffe Hall gesucht wurde. Anschließend wurde zu meinem großen Entzücken und Erstaunen Linnet, eine der jungen Mägde, zu meiner Zofe befördert.

Nachdem das geregelt war, schickte Lady Chandler eine Nachricht nach Launceston, der nächsten größeren Stadt. Sie bat Mrs. Faversham, die Schneiderin, am nächsten Morgen vorzusprechen, wenn es ihr genehm wäre.

Am nächsten Tag erschien Mrs. Faversham atemlos und aufgeregt, weil sie nie zuvor für Highclyffe Hall gearbeitet hatte. Meine Kleider hatte bis dahin Nanna genäht, deren Motto »schlicht, aber praktisch« gewesen war.

Für Lady Chandler war Mrs. Faversham natürlich nicht fein genug. Ihre Kleider kamen aus der Bond Street und der Oxford Street in London – Frankreich befand sich momentan im Krieg mit England, deshalb waren Kleider aus Paris nur schwer zu bekommen. Aber die Schneiderin aus Launceston war gut genug für mich – und sogar auch für Julianne, die ebenfalls ein paar neue Kleider bekommen sollte.

Und so kam es, daß Julianne und ich ins Morgenzimmer befohlen wurden, um von Mrs. Faversham austaffiert zu werden.

Ich muß zugeben, daß ich es ziemlich aufregend fand, Entwürfe in Modejournalen durchzublättern und vorsichtig über Stoffe, wie ich sie noch nie gesehen hatte, zu streichen. Ich war wirklich begeistert und vergaß schon bald den Schmerz über Nannas Abschied.

Mrs. Faversham war eine seltsame kleine Frau, dünn wie eine Stecknadel und winzig klein. Auf ihrem graugesträhnten Haar thronte eine weiße Spitzenhaube wie ein kleines Nadelkissen. Auf ihrer spitzen

Vogelnase saß eine ovale Drahtbrille, und sie trug ein steif gestärktes Kleid mit einem runden weißen Kragen. In einer Hand hielt sie ein Paar blütenweiße Handschuhe, die aber nur Zierde waren. Sie war geschickt, nahm Maß, drapierte und steckte Stoffe zusammen, schnell wie ein kleiner Vogel.

»Um Himmels willen, Margaret! Halte dich gerade, wie soll denn Mrs. Faversham richtig Maß nehmen? Jetzt hat sie schon die dritte Kleiderlänge im Lauf eines Vormittags gemessen! So schnell wachsen doch nicht einmal Kinder!«

»Ja, Stiefmama.«

»Gütiger Himmel, Julianne! Schau dir bloß deine Taillenweite an. Keine Bonbons mehr für dich, junge Lady, sonst kriegst du eine Figur wie eine Birne. Gib sofort die Bonbontüte her, die du da versteckst!« tadelte Lady Chandler ihre Tochter. »So, Mrs. Faversham, wenn Sie mir Ihre anderen Stoffe zeigen würden. Ja, ich denke, das Rosa für Julianne –«

»Ich will kein Rosa! Ich hab' die Nase voll von Rosa!« protestierte meine Stiefschwester auf sehr unziemliche Art. Ihr Gesicht war hochrot, und sie zog einen häßlichen Schmollmund. Sie sah plötzlich gar nicht mehr wie eine Porzellanpuppe aus. »Ich will den roten Samt.«

»Sei bitte nicht albern, Julianne«, erwiderte Lady Chandler mit giftigem Blick. Sie versuchte, Ruhe zu bewahren, damit die Schneiderin keine Geschichten über sie im Dorf erzählen konnte. »Rot ist für dunkle Mädchen wie Margaret. Du bist viel zu blaß für so starke Farben. Du mußt Pastelltöne tragen wie deine Mama. Vielleicht das Blau oder Lavendelfarben, wenn du kein Rosa möchtest...«

Julianne hatte anscheinend eingesehen, daß es keinen Sinn hatte, Lady Chandler weiter zu reizen, also ging sie beleidigt in eine Ecke und streckte ihrer Mutter die Zunge raus, als sie ihr den Rücken zudrehte. Aber nachdem sie zehn Minuten geschmollt hatte, kam sie wieder. Ich war sicher, daß sie Angst hatte, ich könnte mehr Kleider als sie bekommen. Sie hüpfte herum und versuchte über Lady Chandlers Schulter zu spähen, um ja nichts zu verpassen.

»Hör auf mit dieser Zappelei, Julianne, kannst du nicht stillsitzen wie Margaret?«

Wieder stapfte Julianne erbost in ihre Ecke und verbrachte den Rest des Tages damit, mir schreckliche Grimassen zu schneiden und die arme Mrs. Faversham hinter ihrem Rücken nachzuäffen. Meine Eifersucht auf sie schwand ob dieses Benehmens. Julianne war zwar hübsch, aber unglaublich verzogen, und ich hatte Mitleid mit ihr. Sie hatte soviel und doch sowenig. Auf ihre Art war sie eine genauso arme Kreatur wie ich.

Zu allem Überfluß und sehr zu meiner Überraschung und Freude, suchte Lady Chandler, die einen exzellenten Geschmack hatte, für mich den roten Samt aus. Gleichgültig, wie sehr ich meine Stiefmutter haßte, ich mußte doch hocherfreut feststellen, daß mir der rote Samt ausgezeichnet stand. Mein Haar und meine Augen sahen plötzlich wie Ebenholz aus, und meine dunkle Haut schimmerte wie Honig. Hübsch würde ich nie sein, aber ich sah, daß ich mit der richtigen Ausstattung auch nicht mehr wie eine Vogelscheuche aussehen mußte.

»Ja nun . . .« Lady Chandler schien etwas pikiert von meinem besseren Aussehen zu sein, obwohl es ihr Verdienst war. »Vielleicht läßt sich aus dir doch noch etwas machen, Margaret. Siehst du, Julianne, wie wichtig die richtigen Farben sind.«

Die übrigen Stoffe, die für mich ausgesucht wurden, waren in gedämpfteren Farben – meine Stiefmutter hatte keine Lust, mich vom häßlichen Entlein zum Schwan zu machen –, aber ich hatte den roten Samt, und das genügte. Lady Chandler hatte zwar mein Herz noch nicht gewonnen, aber sie hatte es zumindest berührt. Wie konnte ich jemandem böse sein, der mir gerade die schönsten Kleider, die ich je besessen hatte, schenkte?

Alle alten Kleider, die Nanna mir genäht hatte, sollte ich, sobald die neuen fertig waren, der Kirche zum Verteilen an die Armen geben.

»Margaret«, ermahnte mich meine Stiefmutter, »du darfst nie die vergessen, die weniger gesegnet sind als du.«

»Ja, Stiefmama«, erwiderte ich und wandte mich ab, damit sie mein schuldbewußtes, hochrotes Gesicht nicht sehen konnte. Ich hatte vor, alle meine Kleider Sarah zu schenken. Sie war zwar viel kleiner, aber geschickt mit der Nadel, so daß sie sich die Sachen ändern konnte. Und sie war sehr arm und sicher froh über die Kleider.

Wie schnell ich vergaß, daß diese Dinge einmal alles, was ich besaß, gewesen waren! Jetzt warf ich sie achtlos zur Seite und hielt mir das rote Samtkleid, das Julianne so gern gehabt hätte, vor die Brust.

Ja, mein Lebensschiff hatte seinen Kurs entscheidend geändert. Jetzt war der Bug direkt in die hohen Wellen gerichtet, und mein Segel war ein großes Stück strahlend roter Samt, der sich im Wind bauschte.

Bedenke, daß die schönsten Dinge der Welt oft auch die überflüssigsten sind; Lilien und Pfauen zum Beispiel.

–The Stones of Venice
John Ruskin

2
Pembroke Grange und Julianne

Später an diesem Nachmittag gelang es mir schließlich, meiner Stiefmutter und Julianne zu entwischen. Ich lief nach oben und sperrte mich in mein Zimmer ein. Dort sortierte ich sorgfältig meine Garderobe aus und nahm so viele Kleider, wie ich mich traute, um sie Sarah zu bringen. Ich band sie in einem abgetragenen Cape zusammen und schlich die Hintertreppe hinunter und nach draußen. Dann eilte ich, so schnell es mit meiner Last ging, zum Stall.

»Soll ich Clothilde für Sie satteln, Miss Maggie?« fragte Hugh, der Stallmeister, als er mich sah.

»Ja, bitte, und Hugh, mach schnell, ich will nicht, daß mich jemand wegreiten sieht.«

Hugh war zwar erst Anfang Dreißig, aber sein Gesicht war faltig und wettergegerbt vom harten Leben im Freien, und mir kam er immer ziemlich alt vor. Aber ich mochte ihn sehr gern. Er war immer freundlich zu mir gewesen, und das war er auch heute wieder.

»Soso, Miss.« Seine freundlichen grauen Augen musterten mich mitleidig. »Aber Sie wollen doch nicht weglaufen, Miss Maggie? Der Master holt Sie wieder zurück und sperrt Sie ein paar Tage in Ihrem Zimmer ein, das bringt doch nichts.«

»Da hast du recht«, stimmte ich ihm zu. »Aber das ist nicht meine Absicht. Lieber Hugh, du warst immer ein guter Freund, hab keine Angst. Ich will nur zur Grange. Ich kriege nämlich neue Kleider, und da wollte ich meine alten Sarah bringen, bevor sie Lady Chandler an die Kirche verschenken kann.«

Jetzt grinste Hugh verständnisvoll. »Na, dann sollten wir uns aber beeilen, nicht wahr?« Er führte mein Pony aus dem Stall. »Rauf mit Ihnen, Miss Maggie.«

Er half mir in den Sattel und schnürte das Bündel fest. Dann gab er Clothilde einen freundlichen Klaps, und ich trabte mit meinem Pony los.

Das Knirschen von Clothildes Hufen auf dem Kies kam mir lauter als sonst vor. Immer wieder schaute ich angstvoll über meine Schulter, und endlich passierte ich das Pförtnerhaus, ohne daß mich jemand aufhielt. Der alte Gower schlief tief und fest, und ich konnte unbehelligt übers Moor in Richtung Pembroke reiten.

Es war ein angenehmer Nachmittag, und ich wollte ihn mir unter keinen Umständen mit trüben Gedanken an Lady Chandler und Julianne verderben. Aber das war leichter gesagt als getan. Sie waren in meine Welt eingedrungen, und es bestand keine Hoffnung, daß sie sie bald wieder verlassen würden. Und jetzt sollte auch noch dieser Wellesley Prescott kommen, der sicher genauso entsetzlich wie seine Schwester und seine Mutter war.

Ich war so durcheinander, daß ich direkt, ohne anzuhalten, zur Grange ritt. Erst als die vertraute Farm in Sicht kam, ließ ich die Zügel locker.

Wie immer hob der Anblick von Pembroke Grange meine Laune, wenn das auch manchem verwunderlich erscheinen mußte. Die Grange war lange nicht so ehrfurchtgebietend wie Highclyffe Hall, aber genau das war ja das Schöne für mich.

Die Grange war im späten siebzehnten Jahrhundert entstanden und aus einem gelben Stein gebaut, der angeblich aus Bath stammte. Das Haus hatte einmal einem alten Herrn gehört, der sich hier immer erholt hatte. Im Lauf der Jahre waren die rechteckigen Steinblöcke verwittert und hatten die Farbe frischer Buttermilch angenommen. Wenn die Sonne darauf schien, erstrahlten sie in sattem Gold, das in der Dämmerung allmählich verblaßte.

Das Gebäude war quadratisch, die harten, kantigen Linien der Fassade wurden von einer breiten Veranda mit Säulen durchbrochen, die eine Terrasse mit üppigen Steinbalustraden stützten. Lange, schmale Fenster mit buntem Bleiglas vollendeten das Bild. Das Dach, das von vier hohen Kaminen überragt wurde, war mit schwarzem Schiefer gedeckt.

Die Grange sah ein bißchen heruntergekommen aus, da mein Vater nur das absolut Notwendige zu den Erhaltungskosten beisteuerte. Ihn interessierte nur der Profit, der aus der Grange zu schlagen war. Hier wurden genau wie in Highclyffe auch, Rinder und Schafe und ein paar Ziegen gezüchtet, Weideland gab es reichlich.

Riesige Rasenflächen erstreckten sich in alle Richtungen – immer wieder durchbrochen von den unvermeidlichen Ulmen Cornwalls. Blühende Blumenbeete säumten das Haus. Hier pflückte Sarah die Blumen, die sie dann mit dem Heidekraut und den Wiesenblumen mischte. Gärten und Rasen waren natürlich nicht so gepflegt wie in der Hall, da es nur einen einzigen Gärtner, Dugald, gab. Sarah half dem alten Mann, wenn es ihre Zeit erlaubte, was leider nicht oft der Fall war. Sarah liebte alles Grüne, und ihr Kräutergarten war ihr ganzer Stolz.

Am Haus angelangt, übergab ich Clothildes Zügel Jack, dem Knecht, und ging dann, ohne zu klopfen, durch die Hintertür in die Küche, wie ich es gewohnt war.

»Da ist ja Miss Maggie, schau einer an«, begrüßte mich Mrs. Hopkins, die Haushälterin und Köchin. »Hab' ja gleich gesagt, das hört sich an wie ihr Pony, oder Betsy?«

»Richtig, Missis, das haben Sie«, stimmte Betsy, eine der beiden jungen Mägde, ihr zu.

»Sie kommen gerade rechtzeitig zum Essen, Miss«, sagte Mrs. Hopkins. »Gehn Sie in den Salon. Betsy bringt gleich das Tablett.«

Im Salon begrüßten Sarah und Esmond mich mit ausgebreiteten Armen.

»Liebe Maggie!« sagte Sarah mit besorgtem Gesicht und liebevollem Blick, als sie mich umarmte. »Komm, setz dich.« Sie schüttelte die Kissen auf dem schäbigen Sofa auf, damit ich es bequem hatte, und Esmond nahm mir das Bündel ab. »Wir haben erst heute früh erfahren, daß Onkel Nigel wieder geheiratet hat, und wußten nicht, ob wir heute mit dir rechnen können. Du mußt uns alles erzählen. Aber warte, ich hole Mama, sie war in großer Sorge, seit wir die Nachricht erhalten haben.«

Sarah lief graziös aus dem Zimmer, wie es ihre Art war, um Tante Tibby zu holen.

»Du siehst müde aus, Maggie«, bemerkte Esmond mit ernstem Gesicht, setzte sich zu mir und nahm meine Hand. »Waren die letzten Tage sehr anstrengend für dich?«

»O ja, Esmond, ja«, erwiderte ich. »Lady Chandler ist eine schreckliche Frau! Du kannst dir gar nicht vorstellen – aber ich warte wohl besser, bis Sarah und Tante Tibby da sind, die wollen sicher auch alles hören. Ah, da sind sie ja...«

Ich stand auf und umarmte meine Tante, die wirklich sehr besorgt aussah. Sie machte sich sicher Sorgen, ob die neuerliche Heirat meines Vaters ihr Leben auf der Farm beeinträchtigen würde. Ich fühlte mit ihr. Dem Blick Lady Chandlers nach zu schließen, nachdem sie das Arbeitszimmer meines Vaters heute morgen verlassen hatte, war sie ohne weiteres fähig, die ohnehin mageren Bezüge der Farm noch weiter zu reduzieren.

Ich sagte aber nichts. Wenn dem auch so wäre, konnte ich sicherlich nichts dagegen unternehmen, und ich wollte meine Tante nicht noch mehr beunruhigen. Statt dessen beschrieb ich Lady Chandler und Julianne in allen Einzelheiten und erzählte alles, was seit ihrer Ankunft passiert war. Meine Geschichte beschwichtigte Tante Tibbys Ängste, aber zu meiner großen Überraschung war sie wirklich schockiert von dem, was mein Vater getan hatte, da sie sehr stolz auf den Namen und das Erbe der Chandlers war. Ich hatte sie noch nie wirklich wütend gesehen, und für einen Moment sah man in ihren blitzenden Augen und den geröteten Wangen die Schatten des verzogenen, hübschen

Mädchens, das sie einmal gewesen war, ehe ein gebrochenes Herz und Armut ihr den Mut genommen hatten.

»Ich weiß nicht, was Nigel sich dabei gedacht hat«, sagte Tante Tibby mit gerümpfter Nase, als ich zu Ende erzählt hatte. »Selbst mein Gatte Worthing, den mein Bruder zu Unrecht verachtet hat, war aus einer alten und ehrenwerten Familie. Ich bin mir sicher – egal wie vornehm sie sich gibt, Nigels neue Frau ist nur hinter seinem Geld her –, und du kannst mir nicht erzählen, daß er das nicht gewußt hat, er ist noch nie auf so etwas hereingefallen!

Wenn Papa noch am Leben wäre, würde er meinen Bruder für die Schande, die er über die Familie gebracht hat, auspeitschen lassen. Obwohl das eigentlich auch nicht das Wahre gewesen wäre. Die beiden lagen sich ständig in den Haaren, jeder wollte immer seinen Kopf durchsetzen.

Nun denn«, schloß Tante Tibby, zitternd vor Erregung, »Lady Chandler braucht nicht zu glauben, daß sie sich hier auf der Grange einmischen kann. Ich habe mir von Nigel viel gefallen lassen – ich hasse Streit, meine Nerven leiden so darunter, und er ist schließlich das Familienoberhaupt, aber von der Witwe eines Kaufmannes lasse ich mir nichts sagen, und davon werde ich meinen Bruder in Kenntnis setzen, wenn ich ihn das nächste Mal sehe!«

»Aber Mama, reg dich nicht unnötig auf«, sagte Sarah streng. »Ich bin mir sicher, daß Onkel Nigel seine Pflichten uns gegenüber nicht vernachlässigen wird – Esmond ist doch schließlich sein Erbe. – Und, nach allem, was Maggie uns vor ihr erzählt hat, ist es für Lady Chandler anscheinend das Wichtigste, einen Platz in der Gesellschaft zu erreichen. Ich kann mir nicht vorstellen, daß diejenigen, die sie beeindrukken will, von ihr angetan wären, wenn sie die Familie ihres Mannes verstoßen würde.«

»Nein, wirklich nicht«, sagte ich. »Und wenn sie das vorhätte, hätte sie mich sicher ignoriert und nicht soviel Aufhebens um mich gemacht – wenn ich auch wünschte, sie wäre nicht so gemein zu Nanna gewesen!«

Danach erschien Betsy mit dem Tee, und während Tante Tibby

einschenkte, öffnete ich mein Bündel, um Sarah die Kleider zu zeigen, die ich ihr gebracht hatte. Angesichts der feinen Dinge, die ich bekommen würde, schämte ich mich der fadenscheinigen Sachen, aber Sarah schien sich wirklich zu freuen und überlegte gleich, wie sie sie aufbessern könnte.

Kurz danach bemerkte ich die langen Schatten vor den Fenstern, und mir wurde klar, wie spät es schon war. Ich erhob mich widerwillig und sagte, ich müßte mich verabschieden. Es gab jetzt keine Nanna mehr, die meine Eskapaden und die langen Abwesenheiten von der Hall vertuschte. Sicherlich erwartete mich eine schlimme Gardinenpredigt bei meiner Heimkehr.

»Ich hoffe, sie werden nicht zu streng mit dir sein«, sagte Esmond.

»Das ist mir egal«, behauptete ich mutig. »Wird sicher nicht das letzte Mal sein, daß ich bestraft werde.«

»Aber du mußt trotzdem sagen, daß wir dich aufgehalten haben«, Esmond ließ nicht locker, »weil wir verständlicherweise die neuesten Nachrichten aus der Hall hören wollten. Und du weißt, es wäre nicht schicklich, wenn wir jetzt gleich einen Besuch machen würden, weil Lady Chandler gerade erst angekommen ist; aber Mama wird ihre Aufwartung bei erster Gelegenheit machen.«

»Da hast du wohl recht«, stimmte ich ihm zu. »Da könnt ihr ja dann selbst sehen, was für eine Frau Lady Chandler ist. Vielleicht habe ich sie falsch eingeschätzt, obwohl ich das nicht glaube.«

Ich verabschiedete mich, holte mein Pony aus dem Stall und machte mich auf den Heimweg. Ich ritt Clothilde, so schnell es ihre kurzen Beine erlaubten, weil mir doch etwas mulmig zumute war bei dem Gedanken, von meinem Vater abgekanzelt zu werden. Insgeheim hoffte ich, mich über die Hintertreppe schleichen zu können, bevor jemand meine Abwesenheit bemerkte.

Leider kam es aber anders. Kaum hatte mein Pony die letzte Kurve der Einfahrt genommen, entdeckte ich Julianne, die mit einem Korb voller Blumen durch den Garten spazierte – ganz die kleine Eigentümerin, als gehörte er ihr und nicht Sir Nigel – und dem Gärtner zeigte, welche Blüten er abschneiden sollte. Als sie mich sah, kam sie sofort mit einem selbstzufriedenen, triumphierenden Lächeln auf mich zu.

»Wo warst du denn, Maggie?« fragte sie mit einem Getue, als würde sie mir gleich den Gnadenstoß versetzen. »Mama sucht dich schon eine Ewigkeit. Sie hat gesagt, daß du nicht mehr ohne Erlaubnis wegreiten darfst, und bestraft sollst du auch werden.«

»So«, erwiderte ich sehr kühl, obwohl ich inwendig zitterte.

Julianne schien enttäuscht zu sein, daß ich nicht mehr Angst hatte. Das Lächeln wich einem Schmollmund.

»Macht es dir denn nichts aus, wenn du geschlagen wirst?« fragte sie.

»Mein Vater hat mich noch nie geschlagen, und ich bezweifle, daß er deiner Mutter erlauben wird, das zu tun, gleichgültig was sie gesagt hat«, erwiderte ich hochnäsig. »Außerdem war ich nur in Pembroke Grange und habe meine Tante und meine Cousins, die Sheffields, besucht. Das mache ich sehr oft.«

»Du hättest mich wenigstens bitten können mitzukommen«, beklagte sich Julianne. »Das war sehr unhöflich, daß du das nicht getan hast. Mama war sehr böse. Ich hatte den ganzen Nachmittag niemanden zum Spielen. Papa hatte mir zwar versprochen, wir würden ein Pony kaufen gehen, aber er hatte dann doch keine Zeit.«

Arme Julianne, dachte ich, war aber doch etwas schadenfroh.

Sir Nigel machte sich nicht sonderlich viel aus Kindern, und nachdem er jetzt Lady Chandlers Hand gewonnen hatte, war meinem Vater ihr Nachwuchs auch nicht mehr wichtig, und Julianne wurde in die hinterste Ecke seiner Gedanken verdrängt wie ich auch. Ich war Sir Nigels Gleichgültigkeit natürlich gewöhnt, ganz im Gegensatz zur verwöhnten Julianne. Wenn sie erst einmal realisierte, daß sie bei ihm keine große Rolle spielte, würde sie einen schweren Schlag erleiden. Ich war natürlich doch etwas schadenfroh, weil sie von Sir Nigel nicht mehr geliebt wurde als ich.

»Ist das dein Pony?« fragte sie mit demselben besitzgierigen Blick, mit dem sie auch den Garten bedachte.

»Ja«, gab ich widerwillig zu. »Außer mir hat sie noch nie jemand reiten dürfen.«

»Aber du bist jetzt meine Schwester, und es ist nur recht, daß du deine Sachen mit mir teilst. Wenn nicht, dann bin ich gezwungen, Mama und Papa zu sagen, wie geizig du bist.«

»Ich hätte wissen müssen, daß du eine boshafte, kleine Petze bist!« platzte es aus mir heraus, ehe ich mich zurückhalten konnte. »Mach was du willst, aber glaub ja nicht, daß du mich schikanieren kannst. Ich bin nicht so leicht einzuschüchtern, das versprech' ich dir!«

Dann gab ich Clothilde die Sporen und trabte zitternd vor Wut zum Stall. Bei meiner Rückkehr ins Haus wurde ich von Lady Chandler, wie erwartet, heftig getadelt, aber hauptsächlich weil ich Julianne nicht mit zur Grange genommen hatte. Anscheinend hatte Julianne in meiner Abwesenheit den ganzen Haushalt zur Weißglut getrieben. Sie hatte so lange über Langeweile gejammert, bis ihr Lady Chandler eine kräftige Ohrfeige gegeben hatte. Dann war sie ohne Lady Chandlers Wissen ins Arbeitszimmer meines Vaters geschlichen und hatte ihm die Ohren wegen dem Pony vollgejammert.

Ich entging weiterer Bestrafung durch das Versprechen, Julianne morgen die Hall zu zeigen, und gab zähneknirschend mein Einverständnis, sie auf Clothilde reiten zu lassen. Dann sperrte ich mich in mein Zimmer und ließ meine Wut an einem unschuldigen Federkissen aus.

Am nächsten Morgen zeigte ich Julianne das Haus, vom Speicher bis zum Keller. Sie versuchte zwar nonchalant und hochnäsig zu tun, aber ich sah, wie beeindruckt sie war. Die Hall war sicher viel pompöser als die Häuser, die sie mit ihrer Mutter nach Captain Brodies Tod bewohnt hatte.

Ich muß zugeben, ich kostete meine Rolle voll aus. Mrs. Seyton, unsere Haushälterin, hatte mir ihre Chatelaine gegeben und an jeder Tür rasselte ich lässig mit dem riesigen Ring, als wäre ich die Herrin des Hauses.

»Das ist das Zimmer, in dem Königin Elizabeth einmal schlief, als sie Sir Geoffrey besuchte, den Ritter, der Highclyffe Hall erbaute«, verkündete ich beiläufig in einem Raum. Obwohl ich mir nicht sicher war, ob die Geschichte stimmte. »Das war natürlich, bevor der König die

Baronie gründete und Sir Francis, Sir Geoffreys Sohn, der erste Baron der Hall wurde.«

In der langen Galerie erklärte ich ihr die Porträts der Chandlers, die im Lauf der Jahrhunderte entstanden waren. Dann gingen wir nach unten, wo ich ihr in der Bibliothek die reichverzierte Tabatiere zeigte.

»Diese Schnupftabakdose hat König Charles II. meinem Ahn Sir Richard geschenkt, weil er seiner Majestät geholfen hatte, den Thron zurückzuerhalten.«

In der Vitrine im Speisezimmer stand ein silberner Kelch, aus dem George Villiers, der damalige Earl von Buckingham und ein Favorit König James I., getrunken hatte. Anschließend führte ich Julianne in den großen Ballsaal, wo Sarah Jennings Churchill, die Duchesse von Marlborough und ihr Mann, die grauen Eminenzen hinter Königin Annes Thron, getanzt hatten. Und dann kam das Aufregendste überhaupt, das Geheimzimmer unter den Kellern...

»Diese Krypta, wie wir sie nennen, wurde auf Befehl meines Vorfahren Sir William in der Zeit König Karls I. gebaut, als Oliver Cromwell, Führer der Roundheads, England mit eiserner Faust regierte«, erzählte ich Julianne. »Hier hat Sir William die Familienjuwelen und das Silber während des Bürgerkrieges versteckt, als solche Reichtümer von den Verrätern, die König Charles geköpft haben, geraubt wurden.

Wie du siehst, wird die Krypta heute nicht mehr benutzt«, fuhr ich fort, während wir durch den modrigen, staubigen Raum gingen, in dem unsere Lampen unheimliche Schatten warfen. »Aber nachdem dieses Zimmer einmal das Chandlervermögen gerettet hat, wurde es nie zugemauert.«

Meine Stiefschwester hatte inzwischen ihr hochnäsiges Getue ganz abgelegt. »Wie aufregend!« rief sie. »Glaubst du, die haben hier auch manchmal Gefangene eingesperrt?«

»Ich weiß es nicht«, gab ich zu. »Aber ich denke schon. Ich weiß aber bestimmt, daß einige Königstreue hier versteckt wurden, bis man sie nach Frankreich schmuggeln konnte. Cornwall war oft eine Zuflucht für Leute, die sich verstecken mußten.« Und dann trieb mich die Bosheit, noch hinzuzufügen: »Wer weiß, vielleicht sind hier tatsächlich Leute gefoltert worden und sind jetzt unter diesen Steinen, auf denen wir stehen, begraben.«

Julianne erschauderte, und danach verließen wir schnell den Keller. Es war ohnehin Zeit fürs Mittagessen.

Nach dem Essen durften Julianne und ich unserer Wege gehen. Ich hatte gehofft, sie hätte nach der langen Führung durchs Haus genug von mir, aber jetzt wollte sie Clothilde reiten. Das war mir zwar nicht recht, aber ich dachte, je eher ich das hinter mich brachte, desto besser. Wir gingen also zum Stall, und Hugh brachte Clothilde und sattelte sie.

»Ich nehme die Zügel, Maggie«, verkündete Julianne. »Du kannst huckepack reiten.«

»Das werde ich nicht tun!« rief ich erbost. »Clothilde ist mein Pony!«

»Ja, aber du weißt doch, was Mama gesagt hat, du mußt lieb zu mir sein. Und wenn du mich die Zügel nehmen läßt, lasse ich dich später mit meinen Puppen spielen.«

Ich wußte, daß das nicht stimmte. Ich hatte gestern abend Juliannes Puppen gesehen, die ihr Captain Brodie aus aller Welt mitgebracht hatte: schöne Porzellanpuppen in eleganten Seidenkleidern, einfache Stoffpuppen in Kattun, seltsame geschnitzte Holzpuppen, Puppen mit Köpfen aus getrockneten Früchten oder Nüssen, winzige Puppen aus Kieseln und Muscheln und schlichte Puppen aus Stroh und Gras. Sie waren Juliannes wertvollster Besitz, und sie erlaubte nicht einmal ihrer Mutter – geschweige denn mir – sie anzufassen.

»Du bist nicht nur eine Petze, sondern auch noch eine Lügnerin, Julianne!« bezichtigte ich sie.

Aber sie lächelte nur wieder dieses widerliche Lächeln, und schließlich gab ich klein bei, setzte mich hinter sie auf das Pony, und wir trabten los, vorbei am Pförtnerhaus, durch die offenen Tore der Hall.

»Wo liegt Pembroke Grange?« fragte meine Stiefschwester, nachdem wir die Straße erreicht hatten.

»Dort über dem Moor.« Ich deutete in die Richtung. »Warum?«

»Ich möchte meine neue Tante und meine neuen Cousins kennenlernen, die Sheffields.«

»Sie sind nicht wirklich verwandt mit dir«, erwiderte ich bissig, »genausowenig wie du meine echte Schwester bist, also brauchst du nicht hinzureiten.«

Ich wollte Julianne nicht in die Grange bringen. Irgendwie hatte ich das Gefühl, sie würde dort für mich alles verderben, so wie sie das Leben in der Hall durcheinandergebracht hatte.

»Trotzdem werden wir hinreiten, Maggie«, verkündete sie.

Nachdem sie die Zügel hielt, konnte ich nichts dagegen unternehmen, daß sie Clothilde zum Moor lenkte. Kochend vor Wut saß ich hinter ihr und überlegte, was ich ihr antun könnte, aber leider fiel mir nichts ein. Doch als sie meinem Pony die Peitsche gab, verlor ich die Geduld.

»Hör auf damit, Julianne!« befahl ich. »Clothilde ist es nicht gewöhnt, mißhandelt zu werden, und du machst ihr angst!«

»Sie ist langsam wie eine Schildkröte und außerdem viel zu fett! Kann sie denn nicht schneller laufen?« fragte meine Stiefschwester und trat mein Pony heftig in die Rippen.

»Nein. Sie hat noch nie zwei Leute getragen – noch dazu bist du ziemlich schwer«, sagte ich boshaft, eingedenk der Bemerkungen Lady Chandlers über Juliannes Taille. »Sie gibt ihr Bestes.«

»Also eins kann ich dir sagen, wenn Papa mir ein Pony kauft, dann kein so langsames und fettes!« zischte sie mir über die Schulter zu. »Außerdem bin ich lieber schwer als dünn wie eine Vogelscheuche wie du, Maggie. Mama sagt, du kriegst wahrscheinlich nie einen Mann!«

»Das ist nicht wahr!« erwiderte ich betroffen. »Ich werde meinen Cousin Esmond heiraten, wie deine Mutter sehr wohl weiß!«

Glücklicherweise kam in diesem Augenblick die Grange in Sicht, sonst hätte ich wohl meinem Drang nachgegeben und Julianne aus dem Sattel geschubst.

»Aber das ist ja gar nicht so vornehm wie die Hall!« schnaubte Julianne verächtlich. »Und ziemlich heruntergekommen. Warum wird es denn nicht besser gepflegt?«

»Ich fürchte, das mußt du Vater fragen«, sagte ich. »Die Grange gehört nämlich ihm.«

»Aber du hast doch gesagt, deine Tante und deine Cousins wohnen dort.«

»Das tun sie auch, aber nur weil meine Tante Tibby Witwe, und ihr Sohn Esmond Vaters Erbe ist. Vater hat die Pflicht, sie zu versorgen.«

»Du willst wohl damit sagen, daß die Sheffields arme Verwandte sind, die von Papas Geld und Esmonds Erbansprüchen leben!« rief sie. »Wenn ich das gewußt hätte, wäre ich nicht hergekommen!«

»Keiner hat dich darum gebeten, wir können genausogut wieder nach Hause reiten!«

Aber Julianne trieb Clothilde mit grimmigem Gesicht weiter, und schon bald saßen wir im Salon der Grange, und Tante Tibby trieb gequälte Konversation mit meiner Stiefschwester. Sarah hatte sich ihren Nähkorb geholt und sich in die äußerste Ecke des Zimmers zurückgezogen. Esmond war noch im Unterricht, und darüber war ich froh, wenigstens entging er dadurch Juliannes Spott und Verachtung.

Sie sagte zwar nichts Respektloses, aber ihr hochnäsiges Gehabe zeigte, daß sie glaubte, sie wäre zu fein für die Sheffields. Tante Tibby war steif und kurz angebunden, und die sonst so fröhliche Sarah hatte sich in ein Schneckenhaus verkrochen. Ich wäre am liebsten im Boden versunken, da ich schließlich Julianne hierhergebracht hatte.

Just in diesem Moment öffnete sich die Tür des Salons, und Alice, Betsys ältere Schwester, brachte das Teetablett. Mrs. Hopkins hatte wohl Julianne mit einem Blick richtig eingeschätzt. Das zweitbeste Porzellan und die silberne Teekanne, die sonst nur zu besonderen Gelegenheiten herausgeholt wurde, standen auf dem Tablett. Julianne sollte keinen Grund haben, über die Gastfreundschaft der Sheffields die Nase zu rümpfen. Mrs. Hopkins hatte natürlich nicht mit Besuch gerechnet und deshalb auch nichts Besonderes vorbereitet; aber ihre ofenfrischen Scones mit Butter waren köstlich wie immer, und sie hatte Kuchen mit Brombeergelee bestrichen. Es überraschte mich nicht, daß Julianne sich einen reichlich gefüllten Teller geben ließ und, nachdem sie den geleert hatte, noch mehr nahm. Meine Stiefschwester würde bald wie ein dickes Rebhuhn aussehen, und ich stellte mir voller Freude vor, wie sie immer mehr aß, bis sie schließlich platzte.

Als sie den zweiten Teller gerade bis zur Hälfte geleert hatte, öffnete sich die Tür, und Esmond kam herein. Zu meinem Erstaunen legte Julianne sofort die Gabel beiseite und tupfte sich mit der Serviette den Mund ab.

»Die Scones sind ausgezeichnet, Mrs. Sheffield«, sagte sie, »aber jetzt bringe ich keinen Bissen mehr hinunter. Mama sagt, ich habe den Appetit eines Spatzen, wissen Sie.« Ich mußte mir auf die Zunge beißen, um keine boshafte Bemerkung über diese Lüge zu machen. Jetzt warf sie durch züchtig niedergeschlagene Wimpern einen Blick auf Esmond und sagte, als hätte sie ihn gerade erst bemerkt: »Oh, hallo.«

Einen Moment lang starrte Esmond sie wortlos an und erinnerte mich dabei an einen soeben geschlachteten Stier, den ich einmal gesehen hatte. Ich erschauderte. Dann besann sich Esmond seiner Manieren, trat vor und ergriff Juliannes Hand. Vielleicht hatte ich mir den Blick auch nur eingebildet.

»Hallo«, erwiderte er höflich. »Du mußt Julianne sein.«

»Ja«, erwiderte sie und zeigte ihre Grübchen, »und du bist Cousin Esmond, obwohl ich dich vielleicht nicht so nennen sollte, weil wir doch gar nicht verwandt sind.«

»Natürlich darfst du mich so nennen«, gestattete er mit schüchternem Lächeln, »du gehörst doch zur Familie, nachdem Onkel Nigel deine Mutter geheiratet hat. Richtig, Maggie?« fragte er mit einem kurzen Blick zu mir, bevor er sich neben Julianne setzte.

»Ja, natürlich«, stimmte ich kühl zu. Ich war gekränkt, weil er sich nicht zu mir gesetzt hatte. Aber dann redete ich mir ein, daß er als Gentleman schließlich höflich sein mußte. Ich stellte meine Tasse ab und erhob mich. »Schade, daß dein Unterricht so lange gedauert hat, Esmond, wir wollten nämlich gerade gehen. Ich fürchte, es bleibt nicht genug Zeit, daß ihr euch besser kennenlernt, Julianne und du.«

»Ach, Mama hat sicher nichts dagegen, wenn wir ein bißchen länger bleiben«, zwitscherte meine Stiefschwester. »Sie ist so mit Auspacken beschäftigt, daß sie wahrscheinlich froh ist, wenn wir sie nicht stören.« Ihr Lachen klang wie ein Glöckchen. »Sie war sogar richtig böse, weil ich Maggie gestern nicht begleitet habe.«

»Na siehst du, Maggie«, sagte Esmond zu mir. »Kein Grund, Hals über Kopf aufzubrechen.«

Mir blieb keine andere Wahl, als zu bleiben. Ich setzte mich und dachte, daß Esmond sicher nicht darauf bestanden hätte, daß wir bleiben, wenn er geahnt hätte, was für ein Mensch meine Stiefschwester war. Und jetzt mußte ich in ohnmächtiger Wut mit ansehen, wie Julianne sich listig bei ihm einschmeichelte. Ihre blauen Augen funkelten, ihre Wimpern und Lider flatterten wie kleine Vogelflügel, während sie eine Anekdote nach der anderen erzählte und begeistert über Esmonds Geschichten kicherte, so daß er rot wurde und verlegen stotterte. Ich haßte sie, weil sie sich insgeheim über ihn lustig machte – da war ich mir ganz sicher –, und ich wünschte, Esmond wäre nicht so lieb und ehrlich gewesen und hätte sich nicht von ihrer Fassade täuschen lassen.

Tante Tibby, Sarah und ich waren sehr erleichtert, als Julianne endlich sagte, wir müßten uns jetzt verabschieden. Meine Stiefschwester eilte mir in den Stall voraus, um wieder die Zügel nehmen zu können, was mir Gelegenheit gab, noch kurz mit Tante Tibby und Sarah zu reden und mich für Juliannes spitze Bemerkungen zu entschuldigen.

»Zerbrich dir nicht den Kopf darüber, Maggie«, sagte Tante Tibby. »Du kannst doch nichts dafür, daß sie so schlechte Manieren hat. Das hat sie sicher von ihrer Mutter. Sie kennt nichts anderes! Stell dir vor! Ein Kind, das so kokettiert! Das ist direkt unanständig.«

»Aber Mama!« rief Esmond, und seine Worte bohrten sich wie Dolche in mein Herz. »Du überraschst mich! Du bist doch sonst nicht so streng. Ich fand Julianne reizend. Vielleicht ist sie etwas vorlaut, aber sie ist ja auch noch sehr jung. Du magst sie nur nicht, weil du böse auf Sir Nigel wegen seiner Wiederverheiratung bist, aber Julianne kann doch wirklich nichts dafür.«

»Das stimmt«, mischte sich Sarah ein und nagte an ihrer Unterlippe. »Vielleicht tun wir ihr unrecht. Es muß doch schlimm sein, plötzlich von London nach Cornwall ziehen zu müssen, wo sie niemanden kennt.«

»Ja«, stimmte ich ihr mit etwas schlechtem Gewissen zu. »Das stimmt sicherlich.«

Ich verabschiedete mich und ging in Richtung Stall. Unterwegs überlegte ich, ob ich Julianne vielleicht wirklich unrecht getan hatte, und nahm mir vor, netter zu ihr zu sein.

Auf dem Heimweg biß ich mir auf die Zunge, als sie Tante Tibby als langweilige Alte und Sarah als graue Maus bezeichnete. Es gelang mir sogar den Mund zu halten, als sie Esmond einen dummen Tölpel nannte und sagte, daß ich wohl trotzdem froh sein müßte, weil ich sicher nichts Besseres bekommen könnte. Ich war sehr erleichtert, als wir endlich zu Hause ankamen und ich in mein Zimmer flüchten und die Tür hinter mir absperren konnte. Hier konnte Julianne mich wenigstens nicht stören.

Er sagt: Ein schöner Mann bin ich,
doch auch ein flotter Lügner.

–Love Laughs at Locksmiths
GEORGE COLMAN THE YOUNGER

3
Die Ankunft von Wellesley und Miss Poole

Obwohl sie später versuchte, Clothilde die Schuld in die Schuhe zu schieben, war Julianne für den Unfall mit dem Pony ganz allein verantwortlich.

Ein paar Tage nach unserem Besuch in der Grange beschloß sie, Clothilde zu reiten – ohne meine Erlaubnis oder mein Wissen. Hugh versuchte zwar, es ihr auszureden, aber ohne Erfolg. Julianne behauptete einfach, ihre Mutter hätte ihr die Erlaubnis gegeben, im Park zu reiten. Schließlich sattelte Hugh widerwillig mein Pony. Unterwegs war ihr das Pony genau wie letztes Mal zu langsam, nur war ich diesmal nicht da, um sie zurückzuhalten. Sie gab Clothilde die Peitsche, was das Pony ignorierte, und zog dann schließlich eine Nadel aus ihrem federgeschmückten Hut, die sie dem Pony in die Kruppe rammte.

Clothilde machte einen Satz und ging durch. Julianne war, im Gegensatz zu ihrer Überzeugung, keine sonderlich gute Reiterin und nur die zahmen Ausritte in Londoner Parks gewöhnt, deshalb konnte sie das Pony nicht mehr kontrollieren. Sie schrie wie am Spieß, ließ in Panik die Zügel fallen und klammerte sich an das Sattelhorn. Hugh und zwei Knechte hörten die Schreie und jagten ihr nach. Das aufgeregte Pony jagte von der Straße in den Wald, wo Julianne von einem tiefligenden Ast schließlich vom Pferd gefegt wurde und stöhnend am Boden liegen blieb.

Einer der Knechte trug sie ins Haus, Lady Chandler ließ sie sofort zu Bett bringen und schickte nach dem Arzt.

Nach kurzer Zeit kam Dr. Ashford und informierte uns nach einer gründlichen Untersuchung, daß meine Stiefschwester sich lediglich den Knöchel verknackst hatte und von Glück sagen konnte, daß sie sich nicht das Genick gebrochen hatte. Daraufhin verkündete Lady Chandler, es wäre ein Verbrechen, ein so bösartiges Tier im Stall zu haben, und sie befahl, Clothilde sofort zu beseitigen.

Glücklicherweise hatte Hugh Juliannes Hutnadel auf der Straße gefunden und war jetzt im Arbeitszimmer meines Vaters, um ihm mitzuteilen, was seiner Meinung nach passiert war. Sir Nigel wußte, daß Clothilde normalerweise ein gutmütiges Pferd war, und er hatte noch nie Verständnis für Dummköpfe gehabt. Er entlockte Julianne in kürzester Zeit ein Geständnis.

Zur Strafe wurde sie vierzehn Tage auf ihr Zimmer verbannt, und ihr wurde verboten, je wieder auf Clothilde zu reiten. Außerdem mußte sie noch den Zorn ihrer Mutter über sich ergehen lassen, da mein Vater Lady Chandler klipp und klar erklärt hatte, er würde solchen Aufruhr in seinem Haus nicht mehr dulden. Er sagte auch noch, daß ich zwar nicht gerade die Tochter wäre, die er sich wünschte, ich wäre aber zumindest nicht so dumm, ein Pferd mit einer Hutnadel zu stechen. Es war das erste Mal, daß Sir Nigel ein Wort des Lobes für mich fand, und meine Freude darüber war so groß wie Lady Chandlers Zorn.

In den nächsten Tagen ging ich Lady Chandler, so gut es ging, aus dem Weg, da ich wußte, wie wütend sie darüber war, daß mein Vater mich gelobt hatte.

Nachdem Lady Chandler mir verboten hatte, zur Grange zu reiten, weil ich angeblich dort zuviel Zeit verbrachte, ging ich in den Park und las, um mir die Zeit zu vertreiben. So kam es, daß ich mit einem Buch in einem Baum, dessen dichtbelaubte Äste mich vor neugierigen Blicken schützten, saß und als erste Wellesley Prescott entdeckte.

Um die Wahrheit zu sagen, zuerst dachte ich, er wäre eine obdachlose Waise, die zum Betteln gekommen wäre; er war von Kopf bis Fuß mit Staub bedeckt, ein Knopf seiner Jacke baumelte nur noch an einem Faden, und seine Socken kräuselten sich um seine Knöchel. Eine recht mitgenommene Mütze thronte frech auf seinem Kopf, die Hände hatte er in den Taschen seiner zerrissenen Reithose, und er ging leise pfeifend seines Weges, als hätte er das Recht, sich hier frei zu bewegen.

Ich schloß mein Buch und warf es vorsichtig ins Gras. Dann sprang ich hinunter und bürstete mein Kleid ab.

»Hallo«, sagte ich.

»Hallo«, begrüßte er mich mit funkelnden Augen und einem freundlichen, listigen Grinsen, das seine geraden weißen Zähne zeigte. »Wer bist du?«

»Dieselbe Frage könnte ich dir stellen«, erwiderte ich, »obwohl du offensichtlich so ein Armenhäuslerbalg bist, der was zu essen und Arbeit braucht. Wenn du zur Küche gehst, wird Mrs. Merrick, die Köchin, dir sicher was zu essen geben, und vielleicht hat Nathan, der Hausmeister, ein bißchen Arbeit für dich, damit du dir ein paar Schilling verdienen kannst.«

Zu meiner Überraschung warf der Junge den Kopf zurück und lachte lauthals.

»Armenhäusler? Das ist ja wirklich die Höhe! Das habe ich noch nie gehört. Stell dir vor, da könnten sie mich ja in ein Arbeitshaus stecken, bevor meine wahre Identität bewiesen wäre, und dann wäre der Teufel los!« Damit nahm er die Mütze ab und machte eine elegante Verbeugung. »Wellesley Prescott, Miss, zu Ihren Diensten. Ich glaube, ich werde erwartet, wenn auch erst am Dienstag. Und mit wem habe ich die Ehre?«

»Maggie. Maggie Chandler«, erwiderte ich baß erstaunt, daß dieser nette Lausejunge Juliannes Bruder sein sollte.

»Ah, meine Stiefschwester. Kein Wunder, daß du mich für einen Armenhäusler gehalten hast. Aber mein trauriger Zustand ergab sich durch einen herrlichen Streich, der dem Captain, wenn er noch am Leben wäre, sicher viel Freude gemacht hätte. Aber Mama wird mich deshalb sicher sehr tadeln. Sie hat absolut keinen Sinn für Humor, weißt du.«

»Ja, ich weiß«, stimmte ich zu und hätte mir dann am liebsten die Zunge für diese Taktlosigkeit abgebissen.

Aber Wellesley lachte bloß. »Keine Sorge, Maggie. Ich bin keine Petze wie Julianne. Ich glaube, du bist in Ordnung, und wenn du es fertigbrächtest, mich ins Haus zu schmuggeln, damit ich mich ein bißchen waschen kann, bevor ich mich meiner Mutter und Sir Nigel stelle, wäre ich dir ewig dankbar.«

Natürlich wußte ich, daß ich so etwas nicht machen sollte, aber er war so charmant, so anders als seine Mutter und seine Schwester, daß ich nicht widerstehen konnte.

»Na schön«, stimmte ich schließlich zu. Vielleicht würde Wellesley ein bißchen Sonnenschein in die düstere Hall bringen. »Aber du darfst keinem erzählen, daß ich dir geholfen habe.«

»Ehrenwort«, versprach er. »Ich habe nie einen Freund verraten, selbst wenn der Direktor mich mit dem Rohrstock gezüchtigt hat!«

Wellesley erbot sich höflich, mein Buch zu tragen, genau wie Esmond das immer machte – ein weiterer Pluspunkt für ihn in meinen Augen. Unterwegs zum Haus erzählte er mir, daß er ein paar Tage früher aus der Schule heimgeschickt worden war, weil er einen Hahnenkampf veranstaltet hatte. Dann war er mit dem Geld, das seine Mutter ihm für die Postkutsche geschickt hatte, losgezogen und hatte den Kutscher überredet, ihn auf dem Dach mitfahren zu lassen, wodurch er eine Menge Geld gespart hatte, das er für verschiedene Zwecke brauchte, wie zum Beispiel, um irgendeine Neuheit in Exeter anzuschauen. Er wußte, daß man ihn erst am Dienstag erwartete, also hatte er sein Gepäck in Camelford untergestellt und sich zu Fuß auf den Weg nach Highclyffe gemacht. Auf halbem Weg hatte er zum Glück einen Farmer getroffen, der ihn auf seiner Ladung Gemüse hatte mitfahren lassen.

Ich war höchst erstaunt von dieser Geschichte, da ich noch nie jemanden gekannt hatte, der sich so bedenkenlos in Abenteuer stürzte. Ich fand Wellesley aber sehr aufregend, obwohl er natürlich dem

Vergleich mit Esmond nicht standhalten konnte. Trotzdem waren Welles, wie er mich bat, ihn zu nennen, und ich bereits dicke Freunde, als wir gemeinsam die Hintertreppe hinaufschlichen. Ich fragte mich, wieso mich die Aussicht auf seine Ankunft so betrübt hatte.

»Sei leise«, flüsterte ich. »Juliannes Zimmer ist gleich auf der anderen Seite des Gangs, und wenn sie uns hört, humpelt sie sofort raus, um zu sehen, was los ist.«

»Humpelt?« fragte Welles grinsend. »Ist sie hingefallen?«

»O ja.« Ich nickte, und wir schlichen auf Zehenspitzen in mein Zimmer. »Sie ist auf meinem Pony geritten und hat Clothilde mit einer Hutnadel gepiekst, weil sie ihr nicht schnell genug war. Clothilde ist durchgegangen, weil sie so etwas nicht gewöhnt ist, und im Wald ist Julianne dann von einem Ast vom Pferd geschlagen worden. Sie hat sich den Fuß verstaucht. Zur Strafe muß sie vierzehn Tage in ihrem Zimmer bleiben.«

»Das geschieht ihr recht«, sagte Welles angewidert. »Wie kann man nur so dämlich sein.«

»Das fand ich auch«, sagte ich. »Warte, Welles, ich hole Nadel und Faden und nähe dir den Knopf an und flicke den Riß in deiner Hose. Da ist ein Krug mit Wasser und ein paar Handtücher. Du kannst dich frisch machen.«

»Danke, Maggie, du bist ein Schatz. Ich bin dir wirklich dankbar. Ich mach's wieder gut, das schwöre ich dir!«

Ich lächelte, wurde rot und schüttelte den Kopf, dann lief ich aus dem Zimmer, um nicht zu zeigen, wie durcheinander ich war. Welles war so freundlich und fröhlich, daß mir plötzlich klar wurde, wie entsetzlich einsam ich in der Hall war. Es genügte schon, wenn er nett war, mehr Lohn brauchte ich nicht.

Nachdem Welles einigermaßen präsentabel aussah, gingen wir leise nach unten, und ich brachte ihn zur Vordertür, damit es aussah, als wäre er gerade erst angekommen.

Lady Chandler freute sich sehr, ihn zu sehen, obwohl sie etwas verwundert über seine frühe Ankunft zu sein schien. Welles tat den Grund für sein frühes Auftauchen als unwichtig ab, und als meine

Stiefmutter der Sache auf den Grund gehen wollte, beendete Sir Nigel die Unterhaltung, indem er sagte: »Also, Gwyneth, ich bin sicher, wenn es etwas Ernstes gewesen wäre, hätte sich der Rektor mit uns in Verbindung gesetzt.« Danach ließ Lady Gwyneth Welles' Gepäck aus Camelford holen und sagte, nachdem wir uns anscheinend bereits gut verstanden, ich sollte ihn zu seiner Schwester bringen und ihm dann sein Zimmer zeigen.

Das tat ich und hatte meine Freude daran, wie grob er mit seiner Schwester verfuhr.

»Julie«, sagte er mit gerunzelter Stirn, »wenn du deine Zunge und deine Wutanfälle nicht zähmst, wirst du als alte Jungfer sterben. Kein Mann möchte mit einem bösen Weib verheiratet sein!«

»Du hast leicht reden«, konterte Julianne erbost, »du sitzt ja nicht in diesem gräßlichen Haus fest. Weißt du, daß hier sogar Leichen im Keller begraben sind?«

»Was du nicht sagst!« Welles Augen funkelten vor Erregung. »Stimmt das, Maggie?«

»Nein. Ich meine ... ich weiß es nicht«, erwiderte ich wahrheitsgemäß. »Es könnte durchaus sein, aber ich hab's nur gesagt, um Julianne angst zu machen, weil sie so ekelhaft zu mir war.«

»Oh! Wie gemein!« rief sie. »Das werde ich sofort Mama erzählen, Maggie!«

»Das wirst du nicht tun, Julie«, erwiderte Welles streng. »Du hast es sicher nicht anders verdient! Du brauchst gar kein so langes Gesicht zu ziehen, mein Mädchen, es hilft dir nichts. Ich kenne deine Tricks, Julie, und ich dulde das nicht!«

»O Welles, du klingst genau wie der Captain«, schmollte sie.

»Und was ist daran so schlimm? Unser Vater war ein guter Mensch; der hatte keine Geduld mit deinem hochtrabenden Getue – und ich wette, Sir Nigel schaut sich das auch nicht lange an. Julie, ich weiß, daß du es seit dem Tod des Captains nicht leicht gehabt hast, aber das ist noch lange kein Grund, andere Leute schlecht zu behandeln – oder Tiere –, und, soweit ich das beurteilen kann, hat es dir überhaupt nichts genutzt.«

Daraufhin brach Julianne in Tränen aus.

»O Welles«, schluchzte sie, »es ist doch nur, weil, seit der Captain gestorben ist, ist alles anders! Und es war so furchtbar, arm zu sein – und die vielen Rechnungen von Mama und die Gläubiger, die uns verfolgt haben, und dauernd umziehen müssen und der arme Tinker, mein Pony, mußte auch verkauft werden. Ich konnte das nicht ertragen! Ich konnt's einfach nicht ertragen! Ich will nie wieder arm sein! *Niemals*!«

»Das wirst du auch nicht, Julie«, beschwichtigte sie Welles und streichelte ihre Hand. »Komm, komm. Ich wollte dich doch nicht zum Weinen bringen, Schätzchen. Jetzt trockne deine Tränen, und wenn Maggie ein Brett hat, dann spielen wir Ludo mit dir. Ich weiß, daß es sehr langweilig für dich sein muß, so ganz allein hier zu liegen, und dein Fuß tut dir sicher auch noch scheußlich weh.«

Ich hatte tatsächlich ein Brett, und obwohl Welles ein genauso guter Spieler war wie ich, ließen wir Julianne in stillschweigendem Übereinkommen dreimal hintereinander gewinnen, was sie sehr erheiterte. Als man uns zum Abendessen rief, küßte Welles sie auf die Stirn, und mir wurde klar, daß er Julianne trotz seiner Schelte sehr liebte und sie glücklich sehen wollte.

Als ich dann in meinem Bett lag, begriff ich, daß meine Stiefschwester und Lady Chandler sich so nach den schönen Dingen des Lebens sehnten, weil sie die Armut am eigenen Leib gespürt hatten. Julianne tat mir zwar leid, aber ich konnte nicht umhin, sie mit Sarah zu vergleichen, die ihr trauriges Los mit Würde trug und das Leben derer, die sie kannte, bereicherte. Wie anders als Julianne Sarah doch war, dachte ich – und wie ironisch, daß ich, die ich so viel hatte, mit beiden gern den Platz getauscht hätte, weil sie geliebt wurden.

Einige Wochen später traf Miss Poole, die Gouvernante, ein. Julianne und ich beobachteten ihre Ankunft von einem Fenster im ersten Stock aus, und wir stöhnten beide entsetzt, als wir sie sahen. Sie war die Verkörperung unserer schlimmsten Befürchtungen. Sie war Ende Dreißig, groß und dünn. Ihre dunkelbraunen, graugesträhnten Haare hatte sie zu einem strengen Knoten gebunden, aus dem sich auch nicht die kleinste Strähne wagte. Ihr Kleid war schlicht und braun, und sie trug einen kleinen, spießigen Hut mit einem einfachen Halbschleier. Selbst auf die Entfernung erkannte man, wie streng und verbissen sie aussah.

»O Maggie, sie ist furchtbar!« flüsterte Julianne.

»Vielleicht ist sie ja nicht so schlimm, wie sie aussieht«, meinte ich nicht sehr überzeugend. »Auf jeden Fall können wir gar nichts dagegen machen. Sie ist schon angestellt. Ich habe den Brief gelesen, bevor deine Mutter ihn abgeschickt hat. Er lag auf ihrem Schreibtisch im Morgenzimmer.«

»Du bist ganz schön neugierig, Maggie!« Juliannes Bezichtigung ließ mich erröten, denn ich hatte tatsächlich meine Nase in Dinge gesteckt, die mich nichts angingen, als ich den Brief fand. »Es war vielleicht doch nicht so schlecht, sonst hätten wir nicht gewußt, daß Miss Poole uns ins Haus steht«, sagte meine Stiefschwester. »Es könnte ja sein, daß wir sie doch noch loswerden. Uns fällt doch sicher was ein, womit wir sie verjagen können.«

»Julianne!« rief ich und dachte an Clothilde.

»Still, Maggie! Willst du, daß uns jemand hört! Sei doch nicht albern. Ich will sie nicht mit der Hutnadel pieksen! Ich habe nur gemeint, wenn wir ihr vielleicht zuviel Mühe machen, könnte sie wieder gehen.«

»Ich könnte ihr eine Kröte ins Bett stecken«, sagte Welles. Wir beide erschraken zu Tode, weil wir ihn nicht hatten kommen hören.

»Welles!« rief Julianne. »Was fällt dir ein, dich so anzuschleichen?«

Er grinste und warf seine blonde Tolle zurück, die ihm ständig ins Gesicht rutschte.

»Ich wollte bloß sehen, was ihr hier oben ausheckt. Ich muß schon sagen, Miss Poole scheint ein richtiger Dragoner zu sein. Sie schaut fast so schlimm aus wie unser Rex in der Schule.«

»Was ist ein Rex?« fragte ich.

»Der Direktor«, erwiderte Julianne. »Und du weißt genau, daß Mama dir verboten hat, solche Ausdrücke zu gebrauchen, Welles.«

»Das hat mich noch nie gehindert, etwas zu tun«, antwortete er. »Wenn ihr ein paar Tips braucht, wie man die Gouvernante loswird, wendet euch an mich. Ich habe in der Schule ein paar nette Tricks gelernt.«

»Das kann ich mir vorstellen«, entgegnete Julianne sarkastisch. »Verschwinde, Welles. Deine Methoden sind viel schlimmer als alles, was ich mir ausdenke – und ich kriege auch immer viel mehr Ärger!«

»Aber nur, weil du Angst hast und hinterher alles verrätst«, konterte er. »Maggie versteht es wenigstens, den Mund zu halten. Das solltest du auch versuchen, bevor du irgendwas ausheckst, sonst wirst du wieder in dein Zimmer gesperrt.«

Welles sprang pfeifend die Treppe hinunter und sah nicht, wie Julianne ihm die Zunge rausstreckte.

»Lästiger Junge!« murmelte sie. »Jetzt wird er sicher Miss Poole irgendwas Furchtbares antun – und wir müssen alles ausbaden. Los, Maggie. Mama bringt sie nach oben. Nichts wie weg hier, bevor sie uns erwischen.«

Nach der Ankunft von Welles und Miss Poole kamen Julianne und ich wesentlich besser miteinander aus, weil ich sie ein wenig verstand.

Die chaotische Zeit nach dem Tod ihres Vaters, der das Einkommen der Prescotts drastisch reduziert hatte, hatte Julianne eine panische Angst vor Armut eingepflanzt. Wenn ihre Mutter nicht da war, um ihren Appetit zu zügeln, aß sie wie ein Scheunendrescher, da es Zeiten in London gegeben hatte, in denen sie hatten hungern müssen. Sie wollte Besitztümer an sich raffen, weil Lady Chandler, um die Gläubiger zu besänftigen, viele Sachen hatte verkaufen oder verpfänden müssen. Julianne war eifersüchtig auf Welles, obwohl sie ihn liebte, weil Lady Chandler es geschafft hatte, ihn trotz aller Nöte an der Schule zu belassen.

Welles war ein Mann, hatte Lady Chandler ihrer Tochter erklärt, und die Welt war für Männer gemacht. Eine Frau war nichts, wenn sie keinen Mann hatte, der sie unterstützte. Welles mußte Karriere machen, um sie aus dem Sumpf zu ziehen, in den sie Captain Brodies Tod gestürzt hatte. In der Zwischenzeit mußte Lady Chandler alles versuchen, um sie vor dem Untergang zu bewahren.

Sir Nigel war also wie gerufen gekommen! Kein Wunder, daß Julianne sich soviel Mühe gab, sich bei meinem Vater einzuschmeicheln. Er war die personifizierte Sicherheit: Essen auf dem Tisch, Kleider, keine Wölfe mehr vor der Tür.

Ich versuchte also Zugeständnisse in bezug auf meine Stiefschwester zu machen, wenn es mir auch oft schwerfiel. Welles half mir dabei.

In einem waren Julianne und ich uns vollkommen einig: Wir haßten beide Miss Poole. Sie war noch schlimmer, als wir sie uns vorgestellt hatten. Jeden Morgen und jeden Nachmittag hatten wir Unterricht bei ihr, und von Anfang an war uns klar – gleichgültig wie sehr uns Miss Poole auch verachtete –, sie würde sich nicht vertreiben lassen. Sie kannte ihre Pflichten und Rechte, und da die Hall so isoliert war, bekam sie ein stattliches Gehalt, das sie für zusätzliche Mühen entschädigte.

Morgens wurden wir in den gängigen Fächern unterrichtet: Sprachen (hauptsächlich Französisch, Italienisch und ein bißchen Deutsch), Lesen, Schreiben, Ausdruck, Benehmen und die gröbsten Grundbegriffe von Mathematik, Geschichte und Geographie. Über die letzten drei Fächer sollten Frauen ja nicht zuviel wissen. Am Nachmittag beschäftigten wir uns mit den Künsten. Miss Polle spielte passabel Klavier und sang auch ganz gut. Ihre Aquarelle waren nicht schlecht, aber etwas leblos, fand ich, und sie konnte noch feiner sticken als Sarah. Einmal in der Woche kam Mr. Rutledge, der Tanzlehrer, und Julianne und ich lernten alle Tänze – von Volkstänzen bis zum skandalösen Walzer.

Gelegentlich zeigte uns Mrs. Merrick, die Köchin, unter dem gestrengen Auge unserer Gouvernante, die Grundbegriffe des Kochens.

Miss Poole war eine fanatische Verfechterin der Körperertüchtigung. Wir machten also lange Spaziergänge im Park, wo sie uns alles über Bäume, Blumen und Pflanzen erzählte.

Welles, der Miss Poole genausowenig leiden konnte wie wir, schrieb böse Gedichte über sie, die er ständig zitierte.

Eines Nachts machte Welles seine Drohung, Miss Poole eine Kröte ins Bett zu legen, wahr – sehr zu unserem Leidwesen, da wir inzwischen gemerkt hatten, daß Miss Poole nicht so leicht aus der Fassung zu bringen war. Anstatt in Ohnmacht zu fallen oder zu schreien, fing Miss Poole die Kreatur, steckte sie in eine Schachtel, und wir verbrachten den nächsten Morgen mit langweiligen Lektionen über Amphibien. Welles bekam eine tüchtige Abreibung von Sir Nigel, der körperliche Bestrafung bei Jungen für absolut angebracht hielt.

Auch Sarah entging unserer gestrengen Gouvernante nicht. Anläßlich eines Besuches von Tante Tibby erinnerte sich Sir Nigel an seine Nichte. Er hielt es für seine Pflicht, auch ihr eine anständige Erziehung zukommen zu lassen.

Danach kam sie jeden Tag, um mit mir und Julianne am Unterricht teilzunehmen. Zu meiner Überraschung schlug tatsächlich ein Herz unter Miss Pooles flacher Brust. Sie mochte meine Cousine und war zu ihr immer viel netter als zu Julianne und mir. Julianne war schrecklich eifersüchtig auf Sarah, weil sie immer der Mittelpunkt sein wollte. Und so schikanierte Julianne Sarah gnadenlos, bis Welles der Sache ein Ende bereitete.

Ich glaube, er muß Sarah damals schon geliebt haben, er war immer sehr nett zu ihr und neckte sie nie wie Julianne und mich. Er unterhielt sich oft stundenlang mit Sarah, so wie Esmond und ich das immer getan hatten, ehe Miss Poole kam. Jetzt hatten wir nur noch wenig Zeit füreinander. Deshalb war alles, was wir unternehmen konnten, noch viel wichtiger für mich.

Ich war überglücklich, als Sir Nigel, der zu spät entdeckte, daß zwei weitere Kinder in seinem Haushalt erhebliche Mehrausgaben und wesentlich größere Verantwortung bedeuteten, verkündete, wir würden alle zum Jahrmarkt nach Launceston fahren. Dort, sagte er, würde er Ponys für Welles, Sarah und Esmond kaufen. Sarah und Esmond wurden sicherlich nur deshalb mit einbezogen, damit ihm niemand nachsagen konnte, er würde seine Pflichten gegenüber seinem Erben vernachlässigen.

Julianne würde auch ein Pony bekommen, fuhr mein Vater fort, aber nur unter der Voraussetzung, daß sie es auch anständig behandelte. Sie kletterte auf seinen Schoß und entschuldigte sich so artig für ihr Verhalten gegenüber Clothilde, daß Sir Nigel ganz verwirrt war.

Er war so guter Laune, daß er mir auch ein Geschenk versprach. Ich lächelte, dankte ihm und wünschte, ich könnte ihn auch umarmen, wie Julianne das getan hatte. Aber obwohl er sich seit seiner Hochzeit kein einziges Mal betrunken und mich beschimpft hatte, spürte ich, daß er mich immer noch nicht richtig akzeptieren konnte.

Das Pferd stieß einen schrecklichen Schrei aus ...

–Sohrab und Rustum
MATTHEW ARNOLD

4
Das Pferd und der Brief

Es war ein schöner Morgen, als wir uns auf den Weg nach Launceston machten. Die Sonne hatte den Frühnebel und den Dunst weggebrannt. Der Himmel war ein Gewölbe von reinstem Azur, über das weiße Stutenschwänze flogen. Das Moor war eine endlose grüne Weite, von violetten und rosa Flecken durchbrochen – dort, wo Heidekraut und Farnkraut wucherten. Eine leichte Brise trug den kühlen, salzigen Kuß des Meeres, das in der Ferne gegen die Felsen brandete, zu uns, und die traurigen Schreie der Möwen durchbrachen die Stille des Tages.

Mein Vater sah sehr gut aus auf seinem großen braunen Wallach. Einen Augenblick lang schien es, als wäre sein Porträt als junger Mann aus der Galerie wieder zum Leben erwacht. Kein Wunder, daß sich meine Mutter auf den ersten Blick in ihn verliebt hatte und daß er Lady Chandler im Sturm erobert hatte. Er war rüstig wie ein Mann von zwanzig, und er hatte immer noch die Ausstrahlung, die Frauen anzog wie Motten das Licht.

Lady Chandler bot einen atemberaubenden Anblick, in geblümtem Kaliko und mit einem blumenbesetzten Hut. Die Rüschen ihres durchsichtigen Sonnenschirms flatterten in der Brise und umrahmten ihr Gesicht wie ein Bild, so daß Tante Tibby und Miss Poole, die neben ihr in Vaters Kalesche saßen, verblaßten. Sie erinnerte mich an die Pfauen, die auf dem Rasen vor der Hall herumstolzierten und neben denen die kleinen grauen Spatzen ganz unscheinbar aussahen.

Wir Kinder fuhren in Tante Tibbys altem Landauer und spielten unterwegs ein paar Spiele, um uns die Zeit zu vertreiben, bis wir in bester Laune in Launceston eintrafen.

Ich erklärte Welles und Julianne, daß es eine sehr alte Stadt war. Schon vor den Normannen hatte der Halbbruder des Eroberers, Robert of Mortain, Dunheved Castle hier errichtet, eine Festung, die in den Zeiten der Tudors in Launceston Castle umbenannt wurde. Um dieses Schloß war dann langsam ein Dorf gewachsen.

Die Festung auf einer steilen Anhöhe in einem Park war jetzt nur noch eine Ruine. Sie war im Bürgerkrieg zerstört worden. Man konnte aber noch über eine Treppe den alten Turm besteigen, was ich schon einmal gemacht hatte. Von dort aus hatte man meilenweit in jede Richtung freie Sicht. Kein Wunder also, daß diese Festung in vergangenen Zeiten für die Herzöge von Cornwall so wichtig gewesen war.

In der Nähe der Stadtmitte, auf der Castle Street, zeigte ich ihnen Lawrence House und ein Stück weiter die alte Pfarrkirche, St. Mary Magdalene, die 1524 am Marktplatz erbaut wurde, auf dem sich die Leute aus der ganzen Umgebung versammelten, um ihre Produkte zu verkaufen.

Heute war der Marktplatz noch voller als sonst, und der Lärm war ohrenbetäubend. Männer standen in Gruppen an den Ecken und diskutierten erregt über Politik, andere tauschten die neuesten Nachrichten aus oder riefen vorbeigehenden Freunden einen Gruß nach. Frauen klatschten und lachten, während sie mit prall gefüllten Taschen und Körben von Stand zu Stand gingen. Entschlossene Käufer feilschten lauthals mit ebenso entschlossenen Händlern. Und überall liefen Kinder laut schreiend und lachend herum.

Es dauerte einige Zeit, bis wir einen Platz fanden, wo wir Vaters Kalesche, den Landauer und den Wallach hineinzwängen konnten. Dann gingen wir, unter der strengen Führung von Lady Chandler und Miss Poole, auf die buntgestreiften Zelte, Karren und Wohnwagen zu.

Überall tummelten sich Jongleure und Akrobaten, über den Köpfen der Menge tanzten Seiltänzer, es gab einen starken Mann und eine ungeheuer dicke Frau, ein Mann ging auf Stelzen vorbei. Wir sahen Schauspieler und Verkleidete, einen Schwertschlucker und eine Familie, die Kunststücke mit Hunden und Pferden vorführte. Zigeunerinnen mit tiefschwarzen Augen tanzten mit Tambourin und Kastagnetten, während ihre dunkelhäutigen Verwandten aus der Hand lasen und wahrsagten. Ein Stückchen weiter kreischten Kinder vor Vergnügen in einem Puppentheater, und auf einem stabilen Karren führte eine Gruppe Schauspieler ein Melodram vor, sehr zur Freude des Publikums, das laut buhte und pfiff, sobald der Bösewicht auftauchte.

Es gab genausoviel zu kaufen wie zu sehen, die Leute waren aus allen Himmelsrichtungen angereist, um ein bißchen Profit zu machen. Pferde wieherten, Rinder muhten, Schweine quiekten, Schafe und Ziegen meckerten und verstärkten den allgemeinen Lärm noch mehr.

Lady Chandler bestand darauf, daß Sir Nigel an einem der Stände stehenblieb, da die frische Luft und die Fahrt uns hungrig gemacht hatten, und uns Erdbeertörtchen mit gestockter Sahne kaufte.

Dann tätigten Lady Chandler und Tante Tibby ein paar Einkäufe, und Miss Poole war auch beschäftigt.

Nach einiger Zeit hatte Sir Nigel genug von unseren ständigen Entzückensschreien und dem ewigen Stehenbleiben. Er schlug vor, getrennte Wege zu gehen. Er gab jedem von uns Kindern eine Crown und sagte, wir sollten um drei Uhr zu den Viehställen kommen. Dann stolzierte er mit Lady Chandler davon, die wie ein Blutegel an seinem Arm hing.

Sobald mein Vater und meine Stiefmutter im Gewühl verschwunden waren, packte Welles den protestierenden Esmond mit einem boshaften Grinsen und zerrte ihn hinter sich her, bevor Tante Tibby oder Miss Poole die beiden aufhalten konnten.

Ich mußte lachen. Der arme Esmond ahnte ja nicht, daß er sich wahrscheinlich auf den abenteuerlichsten Tag seines Lebens eingelassen hatte. Am liebsten wäre ich hinterhergeschlichen, aber Tante

Tibby und Miss Poole würden sich sicher kein zweites Mal überrumpeln lassen. Sie trieben Sarah, Julianne und mich vor sich her wie eine Herde Küken.

Der Tag verging wie im Flug. Wir lachten viel und staunten über die ungeheuerlichen Dinge, die man hier sehen konnte: ein dreibeiniges Schaf, eine Kuh mit zwei Köpfen, Schlangenmenschen mit Körpern wie aus Gummi, sogar einen Mann, der Flammen schluckte. Wir verpraßten unser Geld in Schaustellerbuden, mit Spielen und Schnickschnack. Julianne kaufte eine Puppe, Sarah, die etwas praktischer veranlagt war, Bänder für ihr Haar. Wir probierten so viele Köstlichkeiten, daß uns allen schlecht wurde. Krabben und Törtchen, Muscheln und Kekse. Ich aß fast soviel wie Julianne, und wir hielten uns beide stöhnend die Bäuche, als wir zu unserem Treffpunkt mit Sir Nigel und Lady Chandler an den Ställen kamen.

Aber kaum sahen wir die Ponys, war das Bauchweh vergessen: elegante Connemaras, dicke Shetland- und Waliserponys wie meine Clothilde. Welles, der seinen Hut und ein Stück Jacke bei einer Schlägerei eingebüßt hatte, suchte sich einen prächtigen Waliser aus. Esmond, der unfreiwillig in die Rauferei mit hineingezogen worden war und ein blaues Auge und eine geplatzte Lippe davongetragen hatte, nahm ein gutgewachsenes New-Forest-Pony. Sarah, die vor Freude keinen Ton herausbrachte, deutete stumm auf ein sanftes Dartmoor-, und Julianne suchte sich schließlich ein hübsches Fell-Pony aus und überredete Sir Nigel, ihr auch noch einen kleinen roten Karren mit gelben Rädern für das Pony zu kaufen.

Zu meiner Überraschung und Freude hatte mein Vater sein Versprechen, mir ein Geschenk zu machen, nicht vergessen. Nachdem die anderen ihre Geschenke bekommen hatten, überreichte er mir einen Korb und sagte, er hoffe, der Inhalt würde mir gefallen. Ich öffnete den Deckel und fand ein langhaariges Kätzchen, mit einer großen roten Schleife um den Hals. Es war das erste Mal, daß Sir Nigel mir eine Freude machte. Mit Tränen in den Augen streichelte ich das leise miauende Fellbündel und dankte ihm.

Einen Augenblick lang glaubte ich, einen seltsamen Ausdruck in seinen Augen zu sehen, als würde ihm plötzlich bewußt, daß ich doch irgendwie wichtig wäre und er unsere Vergangenheit bereute, und es schien, als wolle er etwas sagen. Aber da unterbrach ihn der Pferdehändler, der gemerkt hatte, daß dieser Mann einen exzellenten Geschmack hatte und auch die Mittel, um etwas Teures zu kaufen. Er führte einen jungen Hengst heraus, und mein Vater wandte sich dem Pferd zu.

In späteren Jahren dachte ich oft daran, wie anders unser aller Leben verlaufen wäre, wenn dieses ungestüme, prächtige Tier nicht gewesen wäre, das sich als sehr schicksalhaft erweisen sollte. Aber ich eile schon wieder voraus. Ich muß erst berichten, wie das Pferd war, ehe Sir Nigel es erwarb, obwohl eigentlich nur Draco es jemals wirklich besaß...

Der Hengst war jung, drei oder vier Jahre alt, versprach aber eines Tages ein unvergleichliches Pferd zu werden. Er war ziemlich groß und hatte enorme Muskeln. Seine Brust war breit, die Beine graziös, aber stark. Sein rabenschwarzes Fell, ohne ein einziges weißes Haar, glänzte. Mähne und Schwanz waren lang und wehten im Wind, als er in der mit Schnur eingezäunten Umfriedung herumgaloppierte und seinen wunderschönen Kopf hochwarf. Mir stockte der Atem, denn ich hatte noch nie ein so schönes und gleichzeitig so barbarisches Pferd gesehen.

Schon damals spürte ich, daß es ein gefährliches Tier war. Es hatte die Ohren angelegt und scharrte und schnaubte mit geblähten Nüstern. Der Händler, obwohl er es am langen Zügel hatte, hielt sich in sicherer Entfernung von dem Tier.

»Ich will ehrlich mit Ihnen sein, Sir«, sagte er zu meinem Vater, »der ist noch nicht mal richtig an den Zügel gewöhnt, und ich hab's noch nie geschafft, ihm einen Sattel aufzulegen. Er ist ein böser Teufel. Hat schon zwei Männer zu Krüppeln gemacht und einen dritten umgebracht. Eigentlich sollte man ihn erschießen, aber ich bring's nicht fertig, weil er so schön ist. Ich wollte ihn zum Züchten nehmen, der Nachwuchs wäre sicher sein Geld wert. Aber mir ist die Lust vergangen, seit er den armen alten Tom umgebracht hat. Meine Frau hat Angst um mich... deswegen will ich ihn verkaufen. Wenn Sie Männer mit Zeit und Erfahrung haben, können Sie ihn vielleicht zähmen, Sir, obwohl ich nicht sicher bin. Er ist ein ganz Stolzer und gibt nicht jedem nach. Der ist eines Königs würdig, wenn Sie mich fragen!«

Sir Nigel war vom ersten Augenblick an von diesem Pferd fasziniert. Seine Augen glitzerten vor Begierde, den Hengst zu besitzen. Mir lief es beim Anblick der unnatürlichen Gier meines Vaters eiskalt über den Rücken, und ich wünschte plötzlich, wir wären nie auf diesen Jahrmarkt gekommen.

»Wieviel wollen Sie für ihn?« fragte Sir Nigel den Händler.

Nach einigem Feilschen einigten sie sich auf den Preis, und mein Vater gab Anweisungen für die Lieferung des Pferdes, die Ponys und den Karren.

Dann warf er noch einmal einen Blick auf das Pferd und sagte: »Ich werde dich an den Zügel gewöhnen oder dir deinen stolzen Hals brechen! Aber egal wie, du wirst lernen, wer von uns beiden der Herr ist. Mit dir werde ich fertig, mein ungestümer Schöner!«

Der Hengst warf den Kopf zurück und wieherte, als würde er die Herausforderung annehmen. Sir Nigel nickte ihm zu – er hatte den Fehdehandschuh aufgenommen, und ich erschauerte erneut, mit einem düsteren Gefühl der Vorahnung.

Danach wurde es Zeit, sich auf den Rückweg zu machen, es war spät geworden. Die Aufregungen des Tages hatten uns alle ermüdet. Welles und Esmond waren wegen der Rauferei zerstritten, und so war es eine recht stille Gruppe, die zur Hall zurückfuhr.

Ich war froh, als wir endlich zu Hause waren und ich mich in mein Zimmer zurückziehen konnte, um mit meinem Kater, den ich Grimalkin getauft hatte, spielen zu können. Ich hatte noch nie ein Kätzchen besessen und war hingerissen von diesem neugierigen und gescheiten Tier. Der Kater durchforschte laut miauend mein ganzes Zimmer, und dann machte er sich leider daran, meinen Teppich zu taufen. Ich beschimpfte ihn, weil ich Angst hatte, jemand könnte den Fleck entdecken, und machte mich eilends daran, ihn zu entfernen, damit Grimalkin nicht in den Stall verbannt würde. Während ich daran arbeitete, kam Linnet, meine Zofe, herein und half mir mit gerümpfter Nase. Dann lief sie in den Stall und brachte eine Kiste mit Sägemehl, die wir in eine Ecke meines Ankleidezimmers stellten. Dann zeigten wir sie dem Kätzchen.

So winzig er auch war, Grimalkin schien sofort den Zweck dieser Kiste zu begreifen, zumindest gab es keine gegenteiligen Anzeichen, als ich vom Abendessen zurückkam. Er hatte lediglich meinen Strickkorb ausgeleert und die Knäuel im ganzen Zimmer verstreut.

»Du ungezogener kleiner Kobold!« sagte ich vorwurfsvoll, aber Grimalkin sah mich nur verständnislos an und peitschte mit seinem Schwanz. Dann versuchte er meine Hand zu erhaschen, als ich mich bückte, um die Knäuel einzusammeln.

Ich hatte ihm einen Teller mit Resten und ein Schälchen Milch gebracht. Ich stellte beides auf den Boden, in der Hoffnung ihn ablenken zu können. Das Kätzchen stürzte sich darauf und fraß gierig. Dann rollte es sich mit dickem Bäuchlein neben mir auf der Chaiselongue zusammen und schnurrte so süß und zufrieden, als hätte es nie etwas angestellt.

Ich las ein Buch, und mein Kätzchen und ich hatten es sehr gemütlich. Erst als Linnet zurückkam, um mir beim Ausziehen zu helfen, benahm Grimalkin sich erneut beklagenswert. Er hörte, wie die Tür klapperte, spitzte die Ohren und sprang mit großen grünen Augen auf die Tür zu. Kaum hatte Linnet die Tür geöffnet, schoß er auf den Gang. Ich lief hinter ihm her und rief ihn, aber das Kätzchen wollte sich nicht fangen lassen und bog mit hocherhobenem Schwanz in Richtung Südflügel um die Ecke.

»Hierher, Grimalkin. Komm, Mieze«, rief ich leise und folgte ihm. »Hierher, Grimalkin. Miez, miez.«

Endlich entdeckte ich ihn, er saß mitten im Gang und putzte sich. Ich hätte schwören können, daß er grinste, als er mich entdeckte. Ich packte ihn schnell, ehe er mir wieder entwischen konnte, am Band um seinen Hals. Dann schimpfte ich ihn aus, aber nur ganz leise, weil in diesem Flügel mein Vater und meine Stiefmutter wohnten. Die beiden hatten sich schon zur Nachtruhe zurückgezogen, und ich wollte sie nicht stören. Ich wollte gerade auf Zehenspitzen zu meinem Zimmer gehen, als ich die hysterische Stimme meiner Stiefmutter aus ihrem Zimmer hörte.

»Dein Bruder Quentin ... er *lebt*, Nigel?« rief sie.

Zuerst dachte ich, ich hätte mich verhört und ging näher zur Tür, um besser hören zu können.

»Aber, ich – ich dachte, er wäre tot, Schatz«, hörte ich sie murmeln. Sie war offenbar ziemlich verwirrt.

Ich muß zugeben, daß auch ich etwas durcheinander war. Soweit ich wußte, war Onkel Quentin seit mehreren Jahren verschollen, und er wurde für tot gehalten. Aber jetzt schien es plötzlich, als wäre er noch am Leben.

»Ja, das dachte ich auch, Gwyneth«, sagte mein Vater. »Alle dachten es. Er ist vor über zwanzig Jahren verschwunden, und seitdem hat keiner mehr etwas von ihm gehört! Natürlich dachten wir alle, er wäre tot. Wer hätte das nicht getan?«

»Ja, natürlich, wer hätte das nicht getan?« kam das leise Echo von Lady Chandler. »Aber, wie erklärst du dir dann den Brief, Nigel? Bist du ganz sicher, daß er ihn geschrieben hat?«

»Aber natürlich. Eine Fälschung hätte ich einfach in den Papierkorb geworfen, Gwyneth. So ungern ich es zugeben, mein Bruder Quentin ist tatsächlich am Leben. Es sind zwar zwanzig Jahre her, aber diese Handschrift erkenne ich bestimmt. Er hatte immer schon eine unleserliche Schrift.«

»Ja, aber ... was sollen wir denn jetzt tun?« fragte Lady Chandler. Dann rief sie plötzlich entsetzt: »O Nigel, ist dir klar, was das bedeutet? *Quentin ist dein rechtmäßiger Erbe*! Wenn dir etwas zustoßen sollte, erbt alles er und nicht dein Neffe Esmond. Der ist zwar langweilig und hat kein Rückgrat, aber den könnte man wenigstens in den Griff bekommen. Aber Quentin Chandler ... mein Gott, er ist ein – ein Schurke! Was soll dann aus uns werden?« Sie fing an zu schluchzen.

Sollte sie doch heulen, nachdem sie lauter so ekelhafte Dinge über Esmond gesagt hatte, die überhaupt nicht stimmten. Aber meine Stiefmutter hatte sich schnell wieder beruhigt. Ich konnte mir genau vorstellen, wie sie jetzt zuerst meinen Vater verstohlen musterte und dann ganz große, unschuldige Augen machte.

»Meine Liebe«, sagte Sir Nigel sarkastisch, »im Falle eines solchen Unglücks wirst du wieder über dich hinauswachsen wie nach dem Tod des Captain, da bin ich mir ganz sicher.« Er hielt kurz inne und lachte zynisch. »Ach, komm, Gwyneth! Hast du wirklich geglaubt, ich wäre so dumm, auf deine Scharade hereinzufallen? Du brauchst nicht zu antworten, ich seh's dir an, daß du davon überzeugt warst. Also wirklich, meine Liebe! Du solltest mich besser kennen! Ich habe deine Verhältnisse ganz genau überprüfen lassen, bevor ich dich bat, mich zu heiraten. Ich kenne die, na, sagen wir mal, verzweifelten Umstände, in denen du vor unserer Ehe gelebt hast, genau.«

»Dann ... ich fürchte, ich verstehe nicht. Warum hast du mich dann geheiratet?«

»Natürlich weil ich deine Klugheit bewundert habe, meine Liebe. Ich weiß aus langer Erfahrung, daß Frauen mit Mut und Verstand äußerst rar sind. Außerdem brauchte ich jemanden, der sich um mein unseliges Balg kümmert, und das hast du wunderbar gemacht, genau wie erwartet. Margarets Erscheinung und ihre Manieren haben sich *sehr* gebessert. Auch dafür mein Kompliment, Gwyneth.«

Wieder dieses »unselig«! Würde er denn nie den Tod meiner Mutter verwinden? Ich ließ Grimalkin los, der zappelte, weil ihm langweilig war, und redete mir ein, ich könnte ihn später wieder einfangen, nachdem ich alles über Onkel Quentin erfahren hatte. Inzwischen war mir nämlich klargeworden, wie wichtig das für Tante Tibby, Sarah und Esmond war.

»Beruhige dich, meine Liebe«, sagte mein Vater. »Quentin ist zwar ein furchtbarer Mensch, aber es besteht kaum eine Chance, daß er etwas erbt, er liegt nämlich im Sterben, wie er mir in seinem Brief schreibt.«

»Im Sterben? Gott sei Dank!« bemerkte Lady Chandler ohne jedes Mitgefühl. »Aber warum hat er dir dann geschrieben? Was will er denn?«

»Er möchte ein anständiges Begräbnis in der Familiengruft«, erwiderte Sir Nigel. »Außerdem hat er ein Kind, einen Sohn, fünfzehn Jahre alt. Er ist das Produkt einer Vereinigung mit einer Zigeunerin, die von ihrer Familie deshalb verstoßen wurde. Wie es scheint, haben Zigeuner doch eine Moral. Auf jeden Fall ist die Frau vor einigen Jahren gestorben, und der Junge wird bald völlig allein dastehen. Mein Bruder wünscht, daß ich nach London komme und, wenn er noch am Leben ist, sie beide abhole. Er möchte vor seinem Tod seinen Sohn versorgt wissen, weil er Angst hat, daß der Junge sonst in ein Armenhaus gesteckt wird.«

»Das Kind ist also unehelich?«

»Ja, auf seine Art genauso ungewollt wie die arme Margaret. Ich weiß nicht, was Quentin sich dabei gedacht hat, sich mit einer Zigeunerin einzulassen! Vater würde sich wahrscheinlich im Grab umdrehen. Aber ich habe keine Ahnung, wie mein Bruder sich das mit dem Zigeunerbalg vorstellt. Als ob nicht schon genug Gören hier rumtobten! Das ist ja das reinste Waisenhaus inzwischen!« schimpfte Sir Nigel. »Aber, blutsverwandt bleibt blutsverwandt, und der Junge ist nicht der erste seiner Art, der den Familiennamen besudelt, und er wird auch nicht der letzte sein. Ich kann ihn nicht verhungern lassen, und es wird ihm sicher nicht schaden, auf den Farmen oder in den Minen zu arbeiten.«

»Mehr kann Quentin doch auch nicht von dir erwarten, Schatz«, meinte Lady Chandler. Ihre Stimme war jetzt ruhiger geworden. »Das Kind ist schließlich nicht dein Erbe und auf der falschen Seite der Decke geboren.«

»Ja, das stimmt. Und er wird sich im Endeffekt auch als Galgenvogel erweisen, bei diesem Vater. Offen gesagt wundert mich, daß Quentin nicht selbst am Strick endete. Der Beschreibung meines Bruders nach, hat der Junge die Neigungen seines Vaters geerbt – und zweifelsohne auch die seiner Mutter. Diese Zigeuner sind doch alle Tagediebe und Strolche! Wenn der kleine Bastard zuviel Ärger macht, kann ich ihn später vielleicht wegschicken, wenn er auf sich selbst aufpassen kann.«

»Natürlich kannst du das, Schatz«, stimmte meine Stiefmutter zu. »Sollten wir uns jetzt nicht besser zu Bett begeben? Es ist schon spät, und wenn du morgen nach London fahren willst, brauchst du deinen Schlaf.«

»Ja, richtig. Sorg dafür, daß gleich morgen früh meine Koffer gepackt werden, und gib Mrs. Seyton Anweisung, ein Zimmer für Quentin herzurichten, falls er bei seiner Ankunft hier noch am Leben ist. Wir werden wohl auch das Kind hierbehalten müssen, bis mein Bruder gestorben ist und ich die notwendigen Arrangements getroffen habe... verdammt! Wie war noch der Name des Jungen? Irgendein verfluchter, heidnischer Name, soweit ich mich erinnern kann. Ah, ja. Jetzt fällt's mir wieder ein. Draco. Das war's. Draco.«

So hörte ich also wie ein gemeiner Lauscher das erste Mal von Draco, dem unehelichen Sohn meines Onkels. Irgendwie war das ironisch, aber zu diesem Schluß kam ich erst acht lange Jahre nach seiner Ankunft. Dieser Cousin sollte eine entscheidende Rolle in meinem Leben spielen.

Ich ging sehr nachdenklich zurück in mein Zimmer, wo Linnet mein Nachthemd zurechtgelegt hatte und dann auf der Chaiselongue eingeschlafen war, während sie auf mich wartete. Ich rüttelte sie sanft wach und schickte sie zu Bett, dann dachte ich in Ruhe über das Gespräch von Sir Nigel und Lady Chandler nach.

Er wünscht sich, ich wäre nie geboren worden, genau wie er sich wünscht, Draco würde nicht existieren.

Irgendwie fühlte ich mich diesem unbekannten Zigeunercousin verbunden. Mir fielen die Zigeuner vom Jahrmarkt ein. Ob er wohl wie sie war? fragte ich mich. Seltsam und fremd und etwas beunruhigend? »Galgenvogel«, hatte Sir Nigel gesagt. Das Wort ließ mich erschaudern. Ich zog mir schnell das Nachthemd an, stieg ins Bett und zerrte mir die Decke über die Ohren.

Erst am nächsten Morgen, als ich durch einen Schrei, gefolgt vom lauten Krachen eines Frühstückstabletts, das zu Boden fiel, geweckt wurde, fiel mir ein, daß ich den armen Grimalkin ganz vergessen hatte.

Zur Strafe, weil ich mich nicht richtig um ihn gekümmert hatte, mußte ich den Rest des Tages auf meinem Zimmer bleiben. Danach paßte ich immer auf, daß das verspielte Kätzchen brav in seinem Korb saß, wenn ich abends zu Bett ging – obwohl mich Welles' boshafter Vorschlag, es auf Miss Poole zu hetzen, sehr reizte.

Hat er nicht eines Schurken Gesicht?... Steht ihm denn nicht der Galgen ins Gesicht geschrieben... Tyburn hat er im Angesicht, und ohne Trost der Priester...

–Love for Love
WILLIAM CONGREVE

5
Die Nacht des Zigeuners und des schwarzen Schafes

Draco kam in einer Nacht in Highclyffe an, die genauso finster und wild war wie mein Zigeunercousin selbst. Es war ein kühler, grauer Tag gewesen, und die seltsame Stille, die einen Sommersturm ankündigt, hatte in der Luft gelegen. Die Dämmerung war schnell einer mondlosen Schwärze gewichen. Dann fing plötzlich der Wind über dem Moor an zu heulen wie eine Invasion Geister, und dunkle Gewitterwolken türmten sich am finsteren Himmel, bis sie ihre Schleusen öffneten und ihren Inhalt über die Erde ergossen.

Jetzt konnte ich in der Ferne das tosende Meer hören, aufgepeitscht vom Sturm donnerte es gegen die schroffen schwarzen Klippen, begleitet von Blitz und Donner. Ich stellte mir vor, es mußte genau so eine Nacht gewesen sein, als Taliesin der Merlin, verkleidet als Brithael, Uther Pendragon, der König werden sollte, über die schmale Landzunge nach Tintagel Castle gebracht hatte, dessen Ruinen unweit der Hall standen.

Ich hatte die Decke über den Kopf gezogen und zitterte, weil das alte Haus um mich herum ächzte und stöhnte, als würde es gleich zusammenbrechen. Irgendwo hatte sich ein Fensterladen gelöst und schlug dumpf gegen die Mauern. Es hörte sich an wie ein Wesen aus einer anderen Welt, das gegen das Tor anrannte und Einlaß begehrte. Meine Phantasie ging mit mir durch, und dank all der unheimlichen Bilder, die ich heraufbeschwor, konnte ich kein Auge zumachen.

Endlich – wie mir schien nach Stunden, obwohl es erst kurz nach Mitternacht war – hörte ich leises, aber unverkennbares Hufgetrappel in der Einfahrt und das Knirschen schneller Kutschenräder, begleitet von Peitschenknallen und Flüchen eines Kutschers.

Da ist etwas passiert, dachte ich, *vielleicht ein Unfall*...

Ich erschrak bei dem Gedanken und war froh, sicher in meinem Bett zu liegen. Aber dann plagte mich doch die Neugier, und ich spitzte die Ohren und versuchte herauszufinden, was los war.

Schließlich hörte ich oben vom Speicher das Murmeln der Diener und eilige Schritte. Iverleigh und Mrs. Seyton waren aufgewacht und holten jetzt die Dienerschaft aus ihren Betten. Dann sah ich durch eine Ritze in meiner Tür, das Flackern einer Kerze oder Lampe, mit der jemand den Gang entlangeilte. Und der Teufel packte mich. Ich stand auf, zog meinen weißen Baumwollmorgenrock an und war entschlossen herauszufinden, was da vor sich ging.

Wie ein Geist schlich ich aus meinem Zimmer zum Treppenabsatz. Dort kniete ich mich vors Fenster, von dem aus man die Einfahrt überschauen konnte, und drückte meine Nase an die Scheibe.

Eine Kutsche war gerade im strömenden Regen vorgefahren. Jetzt sah ich Sir Nigels Wappen an der Tür und wußte, daß etwas Schreckliches passiert sein mußte, sonst hätte Philipp, der alte Kutscher, die Pferde in einer Nacht wie dieser nicht so gejagt.

Jetzt erschienen Iverleigh und zwei Diener mit Fackeln. Bevor sie noch die Treppe richtig vor die Kutsche gestellt hatten, wurde die Tür aufgeschlagen, und mein Vater kletterte mit finsterer Miene heraus und schrie Befehle. Mit dem großen flatternden Cape sah er aus wie ein riesiger Vogel, der durch die Tür ins Haus stürmte. Ich blieb zitternd am Fenster sitzen, weil ich sicher war, es würde noch mehr kommen.

Nach einiger Zeit wurde mein Warten belohnt. Langsam und zögernd stieg mein Cousin Draco aus. Es verschlug mir den Atem, als er stehenblieb und in meine Richtung sah – ein Blitz erhellte die Nacht, und ich konnte für einen kurzen Augenblick in seinem Schein Dracos Gesicht sehen.

Er war groß für sein Alter und sehr dünn, als hätte er viele Entbehrungen in seinem jungen Leben ertragen müssen. Trotzdem konnte ich deutlich erkennen, daß sein Körper unter seinen abgetragenen schwarzen Kleidern sehnig und muskulös war, ein Beweis, daß er an körperliche Arbeit gewöhnt war. Seine langen, zottigen Haare klebten schwarz wie die Nacht an seinem Kopf. Seine Haut war dunkel, viel dunkler als meine. Das Zigeunerblut war unverkennbar.

Sein hohlwangiges Gesicht werde ich nie vergessen. Es wirkte wild, brutal und war häßlich, und so haßerfüllt, daß ich unwillkürlich vom Fenster zurückwich. Der Regen strömte ungehindert über sein Gesicht, und der Blitz ließ es immer wieder teuflisch aufleuchten. Wilde, dicke Augenbrauen wölbten sich über so tiefschwarzen Augen, wie ich sie noch nie gesehen hatte. Die Augen wirkten hart und funkelten verächtlich beim Anblick des Hauses. Ich erhaschte einen kurzen Blick auf eine gebrochene Adlernase und volle, lüsterne Lippen, die zur höhnischen Karikatur eines Lächelns verzogen waren, dann wandte sich der Junge ab, aber dieses Gesicht, so voller Verachtung und Herausforderung, war für immer in meine Seele eingebrannt.

Irgendwo hatte ich diesen Ausdruck schon einmal gesehen, aber ich wußte nicht mehr, wo.

Jetzt sah ich, daß Tim, einer der Diener, auf die Kutsche geklettert war, um Philipp und David beim Abladen zu helfen. Sie schlugen eine Decke zurück, und ich sah meinen Onkel Quentin zum ersten Mal. Ich erschrak heftig und mußte einen Schrei unterdrücken, denn dieses Gesicht, das dem meines Vaters so ähnlich war, war kalt und weiß wie ein Fischbauch. Seine schwarzen Augen starrten mich unverwandt an und sein steifer Körper zeigte, daß er schon länger tot war.

Die Männer versuchten, die Leiche langsam und behutsam herunterzuheben, aber einer der Diener verlor den Halt, und der Leichnam meines Onkels knallte auf die schlammige Einfahrt und blieb dort liegen. Seine Augen starrten mich immer noch anklagend an.

Ich hielt mir die Hand vor den Mund, um mich nicht zu übergeben, und rannte blindlings in mein Zimmer zurück. Ich knallte die Tür zu und lief zu meinem Nachttopf, riß den Deckel hoch und erbrach mich, bis nur noch Galle hochkam. Danach kletterte ich zitternd und bebend in mein Bett und zog mir die Decke über den Kopf.

Ich hatte noch nie einen Toten gesehen. Keiner hatte mich auf diese schreckliche Leere und Häßlichkeit vorbereitet, diese Würdelosigkeit. Ich betete darum, daß, wenn meine Zeit gekommen war, ein lieber Mensch zur Stelle wäre, der mir wenigstens die Augen zudrückte. Nach einiger Zeit gelang es mir, meine Gedanken von diesem schrecklichen Bild loszureißen, und ich konzentrierte mich auf meinen Cousin Draco.

Ich sah noch einmal vor meinem inneren Auge sein abweisendes Gesicht. Ich fragte mich erneut, wo ich diesen Ausdruck schon einmal gesehen hatte, aber es fiel mir nicht ein. Endlich schloß ich meine Augen und zwang mich, ruhig zu atmen, in der Hoffnung, endlich einschlafen zu können.

Ich hatte in jener Nacht seltsame, zusammenhanglose Träume, in denen ich meinen Cousin Draco beobachtete, wie er sich wie ein gemeiner Zigeuner auf die Koppel schlich, um den schwarzen Hengst zu stehlen, den Sir Nigel auf dem Jahrmarkt gekauft hatte. Als ich dann am Morgen erwachte, wußte ich, wo ich den wilden Ausdruck im Gesicht meines Cousins schon einmal gesehen hatte: Genauso hatte das ungestüme schwarze Pferd meinen Vater angesehen, als er schwor, es zu zähmen oder zu töten.

Ich seh' ihn blaß und still im Sarge liegen – ich nähere mich...

–Reconciliation
WALT WHITMAN

6
Draco

»Ich sag' dir, Linnet, da hätte man vor Schreck graue Haare kriegen können, wie der so dalag und mich mit den schwarzen Augen angestarrt hat! Ich krieg' jetzt noch 'ne Gänsehaut, wenn ich bloß dran denke!« sagte Tim und schüttelte sich. »Und als ob das nicht genug wäre, hat mich dieser Iverleigh noch abgekanzelt wie einen Schulbuben! Aber immer noch besser, als wenn der Master gehört hätte, was passiert ist. Ich darf gar nicht dran denken, was dann passiert wär. Quentin war ja doch sein Bruder und ein geborener Chandler, nicht wie dieses verflixte Zigeunerbalg, das jetzt im Salon sitzt und den feinen Pinkel markiert!

Stell dir vor, David hat erzählt, Mr. Quentin hätte noch gelebt, als sie aus London weggefahren sind, und in der Gegend von Dartmoor ist er gestorben. Da hat Sir Nigel geklopft und Philipp befohlen anzuhalten, weil er keine Lust hatte, mit der stinkenden Leiche eines Schurken bis nach Hause zu fahren. Und darauf ist der Zigeunerbengel Sir Nigel an die Gurgel gegangen und hätte ihn fast erwürgt!«

»Was du nicht sagst!« rief Linnet. Bestimmt funkelten ihre Augen vor Freude über diese gruselige Geschichte, die bereits im ganzen Haus die Runde machte.

Meine Zofe war ein freches Stück, nur ein paar Jahre älter als ich. Ich hätte wohl die Hintertreppe weiter runtergehen – bevor sie eine Dummheit machte – und ihr Tête-à-tête mit Tim unter der Treppe beenden sollen, aber ich tat es nicht. Ich war ja schließlich nur auf der Hintertreppe, um den neuesten Küchenklatsch zu erfahren.

»Genau so war es«, fuhr der junge Diener fort. »David hat gesagt, er und Philipp hatten alle Hände voll zu tun, den Burschen zu bändigen – wie ein tollwütiger Hund hat er sich aufgeführt. Und David hat gesagt, der Master war außer sich vor Wut. Er hat dem jungen Heißsporn die Meinung gesagt und ihm dann mit dem Stock eins über den Kopf gezogen. Und dann hat der Master Mr. Quentins Leiche selbst aus dem Wagen gezerrt, das Zigeunerbalg wieder reingeschoben und Philipp und David befohlen, die Leiche auf die Kutsche zu laden und dann weiterzufahren. Sie haben die Leiche festgeschnallt und sind dann losgeprescht, als wär' der Teufel hinter ihnen her!«

»Und der wird gleich hinter Ihnen her sein, Mr. Jensby«, hörte ich plötzlich Iverleighs hochnäsige Stimme, »wenn Sie und Miss Tyrrell sich nicht sofort an die Arbeit begeben!«

Die beiden erschrockenen Bediensteten machten sich schleunigst davon. Ich hörte Linnet die Treppe heraufkommen und rannte schnell und lautlos zurück in mein Zimmer, damit sie nicht merkte, daß ich gelauscht hatte.

Man stelle sich vor, dieser Draco hatte tatsächlich versucht, Sir Nigel zu erwürgen! Kein Wunder, daß mein Vater so böse ausgesehen hatte!

Es war das erste Mal, daß jemand Hand an meinen Vater gelegt und überlebt hatte. Er war ein Experte mit Pistolen und Schwert und hatte meines Wissens bereits drei Gegner im Duell bei Morgengrauen besiegt und anschließend herzhaft gefrühstückt. Aber er konnte wohl schlecht einen fünfzehnjährigen Jungen fordern, der noch dazu, selbst wenn er unehelich war, sein Neffe war.

Ich war mir sicher, daß weder Esmond noch Welles – eigentlich keiner – etwas Derartiges gewagt hätte. Der Gedanke an das, was Draco getan hatte, faszinierte mich. Linnet kam und half mir beim

Anziehen. Ich hatte es furchtbar eilig, weil ich hinunter wollte, um mit Draco zu sprechen, bevor mich jemand daran hindern konnte.

Unten angelangt, sah ich, daß die Diener, trotz ihrer vielen Pflichten gegenüber den Lebenden, auch noch Zeit für den Toten gefunden hatten. Die Fenster waren mit schwarzem Stoff verhängt, und sicher gab es auch schon Trauerkränze an den Eingangstüren. Man konnte zwar das Murmeln der Diener aus dem Speisezimmer und der Küche hören, aber das Haus war trotzdem düster wie ein Grab.

Nachdem ich mich versichert hatte, daß keiner mich beobachtete, schlich ich auf Zehenspitzen zur Salontür und öffnete sie einen Spalt. Dann zog ich sie ganz schnell wieder zu. Die Leiche meines Onkels war auf dem großen Tisch in der Mitte des Zimmers aufgebahrt, und mein Cousin Draco saß auf einem Stuhl daneben. Nach einiger Zeit hatte meine Neugier die Angst besiegt, ich öffnete erneut die Tür und trat ein.

Ich versuchte zuerst krampfhaft, meinen Onkel nicht anzusehen, aber dann quälte mich doch wieder die Neugier. Er sah gar nicht mehr so schlimm aus wie gestern abend, eher so, als schliefe er. Und man hatte ihm ordentliche Kleidung angezogen – abgelegte Sachen meines Vaters. Sie paßten ihm nicht sehr gut, aber er selbst besaß wohl nichts. Heute früh hatte ich gehört, wie der alte Philipp Mrs. Merrick erzählte, Onkel Quentin hätte in einem schrecklichen Teil, in einem elenden, dreckigen Schuppen, von London gelebt. Um den Tisch brannten Kerzen in Messingleuchtern und erhellten das düstere Zimmer, dessen schwere rote Samtvorhänge den trüben Tag aussperrten.

Draco saß steif neben seinem toten Vater in einem eleganten Hepplewhite-Stuhl mit rotweißgestreiften Polstern. Bei all den Aufregungen gestern abend hatte man ihn offensichtlich vergessen. Er trug immer noch dasselbe schwarze Hemd und die schwarze Hose, in denen er angekommen war. Die Kleider waren zwar jetzt trocken, aber immer noch verdreckt und zerknittert von der Reise. Er sah schrecklich fehl am Platz aus, als hätte er sich, ohne sich die Stiefel abzuputzen, aus dem Stall hierher verirrt. Trotzdem schien Draco gar nicht verlegen zu sein. Sein hartes, dunkles Gesicht wirkte so arrogant und verächtlich, daß er wahrscheinlich sogar Julianne eingeschüchtert hätte. Ich war fasziniert und angewidert zugleich. Ich wollte eigentlich gehen, trat aber wie hypnotisiert angezogen zu ihm und setzte mich auf die Kante des zweiten Hepplewhite-Stuhls.

Er würdigte mich keines Blickes und sagte auch kein Wort, sondern starrte weiter die Leiche seines Vaters an. Ich hätte zu gerne gewußt, was in seinem Kopf vorging und ob er die Zukunft sehen konnte, wie viele Zigeunerwahrsager es von sich behaupteten. Aber sein Gesicht verriet nichts.

Nach einiger Zeit räusperte ich mich laut, aber er reagierte nicht. Ich mußte wohl den ersten Schritt tun.

»Hallo«, sagte ich. Draco gab keine Antwort. Er sah mich nicht einmal an. »Ich bin Maggie. Maggie Chandler.«

Seine schwarzen Augen musterten kurz mein Gesicht, und er betrachtete mich einmal kühl von oben bis unten. Offensichtlich gefiel ihm nicht, was er sah, denn er wandte sich wieder seinem Vater zu. Ich hätte ihn zu gern für seine Unverschämtheit geohrfeigt, aber die Angst vor einem Wutausbruch seinerseits hielt mich zurück. Ich versuchte es mit einer anderen Taktik.

»Stimmt es, daß du versucht hast, Sir Nigel zu erwürgen?« fragte ich ganz ungewollt voller Bewunderung. Wie zuvor bekam ich keine Antwort. »Das war sehr mutig von dir. Das hätte sonst keiner gewagt. Er wird dir sicher lange nicht verzeihen. Ich würde mich an deiner Stelle in Zukunft vor ihm in acht nehmen. Er wird dich bestimmt verprügeln, so wie er Welles, meinen Stiefbruder, verprügelt hat, als er meiner Gouvernante eine Kröte ins Bett gelegt hat. Welles ist Sir Nigels Mündel, so wie du wahrscheinlich auch, jetzt, da Onkel Quentin tot ist.«

Die Antwort meines Cousins auf diese Rede war ein haßerfüllter Blick. Ich wich unwillkürlich zurück, weil ich Angst bekam, er könnte mich wie ein wildes Tier anspringen. Aber er wandte nur wieder den Blick ab und setzte seine Totenwache fort.

»Sehr freundlich bist du ja wirklich nicht, was?« sagte ich erbost und stand auf. Mit diesem ungehobelten Jungen wollte ich nichts mehr zu tun haben. »Tut mir leid, wenn ich dich gestört habe. Aber ich dachte, du brauchst vielleicht einen Freund, und wir sind doch schließlich Cousins, und ich bin genauso ungewollt wie du – das hat zumindest mein Vater gesagt. Aber ich habe dich wohl falsch eingeschätzt und werde mich jetzt empfehlen!«

»Warte!« Das Wort klang sehr leise und doch scharf. Draco hatte einen leichten ausländischen Akzent, wahrscheinlich von seiner Zigeunermutter. Er wirkte dadurch noch fremder und beängstigender. Womöglich würde er mich packen und würgen, damit ich nicht um Hilfe schreien konnte! »Warte«, sagte er noch einmal etwas sanfter. »Geh nicht weg.«

»Warum sollte ich denn bleiben, nachdem du so garstig warst?« erwiderte ich und drehte mich zu ihm um, war aber immer noch bereit, beim ersten Anzeichen von Gefahr zu fliehen. »Ich wollte doch bloß nett sein, sonst nichts.«

»Ja, ich weiß, das merk' ich jetzt auch«, gab er zögernd zu. Eine weitere Entschuldigung war von ihm wohl nicht zu erwarten, das spürte ich. »Setz dich, ich will dir nichts Böses, und außerdem sind bestimmt ein Dutzend Diener in Hörweite, die dir sofort zu Hilfe kommen würden.«

»Ja, das stimmt«, erwiderte ich und setzte mich vorsichtig wieder auf den Stuhl.

Draco war wieder verstummt, als wüßte er nicht, was er jetzt sagen sollte. Er war wohl nicht an Leute gewöhnt. Vielleicht war seine Arroganz auch nur eine Fassade, hinter der er seine Einsamkeit und Unsicherheit versteckte. Er hatte eine Armut erlebt, die viel schlimmer war als alles, was Julianne und ich bis jetzt erfahren hatten, nach dem zu schließen, was ich in der Küche belauscht hatte. Und mir wurde klar, wie bitter es für ihn sein mußte, daß nur der Zufall Esmond und nicht ihn zum Erben des Chandler-Besitzes gemacht hatte.

Einen Augenblick lang wünschte ich fast, Draco wäre tatsächlich Vaters Erbe. Aber dann wurde mir bewußt, wie unloyal das gegenüber Esmond war, und ich verdrängte den Gedanken. Es war einfach lächerlich, sich diesen ungehobelten Zigeuner als Herrn vorzustellen. Wie sollte Draco, aufgezogen vom schwarzen Schaf der Familie, Sinn für den Stolz und das Vermächtnis der Chandlers haben?

Nein, dachte ich, es war schon so, wie Sir Nigel gesagt hatte: Draco hatte den Charakter seines Vaters geerbt – und sicherlich auch einiges von seiner Mutter. Onkel Quentin hatte sich nie um den Besitz geschert, nur um das Geld, mit dem er seine Trinkerei, seine Weiber und seine Spielsucht finanzieren konnte. Schließlich hatte er den Bogen einmal zu oft überspannt, und die Chandlers hatten die Zahlungen an ihn eingestellt. Großvater Simon hatte ihn aus der Familienbibel gestrichen und nie wieder seinen Namen erwähnt.

Ich wußte nur wenig über Dracos unbekannte Mutter. Aber einmal hatten Zigeuner ohne das Wissen meines Vaters auf seinem Land kampiert. Sie fällten Bäume für Feuerholz, wilderten, fingen Fische ohne Erlaubnis und ließen ihren Müll überall herumliegen, bis sie einer der Wildhüter meines Vaters entdeckte und die wenigen, die nicht rechtzeitig fliehen konnte, aufhängte.

Draco stammte von Schurken und Zigeunern ab. Kein Wunder, daß mein Vater sagte, er würde als Galgenvogel enden! Ich schauderte, als mir die Worte wieder einfielen. Draco war bestimmt nicht der Mensch, den ich als Erbe des Besitzers, den ich liebte, sehen wollte.

»Wie hat dein Vater das gemeint, genauso ungewollt wie ich?« fragte mein Cousin plötzlich und riß mich aus meinen Gedanken.

»Nun ja, weil ich genauso unerwünscht war wie du. Ich bin zwar Sir Nigels rechtmäßige Tochter, aber er würde viel darum geben, wenn ich nie geboren wäre. Meine Mutter ist bei meiner Geburt gestorben, weißt du, und mein Vater gibt mir die Schuld an ihrem Tod, obwohl ich eigentlich nichts dafür kann. Ich glaube, er verachtet mich.«

»Wirklich?«

»Ja. Aber ich versuche, mir nichts daraus zu machen«, gestand ich und fragte mich, wieso ich diesem Jungen meine geheimsten Gefühle offenbarte. »Ich glaube, er kann nichts dafür. Er ist ein harter, kalter Mann und mag Kinder nicht besonders. Wenn ich ein Sohn gewesen wäre, hätte er vielleicht anders empfunden. Ich weiß es nicht.«

Obwohl sich Sir Nigel eigentlich auch nichts aus Esmond machte, der schließlich der Sohn seiner Schwester und fast genauso sein Fleisch und Blut war wie ich. Ich versuchte mir einzureden, ich würde meinen Vater hassen und deshalb wäre das alles sowieso für mich ohne Bedeutung. Dann lenkte ich mit einem Seufzer meine Aufmerksamkeit auf die Leiche meines Onkels.

Er sah genauso kalt und rücksichtslos wie mein Vater aus. Nur hatte sein Gesicht etwas Desillusioniertes und Weltmüdes, das Sir Nigel fehlte. Ich glaube, mein Onkel war kein glücklicher Mann gewesen, und wie jedes Kind, das nur Schwarz oder Weiß sieht, dachte ich, es läge daran, daß er bereits hier auf Erden für seine vielen Sünden hatte bezahlen müssen und auch noch in der nächsten Welt zahlen müßte, weil seine böse Seele sicher in der Hölle schmorte.

»War Onkel Quentin nett zu dir?« fragte ich.

»Er hat viel getrunken, und wenn er betrunken war, hat er mich oft geschlagen«, erwiderte Draco mit seinem leichten Akzent, der mich so faszinierte. »Aber zumindest hat er mich vor dem Armenhaus bewahrt.«

Seine Antwort beeindruckte mich sehr. Allein die Vorstellung, in ein Armenhaus zu müssen, war entsetzlich. Ich hatte ein relativ geschütztes Leben geführt, hier in der Hall, im sicheren Kokon von Sir Nigels Titel und Reichtum, wenn auch ohne Liebe. Und die weiten einsamen Moore Cornwalls hatten nur wenig gemeinsam mit den engen, überbevölkerten, rußigen Städten Englands. Was wußte ich schon von der Welt? Im Vergleich zu Draco gar nichts, das sah man an seinen Augen, die viel zu alt und besorgt für sein Alter waren.

Der arme Junge! Ich hätte ihn so gern getröstet, seine ungepflegten Locken aus dem Gesicht gestrichen und meine Hand auf die häßliche Platzwunde gelegt, die der Stock meines Vaters auf seiner Stirn hinterlassen hatte. Aber ich gab dem Drang nicht nach, da ich sicher war, er würde derartige Gesten verächtlich ablehnen.

Lange Zeit später sollte ich mich an diesen Morgen erinnern, als ich, als einzige im ganzen Haus, mit meinem Cousin Wache bei der Leiche meines Onkels hielt und wir beiden einsamen Kinder, die sich kaum kannten, im flackernden Kerzenlicht bei dem starren Leichnam Quentins saßen. Es ist eine sehr ungewöhnliche Erinnerung, aber irgendwie typisch für meine ganze Kindheit. Ich glaube, ich habe Draco damals schon ein bißchen in seiner Einsamkeit getröstet. Manchmal in späteren Jahren bildete ich mir ein, in seinen Augen eine gewisse Zärtlichkeit zu erkennen, wenn er mich ansah, und denke, daß auch er sich an unsere einsame Wache erinnerte und mich deshalb in freundlicherem Licht sah, als es sonst der Fall gewesen wäre.

Er redete jetzt nichts mehr. Von draußen waren Geräusche zu hören, die uns warnten, daß der Rest der Familie bald zum Frühstück kommen würde und unser stilles Zwischenspiel vorbei war. Dennoch trennte ich mich nur zögernd von Draco. Ich fühlte mich noch mehr zu ihm hingezogen als vorher. Ich hatte noch nie jemanden wie ihn gekannt und wollte mehr über ihn erfahren.

Ich stand auf und strich mein Kleid glatt. Es war grau mit schwarzen Bändern, und ich schämte mich, weil ich kein Trauerkleid angelegt hatte. Jetzt ging ich zur Tür, überzeugt, daß Draco mir folgen würde.

An der Tür merkte ich, daß er nicht hinter mir war. Ich drehte mich um und sah, daß er immer noch in seinem Stuhl saß.

»Kommst du nicht mit?« fragte ich. Sein Mund kräuselte sich verächtlich, und ich hätte mir am liebsten die Zunge abgebissen, weil mir jetzt klarwurde, daß Sir Nigel natürlich keinen Zigeunerbastard bei Tisch dulden würde. »Verzeih mir«, murmelte ich betreten. »Das war sehr dumm von mir. Natürlich ißt du nicht mit uns, auch wenn das irgendwie komisch ist...« Ich verstummte, als ich merkte, daß ich schon wieder einen Fehler gemacht hatte. Nach einiger Zeit sagte ich schnell: »Mrs. Merrick, unsere Köchin, ist ein sehr lieber Mensch. Sie wird dir was zu essen geben, wenn du hungrig bist.«

Dann verließ ich schnell das Zimmer und schloß leise die Tür hinter mir.

Auch das ist Zeit, die unsere Jugend, unsere Freuden, all unser Gut, in Pfand nimmt und uns mit Alter und Staub lohnt; die wir in einem dunklen, stillen Grab, wenn wir unsere Pfade gewandelt sind, die Geschichte unserer Tage beschließt...

–Geschrieben von Sir Walter Raleigh in der Nacht vor seinem Tod, gefunden in seiner Bibel im Torhaus von Westminster.

7
Die Beerdigung meines Onkels

Ich sah Draco erst zwei Tage später wieder, am Morgen der Beerdigung meines Onkels. Von Linnet erfuhr ich, daß er einen Platz im Stall bekommen hatte, da er, wie alle Zigeuner, anscheinend gut mit Pferden umgehen konnte. Ich war froh darüber, weil ich wußte, daß Hugh ein fairer Mann war, nicht wie der nie zufriedene Mr. Lowry, der Verwalter meines Vaters, oder dieser bösartige Mick Dyson, der Aufseher in den zwei Minen meines Vaters, Wheal Anant und Wheal Penforth. Ich bekam schon eine Gänsehaut, wenn ich ihn nur sah. Mit Männern wie Mick Dyson und Mr. Heapes, dem wieselhaften Verwalter der Minen, war es kein Wunder, wenn der Politiker Edmund Burke gegen die gesamte Minenindustrie ins Feld zog. Ich hatte die kranken, ausgemergelten Männer und die mageren, verkrüppelten Kinder gesehen, die in den Arbeitersiedlungen herumschlichen, aufgerieben von zu vielen langen und schweren Arbeitsstunden in den kalten, nassen Schächten, unter mehr als unsicheren Bedingungen. Ich schlug immer einen großen Bogen um die winzigen, verwahrlosten Häuser. Ich konnte es nicht ertragen, die Bewohner zu sehen und zu wissen, daß ich ihr trauriges Los in keiner Weise verbessern konnte.

Zumindest konnte Draco in den Ställen frische Luft atmen, die nicht vom Kaolinstaub verpestet war, dem kalkigen Rückstand des weichen weißen Tons, den die armen Minenarbeiter der Erde entrangen und aus dem zartes Porzellan für die Oberschicht hergestellt wurde, die sich nie die Hände schmutzig machte. Zumindest würde mein Cousin im Freien arbeiten, nicht tief in einem Schacht, der jeden Moment einstürzen konnte. Trotzdem fand ich das immer noch einen schwachen Trost für jemanden, der, wenn er nicht unehelich geboren wäre, eines Tages Master von Highclyffe Hall hätte sein können. Ich dachte, das müßte Draco wie eine Fischgräte in seinem stolzen Hals stecken. Aber wenn dem so war, zeigte er es nicht. Dem Küchenklatsch nach zu schließen, verrichtete er mürrisch seine Arbeit, wendete Heu, trug Futtersäcke, mistete Ställe aus und redete kaum mit jemandem.

Aber als ich ihn bei der Beerdigung sah, stellte ich fest, daß ihm das Leben in der Hall gut bekommen war. Sein Gesicht wirkte nicht mehr so ausgemergelt, und man sah, daß Draco genau wie der schwarze Hengst, den mein Vater auf dem Jahrmarkt gekauft hatte, eines Tages ein stolzer Mann werden würde, wenn auch kein gutaussehender. Sein Gesicht war zu grob und häßlich, und seine gebrochene Nase und der volle Mund entsprachen nicht gerade dem gängigen Schönheitsideal. Ich war damals noch zu jung, um zu erkennen, daß sie seinem dunklen Gesicht Stärke und Charakter verliehen und von einer Ausstrahlung zeugten, die Frauen eines Tages anziehend finden würden. Seine Augen, die ich ebenfalls zu feurig und kühn fand, blitzten, wenn er es wollte, gescheit und einladend, wie die jedes anderen Zigeuners.

Jemand hatte ihm auch etwas zum Anziehen besorgt. Als wir uns vor der uralten Dorfkirche versammelten, in der seit Generationen die Totenmessen für die Chandlers abgehalten wurden, trug mein Cousin einen schlechtsitzenden schwarzen Anzug und ein ungeschickt gebundenes Halstuch. Die Lederstiefel waren noch dieselben, so abgetragen und zerkratzt vom ständigen Gebrauch, daß selbst die Schuhwichse die tiefen Risse nicht mehr überdecken konnte.

Der Morgen war feucht und grau. Seit dem Sturm hatte es immer wieder geregnet, aber jetzt hatte es gerade aufgehört. Der Boden war naß und schlammig, die kühle Luft roch nach Erde und saubergewaschenem Gras. In der Stille hörte man das stete Tropfen von Wasser aus dem Geäst der Bäume, und überall funkelten Wasserperlen wie Glasprismen auf dem Boden.

Ich hielt Ausschau nach irgendeinem Zeichen, daß Draco mich bemerkt hatte. Aber er vermied es, mich anzuschauen, und schloß sich auch nicht der Familie an, als wir angeführt von Vikar Earnhart in Richtung Kirche gingen.

Die Prozession betrat unter dem melodischen Singsang des Vikars die Kirche. Wir verbeugten uns vor dem alten, hölzernen, keltischen Kreuz mit dem geschnitzten Lamm über dem Altar, nahmen unsere Plätze in der Chandler Bank ein, blieben aber stehen. Draco wartete, bis alle in der Kirche waren, und stellte sich dann allein an die Rückwand des Raumes. Sein abwesender Blick gab keinen Aufschluß darüber, was er dachte.

Die Sargträger trugen den blumengeschmückten Sarg herein, der Geruch von Lilien und Rosen erfüllte die Kirche, und seit dem Tag habe ich diese beiden Blumen immer mit dem Tod in Verbindung gebracht, deshalb mag ich sie nicht. Heidekraut war einmal meine Lieblingsblume gewesen, aber auch das sollte später schmerzliche Erinnerungen in mir hervorrufen.

Betäubt vom Weihrauch und Blumenduft zog die Zeremonie vor meinen Augen vorbei, als wäre ich kein Teil davon. Eine Hymne wurde gesungen, ich wußte nicht, welche. Inzwischen hatte ich das Gefühl, in einen Traum geraten zu sein und jeden Moment in meinem Bett zu erwachen und festzustellen, daß Onkel Quentin und Draco nur in meiner Phantasie existierten. Nur Esmond an meiner Seite erschien mir real, seine schöne Tenorstimme hallte durch die Kirche, und zu ihr gesellte sich ein wunderbarer Bariton, den ich sofort als Dracos erkannte.

»Der Herr sei mit dir.«

»Und mit deinem Geiste.«

»Lasset uns beten.«

Ich kniete auf der harten Bank, und nachdem ich mich bekreuzigt hatte, beugte ich meinen Kopf zwischen die Arme, bis ich unter einem

Ellbogen Draco weit hinter mir sehen konnte. Er kniete nicht, sondern blieb stehen. Wahrscheinlich gehörte er nicht der anglikanischen Kirche an – oder er hatte am Ende gar keine Religion. Waren denn Zigeuner Heiden? fragte ich mich. Trotzdem war sein Kopf gebeugt, vielleicht verehrte er Gott auf seine Weise, so wie er auch sonst seinen eigenen Regeln gehorchte. Sein Gesicht unter dem dunklen Haar war blaß, und seine dicken, schwarzen Wimpern warfen rußige Schatten auf seine Wangen. Einmal – nur einmal glaubte ich, eine einzelne Träne, wie einen Regentropfen, von seinem Auge fallen zu sehen, aber vielleicht war es auch nur eine Täuschung.

»Und möge er in Frieden ruhen. Amen.«

»Amen.«

Wir erhoben uns, und die Sargträger gingen langsam mit dem Sarg meines Onkels aus der Kirche, wir reihten uns schweigend dahinter ein. Vor der Kirche wurde der Sarg auf einen glänzenden, schwarzen Leichenwagen mit Glasscheiben geladen, der von sechs schwarzen Pferden gezogen wurde. Es hatte wieder angefangen zu regnen, und die Straußenfedern auf den Köpfen der Pferde hingen traurig nach unten. Typisch, dachte ich mir, mein Taugenichts von Onkel hatte nicht einmal eine anständige Beerdigung.

Der Friedhof war nicht weit von der Kirche, und wir folgten dem Wagen zu Fuß über die aufgeweichte Straße. Ich war froh um mein leichtes Cape mit der Kapuze, auch wenn die arme Mrs. Faversham und ihre Assistenten rund um die Uhr hatten arbeiten müssen, um Juliannes und meine Trauerkleider fertig zu bekommen. Aber sie war sicher für ihre Mühe gut bezahlt worden.

Der Himmel war bleigrau, und Gewitterwolken zogen sich zusammen. Es war nur noch eine Frage der Zeit, bis es wieder in Strömen regnete. Ich hoffte, daß bis dahin die Beerdigung vorbei war und ich nicht völlig durchnäßt würde. Meine Strümpfe waren ohnehin schon naß und meine Schuhe voller Schlamm.

Endlich erreichten wir den Friedhof. In der Mitte stand ein großes Steingewölbe – die Familiengruft der Chandlers. Meine Mutter lag dort und ruhte, wie ich hoffte, in Frieden. Der Gedanke, daß ich sie nicht kannte, machte mich wie immer traurig. Obgleich ich sie manchmal hier besuchte und mit ihr redete und mir einbildete, sie würde mir antworten, wenn es auch wahrscheinlich nur das Rascheln des Windes war.

Die rostigen Scharniere ächzten und stöhnten, die schmiedeeisernen Tore und die schwere Eichentür des Mausoleums wurden vom Hausmeister aufgeschlossen und geöffnet, und der Vikar stimmte wieder seinen Gesang an.

Ich erschauderte als ich hörte, wie im Grabhaus der schwere Stein aus der Vertiefung geschoben wurde, in der mein Onkel seine letzte Ruhe finden würde. Hier würde ich auch eines Tages liegen. Aber mit zehn Jahren war das alles für mich noch sehr unwirklich, da kann man sich noch nicht vorstellen, daß man irgendwann sterben muß. Erst wenn die Jahre immer schneller vergehen, wird man sich seiner eigenen Sterblichkeit bewußt.

Die Träger hoben den Sarg auf ihre Schultern, manövrierten ihn dann mühsam durch die halbrunde Tür und trugen ihn in die dunkle düstere Krypta. Danach hörte man das Kratzen von Holz auf Granit, der Sarg wurde in seine Nische geschoben; ein makabrer Kontrapunkt zu Mr. Earnharts Gesang.

»... Erde zu Erde, Asche zu Asche, Staub zu Staub ...«

Einige der alten Bediensteten, die sich noch an »Mr. Quentin«, wie sie ihn in seiner Jugend genannt hatten, erinnern konnten, weinten jetzt, aber Dracos Augen waren, als ich endlich sein Gesicht in der Menge entdeckte, trocken und wirkten abwesend. Er weinte nicht um den Vater, der auf seine Art gut zu ihm gewesen war, und auch Sir Nigel vergoß keine Träne für den Bruder, diesen Schuft, der Schande über die Chandlers gebracht hatte und dafür grausam verstoßen worden war.

»Der Herr sei uns gnädig.«

»Christus sei uns gnädig.«

»Herr, sei uns gnädig.«

Ich sah, wie Draco zusammenzuckte, als der Steinblock wieder an seinen Platz geschoben wurde und das Grab versiegelte. Er geriet kurz ins Schwanken, und ich dachte, er würde umfallen. Aber er fing sich wieder. Ich wußte, daß er vor den Fremden hier nie seine Gefühle zeigen würde – nicht vor diesen Leuten, die ihn als »Mr. Quentins Zigeunerbalg« bezeichneten.

Schließlich kamen die Sargträger wieder aus der Gruft und schlossen die schwere Eichentür. Dann wurden die Eisentore wieder vom Hausmeister versperrt, der Vikar klappte sein Gebetbuch genau in dem Augenblick zu, in dem der Himmel – als würde er uns verspotten, weil wir gewagt hatten, zu hoffen, in sein Reich einzugehen – sich öffnete und seine volle Wut über uns ergoß.

Denn einer wie der andre war, schwarz wie die Nacht, zehn Furien gleich, schrecklich wie die Hölle, ...

–Paradise Lost
JOHN MILTON

8
Saat des Schicksals

Einige Tage nach der Beerdigung meines Onkels erinnerte sich Sir Nigel an den schwarzen Hengst, den er auf dem Jahrmarkt gekauft hatte.

Hugh hatte vergeblich versucht, mit dem Pferd, das mein Vater Black Magic getauft hatte, zu arbeiten. Trotz aller Geduld und Freundlichkeit des Knechts blieb das Tier mißtrauisch, verschlagen und bösartig. Hugh hatte es noch nicht geschafft, ihm einen Sattel aufzulegen, geschweige denn eine Trense zwischen seine Zähne gebracht. In den ersten paar Wochen hatte es einem Knecht ein Bein gebrochen und den armen Stalljungen fast zu Tode getrampelt. Hughs Meinung nach war der Hengst nicht zu bändigen und sollte eigentlich erschossen werden.

An dem Morgen, an dem Sir Nigel beschloß, nach Black Magic zu sehen, ging er vor dem Frühstück im Reitdreß zum Stall, die Peitsche in der Hand. Ich war auf dem Weg zu einem Morgengalopp – ohne Julianne, die gern lang schlief – und begegnete unterwegs meinem Vater. Er schien nichts gegen meine Anwesenheit zu haben, also folgte ich ihm, weil ich neugierig war, was passieren würde.

Sir Nigel unterhielt sich längere Zeit mit Hugh und runzelte die

Stirn, nachdem er gehört hatte, daß es dem Knecht noch nicht gelungen war, das Tier ein wenig zu zähmen.

»Du lieber Himmel, Hugh!« schimpfte mein Vater. »Es ist doch nur ein Pferd! Marsch, in den Stall, und leg ihm Zügel und Sattel an! Ich will ihn heute mal ausprobieren.«

»Verzeihung, Sir, aber so einfach ist das nicht. Das Tier ist ein Teufel, genau wie der Händler Ihnen auf dem Jahrmarkt gesagt hat, und er läßt sich nicht aufzäumen. Das letzte Mal, als wir's versucht haben, hat sich Sam das Bein gebrochen, und die Bestie hat den armen kleinen Billy fast umgebracht. Und ich schwör's, der hat's mit Absicht gemacht, der Teufelsbraten!«

»Papperlapapp«, sagte Sir Nigel. »Wenn ich dich nicht so gut kennen würde, Hugh, würde ich fast meinen, du hast zu tief ins Glas geschaut. Das Tier ist ein dummes, stures Pferd, das lernen muß, sich seinem Herrn zu unterwerfen.«

Dann gab mein Vater, ohne Rücksicht auf die Warnungen des Knechtes, an die Männer Befehle, und sie liefen, leise vor sich hinfluchend, um sie auszuführen.

Ich sah Draco etwas abseits stehen. Er hatte den Kopf interessiert zur Seite geneigt, und seine Augen funkelten. Sein ganzer Körper zitterte vor Erregung. Er warf den Kopf zurück, und sein pechschwarzes, vom morgendlichen Waschen noch feuchtes Haar, flog in der kühlen Brise wie eine Mähne. Einen Moment lang schien es mir fast, als wären mein Zigeunercousin und der Hengst ein und dieselbe Kreatur – stolz, herausfordernd, gegen ihren Willen hierhergebracht und entschlossen, sich nicht beherrschen zu lassen. Und mit einem Mal wurde mir klar, daß es ein Verbrechen wäre, ihren Willen zu brechen. Sie mußten wilde, temperamentvolle Wesen bleiben, die sich, wenn überhaupt, nur freiwillig unterwerfen und sich immer gegen diejenigen wehren würden, die versuchten, sie mit Gewalt zu zähmen.

Ich wollte laut protestieren, tat aber natürlich nichts dergleichen, mein Vater hätte mich sicherlich nur bestraft und meine Bitten ignoriert. Also biß ich die Zähne zusammen und schwieg.

Black Magic hatte den Lärm gehört und spürte die Aufregung. Er galoppierte erregt in der Koppel hin und her wie immer, wenn sich jemand näherte. Schnaubend und wiehernd warf er den Kopf hoch, galoppierte immer wieder los, stürmte gegen den Zaun und bremste in letzter Sekunde ab. Ich merkte, daß er den Zaun, seine Höhe und Stärke, prüfte. Mir stockte der Atem, weil ich ahnte, daß er drüberspringen wollte. Ich wunderte mich, daß er es nicht schon längst getan hatte; aber vielleicht spürte er, daß Sir Nigel eine größere Gefahr für ihn war als die anderen, und außerdem machte ihm der Lärm sicher angst.

Er wird über den Zaun springen. Der Zaun ist nicht hoch und auch nicht stark genug, um ihn zurückzuhalten, dachte ich.

Sir Nigel und die anderen merkten das auch, und mein Vater schrie die Knechte wütend an, sich zu beeilen. Zwei der Männer betraten vorsichtig mit Seilschlingen in der Hand die Koppel. Sie ließen sie langsam über dem Kopf kreisen und warfen sie dann über das Pferd. Aber Black Magic war zu schnell für sie. Er wich den Schlingen geschickt aus und senkte den Kopf, wodurch sie einfach an seinem Rücken abglitten. Nach sechsmaligem Werfen hatten die beiden Männer es endlich geschafft, die Schlingen legten sich um den Hals des Pferdes, gerade als es zum Sprung ansetzte.

Die Schlingen zogen sich zusammen. Black Magic bäumte sich auf und fiel schreiend vor Wut nach vorn auf die weißen Balken. Sie zersplitterten mit einem entsetzlichen Krachen. Black Magic schlug wie wild um sich, um sich aus den Zaunlatten zu befreien.

Die beiden Männer konnten ihn nicht halten. Fluchend und schreiend liefen noch ein paar andere Knechte in die Koppel, um ihnen zu helfen. Sechs Mann schafften es schließlich, den Hengst zurück in die Koppel zu zerren, wo er wie ein Dämon bockte, sich aufbäumte und sich mit Zähnen und tödlichen Hufen auf sie stürzen wollte, wenn sie ihm zu nahe kamen.

Nach langem Kampf gelang es den Männern schließlich, ihn Schritt für Schritt zum Stall zu zerren. Es dauerte fast eine halbe Stunde, bis sie ihn rückwärts in die schmale Box bugsiert hatten. Während des schrecklichen Kampfes wurden zwei Männer und ein junger Stallbursche verletzt, eine Futterkiste, einige Fässer und noch andere Dinge wurden ernsthaft beschädigt. Mit einem Seufzer der Erleichterung warfen die Knechte die Boxentür zu und verriegelten sie. Aber das Pferd wollte sich nicht unterkriegen lassen. In kürzester Zeit wurde klar, daß der Stall ihn nicht halten konnte. Black Magic hämmerte wie besessen mit den Hufen gegen die hölzernen Wände.

Die Männer konnten von Glück sagen, wenn sie ihm eine Longe am Halfter befestigen konnten, ganz zu schweigen von einer Trense oder einem Sattel. Aber sie versuchten es trotzdem, und schließlich gelang es ihnen, eine Decke auf den Rücken der Bestie zu werfen, bevor sie ihre Peiniger mit den Zähnen vertrieb. Dann riß sich das Biest die Decke herunter und zertrampelte sie im Stroh. Jetzt konzentrierte der Hengst seine Wut erneut auf die Boxentür, bis er ein Loch in die Wand geschlagen hatte, so daß alle entsetzt zurückwichen, aus Angst, er könnte sich befreien und sie angreifen.

Sir Nigel wurde die ganze Sache zu dumm, und er befahl, sehr zum Ärger der Knechte, die ihr Leben riskiert hatten, um das Pferd in die Box zu bringen, es wieder auf die Koppel zu lassen. Dann gab er Hugh Anweisung, die Prozedur am nächsten Morgen zu wiederholen – und jeden folgenden Tag –, bis Black Magic sich daran gewöhnt hatte und man ihm einen Zügel und einen Sattel anlegen konnte. Ich sah, daß Hugh über die Order meines Vaters verärgert war, aber unser Stallmeister nickte nur und versprach, sich um die Sache zu kümmern.

Wir alle atmeten erleichtert auf, als mein Vater endlich gegangen war. Ich glaube, alle hatten Angst gehabt, jemand könnte getötet werden, wenn er darauf bestanden hätte, Black Magic an diesem Morgen zu reiten. Ich war mir sicher, daß Sir Nigel verwundet worden wäre, wenn er versucht hätte, das wilde Tier zu besteigen.

Ich ging nach draußen und sah, daß einige Männer bereits damit beschäftigt waren, den Zaun der Koppel zu reparieren und zu verstärken.

Sir Nigel wird Black Magic niemals zähmen – zumindest nicht so, dachte ich. *Der Hengst stirbt lieber, ehe er sich Vaters Willen unterwirft.*

»Die Show ist vorbei, Miss Maggie«, zischte mir eine sarkastische Stimme ins Ohr. »Du kannst jetzt zurück ins Haus gehn.«

»O Draco!« Ich wirbelte erschrocken herum. »Du hast mir vielleicht einen Schrecken eingejagt! Ich habe dich nicht kommen hören.«

»Das kann ich mir denken«, sagte er verächtlich. »Du warst viel zu sehr damit beschäftigt, dir um deinen Vater Sorgen zu machen! Ich hoffe, Black Magic bricht ihm das Genick! Er verdient es, erschossen zu werden«, murmelte er wütend. Und er meinte bestimmt nicht das Pferd.

Mein Cousin war wütend darüber, wie mein Vater Black Magic behandelt hatte, und ließ es jetzt an mir aus, weil er sonst niemanden zum Reden hatte. Aber es verletzte mich trotzdem.

»Es ist doch nicht meine Schuld, was mein Vater gemacht hat. Warum greifst du mich an?«

Draco hatte wenigstens den Anstand zu erröten. »Ich weiß auch nicht«, gab er zu. »Aber ich war so wütend ... verdammt soll er sein! So wird er Black Magic nie zähmen, der Idiot! Er zerstört eine wunderbare Kreatur.«

»Ja, ich weiß. Aber mein Vater legt keinen Wert auf meine Meinung, und er ist ohnehin nicht umzustimmen, wenn er sich erst einmal zu etwas entschlossen hat.« Ich überlegte kurz. »Vielleicht wird er aufhören, wenn er merkt, daß er das Tier nicht bändigen kann.«

»Oder vielleicht auch nicht! Mein Gott! Wie ich ihn verachte! Er ist so aufgeblasen, daß er meint, er wäre unser aller Herr und Meister. Der alte Baron, dein Großvater, war genauso, das hat zumindest mein Vater gesagt! Kein Wunder, daß ihm die Chandlers zuwider waren.«

»Und trotzdem wollte er in der Familiengruft begraben werden. Wie seltsam.«

Draco lachte höhnisch.

»Gar nicht seltsam, Mädchen. Er hatte die Wahl zwischen dem und einem Armengrab in London. Und ich wäre auf der Straße und wahrscheinlich bald im Armenhaus gelandet. Aber was weißt du schon davon, *Miss Maggie*?«

»Nichts«, erwiderte ich leise. »Nichts.« Dann schrie ich: »O Draco! Ich bin doch nicht mein Vater! Warum bist du so gemein zu mir? Ich dachte, wir wären Freunde!«

»Freunde!« Seine Stimme klang bitter. »Warum? Weil du Mitleid mit mir hast? Ich will dein Mitleid nicht. Wenn mein Vater meine Mutter geheiratet hätte, wäre *ich* der Erbe hier, nicht dein kostbarer, weinerlicher Esmond! Ich würde es verdammt viel besser machen als er, das kann ich dir versichern. Aber nur weil ich ein Bastard bin, habe ich noch lange nicht meinen Stolz verloren, das kannst du mir glauben.« Er schüttelte den Kopf. »Wir werden nie Freunde sein, Maggie – nicht, solange du im großen Haus lebst und ich nur der Stallbursche bin, der seine Kappe ziehen muß, wenn wir uns treffen!«

»Das habe ich nie von dir verlangt, Draco, und auch nicht erwartet. Du bist schließlich mein Cousin.« Ich sah, daß ihn das beschämte. Er konnte mir nicht in die Augen sehen und schluckte. Trotzdem entschuldigte er sich nicht. Nach einiger Zeit fragte ich ihn neugierig: »Wenn du uns alle so sehr haßt, warum bleibst du dann hier? Warum läufst du nicht weg?«

Er wandte sich wieder zu mir. »Weil ich das erste Mal in meinem Leben sauber und trocken bin und nicht frieren muß«, erwiderte er. »Und ich gehe nachts mit einem vollen Bauch ins Bett und muß nicht immer ein Auge offenhalten aus Angst, jemand könnte mich im Dunklen berauben oder ermorden. Das zumindest sind mir die Chandlers schuldig.«

Darauf konnte ich nichts erwidern. Ich wußte nicht, was es hieß, schmutzig und hungrig zu sein.

»Geh zurück ins Haus, Maggie«, sagte Draco plötzlich, aber etwas freundlicher. »Du hast schon das Frühstück verpaßt und kommst noch zu spät zu deinen Stunden mit diesem alten Besen, Miss Poole.«

Die Bemerkung über meine Gouvernante war seine Art, um Vergebung zu bitten. Ich versuchte zu lächeln und nickte. Dann ging ich langsam in Richtung Haus und überlegte, wieviel mein Cousin seit seiner Ankunft von unserem Leben in der Hall erfahren hatte. Seltsam, dachte ich, daß er uns so verachtet und sich trotzdem die Mühe macht, alles über uns zu erfahren. Wahrscheinlich war er gegen seinen Willen von uns genauso fasziniert wie ich von ihm

Der Sommer verging wie im Flug, und ich sah Draco oft. Da Julianne ihr eigenes Pony hatte und nicht mehr Clothilde benutzte, durfte ich wieder zur Grange reiten. Lady Chandler hielt sich strikt an die Anstandsregeln und bestand darauf, daß meine Stiefschwester und ich nur noch in Begleitung ausritten. Diese Aufgabe fiel manchmal Draco zu. Er ritt dann wachsam auf einem grobschlächtigen, schwarzen Dale hinter uns her, aus Respekt hielt er aber den Abstand sicher nicht ein.

Wir machten sehr häufig Ausritte, da wir endlich Miss Pooles wunden Punkt entdeckt hatten. Sie fürchtete sich entsetzlich vor Pferden, und so konnten wir bei unseren Ausflügen tun und lassen, was wir wollten.

Im allgemeinen ignorierte Julianne die Diener, die uns begleiteten, aber wenn Draco dabei war, dachte sie sich die übelsten Sachen aus, um ihn zu schikanieren. Sie haßte ihn. Anfänglich fand sie ihn sehr aufregend und versuchte, mit albernem Augengeklimper mit ihm zu flirten. Draco war aber auf den Straßen Londons aufgewachsen und ließ sich von ihrem Getue nicht täuschen wie Esmond. Er sagte ihr schließlich ins Gesicht, daß ihm ihre Schmeicheleien nicht imponierten und er keine Lust hatte, sich von ihr verspotten zu lassen. Seither haßte sie ihn mit Inbrunst.

Jetzt versuchte sie mit allen Mitteln, ihn zu erniedrigen und zu quälen, was ihn aber auch nicht beeindruckte. Julianne versuchte sogar, sich bei Lady Chandler und Sir Nigel über ihn zu beklagen. Aber nachdem Draco sich ihr gegenüber nie schlecht benommen hatte, sagte mein Vater, wenn sie nicht mit der Dienerschaft umgehen könnte, dann dürfte sie sie auch nicht herumkommandieren.

Manchmal bekam Julianne eine solche Wut auf Draco, daß sie davongaloppierte und wir ihr folgen mußten. Darüber freute ich mich immer sehr, weil ich dann Gelegenheit hatte, meine Freundschaft mit meinem abweisenden Cousin ein bißchen zu vertiefen. Manchmal begleitete uns Welles, der Draco mochte, und brachte uns alle mit seinen Geschichten und Späßen zum Lachen, selbst meinen Zigeunercousin. Wie schön es war, Draco befreit lachen zu hören! Dabei kam mir oft der Gedanke, wie anders er doch hätte sein können, wenn sein Leben nicht so hart gewesen wäre.

Esmond und Sarah begleiteten uns auch, wenn sie die Zeit fanden, ich muß aber zugeben, daß es dann immer Probleme gab. Esmond und Draco verachteten sich von Anfang an. Draco sah wohl in Esmond den Rivalen, der ihn seines Erbes beraubt hatte, und Esmond wollte mir immer den Umgang mit Draco verbieten, weil er kein »Gentleman« war. Ich glaube, er war einfach eifersüchtig auf ihn.

Zu meinem Entsetzen stritten wir uns wegen meines Zigeunercousins – unser erster Streit überhaupt. Und zu allem Überfluß teilte Esmond mir kühl mit, ich täte gut daran, mich wie Julianne gegenüber Draco zu verhalten.

»Esmond!« rief ich. »Ich kann nicht glauben, daß du das wirklich meinst! Draco ist doch unser Cousin, und Julianne behandelt ihn wie Dreck!«

»Maggie, du überraschst mich! Ich glaube, sie behandelt ihn auch nicht anders als die anderen Diener«, sagte er. »Du magst sie nur nicht und siehst es deshalb anders. Ich muß ehrlich sagen, das finde ich sehr gehässig von dir, vor allem nachdem Julianne sich soviel Mühe gibt, deine Freundin zu sein. Das sieht dir nicht ähnlich, Maggie.«

Ich traute meinen Ohren nicht und starrte ihn entsetzt und schokkiert an.

»Ich habe keine Ahnung, wovon du redest, Esmond«, erwiderte ich schnippisch. »Und du wahrscheinlich auch nicht. Ich glaube, du bist nicht ganz richtig im Kopf! Meine Stiefschwester hat mich noch nie nett behandelt – und das weißt du auch! Erst gestern hat sie Miss Poole gesagt, ich hätte Tinte auf das Lehrbuch unserer Gouvernante gekippt, dabei war sie es selbst.«

»Ja, Julianne hat mir erzählt, was passiert ist, und ich verstehe nicht, Maggie, warum du ihr die Schuld gibst, obwohl du ihr die Feder aus der

Hand gerissen hast! Nur deshalb hat sie das Tintenglas umgeschmissen.«

Mir verschlug es angesichts dieser Lügen die Sprache, und Esmond fuhr mit seiner Tirade fort.

»Du warst immer schon sehr ungestüm, Maggie, eine Schwäche, die ich übersehen habe, da du bis jetzt keine Mutter hattest, die dich besänftigte. Aber obwohl Lady Chandler wirklich alles versucht hat, dich vom falschen Weg abzubringen, weigerst du dich, dich zu bessern. Du wirst genauso verrückt wie Welles, der nur Stroh im Kopf hat! Ich kann es einfach nicht glauben, daß du – und auch Sarah – euch von diesem Beispiel leiten laßt!«

Er warf seiner Schwester einen grimmigen Blick zu, die schüchtern lächelte, weil mein Stiefbruder sich gerade von seinem Pferd zu ihrem beugte und ihr etwas ins Ohr flüsterte. Sie hatte vorhin wegen Welles mit Esmond gestritten und ignorierte ihren Bruder bewußt, um ihm zu zeigen, was sie von seinen Absichten hielt.

»Welles ist vielleicht abenteuerlustig und schert sich um nichts, Esmond, aber wenigstens ist er kein aufgeblasener Spießer!« erwiderte ich wutentbrannt. »Du bist auf dem besten Weg dazu, einer zu werden. Du hast ihn noch nie gemocht, schon seit der Schlägerei auf dem Jahrmarkt nicht mehr!«

»Du enttäuschst mich, Maggie«, tadelte mich mein Cousin. »Ich hätte nicht gedacht, daß du Gewalt gutheißt. Aber wie ich sehe, habe ich mich geirrt. Das erklärt zweifelsohne deine lächerliche Faszination für diesen Zigeunerjungen und deine Mißachtung von Juliannes Sensibilität!«

Ehe ich ihm eine passende Antwort geben konnte, hatte Esmond seinem Pony die Sporen gegeben und galoppierte an Juliannes Seite, die ihn zuckersüß anlächelte.

Er wird sicher gleich wiederkommen und sich entschuldigen, dachte ich mit Tränen in den Augen und einem so dicken Kloß im Hals, daß ich fürchtete, daran zu ersticken.

Aber mir wurde bald klar, daß Esmond nichts dergleichen im Sinn hatte, also zügelte ich Clothilde und galoppierte zu Draco zurück.

»Was ist denn los?« fragte mich mein Zigeunercousin, als ich mich ihm anschloß. »Hast du mit deinem Besserwisser gestritten?«

»Esmond ist kein Besserwisser«, zischte ich durch zusammengebissene Zähne.

»Nein?« Mein Cousin zog skeptisch eine Augenbraue hoch. »Willst du behaupten, er hat dich nicht gerügt?«

»Oh, du bist genauso unmöglich wie er!« rief ich und galoppierte wütend in Richtung Hall. Mir war der Tag gründlich verdorben.

Ich verfluchte sie alle drei – Julianne, Esmond und Draco – und wünschte ihnen die Pest an den Hals. Alles hatte sich geändert, seit sie hier wohnten. Wie schön war es doch gewesen, als ich mit Esmond und Sarah noch allein war! Selbst Welles verdammte ich. Er hatte schließlich schuld am Bruch zwischen Esmond und Sarah. Was war bloß los?

Selbst als Esmond sich am nächsten Tag bei mir entschuldigte und mir erzählte, er hätte sich auch mit Sarah wieder versöhnt, wurde ich das Gefühl nicht los, daß wir auf eine entsetzliche Art auseinandergerissen wurden, die ich nicht begreifen konnte. Es war, als würde ein schreckliches Schicksal auf uns warten, und keiner von uns konnte etwas dagegen tun.

»O Esmond!« rief ich mit aller Inbrunst der Jugend, »was für furchtbare Sachen wir uns gestern an den Kopf geworfen haben! Sie dröhnen mir immer noch in den Ohren und im Herzen!«

»Schon gut, Maggie«, murmelte er und strich mir das Haar aus dem Gesicht. »Weine nicht, liebe Cousine. Ich war nur so verärgert, weil ich Angst hatte, Sarah und dich zu verlieren. Sie verbringt sehr viel Zeit mit Welles, und du... äh, du magst Draco sehr gern, glaube ich.«

»Ich hab' doch nur Mitleid mit ihm, Esmond. Er hat ein hartes Leben hinter sich – viel härter als du und ich. Es kann doch nichts Schlimmes sein, wenn ich ein bißchen nett zu ihm bin?«

»Ich denke nicht – ich habe aber trotzdem Angst, daß du ihn bald lieber magst als mich.«

»O Esmond, sei doch nicht albern. Ich *liebe* dich, und wir werden eines Tages heiraten, nicht wahr? Draco ist doch nur ein Freund, genau wie Welles. Ich muß aber zugeben, daß es Tage gibt, an denen ich seine Schwester überhaupt nicht ausstehen kann.«

»Ja, weißt du, Julianne hat Schwierigkeiten, sich an ihr neues Leben zu gewöhnen, Maggie. Du mußt ihr Zeit lassen. Sie ist eigentlich sehr süß, weißt du.«

Ja, dachte ich, *süß wie eine Katze, die gerade eine Maus gefangen hat!*

Aber ich schwieg und nickte nur, als würde ich ihm zustimmen. Aber dieses dunkle Gefühl der Vorahnung keimte in meinem Herzen und begann zu wachsen.

Ewiger Geist ungebundener Gedanken
In Verliesen strahlst du am hellsten, Freiheit!

–Sonnet on Chillon
George Gordon Lord Byron

9
Sir Nigel und Black Magic

Der Sommer war schon fast zu Ende, als es Hugh endlich gelang, Black Magic Zaumzeug und Sattel anzulegen.

Draco hatte mir am Nachmittag zuvor erzählt, daß Sir Nigel das Pferd am nächsten Morgen reiten wollte. Also zog ich mich vor dem Frühstück ohne Linnets Hilfe an und ging zum Stall, um zu sehen, ob es meinem Vater gelingen würde, den Hengst zu bändigen.

Der Zaun der Koppel war inzwischen erhöht worden, und ich mußte hinaufklettern, um besser sehen zu können. Sir Nigel schaute zwar ein paarmal in meine Richtung, aber ich glaube, er bemerkte mich gar nicht, er hatte nur Augen für das widerspenstige Tier, das jetzt aus dem Stall geführt wurde.

Hugh hatte das Pferd mit einer Martingale aufgezäumt, damit es den Kopf nicht hochreißen konnte. Trotzdem kämpfte das Pferd ohne Unterlaß und zerrte mit weitaufgerissenen Augen an dem Zügel, mit dem es von Hugh an den Pfosten in der Mitte der Koppel gebunden wurde.

Mit der Peitsche in der Hand schritt mein Vater mit grimmigem Gesicht auf das Pferd zu. Black Magic scheute und wieherte, als er ihn kommen sah, bäumte sich auf und tänzelte. Aber Hugh hatte ihn sehr kurz an den Pfosten gebunden, und das Pferd konnte nicht viel ausrichten.

Mein Vater war ein erfahrener Reiter und wich geschickt den Hufen und Zähnen des Pferdes aus, und es gelang ihm nach einigen Minuten, sich auf den Rücken des Hengstes zu schwingen. Kaum hatte er die Zügel in der Hand, versuchte Black Magic auch schon, ihn abzuwerfen. Das Pferd stieg und bockte, dann drehte es den Kopf, um nach Sir Nigels Bein zu schnappen. Mein Vater schlug dem Pferd die Peitsche über die Nüstern, und Black Magic schrie vor Schmerz, dann fing er wieder an zu bocken.

»Ich hoffe, er bricht sich seinen verfluchten Hals!« knurrte Draco und kletterte zu mir herauf.

»Du sollst Menschen nichts Böses wünschen, Draco«, murmelte ich. Ich wußte, daß er meinen Vater meinte, nicht Black Magic. »Das schlägt auf dich zurück, weißt du.«

Insgeheim hoffte ich aber auch, daß Sir Nigel abgeworfen und sein Stolz verletzt würde. Und mein Wunsch wurde erhört. Sir Nigel flog in hohem Bogen. Draco sagte nichts, aber seine schwarzen Augen blitzten vor Freude. Hugh lief zu meinem Vater und wollte ihm aufhelfen. Aber mein Vater winkte mit zornrotem Gesicht ab. Er stand auf, klopfte sich ab und ging dann entschlossen wieder auf Black Magic zu. Das Duell begann erneut.

Aber jetzt ließ Sir Nigel seiner Wut freien Lauf. Er hatte sich vor der Dienerschaft blamiert, und das konnte er nicht ertragen. Nachdem er wieder auf dem Hengst saß, gebrauchte er rücksichtslos Peitsche und Sporen. Aber Black Magics Wildheit war trotz Zügel und Sattel noch ungebrochen. Er wehrte sich hartnäckig gegen meinen Vater. Wieder segelte Sir Nigel durch die Luft. Alle hielten den Atem an. Jeder spürte, daß der Kampf jetzt um Leben und Tod gehen würde.

Black Magics Flanken bebten, seine Brust war mit Schaum bedeckt, Blut tropfte von seinem Bauch, wo die Sporen meines Vaters tiefe Wunden hinterlassen hatten. Black Magics Maul war scharlachrot gefleckt, dort hatte die Trense in das weiche Fleisch geschnitten, und seine Nase war von dem Schlag mit der Peitsche geschwollen.

Mein Vater sah nicht viel besser aus. Sein Hut war weg, die Krawatte verrutscht, sein Jackett voller Dreck, und ein Ärmel und die Hose waren zerrissen. Blut quoll aus einem Schnitt auf seiner Stirn, und er hatte eine blaurote Schwellung an der Wange. Er richtete sich langsam auf, und da sah ich, daß er auch hinkte. Trotzdem strebte er entschlossen erneut auf das Pferd zu.

»Der Idiot!« murmelte Draco, und er klang tatsächlich besorgt. »Der Hengst wird ihn noch umbringen!«

Angst krallte sich wie eine eisige Faust in mein Herz, ich sah im Geiste Sir Nigel bereits tot auf dem Boden liegen. Ich machte wohl unbewußt aus Protest ein Geräusch, denn Draco preßte mir eine Hand so brutal vor den Mund, daß ich beinahe rückwärts vom Zaun gefallen wäre. Er hielt mich mit einem Arm um die Taille fest, und ich fühlte seine Wärme durch die leichte Bluse und Jacke. Es war das erste Mal, daß ich bewußt seine Berührung spürte.

»Sei still, Maggie!« zischte er. »Du kannst nichts machen. Dein Vater ist entschlossen, sich selbst zu zerstören und Black Magic dazu!«

Ich teilte seine Meinung, und nachdem er seine Hand von meinem Mund genommen hatte, biß ich auf meinen Handknöchel, um nicht laut zu schreien.

Matt, aber weiterhin wild entschlossen, schwang sich Sir Nigel erneut in Black Magics Sattel, und der schreckliche Konflikt zwischen Mann und Tier nahm wieder seinen Lauf. Der junge Hengst war völlig erschöpft, kämpfte aber tapfer weiter gegen meinen Vater, der wie ein Besessener auf ihn einschlug.

Dann endlich, gerade als ich dachte, das Pferd würde endgültig zusammenbrechen, sammelte es verzweifelt seine letzten Kräfte, um Sir Nigel loszuwerden. Mein Vater stürzte aus dem Sattel, und diesmal wurde er nicht weit genug von den tödlichen Hufen des Hengstes weggeschleudert. Bevor einer von uns merkte, was los war, stieg Black Magic wiehernd hoch – ein gequälter Schrei des Triumphs – und warf sich mit aller Macht auf Sir Nigel.

Jemand schrie und schrie, und erst als Draco mich packte und an seine breite, junge Brust drückte, merkte ich, daß es meine eigene

Stimme war, die diese schrecklichen Geräusche verursachte. Ich spürte den harten Körper meines Cousins, und plötzlich, für einen Augenblick, konzentrierte sich alle Realität darauf. Ich klammerte mich verzweifelt schluchzend an ihn, dankbar für diesen unerwarteten Trost.

»Still, Maggie«, sagte er leise und strich mit dem Mund über mein Haar. »Still. Er ist nicht tot, nur böse zugerichtet, glaube ich. Schau, Hugh hilft ihm jetzt auf.«

Endlich wagte ich, einen kurzen Blick auf meinen Vater zu werfen. Tatsächlich, Sir Nigel hatte einen Arm um Hughs Schulter gelegt und hinkte mit schmerzverzerrtem Gesicht aus der Koppel. Irgendwie hatte er sich im letzten Moment zur Seite rollen können, und Black Magics Hufe hatten ihn nur an einer Schulter und der Seite getroffen. Aber seinem Gesicht nach zu schließen, war er ziemlich schwer verletzt und der Kampf mit dem Hengst für heute beendet.

Allmählich erwachten alle aus ihrer Schreckensstarre. Einige mutige Männer liefen in die Koppel, um Hugh mit Sir Nigel zu helfen und das zitternde, blutige Pferd in den Stall zu führen und es zu versorgen, falls es das zuließ.

Sir Nigel scheuchte sie alle zurück.

»Laßt ihn – den verfluchten Teufel!« Er hielt sich keuchend die Seite, seine Rippen waren sicher gebrochen. Dann sagte er zu Black Magic: »Bei Gott, du wirst noch lernen, wer hier der Herr ist, du Teufelsbraten! Mich kriegst du nicht unter!«

Dann hinkte er, gestützt von Hugh, zum Haus. Unser Stallmeister befahl mit steinernem Gesicht einem der Männer, den Arzt zu holen, dann schickte er die anderen wieder an die Arbeit.

Draco und ich blieben und starrten schweigend Black Magic an.

Jetzt, wo das Tier sich allein glaubte, ließ es erschöpft den Kopf hängen. Es schien, als wüßte es, daß zwar die Schlacht gewonnen, aber der Krieg noch nicht vorbei war. Mein Herz blutete für dieses wilde, schöne Wesen, das entweiht worden war von Sir Nigel. Tränen brannten mir in den Augen, ich wischte sie weg. Wenn ich jetzt anfangen würde zu weinen, könnte ich vielleicht nie mehr aufhören.

»Ich weiß«, sagte Draco. Er hatte meine Gedanken erraten. »Mir geht es genauso.«

»Nächstes Mal stirbt entweder Vater oder Black Magic. Ich weiß es! Es darf nicht sein, Draco!« flehte ich ihn an. »Es darf nicht sein. Wir müssen versuchen, das zu verhindern!«

Und dann fiel mir plötzlich ein, was ich zu tun hatte.

Die Hall war still wie ein Grab, alle waren bereits zu Bett gegangen. Ich lag reglos und verängstigt in meinem Bett und lauschte.

Schließlich war ich ganz sicher, daß das ganze Haus schlief. Ich warf meine Decke beiseite und holte die Kleider unter meinem Kissen hervor, die ich vor Linnet versteckt hatte. Ich zog mich an und schlich barfuß nach unten und aus dem Haus.

Ich zitterte, als die kalte Nachtluft meine Haut streifte und lief durch das kühle, taufeuchte Gras in Richtung Koppel. Eine Eule schrie, die Bäume ragten wie bizarre Dämonen in den Nachthimmel.

Endlich hatte ich die Koppel erreicht. Ich blieb mit pochendem Herzen stehen und spähte durch die weißen Bretter des Zauns. Jemand bewegte sich vorsichtig in der Umfriedung. Ich hatte keine Ahnung, wer es wagte, Black Magic so nahe zu kommen, und verstand auch nicht, wieso das Pferd keinen Laut von sich gab, während eine Stimme ihm beruhigend zumurmelte, in einer Sprache, die ich nie zuvor gehört hatte.

Nach einigen Sekunden hatten sich meine Augen an die Dunkelheit gewöhnt. Jetzt sah ich, wer das Pferd streichelte und mit ihm redete. Es war Draco. Wer sonst sollte es auch sein? Nur mein seltsamer Zigeunercousin, der so gut mit Pferden umgehen konnte, der wußte, daß Black Magic spürte, wie verwandt ihre Seelen waren. Ich rief leise nach Draco, damit ich das Tier nicht erschreckte, und schlich näher heran.

»Was machst du denn hier?« fragte ich meinen Cousin, als er langsam auf mich zukam.

»Dasselbe könnte ich dich fragen«, flüsterte er, öffnete das Tor und winkte mich zu sich. Ich schaute mißtrauisch zu Black Magic, aber mein Cousin nahm meine Hand und zog mich in die Koppel, dann schloß er das Tor hinter uns und sagte: »Keine Angst. Er wird dir nichts tun.«

Und tatsächlich, das Pferd wieherte zwar ein bißchen und tänzelte nervös herum, machte aber keinerlei Anstalten, auf mich loszugehen. Zu meiner Überraschung sah ich, daß Draco ihm Zaumzeug und Sattel abgenommen und ein Stallhalfter angelegt hatte, die Leine hatte er zwar auch wieder am Pfosten angebunden, aber mit wesentlich mehr Spielraum für den Hengst. Draco machte sich wieder an die Arbeit. Er hatte Black Magics Wunden gesäubert und behandelte sie jetzt mit einer Salbe. Während er die Wunden versorgte, redete er wieder in dieser seltsam singenden Sprache mit ihm.

»Welche Sprache ist das?« fragte ich.

»Die Sprache der Zigeuner«, erwiderte er. »Meine Mutter hat sie mir beigebracht. Ich war zwar noch sehr jung, als sie starb, aber ich habe nichts vergessen.«

»Was hast du zu Black Magic gesagt?«

»Daß er wild und schön ist und frei bleiben muß wie ein Zigeuner und sich nicht von deinem Vater unterdrücken lassen darf.«

»Sind Zigeuner wirklich so frei? Ich hab's mir gedacht, war mir aber nicht sicher. Ich weiß sowenig über sie. Ich habe zwar viel gehört und sie auf Jahrmärkten gesehen, sie haben auch einmal hier kampiert ...« Ich verstummte, da mir wieder einfiel, daß Sir Nigels Wildhüter drei von ihnen aufgehängt hatte. Nach einiger Zeit fragte ich: »Erzählst du mir von ihnen, bitte?«

»Wenn du willst«, sagte Draco. »Die Roma sind ein sehr altes Volk, die ursprünglich aus Indien kamen, das wird zumindest behauptet. Es gibt drei Hauptstämme: die Kalderasch, die Gitanos und die Manusch oder Sinti. Meine Mutter war eine Kalderasch, sie hieß Chavi und sie kam aus einer sehr stolzen *vitsal* – eines großen Familienclans. Sie sollte ihren Cousin Jal heiraten, hat sich aber statt dessen in meinen Vater verliebt, einen *gadje*, einen Nichtzigeuner. Aus diesem Grund erklärte man sie für *merime* – unrein. Der Ältestenrat – *kris* – ihrer *vitsal* hat sie verstoßen. Die Roma sind sehr streng und halten alles geheim, nur so konnten sie so lange die Verfolgungen überleben. Es ist für sie ein Verbrechen, wenn ein *gadje* etwas über sie erfährt. Trotzdem war meine Mutter anfänglich glücklich, sie war jung und verliebt, und mein Vater war gut zu ihr.

Erst später, als sie krank wurde, sehnte sie sich nach ihren Leuten und ihrem *drabana*, dem Heiler. Sie vertraute den englischen Ärzten nicht, und außerdem war sowieso kein Geld für einen Arzt da. Sie ist gestorben. Sie hatte die Schwindsucht, ich glaube, niemand hätte ihr helfen können.«

»Wie traurig. Du mußt sie sehr geliebt haben.«

»Ja, das habe ich. Sie war wie Black Magic – wild und schön. Ich sehe sie noch vor mir, Maggie, lachend, tanzend ... und dann –« er hielt inne und fuhr erst nach einiger Zeit fort. »Erst danach hat Vater angefangen soviel zu trinken, und mir war's egal, wenn er mich geschlagen hat, weil ich wußte, welche Dämonen ihn verfolgten. Er war wütend, als sie starb und ihn verließ, und ich glaube, er hat ihr Gesicht in mir gesehen.«

Jetzt begriff ich mehr denn je, warum Draco sich in die Koppel geschlichen hatte, um den Hengst zu versorgen. Und tief in meinem Herzen wußte ich, daß das, was ich vorhatte, richtig war – gleichgültig wie sehr ich dafür leiden müßte.

»Komm«, sagte ich zu meinem Cousin, »und bring das Pferd.«

»Was willst du mit ihm machen?« fragte Draco mißtrauisch.

»Ich habe vor, Black Magic freizulassen.«

»Was? Bist du verrückt geworden, Maggie?«

»Pssst!« zischte ich mit einem Blick zu den Hütten hinter den Ställen. »Willst du alle aufwecken?«

»Natürlich nicht. Aber –«

»Still, Draco. Nur so können wir Black Magic retten – und das weißt du auch. Sie kriegen ihn nie, wenn er erst einmal im Moor ist. Dort ist er unter seinesgleichen, unter wilden Pferden und Ponys. Hast du sie nicht gesehen?«

»Ja. Aber Sir Nigel wird wissen, daß Black Magic nicht allein entfliehen konnte. Weißt du, wie schwer dein Vater dich bestrafen wird, wenn er je herausfindet, daß du das Pferd befreit hast?«

»Ja.« Ich nickte. »Ich bin bereit, das Risiko auf mich zu nehmen. Du auch?«

»Natürlich«, sagte er. »Aber wie kriegen wir das Pferd durch das Tor? Das ist doch nachts abgesperrt –«

»Keine Sorge. Der alte Gower schläft wie ein Toter, und ich weiß, wo er den Schlüssel aufbewahrt. Ich habe auch Mrs. Seytons Chatelaine mitgenommen, damit wir in das Pförtnerhaus kommen.«

Und so verbündeten wir uns zu diesem Akt des Aufstands gegen meinen Vater, so wie wir damals die Totenwache bei Onkel Quentin gehalten hatten. Draco führte Black Magic vorsichtig die Einfahrt entlang in Richtung Eingangstor. Niemand hörte uns.

Wir gingen schnell, stumm vor Angst vor dem, was wir taten. Der Himmel wölbte sich wie schwarzer Samt über uns, die Sterne funkelten wie Diamanten und der Mond strahlte rund und voll vom Firmament durch die dünnen Dunstschleier. Ein sanfter Wind strich durch das Geäst der Bäume und brachte die Blätter zum Flüstern. Der Kies knirschte leise unter Black Magics Hufen und Dracos Stiefeln, und vom Moor her drang das weinerliche Klagen eines einsamen Brachvolgels.

Ohne jede Schwierigkeit öffnete ich mit Mrs. Seytons Chatelaine das Pförtnerhaus, holte die Schlüssel und schloß das schmiedeeiserne Tor auf.

Draco schob vorsichtig einen Flügel auf, flüsterte Black Magic etwas zu und nahm ihm vorsichtig das Halfter ab. Einen Moment lang blieb das Pferd stehen. Es hatte die Ohren gespitzt, die Nüstern bebten vor Neugier. Dann, als hätte er die Freiheit gerochen, warf er den Kopf zurück und wieherte – ein Freudenschrei –, dann galoppierte Black Magic mit wehender Mähne und Schwanz durch das offene Tor.

»Gott sei mit dir«, murmelte ich und wollte ihm nachwinken, aber das Pferd war schon mit einem mächtigen Satz über den Graben neben der Straße gesprungen, so kraftvoll und elegant, daß es mir den Hals zuschnürte vor soviel barbarischer Schönheit.

Draco und ich blieben lange reglos stehen und sahen Black Magic nach, bis er außer Sichtweite war. Dann gingen wir zurück zum Haus, wo mein Cousin an der Seitentür etwas Seltsames und Unerwartetes machte: er beugte sich vor und küßte mich schnell und bestimmt auf den Mund. Dann rannte er ohne ein Wort, wie Black Magic, stark, behende, wild und frei in die Dunkelheit.

Wir leben und lernen, doch weiser werden wir nicht.

–Reason
JOHN POMFRET

10
Interludium auf Highclyffe Hall

Sir Nigel kam nie dahinter, daß Draco und ich Black Magic freigelassen hatten. Ich glaube, er kam gar nicht auf die Idee, daß wir so raffiniert sein könnten. Außerdem hatte er andere Sorgen. Sir Nigel hatte sich bei dem Versuch, den Hengst zu reiten, mehrere Rippen gebrochen, und sein Bein war schwer verletzt. Dr. Ashford verordnete ihm einen Monat Bettruhe, was meinen Vater so in Rage brachte, daß er an nichts anderes denken konnte.

Als man ihm von der Flucht des Pferdes berichtete, tobte er wie ein Wahnsinniger und wurde nur von Lady Chandler, die ihn auf ihre Art doch zu lieben schien, zurückgehalten, sich sofort auf die Suche zu machen. Er schickte nach Hugh und befahl ihm, mit allen Dienern das Pferd zu suchen.

Hugh wußte sehr wohl, wer für das Verschwinden des Pferdes verantwortlich war, und stellte Draco und mich zur Rede, aber nur um uns die Leviten zu lesen. Meinem Vater berichtete er, er hätte keine Ahnung, wer für den Zwischenfall verantwortlich war, und das Pferd wäre trotz intensiver Suche nicht aufzufinden gewesen.

Sir Nigel ließ daraufhin den alten Gower pensionieren, weil er zu alt war und nicht einmal die Flucht eines Pferdes verhindern konnte.

Der Sommer neigte sich dem Ende zu, und der Herbst brachte kalte, graue Tage und Abende, an denen die Dämmerung im Bruchteil eines Augenblicks zur Nacht wurde.

Lady Chandler wollte zur Ballsaison nach London reisen, aber Sir Nigel hatte noch Schmerzen im Bein. Er nahm das als Entschuldigung, um dem endlosen Zyklus von Kartenpartien, Bällen, Maskeraden und den langweiligen Abenden bei Almack's zu entgehen – diesem »Heiratsmarkt«, wie er es nannte. Er verabscheute die Gesellschaft dieser »Stutzer und hirnlosen Dandys wie Beau Brummell!« Also mußte meine Stiefmutter die Zähne zusammenbeißen und auf Highclyffe bleiben und ihre Träume noch eine Weile zurückstellen.

Welles kehrte in die Schule zurück, und Sarah, wenn sie zu den Lektionen mit Miss Poole kam, schien ruhiger und verträumter denn je zu sein, seit er fort war, und war kaum ansprechbar. Auch Julianne vermißte ihren Bruder und war meist schlechter Laune.

Deshalb ritt ich sooft ich konnte zur Grange, um Esmond zu besuchen. Leider mußte auch er hart für seine Aufnahmeprüfung in Eton lernen, und wir hatten nur wenig Zeit füreinander. Die wenigen kostbaren Momente, die uns blieben, redeten wir über seine Angst vor Sir Nigels Zorn, falls er die Prüfung nicht schaffte.

Komischerweise hatte ich mich inzwischen daran gewöhnt, ständig viele Verwandte um mich zu haben, und fühlte mich plötzlich ohne ihre Gesellschaft einsam wie nie zuvor. Das Ergebnis war, daß ich mehr Zeit denn je mit Draco verbrachte. Wir ritten zusammen über das Moor, suchten nach Black Magic und sahen ihn auch manchmal in der Ferne. Vielleicht erinnerte sich das Pferd daran, daß wir es freigelassen hatten, jedenfalls galoppierte es nie sofort davon, wenn es uns entdeckte, sondern blieb stehen und sah uns an. Manchmal gelang es Draco, ihn ein bißchen näher zu locken, ein- oder zweimal durfte er ihm sogar die seidige Nase streicheln, bevor Black Magic wieder zu seiner Herde galoppierte.

Oft stiegen wir ab und wanderten über die graugrünen Tors, auf denen die unheimlichen Silhouetten von Menhiren, ähnlich den Megalithen in Stonehenge, in den Himmel ragten.

Kilmar Tor thronte über dem Teil des Bodmin Moors, der East Moor genannt wurde. Eine titanische, verstümmelte Steinfaust ragte von dort in den Himmel. Unter dem Berg erstreckte sich Trewartha Marsh, das jetzt, vor dem Nahen des Winters, wie ein Patchworkquilt aussah, mit Flecken welkenden Heide- und Farnkrauts, verkrüppelten Ginsterbüschen, die sich vor dem ständigen Ansturm des Windes duckten, so daß sie aussahen wie das lange, zerzauste Haar einer Hexe, das im Sturmwind flatterte.

Hier, auf dem offenen Feld, blies immer der Wind. Manchmal sang er süß und leise, und dann tobte und schrie er so wie jetzt und peitschte selbst die stillen Wasser der Sumpfweiher auf.

Diese Weiher waren gefährlich. Um sie herum wucherte das Gras zartgelb auf scheinbar festem Boden, und wenn man nicht aufpaßte, trat man durch die dünne Schicht Unkraut und rutschte ab in das schwarze, torfgefärbte Wasser und ertrank. Selbst ich, die ich jeden Winkel kannte, wagte mich nicht aufs Moor, wenn sich der Himmel verdüsterte und der Nebel vom Meer heranrollte und das unwirsche Land in eine dicke, weiße Decke hüllte.

Von den Gipfeln der Tors sah man den graugrünen Ozean in der Ferne schimmern und die langen, verwachsenen Finger der schwarzen Felsen, die ins Meer tauchten, wo Tintagel Castle am Ende einer schmalen Landzunge lag. Manchmal erforschten Draco und ich auch diese alte Festung. Ich wünschte mir immer, daß mein Cousin den Gorlois von Cornwall spielte und ich seine Igraine wäre, aber er wollte nur Uther Pendragon sein, der sich mit List und Gewalt holte, was ihm nicht zustand.

Schließlich wurden dann die Tage noch kürzer. Harter, weißer Frost legte sich über die Moore, und Eisregen und Schnee ging hernieder. Wir ritten nicht mehr aus. Warm, ruhig und gemütlich war das Haus, Feuer brannten in allen Kaminen, und ich dachte oft an Draco, der mit Hugh in einer Hütte neben einem kleinen Torffeuer kauerte. Ich strickte einen Schal, den ich meinem Cousin zu Weihnachten schenken wollte, um ihm zu zeigen, daß er für mich zur Familie gehörte.

Die Hall war bereits mit scharlachroten und goldenen Bändern und

Zweigen geschmückt, über allen Türen hingen reichverzierte Kränze. Es roch nach frischen Mistelzweigen, Stechpalmen, und aus der Küche strömten verlockende Düfte von den Mince Pies, Plumpuddings und Lebkuchen, die unter dem wachsamen Auge von Mrs. Merrick gebakken wurden.

Ich bekam einen Mantel aus dem roten Samt, den Lady Chandler im Sommer von Mrs. Faversham gekauft hatte, mit Hermelin verbrämt und passenden Fäustlingen. Aus dem Rest des Stoffes wurden eine Schärpe und Bänder für ein weißes Satinkleid gemacht, das ich zur Weihnachtsmesse tragen sollte.

Welles kam über die Feiertage aus der Schule nach Hause, und wir Kinder, inklusive Draco, fuhren in Vaters Schlitten zum Sternsingen. Dieses eine Mal herrschte keine Zwietracht zwischen uns. Fröhlich vereint zogen wir im Dorf von Haus zu Haus, sangen und verteilten Körbe an die armen Familien, die sonst nichts zum Feiern gehabt hätten.

Und dann war plötzlich der Frühling da. Esmond fuhr mit Sir Nigel und Tante Tibby nach Eton zur Prüfung. Ich wartete ungeduldig auf die Rückkehr meines Cousins und war die ganze Zeit so abwesend, daß Draco die Geduld mit mir verlor und mir zu meinem Leidwesen ein paar Tage aus dem Weg ging.

Ich sah ihn oft übers Moor zu der wilden Herde galoppieren, die sich Black Magic unterworfen hatte. Ich spürte, daß mein Zigeunercousin inzwischen genauso besessen war von dem schwarzen Hengst wie mein Vater. Sir Nigel schickte gelegentlich immer noch Suchtrupps aus, die Black Magic fangen sollten, aber vergeblich. Draco, das wußte ich, war anders. Er wartete ab, er wollte das Tier nicht einfach zähmen, sondern eins mit ihm werden, wie es die Art der Zigeuner war, und so würde Black Magic vielleicht am Ende nachgeben.

Ich kümmerte mich nur wenig um seine Bemühungen um das Pferd. Esmond war aus Eton heimgekehrt. Er hatte die Prüfung bestanden und sollte im Herbst mit der Schule anfangen. Ich dachte, er würde sich freuen, aber er wirkte sehr niedergeschlagen und sagte mir, er hätte das Gefühl, er würde nicht in das College passen. Ich versuchte ihn aufzuheitern, hatte aber keinen Erfolg, und schließlich gab ich auf, weil ich erbost feststellte, daß Julianne keine Mühe hatte, ihn zum Lachen zu bringen.

Sir Nigel hingegen war viel besserer Laune und hatte sich wieder ziemlich gut erholt. Er beklagte sich heftig bei Lady Chandler während des Abendbrots über den politischen Umbruch im ganzen Land. Sogenannte Ludditen, benannt nach Ned Ludd, der angeblich die Unruhen durch das Zerstören einer Maschine ausgelöst hatte, machten Aufstände gegen die Textilproduzenten, die Fachhandwerker gegen Maschinen aus Nottingham eingetauscht hatten. Die Dissidenten hatten eine von Richard Arkwrights Fabriken niedergebrannt und waren in James Hargreaves Haus eingedrungen, um seine *Spinning Jenny* zu zerstören. Mein Vater prophezeite, es wäre nur eine Frage der Zeit, bevor die Minenarbeiter, die sich auch ständig beklagten, ebenfalls gewalttätig würden.

»Und wer, frage ich euch«, brüllte er uns an, »wird uns dann schützen? Dieser Irre auf dem Thron? Dieser verrückte Mensch, der schon darauf wartet, um seinen Platz einzunehmen?«

Keiner von uns gab Antwort. Jeder wußte, daß George III. unter periodischen Anfällen von Wahnsinn litt. Und es kursierten die wildesten Gerüchte über ihn. Während eines Anfalls hatte er bei einem Dinner in Windsor Castle, mit Schaum vor dem Mund wie ein tollwütiger Hund, den Prince of Wales attackiert und ihn mit dem Kopf gegen die Wand geschlagen. Er mußte in einer Zwangsjacke abgeführt werden.

Der Prince of Wales war tatsächlich ein Verschwender. Alle Söhne des Königs waren hoch verschuldet. Die Leute behaupteten sogar, der Duke of York wäre, bei der Enthüllung einer Statue von sich, auf die Säule geklettert, um seinen Gläubigern zu entkommen. Der Kronprinz war berüchtigt für seine vielen unbezahlten Rechnungen, die zahlreichen Mätressen, seine exzessive Trinkerei und seine Freßsucht. Bei seiner Hochzeit war er total betrunken gewesen, und er war fetter als seine Frau Caroline, die auch nicht gerade schlank war, obwohl sie zumindest sehr liebenswürdig war und das Volk sie verehrte.

Ich konnte mir nicht vorstellen, daß der Prinz ein guter Herrscher sein würde, und war sehr traurig, als König George III. endgültig für verrückt erklärt und der Obhut seiner Frau, Königin Charlotte von Mecklenburg-Strelitz, übertragen wurde.

Wie mein Vater vorausgesehen hatte, verbesserte sich die politische Situation nicht, und die Aufstände der Ludditen wurden im Lauf des Jahres immer zahlreicher. Trotzdem hatten die Nachrichten für mich nur wenig Bedeutung, da Sir Nigel keine Textilfabriken besaß, und außerdem schien sowieso die ganze Welt in Aufruhr zu sein.

England führte in Java gegen Frankreich und auch auf der Iberischen Halbinsel Krieg. In Afrika lud der osmanische Vizekönig Mohammed Ali die Mameluckenführer Ägyptens zu einem Bankett in Kairo ein, und dort ließ er sie fast alle wegen Verschwörung niedermetzeln. In Südamerika erklärten Venezuela und Paraguay ihre Unabhängigkeit von Spanien, und in den Vereinigten Staaten wurden die Shawnee Indianer in Abwesenheit ihres Häuptlings Tecumseh von General Harrison in der Schlacht von Tippecanoe besiegt.

Abends bei Tisch erklärte mein Vater lang und breit, welche Auswirkungen diese globalen Ereignisse haben könnten, aber ich muß zugeben, daß ich nicht sonderlich gut aufpaßte. Die Grenzen Cornwalls waren die Grenzen meiner Welt. Und jetzt, nachdem der Herbst gekommen und Esmond nach Eton abgereist war, war ich so deprimiert, daß Lady Chandler die Geduld verlor und mir Ohrfeigen androhte.

»Als ob die Welt nicht schon trübsinnig genug wäre, Margaret!« schimpfte sie. »Da muß ich mir auch noch dein langes Gesicht anschauen!«

Aber ihr Zorn tangierte mich nicht sonderlich. Sie war nur wütend, weil Sir Nigel sich erneut geweigert hatte, zur Ballsaison nach London zu gehen. Außerdem, hatte er gesagt, herrsche Unruhe unter den Minenarbeitern, und Mick Dyson wäre zwar ein guter Aufseher, aber so richtig trauen könne man ihm auch nicht. Er wäre immer nur auf seinen Vorteil bedacht.

»Heapes wird nicht allein mit ihm fertig, Gwyneth«, hatte mein Vater gesagt. »Ich wünsche keine Diskussionen mehr.«

Mr. Heapes war der Verwalter der Minen, ein kleines Männlein mit verschlagenem Gesicht, das ständig jammerte. Er hatte nur den einzigen zweifelhaften Vorteil, daß ihm das Wohlergehen der Minenarbeiter völlig egal war, ihn interessierte nur, das meiste für möglichst wenig Geld aus ihnen herauszuschlagen.

Wenn ich genug hatte von den Tiraden meines Vaters und dem Gezeter Lady Chandlers, zog ich mich mit meinem Kater Grimalkin auf die Chaiselongue zurück und las Romane. Esmond schickte mir mit seinen langen Klagebriefen über seine Schwierigkeiten am College manchmal ein Buch, von dem er glaubte, es könnte mir gefallen. Das letzte hieß *Sense and Sensibility, Ein Roman von einer Lady*, das anonym in London erschienen war. Später stellte sich heraus, daß die unverheiratete Tochter eines Priesters, Jane Austen, es geschrieben hatte.

Obwohl ich Esmond so selten sah, hatte ich seltsamerweise das Gefühl, ihm jetzt näher zu stehen als früher. Seine Briefe waren voller Details über sein tägliches Leben, und das Wichtigste für mich war, daß er seine Gedanken und Gefühle schilderte. Er schrieb, daß ihm sein Studium sehr viel Spaß machte, aber daß er, wie er befürchtet hatte, von den beliebten Jungen nicht akzeptiert wurde, weil er nur wenig Interesse an Sport hatte.

Ich verstand nicht, was daran so schlimm war und erzählte es Julianne. Die rümpfte verächtlich die Nase und sagte, Esmond würde es in Eton nie zu etwas bringen mit dieser Einstellung. Welles hätte zwar keine sonderlich guten Noten, aber er wäre in seiner Schule der Kapitän der Rudermannschaft, die ungeschlagen war, und deshalb sehr beliebt, erzählte sie voller Stolz.

Zu meinem Leidwesen teilte Draco, der das Gespräch gehört hatte, Juliannes Meinung, und sie machten sich den ganzen Nachmittag über Esmond lustig. Das fand ich sehr gemein, da sich Esmond nicht selbst verteidigen konnte. Ich war ziemlich verärgert über die beiden, und als Draco mir anvertraute, daß er mit Black Magic im Moor ziemliche Fortschritte gemacht hatte, erwiderte ich wütend, das würde mich sehr freuen, weil er sowieso nur zu diesem wilden Pferd paßte. Danach sprach mein Cousin tagelang kein Wort mit mir. Aber nach einiger Zeit versöhnten wir uns doch wieder.

So verstrichen die Jahre meines Lebens, ruhig und ohne Zwischenfälle, bis zu dem schicksalhaften Tag im Jahr 1815, als Sir Nigel aus Plymouth nach Hause kam und Draco sah, der wie der Wind auf einem feurigen schwarzen Hengst über Twelve Men's Moor ritt.

Erschossen? So schnell, ein so saubres Ende?
Oh, das war richtig, Junge, das war tapfer.

–The Welsh Marches
A. E. Houseman

11
Der Unfall

Danach war es aus mit dem Frieden in unserem Haus. Mein Vater, der jetzt wußte, daß ein Zigeunerbastard da gesiegt hatte, wo er versagt hatte, wollte nicht ruhen, bis das Pferd eingefangen und zur Hall gebracht worden war. Er stellte Hugh und den Männern ein Ultimatum – entweder holten sie das Pferd zurück, oder alle waren entlassen.

Tagelang jagten die Männer Black Magic gnadenlos, bis sie ihn schließlich völlig erschöpft, nach fünf langen Jahren Freiheit, wieder in die Koppel zerrten und an den Pfosten banden. Mit Tränen in den Augen mußte ich mit ansehen, wie sie dieses stolze Wesen erniedrigten. Und das Allerschlimmste war Dracos Gesicht – herzzerreißend und erschreckend zugleich, erfüllt von Angst für das Tier, das er so leidenschaftlich liebte, und der mörderischen Wut gegen Sir Nigel, der jetzt den Befehl gab, Black Magic gewaltsam ruhigzustellen.

Draco war inzwischen zwanzig, ein großer, kräftiger Mann mit starken Muskeln, der schnell zuschlug. Viele in der Hall fürchteten ihn und gingen ihm aus dem Weg. Nicht so mein Vater. Er ignorierte Dracos Beschimpfungen und seine Wut und befahl ihm verächtlich, aus dem Weg zu gehen. Zu Sir Nigels großem Erstaunen stürzte sich Draco auf ihn und schlug ihn zu Boden.

Starr vor Schreck sahen wir alle zu, wie die beiden miteinander kämpften. Wie die Berserker schlugen sie aufeinander ein, bis sich die Diener von ihrem Schock erholt hatten und versuchten, die beiden zu trennen.

Es gelang ihnen, Draco, der sich wie ein Besessener wehrte, von Sir Nigel wegzuzerren. Mein Vater rappelte sich mit zornrotem Gesicht auf, packte seine Peitsche und schlug auf Dracos Kopf und Schultern ein, bis dieser stöhnend und blutüberströmt auf die Knie fiel. Und immer noch schlug Sir Nigel weiter wie ein Wahnsinniger, bis ich vom Zaun sprang, zu ihm lief und ihm in den Arm fiel.

»Aufhören! Aufhören!« schrie und schluchzte ich hysterisch. »Du bringst ihn um! Um Gottes willen, Vater! Du bringst ihn um!«

Einen Augenblick lang sah es aus, als würde Sir Nigel sich auf mich stürzen, aber dann ließ er den Arm sinken und warf die Peitsche weg.

»Bringt ihn weg« – er zeigte angewidert auf Draco –, »sorgt dafür, daß er sofort meinen Besitz verläßt!«

Jetzt wandte er sich wieder Black Magic zu und befahl, das Pferd aufzuzäumen und zu satteln.

Ich lief zu Draco, half ihm aufzustehen und führte ihn aus der Koppel. Ich flehte meinen Cousin an, mit mir ins Haus zu kommen, damit ich seine Wunden versorgen konnte, aber er weigerte sich, weiterzugehen, streifte meinen Arm ab und lehnte sich keuchend an den Zaun.

Meine Erinnerung an das, was dann passierte, ist sehr lückenhaft. Der Rest des Nachmittags war wie ein Alptraum, den ich irgendwie schon einmal durchlebt hatte. Nur eines war deutlich und glasklar: Dracos Gesicht in jenen letzten, schrecklichen Augenblicken...

Aber ich eile schon wieder voraus. Jener Nachmittag vor fünf Jahren wiederholte sich. Es gelang schließlich, Black Magic zu satteln, und Sir Nigel bestieg das Pferd und wurde genauso brutal abgeworfen wie damals. Ich weiß nicht, wie oft sich dieser Vorgang wiederholte. Keiner gab nach, Peitsche und Sporen gegen Hufe und Zähne. Mann und Pferd bluteten aus vielen Wunden, keuchten vor Erschöpfung, und die nicht endenwollende Schlacht tobte weiter.

Dann wurde mein Vater ein letztes Mal aus dem Sattel geworfen, wie eine Vogelscheuche wirbelte er durch die Luft, prallte auf den Boden und blieb reglos liegen. Und dann war der Hengst über ihm, trampelte auf ihm herum, und Sir Nigel konnte diesmal den tödlichen Hufen nicht entrinnen. Er schrie vor Schmerz und wand sich, und das Tier hämmerte gnadenlos auf ihn ein.

Bis zum heutigen Tag höre ich meine eigenen Entsetzensschreie und das gräßliche Echo von Black Magics Wiehern, als es meinem Vater gelang, einen der Vorderläufe des Pferdes zu packen und es mit übermenschlicher Kraft umzuwerfen. Black Magic krachte zu Boden und schrie vor Schmerz. Es rappelte sich wieder mühsam auf die Beine – einen Fuß seltsam angewinkelt.

Zuerst begriff ich nicht, daß das Bein des Hengstes gebrochen war, alles erschien so unwirklich. Durch einen Tränenschleier sah ich, wie Hugh zu meinem Vater lief; ich hörte ihn fluchen und nach dem Arzt schreien.

Dann stolperte plötzlich Draco mit schmerz- und wutverzerrtem Gesicht aus dem Stall. Er hatte ein Gewehr im Anschlag, und ich dachte nur eins: Er will meinen Vater ermorden. Ich rannte schreiend und weinend auf ihn zu. Aber ich kam zu spät. Tränenüberströmt drückte er ab, und ich, nicht ahnend, daß er die Kugel in den schönen, stolzen Kopf von Black Magic geschossen hatte, hörte nur den schrecklichen Knall, dann umfing mich gnädige Finsternis.

2. Buch

Im monddunklen Moor
1815–1819

Ich liebt ihn nicht, doch einsam bin ich, seit er fort.

–The Maid's Lament
LETITIA ELIZABETH LANDON

12
Die Nachwehen

Highclyffe Hall, England, 1818

In dieser Nacht, nachdem er Black Magic getötet hatte, lief Draco weg. Ich war traurig und machte mir schreckliche Sorgen, aber es war nichts über seinen Verbleib zu erfahren. Es war, als hätte die Erde ihn verschluckt. Nach einiger Zeit wurde mir klar, daß er wohl, wie sein Vater, für immer verschwunden war und nie wieder zurückkehren würde – außer in einem Sarg. *Vielleicht ist er jetzt schon tot oder liegt im Sterben*, dachte ich und weinte bei der Vorstellung, daß dieser mutige Geist genauso ausgelöscht sein könnte wie Black Magic.

Es war, als hätte sich nach Dracos Schuß ein Leichentuch über das Haus wie auf Dornröschens Schloß gelegt. Die folgenden drei Jahre meines Lebens waren relativ ruhig, wenn auch nicht sonderlich fröhlich.

Sir Nigel hatte den tödlichen Angriff des Hengstes wie durch ein Wunder überlebt, aber er war von der Taille ab gelähmt und für den Rest seines Lebens an einen Rollstuhl gefesselt. Ein häßliches Muskelpaket von Pfleger, Bascombe, wurde eingestellt – meiner Meinung nach war er ein entflohener Sträfling. An manchen Tagen schien mein Vater ganz der alte zu sein, aber so richtig gesund wurde er nie mehr.

Sein dichtes schwarzes Haar wurde praktisch über Nacht schütter und grau, und sein kräftiger Körper, der immer schon etwas untersetzt gewesen war, schwammig und dick, nicht nur vom Essen, sondern auch von dem Laudanum, das er gegen seine Schmerzen einnahm. Er wurde immer launischer, und wenn er viel getrunken hatte und halb betäubt vom Laudanum war, ließ er mich wieder wie früher zu sich kommen und beschimpfte mich.

Ich war aber nicht die einzige, die unter seinen Launen zu leiden hatte. Auch Julianne entging seinem Zorn nicht. Er sagte ihr auf den Kopf zu, daß sie trotz all ihres Charmes und ihrer Schönheit hinterhältig wie ein Fuchs wäre und sie ihn nicht mit ihrem Augengeklimper und Getue täuschen könne.

Wenn das passierte, lief Julianne heulend davon, und sie tat mir manchmal richtig leid. Sie hatte schließlich geglaubt, Sir Nigel würde sie wie ein Vater lieben, und jetzt sah sie, daß sie ihm völlig egal war und er sie obendrein durchschaut hatte.

Selbst Lady Chandler wurde nicht verschont. Aber ich muß zu ihrer Verteidigung sagen, daß sie nie klein beigab, sondern ihm richtig Kontra bot. Am Ende versuchte er, das Ganze immer als Scherz hinzustellen; daran merkte ich, daß er sie wirklich respektierte und bewunderte und auf seine seltsame Art vielleicht sogar liebte.

Somit fiel ihr die Aufgabe zu, ihn zu versorgen und aufzuheitern, besonders an den schlimmen Tagen, wenn seine Schmerzen unerträglich wurden. Meine Stiefmutter erledigte das so tüchtig und zuverlässig, daß ich das erste Mal für ihre Anwesenheit dankbar war und sie nicht mehr verachten konnte. Ich erkannte jetzt, wie teuer sie für den Luxus, den Sir Nigel ihr bot, bezahlen mußte und wie trüb für sie die Zukunft mit einem cholerischen Krüppel aussehen mußte.

Vor seinem Unfall hatte sie es drei Jahre hintereinander geschafft, meinen Vater dazu zu bewegen, zur Ballsaison nach London zu reisen. Sie hatte den *haut ton* zwar nicht im Sturm erobert, aber sie wurde auch nicht verachtet. Auf ihre Art hatte sie sich eine Stellung in der Gesellschaft geschaffen, und es mußte ein bitterer Schlag für sie sein, das alles wieder aufgeben zu müssen. Ich hatte eigentlich erwartet, daß sie Sir

Nigel einfach seinem Schicksal überlassen, ins Stadthaus nach London ziehen und höchstens ab und zu die Hall besuchen würde. Ich hätte vermutet, sie würde sich zumindest ein paar Liebhaber zulegen, in aller Diskretion natürlich.

Aber zu meiner großen Überraschung machte Lady Chandler nichts dergleichen. Wie alle, die nicht in die höhere Gesellschaft geboren waren, hielt sie sich fanatisch an alle Anstandsregeln. Eine Herzogin könnte es sich vielleicht leisten, ihren kranken Mann zu vernachlässigen, aber die unstandesgemäße Frau eines Barons wäre dafür verdammt worden.

Außerdem merkte ich, daß Lady Chandler meinen Vater zwar wegen seines Geldes geheiratet hatte, ihn aber inzwischen liebgewonnen hatte.

Bei uns auf Highclyffe Hall schien die Zeit stillzustehen, draußen aber nahm die Welt ihren Lauf.

Der ganze Planet wurde in Mitleidenschaft gezogen, als der Vulkan Tamora auf einer kleinen Insel im Fernen Osten explodierte und in den daraus entstandenen Wirbelwinden und Flutwellen Tausende starben. Drei Tage und Nächte verdunkelten Staub und Asche die Insel und veränderten das Klima weltweit. Fast ein ganzes Jahr gab es – sogar im Frühsommer – Frost, und an einigen Orten schneite es mitten im Sommer.

Napoleon Bonaparte wurde bei Waterloo vom Duke of Wellington besiegt, und ein Bankier, Nathan Meyer Rothschild, verdiente an der Londoner Börse ein Vermögen, da er Berichte über Napoleons Untergang per Brieftaube erhielt.

England, das einen Krieg gegen die Franzosen gewonnen hatte, verlor einen anderen gegen die Amerikaner in New Orleans, und der Gefängnisdirektor von Dartmoor ließ, wegen eines unwichtigen Falles, Hunderte von Gefangene durch die Miliz niedermetzeln – hauptsächlich amerikanische Matrosen, die wegen Seeräuberei verurteilt worden waren.

Das sogenannte Corn Law wurde vom Parlament verabschiedet, die Einkommensteuer abgeschafft und die Ludditen-Bewegung, die 1813 niedergeschlagen worden war, erstand neu. Eine Welle von Aufständen erschütterte England.

Ein Mann namens Humphry Davy erfand eine Sicherheitslampe für Minenarbeiter. Robert Stirling, ein schottischer Ingenieur, ließ einen Motor patentieren, der keinen Boiler brauchte, und im Guy's Hospital in London gelang einem Chirurgen, Dr. James Blundell, die erste erfolgreiche Bluttransfusion an einem menschlichen Wesen.

Der Architekt John Nash vollendete seine Arbeit am Pavillon in Brighton für den Prinzregenten, und der orientalische Palast wurde in feinen Kreisen bejubelt und belächelt. Romane von einem anonymen Autor, angeblich ein gewisser Sir Walter Scott, und von Jane Austen, die der Prinzregent inzwischen sehr bewunderte, wurden verlegt und vor allen Dingen von romantisch veranlagten jungen Mädchen gierig verschlungen. In England tanzte man zum ersten Mal die Quadrille, und die Gerüchteküche der Gesellschaft brodelte, als Beau Brummell, der König der Mode, vor seinen Gläubigern nach Calais fliehen mußte.

Kurz nach Juliannes sechzehntem Geburtstag und ihrer Entlassung aus dem Schulzimmer, überredete Lady Chandler meinen Vater, meiner Stiefschwester – und auch mir, obwohl ich mit Esmond verlobt war, – ein kleines Debüt in London zu erlauben. Sir Nigel gestattete Sarah, uns zu begleiten, und sorgte trotz ständiger Klagen über die Unkosten dafür, daß auch sie mit einer passenden Garderobe für eine Londoner Ballsaison ausgestattet wurde. Ich machte mir zwar nichts aus der Stadt und der Gesellschaft, aber unseren Debütball in Sir Nigels Stadthaus hätte ich um nichts auf der Welt verpassen mögen. Und zu meiner großen Freude machten mir genauso viele junge Männer den Hof wie Sarah und Julianne, die ohne Zweifel die Schönste der Ballsaison war.

Leider erfüllte unser Debüt nicht den eigentlichen Zweck. Ich liebte Esmond, Sarah hatte nur Augen für Welles, und Julianne hatte trotz ihrer Schönheit eine bescheidene Mitgift und war außerdem nur die Tochter eines Kaufmanns. Sie bekam zwar drei ehrliche Heiratsanträge, aber leider nur von Männern, die kein Geld hatten, und ansonsten nur eher zweideutige Angebote.

Bei unserer Rückkehr nach Highclyffe im Sommer 1818 war Julianne sehr niedergeschlagen und verzweifelt, weil ihre Zukunft noch nicht gesichert war. Sie konnte den Gedanken nicht ertragen, von meiner Großzügigkeit abhängig zu sein, da ich an Esmonds Seite nach dem Tod von Sir Nigel Herrin der Hall sein würde. Diese Vorstellung schwärte in meiner Stiefschwester wie eine eitrige Wunde und machte ihr viel mehr zu schaffen, als ich ahnte. Meine Gedanken galten nur Esmond und unserer gemeinsamen Zukunft.

Esmond und ich schrieben uns, sooft es ging. Ich öfter als er, da er inzwischen auf das Kings' College in Cambridge ging und kaum Freizeit hatte. Trotzdem fand er immer noch Zeit, mir und auch Julianne zu schreiben. Welles schrieb ebenfalls, wenn auch nur sporadisch, an uns drei. Mein Stiefbruder mußte noch etwa ein Jahr in Harrow verbringen. Anschließend wollte er, sehr zum Leidwesen meiner Stiefmutter, nicht nach Oxford, sondern er wollte sich Arbeit auf einem Handelsschiff suchen und den Fußstapfen seines Vaters folgen.

Von Draco hörte ich nichts. Ich war traurig, weil ich dachte, er sei tot, sonst hätte er doch sicher eine Nachricht geschickt. Irgendwie empfand ich ein seltsam hohles, schmerzliches Gefühl bei dem Gedanken, daß ich ihn nie wiedersehen würde.

Auf dem Meer des Lebens begegnen wir uns und sprechen miteinander,
Nur einen Blick und einen Laut; dann wieder Dunkelheit und Stille.

–The Theologians Tale (Elizabeth)
Henry Wadsworth Longfellow

13
Die Rückkehr meines Zigeunercousins

Manchmal denke ich, die Griechen hatten recht, und es gibt tatsächlich drei weiß gewandete Schicksalsgöttinnen, die die Fäden des Lebens spinnen. Von den dreien soll Atropos, die kleinste, die schrecklichste sein, denn sie schneidet die Fäden durch und bringt uns allen den Tod, wenn unsere Zeit gekommen ist. Aber jetzt, da ich alt bin und auf die Jahre zurückblicke, bin ich zu der Überzeugung gekommen, daß man die beiden anderen viel mehr fürchten muß. Da ist Clotho mit ihrer Spindel, die die Fasern der Menschen herauszieht und sie zum Faden des Lebens dreht, und Lachesis mit ihrem Stab, die sie mißt. Diese beiden drehen und verwirren die Fäden der Menschen, bis sie so ineinander verstrickt sind, daß uns nur noch Atropos mit ihrer Schere befreien kann. Die knochigen Finger Clothos und Lachesis' kreuzten meinen Faden wieder mit dem von Draco und verstrickten die Stränge erneut miteinander.

Erst einige Wochen nach meiner Rückkehr aus London entdeckte ich, daß während meiner Abwesenheit mein Zigeunercousin plötzlich wieder nach Cornwall zurückgekehrt war. Er wohnte in Stormswept Heights, dem alten verfallenen Haus, das ein paar Meilen nordwestlich von Highclyffe Hall stand.

Meine Gefühle beim Erhalt dieser Neuigkeit waren gemischt. Ich war natürlich froh, daß er nicht tot war, aber auch verletzt, weil er keinerlei Anstalten gemacht hatte, mich von seiner Rückkehr zu benachrichtigen. Draco war mein Cousin und mein Freund, und ich hatte gedacht, wir hätten ein besonderes Verhältnis. Aber ich war ja auch erst fünfzehn gewesen, als ich ihn das letzte Mal gesehen hatte, und hatte vielleicht mehr in unserer Verbindung gesehen, als daran war.

Wie ich bald hörte, kursierten über Draco die wildesten Gerüchte in der Hall, der Grange und dem Dorf. Keiner wußte, wo er gewesen und warum er zurückgekommen war und woher er die Mittel hatte, Stormswept Heights zu kaufen.

Nicht einmal ich erfuhr jemals die ganze Wahrheit, aber ein paar Tage später besuchte ich ihn. Ich fragte ihn, wo er die letzten drei Jahre gewesen war, aber er sagte nur »hier und dort«, und er wäre aus »persönlichen Gründen« zurückgekehrt und hätte »ein bißchen Glück beim Kartenspielen« gehabt und die Mittel erworben, um das Haus zu kaufen.

Ich drängte ihn nicht weiter, denn er hatte sich so verändert, daß ich das Gefühl hatte, ihn gar nicht zu kennen. Er hatte sich noch tiefer in sein Schneckenhaus zurückgezogen und wirkte so streng und abweisend, daß selbst ich ein bißchen Angst vor ihm hatte.

Ein riesiger, bösartiger Mischlingshund folgte ihm auf Schritt und Tritt und war schon bald in der ganzen Nachbarschaft bekannt für das Vertreiben ungebetener Besucher. Außer mir, Mrs. Pickering, einer älteren Witwe, die den Haushalt versorgte und kochte, und Renshaw, seinem Hausmeister, den jeder für verrückt hielt, mieden sowieso alle das Haus, und mein Cousin lud auch niemanden ein.

Draco arbeitete auf dem Feld, mit bloßem Oberkörper in der warmen Sommersonne, als ich auf meinem Apfelschimmel Avalon den unkrautüberwucherten Weg in den Hof von Heights einritt. Draco hatte mich gesehen, ließ sich aber Zeit, bevor er das große Dalepferd, das den Pflug zog, zum Stehen brachte. Er und sein großer, grauer, wolfsähnlicher Hund kamen auf mich zu.

Seltsamerweise machte mein Herz bei seinem Näherkommen einen kleinen Satz und kam dann unerklärlicherweise richtig ins Flattern. Ich war fast so nervös wie bei meinem Debüt in London. Ich zupfte verlegen an meinem Haar, rückte mein Reitkostüm zurecht und überlegte, was Draco wohl von mir dachte. Ob er mich sehr verändert fand, eine erwachsene Frau, kein Kind mehr? Oder hielt er mich immer noch für ein Kind? Ich wußte es nicht und verstand nicht einmal, wieso das plötzlich so wichtig für mich war. Und es war wichtig. Aber mir blieb keine Zeit, den Grund dafür herauszufinden, denn jetzt stand er vor mir. All die klugen, lässigen Dinge, die ich hatte sagen wollen, waren wie weggeblasen, als ich ihn ansah.

Ich hatte damit gerechnet, enttäuscht zu werden. Im Lauf der Jahre hatte ich festgestellt, daß Kindheitserinnerungen trügen können. Aber Draco war genauso wie meine Erinnerung an ihn, als wäre sein kühnes, dunkles Gesicht für immer klar und deutlich in mein Bewußtsein geätzt: die geschwungenen, dunklen Brauen – Rabenschwingen über dem schwarzen Onyx seiner Augen –, sein voller, sinnlicher Mund, zu einem spöttischen Grinsen unter der gebrochenen Nase verzogen, sein energisches, kantiges Kinn mit einem Anflug von dunklen Bartstoppeln. Seltsam, daß ich mich so deutlich an ihn erinnerte, obwohl die Kindheitsbilder von Sarah, Esmond, Welles und Julianne nur schemenhaft in meinem Gedächtnis vorhanden waren. Fast schien es, als wäre Dracos Bild so strahlend in meiner Erinnerung gewesen, daß es irgendwie alle anderen zu Silhouetten hatte verblassen lassen.

Ich weiß nicht, was in ihm vorging, als er mich sah. Aber sein Blick war grimmig und gierig wie der eines Falken. Ich wurde ganz verlegen und wünschte, ich wäre nicht gekommen. Seine Blicke brannten wie glühende Kohlen auf meiner Haut, und einen Moment lang dachte ich, er würde mich vom Pferd reißen und verschlingen, so wild war der Ausdruck seiner Augen. Nie zuvor hatte ein Mann mich so angesehen. Ein Gefühl von Ohnmacht erfaßte meinen Körper, durchzuckte mich wie ein Fieberanfall bis tief in mein Innerstes. Ich zitterte vor Erregung und Angst. Mein Herz hämmerte bis zum Hals, und meine Kehle war wie ausgetrocknet. Die Zeit war plötzlich zum Stillstand gekommen. Land und See verblaßten im Hintergrund, all meine Sinne waren auf Draco konzentriert.

Jetzt bemerkte ich die Schweißperlen auf seiner Oberlippe, daß sein dunkelhäutiger Körper glänzte und das schwarze Haar feucht war. Eine leichte Brise streifte mich mit dem salzigen Geschmack des Ozeans, als hätte ich Dracos Haut gekostet. Einen Moment lang beherrschte das ungebetene, lockende Bild mein Bewußtsein, und ein seltsames, nie zuvor empfundenes Gefühl brandete über mich. Ich beugte mich zu ihm, getrieben von dieser namenlosen Begierde, die mich gefangenhielt, und ich versank in den unergründlichen Tiefen von Dracos Augen.

Ich weiß nicht, was ich erwartete, aber schließlich senkte er seine Lider, um seine Gedanken zu verhüllen, wie schon sooft in der Vergangenheit, und der Bann war gebrochen. Ich hatte mehr erwartet und war tief enttäuscht.

»Hallo, Maggie«, sagte er.

Wie früher machte mein Herz beim Klang seiner tiefen, weichen Stimme einen Satz, und ich errötete wie ein dummes Schulmädchen. Das muß ihn irgendwie befriedigt haben. Ein seltsames Lächeln umspielte seine Lippen. Ich wich seinem Blick aus, fühlte mich seltsam verletzlich und angreifbar. Als ich ihn dann wieder ansah, wirkte sein Gesicht hart und unnahbar wie immer. Das tat mir weh und verwirrte mich.

»Hallo, Draco«, erwiderte ich leise.

Nach einer unerträglich langen Schweigepause bat er mich, ins Haus zu kommen. Er hob mich aus dem Sattel, und ich spürte die Kraft in seinen harten, schwieligen Händen, die wie ein Band aus Eisen meine schmale Taille umklammerten. Ich erschauderte vor dieser Kraft und erinnerte mich, wie brutal er damit am Tag des Unfalls auf Sir Nigel eingeschlagen hatte. Aber daran wollte ich nicht mehr denken. Diesen Tag mußte ich vergessen.

Jetzt stand ich neben meinem Zigeunercousin und merkte, wie groß er war, ich reichte ihm kaum bis zur Mitte der Brust, obwohl ich nicht klein war. Ich war auch nicht mehr das ungelenke Mädchen von damals, sondern eine junge Frau – zwar keine zierliche Blondine mit blauen Augen wie Julianne, aber doch mit einer gewissen Anziehungskraft, wie ich von meinem Debüt in London her wußte. Der Gedanke daran gab mir Sicherheit, und ich löste sanft seine Hände von meiner Taille und nahm sie in die meinen.

»Es ist schön, dich wiederzusehen«, sagte ich. »Ich habe oft an dich gedacht und mich gefragt, ob es dir gutgeht.«

»Wirklich?« Er hob eine dunkle Augenbraue und sah einen Augenblick direkt teuflisch aus. »Wie schön. Ich hatte gedacht, du würdest mich im Lauf der Zeit vergessen.«

Er sagte nichts mehr, aber ich spürte, daß er sich freute. Er überließ Avalon dem verrückten, aber fähigen Renshaw, und wir gingen in Richtung Haus.

Unterwegs musterte ich ihn heimlich, registrierte die kleinen, neuen Falten, die ihn älter als dreiundzwanzig aussehen ließen. Wo immer er auch gewesen war, leicht hatte er es bestimmt nicht gehabt, auch wenn er, wie die Leute behaupteten, in Saus und Braus in London gelebt hatte.

Stormswept Heights war zwar eine halbe Ruine, aber billig war es sicherlich nicht gewesen. Vielleicht hatte er tatsächlich eine große Summe in irgendeiner Spielhölle gewonnen. Ihm wäre es sicher ein Leichtes gewesen, sich sein Geld als Falschspieler zu verdienen. Seine Hände waren trotz der Schwielen geschmeidig und zweifelsohne sehr geschickt beim Mischen oder Würfelzinken.

Wir gingen ins Haus, und Draco führte mich durch die verfallene Eingangshalle eine kleine Treppe hinauf zur Küche. Dort bot er mir spöttisch einen Platz an; es gab nur einen grobgezimmerten Tisch und ein paar Stühle, die an der Wand standen, sonst keine Möbel.

Die Witwe Pickering, die immer brüllte, weil sie schwerhörig war, begrüßte uns lauthals und bereitete auf Dracos Befehl Tee für uns zu. Meine Anwesenheit schien sie nicht weiter zu überraschen. Sie setzte uns angeschlagene Tassen und einen Teller Haferkekse vor, als würde sie täglich Töchter von Baronen bewirten. Danach verließ sie uns – wahrscheinlich, um ihre Hausarbeiten zu erledigen, obwohl ich mir nicht vorstellen konnte, was sie in diesem desolaten Haus zu tun fand –, und Draco und ich hatten die Küche für uns.

Wir unterhielten uns über dies und jenes, nur nicht über die Vergangenheit meines Cousins. Meine Fragen dazu wehrte er höflich, aber bestimmt ab. Ich erzählte ihm von Highclyffe Hall und Pembroke Grange und davon, daß Sir Nigel gelähmt und an den Rollstuhl gefesselt war.

»Ach wirklich?« war Dracos einziger Kommentar, aber ich spürte, daß er der Meinung war, Sir Nigel hätte es verdient.

Die Schweigsamkeit meines Cousins verunsicherte mich, und ich plapperte einfach drauflos – über Sarahs und Welles' Liebe zueinander, daß Julianne in London keinen Mann gefunden hatte, und über meine Pläne, Esmond zu heiraten, sobald er mit seinem Studium am King's College fertig war.

»Du ... bildest dir also immer noch ein, du wärest in den ehrbaren Mr. Sheffield verliebt, Maggie?« fragte Draco verächtlich. »Solche Treue ist wirklich lobenswert. Da fragt man sich, warum der feine junge Herr sich so viel Zeit läßt, bis er dich zum Altar führt. Wenn du mir versprochen wärst, Maggie« – er nahm meine linke Hand und musterte meinen Verlobungsring, den Esmond mir vor einigen Monaten geschenkt hatte – »würde ich nicht so lange zögern, das versichere ich dir.«

Etwas in seiner Stimme jagte mir eine Gänsehaut über den Rücken. Ich wurde rot und entriß ihm wütend meine Hand.

»Du hast Esmond noch nie leiden können, Draco!« fuhr ich ihn an, um meine Verwirrung zu verbergen, »obwohl ich nicht verstehe, warum, genausowenig wie ich verstehe, warum er *dich* so verachtet.«

»Tut er das? Wirklich interessant«, sagte mein Cousin, und in seinen Augen war ein seltsames Flackern.

»Ja, aber ich verstehe nicht –«

»Nein«, unterbrach mich Draco schroff, »das tust du leider wirklich nicht.« Er sah mein entsetztes Gesicht und seufzte. »Was soll's? Es ist ja auch egal. Du solltest deine bezaubernde Neugier etwas anderem zuwenden. Lassen wir es dabei, daß Esmond und ich nie Freunde sein werden.«

Innerlich verfluchte ich meine voreilige Zunge und meine Dummheit. Natürlich war Draco verbittert. Esmond erbte schließlich das, was eigentlich ihm zugestanden hätte, wenn er kein Bastard gewesen wäre. Wie konnte ich das vergessen?

Ich wollte mich entschuldigen, aber das hätte sicher alles nur noch schlimmer gemacht. Also sagte ich, es wäre schon reichlich spät geworden, und verabschiedete mich. Ich spürte den Blick aus seinen schwarzen Augen auf meiner Haut, als ich die Einfahrt entlang – und durch die rostigen Tore des verfallenen Hauses galoppierte.

Verlobt, Verräter und verraten!

–The Betrothed
Sir Walter Scott

14
Esmond

Nach diesem Tag besuchte ich Draco zwar gelegentlich, aber er kam nie zur Hall, und ich lud ihn auch nicht ein, aus Angst, Sir Nigel könnte einen Anfall bekommen, wenn er ihn sah. Obwohl wir alle im Haus in stillschweigendem Einvernehmen versucht hatten, Dracos Rückkehr so lange wie möglich geheimzuhalten, erfuhr er es schließlich doch und regte sich so auf, daß selbst Lady Chandler ihn nicht mehr beruhigen konnte und wir Dr. Ashford kommen lassen mußten.

Anschließend schickte Sir Nigel einen Brief an Draco, in dem er ihn aufforderte, sich sofort auf Highclyffe Hall einzufinden. Ich erfuhr nie, was mein Cousin geantwortet hatte, aber Sir Nigels Reaktion nach zu schließen war seine Nachricht sehr beleidigend gewesen. Deshalb hielt ich es für ratsam, meine kurzen Besuche nicht zu erwähnen.

Kurze Zeit später war das Semester im Kings' College zu Ende, und Esmond kehrte auf die Grange zurück. Ich war überglücklich, ihn wiederzusehen, und unser Hochzeitsdatum wurde für den folgenden Sommer, 1819, festgelegt, wenn sein Studium beendet sein würde.

Unsere Verlobung wurde jetzt offiziell in der *London Gazette* bekanntgegeben, und kurz darauf begannen Lady Chandler und ich mit den ersten Vorbereitungen.

Mrs. Faversham wurde aus Launceston bestellt, damit wir die Stoffe für mein Trousseau aussuchen konnten. Der Vikar, Mr. Earnhart, wurde verständigt. Sir Nigel schrieb einen Brief an seinen Londoner Anwalt, Mr. Oldstead, und bat ihn, nach Cornwall zu kommen, um den Heiratsvertrag aufzusetzen.

In den folgenden Wochen kam Esmond, sooft es ging, nach Highclyffe, und wir machten lange Ritte durchs Moor und ausgiebige Spaziergänge im Park, wo wir von unserer Liebe sprachen und unsere gemeinsame Zukunft planten. Wir beschlossen, unsere Flitterwochen in Venedig und Florenz zu verbringen, danach würden wir nach Highclyffe zurückkehren, und Esmond würde in der Verwaltung unterwiesen werden, damit er auf sein Erbe vorbereitet war.

Während dieser Spaziergänge nahm Esmond oft meine Hand, und ein wohliges Gefühl von Zärtlichkeit und Geborgenheit durchströmte mich bei seiner Berührung. Er hatte schöne, feingliedrige und sanfte Hände – ein scharfer Gegensatz zu denen von Draco, an deren Kraft ich mich immer wieder erinnerte. Ich war froh, daß mein Geliebter so anders war als der brutale und grobe Draco, obwohl dieser mich immer noch seltsam faszinierte.

Draco war nicht sonderlich erfreut, als ich nach Heights ritt und ihm erzählte, daß Esmond und ich im nächsten Sommer heiraten wollten. Seine schwarzen Augen funkelten seltsam erregt, aber er senkte die Lider, um seine Gedanken zu verbergen. Er zündete sich ein Zigarillo an und sagte trocken: »Dann sollte ich dir wohl gratulieren, Maggie. Aber nachdem ich mir nicht vorstellen kann, daß du mit diesem Langweiler, den du unbedingt heiraten willst, glücklich wirst, werde ich das nicht tun. Ich hoffe nur, daß er dich nicht zu unglücklich macht.«

»Schade, daß du so denkst, Draco«, erwiderte ich kühl. »Aber du wirst mich nicht davon abbringen – egal, was du sagst. Du magst Esmond nicht, und deshalb redest du so.« Ich hielt kurz inne und fuhr dann fort: »Ich fürchte, du bist im Lauf der Jahre noch verbitterter geworden, Draco – und auch noch einsamer in diesem verlassenen Haus. Denkst du nicht auch daran, dir eine Frau zu nehmen? Ich bin sicher, es gibt viele Mädchen im Dorf, denen es eine Ehre wäre, dich zum Mann zu haben.«

»Vielleicht«, stimmte er mir leise zu. »Aber ich will nur eine, und sie ist einem anderen versprochen. Wenn ich sie nicht haben kann, werde ich nie heiraten.«

Ich konnte mir gar nicht vorstellen, daß ausgerechnet er unter unerwiderter Liebe litt. Ich fragte mich, wer wohl sein Herz gewonnen hatte, spürte aber, daß er es mir nicht erzählen würde.

»Du bist doch noch ein junger Mann«, sagte ich und legte meine Hand auf seinen Arm. »Du wirst es dir sicher noch anders überlegen.«

Er gab keine Antwort darauf, und nach einiger Zeit verabschiedete ich mich voller Mitleid für ihn.

Ich weiß nicht mehr, wann mir das erste Mal bewußt wurde, daß zwischen Esmond und mir etwas nicht stimmte, obwohl ich es sicher schon vorher gespürt hatte und nur nicht zugeben wollte. Ich ignorierte die zahllosen Anzeichen dafür, daß unsere Beziehung sich entscheidend verändert hatte, weil ich der Wahrheit nicht ins Auge sehen wollte.

Anfänglich war es sein Blick, der nicht mehr offen und ehrlich war. Er schaute verlegen zur Seite, wenn ich ihn voller Liebe ansah. Zuerst dachte ich, ich hätte meine Gefühle zu offen gezeigt, aber als ich das Esmond sagte, beschwichtigte er mich hastig. Ich redete mir ein, daß seine Leidenschaft für mich so heftig wäre, daß er Angst hatte, die Kontrolle zu verlieren, und deshalb so blaß und zittrig wurde, wenn ich mich ihm näherte.

Im Lauf des Sommers vermied er es immer öfter, meine Hand zu nehmen oder mich zu küssen, wie er es vorher getan hatte. Aber auch das schrieb ich seiner Sehnsucht nach mir zu, nachdem Linnet mir erzählt hatte, es wäre für Männer viel schwieriger, ihre Leidenschaften zu unterdrücken, als für Frauen. Deshalb durften sich Männer auch mit diesen unaussprechlichen Frauen vor der Ehe amüsieren, während eine Frau bis zur Hochzeitsnacht keusch bleiben mußte.

Trotzdem wünschte ich, Esmond wäre nicht gar so zurückhaltend gewesen. Manchmal hoffte ich insgeheim, seine Begierde würde über seine natürliche Zurückhaltung siegen und er würde mich einfach in die Arme nehmen und leidenschaftlich küssen, damit ich spürte, wie sehr er mich begehrte. Ich sehnte mich danach, von ihm nur einmal ins süße Sommergras geworfen zu werden, wo er versuchen würde, mir seinen Willen aufzuzwingen, bevor wir beide dann doch noch rechtzeitig zur Besinnung kämen.

Meine lüsternen Gedanken schockierten mich, aber sie erregten mich auch. Irgendwie mußte das eine Charakterschwäche sein, und allmählich verstand ich, warum Miss Poole uns immer davor gewarnt hatte, romantische Romane zu lesen. Trotzdem gingen mir diese sündigen Vorstellungen nicht aus dem Sinn.

Ich weiß nicht, wer von uns beiden erleichterter war, als endlich der Tag von Esmonds Abreise nach Cambridge kam.

Esmond hatte versprochen zu schreiben, aber er schickte keine leidenschaftlichen Liebesbriefe, wie ich erwartet hatte, und wieder war da dieses unbestimmte Gefühl, daß zwischen uns etwas nicht stimmte.

Es sind nur die Nerven, redete ich mir ein, *alle Bräute sind nervös, wenn ihre Hochzeit naht*. Und nachdem nichts Unerwartetes passierte, gab ich mich mit dieser Erklärung zufrieden.

Allmählich breitete der Winter seine weiße Decke aus, und die Feiertage nahten. Die Atmosphäre in Highclyffe Hall war fröhlicher denn je.

Ausnahmsweise war sogar Sir Nigel bester Laune, und dadurch war auch Lady Chandler heiterer als sonst. Selbst Julianne, die anfänglich, wie mir schien, ziemlich eifersüchtig auf mich und Esmond gewesen war, hatte ihre Depression abgelegt. Sie wanderte mit diesem seltsamen Anflug von Lächeln herum, und ich fragte mich manchmal, wieso sie so hochgestimmt war. Sie sah aus wie jemand, der ein Geheimnis hatte, fand ich, machte mir aber weiter keine Gedanken mehr darüber.

Wie konnte ich ahnen, daß mir dieses Geheimnis das größte Unglück meines Lebens bescheren sollte? Wie kann ich schildern, welcher Schmerz mein Herz schier bersten ließ, als ich erfuhr, was sie getan hatte? Nie hätte ich diese Arglist und Esmonds Verrat an unserer Liebe für möglich gehalten.

Esmond hatte früher als erwartet seinen Abschluß gemacht und kam vor den Feiertagen endgültig nach Hause zurück.

Ein paar Tage vor Weihnachten kam er nach Highclyffe und bat mich, mit ihm im Park spazierenzugehen. Er wirkte so verzweifelt, daß ein dunkles Gefühl der Vorahnung mit eisigen Fingern mein Herz umklammerte.

Ich werde nie sein Gesicht an diesem trüben Morgen vergessen: blaß und kränklich, feucht wie der bleierne Himmel über uns, von Pein verzerrt wie die verkrüppelten Eiben, als er sich zu mir drehte und meine Hände nahm.

»Esmond, was ist mir dir?« rief ich entsetzt, im Glauben, er wäre krank. »Was ist denn?«

»Ach Maggie, liebste Maggie, ich bin nicht einmal deine Verachtung wert!« platzte es plötzlich aus ihm heraus. »Ich verachte mich selbst, so wie du mich verachten wirst, wenn du erfährst, was ich getan habe – und ich mache dir keinen Vorwurf daraus, denn keiner weiß besser als ich, was für ein Schuft ich bin!« Er ließ meine Hände los, schluckte und wandte sich ab, um mir nicht in die Augen sehen zu müssen. »Ich kann nur noch um dein Verständnis flehen, obwohl ich es nicht verdiene, und dich bitten, unser Verlöbnis zu lösen.«

»Du – du willst, daß ich unsere Verlobung löse?« fragte ich wie betäubt. »Aber ... warum, Esmond? Warum? Ich verstehe es nicht ...«

»Ich liebe dich, Maggie, das weißt du doch!« Er wandte sich zu mir. »Aber ich liebe dich wie ein Bruder seine Schwester, wie einen Freund – nicht wie ein Mann die Frau, die er zur Braut nimmt. Das kann ich dir nicht bieten – nicht, wenn mein Herz Julianne begehrt!«

»Julianne, Julianne«, wiederholte ich beklommen. »Willst du damit sagen, du liebst Julianne, Esmond?«

»Ja. Ja!« rief er jammervoll. »Deutlicher kann ich es nicht sagen! Jetzt weißt du, wie schnöde ich dich hintergangen habe! Maggie! Sieh mich nicht so an, bitte! Ich wollte es nicht! Aber wie kann ich dich heiraten, wenn ich dir das nicht geben kann, was du verdienst? Ich wäre nie ein liebender Ehemann. Ich würde dich schrecklich unglücklich machen, Maggie! Genauso unglücklich, wie ich es jetzt bin, Maggie!«

»Wie ist das passiert?« fragte ich. Alles erschien mir unwirklich wie ein Alptraum.

»Ich liebe Julianne schon lange, ich glaube, schon seit wir Kinder waren«, gestand Esmond jetzt etwas gefaßter. »Sie ist so schön und zerbrechlich wie eine Porzellanpuppe, und ich möchte sie vor allem Bösen dieser Welt bewahren. Keiner hat sie je verstanden, das weißt du selbst. In der Vergangenheit hat sie sehr gelitten und sich hier immer fehl am Platz gefühlt. Sie war abhängig von Sir Nigels gutem Willen, so wie ich auch. Und dann, im letzten Sommer, als ich sie wiedersah, mußte ich ihr meine wahren Gefühle offenbaren und sie mir, obwohl sie tapfer versuchte, sie abzustreiten, weil sie dich, die du wie eine Schwester zu ihr warst, nicht verletzen wollte. Sie sagte, nach unserer Hochzeit könnte sie nicht mehr in Highclyffe leben, weil sie nicht mit ansehen könnte, wie du und ich als Frau und Mann zusammenleben. Ich war außer mir vor Sorge um sie. Wohin sollte sie gehen? Ihr Erbe von Captain Brodie ist nicht groß, und Sir Nigel, der ohnehin nicht sehr großzügig ist, hatte in letzter Zeit viel an ihr auszusetzen. Trotzdem sagte Julianne, ich sollte mir keine Sorgen um sie machen, sie würde schon zurechtkommen, selbst wenn sie wieder in die Armut, die sie in London kennengelernt hatte, zurückkehren müßte.

Es war schon Herbst, und ich mußte zurück nach Cambridge, aber ich war so niedergeschlagen, daß ich nur wenig Lust am Studium fand. Ich schrieb ihr immer und immer wieder und flehte sie an, ihre Meinung zu ändern. Und schließlich, nachdem ich sie darauf hingewiesen hatte, wie schrecklich es für dich sein müßte, wenn du erst feststellen würdest, daß ich dich nicht als Frau lieben könnte, nachdem wir schon verheiratet wären, hatte sie ein Einsehen und sagte, ich dürfte nach meiner Rückkehr nach Cornwall mit dir sprechen. Jetzt habe ich es getan, und mir ist viel wohler, obwohl ich dich schrecklich verletzt habe, das weiß ich. Aber ich konnte nicht mit dieser Lüge weiterleben, Maggie! Das mußt du doch einsehen! Ich kann es dir nicht verdenken, wenn du mich haßt, aber bitte, gib mich frei, damit Julianne und ich heiraten können.«

Er verstummte, und auch ich fand keine Worte. Ich war verletzt, wütend, voller Mitleid und Verachtung für ihn. Es fiel mir wie Schuppen von den Augen. Julianne hatte, nachdem sie in London keinen Mann gefunden hatte, ihre einzige Chance in Esmond gesehen und sich seine Leichtgläubigkeit zunutze gemacht. Er war ihr völlig egal, da war ich mir sicher. Sie interessierte nur Sir Nigels Erbe. Aber Esmond würde mir das nie glauben.

Geneigter Leser, werden Sie sehr schlecht von mir denken, wenn ich Ihnen sage, wie sehr ich Julianne in diesem Augenblick haßte und daß ich wünschte, sie wäre tot – tot und vermodert im Grab? Ich haßte sie leidenschaftlich und mit jeder Faser meines Körpers. Was für ein Idiot ich doch gewesen war! Gott sei Dank hatte ich Esmond nie erzählt, wie sehr ich ihn begehrte! Das war mein einziger Trost, wenn auch ein kleiner. Ich klammerte mich daran wie an einen Rettungsanker.

Irgendwie gelang es mir, mich zu fassen – wie, das werde ich nie verstehen. Aber meine Stimme klang ruhig, keine Träne war zu sehen, als ich meine Hand auf Esmonds Arm legte und sagte: »Ich gebe dich frei, Esmond, und ich wünsche dir Glück mit ihr, obwohl ich glaube, daß du es nicht finden wirst.«

Dann wandte ich mich ab und ging schnell weg, damit er die Tränen nicht sehen konnte, die jetzt endlich ungehindert über mein Gesicht strömten.

Und wenn du lange genug in den Abgrund schaust,
schaut der Abgrund auch in dich.

–Jenseits von Gut und Böse
FRIEDRICH NIETZSCHE

15
Die Klippen am Ufer der See

In den Tagen nach Bekanntgabe der Lösung unserer Verlobung waren Tante Tibby und Sarah mein einziger Trost. In der ganzen Gegend wurde über nichts anderes gesprochen. Wohin ich auch ging, mitleidige Blicke folgten mir. Esmond und Julianne hatten zwar aus Respekt und Schuldgefühlen mir gegenüber ihre Verlobung nicht bekanntgegeben, aber die Nachricht hatte sich trotzdem wie ein Lauffeuer herumgesprochen.

Ich wich allen kühl und gefaßt aus, die versuchten, die Hintergründe zu erfahren, und erwähnte nie, wie schnöde Esmond und Julianne mich hintergangen hatten.

Vor Sir Nigel ließ sich die Wahrheit natürlich nicht verbergen, er erriet sofort, was passiert war. Er ließ mich zu sich kommen und beschimpfte mich, betrunken und mit Medikamenten vollgepumpt, ohne Rücksicht auf mein gebrochenes Herz.

»Du bist noch dümmer, als ich dachte, Margaret! Du hast dich von diesem hinterhältigen kleinen Luder ausstechen lassen und ihr Highclyffe Hall auf einem silbernen Tablett überreicht. Glaube ja nicht, daß ich es dir ersetzen werde! Du bekommst deine Mitgift – falls du noch jemanden findest, der dich heiratet –, aber keinen Penny mehr! Mein

Gott! Und ich dachte, du wärst mir vielleicht doch ein bißchen ähnlich. Aber du bist genau wie deine Mutter, schwach und ohne Rückgrat! Mein Gott, wie ich den Tag bereue, an dem ich diese Frau geheiratet habe! Wie habe ich mich danach gesehnt, daß sie stirbt, damit ich sie nicht herumschleichen sehen muß wie eine ängstliche Maus. Ich hätte wissen sollen, daß ein Kind von ihr genauso dumm und feige ist wie sie! Ich hätte nie versuchen dürfen, einen Erben mit ihr zu zeugen, schau dir bloß an, was ich dafür gekriegt habe! – dich, Margaret, eine Tochter, die genauso ungewollt ist wie dieser verachtenswerte Zigeunerbastard meines Bruders!«

Getroffen bis in mein tiefstes Inneres stolperte ich aus dem Zimmer. Ich hatte nie geahnt, wie er über meine Mutter dachte. Ich hatte geglaubt, er hätte sie geliebt und würde mir die Schuld an ihrem Tod geben. Jetzt sah ich, daß er sie in Wirklichkeit verabscheut und ihren Tod herbeigewünscht hatte. Es tat ihm nur leid, daß ich überlebt hatte und ihn ständig an sie erinnerte.

Mir fehlen die Worte, Ihnen zu schildern, wie niedergeschmettert ich war. Ich konnte es nicht ertragen! Schluchzend rannte ich ziellos durchs Haus. All die Nächte meiner Kindheit, in denen ich seine Beschimpfungen ertragen hatte, hatte ich mich damit getröstet, daß er meine Mutter sicher sehr geliebt hatte. Jetzt war mir dieser schwache Trost brutal entrissen worden – ohne Rücksicht auf meine Gefühle.

Ich hatte niemanden und nichts, wie es schien. Mein Leben war zerstört, und ich wußte nicht, wie es weitergehen sollte. Highclyffe, das ich so liebte, dessen Herrin ich einmal werden sollte, war mit einem Mal bedrückend und unerträglich. Ohne Rücksicht auf die Kälte und den Schnee, packte ich einen Überwurf und rannte zum Stall, wo ich nicht einmal wartete, bis Hugh Avalon gesattelt hatte. Ich schwang mich auf den bloßen Rücken des Pferdes, packte die Zügel und galoppierte wie eine Wilde die eisige Einfahrt hinunter.

Ich weiß nicht mehr, welcher Dämon mich trieb und was in mir vorging, als ich über das Moor zu den Klippen und dem Meer ritt. Vielleicht war der Gedanke an Selbstmord schon da. Ich weiß es nicht. Ich weiß nur, daß ich einige Zeit später am schroffen Steilufer stand, in die winterlichen, graugrünen Tiefen des Ozeans starrte und überlegte, ob ich mich von den schwarzen Felsen in das kalte, dunkle Wasser stürzen sollte.

Bis zum heutigen Tag weiß ich nicht, ob ich es wirklich getan hätte. Ich hatte nicht die Gelegenheit, es herauszufinden. Ich hörte durch das Tosen der Brandung und das Geschrei der Möwen hinter mir das Geräusch donnernder Hufe übers Moor. Ich drehte mich um, und mir stockte der Atem. Es schien, als käme der Teufel selbst auf mich zugejagt.

Jetzt sah ich, daß es Draco auf einer Reinkarnation Black Magics war. Ich glaubte zu träumen.

»Maggie!« schrie mein Zigeunercousin, und sein schwarzes Cape flatterte wild im Wind. Wie ein dunkler Adler stürmte er auf mich zu. »Maggie!«

Der Geist Black Magics stieg hoch und tänzelte, als Draco ihn gewaltsam zügelte, aus dem Sattel sprang und auf mich zustürmte. Zorn und Angst verzerrten sein Gesicht zu einer dämonischen Maske, daß ich glaubte, es wäre tatsächlich der Teufel, der da auf mich zukam.

»Dummes Mädchen! Was denkst du dir dabei?« Draco packte mich an den Schultern und schüttelte mich. »Hast du denn nicht gesehen, wie nahe du am Abgrund warst? Wie leicht du auf dem Eis hättest ausrutschen und ins Meer stürzen können? Du wärst ertrunken!« Seine Augen wurden mit einem Mal schmal. »Oder war das deine Absicht?« Seine Finger krallten sich schmerzhaft durch den dünnen Stoff in meine Schulter. »War es das? Bei Gott, Maggie Chandler! Du willst mir doch nicht etwa erzählen, daß du dich aus Kummer über diesen armseligen Esmond Sheffield umbringen wolltest!«

Er sah so zornig aus, daß ich einen Moment lang dachte, er würde mich schlagen. Ich schloß die Augen, um sein schreckliches Gesicht nicht mehr sehen zu müssen.

»Es war nicht nur deshalb!« murmelte ich. »Nicht nur deshalb.«

»Guter Gott! Was denn noch?« fragte er wütend.

»Sir Nigel ... er hat ... so schreckliche Dinge gesagt, Draco. Er hat meine Mutter nie geliebt! All die Jahre – er hat sie gehaßt, deshalb konnte er es nicht ertragen, mich zu sehen. Ich war nur die Erinnerung an sein unaussprechliches Verlangen, sie tot zu sehen. Ich habe es nie geahnt und alles ertragen, weil ich dachte, er hätte sie geliebt –« Ich hielt schluchzend inne.

»Still, Maggie, still«, sagte Draco etwas freundlicher, nahm mich in die Arme und strich mein windzerzaustes Haar glatt, während ich an seiner breiten Brust schluchzte. »Er hat sich immer nur selbst geliebt – höchstens noch auf seine seltsame Art Lady Chandler –, aber ich bin mir sicher, er würde auch sie opfern, wenn es zu seinem Vorteil wäre. Weißt du das immer noch nicht? Komm. Du zitterst ja vor Kälte. Ich bringe dich nach Stormswept Heights, da kannst du dich am Feuer wärmen und etwas Tee trinken und wieder zu dir kommen. Das sieht dir gar nicht ähnlich, Maggie. Wo bleibt dein Mut, mein kühnes, wildes Mädchen?«

»Mein Vater sagt, ich hätte keinen.«

»Dann ist er ein noch größerer Idiot, als ich dachte. Was schert dich, was er denkt? Komm, es fängt wieder an zu schneien.«

Ich ließ mich widerstandslos zu den Pferden führen. Draco hob mich zu sich in den Sattel und führte Avalon am Zügel. Dankbar lehnte ich mich an ihn. Sein warmer, starker Körper gab mir wieder Kraft.

»Woher hast du das Pferd?« fragte ich neugierig und versuchte meine Tränen zu trocknen.

»Ich hab' ihn im Bodmin Moor gefangen. Er ist einer von Black Magics Nachkommen, da bin ich mir sicher. Ich nenne ihn Black Legacy.«

Schwarzes Erbe, dachte ich. *Wie passend.*

Black Magic war tot, aber er hatte einen Sohn hinterlassen, ein herrliches Ebenbild seiner dunklen, majestätischen Schönheit. Dieses Pferd war außerdem eine schmerzliche Erinnerung an den düsteren Tag, an dem Black Magic gestorben war. Einen passenderen Namen hätte Draco nicht finden können. Um seinetwillen war ich froh, daß etwas von Black Magic geblieben war.

Wir kamen schweigend in Stormswept Heights an. Renshaw hatte wohl schon Ausschau nach seinem Herrn gehalten, denn der verrückte Hausmeister kam sofort angerannt und führte die Pferde in den Teil des

Stalles, der noch intakt war. Draco und ich gingen ins Haus. Auf dem Weg zur Küche sah ich, daß das Dach Löcher hatte, durch die es hereinschneite. Mein Cousin sah seufzend auf die nassen Flecken am Boden, wo der Schnee geschmolzen war. Er sagte, er müßte endlich das Haus reparieren, sonst würde ihn noch der Regen wegspülen oder der Schnee lebendig begraben.

»Warum hast du nicht letzten Sommer daran gedacht?« fragte ich und versuchte, etwas gequält zu lächeln.

»Weil ich nächstes Jahr etwas essen möchte«, erwiderte er. »Ich mußte die Felder vorbereiten, damit ich im Frühling pflanzen und Weizen, Obst und Gemüse ernten kann.«

»Warum hast du denn keine Männer angeheuert, die dir beim Bestellen der Felder und den Reparaturen am Haus helfen? Dann hättest du beides schaffen können.«

»Ach, Maggie« – Draco schüttelte lachend den Kopf – »erzähl mir bloß nicht, du glaubst auch die Gerüchte, ich hätte ein Vermögen unter der Matratze versteckt!«

»Hast du denn nicht?«

»Leider nein. Mein ganzes Geld ging für den Kauf von Stormswept Heights drauf. Ich habe kaum noch etwas.«

Ich wußte nicht, ob ich ihm glauben konnte. Draco war nicht leicht zu durchschauen und log lieber, als den Leuten Einblick in sein Leben zu gewähren. Ich nehme an, das war der Zigeuner in ihm. Ich konnte es ihm nicht verdenken, wenn ich mir überlegte, wie sehr ich unter dem bösen Klatsch über meine geplatzte Verlobung litt.

Mrs. Pickering freute sich, mich zu sehen, und sie machte fröhlich plappernd Tee, während ich mich am Feuer wärmte.

Wie immer ließ uns Mrs. Pickering allein, nachdem sie die Tassen und einen kleinen Imbiß auf den Tisch gestellt hatte. Wir nippten an unserem Tee, aßen und sprachen über belanglose Dinge. Draco rückte seinen Stuhl etwas zurück und zündete sich ein Zigarillo an. Ich beobachtete schweigend, wie sich der Rauch zur Decke kräuselte, und drehte verlegen die Hände im Schoß. Nachdem ich mich wieder gefangen hatte, war mir der Vorfall auf den Klippen peinlich.

»Fühlst du dich jetzt besser, Maggie?« fragte mein Cousin.

»Ja, danke, Draco.« Ich fügte schüchtern hinzu: »Ich werde dir nie vergessen, was du heute für mich getan hast.«

»Nein?« Er hob eine schwarze Augenbraue. »Na ja, wir werden sehen.« Bevor ich über diese Bemerkung nachdenken konnte, hatte er das Thema gewechselt. »Sag mir, was wirst du jetzt tun, nachdem die hinterlistige Miss Prescott dir den Gefallen getan hat, dich vom lästigen Mr. Sheffield zu befreien?«

»So war es nicht, Draco«, widersprach ich und fragte mich, wieso er plötzlich wieder so gemein war.

»Wirklich nicht?«

»Nein, Esmond und ich – wir haben lediglich festgestellt, daß wir nicht zusammenpassen.«

Mein Cousin lachte, und seine Zähne blitzten in seinem dunklen Gesicht.

»Den Bären kannst du einem anderen aufbinden, mein Mädchen!« sagte er höhnisch. Seine Besorgtheit um mich schien mit dem Zigarrenrauch verflogen zu sein. »Ich weiß, was passiert ist. Julianne ist gefräßig wie ein Geier, und nachdem sie festgestellt hat, daß ihre Schönheit ihr höchstens eine monatliche Apanage im Austausch für ihre Tugend einbringt – natürlich ohne Ehering –, hat sie sich Esmond und sein Erbe mit List und Tücke erschlichen. Esmond ist Julianne egal. Aber ein kleiner Baron als Ehemann ist immer noch besser, als unter den Mitgliedern der feinen Londoner Clubs weitergereicht zu werden!«

»Wie vulgär du bist, Draco«, sagte ich und bereute, daß ich hergekommen war. Auch wenn mein Cousin mich am Selbstmord gehindert hatte, gab ihm das noch lange nicht das Recht, sich in mein Leben einzumischen!

»Vulgär mag ich vielleicht sein, Mädchen, aber zumindest bin ich ehrlich, was du nicht von dir behaupten kannst! Komm schon, Maggie. Gib es zu! Willst du behaupten, du findest Esmond nicht dumm? Er ist unfähig, Juliannes wahren Charakter zu erkennen und begreift nicht, daß er einen Diamanten für eine unechte Brosche eingetauscht hat. Dieser Idiot!«

Dracos Worte hämmerten gnadenlos auf mich ein. Aber ich wollte nicht zugeben, daß ich diese Gedanken auch gehabt hatte. Ich wollte mir einreden, daß alles Juliannes Schuld war und Esmond in seiner Ehrlichkeit unfähig war, ihre Hinterhältigkeit zu bemerken. Ich hoffte nur, Esmond würden doch noch die Augen geöffnet, bevor es zu spät war, denn ich liebte ihn immer noch.

»Ich weiß gar nicht, wovon du redest, Draco«, log ich. »Es ist so, wie ich dir gesagt habe: Esmond und ich passen nicht zusammen.«

Draco lachte höhnisch. »Bei Gott, das tut ihr wirklich nicht!« rief er und schlug mit der Faust so heftig auf den Tisch, daß ich zusammenzuckte. »Das ist das einzig Wahre, was du bis jetzt gesagt hast! Esmond war nie Manns genug für dich, Maggie. Er hätte dich nach zwei Wochen zu Tode gelangweilt, und du hättest ihm das Leben zur Hölle gemacht! Gleichgültig, was du denkst – du kannst froh sein, daß du ihn los bist!«

Seine Worte taten weh. Die Wunde von Esmonds Verrat war noch zu frisch, und ich war noch nicht fähig, klar zu denken. Ich hatte nicht nur meinen geliebten Cousin verloren, sondern auch noch mein Heim. Wie sollte ich mit Julianne und ihm unter einem Dach leben? Das konnte ich nicht, ich mußte weg von Highclyffe – aber wohin, das wußte ich nicht.

»Wie mir scheint, bist du entschlossen mit mir zu streiten, Draco«, sagte ich streng. »Und dann noch um etwas, das, wie du weißt, sehr schmerzlich für mich ist. Ich hatte mich nicht nur darauf gefreut, Esmonds Frau zu sein, sondern auch darauf, Herrin von Highclyffe zu werden. Jetzt kann ich mich nur noch auf eine trübe Zukunft als Gouvernante freuen, hier kann ich nicht bleiben.«

»Gouvernante! Maggie, da hast du dir ja eine schöne Zukunft zurechtgelegt! Esmond Sheffield ist nicht der einzige Fisch im Meer und Highclyffe Hall nicht der einzige Besitz in England. Du hast doch nicht etwa vor, nie zu heiraten?« Dracos Gesicht war seltsam ruhig, und aus seinen Augen war nichts abzulesen.

»Doch, genau das habe ich vor«, erwiderte ich. »Wen soll ich denn schon heiraten?«

Mein Cousin antwortete nicht, aber ein Muskel zuckte an seiner Wange und zeigte, wie erregt er war. Ich wollte etwas sagen – was, wußte ich nicht –, aber schwieg dann doch. Nach einiger Zeit grinste er mich spöttisch an.

»Du bist doch noch eine junge Frau.« Genau das hatte ich ihm gesagt, und jetzt warf er mir meine eigenen Worte an den Kopf. »Im Laufe der Zeit wirst du deine Meinung sicher ändern.«

Ich kam nicht dazu, zu antworten, denn in diesem Augenblick kam Mrs. Pickering in die Küche, um einen Besuch zu melden.

»Mr. Prescott, Sir«, sagte sie zu Draco.

Bevor sie noch zu Ende geredet hatte, erschien Welles mit schneebedecktem Mantel, den Hut in der Hand, in der Tür.

»Welles!« rief ich und sprang auf. »Welles!«

Mein Stiefbruder war offensichtlich erstaunt, mich hier zu sehen, aber er hatte sich schnell gefangen, umarmte mich und küßte mich auf die Stirn.

»Maggie, mein liebes Mädchen! Was für eine angenehme Überraschung – und eine Erleichterung, wenn ich das sagen darf. Offen gesagt, ich war sehr besorgt um dich.« Er strich mir übers Haar. »Hugh hat gesagt, du wärst wie eine Wilde davongaloppiert, und er bat mich, dir nachzureiten. Wir dachten ... aber wir hätten wissen müssen, daß du keine Dummheit machst. Gott sei Dank bist du hier und gesund und munter.«

»Warum auch nicht?« erwiderte ich ruhig, wagte aber nicht, dabei Draco anzusehen. Er allein wußte, daß ich nahe am Abgrund gewesen war.

»Ist ja gut, Maggie. Wir haben uns nur Sorgen um dich gemacht«, erwiderte mein Stiefbruder. Er drehte sich zu Draco um und schüttelte ihm die Hand. »Hallo, Draco. Schön, dich wiederzusehen.«

»Seit wann bist du zurück?« fragte ich Welles, nachdem Mrs. Pickering frischen Tee und Kuchen gebracht hatte.

Mein Stiefbruder war nach Beendigung seiner Schulzeit in Harrow seit einem Jahr auf See und hatte zwischendurch nur sporadische Besuche in Cornwall gemacht. Er hatte sich eine Arbeit als Matrose auf einem Handelsschiff gesichert und sich als so geschickt erwiesen, daß er rasch zum Zweiten Maat befördert wurde.

»Erst heute früh«, erwiderte er auf meine Frage und klopfte Cerberus, Dracos Mischlingshund, freundlich auf den Kopf, als dieser sich schwanzwedelnd näherte und seinen Kopf auf Welles' Schoß legte. »Wir haben schon vor drei Tagen in Plymouth angelegt, aber die verflixten Zollformalitäten haben so lange gedauert. Sollten sowieso abgeschafft werden. Kein Schmuggler wird doch so dumm sein und einen offiziellen Hafen anlaufen, oder? Und warum ein Mensch für ein anständiges Glas Brandy unbedingt Zoll bezahlen soll, verstehe ich auch nicht. Das Parlament sollte den Zoll abschaffen. Das würde allen einen Haufen Unannehmlichkeiten ersparen, wenn du mich fragst. Aber das tut ja keiner.

Auf jeden Fall bin ich direkt zur Grange geritten, um Sarah zu sehen, und sie hat mir von dir und Esmond erzählt. Tut mir leid, Schatz. Eine miese Geschichte. Das werde ich Julianne auch sagen, wenn ich sie sehe! Deswegen war ich auf dem Weg zur Hall, aber unterwegs habe ich Hugh getroffen und dich dann gesucht. Nachdem ich dich nicht gefunden habe, dachte ich, weil's so kalt ist, schaue ich mal schnell bei Draco rein und wärme mich auf. Gut, daß ich es gemacht habe, sonst hätte ich dich nie gefunden.«

Es war ein gutes Gefühl, zu wissen, daß sich jemand um mich sorgte und ich nicht ganz allein auf der Welt war. Zumindest liebten mich Tante Tibby, Sarah und Welles.

Ich könnte ja in die Grange ziehen, dachte ich und wunderte mich, warum mir dieser Gedanke noch nicht früher gekommen war.

»Da hast du dir ja was Schönes eingehandelt, alter Junge«, meinte mein Stiefbruder, nachdem er sich nachdenklich in der Küche umgesehen hatte. Seine Augen waren schmal und unergründlich, was sonst gar nicht seine Art war. »Eine ziemliche Ruine, was? Sieht fast aus, als könnte es hier Gespenster geben.«

»Komisch, daß du das sagst. Erst gestern abend hat Renshaw behauptet, er hätte tatsächlich eins gesehen«, erwiderte Draco und starrte Welles dabei so eindringlich an, daß ich das Gefühl hatte, die beiden wollten sich eigentlich etwas ganz anderes sagen als das, was sie vor sich hin plapperten.

Mein Cousin lachte. Vielleicht hatte ich mir das Ganze auch nur eingebildet. Aber kurz darauf hatte ich wieder dieses seltsame Gefühl, und diesmal war ich mir sicher, daß es keine Einbildung war.

»Natürlich glaubt niemand dem alte Renshaw, er ist ja schließlich verrückt«, sagte Draco. »Aber Stormswept Heights hat eine bizarre, gewalttätige Vergangenheit, vielleicht spukt es tatsächlich. Angeblich ist hier jemand ermordet worden.« Seine Stimme war jetzt leise, fast nur noch ein Flüstern und jagte mir eine Gänsehaut über den Rücken. »Und eine junge Herrin des Hauses soll Selbstmord begangen haben. Es wird behauptet, sie geistert nachts übers Moor und an der Steilküste und weint um ihren Liebhaber. Das war einer der Gründe, warum das Haus so lange leergestanden hat, bevor ich es gekauft habe.«

»Ja, ich würde nachts bestimmt nicht hierherkommen.« Welles schüttelte sich. »Kein Wunder, daß dich die Leute im Dorf für eine eiskalte, bösartige Kreatur halten, Draco! Du könntest wenigstens einen Mistelzweig aufhängen, damit es nicht gar so trist hier aussieht, oder wird in Heights kein Weihnachten gefeiert?«

Mein Cousin errötete. Dann grinste er verlegen, und die seltsame Stimmung, die die Geschichte ausgelöst hatte, verflog.

»Ist doch eigentlich gar nicht der Mühe wert«, meinte er. »Das Haus ist in einem so schlechten Zustand, es wäre lächerlich, es zu dekorieren. Außerdem sieht es doch sowieso keiner außer mir.«

»Und was bitte sind Maggie und ich? Säulen?« fragte Welles erbost.

»Natürlich nicht. Ich habe eben so selten Gäste.«

»Und du empfängst sie nicht gerade mit offenen Armen«, sagte mein Stiefbruder grinsend. »Kein sehr freundlicher Mensch, was? Die Leute behaupten, du hetzt deinen Köter auf jeden, der sich blicken läßt.«

»Ja, warum auch nicht?« verteidigte sich Draco. »Diese neugierigen Schwätzer aus dem Dorf haben es nicht anders verdient. Sie stecken überall ihre Nasen hinein!«

»Ja, das solltest du auf jeden Fall unterbinden«, meinte Welles. Seine Stimme war mit einem Mal ernst geworden und klang für meine

Begriffe seltsam. Bevor ich mir das gründlicher überlegen konnte, drehte er sich zu mir und sagte: »Wir sollten uns besser auf den Weg machen, Maggie, sonst schickt Hugh noch einen Suchtrupp los.«

Ich stimmte dem zu, und wir verabschiedeten uns von Draco.

Erst später an diesem Abend, als ich bereits im Bett lag und nicht einschlafen konnte, ging mir das merkwürdige Gespräch zwischen Draco und Welles erneut durch den Kopf. Irgendwie war es doch seltsam gewesen, daß mein Stiefbruder nach Stormswept Heights kam – trotz seiner plausiblen Erklärung. Er und mein Zigeunercousin waren zwar immer freundlich zueinander gewesen, waren sich aber nie sehr nahe gestanden. Irgendwie beunruhigte mich das alles. Da war eine seltsame Spannung zwischen den beiden gewesen, ein Geheimnis. Aber wie sehr ich mir auch den Kopf zermarterte, mir fiel kein Grund dafür ein. Wahrscheinlich war ich durch Esmonds und Juliannes Verrat zu empfindlich geworden. Aber da war die Geschichte mit dem Hund gewesen. Cerberus hatte Welles weder angeknurrt noch gebellt, sondern ihn wie einen alten Freund begrüßt. Ich wußte, wie lange es gedauert hatte, bis der Hund nicht mehr die Haare aufstellte, wenn er mich sah. Welles mußte also schon öfter in Stormswept Heights gewesen sein und das heimlich, sonst hätte Sarah mir sicher davon erzählt. Ich mußte mich also fragen, wieso mein Stiefbruder plötzlich so eng mit Draco befreundet war und warum die beiden Männer sich soviel Mühe gegeben hatten, das vor mir und allen anderen zu verbergen.

O Liebe, o Feuer! Einst sog er mir mit langem Kuß die ganze Seele aus den Lippen, wie Sonnenlicht den Tau trinkt.

–Fatima
ALFRED, LORD TENNYSON

16
Wahnsinn, hemmungslos und wild

Der Frühling kam in diesem Jahr zeitig. Wie eine arbeitswütige Hausmagd staubte er den Schnee von den Ästen und fegte die toten Blätter vom Boden. Hier und dort lugten schwarze Torfflecken und frisches, junges Gras aus der Erde, die schlammig und durchweicht vom Schmelzwasser und dem Regen war. Mit jedem Tag wurde der blaße, bleierne Himmer blauer. Frühe Blumen erblühten im Moor, ihre zarten Blätter zitterten fröstelnd in der kühlen Frühlingsluft, die nach Meer roch und von den süßen Schreien der Möwen erfüllt war.

Ihre traurigen Rufe fanden Widerhall in meinem Herzen. Esmond war nicht zur Besinnung gekommen, wie ich gehofft hatte, er war verloren, ein für allemal. In ein paar Wochen sollte er Julianne heiraten, das Aufgebot war bereits bestellt.

In meiner Brust war eine Leere, dort, wo mein Herz gewesen war. Und diese Leere schmerzte ohne Unterlaß. Irgendwie überstand ich die Tage, und mein Stolz half mir dabei. Aber nachts ... nachts weinte ich, damit mich keiner hören konnte, und erstickte fast an meiner Einsamkeit. Meine Hand fühlte sich nackt an ohne den Verlobungsring, den ich Esmond zurückgegeben hatte. Sein Fehlen war wie ein Brandmal des Verstoßenseins in den Augen der Welt.

Dennoch ließ ich mir, soweit ich es beurteilen kann, nichts anmerken. Was hätte es mir auch geholfen, zu jammern und mir das Haar zu raufen? Was geschehen war, war geschehen. Ich konnte es nicht rückgängig machen, mußte das Beste daraus machen, egal wie schwer es war, meine Gefühle in die Schranken der Vernunft zu verweisen. Ich ließ nicht locker und versuchte, mich möglichst normal zu verhalten.

Nur Lady Chandler ließ sich nicht von meiner äußerlichen Gefaßtheit täuschen.

»Du verachtest Julianne und wünschst dir sicher, sie wäre tot«, sagte sie eines Morgens ganz beiläufig. »Nein, versuche es nicht abzustreiten, Margaret. Wenn ich an deiner Stelle wäre, würde ich genauso empfinden. Du meinst, ich wäre hart und gefühlskalt, Margaret, und vielleicht hast du recht, aber wenn ich das nicht wäre, dann wären Welles, Julianne und ich nach Captain Brodies Tod wahrscheinlich verhungert. O ja«, sie lachte, »natürlich waren meine Extravaganzen auch an meinem Unglück schuld. Aber du hast ja keine Ahnung, wie trübsinnig es ist, jeden Penny umdrehen zu müssen und nichts zu haben, was einem Freude macht. Captain Brodie war ein geselliger Mensch wie Welles, aber er war auch ein Geschäftsmann und gab Geld nicht zum Spaß aus. Außerdem wollte er nicht wie ich gesellschaftlich Erfolg haben, er war mit seinem Leben zufrieden. Sosehr ich ihn auch geliebt habe – und ich habe ihn wirklich geliebt, mußt du wissen –, ich war trotzdem wie ein Vogel, der einem Käfig entflieht, als er starb. Ich habe ein bißchen durchgedreht, und ehe ich mich versah, waren wir total verschuldet. Ich fürchte mich heute noch bei dem Gedanken, was passiert wäre, wenn dein Vater nicht wie ein Retter in der Not aufgetaucht wäre! Offen gestanden war ich überrascht, daß Nigel sich so für mich interessierte. Damals wußte ich noch nicht, daß dein Vater sich nicht um die Gesellschaft scherte. Meine Familie war auch ganz anständig, wenn auch verarmt, und dein Vater gab mir die Möglichkeit, dahin zu kommen, wohin ich wollte, nämlich in die feine Londoner Gesellschaft.

Du hegst nur wenig Sympathie für mich, Margaret. Für dich bin ich nur ein Eindringling, der dein ruhiges Leben auf Highclyffe Hall zerstört hat. Das stimmt auch. Trotzdem glaube ich, meine Ehe mit deinem Vater hat dir wie auch meinen eigenen Kindern Vorteile gebracht. Ich bin aber der Meinung, daß ich Julianne nicht unbedingt einen Gefallen getan habe, als ich sie hierherbrachte. Wellesley wird immer auf die Füße fallen. Aber meine Tochter ist anders. Sie erinnert sich nur allzugut an die Armut nach Captain Brodies Tod, und sie hat sich zu sehr an das Leben gewöhnt, das Sir Nigel ihr hier bietet, ein Leben, das sie ohne meine Ehe mit deinem Vater gar nicht kennengelernt hätte. Es wäre einfach zu grausam gewesen, Julianne zu zwingen, dieses Leben aufzugeben. Ich hatte gehofft, sie würde während ihrer Saison in London einen passenden Ehemann finden. Leider war das, wie du weißt, nicht der Fall. Was blieb ihr denn, außer sich Esmond zu angeln, der mit ihr aufgewachsen und dem es völlig egal ist, daß ihr Vater ein Kaufmann war, woran sich die heiratsfähigen Männer in London gestoßen haben?«

»Aber Esmond gehörte mir!« platzte ich heraus.

»Ja, das ist richtig«, stimmte mir Lady Chandler gelassen zu. »Aber, gleichgültig, was du denkst, er war nie der richtige Mann für dich. Du bist immer schon ein seltsames, wildes, ungestümes Kind gewesen, Margaret, wild wie das Moor, eine Frau mit tiefen und beständigen Leidenschaften. Esmond kennt diese heftigen Gefühle nicht. Trotz seines Studiums wird er nie in die Politik gehen, er wird sich mit seinem Leben auf dem Land zufriedengeben, korrekt seine Rolle als liebender, pflichtbewußter Ehemann spielen und sich zu seinen staubigen Büchern flüchten, wenn ihm die Realität zu kompliziert wird. Früher oder später hätte er dich gelangweilt, Margaret; Julianne dagegen wird mit ihrer Rolle als Hausherrin zufrieden sein. Sie ist viel zu egoistisch, um auf Esmond einzugehen. Hauptsache, er betet sie an und duldet ihre Launen. Die beiden können auf ihre Art glücklich miteinander werden.«

»So glücklich wie mein Vater und du es seid?« fragte ich verächtlich. Aber mein Sarkasmus schien meine Stiefmutter nicht zu tangieren.

»Ja und nein. Nigel und ich sind uns sehr ähnlich, und wir verstehen uns, Margaret. Zwei Dinge, ohne die eine Beziehung zwischen zwei starken, unabhängigen Individuen gar nicht möglich ist, wie du im Lauf der Zeit erfahren wirst.«

»Wie kannst du das sagen?« fragte ich verbittert. »Jetzt besteht wohl kaum noch Hoffnung, daß ich einen Mann bekomme!«

»Ganz im Gegenteil, Margaret«, sagte Lady Chandler, »ich bin mir ganz sicher, daß du irgendwann einen Mann heiraten wirst, der deiner leidenschaftlichen Natur entspricht. Ich glaube zwar, daß du nie ein sehr leichtes Leben haben wirst, aber letztendlich doch ein reiches. Ich verspreche dir, solltest du je meiner Hilfe bedürfen, wirst du sie bekommen. Du magst mich vielleicht nicht besonders, aber ich habe dich wirklich sehr liebgewonnen. Du warst zwar als Kind eine Plage für mich, Margaret, aber deinen Elan habe ich immer bewundert. In dieser Beziehung bist du Sir Nigel und mir sehr ähnlich. Ich begreife nicht, wieso er das nicht sieht. Aber man ist ja sooft mit Blindheit geschlagen, wenn es gilt, eigene Charakterzüge bei anderen zu erkennen, besonders wenn man so stur ist wie dein Vater! Ich glaube, diese grimmige Entschlossenheit wird dir noch eine große Hilfe sein.«

Bevor ich mir das genauer überlegen konnte, hatte meine Stiefmutter sich erhoben. Sie war am Ende ihrer Ausführungen. Sie nahm einen der Stoffballen, die wir vorher angesehen hatten, und betrachtete ihn kritisch.

»Jetzt sag ehrlich, Margaret, wie findest du dieses Blau? Ein bißchen zu dunkel für Julianne? Vielleicht sollten wir doch das Lavendel für sie nehmen, nachdem sie Rosa nicht ausstehen kann, und für dich natürlich den roten Samt...«

Esmond und Juliannes Hochzeit fand statt. Welles und Sarah begleiteten sie zum Altar, wofür ich sehr dankbar war.

Irgendwie war es mir gelungen während der Hochzeit, die meine hätte sein sollen, genauso geheimnisvoll zu lächeln wie Lady Chandler. Wie es in meinem Inneren aussah, konnte gottlob keiner sehen. Ich hatte es geschafft, bei der Feier zu scherzen und mich zu unterhalten, obwohl meine Träume für immer zerstört waren. Ich hatte geflirtet und mit zahllosen Partnern getanzt und mich an Esmonds betroffenem

Blick erfreut, als ich einem gutaussehenden jungen Mann erlaubte, mich auf die dunkle Terrasse zu führen, obgleich seine geflüsterten Liebesschwüre mir nichts bedeuteten.

Erst später, allein im Zimmer, konnte ich die zerbrechliche Maske der Fröhlichkeit abstreifen und meinen Tränen freien Lauf lassen.

Ich hatte Linnet weggeschickt, weil ich ihren hinterhältigen Blick nicht ertragen konnte. Wie ein Geier hatte sie mich beobachtet, nach Anzeichen von Schwäche gesucht, damit sie später beim Personal über mich klatschen und sich wichtig machen konnte.

Jetzt erhob ich mich endlich von meinem Bett, auf dem ich so lange und bitter geweint hatte, wusch mein Gesicht mit kaltem Wasser aus dem Krug auf meinem Waschtisch und setzte mich vor meinen Toilettenspiegel, wo ich mir langsam die Nadeln aus meinem langen, schwarzen Haar zog.

Ich sehe aus wie eine Hexe, dachte ich resigniert. Mein Spiegelbild zeigte nur allzu deutlich die violetten Ringe unter meinen dunklen Augen, die rot und verschwollen vom Weinen waren, und die hohlen Wangen, denn ich hatte seit Esmonds Verrat stark abgenommen. Mein rotes Samtkleid mit der Goldverbrämung war so grell, als hätte es mir alle Farbe aus dem Gesicht gezogen. Ich hatte entsetzliche Kopfschmerzen; ich hatte viel zuviel Champagner getrunken, der mich müde und verwirrt gemacht hatte.

Ich strich mir das Haar aus dem Gesicht. Dann legte ich meine silberne Bürste weg und schaute zu meiner Tür. Ich bildete mir ein, Juliannes leises Wonnestöhnen zu hören, da sie erst morgen zu ihrer Hochzeitsreise aufbrechen würden. Er fuhr mit ihr nach Italien, um auf den Kanälen Venedigs mit einer Gondel zu fahren, mit ihr Hand in Hand durch die Straßen von Florenz zu gehen und all das zu tun, was ich mir erträumt hatte. Und das Allerschlimmste war, daß er sie unter dem Mond Italiens lieben würde, so wie ich mir vorgestellt hatte, von ihm geliebt zu werden. Ich vergrub mein Gesicht in den Händen und versuchte die Bilder zu vertreiben. Aber sie ließen sich nicht verdrängen.

Lagen die beiden, die mich so getäuscht hatten, jetzt nackt und eng umschlungen in ihrem Bett? Küßte er sie gerade, streichelte er sie, weckte er ihre Begierde für ihn? Gott, ich konnte es nicht ertragen!

Mit einem Mal war es, als würden sich die Wände meines Zimmers auf mich legen und mich ersticken. Mein Gesicht und meine Hände waren schweißnaß, mein rotes Kleid klebte an meinem Körper. Ich bekam keine Luft und atmete zu schnell. Alles drehte sich, und ich klammerte mich an die Ecke meines Toilettentisches.

Plötzlich sehnte ich mich nach dem weiten, offenen Moor und nach kühler salziger Nachtluft auf meinem Gesicht.

Ich sprang auf und rannte blindlings die Treppe hinunter und in die schwarze Nacht. Ich mußte weg von diesem Haus, in dem Esmond und Julianne vereint lagen, ohne einen Gedanken an mein Leid zu verschwenden. Ich war wie ein wildes Tier – getrieben von dunklen Dämonen rannte ich mit bloßen Füßen über den Kies. Ich spürte keinen Schmerz und kannte nur noch eins: diesen wilden Trieb, der mich gepackt hatte und mit sich fortriß.

Ich stürzte einmal, da die Nacht stockdunkel und mondlos war und nur das schwache Glimmen der Sterne durch die Nebelschwaden mir den Weg wies. Aber ich stand einfach auf und rannte weiter. Keuchend sog ich die kühle Frühlingsluft in meine Lungen, als könnte ich nicht genug davon bekommen. Die uralten Bäume des Waldes standen drohend neben mir – fließende, schwarze Formen und Schatten in der Dunkelheit. Nebelfetzen tanzten wie Geister zwischen den verwachsenen Ästen, die Blätter raschelten mit jedem Seufzer der Brise. Sie verhöhnten mich und lachten mich aus. Immer schneller lief ich, mit gerafften Röcken und fliegenden Kieseln unter den Füßen.

Die Tore von Highclyffe Hall waren weit geöffnet, wie immer wenn wir Gäste hatten. Ich stürmte weiter auf die Straße und ins Moor, auf die Klippen und die See zu.

Ich weiß nicht, warum ich diese Richtung einschlug, aber diesmal war es nicht der Gedanke an Selbstmord, der mich dorthin trieb, sondern eine unwiderstehliche, namenlose Macht.

Der Wind war kühl auf meiner Haut, das Gras naß unter meinen Füßen. Meine feuchten Röcke verfingen sich in Büschen und Geäst.

Ich riß sie los und rannte weiter, atemlos, aber doch mit dem Gefühl, ewig so weiterrennen zu können, den Lauf der Welt damit aufzuhalten und die Bilder von Julianne und Esmond zu vertreiben. Vergeblich.

Mein Kopf dröhnte, mein Herz schmerzte. Die Nachtluft trieb mir die Tränen in die Augen und trübte meinen Blick, als ich gerade ein gefährliches Stück Moor überquerte. Und dann stockte mir vor Angst der Atem. Eine verschwommene Gestalt tauchte aus dem schimmernden Dunst wie ein Geist auf, und bevor ich mich versah, prallte ich dagegen. Es war eine Gestalt aus Fleisch und Blut und Muskeln.

Entsetzt versuchte ich zurückzuweichen, wollte schreien, aber kräftige Arme packten mich, und ich fiel gegen eine breite Brust, ohne das Gesicht meines Angreifers sehen zu können.

»Maggie«, hauchte eine Stimme in mein Ohr. »Maggie, mein Mädchen –«

»Draco! O Draco!« wimmerte ich erleichtert, weil er mein Zigeunercousin war und kein Phantom.

Ich hatte keine Ahnung, wieso er plötzlich da war, aber es war mir egal. Er war warm und lebendig, ich war eiskalt und innerlich tot. Er wußte besser als jeder andere, was es heißt, allein und ohne einen Menschen zu sein, an den man sich wenden kann. Ich wußte, er würde die Einsamkeit und Trauer begreifen, die ich in dieser Nacht empfand. Wenn mir überhaupt jemand helfen konnte, dann Draco. Und so wie ich ihn einmal getröstet hatte, als sein toter Vater in unserem Salon lag, suchte ich jetzt instinktiv bei ihm Trost, drückte mich inbrünstig an ihn und genoß das Gefühl seines harten, männlichen Körpers, der so eng an meinen weichen, weiblichen geschmiegt war.

Er stellte keine Fragen, wofür ich unendlich dankbar war, sondern streichelte mich und murmelte mir in Zigeunersprache Worte zu, wie vor Jahren Black Magic. Jetzt wußte ich, warum das Pferd sich zu Draco hingezogen gefühlt hatte, der so viel empfand und einem gab, was man am meisten brauchte. Jetzt zitterte ich in seinen Armen und vergrub mein Gesicht an seiner Brust. Wie stark und muskulös die Brust war, wie breit und fest seine Schultern unter meinen Händen! Ganz allmählich, getröstet von seiner weichen Stimme und den beruhigenden Händen, wurde ich mir bewußt, daß er nicht nur mein Cousin war, sondern ein Mann.

Ich spürte seinen warmen Atem, der nach Wein und Tabak roch, auf meiner Haut, und fühlte, wie sich seine Brust bewegte, wenn er atmete. Ich hörte das stete, einschläfernde Pochen seines Herzens unter den Rüschen seines frischen, weißen Hemdes. Das Geräusch beruhigte mich, wie es ein Kind im Leib der Mutter beruhigt, und gab mir ein Gefühl von Geborgenheit. Aber ich war kein Kind. Ich war eine erwachsene Frau – brennend vor Begierde –, und Draco war ein Mann, dessen Gefühle und Begierden genauso heftig waren wie meine. Etwas loderte bei dem Gedanken in mir empor, aber ehe es zu einer Flamme werden konnte, hatten seine sehnigen Schenkel meine gestreift. Ohne Warnung durchströmte mich ein eigenartiges Gefühl, das mir den Atem verschlug. Ich erbebte und stieß einen leisen Schrei aus.

Ich weiß nicht, was Draco dachte, aber er stieß mich gewaltsam von sich, packte mein windzerzaustes Haar und zerrte mein Gesicht zu sich hoch. Ich versuchte den Kopf abzuwenden, damit er meine Tränen nicht sehen konnte. Seine durchdringenden schwarzen Augen suchten die meinen. Das blasse Sternenlicht tanzte über sein Gesicht und beleuchtete es wie vor so langer Zeit der Blitz und das Lampenlicht in der Nacht, als er zum ersten Mal Highclyffe betreten hatte. Und wie damals, dachte ich, wie häßlich und brutal sein dunkles Gesicht war, ja fast satanisch im Vergleich zu Esmonds ebenmäßigen, feinen Gesichtszügen.

Ach, Esmond, wehklagte mein Herz. *Grausamer, treuloser Esmond, mein Geliebter, der du jetzt in Juliannes Armen liegst, statt in meinen.*

Bei dem Gedanken brandete Leere über mich wie eine Flutwelle. Ich ertrank in einem Meer von Schmerz, und plötzlich war es mir egal, daß Draco grob und gewöhnlich war. Ich wollte seinen Mund auf meinem spüren und fest von seinen Armen umschlungen werden. Ich wollte in seinen Armen liegen, ein bißchen des Glückes erhaschen, das Julianne mir gestohlen hatte, und Esmond so verletzen, wie er mich verletzt hatte. Ich wollte kennenlernen, was diese beiden mir versagt hatten – die Liebe, das Teilen, die Zugehörigkeit. Ich wollte auch meinen Vater treffen, der mich ebenfalls verstoßen hatte. Und wer könnte sich besser dafür eignen als Draco, den mein Vater und Esmond so verachteten?

Das Morgen interessierte mich nicht mehr, nur noch das Hier und Jetzt. Meine Händen glitten über das Gesicht meines Zigeunercousins, dann zog ich es stürmisch zu mir. Gerade als meine Lippen die seinen berührten, riß er sich los und umklammerte brutal meine Handgelenke, daß ich morgen sicher blaue Flecken haben würde. Er atmete schwer, und sein dunkler Blick war so voller Begierde, daß ich wußte, wie deutlich mir mein Verlangen nach ihm auf dem Gesicht geschrieben war.

»Spiel nicht mit mir, Maggie«, warnte er mich mit leiser, barscher Stimme. »Sei sicher – ganz sicher –, daß du das wirklich willst.«

»O ja, das bin ich! Halte mich, Draco! Liebe mich! Bitte«, flehte ich ihn an. »Ich brauche dich so sehr ...«

Ich weiß nicht, was ich erwartet hatte, aber nicht diesen ungestümen Angriff, den meine Worte auslösten. Er küßte mich, und es war, als hätte man einen schlafenden Tiger in ihm geweckt, der uns beide zu verschlingen drohte.

Stöhnend senkte Draco seinen Kopf, und sein Mund umfing den meinen immer und immer wieder, als könnte er nicht genug davon bekommen. Seine Lippen waren hart und fordernd, die Zunge weich und beharrlich. Seine Zähne streiften das zarte Fleisch meiner Unterlippe, ich schmeckte Blut, und mein ganzer Körper erschauderte vor Wonne und Schmerz wie nie zuvor. Es erregte mich und steigerte meine Begierde ins Grenzenlose.

»Ah, Maggie«, murmelte er gegen meinen Mund. »Maggie, mein Mädchen, wir waren immer allein, wir zwei – ungewollte Außenseiter. Wie dumm du doch warst. Du warst nie für Esmond geschaffen, sondern für mich. *Für mich*, Maggie! O Gott! Wie ich dich geliebt und begehrt habe. Und ich dachte, du würdest mir nie gehören, ich müßte dich an diesen Esmond verlieren. Wir gehören zusammen! Ich habe so lange darauf gewartet, daß du es begreifst – *zu* lange, verflucht sollst du sein!«

Ich hörte seine Worte nur undeutlich und begriff sie kaum, ich war gefangen im Irrsinn dieses Augenblicks. Ich stellte nur verwundert fest, daß er mich so leidenschaftlich liebte, wie Esmond es nie getan hatte, und daß ich geliebt werden wollte – heute nacht.

Wie seltsam, daß ausgerechnet Draco mich liebt, dachte ich. *Draco, von dessen Existenz ich erst in jener Nacht erfuhr, als ich wie eine Magd an der Tür meiner Stiefmutter lauschte. Draco der Bastard, der Zigeuner, mein Cousin, den Esmond so verachtet, und ich, die Schnüfflerin des Haushalts, die Frau, die Esmond verschmäht und verstoßen hatte. Das muß doch Ironie des Schicksals sein...*

Aber der Gedanke wurde so schnell verdrängt, wie er gekommen war, von dem Mann, der mich in den Armen hielt, als wäre es sein selbstverständliches Recht. Vielleicht stimmte, was er gesagt hatte: Wir beide waren aus einem Holz geschnitzt und gehörten zusammen. Es war mir gleichgültig. Ich wußte nur eins: Ich begehrte ihn und war schmerzlich unerfahren im Spiel zwischen Mann und Frau. Ich hatte nie gewußt, was es heißt, geküßt zu werden. So ungestüm und besitzergreifend hatte mich Esmond nie geküßt. Draco küßte, als zerre er die Lebenskraft und die Seele aus meinem Körper, nur um sie später zurückzugeben.

Seine Zunge eroberte kühn meinen Mund und weckte in mir ein Gefühl – halb Angst, halb Rausch –, das mich schwindlig machte. Meine Knie zitterten, und ich wäre gestürzt, hätte er mich nicht so fest gehalten. Ich war weich und fügsam wie ein Kind geworden, meine Knochen waren geschmolzen, mein Körper entwickelte einen eigenen Willen und schmiegte sich an ihn. Draco war kräftig gebaut – sein Körper wie Stahl gegen meine Weichheit. Ich erschauderte vor seiner Kraft und fühlte mich klein und hilflos vor diesem Ansturm gegen meine Sinne. In einer dunklen Ecke meines Bewußtseins fragte ich mich, ob er mir, wenn es soweit war, sehr weh tun würde.

Dieser Gedanke ließ mich zittern, und er spürte meine jungfräuliche Furcht und umarmte mich fester, als hätte er Angst, ich könnte mich jetzt noch verweigern. Aber ich wehrte mich nicht, obwohl ich jetzt manchmal daran denken muß, wie anders mein Leben hätte sein können, wenn ich es getan hätte. Ich blieb und erröte heute noch vor

Scham, weil ich zuließ, daß er seinen schwarzen Mantel unter uns ausbreitete und mich in die violetten Falten des Seidenfutters legte.

Ich hatte in seinen Armen jedes Gefühl für die Zeit verloren und ließ ihm seinen Willen. Ich wußte nichts, kannte nur die Empfindungen, die mich überwältigten, als er mich mit wissenden Händen und seinem Mund berührte und liebkoste, so daß ich instinktiv erkannte, daß er andere Frauen vor mir gehabt hatte – viele andere, und ein Blitz von Eifersucht durchzuckte meinen Leib, weil ich nicht die erste war, der seine Küsse und Zärtlichkeiten zuteil wurden. Meine Unwissenheit und Unsicherheit standen in scharfem Kontrast zu seiner Erfahrung, und das Gefühl, ich könnte ihn nicht befriedigen, nagte an mir. Aber als ich davon redete, befahl er mir barsch zu schweigen. »Glaubst du, ich wollte dich anders haben, Liebes?« Ich war froh, daß kein anderer Mann mich geprägt hatte und vergaß meine Angst. Ich ließ mich durch ihn in die Riten der Liebeskunst einweisen.

Das süße, grüne Gras war kühl und feucht unter dem Mantel, der Wind strich mit eisigen Fingern über meine nackte Haut. Aber ich fühlte die Kälte der Frühlingsnacht nicht mehr. Für mich gab es nur noch Dracos brennenden Körper, der mich wärmte und mich mit Lust erfüllte. Ich schwelgte in der Berührung seiner Haut, an manchen Stellen glatt wie Elfenbein, hart wie Horn an anderen, wo alte Narben sein Fleisch zusammenzogen. Ich fragte, woher er sie hatte, aber er wollte es mir nicht sagen, murmelte etwas von »irgendeine Schlägerei« und erstickte dann die Fragen mit seinem Mund.

Sein heißer Atem auf meinem Mund und meiner Haut erweckte in mir köstliche Gefühle, deren Existenz ich nicht geahnt hatte und auf die mich selbst meine wildesten Träume nicht vorbereitet hatten. Er flüsterte mir Worte ins Ohr, und mein Herz jubilierte. Nie hatte jemand solche Dinge zu mir gesagt, ich hatte sie nicht einmal gedacht.

»Du bist schön, Maggie«, murmelte er. »Selbst als du noch ein Kind warst, erahnte ich schon die Frau, die du werden solltest, und wußte, daß es für mich nie eine andere geben würde. An dem Tag in Stormswept Heights, als ich dich wiedersah, habe ich dich so begehrt, daß ich dich am liebsten gleich zur Meinen gemacht hätte. Verflucht sollst du sein – du mit deinem Hexenhaar und deinen Hexenaugen, du hast mich verfolgt, mich gequält. Verflucht... Maggie, Geliebte... ja, ja...«

Er berauschte mich. Das dunkle Haar auf seiner Brust war wie Seide unter meinen Händen und an den empfindlichen Spitzen meiner Brüste. Er schmeckte nach salzigem, erdigem Schweiß, dem Wind und dem Meer. Er war wie die Elemente selbst; gnadenlos und unaufhörlich stürmte er wie die Brandung am Steilufer gegen meine jungfräuliche Bastion an und riß sie nieder, um mich seinem Willen gefügig zu machen. Atemlos ließ ich mich mitreißen, entdeckte ihn, berührte jede Stelle, die ich ertasten konnte, und öffnete mich seinem Zugriff wie eine Blume auf dem Moor der Sonne und dem Regen. Der Duft von Heidekraut und der salzige Meeresgeruch umfingen mich und mischten sich mit seinem männlichen Geruch nach Sandelholz.

Ich war wie Feuer und Eis, brennend und schmelzend unter ihm, ein Bündel zitternder Gefühle, bis zum Fieber hochgepeitscht. Meine geschwollenen Brüste schmerzten vor Lust und Sehnsucht unter seiner Zunge und seinen Händen, mein Körper vibrierte vor unerträglicher Leere, und instinktiv wollte ich von ihm ausgefüllt werden. Ich drängte mich an ihn, getrieben von primitivem, blindem Bedürfnis; und endlich nahm er mich.

Ich keuchte, dann schrie ich entsetzt, denn trotz all der Geschichten, die ich gehört hatte, war ich darauf nicht vorbereitet. Ich hatte nie begriffen, wie absolut diese Invasion, diese Kapitulation, dieses Sichstrecken und Anpassen war, um den anderen in sich aufzunehmen. Mein Körper gehörte nicht länger mir, er war ein Teil von Draco geworden. Seine Händen griffen unter meine Hüften und hoben sie zur Begegnung mit den seinen an. In diesem Augenblick wirbelte die Welt ins Nichts davon. Ich stöhnte und kämpfte verzweifelt um etwas Namenloses, das ich nicht begriff, aber finden mußte, sonst mußte ich sterben. Dann loderte plötzlich ein so schmerzlich-intensives Gefühl in meinem Innersten auf. Es war unerträglich heftig und strömte in pulsierenden Hitze- und Wonnewellen durch meinen Körper, ließ ihn sich aufbäumen und raubte mir den Atem.

Ich spürte, wie Dracos Finger sich schmerzlich in mich krallten und das Gefühl noch verstärkten. Seine Nägel gruben sich in meine Haut, er stöhnte, dann atmete er zischend ein. Und dann erschauderte sein ganzer Körper und schließlich blieb er still liegen, und sein Herz pochte gegen meines.

Einen Augenblick später küßte er mich und zog mich in seine Umarmung, um seine Wärme mit mir zu teilen. Nach einiger Zeit tastete sich die Kälte der Nachtluft an meine Knochen heran, ich zitterte und merkte jetzt erst, wie kalt und feucht es war und daß es regnete. Und dann kehrte mit einem Schlag die Realität wie ein Blitz zurück. Die volle Bedeutung dessen, was ich getan hatte, traf mich wie ein Schlag und erfüllte mich mit Scham und Ekel. Ich hatte mich meinem Zigeunercousin hingegeben – einem rohen, gewöhnlichen Bastard. Was hatte ich getan? Kein anständiger Mann würde mich jetzt noch haben wollen, Esmond... Esmond wäre entsetzt, wenn er es wüßte. Ich wurde mir meiner Nacktheit bewußt, wie ich hier lag, eng umschlungen mit Draco. Meine Kleider waren zerrissen und hastig zur Seite geworfen. Jetzt konnte ich wieder klar denken, und das, was vor wenigen Augenblicken noch herrliche Leidenschaft zu sein schien, wirkte jetzt vulgär und erniedrigend. Ich war keinen Deut besser als eine billige Hure. Esmond hatte recht gehabt, als er mich abgelehnt hatte – ich war seiner nicht wert.

»O Gott«, stöhnte ich, ohne zu merken, daß ich laut gesprochen hatte. »Was habe ich getan? Was habe ich getan? Esmond, Esmond...«

Ich versuchte mich von Draco loszureißen, aber er zerrte mich brutal zurück und drückte mich zu Boden. Sein Gesicht war vor Schmerz und Wut so verzerrt, daß er noch häßlicher als sonst aussah. Ich war angewidert bei dem Gedanken, daß ich mich von ihm hatte küssen lassen und seine Liebkosungen nicht nur erduldet, sondern ihn angefleht hatte, mich zu nehmen. Und trotzdem hatte er diese animalische Anziehungskraft, die mich zu meiner Scham jetzt schon wieder erregte.

»Esmond«, zischte Draco erbittert. »Immer Esmond. Bei Gott, ich werde ihn aus deinem Körper und deinem Kopf vertreiben, Maggie, und wenn ich dich dazu umbringen muß!«

Er griff in mein klatschnasses Haar, riß mein Gesicht zu seinem hoch und küßte mich brutal, lieblos und wutentbrannt. Ich kämpfte mit all meiner Kraft gegen ihn an, aber er war zu stark, und so lernte ich, was es hieß, gegen meinen Willen genommen zu werden, ohne Liebe und Zärtlichkeit. Als es vorbei war, haßte ich ihn mit jeder Faser.

Tränen strömten über meine Wangen. Ich zitterte vor Schock, Angst und Abscheu, und plötzlich verblaßte die Mordlust in Dracos Augen. Er war wieder bei Verstand, und erst jetzt wurde ihm klar, was er getan hatte. Reue quälte ihn, und er wollte mich trotz heftiger Gegenwehr noch einmal in die Arme nehmen.

»Maggie«, stammelte er. »Maggie...«

»Faß mich nicht an!« zischte ich, rollte von ihm weg und tastete nach meinen Kleidern.

Es regnete noch immer, und ich war froh darum, sonst hätte er sicherlich versucht mich aufzuhalten. Ein gleißender Blitz erhellte das Moor, es donnerte, und Draco wußte genau wie ich, daß wir hier im offenen Gelände nicht sicher waren. Also wandte er sich ab und zog sich Hemd und Hose an.

Mit klappernden Zähnen und zitternd wie Espenlaub kämpfte ich mich in meine nassen Kleider und überlegte fieberhaft, wie ich das ruinierte Kleid erklären könnte, falls mich jemand bei meiner Rückkehr nach Highclyffe sehen würde. Ich hatte nur noch einen Gedanken: schnell nach Hause zurückzukehren und diese Nacht aus meinem Bewußtsein zu streichen, als hätte es sie nie gegeben. Es war mir jetzt egal, daß Julianne im Haus in Esmonds Armen lag, denn was ich getan hatte, war schlimmer als ihr Verrat an mir. Sie hatten nur meine Gefühle verletzt, während ich es zugelassen hatte, daß man mich entehrte. Draco hatte zwar gesagt, er würde mich lieben, aber von Heirat hatte er nicht gesprochen.

Allein die Tatsache, daß ich überhaupt eine Ehe mit ihm in Betracht zog, zeigte, wie tief ich gesunken war. So etwas hätte Sir Nigel sicherlich nie gestattet.

Inzwischen war Wind aufgekommen, und als ich mich schwankend erhob, um die Haken meines Kleides zu schließen, hätte er mich fast umgeworfen. Ich bekam die Haken allein nicht zu, trotzdem versuchte ich Draco auszuweichen, als er mir helfen wollte. Er umklammerte fluchend meine Arme.

»Maggie, hör mich an!« schrie er durch den brüllenden Wind und Regen. Sein dunkles Gesicht im Zucken der Blitze war das eines Dämonen. »Hör mich, um Gottes willen, an!«

Aber ich wollte nicht hören, was er zu sagen hatte, ich wehrte mich heftig, und wir stolperten und fielen zu Boden. Wie Tiere kämpften wir auf der regennassen Erde, bis es mir schließlich gelang, eine Hand freizukriegen. Ich gab ihm eine schallende Ohrfeige und versuchte wegzukriechen. Draco bekam den Saum meines Kleides zu fassen, aber es gelang mir, mich zu befreien. Ich rappelte mich hoch und fing an zu rennen, ohne Rücksicht auf meine Blöße, da mein Kleid während unseres Kampfes bis zur Taille heruntergerutscht war. Ich hatte nur noch einen Gedanken – weg von ihm. Wenn ich es bis zu den Toren von Highclyffe schaffen könnte, würde ich sie zuschlagen und versperren, damit er mich nicht einholen konnte. Meine größte Angst war, er könnte mich zwingen, ihn nach Heights zu begleiten und dort die Nacht zu verbringen. Das wäre mein endgültiger Ruin gewesen.

Meine Phantasie ging mit mir durch. Wahrscheinlich wollte er sich durch mich an Sir Nigel rächen, den er so sehr haßte, und mich dann verstoßen, wie Esmond es getan hatte. Er würde zu Sir Nigel gehen und damit prahlen, daß er mir die Unschuld genommen hatte, und das würde meinen Vater umbringen. Ich mußte dann den Rest meines Lebens die Schuld an seinem Tod mit mir herumschleppen.

Ich hörte Draco hinter mir schreien und fluchen, und ich rannte, als wäre der Teufel hinter mir her. Irgendwie gelang es mir, Draco abzuschütteln, und endlich kamen die Tore von Highclyffe in Sicht. Ich schloß sie nicht wie geplant, sondern lief einfach weiter. Ich wollte nur noch das Haus erreichen, und schließlich hatte ich es geschafft und die schweren Türen hinter mir zugeworfen.

Ich lehnte mich kurz an die Tür, um Atem zu schöpfen, dann hastete ich nach oben in mein Zimmer, wo ich erschöpft und erleichtert zusammenbrach.

Nach einiger Zeit hatte ich mich wieder ein bißchen erholt und erhob mich. Ich mußte mich ausziehen und säubern, um der neugierigen Linnet, die morgen früh erschien, keinen Anlaß zum Klatsch zu liefern.

Ich schürte das Feuer im Kamin und war dankbar für die Wärme und das freundliche Licht. Dann entledigte ich mich meiner Kleider und breitete sie vor dem Feuer zum Trocknen aus. Anschließend wusch ich mich mit einem feuchten Lappen von Kopf bis Fuß. Ich hatte das Gefühl, ich würde nie wieder sauber werden und auf ewig unrein sein. Der Schmerz zwischen meinen Schenkeln ließ mich erneut vor der Ungeheuerlichkeit dessen, was ich getan hatte, erschaudern. Ich starrte in den Spiegel und glaubte, eine Fremde darin zu sehen. Mein tropfnasses Haar war zerzaust von Dracos gierigen Händen, meine Unterlippe zerbissen und geschwollen durch seine brutalen Küsse und meine Haut übersät von blauen Flecken, wo er mich mit eisernen Händen gepackt hatte. Ich errötete vor Scham bei der Erinnerung und fragte mich, welcher Teufel mich geritten hatte. Ich war hoffnungslos lüstern gewesen, sonst hätte ich mich nie so benommen.

Esmond hatte recht gehabt, mich abzulehnen, dachte ich erneut.

Mit zitternden Händen zog ich mein Nachthemd an. Dann kniete ich mich vors Feuer und untersuchte mein ruiniertes Kleid. Ich bearbeitete den roten Samt mit einer harten Bürste, um Schlamm- und Grasflecken zu entfernen und nähte die Risse, so gut es ging. Anschließend hängte ich das Kleid in die hinterste Ecke meines Schranks und vergrub meine Unterwäsche in einer Schublade. Linnet war ein bißchen faul und würde nicht weiter suchen, sie war sicher froh, daß sie meine Sachen nicht wegräumen mußte.

Dann kletterte ich – ein körperliches und geistiges Wrack – in mein Bett. Es waren nur noch wenige Stunden bis zum Morgengrauen. Trotzdem konnte ich nicht schlafen. Ich hatte das Gefühl, ein Verbrechen begangen zu haben. Der Tat an sich galt meine Sorge nicht. Ich hatte nur Angst, entdeckt und dafür bestraft zu werden. Wenn jemals bekannt würde, was in dieser Nacht geschehen war, würde jeder anständige Mensch mich schneiden. Warum hatte ich mir das nicht vorher überlegt? Jetzt, wo es zu spät war, überlegte ich mir, wie jede andere Frau, die sich ohne zu überlegen einem Liebhaber hingegeben hatte, ob der Mann damit prahlen würde. Würde Draco das tun? Ich wußte es nicht.

Ich werde ihn einen Lügner nennen, wenn er es macht. Er hat keinen Beweis dafür. Sein Wort stünde gegen mein Wort. Vater wird keine andere Wahl haben, als mir zu glauben – wenn auch nur, weil er es nicht fertigbringt, Draco zu vertrauen. Das muß Draco doch auch einsehen. Er wird doch sicher nichts sagen ...

Mit diesem Gedanken tröstete ich mich – ein schwacher Trost. Schließlich zwang ich mich, die Erinnerung mit Gewalt zu verdrängen, schloß die Augen und atmete tief durch. Nach einiger Zeit verfiel ich in unruhigen Schlaf und träumte von Draco. Sein satanisches Gesicht verdunkelte den Himmel, und er drückte mich auf das monddunkle Moor hinunter und nahm mich wieder und immer wieder.

So war das Kind um Mutters willen teuer,
Und teurer noch war Mutter für das Kind.

–Sonett an einen Freund, der mich fragte, was ich empfand, als die Schwester mir zum ersten Mal mein Neugeborenes zeigte
Samuel Taylor Coleridge

17
Unlösbare Fesseln

Zu meiner ungeheuren Erleichterung – aus Gründen, die ich bestenfalls erraten konnte – erzählte Draco keinem, was zwischen uns vorgefallen war. Alle meine Ängste waren also umsonst gewesen. Trotzdem war ich ruiniert. Ich hatte mit allen möglichen Folgen meiner Dummheit gerechnet, nur nicht mit einer: Meine monatlichen Blutungen blieben aus. Ich erwartete ein Kind.

Zuerst konnte ich es nicht glauben. Meine Periode war nie sehr regelmäßig gewesen, und anfangs dachte ich, sie hätte sich nur verspätet. Aber nach einiger Zeit vermutete ich, was der Grund dafür sein könnte, wollte aber den Tatsachen immer noch nicht ins Auge blicken.

Schließlich konnte ich mir nichts mehr vormachen und war der Verzweiflung nahe. Ein Kind.

Wie immer, wenn ich Sorgen hatte, zog es mich aufs Moor. Aber heute konnte nicht einmal das mich trösten. Die Heide, die Zeuge meiner Schande gewesen war, konnte mich nicht mehr beruhigen. Ich wendete Avalon und ritt zum Steilufer. Dort stieg ich ab und starrte auf die wogende See. Seit Urzeiten brandeten die mächtigen Brecher gegen die Küste, lockerten die Erde, die abbröckelte und weggeschwemmt wurde, bis nur noch die schwarzen Steine aus dem Wasser ragten – die letzten Überbleibsel des legendären Lyonnesse und Ys. Vielleicht würde Cornwall eines Tages auf viele Faden tief unter dem Meeresspiegel liegen und nur noch eine Legende sein – seine Einwohner längst tot und vergessen. Der Gedanke machte mich traurig, weil mir plötzlich klar wurde, wie unbedeutend ich war. Ich war geboren worden und würde sterben, und das Meer würde weiter gegen die Küste anbranden, bis selbst der Platz, auf dem ich stand, nur noch eine Erinnerung war.

Heute war der Ozean so klar und blau, daß es schwer war, sich vorzustellen, welch gnadenlose Mächte in ihm schlummerten. Ein Schritt würde genügen, und das täuschend stille Wasser würde mich auf ewig verschlingen. Einmal hatte mich Draco daran gehindert, das zu tun. Aber jetzt hinderte mich etwas anderes – ich trug ein neues Leben in mir, und mit einem Mal durchströmte mich eine ungeheure Freude, und ich hatte nur noch einen Gedanken: dieses winzige, zerbrechliche Ding in mir zu schützen. Ich hatte Geschichten von Frauen gehört, die versucht hatten, den Beweis für ihr schändliches Verhalten zu vernichten. Niemals würde ich das dulden. Gleichgültig, was auch passieren würde, von meinem Kind würde ich mich nie trennen. *Niemals.*

Ich nahm Avalons Zügel und stieg wieder in den Sattel. Dann schaute ich kurz in Richtung Stormswept Heights. Ich hatte Draco seit jener Nacht nicht mehr gesehen. Und jetzt zögerte ich, ihm unter die Augen zu treten, obwohl ich wußte, daß es sein mußte. Er hatte mich geliebt, und ich hatte ihn verstoßen. Vielleicht hatte ich ihn genauso verletzt wie Esmond mich. Ich wußte es nicht. Ich wußte nur, daß er recht gehabt hatte, als er gesagt hatte, wir beide wären uns sehr ähnlich. Er war genauso stolz wie ich, und dieser Stolz hinderte ihn daran, zu mir zu kommen – genau wie ich zu stolz gewesen war, zu Esmond zu gehen, nachdem er mich hintergangen und abgelehnt hatte. Jetzt wußte ich aber, daß ich von meinem hohen Roß steigen mußte, wenn ich irgendeine Art von Beziehung mit meinem Zigeunercousin haben wollte. Ich mußte an mein Kind denken, an mein unschuldiges Kind. Der Gedanke bestärkte mich in meinem Entschluß. Ich würde alles tun, um mein Baby davor zu bewahren, so wie wir für die Sünden anderer leiden zu müssen, und Draco würde sicher genauso denken. Selbst wenn er mich jetzt haßte, würde er mich doch nicht wie Esmond verstoßen. Draco wußte nur allzugut, was es hieß, illegitim zu sein. Er würde mich sicher heiraten, um dem Kind ein solches Los zu ersparen.

Es graute mir bei der Vorstellung, mit Draco verheiratet zu sein. Aber mir blieb keine andere Wahl. Kein Mann würde mich jetzt noch wollen. Keiner sonst konnte mir helfen.

Bestimmt würde Draco mich heiraten.

Selbst wenn er mich nur als Geliebte nehmen würde, würde ich bei ihm bleiben, um mein Kind behalten zu können. Ich richtete mich auf, schob entschlossen mein Kinn vor und ritt in Richtung Stormswept Heights.

Ich fand Draco auf dem Feld. Er bestellte das Feld, das er letztes Jahr so sorgfältig vorbereitet hatte. Ich fragte mich, was er hier im rauhen Cornwall anbauen wollte, in diesem Klima, das sich nur für Rinder- und Schafzucht eignete. Er hob den Kopf, als er mich kommen hörte, und sein Gesicht war so voller Bitterkeit, daß mir bewußt wurde, wie sehr ich ihn verletzt hatte. Er wandte sich ab und arbeitete weiter, ohne mich eines weiteren Blickes zu würdigen.

Er sah müde aus, als hätte er lange nicht richtig geschlafen. Hoffnung regte sich in mir. Vielleicht mochte er mich doch noch, wenn auch nur ein bißchen. Aber leicht würde er es mir sicher nicht machen.

Ich stieg langsam vom Pferd und ging zu ihm. Er ignorierte mich weiterhin, bis ich es wagte, meine Hand auf seinen Arm zu legen. Er erstarrte bei meiner Berührung und hörte auf zu arbeiten. Seine schwarzen Augen brannten vor Schmerz und Wut, als sich sein Blick auf mich richtete. Er sagte immer noch nichts, und ich schluckte, wich aber nicht zurück.

Statt dessen sagte ich leise und ohne Umschweife: »Ich erwarte ein Kind, Draco.«

Er zuckte zusammen und holte tief Luft. Etwas Unergründliches flackerte in seinen Augen, und ich erkannte, daß ich ihm nicht gleichgültig war. Er starrte mich lange an, dann warf er sein Gerät beiseite und packte mich so fest an den Schultern, daß ich zusammenzuckte.

»Gott steh dir bei, wenn das eine Lüge ist, Maggie!« zischte er und schüttelte mich.

»Dann wäre ich nicht hier – und das weißt du auch!«

Er schwieg einen Augenblick, dann nickte er.

»Es wird wohl stimmen«, sagte er.

Er wandte sich ab. Ein Muskel zuckte an seiner Wange. Er dachte sicher nach, was dieses unerwartete Baby für uns bedeuten und wie es unser Leben verändern würde. Sicherlich wußte er genau wie ich, warum ich hierhergekommen war. Er mußte mich heiraten. Er mußte es einfach tun!

Jetzt fragte ich mich, ob Draco die Nacht im Moor noch einmal durchleben wollen würde, wenn er den Preis für diesen kurzen Moment der Leidenschaft gekannt hätte. Keiner von uns hatte an so etwas gedacht.

Seine Finger krallten sich schmerzhaft in meine Schulter und erinnerten mich daran, wie er sich an mich geklammert hatte, als wir eng umschlungen unter dem schwarzen, verregneten Himmel gelegen hatten, nackt und wahnsinnig vor Begierde. Eine Woge von Gefühlen brandete über mich. Der Nachmittag erschien plötzlich sehr still, die einzigen Laute waren das Seufzen des Meers in der Ferne und die Schreie der Möwen am Ufer. In diesem Augenblick sah ich Dracos schweißnasses Hemd, die offenen Knöpfe, und das schwarze Haar auf seiner Brust. Ich spürte förmlich ihre Weichheit auf meinen Brustwarzen, das Gewicht seines Körpers auf meinem. Mir stockte der Atem.

Draco merkte das und wandte sich mir zu. In diesem Augenblick verblaßte die Welt. Für mich gab es nur noch Draco. Ich konnte den Blick nicht von ihm wenden, sosehr ich mich auch bemühte. Ich war wie gebannt von seinen Augen, verzaubert von der Sehnsucht, die ich in ihren Tiefen schwelen sah. Draco begehrte mich immer noch. Er würde mich nicht meinem Schicksal überlassen. Das war genug, redete ich mir ein, alles andere war egal. Ich mußte tun, was zu tun war, um mein Kind zu schützen.

Langsam glitten die Hände meines Cousins über mein Gesicht und umfingen es. Seine Daumen zeichneten kleine Muster auf meine Wangen. Ich stand reglos da, und mein Herz pochte so heftig, daß ich mir sicher war, er würde es hören. Seine Augen und sein Mund verspotteten mich und forderten mich heraus, zu fliehen, solange ich es noch konnte. Aber ich tat nichts dergleichen und bot mich ihm schweigend dar. Und wenn ich ehrlich bin, muß ich zugeben, daß ich mich nicht nur wegen des Babys nicht wehrte. Ich liebte ihn nicht, mein Herz gehörte Esmond. Aber irgend etwas dunkles, Atavistisches in mir fühlte sich trotzdem von Draco angezogen. Ich konnte das nicht länger bestreiten, gleichgültig, wie sehr mich dieses Geständnis beschämte.

Die Zeit verflüchtigte sich, als er mich so grob und besitzergreifend küßte, daß kein Zweifel bestand, was er von mir erwartete, wenn ich mich in seine Obhut begab. Mir wurde schmerzlich bewußt, daß er mir das absichtlich vor Augen führte. Aber trotzdem machte ich keinerlei Anstalten, mich zu befreien, und schließlich ließ er mich los.

»So, Maggie, jetzt bist du also bereit, mir zu gehören, und natürlich wegen des Kindes«, murmelte er, und sein Blick trieb mir die Schamröte ins Gesicht.

»Ja«, flüsterte ich und zitterte bei dem Gedanken, was ich für meine Antwort würde erdulden müssen. Aber was sollte ich sonst erwidern? Deswegen war ich schließlich gekommen. »Ja.«

»Und wie kommst du darauf, daß ich dich jetzt noch haben will?« fragte er grausam. Ich wurde blaß und starrte ihn betroffen an. Mir war, als hätte man mir plötzlich den Boden unter den Füßen weggezogen.

Hatte ich ihn doch falsch eingeschätzt? Wollte er mich wirklich verstoßen, obwohl ich sein Kind erwartete? Bei dem Gedanken wurde mir eiskalt ums Herz. Das hätte ich nie für möglich gehalten. Was sollte ich tun? Wohin sollte ich gehen? Ich hatte kein Geld, konnte aber auch nicht hierbleiben, wo man mir mein Kind mit Gewalt wegnehmen würde.

Draco lachte brutal, als er meine Angst bemerkte. Wutentbrannt stürzte ich mich auf ihn und versuchte ihm das Grinsen aus dem Gesicht zu kratzen. Aber er ergriff einfach meine Arme, drehte sie mir hinter den Rücken und hielt sie fest, bis ich aufhörte, mich zu wehren. Dann hob er mein Kinn an und zwang mich, ihm in die Augen zu schauen.

»Du mußt wirklich lernen, deine Gefühle unter Kontrolle zu halten, Maggie«, sagte er. »Sonst sind sie eines Tages noch dein Untergang.« Er tippte beiläufig mit einem Finger auf meine Wange, wohl nur um mir zu zeigen, wie machtlos ich gegen ihn war. »Beruhige dich, mein Mädchen. Selbst wenn du es noch so verdient hättest, würde ich dich nicht den Wölfen vorwerfen. Aber du mußt dir über eines klarwerden, Maggie«, fuhr er fort. »Ich werde mich nicht mit halben Sachen zufriedengeben. Ich will dich ganz, oder, bei Gott, ich überlasse dich tatsächlich deinem Schicksal und heirate dich nicht. Ich werde nicht einmal dem Schatten Esmond Sheffields gestatten, sich zwischen uns zu stellen! Ist das klar?«

»Ja, ganz klar«, sagte ich mit zusammengebissenen Zähnen und haßte ihn mehr denn je, weil er mir solche Angst eingejagt hatte. Wenn ich doch nur kein Kind erwarten würde, dann könnte ich ihm ins Gesicht spucken und meiner Wut freien Lauf lassen. Aber ich mußte mich beherrschen. Es war ohnehin gleichgültig. Esmond war unwiderruflich verloren. Warum ihm nachweinen? »Ich – ich werde mir größte Mühe geben, ihn aus meinem Herzen und meinem Verstand zu verdrängen, Draco«, sagte ich.

»Das hoffe ich, Maggie. Merk dir eins: Sollte ich Gegenteiliges erfahren, wirst du es bereuen. Zumindest deine Loyalität werde ich haben, wenn auch sonst nichts!« Sein Blick glitt abschätzend über meinen Körper. »Aber ich werde mehr als das haben, nicht wahr, Maggie?«

Ich wäre vor Scham am liebsten in den Boden versunken und schlug die Augen nieder. Als er mich an sich zog, zitterte ich vor Angst und wich zurück. Er wollte mich doch nicht etwa hier auf dem Feld nehmen? Das könnte ich nicht ertragen. Aber wenn ich mich verweigerte – würde er dann sein Angebot, mich zu heiraten, zurückziehen, oder noch schlimmer, einfach lachen und mich trotzdem mit Gewalt nehmen wie in der Nacht auf dem Moor? Ich konnte es ihm nicht einmal verdenken, ich hätte an seiner Stelle sicher auch jede Gelegenheit zur Rache genutzt. Schließlich hatte ich mich aus Rache an Esmond und meinem Vater in Dracos Arme geworfen. Trotzdem konnte ich nicht einfach klein beigeben.

»Bitte nicht, bitte, bitte«, wimmerte ich, als seine Lippen meine berührten und ich seinen warmen Atem auf meiner Haut spürte.

Er drückte mich herausfordernd an sich, ließ mich die Kraft seiner Schenkel fühlen und hielt mich fest, damit ich seinem Kuß nicht ausweichen konnte.

»Was nicht?« fragte er mit dieser leisen, rauchigen Stimme, die mich in seinen Armen erzittern ließ. Seine Hand umfaßte meine Brust, und ich spürte ihre Wärme durch den dünnen Stoff. »Verweigerst du dich mir, Maggie?«

»Ja. Nein.« Ich biß die Zähne zusammen und unterdrückte mit Gewalt die Tränen meiner Hilflosigkeit und meiner Wut – um des Kindes willen. »Ich – ich werde tun, was immer du willst. Aber bitte, Draco, nicht hier. Jemand könnte uns sehen. Laß uns wenigstens ins Haus gehen.«

»Neulich nachts warst du nicht so wählerisch«, spottete er und trieb mir erneut die Schamröte ins Gesicht. Dann ließ er mich los. »Es ist unwichtig. Ich kann warten. Unter den Umständen willst du doch sicherlich so bald wie möglich heiraten, nicht wahr? Wann bist du zur Abreise bereit?«

»A-Abreise?« stotterte ich.

»Ach, komm, Maggie. Wie alt bist du? Neunzehn? Du kannst in England nicht ohne Sir Nigels Einwilligung heiraten, und die wird er dir sicher nicht geben. Die Tochter des Barons mit einem Zigeunerbastard!« Draco lachte böse. »Nein, ich fürchte, wir müssen nach Gretna Green, mein Mädchen.«

Ich starrte ihn sprachlos an. Daran hatte ich nicht gedacht. Aber er hatte recht: Ich war noch nicht volljährig, kein englischer Priester würde mich ohne Einwilligung meines Vaters trauen. Wir mußten nach Schottland.

»Vater wird uns verfolgen«, murmelte ich verängstigt.

»Soll er nur«, knurrte Draco. »Aber dann ist es schon zu spät. Du wirst mir gehören.«

Ich nickte, obwohl mich dieser Gedanke beängstigte.

»Ja«, hauchte ich. »Ich werde dir gehören, Draco.« *Und deinem Willen ausgesetzt sein,* dachte ich zitternd, ließ mir aber nichts anmerken. Nach einiger Zeit sagte ich: »Ich muß überlegen, wie ich am besten aus dem Haus komme, ohne Verdacht zu erregen...«

»Du brauchst nur zu sagen, daß du zur Grange reitest«, schlug Draco vor. »Bis jemand deine Flucht entdeckt, sind wir längst nicht mehr in Cornwall.«

»Es wird einen schrecklichen Skandal geben.«

»Nicht wenn Sir Nigel schlau genug ist, die Sache zu vertuschen, nachdem man ihn vor vollendete Tatsachen gestellt hat. Mein Gott! Wie ich mich auf sein Gesicht freue, wenn er erfährt, daß wir verheiratet sind! Das wird eine bittere Pille für ihn!«

Bei dem Gedanken an den Zorn meines Vaters rückte ich unwillkürlich näher zu Draco.

»Du brauchst nie wieder Angst vor ihm zu haben, Maggie«, sagte er, als er merkte, wie verschreckt ich war. »Ich verteidige, was mir gehört. Du glaubst doch nicht etwa, daß ich erlauben werde, daß jemand dir und dem Baby etwas antut?«

»Ich – ich weiß nicht. Ich habe immer noch Angst, daß du mich verstößt, wie du gedroht hast –«

»Das habe ich im Zorn gesagt. Ich wollte dich immer schon haben, Maggie, egal wie. Glaubst du wirklich, ich würde dich jetzt noch gehen lassen, wo du mein Kind unter dem Herzen trägst? Mein Gott, Mädchen! Ich mag ja manches sein – aber so brutal bin ich sicher nicht! Ich werde mich von Sir Nigel nicht unterkriegen lassen, das verspreche ich dir, Maggie. Und ich werde nicht dulden, daß er dir weh tut, sonst bekommt er es mit mir zu tun!«

Bei diesen Worten wurde mir warm ums Herz. Vielleicht würde unsere Ehe doch nicht so katastrophal werden, wie ich befürchtet hatte. In den Augen der Welt würde er mir doch den Respekt erweisen, der einer Ehefrau zustand.

»Ich danke dir«, sagte ich leise, überlegte kurz und fügte dann hinzu, »ich habe wenig Erfahrung mit so etwas. Was muß ich vorbereiten? Werde ich Papiere brauchen ... Geld –«

»Nein. Ich arrangiere alles. Zerbrich dir nicht den Kopf darüber. Du mußt nur eine kleine Tasche mit dem Notwendigsten packen, Maggie, wirklich nur das Nötigste. Wir müssen schnell sein, damit uns keiner einholen kann.«

»Ich verstehe.«

»Dann werde ich dich in drei Tagen holen. Warte bei Morgengrauen an der Straße am Waldrand auf mich.«

»So bald? Ich weiß nicht –«

»Durch Warten wird das Unvermeidliche nur aufgeschoben, Maggie – nicht aufgehoben«, sagte Draco, und seine Stimme wurde wieder barsch. »Wenn du nicht willst, dann sag es jetzt. Du weißt, was ich bin. Ich habe dir nie etwas vorgemacht. Wenn du das nicht akzeptieren kannst, wieso bist du dann hierhergekommen?«

»Weil ich niemanden habe, an den ich mich sonst hätte wenden können«, gestand ich ehrlich.

Sein Gesicht wurde kalkweiß, als hätte ich ihn geschlagen. Seine Augen blitzten vor Wut, aber er schlug die Lider nieder, damit ich seine Gedanken nicht lesen konnte, und lachte verbittert.

»Ja, natürlich«, sagte er höhnisch. »Was hätte es auch für einen Grund geben können? Du bist also aus Angst und Verzweiflung zu mir gekommen, Maggie? Und du wirst es dir wahrscheinlich anders überlegen, wenn du erst wieder zu Hause bist. Tu es nicht, Maggie. Ich habe zwar bis jetzt darüber geschwiegen, was zwischen uns passiert ist – um dir die Schande zu ersparen –, aber das werde ich nicht länger tun. Das Kind ist schließlich meines, und du kannst ganz sicher sein, daß ich nicht dulden werde, daß du einen anderen heiratest oder vor mir davonläufst. Eine Frau allein und ohne Geld ist leicht zu verfolgen. Und ich glaube, in diesem Fall würde sich mir nicht einmal Sir Nigel in den Weg stellen. Gleichgültig, wie sehr er mich haßt, er wird nicht zulassen, daß seine einzige Tochter ruiniert wird.«

»Nein, das wird er wohl nicht. Ich werde, um des Kindes willen, keinen Versuch unternehmen, dich zu hintergehen, Draco. So dumm bin ich nicht.«

»Das hoffe ich, Mädchen. Wenn wir erst einmal verheiratet sind, gibt es kein Zurück mehr, weißt du das?«

»Ja, ich weiß.« Inzwischen neigte sich der Nachmittag schon seinem Ende zu, und es gab auch nichts mehr zu sagen. Ich rief Avalon, der in der Nähe graste. Der Wallach trabte zu mir, und ich ergriff die Zügel und schickte mich an aufzusitzen. »Ich werde in drei Tagen auf dich warten«, sagte ich, nachdem Draco mir in den Sattel geholfen hatte.

»Tu das.« Er hielt Avalon am Zügel fest und fügte spöttisch grinsend hinzu: »Kinn hoch, mein Mädchen! Es hätte schlimmer kommen können. Ich bin zwar ein grober, gewöhnlicher Bastard, aber ich bin gewitzt und ehrgeizig und habe keine Angst, mir die Finger schmutzig zu machen. Ich werde es schon zu etwas bringen. Und mit dir an meiner Seite und deinem Hauch von Eleganz und Vornehmheit – wer weiß, was wir alles schaffen? Möglicherweise stellen wir zusammen einiges auf die Beine. Wir passen nämlich außerordentlich gut zusammen, der Meinung war ich immer schon.«

»Ach wirklich?« erwiderte ich kühl. »Wie kommst du darauf? Ich bin da anderer Meinung!«

Ich riß Avalon zurück, und die Zügel entglitten der Hand meines Cousins. Ich war frei und galoppierte los. Ich schaute mich nicht um, aber ich wußte instinktiv, daß Draco mir nachsah, bis ich außer Sicht war.

So folgt das Leid der Freude auf dem Fuße,
Auf schnelle Heirat folgt die lange Buße

–The Old Bachelor
WILLIAM CONGREVE

18
Gretna Green

Ich kann mich kaum an Einzelheiten unserer schrecklichen Reise zu dieser kleinen, berüchtigten Stadt jenseits der schottischen Grenze erinnern. Die Fahrt war von Anfang an wie ein Alptraum, aus dem es kein Erwachen gab.

Draco hatte eine Kutsche und vier starke Pferde besorgt – ich hatte keine Ahnung, woher oder wie –, und der irre Renshaw und zwei weitere, zweifelhafte Männer waren bei ihm, als er am vereinbarten Morgen erschien, um mich zur Seinen zu machen. Mir fiel trotz allem ein Stein vom Herzen, als die Kutsche aus dem Dunst auftauchte, da ich mir nicht sicher war, ob er sein Versprechen halten würde. Ich zitterte, als die Kutsche neben mir hielt und er ausstieg, sein schwarzer Mantel bauschte sich wie ein Leichentuch unter dem heller werdenden Himmel. Meine Zähne klapperten, und meine Haut war kalt wie Eis, als er mich berührte. Er fluchte, dann machte er eine anzügliche Bemerkung, die mich erröten ließ, und ich zischte ihn wutentbrannt an. Er lachte.

»Ich wußte, daß das deine Lebensgeister weckt, mein Mädchen«, sagte er grinsend. »Ich hatte schon Angst, ich hätte mir eine Leiche eingehandelt! Mein Gott, Maggie, warum hast du denn keinen wärmeren Mantel angezogen? Los, in die Kutsche mit dir. Drinnen ist es wärmer, und ich habe eine Flasche mit heißem Tee. Hier, Ned.« Draco warf meine Tasche auf das Dach. »Schnall sie fest.« Dann wandte er sich an Renshaw. »Bring Miss Chandlers Wallach nach Heights und verstecke ihn, bis ich wieder da bin. Hast du verstanden?«

Der Irre nickte mit leerem Blick. Dann ließ Draco ihn den Befehl langsam Wort für Wort wiederholen.

»So ist es brav, Renshaw. Weißt du auch noch, was ich dir vorhin gesagt habe?«

»Ja, Sir. Hab' den Brief hier in der Tasche, das hab' ich.« Renshaw klopfte auf seine schmutzige, zerfetzte Jacke.

»Gut. Und was machst du damit?«

»Bring' ich zu Sir Nigel in die Hall ... äh ... so um die Essenszeit heute abend.«

»Gut, Renshaw.« Draco lächelte ihm freundlich zu, und der Mann strahlte wie ein treuer Hund. Ich hatte schon Angst, er würde meinem Cousin die Hand lecken. »Ab mit dir«, sagte Draco streng. »Und kein Wort über das, was heute früh passiert ist, oder du bereust es, das verspreche ich dir!«

Mit Avalon am Zügel und wirres Zeug vor sich hin murmelnd tappte Renshaw gehorsam los. Draco sprang zu mir in die Kutsche, wo ich mich inzwischen mit dem Tee aufgewärmt hatte, und klopfte mit dem Stock gegen das Dach.

»Laß sie rennen, Will«, rief er dem drahtigen Kutscher zu.

Die Peitsche knallte, die Pferde stürmten los, und die Kutsche setzte sich mit einem Ruck in Bewegung. Meine Angst war wie ein eiskalter Klumpen im Bauch. Jetzt gab es kein Zurück mehr.

»Nimm's nicht so schwer, Maggie«, sagte Draco angesichts meiner Bläße und nahm mir die halbleere Teeflasche ab. »Du siehst ja aus, als würdest du zu einer Beerdigung fahren und nicht zu einer Hochzeit.«

»Für meine Gefühle kann ich nichts, Draco.«

Sein Gesicht wirkte grimmig, und seine Augen und sein Mund wurden schmal vor Wut.

»Dann gebe ich Befehl zum Umdrehen und bringe dich sofort nach Highclyffe zurück! Ich habe es dir schon einmal gesagt: Ich werde keine Frau heiraten, die denkt, daß sie mir einen Teil von sich vorenthalten kann!« Er schickte sich an aufzustehen.

»Nein! Nein, warte! Bitte!« Ich legte meine Hand auf seinen Arm. Ich mußte an mein Kind denken. »Tut mir leid. Ich hab's nicht so gemeint. Ich – ich will dich heiraten. Es ist nur, ich – ich habe so furchtbare Angst.«

Zu meiner Erleichterung setzte sich Draco wieder, legte den Arm um meine Schultern und drehte mit der anderen Hand mein Gesicht zu sich.

»Wovor denn, Maggie?« fragte er etwas sanfter. »Vor mir? Ich hoffe doch nicht. Schließlich und endlich kennst du meine Fehler, nicht wahr? Und wenn du dir um Sir Nigel Sorgen machst, kannst du beruhigt sein. Das habe ich geregelt.«

»Wie?« fragte ich. Dann erinnerte ich mich. »Der Brief, den Renshaw hat?«

»Ja.«

»Sagst du mir, was da drin steht, Draco?«

Er schwieg lange. Schließlich sagte er mit einem Achselzucken:

»Da steht nur drin, daß ich dich habe, und wenn er einen Skandal vermeiden will, soll er nichts unternehmen, ehe er von mir hört.«

Zuerst begriff ich nicht, doch dann wurde mir mit einem Schlag klar, was diese Botschaft bedeutete. Ich war entsetzt.

»Willst du damit sagen, du hast Vater weisgemacht, du hättest mich entführt?« rief ich. »O Draco, wie konntest du nur so grausam sein? Weißt du, was er denken wird?«

»Ich weiß genau, was er denkt, mein Mädchen, und ich hoffe, seine schmutzige, kleine Seele windet sich jedesmal, wenn er daran denkt. Jede Nacht wird er von dem Gedanken geplagt, daß du jetzt in meinen Armen liegst und er es nicht verhindern kann. Er weiß, wozu ich fähig bin, weil wir uns sehr ähnlich sind, und er wird sich fragen, ob ich dich heiraten oder dich verstoßen und mit deiner Schande prahlen werde. Und er wird alles tun, damit sein ehrwürdiger Name nicht beschmutzt wird, und mir erlauben, ihn auf die Knie zu zwingen. O ja, ich weiß, was er denkt. Ich habe damit gerechnet, mein Mädchen!«

»Der Schock wird ihn töten«, flüsterte ich betroffen. Ich schloß die Augen, alles drehte sich. »Und ich habe mich dir hingegeben ... freiwillig.«

»Vergeude nicht deine Zeit mit Reue, Maggie. Wenn du nicht freiwillig gekommen wärst, hätte ich dich früher oder später geholt. Ich hätte dich entführt und mit Gewalt genommen, wenn auch nur, um dich daran zu hindern, Esmond Sheffield zu heiraten.«

Mir wurde schon wieder schwindlig. Ich schüttelte den Kopf, um klarer denken zu können. »Du bist ein Monster«, flüsterte ich und versuchte mich vergeblich aus seiner Umarmung zu lösen.

»Ein Monster, das dich anbetet, Maggie«, murmelte er mir ins Ohr und knabberte vorsichtig an dem Ohrläppchen. »Komm schon. Kannst du mich nicht ein kleines bißchen lieben?«

»Wie kann ich – wenn du meinen Vater tötest?«

»Was schert dich das? Er liebt dich nicht. Nur sein Stolz ist ihm wichtig. Außerdem ist er zu stur, um zu sterben. Er wird nur wütend, daß ich ihn besiegt habe, und alles daransetzen, es mir heimzuzahlen.«

»Er wird dich umbringen.«

»Er wird es versuchen«, korrigierte Draco mich hochmütig. »Es wird ihm nicht gelingen.«

»Mir wäre es egal.«

»Ach wirklich?« fragte er leise. Sein Mund war ganz dicht an meinem.

»Ja.«

Mein Cousin lachte. »Soll ich dir beweisen, daß es dir nicht egal wäre, Maggie? Daß es dir sehr viel ausmachen würde?«

»Nein! Laß mich in Ruhe!«

»Maggie, wenn ich das nur könnte. Aber du steckst mir im Blut wie eine Droge. Und je mehr ich von dir koste, desto mehr begehre ich dich.«

Und dann war mein Mund von seinem gefangen. Ich war völlig überrumpelt. Das hatte ich nicht erwartet – noch nicht.

Er wird mich doch hoffentlich nur küssen, dachte ich.

Sein Mund war heiß und fordernd, trotzdem ließ Draco sich Zeit. Er küßte mich eindringlich, tastete und forschte. Ich versuchte, seinen Lippen und der drängenden Zunge auszuweichen, hatte aber keinen Erfolg. So leicht würde ich ihm nicht entkommen.

Langsam löste er die Bänder meines Hutes und warf ihn beiseite. Dann zog er Stück für Stück die Nadeln aus meinem Haar, bis es wie eine schwarze Wolke auf meine Schultern fiel. Seine Finger wühlten sich in meine Mähne, und alles drehte sich wieder. Ich hatte das Gefühl zu träumen, hatte keinen eigenen Willen mehr und wußte nicht, was mit mir geschah und warum ich so betäubt war.

Dracos Zunge zeichnete die Konturen meines Mundes nach, dann drängte sie sich wieder zwischen meine Lippen und verschluckte meinen Atem. Feuerzungen schwelten in meinem Mund und verbrannten meinen Widerstand. Ich stöhnte leise. Das Geräusch ließ mich aus meiner Lethargie hochschrecken, ich versuchte mich gegen meinen Cousin zu wehren, vergeblich, mein Verstand war benebelt, meine Glieder bleiern und taub.

Und plötzlich wußte ich es.

»Der Tee«, hauchte ich. »Der Tee war voller Drogen.«

»Ein bißchen Brandy und Laudanum ... um dich zu beruhigen«, gab Draco frech zu.

»Du bist kein Gentleman.«

Sein Lachen dröhnte höhnisch in meinem Ohr. »Hast du mich wirklich für einen gehalten? Wie schade, daß ich dir diese Illusion zerstören muß.«

»Aber ... wir sind doch noch nicht verheiratet.«

»Aber wir werden es bald sein. Außerdem war dir das vorher auch egal.«

Darauf konnte ich nichts erwidern. Scham überwältigte mich bei dem Gedanken, daß ich mir allein die Schuld für meine mißliche Lage zuzuschreiben hatte.

Draco drückte mich erbarmungslos in den Kutschensitz zurück, als ich aufstehen wollte. Er war zu stark, ich war wehrlos gegen ihn. Er öffnete den Verschluß meines Umhangs und schlug ihn zurück. Dann glitten seine Hände zu den Knöpfen meines Mieders, und er öffnete sie geschickt.

»Du scheinst ja sehr viel Praxis damit zu haben«, hörte ich mich sagen und hätte mir am liebsten die Zunge abgebissen vor Entsetzen.

Draco zog amüsiert eine Augenbraue hoch. »Eifersüchtig, Liebste?«

»Ich bin nicht deine Liebste!«

»O doch, das bist du. Sei froh, sonst würde ich dich nicht heiraten.«

Irgendwie war plötzlich meine Bluse offen. Schemenhaft wurde ich mir der Tatsache bewußt, daß ich an die Decke eines Gefährtes starrte, das mich immer weiter von zu Hause wegbrachte. Der Morgennebel war verflogen, die Frühlingssonne strahlte rosa und gelb am blaßblauen Himmel. Die weichen Strahlen drangen durch das Kutschenfenster und streichelten meine vollen Brüste, als Draco mein Hemd herunterzog. Beschämt versuchte ich, sie mit den Armen zu bedecken, aber er drückte meine Hände nach unten und preßte mich in den Sitz, so daß mein Rücken sich bog und meine Brüste über den Spitzenrand des Korsetts quollen. Er kniete über mir, sein Gesicht war ein dunkler Schatten, der von einem Strahlenkranz aus Sonnenlicht umgeben war. Seine muskulösen Schenkel drückten meine Beine zusammen. Ich konnte mich nicht bewegen.

»Maggie«, murmelte er. »Ach, Maggie.«

Ich spürte, wie seine Hände meine Brüste umfingen, und schrie vor Protest, obwohl mich keiner außer den Schergen meines Cousins hören konnte – und wahrscheinlich nicht einmal die, so laut knirschten die Räder.

»Sie werden dir nicht helfen«, sagte Draco, der meine Gedanken erraten hatte. »Ich habe sie gut bezahlt, damit sie blind und taub sind. Du bist hilflos. Warum wehrst du dich gegen mich?«

»Ich – ich muß!«

»Wie dumm von dir. Deine Jungfräulichkeit habe ich dir schon genommen. Ich kenne jeden Teil von dir, mein Mädchen, auf alles habe ich bereits mein Siegel gedrückt.«

»Nicht auf alles. Mein Herz gehört dir nicht, Draco.«

»Es wird, Maggie«, schwor er. »Es wird.«

»Nein, ich werde dich niemals lieben.«

»Du liebst mich jetzt schon, sonst hättest du dich mir nicht hingegeben. Komm schon. Du weißt, daß es wahr ist, du willst es nur nicht zugeben. Du hast mich immer schon geliebt.«

»Nein ... und ich werde dich auch nie lieben!«

»Das werden wir sehen, mein Mädchen. Wir werden sehen!«

Seine Handflächen bedeckten meine Brüste und streichelten sie quälend langsam, bis ihre dunklen Spitzen hart wurden. Ich zitterte – vor Ekel, redete ich mir ein. Aber tief in meinem Innersten wußte ich, daß das nicht stimmte. Gegen meinen Willen erwachte mein verräterischer, junger Körper unter seinen geschickten Küssen und Liebkosungen. Draco ergriff Besitz von einer Brust, seine Zunge entflammte mich wie ein lodernder Pfeil. Mein Körper entbrannte vor Begierde und Sehnsucht. Die Sonnenstrahlen wurden wärmer und schickten tiefrosa und goldene Strahlenbündel ins Innere der Kutsche, so daß es schien, als würde sie brennen.

Das kann doch nicht passieren, dachte ich. *Das kann nicht wahr sein.*

Und doch war es so.

Ich schwebte an einem Ort, wo Licht und Dunkel zu einem Kaleidoskop von Gefühl und Empfinden verschmolzen, mit ständig wechselnden, uralten und primitiven Mustern, während Draco mich seinem Willen gefügig machte. Vorhin hatte er bereits seinen Umhang und die Jacke abgelegt, jetzt riß er sich ungeduldig die Krawatte herunter, knöpfte sein Hemd auf und entblößte seine haarige Brust bis zur Taille. Dann öffnete er langsam seine Hose und enthüllte den Beweis seiner Begierde. Ich wandte mich mit hochrotem Kopf ab. Er lachte leise und beugte sich wieder über mich.

»Bald, Maggie, Liebes, sehr bald.«

Er schob meine seidenen Röcke grob über meine Schenkel. Seine Hände waren rauh und berührten mich, wo mich noch kein anderer Mensch je berührt hatte. Ich zitterte unter seinen geschickten Fingern, die mich streichelten, in mich eindrangen und mich für seinen Angriff vorbereiteten. Ich hatte nicht geahnt, daß er mich noch mehr erregen könnte – auf eine Art, die ich mir nie hätte träumen lassen.

»Nein, Draco«, schluchzte ich. »Bitte nicht...«

Er ignorierte mich einfach. Sein Mund und seine Zunge waren wie Cognac, der über Eis tropft. Wärme und Feuchtigkeit vereinten sich, als ich langsam unter diesem unsittlichen Ansturm auf meinen Körper und meine Sinne dahinschmolz. Ich wimmerte vor Scham, doch gleichzeitig genoß ich es, wand mich unter diesen quälenden Händen wie auf einer Folterbank, wie eine Wahnsinnige, stöhnend vor Begierde. Ich schmiegte mich blindlings an ihn und sehnte mich nur noch danach, diese schmerzende Leere zu füllen. Jetzt ging er auf die Knie und umfaßte meine Hüften. Seine kühnen, dunklen Augen verschlangen mich gierig und besitzergreifend. Sein Mund öffnete sich.

»Maggie...«, stöhnte er.

Er durchbohrte mich mit einem Stoß, so brutal, daß ich glaubte, entzweigerissen zu werden. Aber es war mir egal. Ich war von Leidenschaft verzehrt, nahm ihn tief in mir auf, und der Atem stockte mir vor Wonne und Schmerz. Ich schrie meine Hingabe hinaus, aber er wollte meine Gier sehen, die Lust hinauszögern, genießen und zog sich langsam wieder zurück, dann stieß er wieder in mich.

Behutsam legte er mich zurück in die Kissen, sein Gewicht drückte mich in den weichen Samt. Ich fühlte seinen heißen Atem an meinem Hals und meinen Brüsten, gierig sog er an meinen Brustwarzen und ließ seine Zunge darübergleiten. Ich bäumte mich unter ihm auf und stemmte mich gegen seinen harten Körper. Mein Kopf schlug hin und her. Draco bewegte sich unaufhaltsam in mir, härter, tiefer, im Rhythmus mit der schlingernden Kutsche. Jeder Stoß war gewaltiger, bis ich keuchend nach Luft rang und meine Finger in seinen breiten Rücken krallte und vor Wonne bebte.

Eine Woge von Entzücken schlug über mir zusammen und ertränkte mich, Wellen von Lust durchwogten mich und vereinten sich zu einem fast unerträglichen Crescendo von Empfindungen, bevor sie in meinem Inneren zerschellten und mich erschöpft zurückließen. Dracos Hände packten meine Hüften fester, als ich unter ihm erschauderte und erstarrte. Schneller, immer schneller stieß er in mich, bis er sich endlich in mir ergoß und über mir zusammenbrach.

Nach einiger Zeit ließ er mich los und musterte mich mit triumphierendem Blick. Ich versuchte mich zusammenzureißen und meine Betäubung abzuschütteln, die mich immer noch umfing. Ich wollte nur meine Augen schließen und ausruhen. Es war mir gleichgültig, wie ich aussah, halbnackt, mit hochgeschobenen Röcken. Nur eins war klar, ich war wieder eine leichte Beute gewesen. Ich fing vor Scham an zu weinen.

»Still, Maggie«, flüsterte Draco und half mir, meine Kleidung zu ordnen. »Still, Liebes. Das war doch nur etwas, was bereits zwischen uns passiert ist und immer wieder passieren wird.«

Doch das konnte mich nicht trösten. Ich weinte, bis mich der Schlaf übermannte.

Als ich erwachte, war es dunkel, und ich dachte einen Moment lang, ich wäre zu Hause auf Highclyffe. Doch dann registrierte ich das Schwanken der Kutsche. Es war kein Alptraum. Mein Cousin saß neben mir, ich war tatsächlich auf dem Weg nach Gretna Green, um ihn zu heiraten. Und dann fiel mir wieder ein, was heute morgen passiert war. Entsetzen packte mich. Ich mußte wohl irgendein Geräusch gemacht haben, denn Draco drehte sich zu mir um.

»So, Maggie, bist du endlich wach. Gut. Ich dachte schon, du willst bis Gretna Green durchschlafen. Hast du Hunger? In ein paar Meilen kommt ein Gasthaus – das St. George and the Dragon –, da können wir zu Abend essen, wenn du möchtest.«

Zu meiner Überraschung stellte ich fest, daß ich schrecklich hungrig war. Ich hatte schließlich den ganzen Tag nichts gegessen. Ich stimmte zu und machte mich daran, alle Knöpfe, Haken und Ösen meiner verdrückten Kleidung zu schließen. Ich steckte mein Haar hoch, so gut es ging, setzte meinen Hut auf und band die Bänder zu. Zuletzt holte ich noch meine Handschuhe und mein Täschchen aus einer Ecke.

Ich betrachtete einige Zeit meinen Cousin im tanzenden Licht der Kutschenlaternen, das durch das Fenster strömte, und fragte ihn schließlich, wo wir uns befanden.

»Kurz vor Highbridge«, erwiderte er.

Ich konnte es kaum fassen, daß wir schon fast hundert Meilen zurückgelegt hatten. Aber warum sollte er mich anlügen?

Dann müssen wir schon einige Male die Pferde gewechselt haben, dachte ich.

Der Brandy und das Laudanum hatten mich tief und fest schlafen lassen. Wahrscheinlich hatte Draco mir das Gebräu gegeben, damit ich es mir nicht anders überlegen konnte, dieser Schuft.

Endlich bog die Kutsche von der Hauptstraße ab und hielt vor dem St. George. Ein Knecht eilte aus dem Stall, schirrte die schweißnassen Pferde ab und führte sie weg. Draco half mir aus der Kutsche, und wir gingen in das Gasthaus, wo Draco ein separates Eßzimmer und ein Schlafzimmer mietete.

»Ich möchte Ihr bestes Zimmer, guter Mann«, sagte mein Cousin. »Meine Frau erwartet ein Kind, und ich möchte, daß sie es bequem hat. Wir hatten einen anstrengenden Tag. Die Zofe meiner Frau ist gefallen und hat sich den Knöchel verstaucht. Deshalb mußten wir sie zurücklassen. Meiner Frau ging es den ganzen Tag nicht gut, und sie hat noch nichts gegessen.« Die Lügen flossen so leicht von seinen Lippen, daß ich sie fast selbst glaubte. »Ich denke, Sie werden uns doch noch ein Abendessen servieren, auch wenn es schon so spät ist.«

»Keine Sorge, Sir«, sagte der Wirt, den Draco und die Börse offensichtlich überzeugt hatten. »Wenn Sie mir bitte folgen würden, Sir . . .«

Er führte uns an der hellerleuchteten Schenke vorbei, in der ein paar männliche Reisende vor ihrem Bier saßen, zu einem abgeschlossenen Speiseraum. Nach kurzer Zeit erschien die Frau des Wirtes mit einem Tablett, auf dem zwei Schüsseln mit Lammeintopf und jungen Erbsen und Teller mit Obst, Käse und Brot standen. Draco und ich stürzten uns ohne viel Umschweife auf diese Köstlichkeiten, nur beim Wein hielt ich mich zurück.

Hinterher zogen wir uns in die Schlafkammer zurück, wo Draco mich trotz meiner Einwände auf das weiche Federbett warf und mich liebte, bis ich vor Ekstase stöhnte – und ich haßte ihn nur noch mehr, weil er mir das Gefühl gab, ich würde ihn gar nicht hassen. Hinterher rauchte er schweigend ein Zigarillo, während ich leise und völlig verwirrt von diesem Zwiespalt meiner Gefühle in die Kissen weinte.

Die folgenden Tage verliefen alle nach diesem Muster. Alles war unwirklich, traumgleich, obwohl ich mir sicher war, daß Draco mir keine Drogen mehr gab. Ich war wie gelähmt, und mein Kopf schien voller Spinnweben zu sein. Ich wußte nicht, was los war, und hatte Angst, irgendeine Seuche eingefangen zu haben.

»Das ist das Kind, das in dir wächst, Maggie«, behauptete Draco, als ich ihm von meinen Ängsten erzählte. »Hat dir denn keiner gesagt, wie anstrengend eine Schwangerschaft geistig und körperlich ist?«

Ich fühlte mich wie ein Faulpelz. Alles, was ich tat, war schlafen und essen – das letztere so gierig, daß ich mich schämte. Aber Draco lachte nur und meinte, er hoffe, er wäre stark genug, mich bei unserer Rückkehr zu Hause über die Schwelle zu tragen. Leider verminderte mein enormer Appetit seine Lust auf mich nicht im geringsten. Er nahm mich, wann immer es ihm gefiel, ohne Rücksicht auf meine Proteste.

Und trotzdem war er, was ich nicht erwartet hatte, gut zu mir. Er verlangte in allen Gasthäusern nur das Beste und hatte auch reichlich Geld, um es zu bezahlen. Ich fragte mich, woher dieses Geld wohl kam. Vielleicht hatte er doch ein Vermögen unter der Matratze versteckt, wie alle glaubten.

Nachdem sich meine anfängliche Angst gelegt hatte, bemerkte ich auch, daß er sich in den drei Jahren seiner Abwesenheit aus Cornwall Geschmack und Schliff zugelegt hatte. Er kleidete sich exquisit und makellos, obwohl er keinen Kammerdiener hatte, und seine Manieren hätten selbst im elegantesten Salon bestanden.

Nach vier Tagen erreichten wir endlich Gretna Green.

Inzwischen war ich so erschöpft, daß ich die Hochzeitszeremonie kaum mitbekam. Nach schottischem Recht brauchte man weder ein Aufgebot noch eine Genehmigung, noch einen Pfarrer, um zu heiraten. Kurz vor Mitternacht sprachen Draco und ich unsere Ehegelöbnisse im schäbigen Salon des Dorfschmiedes. Will und Ned, die beiden Kutscher, waren unsere Trauzeugen.

Selbst nachdem die Hochzeit vorbei war, fiel es mir schwer zu glauben, daß Draco und ich tatsächlich verheiratet waren. Nur der schwere Goldring an meinem Finger und Dracos kühne Unterschrift auf unserer Hochzeitsurkunde waren Realität für mich.

Draco Chandler hatte er geschrieben, als hätte er das Recht, den Familiennamen zu benutzen. *Wie Sir Nigel toben wird, wenn er das sieht*, dachte ich. Aber es würde ihm nichts nützen. Die Tat war vollbracht. Ich war rechtmäßig mit meinem Zigeunercousin verheiratet, und selbst mein Vater konnte das Band zwischen uns nicht mehr lösen.

Ich wußte nicht, ob ich darüber lachen oder weinen sollte.

Rache ist eine Art willkürlicher Gerechtigkeit...

–Of Revenge
FRANCIS BACON

19
Ich verlasse Highclyffe Hall

Es waren fast vierzehn Tage vergangen, als ich wieder nach Highclyffe Hall zurückkehrte. Es war schon spät, aber es brannten noch Lichter im Haus; ein Zeichen, daß Lady Chandler und Sir Nigel noch nicht zu Bett gegangen waren. Ich war müde bis in die Knochen, aber ich mußte mir schweren Herzens eingestehen, daß es mir nicht erspart bleiben würde, ihnen noch heute nacht gegenüberzutreten. Draco hingegen schien diese Tatsache eher zu erfreuen.

Zitternd vor Angst stand ich an der Türschwelle des Hauses, aus dem ich gewagt hatte, zu entfliehen, aber mein Mann ergriff kühn den Klopfer und hämmerte ihn gegen das schwere Eichenportal. Ein ziemlich erboster Iverleigh riß die Tür auf. Er wollte wohl den frechen Übeltäter, der es wagte, so spät noch zu stören, zurechtweisen. Aber er verstummte, als er uns sah.

»Miss Chandler! Mr. Draco –«, er hielt inne, anscheinend war ihm gerade eingefallen, daß da ein ehemaliger Stalljunge vor ihm stand. Er musterte Draco verächtlich.

»Ist Sir Nigel zu Hause?« fragte dieser ungerührt.

»In der Bibliothek, aber –«

»Ausgezeichnet«, Dracos Lächeln war böse. Er nahm meinen Arm und schob den verunsicherten Butler beiseite. »Sie brauchen uns nicht anzumelden, wir kennen den Weg. O Iverleigh, noch eins, sorgen Sie dafür, daß wir nicht gestört werden? So ist's brav.«

Mein Mann zerrte mich in die Halle und zur Bibliothek. Ohne anzuklopfen, riß er die Tür auf.

Mein Vater saß in seinem Rollstuhl am Kamin, neben sich einen kleinen Tisch mit einer Whiskykaraffe und einem halbvollen Glas. Er hatte zwar ein Buch auf dem Schoß, las aber nicht, sondern starrte ins Feuer. Ich blieb erschrocken stehen. Er sah schrecklich aus, als wäre er in den zwei Wochen um zwanzig Jahre gealtert. Sein Haar schien weißer und dünner, die Augen waren blutunterlaufen und verschwollen, und sein Doppelkinn war faltiger geworden. War er immer schon so korpulent und schlampig gewesen? Sein Kragen war offen, die Krawatte verrutscht, und er hatte Whisky über die weiße Hemdbrust verschüttet. Ich konnte nicht fassen, wie sehr er sich verändert hatte. Fast hätte er mir leid getan, hätte ich nicht gewußt, wie sehr er mich deshalb verachten würde.

Sir Nigel riß wütend über die Störung den Kopf hoch. Dann drehte er langsam den Rollstuhl und fuhr bis zur Mitte des Zimmers, nur sein eisiger Blick und das vorgeschobene Kinn zeugten von seiner grenzenlosen Wut. Mich, sein einziges Kind, würdigte er keines Blickes. Er hatte nur Augen für Draco. Die beiden starrten sich in einem wortlosen Duell an, das nur enden konnte, wenn einer die Augen niederschlug. Eine Ewigkeit lang bewegte sich keiner, und es war totenstill im Zimmer. Schließlich krachte zu meiner Erleichterung ein Scheit im Kamin, und Dracos Mund verzog sich zu einem wölfischen Grinsen.

»*Samson Agonistes*, Sir?« fragte er spöttisch und durchbrach das Schweigen. Er hatte das Buch im Schoß meines Vaters gesehen. »Ich persönlich ziehe *Les Liaisons Dangereuses* vor. Lassen Sie mich überlegen ... wie war noch diese Zeile? Ah, ja, ›Rache ist ein Gericht, das am besten kalt gereicht wird‹.«

»Ich werde dafür sorgen, daß du hängst«, zischte Sir Nigel durch zusammengebissene Zähne.

»Ich glaube nicht«, erwiderte mein Mann knapp mit einem herausfordernden Lächeln, »ich habe entdeckt, daß Maggie mich sehr befriedigt, Sir, und so habe ich sie geheiratet.«

Mein Vater wurde totenbleich. Jetzt erst sah er mich an. Sein Blick war hart und gnadenlos. Ich wußte nur zu genau, wie ich aussehen mußte. Draco hatte wieder einmal seine ehelichen Rechte gefordert und hinterher, als ich die Spuren beseitigen wollte, hatte er mich daran gehindert und mich bedroht, falls ich seinen Wünschen nicht Folge leisten würde. Sogar meinen Mantel mußte ich über dem Arm tragen, damit meine zerdrückten Kleider, die offene Bluse und das zerzauste Haar besser zu sehen waren. Ich sah genau aus, wie mein Mann es wollte – wie eine Frau, die gerade in den Armen eines Mannes gelegen hatte. Ich errötete unter den abschätzenden Blicken meines Vaters. Dann wandte er sich angewidert von mir ab.

»Laß uns allein, Margaret«, befahl er mit eisiger Stimme. Als ich seinem Befehl nicht sofort Folge leistete, schrie er mich an: »Hinaus, habe ich gesagt! Du hast nichts mehr damit zu tun! Er hat dich nur schnöde benutzt!«

»Nein –«

»Tu, was er sagt, Maggie«, sagte Draco leise. »Sir Nigel hat recht. Das ist eine Sache zwischen uns beiden. Geh und hol dir aus deinem Zimmer, was du brauchst, und gib deiner Zofe Anweisung, den Rest zu packen. Du wirst nicht hierbleiben und auch nie mehr in dieses Haus zurückkehren.«

Sein Blick war voller Mitleid und Verständnis. Jetzt zeigte sich klar, daß mein Vater keine Liebe für seine Tochter empfand. Ihm war nur sein Stolz und sein Name wichtig. Aber um nichts in der Welt würde ich mir anmerken lassen, wie tief mich das verletzte. Ich biß die Zähne zusammen und ging hocherhobenen Hauptes aus dem Zimmer. In diesem Augenblick wurde mir klar, was es hieß, eine Frau in einer Männerwelt zu sein. So gut wie jetzt hatte ich meine Stiefmutter und Julianne noch nie verstanden.

Ich sah, was für ein grausames Schicksal es war, als Frau zur Welt zu kommen. Ich war eine Gefangene, wenn auch ohne Ketten, gesetzlich gebunden, zuerst an meinen Vater, dann an meinen Mann. Ich hatte keine eigenen Rechte. Ich konnte nicht wählen und hatte daher auch keinen Einfluß auf die Gesetze, nach denen ich mich richten mußte. Ich konnte nichts besitzen und war abhängig von dem, was ein Mann mir zukommen lassen würde. Sir Nigel konnte mich für seinen Stolz und seinen Namen verschachern, ohne daß es irgend jemanden interessierte. Es war das Los der Frau, an den Meistbietenden verkauft zu werden – an einen Mann, der der Familie Macht und Reichtum bringen oder ihnen die Schande eines Skandals ersparen konnte. Man durfte mich schlagen oder ins Irrenhaus sperren. Draco konnte mich vergewaltigen, und keiner würde auch nur einen Finger zu meiner Verteidigung rühren. Eine Frau war der Besitz ihres Mannes wie sein Haus oder die Kutsche. Innerhalb der nächsten Minuten würde in der Bibliothek meines Vaters entschieden werden, wie ich den Rest meines Lebens verbrachte, und ich durfte nicht einmal zuhören.

Es war unerträglich. Und dennoch mußte ich mich damit abfinden, wie alle Frauen. Ich konnte froh sein, daß ich meine Zukunft durch die Heirat gesichert hatte. Zumindest würde mein Mann mich nicht schlagen, mich nicht für verrückt erklären lassen oder eine Geliebte ins Haus bringen. Ich hatte ein Dach über dem Kopf und einen Vater für mein Kind – was sollte ich schon mehr wollen? Das war zumindest die gängige Meinung. Und sollte ich je mehr begehren, als meinem Mann eine gute Frau zu sein, mußte ich meine Sehnsüchte unterdrücken, weil ich sie nicht erfüllen konnte, in dieser Welt, in der die Frauen nur existierten, um das Leben der Männer bequemer zu gestalten.

Ich war Mrs. Draco Chandler, eine skandalumwitterte Frau, aber eine Frau, die mit einem starken, ehrgeizigen Mann verheiratet war, wenn ihn auch manche nur als Zigeunerbastard ansahen. Ich würde nie Not leiden müssen. Und wenn ich irgendwann das Gefühl hätte, Mrs. Draco Chandler, Herrin von Stormswept Heights, Mutter eines Kindes und stolze Besitzerin eines neuen Schmuckstücks, wäre mir nicht genug, dann … es *mußte* einfach genug sein, denn mehr konnte keine Frau aus gutem Hause verlangen.

Ich ignorierte die neugierigen Blicke von Iverleigh und Mrs. Seyton, der Haushälterin, die plötzlich etwas in der Halle zu tun gefunden hatten, um ihre Neugier zu bezähmen, und ging langsam die Treppe zu meinem Zimmer hinauf. Dort wurde ich von einem dicken Fellbündel, das mir in die Arme sprang, begrüßt.

»Grimalkin!« rief ich und vergrub mein Gesicht in dem schwarzen, seidigen Fell des Katers. »Grimalkin! Wie konnte ich dich bloß vergessen?«

Der Kater war jetzt neun Jahre alt, aber immer noch so kräftig und verspielt wie in seiner Jugend. Er freute sich, mich zu sehen, leckte mir das Gesicht und schnurrte heftig. Das vertraute Geräusch trieb mir die Tränen in die Augen. Aber ich wußte nicht, wieviel Zeit mir blieb, bevor Draco mich holte, deshalb steckte ich zuerst die Katze in ihren Korb und schob den Riegel zu. Dann holte ich meine Reisetasche aus dem Schrank und begann meine wertvollsten Besitztümer einzupacken. Ich war so aufgeregt, daß ich mich nicht einmal wunderte, daß Linnet nicht kam, um mir zu helfen.

Kurz darauf klopfte es an der Tür, und Lady Chandler rauschte ins Zimmer. Ich hatte sie noch nie so aufgelöst gesehen. Ihr langes Haar war offen, und das Blond war von einem weißen Streifen durchzogen, den ich nie zuvor gesehen hatte. Ihre Augen waren rot und verschwollen vom Weinen, und sie war dünn und hager. Zuerst fürchtete ich, sie hätte den Verstand verloren, aber dann merkte ich, daß sie nur verzweifelt war.

»Mein Gott, Margaret!« rief sie und ergriff meine Hände. »Bist du in Ordnung? Nein, was für eine dumme Frage! Wie könntest du? Oh, dieser schreckliche, verachtenswerte Mann! Dieser diabolische Zigeunerbastard! Wie konnte er es wagen? *Wie konnte er es wagen?*« Ihre Stimme überschlug sich. Sie wandte sich zitternd ab und versuchte sich zu fassen. Kurz darauf fuhr sie fort.

»Nigel gibt mir die Schuld an allem – *mir*, seiner eigenen Frau! Ich weiß nicht, wie ich es ertragen soll. Es ist einfach nicht fair, nicht fair –« Sie verstummte kurz, während sie im Zimmer auf und ab lief. »Mein Gott, ich werde nie Nigels Gesicht vergessen, als er Dracos Brief erhielt! Ich dachte, er fällt auf der Stelle tot um! Dann hat er mir den

Brief vorgelesen und gesagt, alles wäre meine Schuld, weil ich nicht auf dich aufgepaßt habe! Vielleicht hat er ja recht, du warst ja immer unterwegs. Aber wer hätte gedacht, daß Draco sich als solcher Barbar erweisen würde –«

»Bitte, Stiefmama«, versuchte ich sie zu beruhigen. »Bitte, setz dich. Ich hole dir ein Glas Wasser. Du bist aufgeregt, und das ist doch gar nicht deine Art. Du brauchst dir keine Sorgen zu machen. Ich habe Draco geheiratet –«

»Geheiratet? *Geheiratet*? Du Närrin!« jammerte sie. »Glaubst du, das macht es besser? Das ist doch eine grauenhafte Mesalliance für die Tochter eines Barons. Sir Nigel würde dich sicher lieber tot als mit diesem Zigeuner verheiratet sehen!«

»Ja, ohne Zweifel«, stimmte ich lakonisch zu. »Aber es ist nun mal geschehen und kann nicht mehr geändert werden.«

»O doch. Aber natürlich!« Lady Chandlers Augen strahlten hoffnungsvoll. »Du bist noch nicht volljährig. Wir können die Ehe annullieren lassen und behaupten, du wärst krank geworden und in Kur gewesen. Tiberia und Sarah werden nichts anderes sagen. Und die paar Diener, die Bescheid wissen, können wir entlassen. Du wirst sehen, Margaret, alles wird gut«, plapperte sie nervös weiter, »und dann verzeiht mir Sir Nigel vielleicht –«

»Nein, Stiefmama. Die Ehe bleibt bestehen, das kann ich dir versichern. In Gretna Green war ich volljährig, und dort brauchte ich auch keine Einwilligung von Vater. Und nachdem die Ehe bereits ... vollzogen ist, bestehen keine Gründe mehr, die eine Annullierung rechtfertigen würden.«

Jetzt sank meine Stiefmutter erschöpft auf einen Stuhl. Sie war total schockiert. Dann wollte sie von mir wissen, warum ich nicht versucht hatte zu fliehen und mich nicht gewehrt hatte. Sie rieb sich müde die Schläfen und sagte: »Ich fürchte, ich verstehe das einfach nicht ...«

»Ich weiß, und vielleicht ist es auch besser so. Glaube mir, Stiefmama, ich habe aus gutem Grund so gehandelt. Und ich habe keinen Fluchtversuch unternommen und war mit der Heirat einverstanden.«

»Ich ... verstehe«, murmelte sie nachdenklich. Meine Worte hatten sie geärgert und verwirrt. Sie hörte auf zu weinen und faßte sich. »Vielleicht trifft mich doch keine so große Schuld«, sagte sie, und man sah, daß sie überlegte, ob das, was ich gesagt hatte, ihr Vorteile bieten könnte. »Um ganz ehrlich zu sein, ich habe immer schon vermutet, daß du für Draco mehr als schwesterliche Zuneigung empfindest, obwohl du immer behauptet hast, du würdest Esmond lieben. Wahrscheinlich hat er dich gar nicht entführt!« Ihre Augen wurden schmal. »Ja, das ist es!« schrie sie triumphierend. »Du hast das Komplott gemeinsam mit Draco geplant – in der Hoffnung, der Schock und der Skandal würden Sir Nigel töten! Ja! Ja! Ihr beide habt ihn immer verachtet! Und alles wegen diesem teuflischen Pferd – möge es in der Hölle schmoren! Ihr habt Nigel gehaßt, seit es getötet werden mußte. Euch war egal, daß es ihn zum Krüppel gemacht hat und daß er ständig unter schrecklichen Schmerzen leidet, gegen die er immer mehr Opium braucht. Euch wäre jedes Mittel recht, um ihn zu zerstören!«

»Das ist nicht wahr, Stiefmama!«

»So, ist es das nicht!« Sie lachte verächtlich. Jetzt hatte sie die Möglichkeit gefunden, sich vor meinem Vater zu rechtfertigen. »Gib dir keine Mühe, es abzustreiten, Margaret. In deinem Gesicht war immer leicht zu lesen. Na warte, du wirst sehen, daß Sir Nigel nicht so leicht unterzukriegen ist! Wenn ich mir vorstelle, daß ich bereits arrangiert hatte, dich mit Lord Broughton zu verheiraten! Du wärst Lady Broughton und reich und mächtig geworden. Und ich hätte dir geholfen, dich in der Gesellschaft zu behaupten. Nigel wird nicht ewig leben, weißt du! Zusammen hätten wir Großes vollbracht und unsere Zukunft gesichert. Wir hätten alles haben können ...« Sie verstummte, als sie merkte, wieviel sie mir enthüllt hatte.

Jetzt begriff ich, warum sie plötzlich so nett zu mir gewesen war. Nach dem Tod meines Vaters hätte sie sich meinen Rang und meinen Reichtum als Lady Broughton zunutze gemacht, um sich einen dritten Ehemann zu angeln! Die Frau war unverbesserlich!

Aber ich wußte inzwischen auch, wie schmerzlich es war, im Körper einer Frau gefangen zu sein, und konnte meine Stiefmutter nicht ganz verdammen.

Sie hatte gemerkt, daß ich sie durchschaut hatte, und hob die Schultern nach Art der Franzosen.

»Ja, nun.« Sie seufzte. »Aber das ist jetzt vorbei, Margaret.« Sie stand auf. »Ich wünsche dir viel Freude mit deinem Zigeunerbastard. Und wenn ich es mir recht überlege, paßt ihr beiden wirklich gut zusammen.«

Damit verließ sie hocherhobenen Hauptes den Raum, sicherlich, um meinem Vater sofort ihre Vermutungen über Draco und mich mitzuteilen. Eigentlich hätte mich das aufregen müssen, aber ich war so erleichtert, daß mir eine Ehe mit Lord Broughton, einem widerlichen alten Mann mit lüsternen Augen und Händen wie Klauen, erspart geblieben war. Der Gedanke, daß Sir Nigel tatsächlich vorgehabt hatte, mich mit diesem gräßlichen alten Mann zu verheiraten, zerstörte auch noch mein letztes Gefühl für ihn. Zum ersten Mal war ich *froh*, daß ich mich Draco hingegeben hatte und mit ihm weggelaufen war. Hoffentlich würde mein Vater an dieser Tatsache ersticken!

Ich packte schnell noch ein paar Dinge in meine Tasche, dann nahm ich sie und Grimalkins Korb und sah mich noch einmal an der Stätte meiner Kindheit um. Draco hatte recht: Hierher sollte ich nicht zurückkommen. Ich ging mit erhobenem Haupt aus dem Zimmer. Aber leider war es mir noch nicht vergönnt, meiner Wege zu gehen. Sir Nigel, dessen Gespräch mit Draco offensichtlich beendet war, stand mit dem Rollstuhl vor der Treppe und verstellte mir den Weg. Bascombe hatte ihn anscheinend gerade die Treppe hinaufgetragen, er stand hinter dem Rollstuhl. Daneben war Lady Chandler, ein triumphierendes Lächeln im Gesicht. Sie hatte also Sir Nigel ihre Vermutungen bereits mitgeteilt und fühlte sich jetzt wieder sehr sicher.

Ich holte tief Luft und ging weiter auf die Treppe zu. Ich wäre an meinem Vater vorbeigegangen, aber er machte Bascombe ein Zeichen, mich aufzuhalten. Wütend entwand ich mich seinem Zugriff. Bascombe wollte mich wieder festhalten, aber Sir Nigel winkte ab.

»Ich habe mit deiner Stiefmutter gesprochen, Margaret«, sagte er, und sein Tonfall klang bedrohlich. »Sie hat mir eine völlig andere Version der Ereignisse erzählt. Ich möchte aus deinem Mund hören, was die Wahrheit ist, Miss. Hat dich dieser ... dieser Abschaum« – er deutete auf Draco, der unten an der Balustrade lehnte, – »mit Gewalt von diesem Besitz verschleppt oder nicht?«

Einen Augenblick war ich aus alter Gewohnheit versucht zu lügen, um mich zu schützen. Dann dachte ich: *Ich habe von diesem Mann nichts zu befürchten, und mir ist inzwischen egal, was er von mir denkt. Warum soll ich mich verteidigen? Ich habe es nicht mehr nötig, um seine Gunst zu buhlen. Er hat mir das allerletzte Mal weh getan.*

»Nein«, erwiderte ich und war selbst überrascht, wie ruhig meine Stimme klang. »Und weißt du was, Vater, ich bin froh, hörst du?« Ich genoß jedes Wort.

Sir Nigel wurde blaß. Damit hatte er nicht gerechnet. Dann lief er puterrot an, und eine häßliche, blaue Ader schwoll auf seiner Stirn. Seine Augen sprühten Funken.

»Bei Gott!« brüllte er. »Du schamlose Schlampe! Ich werde deinen Namen aus der Familienbibel streichen, und wenn es das letzte ist, was ich tue!«

»Dann mach es – und du wirst sehen, wie gleichgültig mir das ist, du alter Tyrann! Das hast du doch bei meiner Mutter auch versucht, nicht wahr? Du hast so getan, als würde sie nicht existieren. Aber sie hat existiert, und ich tue es auch. Und daran kannst du nichts ändern. Aber du kannst dich nicht damit abfinden, nicht wahr? Nein. Du bist aufgeblasen und gemein. Du mußt jeden und alles um dich herum beherrschen – genau wie Mutter und Black Magic. Aber die konntest du nicht niederwalzen. Sie sind lieber gestorben, als sich dir zu unterwerfen. Und jetzt sind sie frei, genau wie ich!«

»Frei!« schnaubte mein Vater verächtlich. »Sie sind nicht frei, und du bist es auch nicht, du armseliger Wurm! Sie sind tot, und du bist an einen Tunichtgut von Zigeuner gekettet, dem du überhaupt nichts bedeutest. Du bist für ihn nur ein Mittel, um sich an mir zu rächen! Deine Mutter war zehnmal so viel wert wie du! Du bist doch nur eine ganz gewöhnliche Hure!«

»Wie kannst du es wagen!« brüllte ich. »Halt den Mund! Halt den Mund, oder es wird dir leid tun!«

»Drohe mir ja nicht, Miss!« sagte Sir Nigel verächtlich. »Schon gar nicht, wenn du nicht den Mut hast, die Drohung in die Tat umzusetzen.«

In mir explodierte etwas. Ein roter Nebel bildete sich vor meinen Augen, alles drehte sich, und mein Herz klopfte so laut, daß ich dachte, es würde bersten. Ein ungeheures Rauschen dröhnte in meinen Ohren, und ich verlor jede Beherrschung über mich und fing an zu toben.

Ich werde nie die Überraschung und Ungläubigkeit im Gesicht meines Vaters vergessen, als ich meine Tasche und Grimalkins Korb fallen ließ und mich wie eine Wilde auf ihn stürzte. Ich wollte ihn packen und so lange schütteln, bis er all die häßlichen Dinge, die er über mich und meine Mutter gesagt hatte, zurücknahm. Aber so leicht war Sir Nigel nicht einzuschüchtern. Er schlug mich mit seiner mächtigen Faust zu Boden. Dann rollte er mit mörderischem Gesicht in seinem Rollstuhl auf mich zu, in der Absicht, über mich zu fahren und mich zu zerquetschen. Lady Chandler schrie wie am Spieß, Bascombe versuchte, mich aus dem Weg des Rollstuhls zu zerren, und Draco, Iverleigh und Mrs. Seyton standen wie gelähmt am Fuß der Treppe. Wie im Traum ergriff ich ein Metallrad des Rollstuhls, in dem verzweifelten Versuch, seine Richtung zu ändern. Der Stuhl begann sich zu drehen, als Bascombe mich zu fassen bekam und wegzog. Der Rollstuhl kam ins Schwanken und prallte gegen das Geländer der Treppe. Sir Nigel versuchte sich verzweifelt an der Balustrade festzuhalten und den Irrlauf des Stuhles zu stoppen, aber er rollte einfach weiter, ein Reifen krachte die erste Stufe hinunter, und der Rollstuhl drohte hinunterzukippen. Dann war Draco plötzlich da. Er hob Mann und Rollstuhl zurück auf den Treppenabsatz, während ich vor Angst, mein Mann könnte nicht stark genug sein, Sir Nigel zu retten, schluchzte. Trotz allem, was er mir angetan hatte, wollte ich ihn nicht sterben sehen.

»Still, Maggie, still«, beruhigte mich Draco und umarmte mich. »Es ist alles vorbei, mein mutiges Mädchen. Es ist alles vorbei. Komm, Schatz. Laß dich nach Hause bringen.«

Ich nahm meine Tasche und Grimalkins Korb, und dann führte

Draco mich die Treppe hinunter, weil meine Knie zitterten. Nur der keuchende Atem meines Vaters war zu hören, als wir die Halle durchquerten und Draco die Eingangstüre öffnete und sich noch einmal zu Sir Nigel wandte.

»Alter Mann, du bist ein Narr«, sagte er mitleidig. »Ein ungeheurer Narr, denn von allem, was du hattest, waren wir das Beste.«

Danach gingen wir in die Nacht.

3. Buch

Die nackte Wahrheit einer Frau
1819–1820

Schon in der Jugend zeigt sich, wie das Alter sein wird. Wir können unser Ende an unseren Anfängen erkennen.

–Of Prudence
Sir John Denham

20
An unseren Anfängen

Stormswept Heights, England 1819

Man sagt, wenn eine Tür des Lebens sich schließt, öffnet sich eine andere, und so war es auch für mich. Ich hatte Highclyffe Hall hinter mir gelassen, aber vor mir lag Stormswept Heights. Zu meiner Überraschung freute ich mich auf diese Zuflucht. Ich brauchte einen Ort, an dem ich mein Leben überdenken und damit ins reine kommen konnte.

Die Fahrt zum Haus verlief schweigend. Draco verstand, daß ich noch unter Schock stand. Ich konnte immer noch nicht glauben, daß mein Vater mich so brutal angegriffen hatte. Wenn er bei dem Versuch zu Tode gestürzt wäre, hätte ich für den Rest meines Lebens Schuld auf mein Gewissen geladen, so wie er die Schuld am Tod meiner Mutter trug. Ich wollte nicht sein wie er, aber nach meinem stürmischen Ausbruch fürchtete ich, daß mehr von meinem Vater in mir steckte, als er und ich bis jetzt vermutet hatten. Ich hatte nicht gewußt, daß ich zu solchem Zorn und zu Gewalttätigkeiten fähig war.

Die Erkenntnis war nicht angenehm, aber ich mußte mich damit auseinandersetzen. Vielleicht hatte Lady Chandler recht gehabt, und Draco und ich paßten tatsächlich gut zusammen.

Ich warf einen verstohlenen Blick auf meinen Mann. Er hatte einmal mein Leben gerettet, und jetzt hatte er mich von meinem Vater weggebracht, der mich haßte. Ich stand tief in Dracos Schuld. Trotzdem forderte er als Gegenleistung nur meine Loyalität und das, was ich ohnehin im Moor nachts schon freiwillig gegeben hatte. Ich hatte geglaubt, ihn zu kennen, doch jetzt wurde mir klar, daß ich ihn eigentlich kaum verstand. Was für ein Mann war er, dieser seltsame, grüblerische Cousin, den ich geheiratet hatte? Vielleicht würde ich es nie erfahren, er war so verschlossen. Aber ich wollte mehr von ihm wissen, war aber unfähig, ihm das jetzt zu sagen. Ich wußte nicht, wie ich die Mauern von Schmerz und Gefühl, die uns trennten, überwinden konnte, also schwiegen wir.

Bis jetzt hatte ich das Anwesen kaum beachtet, da es keine Bedeutung für mich hatte. Aber nun, als die Kutsche durch die offenen Tore am Pförtnerhaus vorbei und die von hohen, verwachsenen Bäumen gesäumte Einfahrt entlangholperte, beugte ich mich neugierig vor, als mein neues Heim in Sicht kam.

Stormswept Heights war sehr alt, im dreizehnten Jahrhundert erbaut, und trotz verschiedener Anbauten war die ursprüngliche Festung in ihrer archaischen Anordnung noch gut erkennbar. Große, runde Türme flankierten das Haus im Norden und Süden, und durch ein reichverziertes Torhaus fuhr man in den Hof.

Das ganze Haus bestand, bis auf einige Fachwerkanbauten der Tudorzeit, aus Granit, der im silbernen Mondlicht unheimlich glänzte. Der Bau war zweieinhalb Stockwerke hoch und überragt von zwei gigantischen Cornwallulmen, die wie Wächter im Hof standen. Die hohen schmalen Fenster erschienen wie neugierige Augen, die Draco und mich musterten, als wir aus der Kutsche stiegen. Ein ebenmäßiger Bogen umspannte die massive Eichentür mit dem Klopfer in Form einer Möwe.

Im ersten Stock, links und rechts neben den bunten Bleiglasfenstern, über dem Portal waren die Fachwerkanbauten. Der Putz zwischen den schweren Balken war im Lauf der Jahre zu einem fahlen Silbergrau verwittert. Im Giebel des spitzen Schieferdaches waren die runden Fenster des Speichers zu sehen. Vom Dach selbst ragten eckige Kamine, und zu beiden Seiten erhoben sich Türme in den Himmel, mit Rundgängen, von denen man aufs Land oder das Meer hinausschauen konnte, wie ich in den nächsten Tagen entdeckte. Der Nordturm, der an allen Seiten Fenster hatte, hatte in früheren Jahren als Leuchtturm gedient, wie Draco mir erzählte. Er sagte, er hoffe, diesen Brauch fortzusetzen, wenn er mit dem Wiederaufbau fertig sei.

Er hatte unsere Ankunft anscheinend angekündigt, denn überall brannten Lichter, und Mrs. Pickering und Renshaw begrüßten uns. Mein Mann hob mich hoch und trug mich über die Schwelle, Renshaw machte einen Diener, überreichte mir einen Blumenstrauß und murmelte, wie sehr er sich freute, mich als Herrin des Hauses zu begrüßen. Mrs. Pickering machte einen kleinen Knicks und begrüßte mich ebenso herzlich. Dann nahm sie mich wie eine Glucke unter ihre Fittiche. Sie schimpfte leise, weil mein Mann mich zu so später Stunde erst nach Hause brachte.

Ich war zwar sehr müde, trotzdem sah ich mich neugierig um. Bei meinen früheren Besuchen hatte ich bis jetzt nur die Eingangshalle und die Küche gesehen. Die »Große Halle«, wie man sie in den vergangenen Jahrhunderten bezeichnet hatte, war der älteste und größte Raum im Haus. Das Deckengewölbe wurde von riesigen, geschwungenen Balken gestützt und war von den Jahren offener Kaminfeuer rußgeschwärzt. Die Leere und der schlechte Zustand betonten die enorme Größe der Halle. Ich folgte Mrs. Pickering über eine kleine Steintreppe in den Nordteil, und dann gingen wir über die lange Treppe in den ersten Stock. Mir wurde ganz schwindlig, als ich durch die Balustrade nach unten sah, wo Draco Renshaw und den Kutschern Anweisungen gab.

Mrs. Pickering führte mich einen Gang entlang, vorbei an einigen Eichentüren in einer gewölbten Mauer, die wahrscheinlich ein Teil des Nordturmes waren.

»Da wären wir, Missis«, erklärte sie und stieß die Tür auf. »Das ist Mr. Chandlers Schlafzimmer und wahrscheinlich auch Ihres, weil sonst nirgends Möbel sind«, sagte sie beiläufig. »Aber der Herr wird das sicher regeln – jetzt, wo er verheiratet ist. Möchten Sie vielleicht ein Bad, bevor Sie zu Bett gehn, Missis?«

Ich war zwar erschöpft und sehnte mich nach einem Bett, aber der Gedanke, den Staub und die Mühsal der Reise wegzuwaschen, war zu verlockend, und außerdem hatte ich Hunger.

»Ja, wenn's nicht zuviel Mühe macht, Mrs. Pickering«, erwiderte ich. »Und eine Kanne heißen Tee und etwas zu essen, wäre schön.«

»Ich bring' gleich einen leichten Imbiß, Missis, und sag Renshaw, er soll die Badewanne füllen. Er versteht eigentlich ganz gut, was man ihm sagt, wenn man's bloß drei- oder viermal wiederholt. Der arme Kerl. Hat einen Schlag auf den Kopf bekommen, seitdem hapert's ein bißchen. Ist schon viele Jahre her. Ach ja.« Sie seufzte und schüttelte den Kopf. »Ned wird bestimmt gleich Ihr Gepäck bringen. Wenn Sie sonst noch was brauchen, da drüben ist die Klingel.« Sie deutete auf einen Gobelinklingelzug mit Quaste, der von der Decke hing. »Sie funktioniert wirklich, auch wenn's hier nicht so aussieht. Einmal ziehen, dann komm ich. Renshaw ist selten in der Küche – er verbringt die meiste Zeit im Torhaus –, der wird Sie nicht hören, egal, wie laut Sie klingeln.«

Mir fiel ein, daß Mrs. Pickering eigentlich auch ziemlich taub war, und ich fragte mich, wie sie wohl die Klingel hörte. Im übrigen war ich froh, daß ich das Schlafzimmer mit meinem Mann teilen sollte, ich hätte in diesem desolaten, alten Haus nur ungern allein geschlafen.

Nachdem Mrs. Pickering gegangen war, schaute ich mir meine neue Umgebung genauer an. Dracos Zimmer war sehr geräumig, und obwohl es auch ziemlich heruntergekommen war, verstand ich, warum er sich dieses Zimmer ausgesucht hatte. Durch die Fenster sah ich den Mond direkt hinter den Klippen. Die Wiesen waren jetzt ungepflegt und überwuchert – fast schon wieder ein Teil des Moores. Das hohe Gras schwankte im Wind und wogte wie Quecksilber in der Ferne. Morgen, wenn die Sonne aufging, war die Aussicht sicher atemberaubend.

Das Zimmer war zwar nur spärlich eingerichtet, aber die einzelnen Stücke waren mit Sorgfalt ausgesucht. Ein massives, dunkles Nußbaumbett mit riesigem Baldachin und einem reichgeschnitzten Kopfteil beherrschte den Raum. Zu seinen Füßen thronte ein hölzerner

Sessel, und auf einer Seite stand ein schwerer Nachttisch. Ein üppig verzierter Wäscheschrank bildete den Rest der Möblierung. Neben dem steinernen Kamin, auf dessen Sims ein Gemälde mit wilden Meereswogen lehnte, stand ein Waschtisch und eine Badewanne aus gehämmertem Messing. Eine geschwungene Steintreppe führte zu dem Leuchtturm hinauf und in eine weitere leere Kammer, aber das wollte ich mir heute nicht mehr ansehen.

Kurz darauf erschien Mrs. Pickering mit einem vollbeladenen Tablett, dicht gefolgt von Ted mit meinem Gepäck und Renshaw mit meinem Badewasser. Ich fragte nach Draco, und man sagte mir, er wäre im Arbeitszimmer, weil er sich um ein paar geschäftliche Angelegenheiten zu kümmern hätte. Ich versuchte, auf ihn zu warten, aber das Bad und das Essen wirkten wie ein Schlafmittel, und ich konnte die Augen nicht mehr länger offenhalten. Gähnend kletterte ich in das riesige Bett und merkte es kaum, als Draco sich im Morgengrauen zu mir gesellte.

Als ich am Morgen die Augen aufschlug, sah ich zu meiner Überraschung Linnet, die gerade meine Kleider zurechtlegte – wie immer. Einen kurzen, wilden Moment lang glaubte ich, alles wäre nur ein Traum gewesen. Doch dann sah ich die runden Wände, die mich umgaben, und das strahlende Sonnenlicht, das ungehindert durch die vorhanglosen Fenster strömte, und ich wußte, daß ich nicht geträumt hatte. Ich war tatsächlich mit meinem Cousin, dem Zigeuner, verheiratet und lag in seinem Bett im Nordturm von Stormswept Heights. Verwirrt setzte ich mich auf, rieb mir die Augen und fragte mich, ob meine Zofe vielleicht eine Erscheinung wäre.

»Guten Morgen, Missis«, begrüßte sie mich fröhlich, »und ein schöner Morgen ist es. Sieht aus, als würd's jetzt endgültig Frühling.«

»Linnet, was machst du denn hier?«

»Ich hab' den Rest Ihrer Sachen gebracht und werde Sie bedienen wie immer.«

»Soll das heißen – soll das heißen, du willst *hierbleiben*?« fragte ich fassungslos.

»Aber natürlich. Sir Nigel wird mich wohl kaum wieder nehmen. Er hat mich gefeuert. Ohne Empfehlung hat er mich rausgeworfen, der alte Geizkragen! Nichts für ungut, Miss, aber schade, daß der sich gestern nicht den Hals gebrochen hat! Wär ihm recht geschehn. Jedenfalls bin ich, als ich das Theater gestern gehört hab', die Treppe runtergeschlichen und hab' den Kutscher gebeten, Mr. Chandler eine Nachricht für mich zu schicken – deswegen war ich gestern nicht da, um Ihnen beim Packen zu helfen. Heute früh hat Mr. Chandler mir einen Brief geschickt, in dem stand, daß er mich anstellt, wenn ich den Rest Ihrer Sachen packe und fertig bin, wenn Ned und Will mich abholen. Das hab' ich gemacht, auch wenn's nicht leicht war, Missis. Ich mußte Tim überreden, mir die Truhen zum Tor zu schleppen. Und hier bin ich – und das ist auch gut so. Nach allem, was ich bis jetzt gesehn hab', können Sie 'ne Hilfe brauchen, Missis.«

Das stimmte. Aber mir war Linnets Anwesenheit nicht unbedingt recht. Ich hatte irgendwie das Gefühl, daß das Mädchen hinterhältig und scheinheilig wie Julianne war, und ich hatte sie nie ins Vertrauen gezogen wie andere Frauen ihre Zofen. Aber es dürfte wohl schwierig sein, ein anständiges Mädchen aus dem Dorf als Ersatz zu bekommen. Dracos Dienerschaft war ohnehin ein seltsamer Haufen, und nach unserer skandalösen Heirat würde man mich sicher genauso schneiden wie ihn. Ich fragte mich ohnehin, wieso Linnet unbedingt ein Teil unseres merkwürdigen Haushalts sein wollte. Ich hätte nie vermutet, daß sie mir gegenüber so loyal sein könnte.

»Na ja, Mr. Chandler bezahlt mich recht gut, Missis«, erwiderte sie auf meine Frage. »Soviel könnt' ich woanders nicht verdienen. Ich scher' mich nicht um den Klatsch. Mir ist doch egal, was die im Dorf denken.«

Erst dann fiel mir ein, daß Linnet aus der Minenarbeitersiedlung stammte. Sir Nigel hatte sie aufgenommen, nachdem ihr Vater bei einem Minenunglück getötet worden war, und jetzt würde sie ohne Empfehlung kaum eine andere Stellung finden.

»Gut«, ich nickte. »Wir machen also weiter wie bisher. Aber Linnet, du wirst gehorchen – ohne Murren. Ich dulde keine Launen. Wie du gesehen hast, gibt es reichlich Arbeit und nur wenig Hände dafür, also muß jeder überall zupacken. Außerdem erlaube ich nicht, daß du mit Sir Nigels Personal über Heights klatschst. Sollte ich ein Wort aus diesem Haushalt woanders hören, mußt du gehen.«

»Ja, Missis, ich verstehe.«

»Gut. Dann fangen wir mit einem Rundgang durch das Haus an und machen eine Liste von dem, was getan werden muß. Aber zuerst, wenn ich angezogen bin, muß ich mit ... äh ... Mr. Chandler sprechen.« Der Name, den Draco sich angeeignet hatte, war mir noch zu ungewohnt. »Hast du eine Ahnung, wo er ist?«

»Ich glaube, er ist in seinem Arbeitszimmer, Missis.«

Das Arbeitszimmer war im Erdgeschoß des Südflügels und wahrscheinlich früher die Waffenkammer. Es war ein schattiger und düsterer Ort, staubig und voller Gerümpel. Draco saß hinter einem großen Schreibtisch und hatte einen Stapel Ordner und Papiere vor sich.

»Ah, Maggie, gut, daß du kommst. Wir haben einiges zu besprechen. Setz dich.« Er zeigte auf einen Stuhl. »Hast du gut geschlafen?«

»Ja, heute geht es mir viel besser.«

»Schön. Das freut mich. Ich hab' mir Sorgen um dich gemacht. Die letzten Wochen waren nicht leicht für dich. Glücklicherweise ist das alles vorbei, und wir können jetzt zum normalen Leben zurückkehren.« Er hielt inne, überlegte kurz und fuhr dann fort. »Maggie, bist du dir bewußt, daß deine Mutter dir eine beachtliche Summe in ihrem Testament hinterlassen hat, die dir im Falle einer Hochzeit zusteht?«

»Aber nein«, erwiderte ich überrascht.

»Doch, das hat sie. Es war eines der Dinge, die ich gestern mit Sir Nigel besprochen habe. Er läßt es dir aus dem Treuhandfonds auf ein Konto, das unter deinem Namen in der Bank in Launceston errichtet wird, überweisen. Ich möchte eines klarstellen, Maggie, das ist *dein* Geld, und du kannst damit machen, was du willst. Ich brauche es nicht, und ich lasse mir nicht nachsagen, ich hätte dich wegen deines Geldes geheiratet. Es wird ohnehin schon genug geklatscht. Nachdem ich aber mehr Erfahrung in geschäftlichen Dingen habe, berate ich dich gern. Sir Nigel hat das Geld gut für dich angelegt und den ursprünglichen Betrag auf fünftausend Pfund vergrößert.«

»Fünftausend Pfund?« keuchte ich erschrocken.

»Ja, wie ich sagte, eine beachtliche Summe – kein Vermögen, aber du könntest einige Zeit davon leben, wenn es notwendig wäre. Aber nachdem ich bei bester Gesundheit bin und sehr gut für dich und unser Kind sorgen kann, sehe ich keinen Grund für dich, dir Gedanken um die Zukunft zu machen.«

»Aber du hast mich im Glauben gelassen, du wärst arm wie eine Kirchenmaus!« fuhr ich ihn an.

Er grinste. »Liebe Maggie – wenn ich mir vorstelle, daß du mich trotzdem geheiratet hast ... Würdest du mich sehr hassen, wenn ich dir gestehe, daß ich dich ein ganz kleines bißchen belogen habe?«

»Aber ... warum?«

»Weil ich sichergehen wollte, mein Schatz, daß du mich um meinetwillen nimmst.«

Er lächelte immer noch, aber sein bohrender Blick zeigte mir, daß er davon überzeugt war. Ich wußte nicht, was ich darauf antworten sollte. Ich konnte schlecht abstreiten, daß ich ihn begehrte. Nach zwei Wochen in seinem Bett wußten wir das beide besser. Trotzdem war da noch etwas, dem ich mich nicht stellen wollte. Ich schluckte und wandte mich errötend ab, mein Herz pochte bis zum Hals. Einen Augenblick lang lag eine seltsame, erwartungsvolle Spannung zwischen uns. Dann lehnte Draco sich lässig in seinem ächzenden Stuhl zurück, und der Bann war gebrochen.

»Ich bin nicht *reich*, Maggie, aber Geld habe ich schon. Genug für dich und das Baby.«

»Genug, damit ich anfangen kann, dieses Haus in Ordnung zu bringen?«

Er lachte. »Ja, sogar dafür reicht es, mein Mädchen. Aber mach mich nicht bankrott.«

»Vielleicht tu' ich das«, neckte ich ihn und stand auf. »Stell dir vor, was für ein Spaß es wäre, wenn zur Abwechslung du von mir abhängig wärst. Ich würde keine Gnade kennen, das verspreche ich dir, und dich genau so hartherzig behandeln wie du mich.«

»Komm schon, Maggie.« Er stand auf und nahm meine Hände.

»Hab' ich dich wirklich so schrecklich behandelt?« Er nahm mein Kinn und hob mein Gesicht zu seinem. »Hab' ich das getan?« fragte er und strich mit dem Daumen über meine Wange.

»Nein«, flüsterte ich.

Er beugte sich über mich, und sein Kuß raubte mir den Atem.

»Ich muß gehen, Draco. Das Haus ist ein einziges Chaos, und ich habe zu arbeiten«, stammelte ich verwirrt und versuchte mich loszureißen. Aber so leicht konnte ich ihm nicht entrinnen.

»Schließ die Tür, Schatz«, sagte er leise mit diesem Glitzern in den Augen, das ich nur allzugut kannte. »Der Morgen ist noch jung, und das Haus kann warten.«

Und so begann mein Leben in Stormswept Heights. Es war ganz anders als das Leben, zu dem man mich erzogen hatte und das ich auch sicher gelebt hätte, wäre mein Mann nicht Draco gewesen. Ich nehme an, viele fanden unsere Ehe seltsam, sogar ich selbst dachte das oft. Aber Draco lachte nur, wenn ich ihn darauf ansprach, und sagte, er hätte Vertrauen in sich und seine Fähigkeiten und keinen Grund, sich von irgend jemandem bedroht zu fühlen, auch nicht von seiner eigenen Frau, die genauso tüchtig und klug war wie er.

»Ich bin stolz, daß du das bist, Maggie. Anders hätte ich dich auch nicht gewollt. Ich kann mit dummen Hühnern nichts anfangen.«

Seine Worte ließen mich vor Freude erröten. Man hatte mich so selten gelobt, daß ich seine Bewunderung aufsog wie ausgedörrte Erde den Regen.

Ich konnte es kaum fassen, daß er ausgerechnet die Charakterzüge, deretwegen ich sooft getadelt worden war, lobenswert fand. Er behandelte mich nie von oben herab wie Sir Nigel und sogar manchmal Esmond, sondern ermunterte mich, meine Gedanken und Gefühle zu äußern, gleichgültig wie schockierend oder unüberlegt sie waren. Wenn er meine Meinung nicht teilte, führten wir hitzige Diskussionen, aber nie tat Draco meine Meinung als dumm und unwichtig ab.

Er gab mir großzügiges Nadelgeld, und ich brauchte ihm keinerlei Rechenschaft darüber abzulegen, genau wie ich frei über mein Konto in Launceston verfügen konnte. Als der Bankier dort mich unverschämt behandelte, bekam er einen Besuch von meinem wütenden Mann, der ein für allemal klarstellte, wer über die fünftausend Pfund verfügte. Hinterher war der Bankier so bemüht und devot, daß ich mir jedesmal das Lachen verkneifen mußte.

Jetzt verstand ich gut, was Lady Chandler beim Tod Captain Brodies empfunden hatte. Ich war auch wie ein Vogel, den man aus dem Käfig gelassen hatte. Jetzt erst wurde mir bewußt, wie eingeschränkt mein Leben vor der Ehe gewesen war. Ich hatte befürchtet, Draco würde mein Gefängniswärter, statt dessen hatte er mir die Freiheit geschenkt. Wie ein abenteuerlustiger Nestling konnte ich meine Flügel ausprobieren. Mit jeder neuen Erfahrung lernte ich meine Stärken und Schwächen kennen, und auch Dracos.

Ich war, genau wie Lady Chandler gesagt hatte, eine Frau mit heftigen Leidenschaften, wild und ungestüm, vom Herzen, nicht vom Kopf geleitet. Ich war nicht dazu geschaffen, ein zahmes Leben zu führen, ich mußte es mit beiden Händen packen und meinem Willen unterwerfen. Ich war himmelhoch jauchzend oder zu Tode betrübt, aber einen Mittelweg gab es für mich nicht. Jetzt erfuhr ich, was das Leben alles zu bieten hatte, und war froh über meine Natur. Manchmal dachte ich mit ungutem Gefühl an Esmond, aber ich verdrängte den Gedanken an seinen Charakter schnell, denn für diese Erkenntnis war ich noch nicht bereit. Esmond war ein Gentleman und deshalb nicht mit Draco zu vergleichen. Trotzdem muß ich zugeben, daß ich im Laufe der Zeit mit meinem Mann recht zufrieden war. Der Mann mit dem eisernen Willen, den ich geheiratet hatte, war meinem Vater sehr ähnlich, er war genauso gescheit, tüchtig, stolz und arrogant wie Sir Nigel. Aber Draco hatte für vieles Verständnis, zeigte Mitgefühl und besaß einen Sinn für Humor, der meinem Vater fremd war. Draco wußte, was Leid und Not bedeuteten und was es hieß, sich immer wieder beweisen zu müssen. Deshalb hatte er Verständnis für mein Bedürfnis, meinen Horizont zu erweitern und mein Leben selbst zu meistern. Gelassen und amüsiert spornte er mich an, beklatschte meine Siege und bedauerte meine Niederlagen.

Ich mußte aber auch entdecken, daß die Freiheit ihren Preis hat – ich mußte die Verantwortung für meine Entscheidungen auf mich nehmen, und diese Last konnte ich nicht auf die Schultern meines Mannes abwälzen. Er zwang mich, allein damit fertig zu werden. Gnadenlos entriß er mich meiner Kindlichkeit, und ich wurde zur Frau, und zwar zu der Frau, die ich im Grunde sein wollte. Ich hatte mich zu lange den Erwartungen der Gesellschaft unterworfen. Aber die Gesellschaft hatte mich ausgestoßen, und das war eigentlich ein Segen. Die gesellschaftliche Anerkennung war in meinen Augen auch nur ein weiteres Mittel, um die Frauen zu zwingen, sich der Autorität der Männer zu beugen, weil sie sonst Gefahr liefen, zum Außenseiter zu werden. Ich, der Außenseiter, entdeckte, daß ich nichts zu fürchten hatte, da mir nichts ferner lag, als eine bemalte Porzellanpuppe ohne einen einzigen eigenen Gedanken im Kopf zu werden. Wenn Frauen schnell ihre Röcke rafften und die Straßenseite wechselten, um mir aus dem Weg zu gehen, war es mir egal. Sie taten mir leid, weil sie keine Ahnung hatten.

Außerdem hätte ich sowieso kaum Zeit für gesellschaftliche Ereignisse gehabt. Ich glaube, es gibt kaum eine junge Frau, die so hart gearbeitet hat wie ich in diesen ersten Monaten in Stormswept Heights. Ich hatte noch nie körperliche Tätigkeiten verrichtet, und jetzt begriff ich zum ersten Mal die ständige Erschöpfung der Arbeiterklasse und der Armen. Jeder Knochen im Leib schmerzte, aber ich ließ nicht locker. Ich war von einem inneren Zwang besessen, das Haus vor der Geburt meines Kindes in Ordnung zu bringen. Selbst Draco, der sich über mein »Nestbauen« lustig machte, mußte mithelfen.

Wir fingen mit dem Nordturm an, ersetzten lose und bröcklige Steine, rissen verfaulte Balken heraus und zogen neue ein. Wir flickten, gipsten und strichen die Wände, wir schrubbten, kehrten und wischten Staub, bis der Turm in neuem Glanz erstrahlte. Mit Dracos Hilfe richtete ich das Zimmer unter unserem Schlafzimmer als gemütliches Wohnzimmer ein. Ich kaufte Möbel, Teppiche und Stoff für Vorhänge und Bettwäsche. Mrs. Pickering und Linnet mußten abends nähen, und ich stickte. Draco schnitzte eine wunderschöne Wiege und erhob keine Einwände, als ich darauf bestand, sie in unser Schlafzimmer zu stellen. Die Wände von Heights waren fast einen halben Meter dick, und ich hatte Angst, ich könnte das Baby nicht hören, wenn es in einem anderen Teil des Hauses war.

Ich wollte auch keinen Kindertrakt und keine Kinderschwester – zumindest nicht als Ersatz für mich. Nur allzugut erinnerte ich mich an meine einsame Kindheit. Mein Baby sollte wissen, daß es bei mir geborgen war, daß ich es liebte und mich immer auf sein Kommen gefreut hatte. Das stimmte. Trotz aller Mühsal, die ich ertragen hatte, war ich glücklicher als je zuvor in meinem Leben. Ich war nicht mehr allein, mein Kind wuchs in mir, und ich sprach oft mit ihm. Es schien mir wie ein Wunder, daß Draco und ich ein neues Leben gezeugt hatten. Ich fragte mich, wie dieses winzige Wesen, das so abhängig von mir war, wohl sein würde. War es ein Junge oder ein Mädchen? Würde es Draco ähnlich sehen oder mir? Jeden Tag betete ich für seine Gesundheit. Ich konnte die Geburt kaum erwarten. Zu Dracos großem Vergnügen fing ich vor lauter Aufregung, schon lange bevor es nötig war, mit den Vorbereitungen für die Geburt an.

Da ich, trotz des Reichtums meines Vaters, mit wenig persönlichem Besitz aufgewachsen war, wollte ich dem Baby alles bieten. Es sollte nur das Beste haben: die weichste Matratze, die feinste Wäsche, silberne Becher und Löffel. Wenn ich nicht im Haus beschäftigt war, nähte ich ein winziges Kleidungsstück nach dem anderen und strickte so viele Mützchen und Söckchen, daß Draco lachend sagte, ich würde wohl mit einem größeren Wurf rechnen. Es war mir egal. Ich wußte, daß ich nur wenige Taufgeschenke für mein Baby zu erwarten hatte, und es sollte nichts entbehren, nur weil Draco und ich ausgestoßen waren.

Außer Sarah und manchmal Welles besuchte uns niemand in Heights, und wir wurden auch nirgendwohin eingeladen. Tante Tibby wagte aus Angst vor Sir Nigel nicht, offen mit uns zu verkehren. Welles hatte zwar keine Angst vor meinem Vater, aber er kam und ging zu den merkwürdigsten Zeiten. Wenn er da war, ging er mit Draco ins Arbeitszimmer, oder die beiden verschwanden stundenlang, ohne zu sagen, wohin sie gingen. Als ich meinen Mann danach fragte, weigerte er sich, mir zu antworten, und sagte schroff, ich sollte mich nicht in Angelegenheiten mischen, die mich nichts angingen. Das machte mich natürlich noch neugieriger, und in meiner Phantasie malte ich mir die wildesten Geschichten aus, sobald Welles erschien. Wäre ich mir Dracos sexueller Neigungen nicht so sicher gewesen, hätte ich wahrscheinlich vermutet, die beiden hätten ein widernatürliches Verhältnis. Mehr als einmal kam mir der Gedanke, sie könnten gemeinsam huren, und die Vorstellung, mein Mann könnte fremdgehen, war schmerzlich. Ich hatte keinen Beweis für seine Untreue, mußte aber feststellen, daß er mich immer seltener begehrte, je näher die Geburt rückte. Damit wurde mir allmählich klar, daß er mir nicht so gleichgültig war, wie ich vorgab.

Ich hatte erkannt, daß Draco trotz seiner Roheit eine seltsame Anziehungskraft auf mich besaß. Ich fand ihn nicht mehr häßlich – er war zwar nicht schön, aber seine Urwüchsigkeit und Kraft erschienen mir ungeheuer attraktiv. Ich war nicht mehr schockiert von seinem harten, muskulösen Körper, wenn er morgens nackt durch unser Zimmer stolzierte und die goldenen Sonnenstrahlen seine dunkle Haut in Bronze tauchten und sein Haar wie Onyx glänzen ließen. Sein Körper war zwar mit Narben übersät, aber ich entdeckte eine gewisse Schönheit in den Schnitten und alten Wunden, denn sie waren ein Beweis für seinen Überlebenswillen.

Draco hatte sein Leben in den Straßen Londons begonnen, war durch einen Zufall der Geburt um sein Erbe betrogen worden und hatte sich doch aus dem Schlamm nach oben gekämpft. Diese Entschlossenheit und diesen Kampfgeist mußte ich einfach bewundern und respektieren. Auch jetzt noch arbeitete er härter als jeder andere, den ich kannte. Er stand um sechs Uhr auf und war oft bis zwei, drei Uhr morgens unterwegs. Wenn er mir nicht im Haus half, war er auf dem Feld oder bei seinen Herden oder im Arbeitszimmer. Von denen, die ihm dienten, verlangte er nichts, was er nicht auch hätte tun können, vom Rest der Welt forderte er gar nichts. Er war, was die Gesellschaft am meisten fürchtete und haßte, ein Mann, der sich selbst zu dem gemacht hatte, was er war – und er war stolz darauf. Allmählich kam ich zu dem Schluß, daß er recht gehabt hatte, als er gesagt hatte, es gäbe nichts, was wir beide nicht gemeinsam schaffen könnten. Unwiderruflich aneinander gebunden, mußten wir uns nach oben kämpfen. Einstmals hatte ich Angst vor der Vorstellung gehabt, Draco zu heiraten. Jetzt war ich genauso entschlossen wie er, mich gemeinsam mit ihm gegen die Welt zu stellen und ihr zu zeigen, daß wir sie nicht brauchten.

Manchen Morgen weckte Draco mich und neckte und kitzelte mich, bis ich um Gnade flehte und ihm androhte, mich zu rächen, wenn mein Bauch erst ganz groß war, und daß ich mich auf ihn setzen und ihn erdrücken würde. Manchmal behauptete er, ich würde zu hart arbeiten, warf meine Schürze beiseite und fuhr mit mir in der Kutsche aufs Moor zu einem Picknick oder nach Launceston, damit ich mich amüsieren konnte. Nachts unterhielten wir uns oft, und da enthüllte er mir mehr von seinen Gedanken und Gefühlen als wahrscheinlich je irgendeinem anderen zuvor. Trotzdem blieb mir immer noch ein Teil von ihm verschlossen, und das verletzte und beunruhigte mich. Ich hatte das Gefühl, es fehlte etwas in unserer Beziehung, obwohl ich nicht genau sagen konnte, was. Deshalb verschloß ich ihm auch einen Teil von mir. Ich wollte mich nicht völlig in Dracos Obhut begeben. Gelegentlich sprach er zwar noch von seiner Liebe zu mir, aber ich konnte ihm einfach nicht glauben. Ich wußte, was für ein Mann er war und wie gefühllos er mich benutzt hatte, um sich an meinem Vater zu rächen. Ich würde nicht auf seine Lügen hereinfallen. Worte bedeuteten ihm gar nichts. Bestimmt hatte er anderen Frauen dieselben Dinge gesagt – und tat es immer noch. Je seltener er mein Lager teilte, desto sicherer wurde ich, daß er sich sein Vergnügen woanders suchte.

Wie schnell er doch meiner überdrüssig geworden ist, nachdem ich ihm gehöre! Er behandelt mich nur gut, weil ich seine Frau bin. In Wirklichkeit macht er sich gar nichts aus mir, dachte ich.

Ich redete mir ein, ich würde meinen Mann nicht lieben, also war es auch egal, ob er mich liebte. Aber irgendwie war Dracos mangelndes Gefühl für mich schmerzlicher als Sir Nigels Gleichgültigkeit oder

Esmonds Zurückweisung. Manchmal fühlte ich mich, obwohl ich meistens glücklich war, häßlich und überflüssig. Ich weinte wegen dummer Kleinigkeiten und machte mir dann wieder Sorgen, daß meine Tränen dem Baby schaden könnten.

Es war auch keine Hilfe, daß das ganze Dorf über Draco und mich klatschte. Obwohl Sir Nigel versucht hatte, das Gerede im Keim zu ersticken, kursierten die wildesten Gerüchte über uns, und die Leute vermieden jeden Umgang mit Draco und mir.

Ich ließ mich davon aber nicht einschüchtern und schritt hocherhobenen Hauptes durch das Dorf, wenn ich Mrs. Pickering zum Markt begleitete. Draco hatte Angst, ich könnte das Baby verlieren, und hatte mir ein Pony mit Wagen gekauft, damit ich überall hinfahren konnte. Aber ich muß zugeben, sehr oft tat ich es nicht. Ich mußte, wenn ich ins Dorf fahren wollte, an der Minenarbeitersiedlung vorbei, und dabei hatte ich immer ein ungutes Gefühl. Jetzt, da mein Kind in mir heranwuchs, konnte ich es noch weniger ertragen, die armen Kinder zu sehen, die in Sir Nigels Minen arbeiteten.

Einmal glaubte ich, Linnet zu sehen, wie sie gerade aus einer der heruntergekommenen Hütten in der Siedlung kam. Es war ihr freier Tag, und sie besuchte wahrscheinlich ihre Familie. Sie sprach zwar selten darüber, aber ihre Mutter und ihre Geschwister lebten noch hier. Ihre Brüder waren alle Minenarbeiter, und ihre älteren Schwestern waren mit Arbeitern verheiratet. Sie war sicher froh, dieses Los nicht teilen zu müssen, dachte ich. Sie hatte mich nicht gesehen, und ich hielt die Sache für unwichtig und sprach sie nicht darauf an. Wenn ich jetzt zurückblicke, frage ich mich, ob die Tragödie hätte vermieden werden können, wenn ich sie an jenem Tag angesprochen hätte. Vielleicht hätte ich ihr die Wahrheit entlockt ... aber solche Gedanken bringen nichts. Das alles ist längst vorbei und erledigt, aber Sie werden im Lauf der Geschichte erfahren, worum es ging.

Inzwischen weiß ich, wie wenig ich in diesen bittersüßen Tagen, als ich die Vorbereitungen für die Geburt meines Kindes traf, über die Ereignisse in meiner Umgebung wußte. Wir schrieben das Jahr 1819, und ich lebte wie eine Raupe in meinem Kokon, und die Welt rauschte an mir vorbei. Hauptsache, mein Kind war in Sicherheit, der einzige Mensch, der mir jemals ganz gehören würde.

Die Arbeit am Nordturm war abgeschlossen, und Draco, die Diener und ich nahmen jetzt die »Große Halle« in Angriff. Während der Arbeit träumte ich davon, wie mein Mann und ich an Winterabenden vor dem Kamin sitzen und das Kind friedlich auf dem Teppich, den ich vor den Kamin legen wollte, schlafen würde. Es war ein angenehmer Tagtraum, und ich war wenig erbaut, als er plötzlich durch ein Klopfen und dann durch Mrs. Pickering, die Besucher meldete, unterbrochen wurde.

»Mr. und Mrs. Sheffield«, sage sie, und ihre laute Stimme hallte durch den leeren Raum.

Einen Moment lang traute ich meinen Ohren nicht. Esmond und Julianne waren vor zwei Wochen von der Hochzeitsreise zurückgekehrt, aber ich konnte mir nicht vorstellen, daß sie uns besuchen wollten. Doch da standen sie tatsächlich. Julianne sah sich mit einem verächtlichen Lächeln in der Halle um, und Esmond war beschämt und verlegen. Man merkte sofort, daß es nicht sein Einfall gewesen war, zu kommen.

»Cerberus!« Draco schnippte mit den Fingern und rief den Hund zur Ordnung, der mit gefletschten Zähnen die unwillkommenen Eindringlinge anknurrte.

Mit schamrotem Gesicht versuchte ich mich zu fassen. Ich wollte mir mein sicherlich zerzaustes Haar glattstreichen, aber dann gab ich es auf. Ich wischte mir nervös die Hände an meiner Schürze ab und sah mit Entsetzen die Schmutzstreifen, die sie hinterließen. Sicher war mein Gesicht schmutzig, und ich roch nach Schweiß. Ich wäre am liebsten im Erdboden versunken. Ausgerechnet Julianne und Esmond mußten mich so sehen.

»Hallo, Maggie, hallo, Draco«, begrüßte Julianne uns mit zuckersüßem Lächeln. »Guter Gott, wie es hier aussieht!« Ihr fröhliches Lachen trällerte durch den Raum. »Wie ich sehe, kommen wir sehr ungelegen, aber Esmond und ich hatten ja keine Ahnung, daß ihr umbaut...« Sie machte ganz unschuldige große Augen. »Liebe, Maggie, ich hoffe, es geht dir gut. Ich würde dir ja gern einen schwesterlichen Kuß geben und dir zu deiner überraschenden Hochzeit gratulieren, aber du wirst verstehen – mein Kleid ist aus Paris, und ich möchte es nur ungern schmutzig machen.«

»Ja, natürlich«, erwiderte ich kühl. Ihr dummes Geplapper hatte mir geholfen, mich zu fassen.

Sie hatte natürlich gewußt, daß wir umbauten, aber ihre unstillbare Neugier hatte sie hierhergetrieben, damit sie sich an Dracos und meiner Armseligkeit weiden konnte. Irgendwie hatte sie es geschafft, auch Esmond mitzuschleppen, um mich noch mehr zu verunsichern. Aber gleichgültig, wie zerzaust ich auch aussah, von ihr würde ich mich nicht unterkriegen lassen.

Trotz allem packte mich der Neid, als ich die Wolke ihres französischen Parfüms wahrnahm und ihren frechen federbesetzten Hut und das modische, dazu passende weinrote Kleid sah. Sir Nigel hatte anscheinend Esmonds Bezüge beträchtlich erhöht, sonst hätte sich Julianne nicht so herausputzen können. Und ziemlich dick war sie auch geworden. Doch plötzlich bohrte sich ein Pfeil in mein Herz. Sie war nicht fett, sondern erwartete ein Kind.

Esmonds Kind, dachte ich, und mir wurden die Knie weich.

Natürlich hatte er mit ihr geschlafen und sie geliebt. Er war doch schließlich ihr Mann. Aber ich hatte wohl insgeheim gehofft, er hätte sie nicht berührt. Dann hätte er irgendwie doch noch ein bißchen mir gehört.

Mein Blick richtete sich vorwurfsvoll auf ihn, und es war ein bitterer Triumph zu sehen, wie er beschämt die Augen niederschlug. Ich fragte mich, wie Julianne ihn dazu überredet hatte, mitzukommen. Wahrscheinlich hatte sie einen ihrer berühmten Trotzanfälle inszeniert. Ich fragte mich, ob ihm wohl dabei klargeworden war, wie raffiniert sie ihn in den Hafen der Ehe gelockt hatte. Esmond sah wirklich nicht gerade aus wie ein glücklicher Bräutigam. Ich frohlockte und hoffte mehr denn je, daß sie ihm das Leben zur Hölle machte.

»Hallo, Esmond«, sagte ich leise und war froh, daß meine Stimme so gelassen klang. »Ich hoffe, es geht dir gut, Cousin.«

Ich wollte ihn mit dieser Bemerkung verletzen, und das gelang mir. Sein betroffener, flehender Blick zeigte mir, wie bitter er bereute, Julianne gewählt zu haben. Und plötzlich erkannte ich, daß er nicht nur seinen schrecklichen Fehler eingesehen, sondern auch begriffen hatte, daß ich es war, die er wirklich liebte. Mein Herz hätte vor Freude hüpfen müssen, statt dessen packte mich Wut, Mitleid für uns beide und überwältigende Trauer für das, was wir einst geteilt und nun für immer verloren hatten.

Verdammt sollst du sein, Esmond Sheffield! schrie mein Herz in Verzweiflung. *Verdammt sollst du sein für deine Liebe zu mir und dafür, daß du sie mir jetzt zeigst, jetzt, wo es zu spät ist!*

Aber auch ich hatte mich schnell getröstet, das mußte ich zugeben, als ich seinen Blick auf meinen gewölbten Leib sah. Ich hatte mich Draco hingegeben, und Esmond hatte sicher inzwischen von unserer Flucht nach Gretna Green gehört. Ich schlug die Augen nieder, schluckte und versuchte, meine Gefühle nicht zu zeigen.

Aber vor Draco konnte ich nichts verheimlichen. Geschmeidig wie eine Katze war er an meiner Seite und legte seinen Arm besitzergreifend um meine Taille. Sein ironischer Blick richtete sich auf Esmond. Die Spannung zwischen den beiden Männern war fast greifbar, als sie sich musterten. Die Luft knisterte vor Feindseligkeit. Julianne spürte die Atmosphäre, begriff aber nicht, was vor sich ging. Sie war so seicht und selbstsüchtig, daß ihr wohl nur die Jagd Spaß machte, nicht die Realität. Sie hatte Dracos Sinnlichkeit nie verstanden und wäre wahrscheinlich entsetzt gewesen, wenn sie es getan hätte. Aber Esmond hatte schon vor Jahren gespürt, daß Draco eine Bedrohung für ihn war. Jetzt hatte er voll und ganz begriffen, was für ein Mann mein Gatte war, und seine eigene Unzulänglichkeit wurde ihm bewußt – seine Unfähigkeit, Dracos Herrschaft über mich zu verhindern.

Schamrot nagte ich an meiner Unterlippe bei dem Gedanken, daß Esmond mein leidenschaftliches Verhältnis zu meinem Mann durchschaute. Ich wollte etwas sagen, etwas erklären, aber ich war genauso machtlos wie er gegen Draco. Ich konnte nur hoffen, daß Esmond mir in die Augen schaute und sah, daß ich immer noch ihn liebte.

Irgendwie spürte Draco, daß ich ihn in Gedanken verraten hatte, und sein Griff wurde fester, ein Muskel zuckte an seiner Wange – das war immer ein sicheres Zeichen von Zorn.

»Wollt ihr nicht zum Tee bleiben?« fragte er Esmond und Julianne höflich, als würde er nicht innerlich vor Wut kochen. »Es geht zwar alles drunter und drüber hier, aber ich bin sicher, daß uns Mrs. Pickering etwas zubereiten wird. Sie hat sich als bemerkenswert gute Haushälterin erwiesen.«

Die Sheffields versuchten zwar, sich zu verabschieden, aber das duldete Draco nicht, und schließlich saßen wir alle bei Tee und Scones in der Küche. Draco schien sich als einziger wohl zu fühlen. Selbst Julianne wirkte bedrückt, ihre Federn hingen traurig vom Hut, und ihr schickes Kleid hatte einen dicken Schmutzrand. Offensichtlich hatte sie auch bemerkt, daß sie mit ihrem Besuch nicht das erreicht hatte, was sie erwartet hatte, und wollte jetzt so schnell wie möglich weg von hier. Sie saß auf ihrem Stuhl wie ein Schmetterling, den man auf ein Brett gespießt hat. Fast tat sie mir leid.

»Das ist ja wie in alten Zeiten«, sagte Draco, nachdem Mrs. Pickering uns verlassen hatte. »Jetzt fehlen nur noch Welles und Sarah. Schade, daß sie nicht hier sind. Wir sehen sie so selten. Aber das wird sich sicher ändern, wenn die beiden erst verheiratet sind.«

»Das dürfte wohl kaum so schnell der Fall sein«, erwiderte Esmond kühl. »Welles ist zwar mein Schwager, aber ich halte ihn nicht für den geeigneten Mann für meine Schwester. Er ist ein Verschwender und hat kein Geld. Ich werde nie meine Einwilligung zu dieser Verbindung geben.«

Dracos Augenbraue schoß nach oben. »Wie traurig für deine Schwester«, sagte er. »Aber vielleicht hat Welles doch genug Geld für eine Kutsche und Pferde. Gretna Green ist schließlich und endlich nicht so weit.«

Mir stockte der Atem bei dieser Unverschämtheit. Julianne kicherte nervös, und Esmond bekam einen ganz schmalen Mund.

»Diese Bemerkung sieht dir ähnlich, Draco. Du bist eben kein Gentleman. Aber du könntest wenigstens Rücksicht auf Maggies Gefühle nehmen. Unter den gegebenen Umständen zieht sie es sicher vor, nicht daran erinnert zu werden.«

»Welche Umstände meinst du denn, Sheffield?« fragte Draco. Seine Stimme war plötzlich bedrohlich leise geworden. »Ich hätte gedacht, daß zumindest du dich nicht um Klatsch kümmerst. Es stimmt, daß Maggie und ich nach Gretna Green geflohen sind. Aber was sollten wir sonst tun? Wir liebten uns und bekamen keine Einwilligung zur Heirat, nicht war, meine Süße?« Er drehte sich zu mir, nahm meine Hand und küßte meine Handfläche.

Ich hätte ihm die Hand entrissen, aber er hielt sie zu fest. Seine schwarzen Augen bohrten sich in meine und forderten mich heraus, es abzustreiten. Ich tat es natürlich nicht. Ich konnte nur hoffen, daß Esmond alles verstehen würde. Draco war mein Mann und der Vater meines Kindes. Ich mußte mit ihm leben und das Beste daraus machen, denn er würde mich nie gehen lassen. Er war ein Mann, der seinen Besitz festhielt. Hatte er mir das nicht gesagt? Selbst wenn Esmond sich irgendwie von Julianne lösen könnte, gab es keine Hoffnung für uns. Draco würde immer zwischen uns stehen.

»Wir hatten keine andere Wahl, Draco«, sagte ich leise.

Es war die Wahrheit. Aber auch dadurch waren der Schmerz und der Vorwurf in Esmonds Augen nicht leichter zu ertragen. Wut stieg in mir auf. Ihn traf genausoviel Schuld wie mich. Ich hob stolz den Kopf. Ich würde es nicht zulassen, daß Esmond sein schlechtes Gewissen auf meine Kosten beruhigte, wie es mein Vater sooft versucht hatte. Ich würde die Last meiner eigenen Fehler auf mich nehmen, aber nie wieder mehr als das.

Mein Blick richtete sich anklagend auf Esmond. Plötzlich wollte ich nur noch raus aus dieser Küche, wo die braunen Augen meines geliebten Cousins mich wie die eines waidwunden Rehs anstarrten, wo Draco lässig in seinem Stuhl saß und sein Zigarillo rauchte. Nur seine Augen waren wach wie die einer jagenden Katze. Julianne saß still wie eine Porzellanpuppe auf ihrem Stuhl und begriff nicht, was um sie vorging. Sie schmollte, weil sie nicht der Mittelpunkt war.

Ich trank meinen Tee und musterte Esmonds Gesicht. Violette

Ringe hatte er unter den Augen. Eine Locke war ihm in die Stirn gefallen wie früher. Genauso schnell, wie er gekommen war, war mein Zorn verflogen: Mein Herz schmerzte vor Trauer und Sehnsucht.

Da saßen wir vier, ein Muster von brüchigem Stoff, voller Fehler und schiefer Stiche, ein Muster, das sich in unserer Jugend geformt hatte und von unseren Eigenschaften geprägt wurde: Juliannes Eitelkeit und Habgier, Esmonds Dummheit und Treulosigkeit, mein Stolz und mein Zorn, Dracos Wollust und Rachsucht. Wir hatten diese Laster eingestellt. Wie schrecklich würden sie uns noch dienen? fragte ich mich.

Mit einem Mal hatte ich das irrsinnige Bedürfnis zu lachen – zu lachen, bis mir die Tränen über die bittere Ironie unserer Leben kamen. Und das seltsamste war, daß mich keiner außer Draco verstehen würde. Er hatte mich immer schon verstanden. *Wie seltsam,* dachte ich, *wenn ich doch Esmond liebe.*

Endlich verließen uns die Sheffields. Ich wollte nur noch eins, mich hinlegen und ausruhen, ich fühlte mich plötzlich alt.

Ich entschuldigte mich bei Draco und dem Personal und lief in den Nordturm. Die neuen Vorhänge in meinem Schlafzimmer waren geöffnet, und durch die Westfenster sah ich, daß sich Gewitterwolken am plötzlich bleiernen Himmel aufbauschten. Unter mir wogte das Moor im Wind, und die Wellen, die gegen das Steilufer brandeten, trugen weiße Gischtkämme.

Wenn ich ans östliche Fenster gegangen wäre, hätte ich Esmonds Kutsche sehen können, aber ich tat es nicht. Ich wollte nicht sehen, wie der Wagen Esmond von mir wegbrachte. Ich blieb zurück – genauso tot, als läge ich auf dem Friedhof hinter der Kirche.

»Vielleicht ist es besser so«, flüsterte ich meinem ungeborenen Kind zu. »Wenn ich ehrlich bin, bin ich froh, daß du nicht unter dem Dach meines Vaters aufwachsen mußt.«

Zum ersten Mal regte sich das Baby als Antwort auf meine Stimme, und ich spürte ein leises Flattern in mir wie das Schlagen von Schmetterlingsflügeln. Ich hielt den Atem an und stand reglos da, die Hände an meinen Leib gedrückt und wartete darauf, daß es sich wiederholte. Und als es passierte, lächelte ich vor Glück über dieses winzige Wesen, das geborgen und warm in mir wuchs.

Ein neues Leben. Ein neuer Anfang.

Ich schwor mir, daß für mein Kind alles besser werden würde als für mich.

Nun sind sie fort: ja, in längst vergangenen Zeiten
Flohen die Liebenden hinaus in den Sturm

–The Eve of St. Agnes
John Keats

21
Interludium vor dem Sturm

Still wie der Nebel, der vom Meer landeinwärts rollte, glitt Draco in unser Schlafzimmer und kam auf mich zu. Ich stand immer noch am Westfenster, weil ich trotz meiner Müdigkeit nicht schlafen konnte. Ich war so in Gedanken versunken, daß ich ihn nicht kommen hörte, und erschrak, als er mir die Hände auf die Schultern legte und mir leise ins Ohr flüsterte: »Eine nette kleine Scharade, die wir da heute aufgeführt haben, nicht wahr?« fragte er spöttisch. »Armer Esmond. Eine harte Rückkehr in die Wirklichkeit, fürchte ich. Julianne zeigt jetzt ihr wahres Gesicht, und er kann sich nicht mehr aus ihren Klauen befreien. Der Idiot!« Draco packte mich wütend und schüttelte mich. »Wir hatten ein Abkommen, du und ich.«

»Ja, das hatten wir.«

»Ich erwarte von dir, daß du es einhältst, mein Mädchen.«

»Ich hatte nichts anderes im Sinn, Draco.«

»Hattest du nicht?«

»Nein.«

»Und doch hätte ich schwören können, daß in deinen Augen eine gewisse Zärtlichkeit zu erkennen war, als du Esmond gesehen hast. So hast du mich noch nie angesehen.«

»Wenn dem so ist«, ich drehte mich endlich zu ihm um, »dann war es aus meinen Erinnerungen geboren – mehr nicht. Ich mache mir nicht vor, daß noch etwas zwischen Esmond und mir sein könnte. Dazu kenne ich dich zu gut, Draco.«

»Dann mußt du auch wissen, daß ich ihn töten würde, Maggie, wenn ich glaubte, du würdest mich betrügen.«

»Ja, ich weiß.« Seine bedrohliche Stimme jagte mir Kälteschauer über den Rücken.

»Du solltest also besser keine Dummheiten machen, mein Mädchen.«

»Aber du darfst dir alles erlauben, nicht wahr?« fragte ich frech.

Seine Augen wurden schmal. »Was soll das heißen, Maggie?«

»Spiel ja nicht den Unschuldigen, Draco«, rief ich wutentbrannt. »Ich weiß, daß du andere Frauen hast – vielleicht sogar eine Geliebte! Und du erwartest, daß ich das stillschweigend dulde. Das werde ich nicht tun, hörst du? Sobald ein weiteres Schlafzimmer eingerichtet werden kann, werde ich dorthin umziehen und meine Tür vor dir versperren!«

Zu meiner Überraschung machte ihn das nicht wütend. Ein seltsames Lächeln umspielte seine Lippen.

»Glaubst du wirklich, das könnte mich von dir fernhalten, Liebes?« fragte er leise, und sein Blick trieb mir die Röte ins Gesicht. »Und wie kommst du drauf, daß ich andere Frauen oder eine Geliebte habe?«

»Ich bin nicht auf den Kopf gefallen«, sagte ich. »Ich weiß, daß du meiner überdrüssig bist – lange hat die Begeisterung ja nicht gedauert! Glaubst du, ich kann mir nicht denken, wo du dich mit Welles aufhältst, wenn ihr dann nach Rauch, Schweiß und Brandy stinkend zurückkommt? Einmal hast du sogar nach französischem Parfüm gerochen, Draco! Du denkst vielleicht, daß ich nicht über dieses ... dieses Freudenhaus in Launceston Bescheid weiß. Du kennst es sicher sehr gut. Ich habe ja von dir auch nichts anderes erwartet. Aber daß du Welles dahin mitschleppst ... Ich kann nur hoffen, daß Sarah nie etwas davon erfährt. Es würde ihr das Herz brechen. Du könntest wenigstens auf ihre Gefühle Rücksicht nehmen, Draco, wenn schon nicht auf meine. Mir ist es ohnehin egal, was du treibst.«

Diese Worte schienen Draco seltsamerweise zu gefallen. Damit hatte ich nun wirklich nicht gerechnet.

»Aber, wenn das wirklich der Fall ist, mein Schatz«, sagte er, »dann ist es mir ein Rätsel, warum du mir diese Gardinenpredigt hältst. Könnte es sein, daß du doch zärtliche Gefühle für mich hegst? Könnte es sein – ich wage es kaum zu sagen – daß du eifersüchtig bist?«

»Sei bitte nicht lächerlich!« erwiderte ich und wandte mich beschämt ab. »Ich möchte nur nicht, daß wir den Leuten noch mehr Stoff zum Reden geben.«

»In der Tat?« Draco zog eine Augenbraue hoch. »Dann laß dich beruhigen, mein Schatz. Es gibt keine anderen Frauen. Ich habe keine Geliebte, und ich habe auch keine Sehnsucht nach einer. Ich dachte, ich hätte dir klar und deutlich erklärt, daß ich dich – und nur dich – begehre. Wenn ich in letzter Zeit nicht sooft dein Lager mit dir geteilt habe, dann nicht, weil ich deiner überdrüssig bin, sondern weil ich unserem ungeborenen Kind keinen Schaden zufügen will. Was Welles betrifft – wir machen ein kleines Geschäft zusammen, und wir möchten es im Augenblick noch geheimhalten, damit Sir Nigel uns keine Steine in den Weg legen kann. Ich weiß, daß dein Vater mir Schwierigkeiten machen will, Maggie.«

Wie seltsam, daß mich diese Worte mit so großer Freude erfüllten. Ich begriff es nicht. Erst vor einer Stunde hatte ich Esmonds schönes Gesicht gesehen und gewußt, daß ich ihn noch liebte. Warum wehrte ich mich also nicht, als Draco mich hochhob und zu Bett trug? Warum erregte mich sein Kuß so? Ich wußte es nicht.

Der drohende Sturm brach über uns herein, während wir uns liebten. Der Regen prasselte mit solcher Wucht gegen die Fenster, daß ich Angst hatte, die Scheiben könnten bersten. Aber ich lag im Nordturm geborgen in Dracos Armen, sicher und warm wie das Kind in meinem Leib, und ich war eigenartigerweise genauso zufrieden.

Herr, ich bin einer
Den böse Schläg' und Hudelein der Welt
So aufgebracht, daß ich nicht sorge, was
Ich tu' zum Trotz der Welt.

–Macbeth
WILLIAM SHAKESPEARE

22
Mick Dyson und die Minenarbeitersiedlung

Es war ein unruhiger Sommer, der den Frühlingsschauern dicht auf den Fersen folgte. Vergessen waren die Nebel und Nieselregen. Die Sonne schien heiß und gnadenlos, wie manchmal in Cornwall, und brannte auf die vernarbte Küste, sog die Feuchtigkeit aus den Mooren und hinterließ sie ausgedörrt, verwelkt und fahlgolden wie Heu. Gelegentlich blies noch ein ungestümer Wind und brachte mächtige Sommergewitter. Dann verdunkelte sich der Tag, und die See tobte. Weißbekrönte Brecher donnerten gegen die zerklüfteten Felsen.

Wir arbeiteten jetzt nicht mehr so hart an der Wiederinstandsetzung des Hauses, da das Gewicht meines wachsenden Kindes mich kurzatmig machte und Draco mir nicht mehr erlaubte, sosehr zuzupacken. Mrs. Pickering war überrascht, wie besorgt er um mich war, und ich glaube, nur wenige Männer behandelten ihre Frauen so gut wie mein Mann mich. Er hegte und pflegte mich wie einen Invaliden. Ständig schüttelte er mir die Kissen hinter dem Rücken auf, und einmal warf er sogar ein Kissen weg, weil er fand, es wäre zu hart für mich. Er kaufte mir Bücher zum Zeitvertreib, und abends unterhielt er mich mit Spielen. Er massierte mir den Rücken, der mir inzwischen ständig weh tat, und meine Füße, weil es mich beruhigte. Manchmal, wenn all das versagte, bürstete er mir das Haar und sang leise Zigeunerlieder, bis ich einschlief. Selbst ich begriff nicht, wie ein und derselbe Mann so liebevoll sein konnte und andererseits so hart.

Im Lauf der Zeit entdeckte ich Seiten an Dracos Charakter, die ich zwar als Mädchen gesehen, aber als Frau einfach ignoriert hatte, weil es dadurch leichter war, ihn zu verachten. Jetzt mußte ich überrascht feststellen, daß ich irgendwann aufgehört hatte, ihn zu hassen. Er war zwar ein Teufel, aber nicht durch und durch teuflisch. Er konnte zärtlich und mitfühlend sein, wenn er wollte, und in diesen Tagen sah ich nur selten den harten, kalten Draco, der mir angst machte.

Trotzdem hatte ich bald guten Grund, für sein dämonisches Temperament dankbar zu sein. Die Zeiten waren hart, und ganz England in Aufruhr. Der Duke of Wellington, der Held der Schlacht von Waterloo, war nach Hause gekommen. Er war ins Parlament aufgenommen worden und wetterte dort gegen den freien Handel. Die Aristokraten, die guten Grund dazu hatten, unterstützten ihn. Die Getreidegesetze blieben bestehen, und der Import von billigem, ausländischem Weizen wurde nicht gestattet. Somit war den adligen Landbesitzern weiterhin ihr Einkommen aus den eigenen Feldern gesichert, und die Preise stiegen unaufhörlich. Das wiederum brachte die Fabrikbesitzer in Rage, die von ihren Arbeitern zu höheren Lohnversprechungen gezwungen wurden. Wenn dann die Fabrikbesitzer ihr Wort nicht halten konnten, wurden sie das Ziel von Gewalt.

Selbst bis zu den Heights hörten wir Berichte, die mich erschaudern ließen, da ich an die Hungeraufstände von 1795, von denen man mir erzählt hatte, dachte. Eine Reihe von Mißernten hatte die Lage noch weiter verschlimmert. In kurzen Worten: Die Arbeiterklasse und die Armen hungerten, und wenn Leute hungern, stürzen sie sich auf die, die sie für ihre mißliche Lage verantwortlich machen. Die Sache wurde noch schlimmer, da mit dem Fortschritt die Maschinen kamen, die von niedrig bezahlten Frauen und Kindern bedient werden konnten. Dadurch verloren die Männer ihre Arbeit und fanden keine neue, um ihre Familien zu ernähren. Immer mehr irische Flüchtlinge drängten an die Küsten Englands und wurden als billige Arbeitskräfte mißbraucht.

Arbeitslos und bald auch obdachlos, überfluteten verzweifelte Männer die Armenhäuser der Städte und streiften über die Landstraßen. Manche wurden Straßenräuber, viele Schmuggler. Andere, die noch das Gerede von Freiheit und Gleichheit in den Ohren hatten, das die englischen Redcoats aus dem Krieg mit den Franzosen nach Hause gebracht hatten, stachelten die Männer zur Rebellion gegen die Unterdrücker auf.

Sir Nigel hatte es sicher nicht leicht, da er zu den Aristokraten mit Landbesitz gehörte und er sich keinem außer dem König beugte. Mein Großvater Sir Simon hatte Weitsicht bewiesen, als er die Porzellanerdegruben gekauft hatte – als Versicherung für die Zeit, in der die Rechte des einfachen Mannes die der privilegierten Klasse verdrängen würden.

Die Minen waren Sir Nigel zwar zutiefst zuwider, aber er verkaufte sie auch nicht, weil der Profit groß war. Er hatte sie der Aufsicht des wieselgleichen Mr. Heapes übertragen und ihm einen brutalen Aufseher, Mick Dyson, zur Seite gestellt. Somit mußte mein Vater sich nicht mit unstandesgemäßem Handel die Finger schmutzig machen. Heapes und Dyson konnten tun und lassen, was sie wollten, solange die Minen Profit machten.

Ich bezweifle, daß Sir Nigel auch nur einen Gedanken an das grausame Los der Minenarbeiter unter dem Joch von Dyson und Heapes verschwendete. Für ihn war es sicher unvorstellbar, daß die Minenarbeiter gegen die schlechte Behandlung revoltieren würden. Er zahlte doch schließlich einen Lohn für einen Tag Arbeit, oder? Und wenn ihnen der Lohn nicht reichte, konnten sie doch woanders hingehen. Ich fand es also nicht weiter verwunderlich, daß die Kutsche, in der er und Lady Chandler eines Abends nach Hause fuhren, mit Steinen beworfen wurde. Sie blieben beide unverletzt, aber die Warnung, die um einen Stein gewickelt war, der das Kutschenfenster durchschlagen hatte, war deutlich: Entweder würden die Arbeitsbedingungen der Minenarbeiter verbessert werden, oder es gab Aufstand.

Ich war sehr besorgt, als ich von den Drohungen gegen Sir Nigel erfuhr. Ich wußte, daß er sie nicht beachten würde, und das würde die

Gewalttätigkeit nur fördern. Möglicherweise würden auch alle, die mit ihm verwandt waren, in Mitleidenschaft gezogen. Mein Vater unternahm zwar nichts, aber zu meiner Überraschung hatte Mick Dyson die Lage gut im Griff und beruhigte die erhitzten Gemüter mit vernünftigen Argumenten.

»Oh, Sie hätten ihn hören sollen, Missis«, plapperte Linnet erregt nach einem Besuch bei ihrer Mutter. »Sie haben ihm aus der Hand gefressen, als Mick ihnen gesagt hat, es würde gar nichts bringen, wenn sie die Arbeit niederlegen, weil sie wahrscheinlich keine andere finden, weil sogar die besten Facharbeiter arbeitslos sind. Sie sollen an ihre Familien denken, hat er gesagt. Die hätten dann kein Dach über dem Kopf und nichts zu essen, und man würde sie aufhängen oder nach Australien verschiffen, wenn sie Sir Nigel was antäten. Mick hat gesagt, er und Heapes würden mit dem Baron reden. Und bis dahin sollten die Arbeiter brav an ihrem Platz bleiben, weil die Zeiten schlecht sind und sie woanders auch nichts kriegen würden. Und außerdem würden sie den anderen in der Siedlung keinen Gefallen tun, wenn sie Sir Nigel so ärgerten, daß er womöglich die Minen ganz schließt.«

»Offen gesagt, Linnet, ich bin erstaunt, daß Mick Dyson so vernünftig ist. Ich hab' ihn immer für einen Hitzkopf gehalten, der seiner eigenen Mutter die Kehle durchschneiden würde, wenn es ihm etwas bringt!«

»Sie müssen reden, Missis!« konterte sie frech mit vor Wut blitzenden, grünen Augen. »Jemand, der seinen eigenen Vater fast die Treppe –«

»Das reicht, Linnet!« unterbrach ich sie zitternd vor Wut. »Was in dieser Nacht passiert ist, war nicht meine Schuld, wie du sehr wohl weißt. Du vergißt dich! Ich sollte dir sofort kündigen!« Dann überlegte ich mir aber, daß eine neue Zofe sicher nicht so leicht aufzutreiben war, vor allen Dingen würde niemand bei der Renovierung des Hauses helfen. Ich holte tief Luft und zwang mich, etwas gefaßter fortzufahren. »Dieses eine Mal will ich die Sache auf sich beruhen lassen. Offensichtlich habe ich dich mit meinen Kommentaren über

Mick Dyson beleidigt, und dafür entschuldige ich mich. Ich habe nicht geahnt, daß du ihm so nahe stehst.«

Komischerweise wurde meine Zofe bei dieser Bemerkung ganz blaß. Dann lief sie puterrot an und schlug die Augen nieder.

»Wir ... sind ... nicht wirklich. Er ... er war nur sehr nett zu mir und meiner Familie, nachdem Pa in der Mine umgekommen ist. Ich hab' gedacht, Sie freuen sich, wenn Sie hören, wie er sich für Sir Nigel eingesetzt hat, weil« – sie sah mich herausfordernd an – »Mr. Sheffield auch Ärger kriegen kann. Er ist doch der Erbe vom Baron, und er hat auch ein paar von Sir Nigels Pflichten als Richter übernommen.«

Daran hatte ich nicht gedacht. Natürlich war Esmond auch in Gefahr, und Angst umklammerte mein Herz mit kalter Hand. Ich hatte keine Möglichkeit, meinen geliebten Cousin zu warnen, ohne daß Draco es erfuhr. Selbst Linnet hatte gezeigt, daß sie unloyal sein konnte. Ich hatte das schon immer vermutet, aber jetzt war ich sicher. Außerdem erinnerte sie mich ständig an Julianne, weil sie ihr so ähnlich sah. Ich schickte meine Zofe verärgert weg und wünschte, ich könnte auf ihre Dienste verzichten.

Sie hatte bestimmt, was ihre Beziehung zu Mick Dyson betraf, gelogen, und ich fragte mich, warum. War er vielleicht ihr Geliebter? Ich hatte keine Ahnung. Und es war mir auch gleichgültig, aber später wünschte ich, ich hätte mich mehr dafür interessiert.

Am Tag nach meinem Gespräch mit Linnet erfuhr ich, daß nicht nur Esmond in Gefahr war, sondern auch ich selbst. Es war Markttag, und da Mrs. Pickering viel zu tun hatte, bot ich mich an, selbst einzukaufen. Jetzt saß ich neben Will mit einem Sonnenschirm, der mich gegen die Morgensonne schützte, auf meinem Wagen und ließ meine Gedanken ziellos treiben. Ich mochte Mrs. Pickering zwar sehr gern, war aber froh, daß ich mir heute ihr ständiges Geplapper nicht anhören mußte. Ich genoß die stille Fahrt und erfreute mich an der Landschaft.

Neben der Straße erstreckte sich das Moor wie ein endloses Meer, das frische Grün des Frühlings wich allmählich dem fahlen Gold des Sommers.

Der Wagen holperte dahin. Die Siedlung der Minenarbeiter kam jetzt in Sicht, und wie immer war ich betroffen vom schlechten Zustand der Hütten, der schon aus der Ferne erkennbar war. Die tristen grauen Fassaden waren geschwärzt von den Torffeuern, und die schachtelförmigen Häuser so dichtgedrängt, daß kaum Platz für die winzigen Gärten blieb, in denen außer Unkraut ohnehin nicht viel gedieh.

Zwischen den Häusern waren Wäscheleinen gespannt, Frauen standen gebeugt über Wannen mit heißem Wasser und schrubbten die armseligen Kleidungsstücke. Selbst die Gesichter der jüngsten Frauen sahen alt und abgearbeitet aus.

In den engen Gassen zwischen den Häuserreihen spielten zerlumpte Kinder, keines war älter als fünf oder sechs. Die älteren mußten in den Minen arbeiten, weil die Familien den Lohn brauchten. Es wurde keine Rücksicht darauf genommen, daß die Kinder von der Arbeit in den Schächten krank wurden, ihr Schmerz spielte keine Rolle, wenn hungrige Mäuler zu stopfen waren.

Ich war es schon gewohnt, daß alles verstummte, wenn ich an der Siedlung vorbeifuhr, aber heute hatte die Stille etwas Bedrohliches, und die Blicke, die mir folgten, waren feindselig. Ein kleiner Schauer der Vorahnung lief mir über den Rücken. Für diese Leute war ein Chandler wie der andere. Jetzt bemerkte ich aus dem Augenwinkel, daß eine kleine Gruppe von Männern vor einem der Häuser stand. Ich fragte mich, warum sie zu dieser Stunde nicht in der Mine waren. Die Arbeit dort begann jeden Morgen um fünf Uhr früh, und wer nicht rechtzeitig erschien, mußte Strafe bezahlen. Hatten die Männer einfach ihren Arbeitsplatz verlassen? Ich wußte es nicht und wollte es auch gar nicht wissen. Schweißperlen standen mir auf der Stirn, und meine Hände waren feucht. Will saß über die Zügel gebeugt und pfiff durch die Zähne, als wäre die Welt in Ordnung. Aber ich merkte, daß seinem aufmerksamen Blick nichts entging und das Gewehr zu seinen Füßen in Griffweite lag. Trotzdem hatte ich schreckliche Angst. Ich kannte Will kaum und wußte nicht, ob ich ihm vertrauen konnte und ob er mich im Fall eines Angriffs verteidigen würde. Aber was konnte er allein gegen den Mob ausrichten?

Ich atmete erleichtert auf. Wir hatten die Siedlung endlich hinter uns gelassen. Will warf mir einen kurzen Blick zu, sagte aber nichts. Er war genauso verschwiegen wie sein Herr.

Nachdem wir im Dorf angelangt waren, erledigte ich schnell meine Einkäufe und war immer noch so verwirrt, daß man mich sicher um einige Schilling betrogen hatte. Dafür würde mich Mrs. Pickering bestimmt tadeln.

Als die Zeit gekommen war, nach Hause zurückzukehren, suchte ich nach Will. Ich hatte ein bißchen Angst, daß er mich im Stich gelassen hatte. Aber endlich entdeckte ich ihn am Ende des Platzes. Er half mir in den Wagen, verstaute meine Einkäufe, und wir machten uns auf den Weg. Ich musterte ihn nervös und fragte mich, ob er wohl viel Bier zur Stärkung für den Heimweg getrunken hatte. Aber seine blauen Augen waren klar, die Hände an den Zügeln ruhig.

Je näher wir der Minensiedlung kamen, desto nervöser wurde ich. Ich fragte mich, ob es uns wohl noch einmal gelingen würde, die Arbeiterhütten unbehelligt zu passieren.

»Nimm den Umweg, Will«, sagte ich schließlich, als meine Angst vor dem, was in der Siedlung passieren könnte, immer größer wurde.

Er überlegte kurz, dann schüttelte er den Kopf und sagte: »Nein, bei allem Respekt, Missis. Der Herr erwartet uns und wird böse, wenn wir uns verspäten. Und wenn die merken, daß Sie Angst haben und einen anderen Weg heimfahren, dann sind sie hinter uns her wie Hunde auf einer frischen Blutspur. Ich lauf' schon nicht weg und überlasse Sie Ihrem Schicksal, wenn Sie das meinen. Der Herr würde mir das Fell über die Ohren ziehen, und außerdem waren Sie und der Herr gut zu mir, Missis. Nicht jeder hätte mir 'ne Chance gegeben, nachdem ich aus dem Gefängnis gekommen bin.«

Ich muß zugeben, es entsetzte mich, daß Will ein ehemaliger Sträfling war. Andererseits war ich froh, weil jemand, der im Gefängnis überlebt hatte, sicherlich auch mit einer Bande Schläger fertig würde.

»Na gut, Will«, sagte ich und richtete mich auf. »Wir fahren weiter und pfeifen auf die Minenarbeiter!«

Der kleine, drahtige Mann nickte und schnalzte mit der Zunge, um das Pony anzutreiben. Ich spürte, daß ich in diesem ungehobelten Diener einen Freund und Verbündeten gefunden hatte.

Ein paar Minuten später kam die Siedlung in Sicht. Unter den Männern sah ich auch einige unbekannte Gesichter, und mir wurde noch unheimlicher zumute. Sicher waren das Aufwiegler, die durchs ganze Land reisten und Reden über Gewerkschaften, Streiks und Reformen hielten und überall Zwietracht und Aufruhr entfachten. Diese Männer hatten nichts zu verlieren, waren bereit, Minen zu sprengen, Fenster einzuschlagen, Maschinen zu zertrümmern oder eine Weberei anzuzünden. Ein Menschenleben bedeutete ihnen gar nichts.

»Sie werden Ihnen nichts tun, Missis, dafür sorg' ich schon«, versprach Will, und ich versuchte, meine Panik unter Kontrolle zu bringen.

Alles verstummte, als wir näher kamen. Plötzlich brüllte jemand eine Beleidigung, und mir wurde schlagartig klar, daß ich für diese Leute immer noch Sir Nigels Tochter war, auch wenn er mich verstoßen hatte, und sie nur zu gerne ihre Wut an mir auslassen würden, wenn sie ihn schon nicht zu fassen bekamen. Andere schrien uns jetzt anzügliche Bemerkungen nach, und plötzlich flog ein Stein. Er traf das Pony, und nur Wills starke Hand am Zügel verhinderte, daß das Tier durchging. Ich dachte an mein Baby und daran, wie leicht es getötet werden könnte, noch ehe es die Chance hatte zu leben, und mit einem Mal hatte ich keine Angst mehr vor diesem Haufen.

Bevor mich Will daran hindern konnte, war ich aufgestanden und beschimpfte die Aufrührer.

»Schämt euch!« schrie ich wütend. »Was seid ihr denn für Männer, die eine schwangere Frau angreifen?«

Einige erröteten verschämt und wandten sich ab. Aber ein Mann war nicht so leicht einzuschüchtern. Er schritt frech auf mich zu, ein Bär von einem Iren mit Muskeln von jahrelanger Arbeit in den Minen bepackt. Sein langes, ungepflegtes Haar war feuerrot, die Augen funkelten wie grüne Glassplitter. Seine Nase war so oft gebrochen, daß ihre ursprüngliche Form nicht mehr erkennbar war. Höhnisch grinsend musterte er mich von oben bis unten, als wolle er mich ins Bett zerren und mir zeigen, wer der Herr war. Allein der Gedanke jagte mir Ekelschauer über den Rücken. Der Mann war Mick Dyson, der Aufseher meines Vaters.

Jetzt, da ich ihn aus der Nähe sah, erkannte ich, warum die Minenarbeiter ihn so fürchteten und ihm gehorchten. Er sah aus wie ein Mann, der zuerst zuschlug und dann Fragen stellte. Er hatte sich mit den Fäusten zu seiner Stellung hochgearbeitet. Aber er war kein Mann, der sich an seine Ursprünge erinnerte und danach strebte, das Los der Ärmeren zu lindern. Er verachtete sie nur und haßte sie, weil sie ihn an sein früheres Elend erinnerten.

Mir fiel ein, daß Sir Nigel einmal gesagt hatte, Dyson würde auf zwei Hochzeiten tanzen, wenn es ihm Vorteile brächte, und jetzt merkte ich, wie recht er gehabt hatte. Dieser Mann würde sicher jede Gelegenheit nutzen, um vorwärtszukommen. Tief in seinem Innersten haßte der Ire meinen Vater und alles, wofür er stand. Er war aber gescheit genug, zu erkennen, daß Sir Nigel die Minen einfach schließen konnte, wenn die Arbeiter ihm zuviel Ärger machten. Es wäre für Dyson sicher nicht so einfach gewesen, wieder eine Arbeit als Aufseher zu bekommen, also hatte er kein Interesse daran, meinen Vater zu verärgern, indem er mit ihm über Lohnerhöhungen diskutierte, wie er, laut Linnet, den Arbeitern versprochen hatte. Aber vielleicht glaubte Dyson, er könnte doch soviel Druck auf meinen Vater ausüben, daß er einige Forderungen erfüllte, und ließ es deshalb zu, daß mich die Arbeiter belästigten. In diesem Punkt hatte er sich verrechnet. Mein Vater würde keinen Finger für mich rühren, ich existierte nicht mehr für ihn.

Dyson stellte sich vor den Wagen und nahm die Zügel, damit wir nicht weiterfahren konnten.

»Guten Tag auch, Missis«, begrüßte er mich unverschämt, als wäre er meinesgleichen. Mir wurden die Knie weich, und ich mußte mich setzen.

Keiner der Männer, die ich kannte, hat mir je soviel Angst eingejagt wie Dyson, der sich nicht um gesellschaftliche Regeln scherte und nur auf seinen eigenen Vorteil bedacht war.

Dyson war Ire, hatte aber, wie ich hörte, seine Heimat schon vor Jahren verlassen und war mit vielen anderen nach England emigriert, um hier sein Glück zu machen. Seine erste Frau war an Unterernährung zusammen mit ihrem Kind im Kindbett gestorben. Nach ihrem Tod war Dyson, wie man sich erzählte, noch verbitterter geworden und hatte sich wie ein Wilder in die Arbeit gestürzt und dreimal mehr als alle anderen gearbeitet. Ich wußte nicht, was er mit seinem Geld machte, er war nur selten mit den anderen Minenarbeitern beim Trinken. Wahrscheinlich hortete er jeden Pfennig in der Hoffnung, noch weiter nach oben zu kommen. Aber ich ahnte nicht einmal, wie ehrgeizig er war, sonst wäre ich sicherlich noch furchtsamer gewesen.

Ich wußte nur, daß er ein gefährlicher Mann war, dem man nicht in die Quere kommen durfte, und ich war ihm jetzt in die Quere gekommen. Ich wünschte von ganzem Herzen, ich hätte geschwiegen. Aber es war nun mal geschehen, und jetzt mußte ich die Sache durchstehen.

»Sie versperren die Straße, Mr. Dyson«, sagte ich und war froh, daß meine Stimme so gelassen klang.

»Tatsächlich, das tue ich«, stimmte er ungerührt zu. »Ich will Ihnen nämlich einen guten Rat geben, Missis. Sie sind ein hübsches Frauchen, und ich hab' nichts gegen Sie. Es täte mir leid, wenn Ihnen was passiert. Also richten Sie Ihrem Mann was aus, ja? Sagen Sie ihm, wäre gut, wenn er nachts daheimbleibt und sich um seine Frau kümmern würde. Sind schwere Zeiten, Missis, und überall laufen gefährliche Männer rum.«

Ja, dachte ich, *und du bist einer davon.*

Ich nickte, und die Angst schnürte mir die Kehle zu. Trotzdem gelang es mir, zu antworten: »Na schön, ich werde es meinem Mann ausrichten. Und jetzt treten Sie bitte zur Seite. Sie haben mich lange genug aufgehalten. Mein Mann wird sich fragen, wo ich bleibe. Ich möchte nicht, daß er sich auf die Suche nach mir begibt.«

Zu meiner Erleichterung ließ der Ire die Zügel des Ponys los und machte Platz. Will ließ die Zügel schnalzen, und das Pony trabte los. Ich schaute mich nicht um, spürte aber, daß Mick Dysons Blicke sich in meinen Rücken bohrten.

Zur Totenstunde in der Nacht
Hört sie ein Zaumzeug klirren...

–The Ballad of Tam Lin
VOLKSMUND

23
Der Geist von Stormswept Heights

Draco hatte sich Sorgen gemacht wegen unserer Verspätung. Er kam wutentbrannt aus dem Haus gestürmt, als wir vorfuhren. Ich war trotz seines strengen Gesichts froh, ihn zu sehen. Seine breiten Schultern und muskulösen Arme hatten etwas Beruhigendes.

»Wo warst du so lange, Maggie?« fragte er grimmig, während er mir aus dem Wagen half.

»Ich wurde gegen meinen Willen aufgehalten«, erklärte ich und legte meine Hand auf seinen Arm. »Komm ins Haus, Draco. Ich habe dir viel zu erzählen.«

Er merkte wohl am Klang meiner Stimme, daß etwas nicht in Ordnung war, und protestierte nicht. Er nickte nur schweigend und warf mir einen fragenden Blick zu, ehe wir ins Haus gingen. Drinnen erzählte ich ihm von dem beunruhigenden Zwischenfall in der Siedlung. Nachdem ich ihm das zweite Mal, Wort für Wort, Dysons Botschaft wiederholt hatte, murmelte er: »Dyson spielt ein gefährliches Spiel. Er sollte auf der Hut sein, sonst verliert er es noch.« Er trommelte mit den Fingern auf den Tisch und überlegte. Schließlich sagte er: »Maggie, ich will dich nicht ängstigen, aber du mußt von jetzt an sehr vorsichtig sein. Fahr nicht mehr mit dem Wagen aus, nur noch mit der Kutsche, wenn überhaupt. Will und Ned sollten dich immer begleiten – bewaffnet. Ich werde Dyson einen Besuch abstatten, nur um sicherzugehen, daß er weiß, mit wem er es zu tun hat. Wir werden ja sehen, wie mutig er ist, wenn er es mit *mir* zu tun hat!«

Ich erfuhr nie, was Draco mit Mick Dyson besprochen hatte, aber nach diesem Tag belästigte mich der Ire nicht mehr. Ich vermied es auch, ihm zu begegnen. Wenn ich wirklich die Siedlung durchfahren mußte, hielt Ned sein Gewehr deutlich sichtbar auf dem Schoß, und Will trieb die Pferde im Galopp über die Straße. Wenn die Einwohner meine Kutsche sahen, wagten sie sich nicht mehr nahe an die Straße. Trotzdem hatte ich immer ein ungutes Gefühl und blieb lieber zu Hause.

Nachdem ich von dem Vermächtnis meiner Mutter an mich erfahren hatte, zahlte ich der Dorfkirche eine gewisse Summe, damit ihr Grab ordentlich gepflegt wurde. Der Granitblock, der ihre Ruhestätte versiegelte, sollte einmal wöchentlich gewaschen werden, und jeden Sonntag besuchte ich den Friedhof, um mich zu vergewissern, ob meine Anordnungen befolgt wurden, und legte einen kleinen Blumenkranz auf ihr Grab. An anderen Tagen ging ich hin, um mit ihr wie früher als Kind zu reden.

Jetzt wußte ich, wie unglücklich sie gewesen war. Trotzdem hatte sie mich von Herzen geliebt, da war ich mir ganz sicher. Meine Mutter hatte auch erfahren, was es hieß, eine Frau in einer Männerwelt und Gefangene einer Ehe, aus der nur der Tod sie befreien konnte, zu sein. Vermutlich hatte sie mir das Geld hinterlassen, damit ich im Fall einer Heirat einen Ausweg hatte, falls ich unglücklich war.

Aber obwohl ich dankbar für mein Erbe war, dachte ich nie daran, es zu benutzen, um Draco zu entfliehen. Ich war, wie ich schon sagte, seltsam glücklich in Heights, und wenn ich Esmond nicht geliebt hätte, wäre ich mit meinem Los zufrieden gewesen.

Ich hatte ihn seit dem Tag, an dem er und Julianne mich besucht hatten, nicht mehr gesehen. Ich dachte auch nicht mehr so oft wie früher an ihn und trauerte nicht mehr so heftig um ihn. Über die Gründe dafür zerbrach ich mir nicht weiter den Kopf, denn ich fühlte, daß ich dann zu viele Dinge entdecken würde, denen ich mich noch nicht stellen wollte.

Aber es gab andere seltsame Dinge in meinem Leben, die sich nicht so leicht verdrängen ließen. Im Laufe der Jahre hatte ich wie alle anderen auch unheimliche Geschichten über Heights und seine grausame Vergangenheit gehört. Draco selbst hatte mir viele dieser Schauermärchen erzählt, aber bis jetzt hatten sie mich nicht sonderlich beschäftigt. In letzter Zeit allerdings fragte ich mich, ob sie vielleicht nicht doch wahr seien und es im Haus spukte. Manchmal, in tiefster Nacht, wenn der Mond nicht schien und der Dunst wie ein Leichentuch über dem Moor lag, weckte mich fremdes Geräusch aus tiefstem Schlummer. Ich redete mir ein, es wäre nur das Ächzen des Hauses oder der seufzende Wind, und schlief meist schnell wieder ein. Aber schließlich kam die Nacht, in der ich genau wußte, daß mich etwas anderes geweckt hatte. Ich hätte schwören können, es war das leise Klirren eines Zaumzeugs unten im Hof. Ich wandte mich Draco zu, um ihn zu wecken, aber er war nicht da. War er noch gar nicht zu Bett gegangen, oder war er schon unten und schaute nach?

Ich stand auf, tastete nach einer Kerze und zündete sie an. Die Flamme flackerte gespenstisch und warf lange Schatten auf die Wände des Nordturms. Ich ging zum Fenster, zog ein Stück Vorhang beiseite und spähte in den Hof. Die mondlose Nacht war schwarz wie die Katze einer Hexe, der Nebel verhüllte die Sterne. Draco hatte den Torf im großen, runden Steinkamin des Leuchtturms noch nicht entzündet, und ich konnte nichts erkennen. Ich wollte mich gerade abwenden, als ich ein Licht in einem der Fenster des Südturms entdeckte.

Aber das ist unmöglich, dachte ich. Draco hatte den Südturm abgeschlossen und allen verboten, ihn zu betreten. Er sagte, er wäre in so schlechtem Zustand, daß er befürchtete, er könnte einstürzen.

Das Licht verschwand so plötzlich, daß ich mich fragte, ob meine Augen mich getäuscht hatten. Ich starrte einige Minuten auf den Südturm, aber das Licht kam nicht wieder, also ließ ich den Vorhang fallen. Ich zog mir schnell etwas über und lief in die Halle. Dort brannten Kerzen, also war mein Mann noch hier.

»Draco«, rief ich leise. »Draco!«

Einen Augenblick später erschien er in der Tür, die vom Südturm zu seinem Arbeitszimmer führte.

»Maggie! Was machst du denn hier?«

»Ich – ich habe ein Geräusch gehört. Ist alles in Ordnung?«

»Natürlich. Was soll denn sein?«

Ich erzählte ihm vom Klirren des Zaumzeugs und von dem Licht im Südturm. Er schüttelte lächelnd den Kopf.

»Geh zurück ins Bett, mein Schatz«, sagte er ruhig. »Du brauchst dir keine Sorgen zu machen. Das waren nur die Geister der armen Aislinn Deverell und ihres Liebhabers Joss. Sie spuken im Südturm.«

»Geister?« hauchte ich verwirrt.

»Ja, erinnerst du dich nicht an die Geschichte von dem Mord?« Ich nickte, und er fuhr fort: »In der Zeit der Plantagenets kam Aislinn Deverell als junge Ehefrau nach Heights. Sie war sehr unglücklich hier, weil ihr Mann sie schrecklich behandelte. Eines Abends wurde ihre Kutsche auf dem Heimweg von dem Räuber Joss überfallen, und er war so galant, daß sie sich in ihn verliebte. Weil sie schön war, verliebte Joss sich auch in sie. So begann die Affäre. Sie dauerte bis zu dem Tag, an dem ihr Mann sie in Aislinns Zimmer im Südturm erwischte. Er warf die Liebenden in den Kerker, bis ein Galgen gebaut war. Dann zwang er Aislinn, mit anzusehen, wie die Männer Joss aufhängten, und während Joss langsam erstickte, nahm Aislinns Mann sein Schwert und schlug ihr vor Joss' Augen den Kopf ab. Es wird behauptet, daß in Neumondnächten Aislinns Geist im Südturm eine Kerze anzündet und auf ihren Liebhaber wartet.«

Dracos Geschichte stimmte mich traurig, aber ich glaubte nicht an Geister und hielt die Geschichte auch für unwahrscheinlich. Mir war jedoch nicht klar, warum er etwas erfinden sollte. Ich entschloß mich, wieder zu Bett zu gehen.

Als ich am nächsten Morgen in die Küche kam, saß Renshaw auf einem Hocker in der Ecke und erzählte Mrs. Pickering etwas von Geistern im Südturm. Die Haushälterin schnaubte verächtlich und drohte ihm mit einem Holzlöffel.

Renshaw war aber nicht zu bremsen. »Sie sind ja stocktaub. Sie haben natürlich nichts gehört. Aber ich hab' das Zaumzeug gehört. Und wenn's kein Geisterreiter war, wer war's dann? Das würden Sie wohl gern wissen, was? Ich könnt's Ihnen auch sagen, wenn ich wollte –«

»Das reicht, Renshaw«, unterbrach ihn Draco, der gerade hereingekommen war. Er funkelte den Alten so böse an, daß der Hausmeister ängstlich verstummte. »Mrs. Pickering hat wichtigere Sachen zu tun, als sich dein Geschwätz über Gespenster anzuhören.«

»Ja, Herr.« Renshaw nickte und huschte schnell wie eine Kakerlake zur Küchentür hinaus.

Ich sah ihm nachdenklich hinterher und fragte mich, warum er solche Angst vor Draco hatte, und was er wohl erzählt hätte, wenn mein Mann ihn nicht unterbrochen hätte. Vielleicht hatte Draco gestern nacht doch Grund gehabt, mich zu belügen, und es war tatsächlich jemand im Turm gewesen. Aber wer? Und was hatte Draco damit zu tun? Vielleicht war Renshaw gar nicht so verrückt, wie es schien.

Dann, ohne heftig brennend Schmerz,
Ohne kalte Schritte des Zerfalls,
Zerbrach der Tod die Lebenskette,
Befreit' die Seel' auf schnellstem Weg.

geschrieben von SAMUEL JOHNSON anläßlich des Todes von MR. LEVETT.

24
Der Tod und die Minen

Sobald ich seiner habhaft wurde, befragte ich den Hausmeister. Aber der arme Mann wurde durch meine Fragen so unsicher, daß er nur noch sinnloses Zeug brabbelte. Ich war mehr denn je überzeugt, daß Draco mir etwas verheimlichte, und schwor mir, den Südturm zu untersuchen. Ich hatte alle Schlüssel für das Haus, es hätte eigentlich keine Probleme geben dürfen. Aber leider paßte keiner meiner Schlüssel in das Schloß des Südturms. Das bestärkte meinen Verdacht, daß mein Mann den Südturm für etwas benutzte, das er vor mir verheimlichen wollte.

Aber so leicht gab ich nicht auf. Ich ging in den Stall und holte mir ein Brecheisen. Leider widersetzte sich die Tür all meinen Öffnungsversuchen, dabei stellte ich aber fest, daß der Turm in wesentlich besserem Zustand war, als mein Mann mir eingeredet hatte. Ich versuchte etwas durch die Fenster zu erspähen, aber sie waren so verstaubt, daß nichts zu erkennen war. Also mußte ich schweren Herzens aufgeben.

Auf dem Weg zurück ins Haus entdeckte ich vor der Außentreppe des Turmes eine frische Hufspur. Gestern war tatsächlich jemand hier gewesen – und bestimmt nicht der Geist von Joss. Und Draco – nicht der Geist von Aislinn Deverell – war sicher im Südturm gewesen und hatte auf den geheimnisvollen Besucher gewartet. Wer konnte das sein? Welles? Aber der war doch auf See, soviel ich wußte.

Ich hatte weit mehr Fragen als Antworten, beschloß aber trotzdem, meinen Mann nicht damit zu konfrontieren – zumindest nicht, bevor ich nicht ausreichend Fakten gesammelt hatte, um ihm die ganze Wahrheit zu entlocken. Trotzdem plagte mich die Neugier, und ich lag viele Nächte wach in meiner Kammer, stellte mich schlafend und lauschte auf das Klirren von Zaumzeug im Hof. Das einzige Ergebnis war, daß ich tagsüber ständig einschlief. Glücklicherweise schrieb Mrs. Pickering diese Müdigkeit meiner Schwangerschaft zu. Ein- oder zweimal ertappte ich Draco dabei, wie er mich nachdenklich ansah, und fragte mich, ob er vielleicht ahnte, daß ich ihm nachspionierte. Nach einigen Wochen vergeblichen Wartens und Horchens war immer noch nichts Außergewöhnliches passiert, also gab ich erleichtert meine Rolle als Detektiv auf und schlief endlich wieder eine Nacht durch.

Leider war es im übrigen Land diesen Sommer nicht so ruhig wie in Heights. Lebensmittel wurden immer teurer, und das schwächte die Industrie. Das ganze Jahr schon gab es überall Versammlungen, in denen politische Veränderungen gefordert wurden, so daß viele glaubten, England stünde am Rand einer Revolution wie Frankreich vor einigen Jahren. Es war offensichtlich, daß es früher oder später zum Aufruhr kommen mußte.

Schließlich versammelten sich am 16. August, am St. Peter's Fields in Manchester, sechzigtausend Leute zum Protest gegen die Tories. Sie forderten Reformen im Parlament und die Abschaffung der Corn Laws. Keiner der Aufständischen war bewaffnet, aber die Rechtshüter von Manchester ließen Minuten nach Beginn der Versammlung die Redner als Rädelsführer verhaften, wobei sie mit ihren Säbeln auch die Menge angriffen. Die bis dahin ordentliche Versammlung wurde zum rasenden Mob. Der Magistrat der Stadt rief daraufhin das Militär und befahl den Angriff gegen den Mob. Fünfhundert Personen wurden verletzt und dreizehn getötet, man sprach vom Peterloo-Massaker. Trotzdem unternahm die Regierung nichts gegen den Magistrat oder die Soldaten. Die Tories waren so in Rage, daß sie sogar strenge, parlamentarische Maßnahmen erwogen, um weitere Revolten zu verhüten.

Wie nach dem Wurf eines Kiesels ins Wasser sich die Wellen im Teich ausbreiten, so breiteten sich die Schockwellen nach diesem Vorfall übers Land aus, und in vielen Gemeinden wie auch in unserer kam es zu Tragödien.

Wie befürchtet, hatte Sir Nigel den Forderungen der Minenarbeiter nicht nachgegeben, und er ließ verlauten, wenn er weiterhin Ärger mit den Minen hätte, würde er sie einfach schließen. Anfänglich schien es, als würden sich die Arbeiter ruhig verhalten.

Trotzdem gab es weiterhin Spannungen in der Siedlung, und einige Wochen später kam es aus ungeklärten Gründen in einem der Schächte von Wheal Penforth zu einer Explosion. Glücklicherweise wurde niemand getötet oder verletzt, aber unter den gegebenen Umständen glaubten natürlich alle, daß die Minenarbeiter die Explosion verursacht hatten. Mein Vater war außer sich. Eine Lieferung von Porzellanerde verzögerte sich durch die Aufräumungsarbeiten. Er warnte Dyson und Heapes, daß er keine weiteren Aktionen der Arbeiter dulden würde, und um zu demonstrieren, wie ernst er es meinte, ließ er Wheal Penforth schließen. Dadurch verloren viele Männer und Kinder ihre Arbeit.

Heapes und Dyson waren sehr erregt über diese Entscheidung – das berichtete Linnet –, aber keiner der beiden konnte etwas dagegen unternehmen.

Am dreizehnten Oktober, einem trüben und dunklen Herbstabend, kehrte mein Vater von Geschäften aus Launceston nach Hause zurück. Unterwegs wurde er von einem Unbekannten überfallen. Der Angreifer befahl den beiden Kutschern abzusteigen und erledigte sie mit einem Genickschuß. Dann riß er die Kutschentür auf und erschoß meinen Vater.

Obwohl er mich nicht geliebt hatte, war der brutale Mord an Sir Nigel doch ein sehr großer Schock für mich. Selbst Draco war betroffen und offenbar auch ein wenig traurig. Er hatte meinen Vater zwar gehaßt, aber er war zumindest ein ebenbürtiger Gegner gewesen.

Mit grimmigem Gesicht begleitete er mich in der Kutsche nach Highclyffe Hall, wo Lady Chandler, halb verrückt vor Trauer und Zukunftsängsten, Iverleigh befahl, uns den Zutritt ins Haus zu verwehren. Esmond hatte ihren hysterischen Ausbruch miterlebt und kam, wahrscheinlich um meine Gefühle nicht zu verletzen, selbst an die Tür. Esmonds Gesicht war blaß und mager. Er empfand offenbar Mitleid mit mir, weil er so freundlich wie möglich vorschlug, Lady Chandler, die völlig außer sich sei, jetzt besser nicht zu stören.

Ich glaube, in diesem Augenblick sah ich Esmond das erste Mal in meinem Leben ohne den getrübten Blick der Liebe. Ich sah einen blonden, jungenhaft schlanken Mann, mit braunen traurigen Augen, einen stillen, eleganten Mann im schwarzen Seidenanzug, einen Mann des Geistes, der nie auch nur einen Tag seines Lebens hart gearbeitet hatte. Plötzlich erkannte ich, daß dieser Mann keine Kraft hatte. Er ging immer den Weg des geringsten Widerstandes, der sich zwischen den trägen Flüssen und friedlichen Weihern des Lebens dahinschlängelte, und damit war er zufrieden. Nie würde er sich kühn auf den harten, steinigen Pfad wagen, den höchsten Berg erklimmen oder über das wildeste Meer segeln. Diese Dinge waren für ihn keine Herausforderung wie für mich. Er war kein Kämpfer, sondern ein Träumer, das bemerkte ich jetzt. Seine Liebe für mich war wie ein Märchen, unbelastet von der Realität. Er war zufrieden, mich von weitem anzubeten. Aber ich war keine Göttin. Ich war eine Frau aus Fleisch und Blut, mit Leidenschaften und Begierden, die gestillt werden mußten. Ich hätte ihn am liebsten geschüttelt und geschrien: *Sieh mich an!* Aber er wäre entsetzt gewesen, von dem, was er sehen mußte. Für seine Begriffe war ich zu leidenschaftlich, zu dickköpfig und zu ungestüm. Ich war alles, was er nicht war und immer hatte sein wollen, selbst wenn er sich für dieses Verlangen verachtete und wußte, daß er nicht den Mut hatte, die Welt herauszufordern. Er war schwach, und seine Schwäche war größer als seine Liebe zu mir.

Mit dieser Erkenntnis verschwand mein Respekt für ihn, und mein Herz begann sich allmählich gegen ihn zu erhärten. Esmond war jetzt

Herr von Highclyffe Hall. Er hatte zu bestimmen, wer eingelassen wurde und wer nicht. Trotz seiner Liebe zu mir hatte er sich entschlossen, sich Lady Chandlers Wünschen zu beugen – und damit entging er auch der Verpflichtung, Julianne zu erklären, warum er mich so zuvorkommend behandelte.

Julianne. Immer Julianne.

Ich richtete mich stolz auf und legte beruhigend meine Hand auf Dracos Arm, der in seiner Wut den Einlaß erzwingen wollte.

»Nein, Draco«, sagte ich. »Wir werden nicht in ein Haus gehen, in dem wir nicht willkommen sind.«

Damit wandte ich mich ab, und obwohl ich glaubte zu hören, wie Esmond leise meinen Namen rief, drehte ich mich nicht um.

Von einem Tag zum anderen, wie sooft in Cornwall, hatte der Winter den Herbst über Nacht verjagt. Der Morgen von Sir Nigels Beerdigung war kalt und grau, und ein beißender Wind brachte eisigen Regen. Die Moore waren in einen Dunstschleier gehüllt, Heidekraut und Farne waren über Nacht schwarze, feuchte Klumpen geworden. Mein Vater hätte wahrscheinlich seine diebische Freude daran gehabt, daß die Trauergemeinde ihn durchnäßt und frierend zur letzten Ruhe begleiten mußte.

Ich werde diese Beerdigung nicht beschreiben, sie war ganz ähnlich wie die meines Onkels Quentin, nur daß Chrysanthemen, nicht Rosen und Lilien, auf dem Sarg lagen, und Draco stand diesmal nicht allein da, sondern ich war an seiner Seite.

Ich klammerte mich an den Arm meines Mannes. Die Geburt meines Kindes stand bevor, und ich fühlte mich so unbeholfen, daß ich nicht lange stehen konnte. Ich kam mir vor wie ein gestrandeter Wal. Ohne Dracos Hilfe hätte ich wahrscheinlich ständig vor Wut über meine eigene Unbeweglichkeit geheult. Wenn ich mich häßlich fühlte, beruhigte er mich immer und sagte, ich wäre schöner als je zuvor. Tatsächlich glänzte mein schwarzes Haar wie noch nie, meine dunkle Haut strahlte, und der Spiegel bestätigte mir, daß ich trotz meines dicken Bauches gut aussah.

Nach der Beisetzung kam Mr. Oldstead, Sir Nigels Anwalt aus London, zu meiner Überraschung auf mich zu. Er bat mich und Draco, bei der Verlesung von Sir Nigels Testament heute nachmittag anwesend zu sein.

»Ich fürchte ... ich verstehe nicht, Mr. Oldstead«, stammelte ich. »Soviel ich weiß, hat mich mein Vater nach meiner Heirat enterbt, und Draco und er haben sich nie verstanden.«

»Das mag schon sein, Mrs. Chandler«, meinte der Anwalt. »Aber Sir Nigel hat, aus welchen Gründen auch immer, einen Zusatz zu seinem Testament formuliert, und da er Sie und Ihren Mann betrifft, erwarte ich Sie um drei Uhr auf Highclyffe.«

»Das ist ja alles gut und schön, Mr. Oldstead, aber ich fürchte, Sie werden feststellen müssen, daß Mrs. Chandler und ich dort nicht willkommen sind«, entgegnete Draco gelassen.

»Keine Sorge, Sir. Ich habe mit Lady Chandler gesprochen, sie ist sehr ... äh ... begierig, den Inhalt des Testaments zu erfahren, und hat keine Einwände gegen Ihre Anwesenheit erhoben.«

Als wir zur angegebenen Stunde auf Highclyffe eintrafen, wurden wir tatsächlich sofort in die Bibliothek geführt, wo Mr. Oldstead mit dem Lesen des Testaments begann. Esmond hatte natürlich den Hauptteil des Besitzes geerbt, der aber nicht veräußert werden konnte. Für Lady Chandler und Tante Tibby gab es Treuhandfonds, die ihnen ausreichende, wenn auch nicht extravagante Bezüge monatlich bringen würden. Sarah und einigen Dienern hatte Sir Nigel kleinere Summen hinterlassen. Welles und Julianne erhielten zu ihrem großen Mißfallen nichts, da sie zu seinen Lebzeiten von Sir Nigel gut versorgt worden waren. Damit glaubte er, allen Verpflichtungen ihnen gegenüber Genüge getan zu haben, wie uns der Anwalt erklärte.

Schließlich hielt Mr. Oldstead inne, nahm seine silberne Brille ab und rieb sie mit seinem Taschentuch sauber. Dann setzte er sie vorsichtig wieder auf die Nase und räusperte sich.

»Ursprünglich war das das Ende des Testaments. Aber vor kurzem gab Sir Nigel Anweisung, einen Zusatz zu diesem Testament aufzusetzen. Dieser wurde rechtsgemäß unter Anwesenheit von zwei Zeugen von Sir Nigel unterschrieben. Er lautet: ›Meinem illegitimen Neffen, Sohn meines Bruders Quentin Chandler, und meiner rechtmäßigen Tochter, Margaret Amélie Chandler, vermache ich hiermit die Porzellanerdegruben der Chandlers, bekannt unter dem Namen Wheal Anant und Wheal Penforth, die nicht an den eigentlichen Besitz gebunden und deshalb keinen Einschränkungen unterworfen sind. Dieses Vermächtnis ist an keine Bedingung gebunden, mit Ausnahme einer: Die genannten Minen dürfen nicht veräußert werden, sondern sollen auf Lebenszeit im Besitz von Draco und Margaret Chandler bleiben. Im Falle ihres Todes sollen sie an ihre rechtmäßigen Erben weitergehen. Sollten Draco und Margaret Chandler mit dieser Klausel nicht einverstanden sein, werden die genannten Minen unwiderruflich an meinen Besitz zurückfallen. *A vaincre sans péril, on triomphe sans gloire.*‹«

Ich war wie vom Donner gerührt, als Mr. Oldstead schloß. Mein Vater hatte Draco und mir die Minen hinterlassen. Er zählte auf Dracos Entschlossenheit, alles, was ihm gehörte, zu verteidigen. Sir Nigel wußte, daß Draco nie zulassen würde, daß Esmond diese Minen bekam. Er hatte uns den Fehdehandschuh zugeworfen – die Herausforderung, aus ihnen Profit zu machen. Er hatte gewußt, daß Esmond unfähig war, mit Heapes, Dyson und den Minenarbeitern fertig zu werden. Er hätte die Minen schließen müssen. Aber Draco war ein Kämpfer. Keiner würde es wagen, seine Autorität anzuzweifeln, und er würde das Beste aus diesen Minen machen, egal wie gefährlich oder schwierig es war.

»A vaincre sans péril, on triomphe sans gloire«, hatte mein Vater gesagt. Wenn der Kampf nicht gefährlich ist, ist der Sieg kein Triumph. Er hatte Draco viel besser gekannt, als ich vermutet hatte.

Mein Mann war durch den Fehler seiner Geburt um sein rechtmäßiges Erbe gebracht worden, aber er hatte vor, es sich zu holen – gleichgültig, wie. Stormswept Heights hatte seinen Appetit auf das geweckt, was rechtmäßig hätte ihm gehören müssen. Jetzt wollte er Stormswept Heights groß machen wie Highclyffe Hall und noch größer. Und aus irgendeinem unerfindlichen Grund hatte Sir Nigel ihm die Möglichkeit dazu gegeben.

Ich weiß nicht, warum mein Vater das getan hatte. Aber die Erinnerung daran, wie Draco ihm gesagt hatte, wir wären das Beste gewesen, was er jemals hatte, ging mir nicht aus dem Kopf. Ich fragte mich, ob Sir Nigel ihm am Ende doch geglaubt hatte.

Düstere Nacht umarmte diesen Ort
Wo das edle Kindlein lag.
Das Kind sah hoch und zeigte sein Gesicht,
Und trotz der Dunkelheit ward heller Tag.

–Hymn of Nativity
Richard Crashaw

25
Jarrett

Es gab natürlich eine Untersuchung des Mordes an Sir Nigel. Aber es kam nichts dabei heraus, außer daß der Täter, wahrscheinlich einer der Minenarbeiter, die durch meinen Vater ihre Arbeit verloren hatten, allein war. Keiner beneidete Draco und mich um unser Erbe, ja es gab sogar dunkle Prophezeiungen, daß Draco sicher das nächste Opfer wäre, wenn die Löhne und Arbeitsbedingungen in den Minen nicht verbessert würden.

Auf jeden Fall zeigte Draco wesentlich mehr Interesse an ihnen als Sir Nigel je zuvor. Mein Mann stand nicht mehr wie früher um sechs Uhr auf, sondern verließ bereits um halb fünf Uhr das Haus, damit er um fünf Uhr bei den Minen sein konnte, wenn dort die Arbeit begann. Am ersten Tag ließ er Heapes zu sich kommen, und als er erfuhr, wie schlampig und ungenau er die Bücher geführt hatte, feuerte er ihn auf der Stelle. Diese Tat brachte ihm einige Sympathien bei den Minenarbeitern ein. Danach machte er zum Ärger von Mick Dyson und zur Überraschung der Arbeiter selbst einen Inspektionsgang durch die Minen. Obwohl er nur wenig von Bergbau verstand, war er entsetzt von dem, was er vorfand, und machte sich sofort daran, alles über das Fördern der Tonerde zu lernen und die ersten Änderungen einzuleiten.

Er zeigte den Leuten, daß er zwar ein harter, aber ein gerechter Mann war und alle fair behandeln würde, die ihn nicht hintergingen. Diejenigen, die sich ihm widersetzten, fanden sich schnell auf der Straße, und in kürzester Zeit wußten alle, daß Draco ein ganz anderer Herr war als Sir Nigel. Die Aufsässigkeit der Minenarbeiter war für den Augenblick beigelegt, sie wollten dem neuen Besitzer die Chance geben, seine Versprechen einzulösen.

Für mich war das eine große Erleichterung, nachdem ich schreckliche Angst ausgestanden hatte, Draco könnte ermordet werden. Ich durfte gar nicht daran denken, wie grausam ein Leben sein könnte, wenn mein Kind und ich allein auf dieser Welt wären ohne Draco.

Es gibt kein Leben ohne Tod und keinen Tod ohne Leben, denn am Ende schließt sich immer der Kreis. Und so war es auch bei uns in Cornwall. Einen Monat nach Sir Nigels Tod, an einem grauen Novembermorgen, begannen meine Wehen.

Zuerst begriff ich nicht, was los war. Die Geschichten über Geburten hatten mich nicht wirklich auf die Realität vorbereitet. Erst als ich das dritte Mal innerhalb kürzester Zeit den Nachttopf aufsuchen mußte und dabei feststellte, daß ich völlig durchnäßt war, wurde mir klar, daß meine Fruchtblase geplatzt war. Ich war überrascht, weil ich dachte, das würde ganz plötzlich passieren, und außerdem hatte ich überhaupt noch keine Schmerzen.

Trotzdem war es offenbar soweit, also suchte ich Mrs. Pickering, um sie zu bitten, Draco und Dr. Ashford zu holen. Minuten später galoppierten Ned und Will los, und Mrs. Pickering brachte mich eilends in mein Schlafzimmer und rief Linnet. Die beiden zogen mir mein Nachthemd an und bestanden darauf, daß ich mich ins Bett legte, obwohl ich nicht die geringste Lust dazu hatte. Ich war völlig durcheinander. Einesteils wollte ich vor Freude singen und tanzen, andererseits hätte ich mich gern in einer Ecke zusammengerollt und ganz still gehalten, um mein Baby vor Gefahren zu schützen. Ich verdrängte alle beängstigenden Gedanken und beruhigte mich damit, daß es keine Anzeichen dafür gab, daß die Geburt nicht normal verlaufen würde, und daß ich ein vollkommen gesundes Kind zur Welt bringen würde. Trotzdem hatte ich keine Ruhe, bis Draco und Dr. Ashford eintrafen.

Während ich wie eine Löwin im Käfig auf und ab lief, schürte Mrs. Pickering das Feuer und setzte Wasser zum Kochen auf. Währenddessen plapperte sie ununterbrochen, um mich von den Schmerzen, die inzwischen eingesetzt hatten und sehr schlimm waren, abzulenken. Ich konnte mir gar nicht vorstellen, daß mir das Schlimmste noch bevorstand.

Im Gegensatz zu Mrs. Pickering war Linnet überhaupt keine Hilfe. Sie erzählte mir lustvoll die schrecklichen Details von Geburten, bei denen sie dabei war, und rührte keinen Finger.

Ich war also höchst erleichtert, als kurze Zeit später Draco in der Tür erschien. Als er hörte, was Linnet da erzählte, warf er sie kurzerhand aus dem Zimmer.

»Draco!« rief ich und warf mich ihm an den Hals. »Draco!«

»Schon gut, Liebes«, murmelte er mir ins Ohr und strich über mein Haar. »Mach dir keine Sorgen. Linnet ist nur boshaft. Das hätte ich eher merken müssen. Ich hätte sie schon längst hinauswerfen sollen. Ich kündige ihr sofort, wenn du willst. Ruhig, Maggie. Ich bin jetzt bei dir, und ich werde nicht zulassen, daß dir oder dem Baby etwas passiert, das verspreche ich dir.«

Ich mußte ihm einfach glauben. Seine breiten Schultern und seine liebevolle Umarmung waren tröstlich. Er hatte mich immer verteidigt. Warum sollte es jetzt anders sein? Ich ließ mich von ihm widerspruchslos zu Bett bringen, und ich war froh, endlich zu liegen. Als er gehen wollte, um zu sehen, ob der Arzt schon gekommen war, klammerte ich mich wie eine Ertrinkende an ihn und flehte ihn an, bei mir zu bleiben.

»Sie dürfen dich nicht wegschicken, Draco.« Linnets Geschichten spukten mir immer noch im Kopf herum. »Du mußt hierbleiben, damit du für mich und das Kind sprechen kannst, wenn – wenn etwas passiert.«

»Es wird nichts passieren, Schatz. Aber ich lasse dich nicht allein, keine Angst.«

Als kurze Zeit später die Wehen einsetzten, hielt er mich und sprach mir Mut zu. Er rieb mir den schmerzenden Rücken und wischte den Schweiß von meiner Stirn. Und als dann schließlich Will kam und berichtete, daß Dr. Ashford nicht kommen konnte, brachte Draco mir die Nachricht schonend bei. Er sagte, Mrs. Pickering hätte einige Erfahrung als Hebamme, und er und sie würden mein Baby zur Welt bringen.

Ich erkannte die Sorge in Dracos Augen. Es muß schwer für ihn gewesen sein, zu wissen, daß mein und des Kindes Wohlbefinden jetzt allein in den Händen von ihm und der Haushälterin lag. Trotzdem stellte sich Draco dieser Herausforderung wie so vielen anderen auch. Er grinste mich an, zog sich Jacke und Weste aus und setzte sich zu mir. Er nahm meine Hände in die seinen und sah mir direkt in die Augen.

»Wir werden das zusammen durchstehen, Schatz, du und ich. Hab Vertrauen, Maggie. Ich lass' das Baby und dich nicht im Stich.« Ich nickte zitternd und versuchte zu lächeln, um nicht zu zeigen, wie verängstigt ich war. »So ist's recht, mein tapferes Mädchen«, sagte er. »Ich hab' gewußt, daß ich auf dich zählen kann.«

Die Geburt war lange und schwierig. Nie zuvor hatte ich so entsetzliche Schmerzen empfunden. Anfangs versuchte ich, nicht zu schreien, aber schließlich war die Pein so groß, daß ich Schreie ausstoßen mußte.

Mit Einbruch der Dunkelheit entlud sich der Sturm, der sich tagsüber zusammengebraut hatte, wie eine tobsüchtige Furie über das Land. Der Wind heulte und das Licht der Lampen flackerte und warf unheimliche, tanzende Schatten an die Wand. Der Regen prasselte so gnadenlos gegen die Fenster, daß einige im Leuchtturm barsten, wie ich später erfuhr.

Draco war inzwischen schweißüberströmt, so heiß und feucht war es im Schlafzimmer.

»Pressen, Maggie, pressen!« befahl er grimmig.

Und so preßte ich immer und immer wieder, und schließlich, als ich glaubte, die Schmerzen nicht mehr länger ertragen zu können, wurde mein Sohn Jarrett geboren. Sein Geschrei übertönte das Tosen des Sturmes. Tränen liefen mir übers Gesicht, als Draco ihn triumphierend hochhielt, damit ich ihn sehen konnte. Er hatte einen Schopf pechschwarzer Haare auf dem Kopf, und seine winzigen Fäuste trommelten zornig, weil er nicht in sein kuscheliges Nest zurückkehren konnte.

»Ist er gesund? Ist er gesund?« fragte ich erschöpft, und mein Herz floß über vor Freude beim Klang seiner Stimme.

»Ja«, verkündete Draco stolz und legte dann unseren Sohn vorsichtig in das warme Wasser, das Mrs. Pickering vorbereitet hatte, um das Blut und den Schleim von seinem strammen kleinen Körper abzuwaschen. »Ja.«

»Bist du sicher? Zähl seine Finger und seine Zehen!«

»Das habe ich schon getan«, erwiderte mein Mann leise. »Er ist ein schönes Baby, Maggie, das schönste Baby der Welt.« Und während Mrs. Pickering die Nabelschnur abband und das Kind wickelte, küßte Draco mich zärtlich. »Ihr beiden habt mich zum glücklichsten Mann der Welt gemacht«, sagte er.

Er legte meinen Sohn in meine Arme, und ich gab ihm die Brust und bewunderte das weiche Haar, die winzigen Finger und Zehen. Instinktiv tastete er sich zu meiner Brustwarze, und ich half ihm, sie zu finden. Er verlor sie gleich wieder und wurde puterrot vor Wut und fing an zu schreien – bis ich seinen offenen Mund wieder an das Ziel führte und er anfing, kräftig zu nuckeln.

Mein Kind, dachte ich. *Das ist mein Kind, ein Wunder. Dank dir, Gott. Oh, danke dir, für dieses wunderbare, neue Wesen.*

Ich schaute zu Draco, der auf einen Ellenbogen gestützt neben uns lag und uns beobachtete. Er schämte sich der Freudentränen nicht, die ihm über die Wangen liefen. Sein Gesicht strahlte vor Liebe. Nie zuvor hatte ich mich ihm so nahe gefühlt, und ich griff jetzt spontan nach seiner Hand und hielt sie fest. Er hatte mich durch diese Qualen sicher geleitet, genau wie er versprochen hatte. Solange ich denken konnte, war Draco für mich dagewesen, das wurde mir in diesem Augenblick klar. Er hatte mich beschützt, geliebt, sich mir gegeben und nichts gefordert. Warum hatte ich mich geweigert, das wahrzunehmen? Wegen Esmond? O Gott, wie dumm war ich nur gewesen! Denn jetzt, süß und stark wie die Berührung der Hand meines Mannes, überkam mich die Gewißheit, daß ich ihn von ganzem Herzen liebte – und immer geliebt hatte.

Zwischen Dunkelheit und Tag,
Wenn die Nacht sich niedersenkt,
Kommt eine Pause in der Geschäftigkeit des Tages,
Genannt die Kinderstunde.

–The Children's Hour
HENRY WADSWORTH LONGFELLOW

26
Tage der Süße und des Lichts

Mir fehlen die Worte zu schildern, wie glücklich die ersten Tage nach der Geburt meines Sohnes waren: voller Freude, Eifer, Schwierigkeiten, Unsicherheiten und überschäumender Liebe. Wenn Sie je selbst ein Kind hatten, wissen Sie, wovon ich rede, denn das Leben wird durch ein solches Ereignis unwiderruflich verändert. Man ist nicht mehr länger Herr seiner selbst und seines Schicksals, sondern verantwortlich für ein anderes menschliches Wesen. Und dieses menschliche Wesen kennt anfänglich nur seine eigenen Bedürfnisse und beansprucht einen ständig und ohne Rücksicht. Und so fehlte mir, obwohl ich sie dringend benötigt hatte, die Zeit, um die Entdeckung meiner Liebe zu Draco zu genießen und zu überdenken. Jarrett beanspruchte mich vollkommen.

Ich wußte, daß zwischen Draco und mir vieles geklärt werden mußte. Aber ich war so mit Jarrett beschäftigt, daß ich meine Liebe zu meinem Mann mit keinem Wort erwähnte. Ich hatte ihm mein Herz so lange verwehrt, daß ich in dieser wundervollen, anstrengenden Zeit nicht wußte, wie ich es seiner Obhut überlassen konnte. Ich brachte es nicht fertig, einfach zu sagen: »Draco, ich liebe dich.« Diese Worte waren zu ungewohnt. Ich wagte auch nicht, über Esmond zu reden.

Wie sollte ich meinen Mann erklären, daß Esmond nichts weiter als der Märchenprinz meiner Kindheit gewesen war, den es niemals so, wie ich ihn mir erträumt hatte, gegeben hatte?

So sagte ich nichts und verfluchte meine Zunge, die mich nie zuvor im Stich gelassen hatte und jetzt, in einer wichtigen Phase meines Lebens, gelähmt zu sein schien.

Trotzdem waren Draco und ich uns näher als je zuvor, vereint von diesem winzigen Bündel namens Jarrett. Nie zuvor hatte es ein süßeres und schöneres Kind gegeben – zumindest redeten wir uns das ständig ein, wenn wir ihn ansahen. Früher hatte ich gedacht, alle Babys wären gleich, und ihnen wenig Beachtung geschenkt. Aber Jarrett war von Anfang an etwas Besonderes, und bis zu seinem zweiten Geburtstag, an dem er sich praktisch über Nacht in einen kleinen Dämon verwandelte, der das Wort »nein« nicht kannte, bemitleidete ich andere Frauen, die sich mit weniger außergewöhnlichen Kindern zufriedengeben mußten.

Von Anfang an verwöhnten Draco und ich unseren Sohn. Die ersten Wochen nach seiner Geburt schliefen wir kaum. Wir lagen wach und lauschten seinem Atem, voller Angst, er könnte plötzlich tot in seiner Wiege liegen. Wenn wir ihn nicht hören konnten, sprangen wir aus dem Bett und prüften im Schein der Lampe, die auf dem Nachttisch stand, ob er noch lebte. Und wenn er hungrig und schreiend erwachte, mußte er gefüttert werden, zu jeder Tages- und Nachtzeit. Ich selbst weckte ihn nachts mehrere Male, um seine Windel zu wechseln, bis Mrs. Pickering mir zeigte, wie man das mit einem dicken Tuch machte, damit er erst am Morgen eine frische brauchte.

Kein Wunder also, daß Draco und ich nach kaum zwei Wochen völlig erschöpft waren. In unserer Verzweiflung nahmen wir Jarrett schließlich mit ins Bett, um nicht ständig nach ihm sehen zu müssen. Die Lösung war wunderbar. Wann immer Jarrett aufwachte und nach meiner Brust suchte, konnte ich ihn schnell füttern, noch ehe er anfing zu schreien. Oft schliefen wir beide ein, während er nuckelte, und Draco wachte manchmal gar nicht auf. Jarrett war so zufrieden, daß er, bis auf ein einziges Mal Stillen, die ganze Nacht durchschlief.

Mrs. Pickering war entsetzt über dieses, wie sie sagte, gewöhnliche Verhalten.

Ich mußte amüsiert feststellen, daß nicht nur Draco höher hinauswollte, er hatte sich auch mit einer Dienerschaft umgeben, die sich für genauso fein hielt wie Iverleigh und Mrs. Seyton auf Highclyffe. »Eine Schande ist das!« schimpfte Mrs. Pickering. »Heights ist doch keine Hütte, und es gibt genug leere Räume, die man als Kinderzimmer einrichten könnte. Master Jarrett soll wohl wie ein Straßenjunge aufwachsen, mit den Fingern essen und sich die Nase am Ärmel abwischen – obwohl die Mutter die Tochter eines Barons ist!«

Sie ließ nicht locker. Und schließlich – trotz meiner Liebe zu meinem Kind, und weil ich jung und verliebt war und wußte, daß Draco und ich auch Zeit für uns brauchten – erlaubte ich, daß sie ein Kindermädchen, Annie aus der Minenarbeitersiedlung, einstellte. Mein Mann war sehr erfreut über meine Entscheidung, denn dadurch erzielte er einen weiteren Pluspunkt bei den Arbeitern. Annie war ein sauberes, fleißiges Mädchen und sehr vernünftigt. Und so hatte ich endlich wieder ein bißchen Zeit für mich.

Der Dezember war schon weit fortgeschritten, und jetzt war die bitterste Zeit an der wilden Küste Cornwalls. Schnee und Eis lagen auf den Mooren und bedeckten den Schiefer am Ufer. Der Wind peitschte gnadenlos übers Land, und hinter den Klippen tobte die See. Ich war voller Mitleid für die Schiffe, die ich manchmal vom Leuchtturm aus in der Ferne sah. Jeden Abend, wenn Draco nicht da war, um es selbst zu tun, entzündete ich das Torffeuer im runden, offenen Steinkamin des Leuchtturms und hoffte, das Licht würde den Schiffen, die ich gesehen hatte, helfen, nicht an der felsigen Küste zu zerschellen. Nach dem Sturm in der Nacht von Jarretts Geburt hatten wir die zerbrochenen Glasscheiben im Leuchtturm ersetzt, kurze Zeit später waren sie wieder zerbrochen und mußten erneut repariert werden. Draco bestand darauf, sie zu reparieren, damit der Leuchtturm die fernen Schiffe warnen konnte, und ohne Fenster war das Torffeuer nur schwer in Gang zu halten, wenn die Winterstürme tobten.

Die Feiertage waren für uns eine stille Zeit. Wir verbrachten sie vor dem Kamin und genossen den warmen Schein des Julscheits. Jarrett schlief friedlich auf dem Teppich vor dem Kamin in der Halle, den Daumen in seinem winzigen Rosenmündchen. Neben ihm waren die vielen Geschenke aufgestapelt, die Draco und ich für ihn geöffnet hatten.

Kurz nach Neujahr ritt ich auf Avalon über die schneebedeckten Moore zur Grange, um Tante Tibby und Sarah zu besuchen. Ich fand sie bei guter Gesundheit, aber ziemlich niedergeschlagen, denn Esmond weigerte sich immer noch, die Einwilligung zu Sarahs Hochzeit mit Welles zu geben, obwohl dieser Ende Januar endlich sein Erbe antreten konnte. Sarah war verständlicherweise sehr deprimiert, und Tante Tibby, die Esmonds Entscheidung nicht in Zweifel ziehen wollte, war hin- und hergerissen. Trotzdem waren meine Tante und meine Cousine hocherfreut über meinen Besuch und bombardierten mich mit Fragen über Jarrett, den sie seit seiner Taufe nicht mehr gesehen hatten. Ich mußte schließlich mit Gewalt das Thema wechseln, um nicht wie diese langweiligen Frauen zu sein, die ständig nur von ihren Kindern sprachen.

Nachdem ich von Tante Tibby und Sarah erfahren hatte, daß Highclyffe Hall seit Sir Nigels Tod wie ein Mausoleum und Julianne sehr unglücklich in ihrer Schwangerschaft war, ritt ich ein paar Tage später zur Hall. Ich wollte meine Stiefschwester beruhigen, da ich verstand, wie ihr zumute war, und unsere früheren Meinungsverschiedenheiten beilegen. Schließlich hatte sie bekommen, was sie wollte – und ich überraschenderweise auch. Und nachdem wir durch Heirat verwandt waren und Julianne und ich hier auf den wilden Mooren Cornwalls zusammenleben mußten, war es lächerlich, nicht zumindest nachbarschaftlich mit ihr zu verkehren.

Zu meiner Überraschung war Julianne hocherfreut, mich zu sehen, und lud mich zum Tee in ihren kleinen Salon ein.

»Setz dich bitte, Maggie«, drängte sie und zog mich neben sich aufs Sofa. »Ich sterbe sonst noch vor Langeweile in diesem trübsinnigen, alten Haus. Es ist sicher nicht unschicklich, dich einzuladen, du bist schließlich meine Stiefschwester und gehörst zur Familie.«

Ich bekam ein schlechtes Gewissen, da ich völlig vergessen hatte, daß beim Tod eines Elternteils sechs Monate Trauer vorgeschrieben waren. Linnet, der ich doch nicht gekündigt hatte, hatte mir zwar heute morgen angemessene Kleidung vorbereitet, aber ich hatte sie nicht weiter beachtet und auch in den Wochen seit Jarretts Geburt kaum an meinen Vater gedacht. Ich hatte auf meine Art Frieden mit ihm geschlossen und bedauerte, daß sein feiger Mörder noch auf freiem Fuß war.

Aber Julianne mußte sich natürlich an die Vorschriften halten, dafür hätte schon Lady Chandler gesorgt, die wohl, Juliannes Zustand nach zu schließen, immer noch mit eiserner Hand in der Hall regierte. Julianne hatte fürchterlich zugenommen und war nicht wie ich eine der Frauen, die in der Schwangerschaft aufblühen. Ihr Gesicht war aufgedunsen, sie hatte tiefe Ringe unter den Augen und ihre Finger waren so geschwollen, daß sie keine Ringe mehr tragen konnte.

»Wie geht es dir, Julianne?« fragte ich und legte meine Reithandschuhe ab.

»Wie sehe ich aus? Nein, Maggie, sag nichts. Ich weiß, daß ich schlimmer als eine Aussätzige aussehe. Wäre ich doch bloß nie schwanger geworden! Ich habe Esmond gesagt, daß ich meine Figur nicht ruinieren will, aber Männer sind ja so brutal, nicht wahr? Sie denken nur an sich selbst – die selbstsüchtigen Bastarde – und heiraten Frauen, nur um kleine Ebenbilder von sich zu kriegen. Als ob wir das bräuchten! Töchter zählen überhaupt nichts, egal wie schön und intelligent sie sind. Hoffentlich ist es ein Junge, damit ich diese Tortur nicht noch einmal durchmachen muß! Ich hasse Babys!« platzte meine Stiefschwester mit tränenerstickter Stimme heraus.

Ich konnte sie nicht verstehen. Ich dachte an das Glück, das ich durch Jarrett erlebte, an seinen süßen, nach Milch riechenden Atem und seine ewig erstaunten Äuglein. Ich war entsetzt, daß jemand ein so kleines Wesen verabscheuen konnte.

»Das ist doch nicht dein Ernst, Julianne«, rief ich.

»O doch, o doch!« schrie sie. »Babys sind schrecklich. Man ißt wie ein Wolf und wird immer dicker und schwillt auf wie eine Kröte! Und dann, als wäre das noch nicht genug, reißen sie dich fast entzwei, wenn sie geboren werden, oder bringen einen sogar um. Meistens kommen sie sowieso tot zur Welt oder sterben kurz danach! Und dann erst! Sie stinken nach saurer Milch, brüllen, machen in die Windeln und erwarten auch noch, daß man sie sauber macht – Gott! Ich kann nicht verstehen, warum sich manche Frauen so was wünschen!«

Sie war offensichtlich mit den Nerven am Ende, also ließ ich sie einfach reden. Ich war erleichtert, als Iverleigh mit dem Tee erschien, obwohl meine Stiefmutter ihm auf den Fersen folgte.

»Hallo, Margaret«, begrüßte sie mich sehr höflich, als hätte es nie Streit zwischen uns gegeben. »Die Mutterschaft bekommt dir anscheinend. Du siehst besser aus als je zuvor. Und wie geht es dem kleinen ... Jarrett, so heißt er doch? Ich fürchte, ich bin so überanstrengt, daß mir mein Gedächtnis Streiche spielt. Nigels Tod, die Beerdigung, Juliannes Schwangerschaft ... nun ja, das alles ist gelinde gesagt überwältigend.«

»Ja, ich verstehe das, Stiefmama. Jarrett wächst und gedeiht. Er ist ein hinreißendes Kind.«

»Freut mich, das zu hören. Du mußt ihn zu Besuch bringen, Margaret, ich bin schließlich seine einzige Großmutter und habe natürlich ein besonderes Interesse an seinem Wohlbefinden.«

»Natürlich«, sagte ich, war aber höchst erstaunt über ihr Verhalten.

Sie, Esmond und Julianne waren bei Jarretts Taufe gewesen und hatten zu meiner Überraschung sogar ein angemessenes Geschenk geschickt: eine silberne Rassel. Mehr hatte ich nicht erwartet. Dieses plötzliche Interesse an meinem Sohn war schon seltsam. Aber vielleicht wollte sie sich nur einschmeicheln für den Fall, daß sie Draco und mich später brauchte. Draco besaß jetzt schließlich die Minen und bewirtschaftete sie erfolgreich. Manche glaubten auch immer noch, er hätte irgendwo in der Matratze ein Vermögen versteckt.

Ich fragte mich, wie es wohl Esmond als Herr von Highclyffe Hall erging. Sollte er seiner Verantwortung nicht gerecht werden, hätte Lady Chandler eine Menge zu verlieren. Ihre Bezüge aus dem Treuhandfonds waren sicher nicht ausreichend, und so brauchte sie Esmond und Julianne als zusätzliche Einnahmequelle. Ich erinnerte mich, daß Draco einst damit geprahlt hatte, er könnte den Besitz besser als Esmond verwalten, und mußte lächeln, weil mir jetzt klarwurde, wie Lady Chandlers Verstand funktionierte. Also wirklich! Sie konnte doch nicht allen Ernstes glauben, daß Draco sich verpflichtet fühlen würde, ihre Schulden zu begleichen, wenn Esmond das nicht tat! Sie konnte mir eigentlich nur leid tun, genau wie Julianne. Sie würden nie ein Teil der Gesellschaft werden, wie sie es anstrebten. Ich hatte dieser Gesellschaft einfach entsagt und empfand das als Bereicherung. Ich seufzte und fragte mich, warum Gott die Welt nicht besser regelte, was meiner Meinung nach dringend nötig war.

Nach dem Tee verabschiedete ich mich von den beiden Frauen und war froh, dieser deprimierenden Atmosphäre zu entkommen und in das Licht von Heights zurückzukehren. Den Rest des Nachmittags verbrachte ich mit Jarrett. Was für ein glückliches Heim ich doch hatte, auch wenn Heights verfallen und heruntergekommen war!

Die Gipfel, die große Männer bezwangen und hielten,
Wurden nie im schnellen Flug erklommen,
Nächtens, wenn ihre Gefährten schliefen,
Kämpften sie sich nach oben.

–The Ladder of St. Augustine
HENRY WADSWORTH LONGFELLOW

27
Gefährliche Ränke

Nach der Geburt unseres Sohnes arbeitete Draco härter denn je. Er hatte Wheal Penforth wieder in Betrieb genommen. Viele der alten Arbeiter wurden wieder eingestellt, und er fand einen neuen Verwalter als Ersatz für Heapes. Franklin Vaughan war ein ehrlicher, fleißiger Mann mit guten Manieren, der sich nicht so leicht von der Meinung anderer beeinflussen ließ. Es gelang den beiden Männern, mit vereinten Kräften die Liefertermine, die Sir Nigel noch ausgehandelt hatte, einzuhalten, und Draco machte guten Profit und war recht zufrieden mit sich.

Mit dem verdienten Geld heuerte er Maurer und Zimmerleute an, die mit den Reparaturen des Hauses fortfuhren. Ich hatte darauf bestanden, das Speisezimmer zuerst instand zu setzen, und konnte mich jetzt darauf freuen, endlich eine anständige Mahlzeit in Heights servieren zu können. Mrs. Pickering wurden zwei Mädchen aus der Minenarbeitersiedlung unterstellt, die ihr beim Saubermachen und Kochen halfen, und so konnte ich den Großteil meiner Zeit meinem Mann und meinem Sohn widmen.

Wann immer es ging, verbrachten Draco und ich einen Abend zusammen – oft mit Jarrett, der auf seinem Teppich vor dem Kamin lag.

Wir spielten Schach und Karten, und gelegentlich las ich, während Draco Jarrett leise Zigeunerlieder vorsang. Manchmal war ich sogar ein bißchen eifersüchtig auf Draco, weil Jarrett genauso gern nach seiner Hand wie nach meiner griff. Trotzdem war ich froh darüber, daß mein Mann und mein Sohn sich nicht fremd waren wie Sir Nigel und ich. Ich wußte, daß mich viele Frauen um Dracos Liebe für sein Kind beneiden würden. Draco wollte seinem Sohn alles geben, was er in seiner traurigen Kindheit nicht gehabt hatte.

Wir beiden waren entschlossen, Jarrett eine glückliche Kindheit zu bereiten, er sollte sich nicht fehl am Platz fühlen wie wir beide in unserer Jugend. Leider brachte ich es immer noch nicht fertig, Draco meine Liebe einzugestehen, obwohl wir uns durch Jarretts Geburt nähergekommen waren. Andererseits waren wir weiter entfernt als je zuvor. Mein Mann hatte seit der Geburt unseres Sohnes noch nicht mit mir geschlafen, und wenn er mich berührte und küßte, überfiel mich wieder dieses jungfräuliche Zittern wie früher, als wüßte ich nicht, was mich erwartete. Fand er mich nicht mehr anziehend, seit ich ein Kind geboren hatte? fragte ich mich und musterte kritisch mein Spiegelbild.

Ein bißchen müde sah ich aus, aber ansonsten war an meiner Erscheinung nichts auszusetzen. Ich war wieder so schlank wie vor der Schwangerschaft, nur waren meine Kurven etwas sanfter.

Trotzdem mied Draco weiterhin mein Bett, und ich verschwieg ihm meine Gefühle und litt furchtbar unter der Erkenntnis, daß ich meine Liebe zu ihm zu spät erkannt hatte.

Ende Januar 1820 wurde Welles einundzwanzig, und mit dem Erbe von Captain Brodie und der Hilfe eines anonymen, stillen Partners (meiner Vermutung nach Draco) kaufte er einen Schoner, den er auf den Namen *Sea Gipsy* taufte. Trotz Welles' Aufstieg zum Kapitän und Schiffseigner verweigerte Esmond immer noch die Zustimmung zu seiner Heirat mit Sarah. Vielleicht hätte Julianne ihren Mann dazu überreden können, aber sie mochte Sarah genausowenig wie Esmond Welles und weigerte sich, für ihn zu sprechen. Vor zwei Wochen hatte sie eine Tochter, Elizabeth, zur Welt gebracht, und Julianne, die auf einen Sohn gehofft hatte, um diese Seite ihrer Ehe ein für allemal abzuschließen, war nicht in der Stimmung, sich Welles' Bitten und Drohungen anzuhören. Seiner Mutter war Sarahs Mitgift nicht groß genug, und deshalb half sie ihm ebenfalls nicht.

»Kopf hoch, Welles. Es gibt immer noch Gretna Green«, sagte Draco zu meinem Stiefbruder, der immer noch zu Hause war, um die Formalitäten seiner Erbschaft und des Schiffkaufs abzuwickeln, und uns gerade einen Besuch abstattete.

»Na ja, das mag ja für Maggie und dich recht und schön gewesen sein, alter Junge«, meinte Welles betrübt, »aber das Gerede der alten Weiber... uns macht das nichts aus, aber Sarah ist so sensibel und nimmt alles so schwer.«

»Das stimmt wohl«, sagte ich. Obwohl Draco und ich uns allmählich eine Stellung im Dorf erkämpft hatten, gab es immer noch Leute, die uns schnitten. Sarah könnte das nicht ertragen.

Wie es schien, gab es also wenig Hoffnung für die beiden jungen Liebenden, und Welles war, als er uns verließ, so zornig, daß selbst Draco ihn beim Hinausgehen streng ermahnte, nichts Unüberlegtes zu tun.

»Mach dir keine Sorgen um mich, alter Junge«, erwiderte mein Stiefbruder, als er sich aufs Pferd schwang. »Ich kann auf mich aufpassen.«

Es schien, als wollte er noch etwas sagen, aber dann sah er mich mit besorgtem Blick in der Tür stehen und schwieg. Er gab seinem Wallach die Sporen und galoppierte davon.

Einige Tage später hörte ich nachts wieder das Klirren von Zaumzeug im Hof. Diesmal war ich sofort hellwach und schaute mich im Zimmer um, das vom Feuer im Kamin erleuchtet wurde. Draco war wieder nicht da, also zog ich mir etwas über, rückte die Kissen im Bett zurecht, daß Jarrett nicht herausfallen konnte, lief zum Fenster und öffnete die Vorhänge.

Mir fiel sofort auf, daß das Licht im Leuchtturm nicht brannte, obwohl Draco sonst immer Sorge trug, daß es nie ausging, und Renshaw nachts mehrmals aufstehen mußte, um es nachzuschüren. Es war Neumond, und der Nebel und die Schneewolken verhüllten die

Sterne, so daß ich nur wenig sehen konnte. Aber das bißchen, was ich sah, ließ mir das Herz bis zum Hals schlagen. Eine Lampe brannte im Südturm, und gerade öffnete sich die Tür zu der Treppe, die sich um den Turm wand, auf gut geölten Scharnieren. Kurz darauf erschien Draco in der Tür. Er hielt eine Lampe hoch, um den schattigen Gestalten, die langsam in den Hof schritten, den Weg zu weisen. Welles ging voran. Sein blondes Haar schimmerte wie ein Leuchtfeuer in der Finsternis.

Die Männer marschierten schnell und leise im Gänsemarsch auf den Turm zu, und ich sah, daß Hufe und Zaumzeug der schwerbeladenen Ponys, die sie führten, mit Tüchern umwickelt waren, um die Geräusche zu dämpfen.

Einige trugen Lampen, und in ihrem unsteten Licht konnte ich erkennen, daß sie keine Verbrecher waren. Farmer und Schafhirten, Fischer, Schuster und Schneider, hart arbeitende Männer, die um jeden Pfennig kämpfen mußten und keine andere Möglichkeit sahen, sich etwas Geld zu verdienen, betraten den Turm. Sie machten das, was die Armen und Verzweifelten, die Wagemutigen und die Ehrgeizigen in Cornwall immer gemacht hatten, da war ich mir ganz sicher. *Großer Gott*, dachte ich, *Draco und Welles sind Schmuggler!*

Diese Erkenntnis schockierte mich nicht, ich hatte nur Angst um die beiden, weil es ein gefährliches Geschäft war. Ich muß zugeben, daß ich so etwas schon vermutet hatte. Aber Schmuggel hatte in Cornwall eine jahrhundertealte Tradition, und kaum einer von hier betrachtete es als schreckliches Verbrechen. Es war zwar kein ehrbarer Beruf, aber es schadete nur der Regierung, die es verdiente, da sie die Corn Laws nicht abschaffte und es einem ehrbaren Mann schwermachte, mit ehrlicher Arbeit genug Geld zu verdienen, um nicht verhungern zu müssen. Selbst Sir Nigel hatte als Magistrat immer die Augen zugedrückt, wenn es um Schmuggel ging.

Ich zog meinen Umhang enger um mich, setzte mich auf einen Stuhl und überlegte fieberhaft. Draco durfte keinesfalls merken, daß ich hinter sein Geheimnis gekommen war.

Aber mir blieb nicht viel Zeit zum Nachdenken, denn inzwischen war Jarrett wach geworden und verlangte nach seiner Mahlzeit. Ich zog meinen Umhang wieder aus und öffnete mein Nachthemd. Dann legte ich mich zu Jarrett aufs Bett und gab ihm die Brust. Im Gegensatz zu Julianne hatte ich auf eine Amme verzichtet, ich genoß es, wenn wir uns so nah waren, auch wenn es als sehr unschicklich galt, das eigene Baby zu stillen. Ich strich über sein feines Haar und sang ein kleines Lied, das mir meine Kinderschwester immer vorgesungen hatte.

Dann hörte ich plötzlich Schritte auf dem Gang zum Nordturm, und einige Augenblicke später öffnete Draco die Tür.

»Maggie!« sagte er erschrocken. »Daß du so spät noch wach bist?«

Er musterte mich und das Kind nachdenklich und fragte sich wahrscheinlich, ob ich Welles und die Schmuggler gehört hatte, wie sie die Ware in ihr Versteck im Südturm gebracht hatten.

»Jarrett hat mich aufgeweckt, er war hungrig«, erwiderte ich leise, um das Baby nicht zu stören, das inzwischen satt und zufrieden eingeschlafen war.

Mir stockte der Atem bei dem Gedanken, daß die Zollbeamten oder die Dragoner Verdacht gegen Draco und Welles schöpfen und sie in flagranti beim Schmuggeln erwischen könnten. Die beiden Männer würden eingekerkert, anschließend in eine Strafkolonie abgeschoben und womöglich sogar hingerichtet werden. Jarrett würde gebrandmarkt als Sohn eines gemeinen Verbrechers aufwachsen. Ich schluckte, drückte mein Baby fest an mich und legte meine Wange auf seinen Kopf, damit Draco mein Gesicht nicht sehen konnte.

»Du hast heute lange gearbeitet«, sagte ich und versuchte möglichst ruhig zu klingen. »Du mußt sehr müde sein. Komm zu Bett, Draco.«

»Ist das eine Einladung, Schatz?« fragte er leise und zog eine Augenbraue hoch. Dann, als er sah, wie überrascht ich von dieser Frage war, fügte er hinzu: »Ich habe geduldig gewartet, Süßes, weil du dich von Jarretts Geburt erholen solltest, aber ich muß zugeben, daß es mir nicht leichtgefallen ist. Gib mir das Kind, Maggie. Er ist kräftig und gesund wie sein Vater und alt genug, daß er nicht über Nacht sterben wird. Er ist in seiner Wiege gut aufgehoben, meinst du nicht?«

Ich nickte langsam und schüchtern wie eine Braut und reichte ihm unseren Sohn. Nachdem er Jarrett behutsam in die Wiege gelegt hatte, zog Draco sich aus, löschte das Licht und kroch zu mir ins Bett. Das Gewicht seines harten, muskulösen Körpers auf der weichen Federmatratze ließ mich in die Kuhle rollen, und ich spürte seine Haut auf meiner.

»Ah, Maggie«, hauchte er, rollte sich auf mich und nahm mich in die Arme. »Es ist so lange her, daß ich dich so gehalten habe. Zu lange. Du hast mir gefehlt, mein Schatz ...«

Mein Herz jubilierte bei diesen Worten. Er liebte mich noch, sonst hätte er das nie gesagt! Zitternd wie eine Jungfrau wagte ich kaum zu hoffen, daß er mich noch begehrte. Ich öffnete meine Lippen und spürte seinen warmen Atem auf meiner Wange, bevor sich sein Mund über meinem schloß und mich gierig und mit einer Wollust verschlang, die ich fast vergessen hatte. Jetzt stürmten die Erinnerungen an seine Liebkosungen auf mich ein und vermischten sich so intensiv mit der Realität, daß ich nicht mehr wußte, ob ich wirklich seine Lippen und seine Hände spürte oder nur träumte. Wieder und wieder nahm er Besitz von meinen Lippen wie ein Verhungernder. Seine Zähne gruben sich in meine Unterlippe, und ich genoß den bittersüßen, salzigen Blutgeschmack in meinem Mund. Dann küßte er zärtlich den scharlachroten Tau von meinen Lippen. Seine Zunge zeichnete die zitternden Konturen meiner Lippen nach, während eine Fülle herrlicher Empfindungen durch meinen Körper wogte, der nach langen Monaten der Entbehrung zu neuem Leben erwachte. Seine Zunge war wie heißer süßer Honig und verschmolz mit meiner, und ich kostete den Geschmack von Nektar.

Das ist das Paradies oder etwas, was ihm sehr ähnlich ist, dachte ich, in einem Winkel meines Bewußtseins. *Eden, ja Eden.*

Ich war Eva, und Draco war ... nicht Adam, sondern die Schlange. Dunkel und verlockend verführte sie mich, riß ungeduldig mein Nachtgewand beiseite und enthüllte meine Blöße, um sich zu laben, was für alle außer ihr eine verbotene Frucht war. Ich klammerte mich leidenschaftlich an ihn und genoß das sündige Gefühl seiner Berührung. Ich erforschte seinen Körper, ließ ihn keuchen und zittern, und dann umarmte er mich wieder mit aller Kraft, um mir zu zeigen, wer – trotz meiner Macht, ihn zu erregen – der Stärkere war.

»Verführerin«, murmelte er an meinem Hals. »Du würdest mich zum Sklaven machen, und das sollst du auch. Es gibt keinen Teil von dir, der nicht mir gehört...«

Und er zeigte mir, wie wahr seine Worte waren, drückte seinen Mund auf den feinen Bogen meines Fußes, und seine Augen, brennend schwarz vor Leidenschaft, labten sich an meinem Gesicht und hypnotisierten mich mit ihrer samtigen Unergründlichkeit. Langsam und genüßlich glitt sein Mund über mein Bein. Seine Zunge war wie ein flammender Pfeil, der mich mit seiner Hitze durchbohrte. In ihrem Kielwasser, leicht wie eine Feder, wanderten seine Hände meine Schenkel hinauf, strichen wie Seide über mein geheimes Herz, dann umfaßten sie meine Brüste und spielten mit den dunklen, harten Warzen. Schweiß sammelte sich in der Kuhle zwischen meinen Brüsten, und langsam leckte er die Feuchtigkeit weg und wandte sich dann wieder meinen Brüsten zu.

Seiner bronzenen Haut entströmte ein Aroma von Sandelholz, als er seinen Kopf zwischen meinen Brüsten vergrub. Ich griff in sein Haar, zog ihn an mich, genoß seine Nähe und wand mich unter ihm. Ich gierte nach mehr. Meine Hände strichen verstohlen über seinen breiten Rücken, und ich bohrte meine Nägel in sein festes Fleisch und spornte ihn an. Ich küßte und berührte ihn überall wie er mich, fiebrig vor Verlangen.

Zeit hatte keine Bedeutung für uns, und die Welt wirbelte ins Nichts davon, als wären wir von der Erde an einen Ort urzeitlicher Finsternis geschleudert worden, wo alle Dinge beginnen und enden und ich Dracos Befehl unterworfen war. Ich war Wachs in seinen Händen und reizte und verhexte ihn gleichzeitig, bis er sich mit einem tiefen Stöhnen auf mich warf und so heftig nahm, daß es mir den Atem verschlug. Ich erblühte in meiner Hilflosigkeit, und schrie meine Unterwerfung hinaus, als er wie ein triumphierender Eroberer in mich drang.

Hinterher lagen wir reglos da, unsere Herzen pochten in vereintem

Takt, feuchte Haut schimmerte im sanften Schein des Kaminfeuers. Schweigend zog mich Draco in seine Umarmung. Mein Kopf lag an seiner Schulter, eine Hand ruhte auf seiner schweißnassen, haarigen Brust, die sich langsam unter meiner Handfläche hob und senkte.

»Ich liebe dich«, flüsterte ich zögernd und sehnsüchtig zugleich. Ich fürchtete ein bißchen, verspottet zu werden, und wußte, daß ich das nicht ertragen könnte. Trotzdem konnte ich mich nicht mehr verschließen. Ich mußte ihm sagen, was mein überfließendes Herz empfand.

Ich hielt den Atem an und wartete ängstlich auf seine Antwort. Aber es kam keine, und dann – ich wußte nicht, ob ich lachen oder weinen sollte – erkannte ich, daß ich genausogut gegen die Wand hätte reden können. Mein Mann schlief tief und fest und hatte kein Wort gehört.

Im Sturm nicht und nicht im Kampf
Stehn wir betäubt und wollen nicht mehr sein,
Doch in der Stille am Ufer – danach
Wenn alles verloren ist, außer dem bißchen Leben.

Nach Empfang der Nachricht von der Krankheit
Lady Byrons

George Gordon Lord Byron

28
Renshaw spricht

Als ich am Morgen erwachte, war Draco fort, und nur das etwas wunde Gefühl zwischen meinen Schenkeln und eine gewisse Zufriedenheit, die meinen Körper durchdrang, waren Zeuge, daß ich gestern nacht nicht geträumt hatte. Ich gähnte, streckte mich wie eine Katze und lächelte wie ein Kind, das ein Geheimnis hat. Linnet musterte mich aus den Augenwinkeln, während sie mein Bad und meine Kleider vorbereitete. Aber ich ließ mir durch ihre Neugier den Tag nicht verderben. Ich stand auf, stillte Jarrett und übergab ihn Annie. Nach Beendigung meiner Morgentoilette lief ich schnell nach unten, denn heute war Samstag, und Draco mußte nicht in die Minen. Es wurde dort zwar sechs Tage in der Woche gearbeitet, und am siebten Tag reparierten die Arbeiter die Maschinen, aber samstags war mein Mann meistens in seinem Arbeitszimmer beschäftigt, und am Sonntag erholte er sich.

Ich sprang mit pochendem Herzen die Treppe hinunter und blieb vor der Tür stehen, um tief Luft zu holen und meine zitternden Hände zu beruhigen. Dann strich ich meine Haare und mein Kleid glatt, obwohl ich wußte, daß ich vor Freude strahlend und schön aussah wie alle verliebten Frauen. Ich wollte gerade klopfen, als ich zu meiner Überraschung Stimmen aus dem Arbeitszimmer hörte.

»Wir müssen vorsichtig sein, Herr. Das ist ein schmutziges Geschäft, Schipper verschippern«, hörte ich Renshaw sagen und erstarrte zur Salzsäule. Ich hoffte inständig, daß meine Ohren mich getäuscht hatten. Aber der Irre plapperte weiter und wiederholte: »Den Schipper verschippern, den Schipper verschippern, und dann predigst du bald am Tyburn Hill, und keiner um dich trauern will! Was, Master?« sagte er und kicherte listig.

Er redet wirres Zeug, sagte ich mir, doch dann wurde mir eiskalt ums Herz, denn Draco erwiderte: »Ja. Aber was schert das einen, der schon so viele Morde begangen hat, daß er das Blut nie wieder von seinen Händen bekommt? Du hast recht, Renshaw, wir müssen vorsichtig sein. Die Zollbeamten und die Dragoner haben Verdacht geschöpft und sind auf der Hut. Sag den Männern, sie sollen vorsichtig sein, damit sie nicht entdeckt werden, bevor ich mich von der Schuld reinwaschen kann, sonst hängen wir alle am Galgen.«

Mir war übel, und ich lief weg. Ich wollte nichts mehr hören. Mein Glück war wie eine Seifenblase zerplatzt. Ich rannte blindlings die Treppe zu meinem Zimmer hinauf.

Den Schipper verschippern. Den Schipper verschippern. Die Worte dröhnten wie eine Totenglocke in meinem Kopf und bohrten sich wie Pfeile in mein Herz. Ich konnte nicht mehr atmen. Die Wände von Heights drohten, mich zu erdrücken. Und ich tat, was ich immer in Panik machte, ich rannte aus dem Haus, schlug die Tür hinter mir zu und lief los. Es war mir egal, daß ich keinen Mantel anhatte, und daß meine Schuhe zu dünn waren für den Schnee. Ich wollte nur noch aufs Moor und zum Meer, die kalte Winterluft in mich einsaugen und rennen, so schnell ich konnte.

Schließlich war ich außer Atem und verlangsamte meine Schritte. Ich rang keuchend nach Luft. Gütiger Gott, es durfte nicht wahr sein! Mein Mann Draco war ein Mörder! Ich liebte einen kaltblütigen Mörder!

Es muß ein Irrtum sein! Es muß ein Irrtum sein!

Aber ich hatte mit eigenen Ohren das schreckliche Gespräch im Arbeitszimmer gehört. Ich hatte mit eigenen Augen die Beweise für den Schmuggel gestern nacht gesehen. Ich war in Cornwall geboren und wußte, was »den Schipper verschippern« hieß. Jeder in Cornwall wußte es. Das war das widerlichste Verbrechen, dessen ein Mensch fähig war: In monddunklen Nächten ruderten gewissenlose Männer ein Boot aufs Meer, wickelten die Warnglocken an den Bojen in Tücher, damit sie nicht klappern konnten. Dann ruderten die Männer zurück, hängten eine angezündete Laterne an den Hals eines Pferdes und führten es am Ufer entlang, damit die Laterne wie eine Schiffslaterne auf und ab schwankte und ferne Schiffe mit ihrem falschen Signal täuschte. Die so angelockten Schiffe zerschellten an den Felsen vor der Küste und sanken in ein nasses Grab. Und wenn dann die wenigen Überlebenden versuchten, sich an Land zu retten, wurden sie von den Küstenpiraten, wie diese schrecklichen Männer genannt wurden, mit Knüppeln erschlagen. Anschließend holten diese Schurken dann die treibende Fracht des Wracks aus dem Wasser und raubten die Leichen der Ertrunkenen aus...

Es war schrecklich! *Entsetzlich!*

Ich begrub mein Gesicht in den Händen und schluchzte bei dem Gedanken daran, daß mein geliebter Draco mit einem Knüppel in der Hand in der Brandung stand...

Nein! *Nein!* Mein Mann konnte unmöglich einer dieser Unmenschen sein! Bitte, lieber Gott. Das konnte nicht sein! Ich sah seine Hände, wie sie Black Magic streichelten, meinen Körper liebkosten und Jarrett wiegten. Dieselben Hände hatten gemordet. Ich begann zu zittern und mußte mich übergeben. Ich wischte mir den Mund mit dem Handrücken ab und sank im Schnee auf die Knie, schlang meine Arme um meinen Körper und wiegte mich hin und her wie ein Kind. Ich stand unter Schock. Mein Verstand wollte die Wahrheit nicht akzeptieren. Ich konnte es nicht glauben. Es war einfach nicht möglich, daß Draco ein ruchloser Mörder war, obwohl ich wußte, daß er teuflischer Dinge fähig war. »Galgenvogel«, hatte Sir Nigel ihn genannt. Nein, es konnte nicht wahr sein! Draco würde nie so widerliche Dinge machen – und Welles auch nicht... Nein, nicht Welles auch noch, es wäre zu entsetzlich...

Nach einiger Zeit gelang es mir, aufzustehen und mich zum Haus zu schleppen. Es war die längste Reise meines Lebens. Der Gedanke daran, zu Draco zurückzukehren, war mir zutiefst zuwider. Aber wohin sonst sollte eine Frau, die keine Verwandten und kaum Freunde hatte, gehen? Zu Julianne, Lady Chandler oder Sarah, deren Liebe zu Welles ihr nicht gestatten würde, zu glauben, was ich erfahren hatte? Zu Tante Tibby, die ihren eigenen Schatten fürchtete? Zum Vikar, der meine Beichte hören und dann sagen würde, ich dürfe den Glauben nicht verlieren? Nein, es gab keinen, an den ich mich in meiner dunkelsten Stunde wenden könnte. Draco würde mich überall finden. Wie alle Frauen, die an gewalttätige Männer gebunden sind, mußte ich das Wissen um die schrecklichen Verbrechen meines Mannes allein tragen, und beten, daß es mich am Ende nicht zerstören würde.

> Verflucht das Herz, das den Gedanken faßte,
> Verflucht die Hand, die schoß ...
>
> –The Ballad of Helen of Kirkconnell
> VOLKSMUND

29
Herz im Zwiespalt

Ich war gerade zwanzig, aber in den Tagen nach diesem schrecklichen Morgen fühlte ich mich wie hundert und sehnte mich inbrünstig nach dem Tod. Ich hatte dunkle Schatten unter den Augen und hohle Wangen von den vielen schlaflosen Nächten, in denen ich dalag und auf das Dröhnen von Black Legacys Hufen im Hof lauschte, das mir sagte, daß Draco zu später Stunde ausgeritten war. Wenn er dann mit taufeuchtem Mantel zurückkehrte, zwang ich mich, ruhig zu atmen, und stellte mich schlafend, damit mich seine mörderischen Hände nicht berührten. Ich wich instinktiv zurück, wenn er sich zu mir legte, und versuchte, so weit wie möglich von ihm weg zu liegen, damit ich ihm nachts nicht zu nahe kam. Und wenn er seine ehelichen Rechte forderte, lag ich kalt und reglos wie Marmor unter ihm und sah vor meinem geistigen Auge die Ertrinkenden, die seine Opfer waren.

Draco verstand meine Zurückhaltung nicht. Wie sollte er auch? Ich wagte nicht, über das, was ich wußte, zu reden, und litt wie nie zuvor. Manchmal, wenn er meine Leidenschaft nicht hatte wecken können, verfluchte er mich und bezichtigte mich, eine Affäre mit Esmond zu haben. Dann warf er mich brutal aufs Bett und bemühte sich verzweifelt, meine Lust zu wecken, und schließlich fügte sich mein verräterischer Körper seinen Forderungen, während ich vor Scham weinte und mir den Tod herbeiwünschte. Aber dann fiel mir Jarrett ein, und ich wollte leben, also begrub ich meinen Stolz und ertrug Dracos Quälerei, so gut es ging. Manchmal, wenn er meine Ablehnung spürte, schleuderte er mich angewidert von sich. Ich lebte in ständiger Angst vor ihm und versuchte, ihm aus dem Weg zu gehen. Kein Tag verging, an dem ich nicht daran dachte, zur Bank zu gehen, mein Geld zu holen und mit Jarrett zu fliehen. Aber es hatte keinen Sinn, Draco würde uns überall finden.

Aber das Herz kennt keine Vernunft. Oft, wenn ich Draco ansah, mußte ich feststellen, daß ich mich nach jenen Tagen und Nächten zurücksehnte, in denen ich ihn, ohne es zu wissen, geliebt hatte, und weinte mir im stillen die Augen aus.

Und so vergingen die Tage, einer wie der andere. Jarrett war jetzt meine ganze Freude, und ich klammerte mich an ihn wie eine Ertrinkende. Er wenigstens gehörte mir, wenn auch sonst nichts.

Der Frühling war gekommen und hatte das schlafende Land geweckt. Die Luft war frisch und duftete süß nach allen neuen Dingen. Die schwarzen Moore färbten sich langsam grün, und Heidekraut und Farne breiteten einen Königsmantel von Violett und Gold übers Land. In der Ferne wachten die Tors wie Götter der Urzeit grau über dem Horizont. Die rastlose See brandete ans Ufer, und die schwarzen Finger der Klippen streichelten die Wogen. In den Klippen über dem Strand nisteten die Möwen, und ihr melancholischer Gesang hallte in meinem Herzen wider, wenn ich allein über die Moore streifte und voller Trauer an die langen, einsamen Jahre dachte, die vor mir lagen.

Hätte ich nie die Liebe gekostet, hätte ich mein Los ertragen können. Viele Frauen in dieser frauenfeindlichen Welt mußten ähnliches erdulden. Aber jetzt kämpfte mein Herz gegen meinen Verstand, riß mich innerlich entzwei, denn mir waren die Augen geöffnet worden. Ich wußte, daß Leben mehr heißt als bloßes Existieren, und ich war rastlos wie ein Vogel, der den endlosen Himmel durch die Gitterstäbe seines Käfigs sieht.

Ich fragte mich, ob es so furchtbar wäre, das zu vergessen, was ich vor Dracos Arbeitszimmer gehört hatte, und die Visionen von Schiffswracks und namenlosen Gesichtern zu verdrängen. Wäre ich dann vor Gott genauso schuldig wie mein Mann? Obwohl meine einzige Sünde meine Liebe zu ihm und ich eine Frau war – schwach wie alle Frauen, wenn es um die Dinge des Herzens geht? Jetzt verstand ich die Frauen von früher, die sich bei einer Galgenhochzeit opferten. Die wenigen, die ihrem Mann zur Seite stehen, ob er nun Pirat oder Räuber war, und lieber mit ihm sterben wollten, als ohne ihn zu leben.

Ich war völlig niedergeschmettert von der Erkenntnis, daß ich eine dieser Frauen war. Aber schließlich konnte ich es nicht mehr abstreiten. Eines Nachts im März ritt Draco in den Hof. Sein Gesicht war weiß wie der Tod, und aus einer Schußwunde in seiner Brust strömte Blut. Renshaw weckte mich aus dem Schlaf und plapperte so wirres Zeug, daß ich überhaupt nichts begriff, außer: »Dem Master geht's schlecht, glaub' ich.« Ich wußte nur eins, Draco brauchte mich, ich konnte ihn nicht sterben lassen. Also ließ ich mich von dem Irren zum Arbeitszimmer zerren.

Draco lag mit geschlossenen Augen auf dem Sofa. Seine dunkle Haut war aschfahl und sein Atem so schwach, daß ich einen schrecklichen Augenblick lang dachte, er wäre tot. Sein weißes Hemd war blutdurchtränkt, und bei diesem Anblick wurden mir die Knie weich.

»Renshaw, weck Will auf. Er muß Dr. Ashford holen.«

»Neeiiin«, stöhnte Draco und öffnete mühsam die Augen. Er biß die Zähne vor Schmerz zusammen. »Keinen ... Doktor, Maggie.«

»Sei bitte kein Narr! Du könntest sterben!« erwiderte ich in scharfem Ton. »Bist du denn so begierig darauf, mich zur Witwe zu machen?«

»Keine Sorge ... Liebes.« Er versuchte zu lächeln. »Es braucht schon mehr als eine Kugel, um mich umzubringen. Mach ... was nötig ist, Schatz, aber keinen ... Doktor.«

Er stöhnte und krümmte sich vor Schmerz. Ich sah, daß es keinen Sinn hatte, mit ihm zu streiten. Also versuchte ich mich zu fassen und machte mich daran, die Wunde zu versorgen. Ich hatte nur wenig Erfahrung in solchen Dingen und schon gar keine mit Schußwunden.

Trotzdem rollte ich mir die Ärmel hoch, holte eine Schere aus Dracos Schreibtisch und schnitt erst einmal das Hemd auf, um zu sehen, wie schlimm die Verletzung war. Ich zog den blutdurchtränkten Stoff beiseite, und mir stockte der Atem, als ich die Wunde sah. Ein paar Zentimeter tiefer, und die Kugel hätte sein Herz durchbohrt.

»Draco, wer hat dir das angetan?« fragte ich. Es war sicherlich kein Unfall gewesen. Man hatte ihn angegriffen.

Aber entweder wollte oder konnte er nicht antworten. Sicher hatte dieser Angriff etwas mit dem Schmuggel oder Schlimmerem zu tun, und über das letztere wollte ich nicht nachdenken. Also holte ich tief Luft und wandte mich an Renshaw.

»Hol eine Schüssel warmes Wasser und ein paar saubere Tücher zum Verbinden. Aber gib acht, daß du niemanden weckst. Hast du verstanden, Renshaw?«

»Ja, Missis.« Er nickte und schlurfte davon.

Obwohl ich meine Zweifel gehabt hatte, brachte er tatsächlich nach einiger Zeit das Gewünschte. Jetzt konnte ich das Blut von Dracos Oberkörper waschen und die Wunde genauer untersuchen. Glücklicherweise hatte die Kugel seine Brust glatt durchschlagen. Dafür war ich sehr dankbar. Ich hätte sie bestimmt nicht entfernen können. Mir blieb also nichts zu tun, als die Wunde zu säubern und die Blutung zu stoppen. Nachdem ich das Blut abgewaschen hatte, holte ich eine Flasche Brandy aus dem Schrank und kippte sicherheitshalber, weil ich nicht wußte, wieviel nötig war, die halbe Flasche in das kleine Loch. Ich faltete das Leinen zu kleinen Polstern, die ich vorne und hinten an die Wunde preßte und mit einem Verband sicherte.

Inzwischen war Draco fast bewußtlos. Aber zu meiner Überraschung schlug er noch einmal die Augen auf und tastete nach meiner Hand. Er nahm sie und drückte sie ganz schwach. Das trieb mir die Tränen in die Augen.

»Ich … wußte … daß … du mich … nicht im Stich … läßt … mein tapferes Mädchen«, murmelte er.

»Draco, wer hat dir das angetan?« fragte ich nochmals.

»Ich weiß es nicht«, sagte er und schloß die Augen. Ein sicheres

Zeichen, daß er log. »Es war zu dunkel. Hilf mir nach oben... ins Bett, Maggie.«

»Ich denke gar nicht daran!« protestierte ich giftig. Es hatte keinen Sinn, ihm weitere Fragen zu stellen.

»Doch, das wirst du tun... sonst versuche ich... ohne dich raufzukommen. Ich falle bestimmt die Treppe runter... und wecke das Personal auf. Noch mehr... Gerede. Das willst du doch nicht, Liebes...« Sein Versuch zu lächeln brach mir das Herz, und wieder dachte ich, daß ich mich entsetzlich geirrt hatte – er konnte kein Küstenpirat oder Mörder sein.

Ich half ihm also widerwillig auf die Beine, und mit Renshaws Hilfe gelang es mir, ihn nach oben zu bringen. Er ließ sich erschöpft aufs Bett fallen. Sein Gesicht war schmerzverzerrt und grau, ich goß ihm schnell ein Glas Wein aus einer Karaffe ein und reichte es ihm. Er trank es dankbar aus und schlief leise stöhnend ein.

Aber ich blieb noch sehr lange wach und prüfte mein Gewissen und mein Herz. Hin- und hergerissen fragte ich mich, ob Gott es verstehen würde, wenn ich die Hand meines Mannes nur einmal an meine Wange drückte, ohne an sinkende Schiffe und im Meer treibende Leichen zu denken.

Am nächsten Morgen bestand Draco, trotz seiner Verwundung und meiner Einwände darauf, sich anzuziehen und zu den Minen zu fahren.

»Das ist sehr dumm von dir«, schimpfte ich. »Wenn du auf diesem Irrsinn bestehst, wird die Wunde aufbrechen und wieder anfangen zu bluten. Dann erfahren alle von deiner Verwundung. Das willst du doch sicher nicht – schließlich durfte ich gestern abend nicht einmal den Arzt rufen. Esmond ist der Richter und sollte, ob du ihn nun magst oder nicht, von diesem seltsamen Überfall erfahren, damit der Täter dingfest gemacht und seiner gerechten Strafe zugeführt wird. Bitte, geh zurück ins Bett, Draco! Du kannst dich ja kaum auf den Beinen halten. Die Minen werden nicht gleich zusammenbrechen. Mr. Vaughan ist ein ausgezeichneter Verwalter – das hast du mir zumindest erzählt –, und Mick Dyson, auch wenn er ein brutaler Kerl ist, muß doch auch ein fähiger Aufseher sein, sonst hättest du ihn nach dem Tod meines Vaters wohl nicht behalten.«

»Ja, wirklich«, sagte mein Mann ironisch. »Dyson hat einen kühlen, klaren Kopf, das muß ich ihm lassen. Nicht jeder hätte so überleben können wie er.«

»Ich nehme an, er ist ein Kämpfer wie du, Draco.«

»Nein, Maggie, nicht wie ich. Niemals wie ich«, erwiderte er grimmig. Seine schwarzen Augen funkelten plötzlich so zornig, daß mich mit einem Mal die Angst packte.

Sofort hab' ich's gespürt,
so weinend, wie die geheimnisvolle Gestalt
Sich hinter mir bewegte, mich an den Haaren zog.
Und eine beharrliche Stimme sprach, als ich mich
wehrte:
»Rat, wer dich hält?« »Der Tod«, sprach ich.
Doch, da.
Die Silberantwort klang: »Nicht Tod, doch Liebe.«

–Sonette aus dem Portugiesischen
ELIZABETH BARRETT BROWNING

30
Die Finsternis vor Sonnenaufgang

Am Abend meines zwanzigsten Geburtstages kam Esmond, um Draco zu verhaften.

Es war ein trister Frühlingsabend und eine regnerische mondlose Nacht, in der mich das Klirren von Zaumzeug im Hof nicht verwundert hätte. Draco war, obwohl kaum genesen von der Wunde, ausgeritten und hatte mich gebeten, nicht auf ihn zu warten, weil er spät nach Hause kommen würde. In dieser schicksalhaften Nacht sollte sich mein Leben entscheidend verändern, obwohl ich es nicht ahnte, als ich das erste Klopfen an der Tür hörte.

»Sir Esmond, Missis«, verkündete Mrs. Pickering, als sie den Besucher in die Halle führte.

Ich schaute überrascht von meinem Buch auf, denn es war schon zehn Uhr, und ich wunderte mich, daß Esmond zu so später Stunde kam – und daß er überhaupt hier war. Mein Herz kam ins Stocken – etwas Schreckliches mußte passiert sein.

Ein Unfall, dachte ich. *Draco ist tot.*

Bei dem Gedanken, daß mein Mann nicht mehr am Leben sein könnte, empfand ich eine so entsetzliche Leere, daß ich endlich ohne jeden Zweifel wußte, daß meine Liebe stärker war als meine Angst vor ihm. Selbst wenn die ganze Welt versank, ich wollte Draco nicht verlieren. Ich legte mein Buch beiseite und erhob mich langsam.

»Was ist los, Esmond?« fragte ich und war überrascht, wie gefaßt meine Stimme klang, als ich auf ihn zuging, um ihn zu begrüßen. »Was ist denn passiert, Cousin?«

Jetzt sah ich, daß Hugh und mehrere Männer von der Hall und der Grange ihn begleiteten – bewaffnete Männer! Obwohl die Angst mir noch immer die Kehle zuschnürte, verspürte ich einen Hoffnungsschimmer, weil ich ahnte, weshalb sie hier waren. Draco war am Leben! Sonst hätte Esmond keine bewaffneten Männer gebraucht. Auf Esmonds Gesicht war ein Ausdruck, den ich nie zuvor bei ihm gesehen hatte: Er wirkte wach, begierig und triumphierend wie ein Jäger, wenn er den listigen Fuchs gestellt hat. Ich dachte: *Er hat Draco schon immer gehaßt und sich nach mir gesehnt. Aber er hat mich verstoßen. Er hat irgendwie erfahren, daß Draco ein Schmuggler, ein Küstenpirat und Mörder ist, und jetzt ist er hier, um ihn zu verhaften, in der Hoffnung, mich wiederzugewinnen...* Und ich empfand keine Freude bei dieser Erkenntnis, sondern nur Verachtung für meinen Cousin, der es nötig hatte, wie ein Dieb in der Nacht nach Heights zu kommen, um seine schmutzige Arbeit zu verrichten.

»Ich bin nicht als dein Cousin gekommen, Maggie, sondern als Richter«, verkündete er kühl und bestätigte meinen Verdacht. Er machte seinen Männern ein Zeichen, und sie begannen das Haus zu durchsuchen. »Wo ist Draco?«

Weil ich mir jetzt sicher war, daß mein Herz, wenn mein Mann in Ketten zum Galgen geschleppt würde, mit ihm im einsamen Grab liegen würde, versuchte ich, Zeit zu gewinnen.

»Was hat das zu bedeuten, Esmond?« fragte ich empört. »Ich denke, du bist mir eine Erklärung schuldig – oder etwa nicht? Warum dringst du in mein Haus ein, und weshalb durchsuchen deine bewaffneten Männer alle Winkel des Gebäudes? Was glaubst du denn zu finden?«

»Liebste Maggie«, begann er, ergriff meine Hände und führte mich zu einem Stuhl. »Setz dich. Ich fürchte, was ich dir zu sagen habe, wird ein großer Schock für dich sein, obwohl du froh sein mußt, wenn du dieses Ungeheuer von Ehemann los bist.«

»Ich fürchte, ich verstehe dich nicht«, sagte ich gespielt verwirrt, obwohl mir das Herz bis zum Hals klopfte. »Was, in aller Welt, meinst du damit, Esmond?«

»Süße Cousine, ich weiß nicht, wie ich es dir schonend beibringen soll. Du ahnst ja nicht einmal, was dieser verabscheuenswerte Halunke getan hat.« Er fuhr sich mit der Hand durchs Haar, und ich wußte, daß er nicht so gelassen war, wie er tat. Diese Geste kannte ich seit unserer Kindheit. Sie war immer ein Zeichen von Angst bei ihm, und jetzt freute ich mich insgeheim.

»Hast du schon je etwas von Küstenpiraten gehört, Maggie?« fragte er.

»Natürlich«, erwiderte ich, »wer in Cornwall hat das nicht? Aber was hat das mit Draco zu tun?« Ich hielt inne, dann riß ich die Augen weit auf. »O Esmond!« hauchte ich und war stolz, wie entsetzt meine Stimme klang. »Willst du etwa damit sagen, daß er einer von diesen ... diesen Verbrechern ist?«

Er nickte und verzog sein Gesicht voller Abscheu.

»Ja, unglücklicherweise«, gab er zu und rief dann: »O liebste Maggie, es ist so schrecklich, dir das sagen zu müssen! Ich habe es schon seit einiger Zeit vermutet und ihn beobachtet, in der Hoffnung, ihn auf frischer Tat zu ertappen. Aber er war sehr vorsichtig und sehr geschickt in der Durchführung seiner schrecklichen Verbrechen. Ich habe nur wenig erfahren können. Aber vor einigen Tagen ist deine Zofe, Linnet, zu mir gekommen. Sie war völlig verzweifelt und hat mir berichtet, sie hätte Draco und seine Männer eines Nachts am Strand beobachtet und mit eigenen Augen gesehen, daß sie ein Schiff auf die Klippen gelockt und alle an Bord ermordet haben. Trotz ihres Entsetzens und ihrer Angst ist sie Draco und den Männern bis Heights gefolgt und hat entdeckt, daß Draco den Südturm als Versteck für seine Beute benutzt.«

Oh, dieses hinterhältige Geschöpf! dachte ich wutentbrannt. *Dieser Schlange hat mein Mann einen Platz geboten, als Vater sie auf die Straße gesetzt hat.*

Ihr Verrat traf mich wie ein Peitschenschlag, aber ich ließ mir nichts anmerken. Ich mußte soviel wie möglich von Esmond erfahren und hoffte, den Mann, den ich liebte, irgendwie retten zu können, selbst wenn ich auf ewig in der Hölle schmoren müßte.

»Und wie kommt Linnet dazu, sich nachts am Strand rumzutreiben und sich in solche Gefahr zu begeben? Es ist ein großes Risiko, Piraten nachzuspionieren.«

»Ja, du hast recht. Aber man muß ihren Mut bewundern. Warum sie am Strand war, weiß ich nicht«, meinte Esmond. »Sie hat es nicht direkt gesagt, aber ich nehme an, sie hat sich mit einem Liebhaber getroffen. Hast du deinen Haushalt so wenig im Griff, Maggie, daß dein Personal sich nachts unbemerkt davonschleichen kann?«

»Anständige Mädchen schleichen sich nicht nachts davon, um sich mit Liebhabern zu treffen, Esmond«, sagte ich, beleidigt von seiner Kritik. »Ich hatte keinen Grund, an Linnets Keuschheit zu zweifeln. Aber jetzt werde ich ihr fristlos kündigen müssen, damit die anderen Mädchen nicht von ihr verdorben werden.«

In diesem Augenblick wurden wir von Hugh und den Männern unterbrochen, die von ihrer Suche zurückkamen. Hugh sah mich voller Mitleid an, er hatte Draco und mich immer gemocht und hegte wohl Zweifel an der Schuld meines Mannes.

»Wir haben alles abgesucht, Sir«, sagte er zu Esmond, »bis auf den Südturm, für den Mrs. Pickering angeblich keinen Schlüssel hat. Mr. Draco ist nicht auffindbar. Ich habe Wachen ums Haus aufgestellt, wie Sie befohlen haben. An denen wird er nicht vorbeikommen, wenn er heute nacht noch zurückkommt.«

»Gut gemacht, Hugh. Wir werden uns jetzt verabschieden. Die übrigen Männer begleiten mich zur Küste. Wie es scheint, hat Miss Linnet recht gehabt, als sie mich informierte, daß Mr. Draco und Mr. Prescott heute abend einen weiteren Überfall planen!« Er sah, wie ich zusammenzuckte. »Ja, Maggie, Welles ist auch ein Teil dieses Komplotts. Habe ich dir nicht gleich gesagt, daß er ein Taugenichts und kein geeigneter Mann für Sarah ist?« Esmond klang sehr selbstzufrieden, und ich verachtete ihn wie nie zuvor. Jetzt bemerkte ich, daß er nicht nur schwach und feige war, sondern auch so kleinlich, daß er sich nach all den Jahren immer noch an Welles wegen des Vorfalls beim Jahrmarkt in Launceston rächen wollte. »Diesmal werden Draco und Welles ihren teuflischen Plan nicht verwirklichen können. Wir werden da sein und sie auf frischer Tat ertappen!« Er stand auf.

»Ich wünsche dir eine gute Nacht, süße Cousine«, sagte er. »Es tut mir leid, daß ich dir die schlechte Nachricht, die dir sicher so zuwider ist wie mir, überbringen mußte. Aber ich bin froh darüber, daß du von deinen Ehegelübden entbunden bist.« Aus seinem Blick sprach nacktes Verlangen. »Ich weiß, daß du ihn nie geliebt hast. Wenn du frei bist – aber nein, jetzt ist nicht der rechte Zeitpunkt, davon zu reden. Ich muß Geduld haben. Trotzdem, Maggie, sei versichert, daß mein Herz immer dir gehört hat.«

Seine Worte schockierten mich. Ich hatte geglaubt, er hätte sich mit seiner Ehe abgefunden. Jetzt entdeckte ich, daß er von einer Romanze mit mir träumte und Draco dafür verantwortlich machte, daß sie noch nicht Wirklichkeit geworden war. Esmond war doch tatsächlich überzeugt, ich würde die Seine, wenn mein Mann von der Bildfläche verschwunden war. Mein Cousin rief seine Männer zusammen und verließ das Haus. Ich blieb entsetzt zurück, aber ich war nicht, wie Esmond vermutete, von den Verbrechen meines Mannes schockiert, sondern von Esmonds Benehmen. Niemals würde ich ihm gehören!

Ich weiß nicht, wie lange ich in der Halle gesessen und nachgedacht hatte, was ich tun mußte. Die Verzweiflung, daß ich keine Möglichkeit hatte, meinen Mann zu retten, nagte an meiner Seele. Wie konnte ich ihn rechtzeitig warnen, damit er und Welles nicht schnurstracks in die Falle, die Esmond so bösartig gelegt hatte, gingen? Natürlich war mein Cousin der Richter, aber heute abend hatte er gezeigt, daß er auch seine Rolle als Henker genoß. Er triumphierte bei der Aussicht, Draco zu hängen und mich aus den Banden der Ehe befreit zu sehen. Was dachte sich Esmond eigentlich? Hatte er etwa vor, einen Skandal heraufzubeschwören und sich von Julianne scheiden zu lassen, oder hoffte er, ich hätte keine Bedenken, seine Geliebte zu werden, nachdem ich das Bett mit einem Mörder geteilt hatte? Ich kam zu dem Schluß, daß letztere

Lösung Esmond eher zusagen würde. Er wollte sicher seinen Ruf nicht durch eine Scheidung ruinieren. Wie konnte er nur glauben, daß ich so tief sinken würde?

Es mußte einen Weg geben, seine Wachen zu umgehen! Aber ich wußte keinen, und schließlich erhob ich mich mit der vagen Vorstellung, ich könnte vielleicht etwas in Dracos Arbeitszimmer finden, was mir helfen konnte. Eine Pistole vielleicht, mit der ich mir einen Weg nach draußen erzwingen konnte. Die Wachen würden glauben, daß mein Mann mir beigebracht hatte, mit der Waffe umzugehen. Dabei wußte ich kaum etwas über Feuerwaffen. Nur eins war mir klar: Ich mußte Draco warnen.

Ich nahm eine Lampe und lief zum Arbeitszimmer. Auf dem Weg dankte ich Gott, daß Esmond glaubte, ich würde ihn noch lieben, und mich nicht auch bewachen ließ. Zu meinem Erstaunen war ich völlig ruhig und gelassen, als ich anfing, den Schreibtisch meines Mannes und die Schränke zu durchsuchen.

Schließlich fand ich in einer schmalen Schublade, was ich suchte: eine kleine, doppelläufige Pistole mit Perlmuttgriff.

Die Waffe lag kalt und schwer in meiner Hand, als ich versuchte herauszufinden, ob sie geladen war. Wie unschuldig dieses Ding aussah, und wie tödlich es sein konnte! Ich ließ die Pistole vorsichtig in meine Rocktasche gleiten. Dann wandte ich mich zum Gehen.

Ich erstarrte. Die Tür zum Südturm öffnete sich langsam und lautlos. Instinktiv löschte ich die Lampe. Mein Herz klopfte bis zum Hals. Ich lauschte in die Dunkelheit und fragte mich, wer oder was vor mir erscheinen würde.

»Hab' dem Master gesagt, den Schipper verschippern, ist 'ne schlimme Sache«, hörte ich erleichtert Renshaw vor sich hin murmeln, der mit einer Laterne in der Hand hereinschlurfte. »Jetzt ist es passiert. Hi, hi! Da werden ein paar in Tyburn baumeln. Oder hab' ich gehört, daß sie den Galgen dort abgerissen haben? Verflucht, weiß nicht mehr ... Egal, die müssen die Rechnung bezahlen!«

»Renshaw!« zischte ich, und der arme Irre machte vor Schreck einen Satz.

»Ha? Wer da? Wer ist da?« rief er erschrocken. »Sie sind's, Missis, was?« Er beäugte mich mißtrauisch. »Was machen Sie denn hier? Sehn Sie nicht, daß der Master nicht da ist? Dem paßt's nicht, wenn Sie Ihre Nase in solche Dinge stecken, Missis! Was haben Sie gesehn? Im Südturm gibt's nur Geister. Geisterlein, die bei Neumond spuken.« Er umklammerte meinen Arm. »Sagen Sie dem Master nie, daß Sie mich gesehen haben, Missis, bitte. Hab's nicht böse gemeint – ich schwör's! Hätte ja auf die gewartet, die die Ladung bringen – genau wie der Master befohlen hat. Aber da sind Männer draußen, Missis, Männer, die mich armes altes Schwein hängen, weil sie nicht wissen, was ich ihnen sagen könnt', wenn Sie wollen. Aber ich tu's nicht. Sie hören mir sowieso nicht zu. Ich hab' nur den Befehl vom Master ausgeführt. Dann hab' ich mir gesagt: ›Renshaw, wenn du zum Torhaus zurückgehst, dann weiß keiner, was du gemacht hast, dann bist du sicher.‹ Missis, Sie sagen denen doch nicht, daß Sie mich gesehen haben.« Er zerrte mit angsterfüllten Augen an meinem Ärmel.

»Nein, Renshaw, nein«, versuchte ich, ihn zu beschwichtigen. »Ich werde nichts erzählen. Aber jetzt hör gut zu, das Leben des Masters hängt nämlich davon ab. Die Männer, die du da draußen gesehen hast, wollen dem Master was antun. Verstehst du mich, Renshaw? Wenn der Master heute abend hierher zurückkommt, dann nehmen ihn die Männer gefangen und töten ihn!«

»Ja, Missis«, er nickte weise. »Er hat Angst gehabt, daß die Sache auffliegt, bevor er 'ne Chance hat, alles zu regeln.«

»Ich muß ihn finden, Renshaw, und ihn warnen, bevor es zu spät ist. Ich muß irgendwie vom Haus zum Stall kommen, ohne daß mich die Männer sehen!« In meiner Verzweiflung hatte ich laut gedacht.

Zu meiner Überraschung sagte Renshaw plötzlich ganz deutlich: »Ja, also, wenn's dem Master hilft, wird's wohl in Ordnung sein. Aber sonst dürfen Sie niemand davon erzählen, schon gar nicht der Miss Linnet. Der kann man nicht trauen, hat der Master gesagt.« Er zerrte mich durch die Tür zum Südturm. Dort öffnete er eine Falltür. Darunter verbarg sich eine steile, schmale Steintreppe, die in einen gähnenden Abgrund führte. »Früher ist man hier bei Schnee und

Regen trocken zum Stall gekommen«, erklärte er. »Gehn Sie dem Tunnel nach, Missis. Das bringt Sie dahin, wohin Sie wollen – mein Leben drauf!«

Dann drückte er mir die Laterne in die Hand und verschwand, bevor ich ihn aufhalten konnte. Ich wußte nicht, ob man diesem Verrückten vertrauen konnte, aber mir blieb keine andere Wahl. Mit pochendem Herzen machte ich mich auf den Weg.

Der Tunnel roch dumpf und feucht und war dick mit Moder und Staub verkrustet. Kleine Steinchen rollten unter meinen Füßen weg, und Ratten huschten davon. Spinnweben streiften mein Gesicht und jagten mir eine Gänsehaut über den Rücken. Über mir hörte ich den Regen auf die Erde prasseln. Plötzlich dachte ich: *So muß es im Grab sein.* Die Mauern des Tunnels drohten mich zu ersticken, ich begann zu laufen, so schnell es der Boden erlaubte, die Laterne schwankte und warf irrwitzige Schatten an die feuchten Mauern.

Zu meiner großen Erleichterung war ich nach wenigen Minuten am Ende des Tunnels angelangt, rannte die Treppe hinauf und schob die Falltür nach oben. Ich war tatsächlich im Stall, wie Renshaw gesagt hatte. Mit einem stillen Dankesgebet setzte ich die Laterne ab, holte Zaumzeug und machte mich sofort daran, Patch, mein Waliserpony, zu satteln. Es war unauffälliger als Avalon und sicher für Esmond und seine Männer nicht so leicht auszumachen. Ich führte das Pony nach draußen, und alsbald ich auf dem Hof war, saß ich auf und trabte los.

Im Gegensatz zu Highclyffe war Heights nicht von einer Mauer umgeben, deshalb konnte ich direkt zu den Klippen an der Küste reiten. Auf dem freien Feld gab ich Patch die Sporen, und wir galoppierten wie der Wind die Klippen entlang. Der Wind peitschte mir durchs Haar, und die kühle Frühlingsluft regte mich an wie junger Wein. Die salzige Gischt liebkoste meine Haut wie ein zärtlicher Geliebter. Ich dachte an Draco und trieb das Pony an, als wären mir die Höllenhunde auf den Fersen.

Ich erinnerte mich an jene Nacht, in der ich über das monddunkle Moor gerannt war und das erste Mal in Dracos Armen gelegen hatte. Und jetzt wurde mir bewußt, daß ich nicht nur meine Jungfräulichkeit, sondern auch meine Seele an ihn verloren hatte, sonst hätte ich nie diesen Kampf gegen Esmond und die Zeit aufgenommen.

Ich ritt nach Norden. Irgend etwas trieb mich in diese Richtung, und ich hoffte, daß ich mich nicht irrte, sonst war alles verloren. Die Nordküste war wild, felsig und einsam. Dort wohnten keine Menschen, die die Küstenpiraten bei der Arbeit beobachten konnten. Nur Esmond und seine Männer würden dort lauern. Die kühle Nachtluft brannte mir in den Augen, und Tränen nahmen mir die Sicht. Schließlich machte ich das schwache Flackern einer Laterne in der Ferne aus. Das war es! Das mußte es sein!

Wie eine Verrückte spornte ich Patch erneut an und schlug mit den Zügeln auf das Pony ein. Fast wäre es gestolpert, aber es fing sich wieder und hetzte keuchend weiter. In diesem Augenblick war es mir egal, ob ich das Pony zu Tode ritt.

Die Laterne blinkte ihr falsches Signal, und jetzt tauchten aus dem Nebel die Masten eines Schiffes auf, das sich langsam der Küste näherte – nicht ahnend, welche Gefahr dort lauerte.

Nein! Dreh um! schrie es in mir, aber der Schoner, ein Spielball der Wellen, hielt Kurs.

Tief unter mir lösten sich dunkle Gestalten aus ihren Verstecken zwischen den Steinen, angeführt von einem großen, kräftigen Mann. Das mußte Draco sein, dachte ich, und mein Herz war ein eisiger Klumpen.

Die Kälte drang mir durch Mark und Bein. Insgeheim hatte ich wohl immer noch gehofft, daß er diese entsetzlichen Verbrechen doch nicht begehen würde. Aber nicht einmal jetzt, als ich ihn dort im Schatten stehen sah, brachte ich es über mich, ihn seinem Schicksal zu überlassen.

Ich verschwendete keinen Gedanken an die Gefahr, in der ich mich befand. Mich trieb nur noch ein Wunsch – ich mußte diesen Mann, den ich bis zum letzten Atemzug lieben würde, retten. Ich fand einen steilen, schmalen Pfad, der zum Ufer führte. Patch wollte sich verweigern, aber ich duldete keinen Widerspruch und zwang ihn mit aller Kraft, den gewundenen Pfad hinunterzugehen. Die Steine waren naß und schlüpfrig vom Regen, und das Pony rutschte mehrmals aus, bis ich schließlich erleichtert das Knirschen des Kieses am Ufer unter seinen Hufen hörte.

Das todgeweihte Schiff kam immer näher und schaukelte auf den Wogen, die es auf die gefährlichen Felsen zutrieben, die wie gigantisches Brombeerdickicht aus dem Wasser ragten. In wenigen Augenblicken würde es von der tosenden Brandung erfaßt und auf die tödlichen Felsen geschmettert werden. Die Küstenpiraten sammelten sich und triumphierten wie Haie, die Blut gewittert haben.

»Nein!« schluchzte ich. »Nein, Draco, nein! Es ist eine Falle! Um Himmels willen ...«

Plötzlich rollte ich über das Geröll. Eine mächtige, schwarze Gestalt war wie eine riesige Fledermaus aus den Felsen gehuscht und hatte mich vom Pferd gerissen. Patch rannte ängstlich wiehernd weiter, und ich lag atemlos und betäubt unter meinem Angreifer, dessen Gewicht mich auf den Strand drückte. Die Steine bohrten sich in meine Wange.

»Lieg still, verdammt noch mal!« knurrte mir eine Männerstimme ins Ohr. Eine Hand drückte mir brutal den Mund zu. ... »Wenn dir dein Leben lieb ist, keinen Ton mehr!«

Ich erstarrte zu Stein und war sicher, daß der Tod es war, der grob meinen Kopf zu Boden drückte. Ich gehorchte. Mein Herz hämmerte wild, aber ich mußte ohnmächtig mit ansehen, wie das Schiff, das die Küstenpiraten so schändlich angelockt hatten, auf das Ufer und den sicheren Tod zupflügte.

Aber im nächsten Augenblick – wie durch ein Wunder – drehte das Schiff bei. Wie eine wildgewordene Meute stürmten bewaffnete Männer in Uniform aus allen Winkeln und kreisten die Küstenpiraten ein. Ein Höllenlärm von Schüssen und Schreien brach los. Männer versuchten, über die schlüpfrigen Felsen zu entkommen und wälzten sich kämpfend am Boden. Ich begriff überhaupt nichts mehr, denn jetzt waren auch Esmond und seine Männer eingetroffen und schienen genau so verwirrt zu sein wie ich. Auf dem Schiff stand breitbeinig und mit einem Gewehr in der Hand Welles – unverkennbar, mit seinem blonden Haar – und feuerte auf die Piraten.

Plötzlich sprang der Mann, der mich festhielt, auf, riß mich hoch und stieß mich brutal hinter einen Felsen. Er knurrte: »Bleib da, du kleine Närrin, denn ich habe vor, dich übers Knie zu legen, wenn das vorbei ist!« Und ich sah, starr vor Erstaunen, in die kühnen, funkelnden Augen meines Mannes.

»Draco!« hauchte ich und schrie dann: »Draco!«

Aber er rannte schon mit wild flatterndem Umhang davon.

Epilog

Die Ungewollten
1820

Komm, werd alt mit mir!
Das Beste liegt noch vor uns . . .

Rabbi Ben Ezra
ROBERT BROWNING

31
Bessere Zeiten und glückliches Ende

An der Küste Cornwalls, 1820
Und jetzt, geneigter Leser, komme ich endlich zum Schluß meiner Geschichte.

Draco war nicht der Anführer der Küstenpiraten, sondern Mick Dyson. Das erfuhr ich, nachdem es den Dragonern endlich gelungen war, alle Männer am Strand gefangenzunehmen. Draco und Welles waren lediglich Schmuggler – ein Verbrechen, das zur Nichtigkeit verblaßte angesichts dessen, was ich vermutet hatte. Der grausame Ire hatte aufgelassene Teile der Porzellanerdegruben zur Lagerung seiner schändlichen Beute benutzt. Irgendwie muß mein Vater davon erfahren haben. Dyson ahnte, daß mein Vater ihn verhaften lassen würde und tötete ihn. Draco hatte sich viel intensiver mit den Minen beschäftigt als Sir Nigel und war natürlich neugierig, warum der Ire den Arbeitern den Zugang zu gewissen Stollen verwehrte. Nach kurzer Zeit hatte Draco die Wahrheit entdeckt.

Durch seine Geliebte, meine verräterische Zofe, hatte Dyson von der Schmuggeltätigkeit meines Mannes erfahren. Und er hatte an jenem Tag in der Siedlung, als er mich aufhielt, meinem Mann gedroht, damit er ihm nicht weiter nachspionierte. Als das nichts nützte, hatte

Dyson hier und dort Bemerkungen fallenlassen, um den Verdacht, Draco sei ein Küstenpirat, zu verbreiten. Draco hatte gewußt, daß er schnell handeln mußte, wenn er nicht am Galgen enden wollte. Und ich hatte das Gespräch, das er mit Renshaw geführt hatte, so entsetzlich falsch verstanden.

Als er einsah, daß er Draco nicht einschüchtern konnte, versuchte Dyson, ihn zu töten. Als auch das mißlang, versuchte er ein letztes Mal, Draco als Piratenführer anzuschwärzen. Er wußte, wie sehr Esmond Draco verachtete, also schickte er Linnet nach Highclyffe Hall, wo sie ihre frechen Lügen über meinen Mann und meinen Stiefbruder vortrug.

In der Zwischenzeit hatten Draco und Welles selbst genügend Beweise gesammelt und die Dragoner von Launceston von Dysons Schuld überzeugt. Zusammen mit ihnen hatten sie einen Plan ausgearbeitet, mit dem sie den Iren überführen wollten. Zwei Wochen war Welles mit der *Sea Gipsy* die Küste auf- und abgesegelt und hatte Ausschau nach Dysons falschem Signal gehalten, während Draco und die Dragoner am Ufer auf der Lauer lagen. Endlich sichtete Welles das Licht und signalisierte Draco die Position der Küstenpiraten.

Es war Ironie des Schicksals, daß Linnet Welles und Draco belauscht hatte, als sie über den Plan, wie Dyson zu fassen war, diskutierten. Sie hatte nur »Neumond« und »halt Ausschau nach meinem Signal« verstanden und angenommen, die beiden Männer planten wieder eine Schmuggelfahrt bei Neumond. Sie hatte Esmond pflichtbewußt davon in Kenntnis gesetzt, und er war mit seinen Männern nach Heights geritten, um Draco auf frischer Tat zu ertappen. Inzwischen hatte Dyson, in der Annahme, mein Mann und der Richter wären anderweitig beschäftigt, die günstige Gelegenheit beim Schopf gepackt, um wieder ein Schiff auf die Klippen zu locken.

Welles kannte natürlich die Nordküste Cornwalls wie seine Westentasche und konnte rechtzeitig abdrehen.

Von seiner und Dracos Schmuggelei wußten die Dragoner nichts, und es gab auch keine Beweise dafür. Der Südturm war leer, und die Dragoner interessierten sich nicht für Schmuggelgeschäfte. Sie waren mit ihrem Fang zufrieden und kümmerten sich nicht um andere Dinge.

Das alles erfuhr ich von Draco, als ich zitternd und durchnäßt, eingehüllt in seinen Mantel, auf einem der Felsen saß. Wir beobachteten, wie die Dragoner den letzten Gefangenen in Ketten legten und abtransportierten.

»Ich weiß, daß Dyson und seine Männer hängen werden, Draco, aber was wird aus Linnet?« fragte ich leise. Irgendwie tat sie mir leid. Ich wußte nur zu gut, warum sie ihrem Geliebten zur Seite gestanden hatte.

»Ich denke, Captain Lathams Männer sind bereits auf dem Weg nach Heights, um sie zu verhaften«, meinte mein Mann. »Sie wird versuchen, sich mit Schwangerschaft rauszureden, und wenn sie tatsächlich ein Kind erwartet, bleibt ihr der Galgen zumindest vorläufig erspart. Vielleicht wird sie in eine Strafkolonie verbannt.«

Ich nickte betroffen und stellte mir vor, was für ein schreckliches Leben sie in Australien fristen mußte.

Wir verstummten. Esmond näherte sich uns, und er wirkte so beschämt, daß er mir fast leid tat. Mit schmerzerfülltem Blick sah er mich an, und ich erkannte, daß ihm ein für allemal klargeworden war, daß unsere Liebe genau wie die glücklichen Tage unserer Kindheit unwiderruflich verloren war.

Ich hatte Esmond für schwach und feige gehalten, aber jetzt, als er Draco zögernd seine Hand entgegenstreckte, wußte ich, daß ich ihm unrecht getan hatte. Er war nur ein Mensch und fehlbar wie wir alle. Er hatte sich geirrt – mehr nicht. Er räusperte sich verlegen.

»Ich... ich fürchte, ich muß mich bei dir entschuldigen, Cousin.« Seine Anerkennung der Verwandtschaft mit Draco sagte mehr als alle Worte.

Zuerst dachte ich, Draco würde nicht reagieren, aber dann nahm er Esmonds Hand.

»So... sind wir endlich quitt... Cousin?« fragte mein Mann. »So ist es auch besser. Jetzt hat das alles keine Bedeutung mehr, nicht wahr?«

»Ja.« Esmond schwieg einen Augenblick, dann wandte er sich mir zu. »Maggie...« Er schaute verlegen auf den Boden, dann hob er wieder den Kopf. Er strich mir eine Strähne aus dem Gesicht, wie er es in unserer Kindheit immer getan hatte. Die kleine, liebevolle Geste sagte alles, was er nicht in Worte fassen konnte. »Werde glücklich«, flüsterte er und ging dann schnell weg.

Ich schaute ihm mit Tränen in den Augen nach, sah, daß er stehenblieb und Welles die Hand schüttelte. Sicher würde es keine Überraschung sein, wenn wir bald von der bevorstehenden Hochzeit von Welles und Sarah hören würden.

Der Ebenholzhimmel hellte sich allmählich auf und färbte sich mit der kommenden Morgendämmerung grau. Der Regen hatte aufgehört, und die Dragoner und alle übrigen waren fort. Jetzt waren nur noch Draco und ich, die Ungewollten, auf diesen Steinen, die mit dem Blut Tausender verlorener Seelen getränkt waren. Der Nebel lichtete sich, und ein sanfter Wind raschelte durch das hohe Gras und das Heidekraut. Nur das Rauschen der Brandung und der süße, wehmütige Schrei einer einsamen Möwe durchbrach die Stille.

»Warum bist du gekommen, Maggie?« fragte Draco. »Du hast mich für einen Mörder gehalten, warum hast du dann dein Leben riskiert?«

Einen Moment lang schwieg ich und sah auf die wilden Moore und die rauhe See, die ein so wichtiger Teil von mir waren. Die Gischt benetzte meinen Mund. Sie schmeckte nach Tränen.

»Weil ich dich liebe«, hauchte ich. »Ich habe dich immer geliebt, das weiß ich jetzt.« Ich senkte den Kopf, dann hob ich ihn und sah Draco direkt in die Augen. »Draco, hab' ich zu lange gewartet?«

Lange Zeit erwiderte er nichts, und ich starb hundert Tode. Ich zitterte vor Kälte an diesem Frühlingsmorgen und fühlte den Winter in meinem Herzen. Dann begann Draco zu reden, und Hoffnung regte sich schüchtern wie ein junges Mädchen in mir.

»Ich denke nicht, Maggie«, gestand er. Dann lächelte er dieses liebenswerte, schiefe Lächeln. »Was meinst du, Mädchen, sollen wir noch mal von vorn anfangen?«

»Ja. Oh, ja, nur allzu gerne«, sagte ich.

Die Sonne erhob sich strahlend und rotgolden über dem Horizont, und wir machten uns auf den langen Ritt nach Hause.

Danielle Steel

Das Haus hinter dem Wind
Roman 9412

Abschied von St. Petersburg
Roman 41351

Alle Liebe dieser Erde
Roman 6671

Doch die Liebe bleibt
Roman 6412

Es zählt nur die Liebe
Roman 8826

Familienbilder
Roman 9230

Glück kennt keine Jahreszeit
Roman 6732

Das Haus von San Gregorio
Roman 6802

Herzschlag für Herzschlag
Roman 42821

Jenseits des Horizonts
Roman 9905

Die Liebe eines Sommers
Roman 6700

Liebe zählt keine Stunden
Roman 6692

Nachricht aus der Ferne
Roman 43037

Nie mehr allein
Roman 6716

Nur einmal im Leben
Roman 6781

Palomino
Roman 6882

Der Preis des Glücks
Roman 9921

Der Ring aus Stein
Roman 6402

Sag niemals adieu
Roman 8917

Schiff über dunklem Grund
Roman 8449

Sternenfeuer
Roman 42391

Töchter der Sehnsucht
Roman 41049

Träume des Lebens
Roman 6860

Unter dem Regenbogen
Roman 8634

Väter
Roman 42199

Verborgene Wünsche
Roman 9828

Verlorene Spuren
Roman 43211

Vertrauter Fremder
Roman 6763

GOLDMANN